全国革命老区县发展史丛书——山西卷

武乡县革命老区发展史

武乡县老区建设促进会 编

山西出版传媒集团
山西人民出版社

图书在版编目（CIP）数据

武乡县革命老区发展史 / 武乡县老区建设促进会编
. -- 太原 : 山西人民出版社, 2022.5
ISBN 978-7-203-12104-6

Ⅰ. ①武… Ⅱ. ①武… Ⅲ. ①武乡县－地方史 Ⅳ.
①K292.54

中国版本图书馆CIP数据核字(2022)第007914号

武乡县革命老区发展史

编　　者：武乡县老区建设促进会
责任编辑：郭向南
复　　审：吕绘元
终　　审：武　静
装帧设计：王聚金

出 版 者：山西出版传媒集团・山西人民出版社
地　　址：太原市建设南路 21 号
邮　　编：030012
发行营销：0351－4922220　4955996　4956039　4922127（传真）
天猫官网：https://sxrmcbs.tmall.com　电话：0351－4922159
E—mail：sxskcb@163.com　发行部
sxskcb@126.com　总编室
网　　址：www.sxskcb.com

经 销 者：山西出版传媒集团・山西人民出版社
承 印 厂：山西万佳印业有限公司

开　　本：787mm×1092mm　1/16
印　　张：47.75
字　　数：645 千字
版　　次：2022 年 5 月　第 1 版
印　　次：2022 年 5 月　第 1 次印刷
书　　号：ISBN 978-7-203-12104-6
定　　价：180.00 元

原晋冀鲁豫边区抗日模范县
武乡

革命圣地　红色武乡

县城全貌

中国红色旅游精品景区——八路军太行纪念馆

全国首批省部级党性教育基地——太行干部学院

太行东街

县城新貌一角

太行小区

怡水苑小区

宝塔公园

太行公园

武乡县人民武装部办公楼

武乡县公安局办公楼

武乡县人民检察院办公楼

武乡县人民法院办公楼

武乡县政务服务中心办公楼

武乡红星杨物流中心

西山发电有限公司

山西马堡煤业有限公司全景

山西三元煤业有限公司全景

山西东庄煤业有限公司全景

王家峪煤业有限公司全景

山水集团公司（蟠龙）

泓晨万聚集团公司全景（上城）

城乡公交一体化

红色旅游公路（大河西路段）

故城镇权店梅杏赏花节

蟠龙镇郭家塬首届菊花节

贾豁乡古台村四季采摘节

上司乡岭头村梨花节

石北村冰雪文化节

第五届五村播种节

韩北镇土河坪村油用牡丹种植基地

大象农牧集团武乡县绿农农牧科技有限公司

石盘养牛牧场

山西多维牧业有限公司涌泉乡坡底村肉羊养殖基地

武乡县蟠龙村吾彩亮尔服装加工车间

蟠龙镇栗家沟村民挑拣晒辣椒，为村集体辣椒厂提供优质原料

省级美丽乡村——上司乡蒋家庄村

省级乡村旅游示范村——洪水镇左会村

省级美丽乡村——丰州镇五村

全国文明村——城关

红色文化村——下北漳村

山西省文明校园——武乡中学校

山西省文明校园——武乡二中

武乡职中

武乡四中

山西省文明校园——太行小学

武乡县城关小学

武乡县文武学校

武乡县机关幼儿园

二级甲等医院——武乡县人民医院

武乡县中医院

武乡体育馆

武乡县体育运动场

武乡秧歌剧《太行母亲》剧照

武乡顶灯

太行板山（左会）

山西六大水库之一——关河水库

太行龙洞（蟠龙镇石泉村）

汉代离相寺（韩北镇圪道村）

全国重点文物保护单位——宋代真如寺（韩北镇土河村）

全国重点文物保护单位——金代洪济院（故城镇东良村）

全国重点文物保护单位——金代大云寺（故城镇故城村）

全国重点文物保护单位——元代福源院（故城镇北良村）

全国重点文物保护单位——元代会仙观 （监漳镇观庄村）

清代南神山普济禅寺（上司乡韩庄村）

山西省文物保护单位——清代玉贞观（丰州镇）

1979年4月，县委书记孙文龙（左二）、县革委会主任段国廷（右一）在故城镇东寨底村调研种植桑园情况。

1981年，县委书记段国廷（前排中）与出席县人大六届一次会议的代表合影。

1984年，县委书记郝永和（左三）陪同省人大常委会副主任姜一（左二）在东良乡高仁村视察飞播种草。

1987年6月1日，县委书记阎好勇（左）在大有乡峪口小学校赠送革命传统书籍《武乡烽火》。

1991年3月，县委书记郭有勤（右二）在窑湾乡柳树烟村看望拥军模范胡春花。

1992年，县委书记王天珍（中）在星期日市场调研。

1996 年 9 月 25 日，县委书记杨志崇（前左）为全县养牛状元颁奖。

2001 年 7 月，县委书记师义昌（左二）在韩北乡调研。

2006 年，县委书记阎建书（左）与村民交谈。

2008 年 6 月 8 日，县委书记周涛（左）在循环经济工业园区参与植树活动。

2018 年 11 月，县委书记胡坚（左）在丰州镇白家窑村看望贫困户。

2021 年 12 月 10 日，县委书记贺思宇（中），县委副书记、县长王书文（右二）一行走进武乡现代农业产业示范区看项目、问生产、谋发展。

山西省长治市武乡县城
国家卫生县城
全国爱国卫生运动委员会
二〇〇八年十二月

中国绿色名县
中华环保联合会
中国城市科学研究会
中国农业生态环境保护协会
中国社会科学院数量经济与技术经济研究所
二〇〇九年三月

授予：山西省武乡县
国家园林县城
中华人民共和国住房和城乡建设部

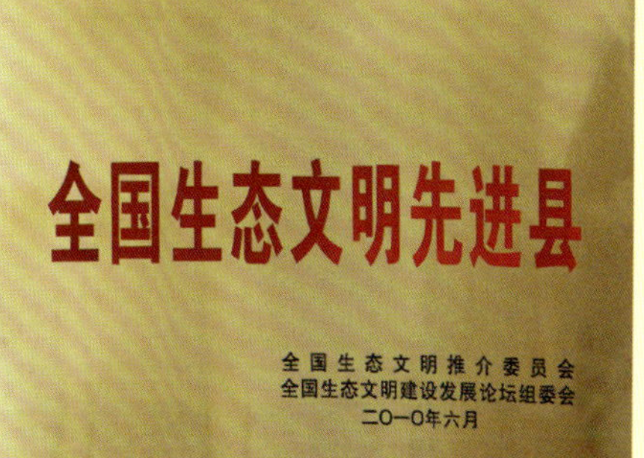
全国生态文明先进县
全国生态文明推介委员会
全国生态文明建设发展论坛组委会
二〇一〇年六月

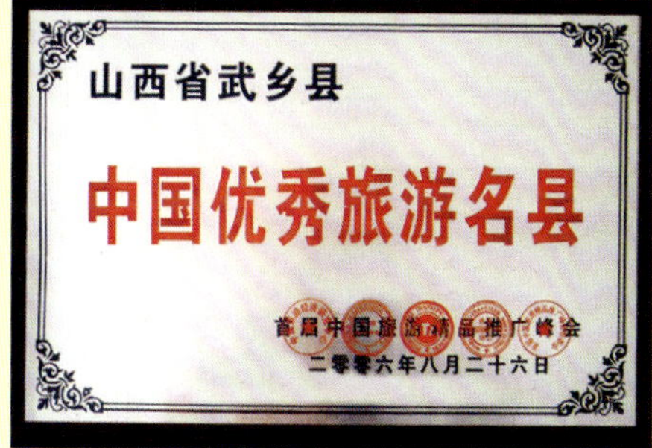
山西省武乡县
中国优秀旅游名县
首届中国旅游精品推广峰会
二零零六年八月二十六日

山西省武乡县
中国宜居宜业典范县

双拥模范县
中共山西省委
山西省人民政府
山西省军区
二〇〇六年十二月

国家级生态示范区
国家环境保护总局
二〇〇五年五月

普及加强国防教育 增强全民国防观念
国家国防教育示范基地
国家国防教育办公室
二〇〇九年十一月

全国脱贫攻坚先进集体
中共中央
国务院
二〇二一年二月

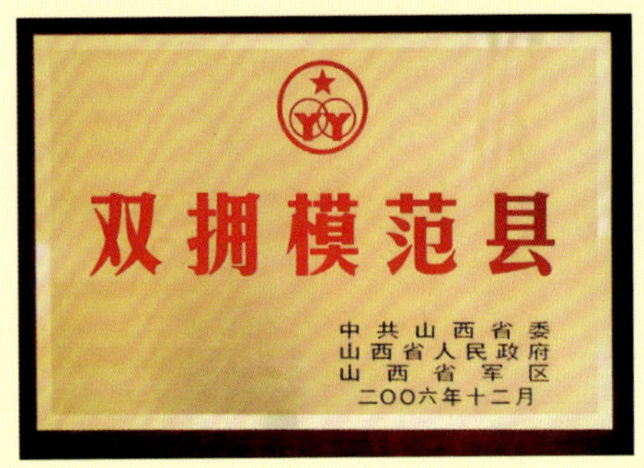

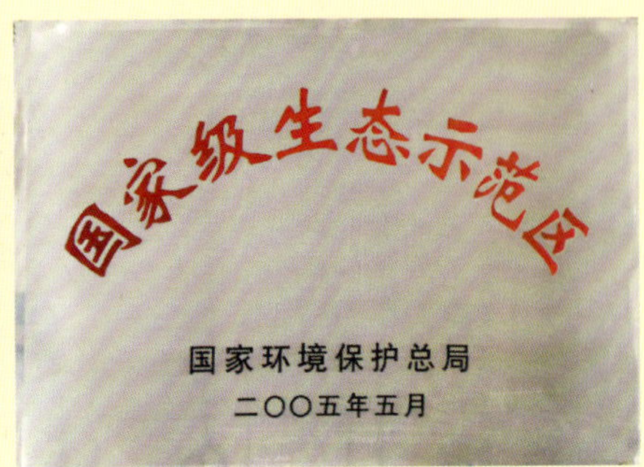

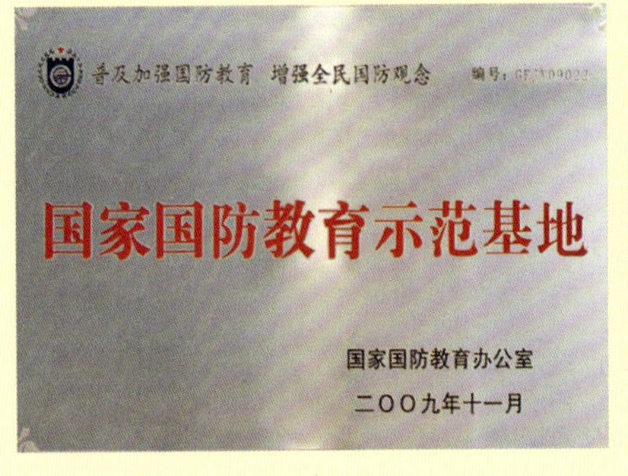

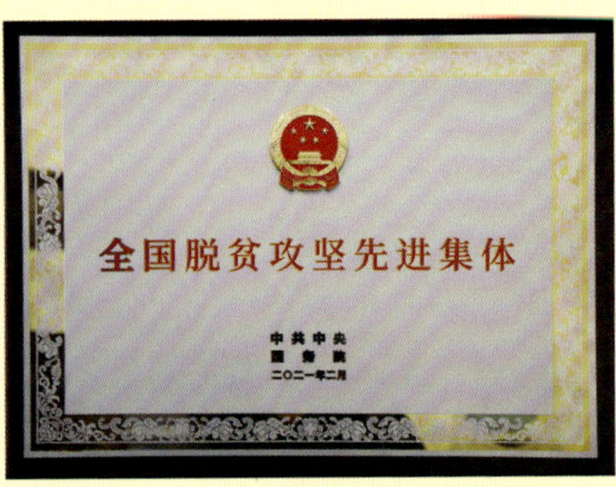

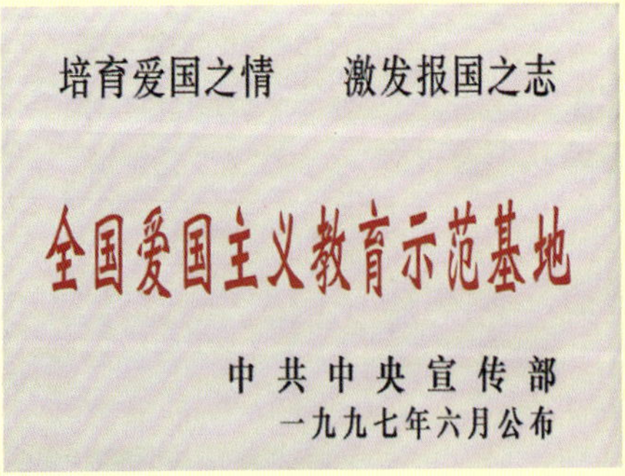
培育爱国之情 激发报国之志
全国爱国主义教育示范基地
中共中央宣传部
一九九七年六月公布

全省造林绿化
优秀县
山西省人民政府
二〇〇七年八月

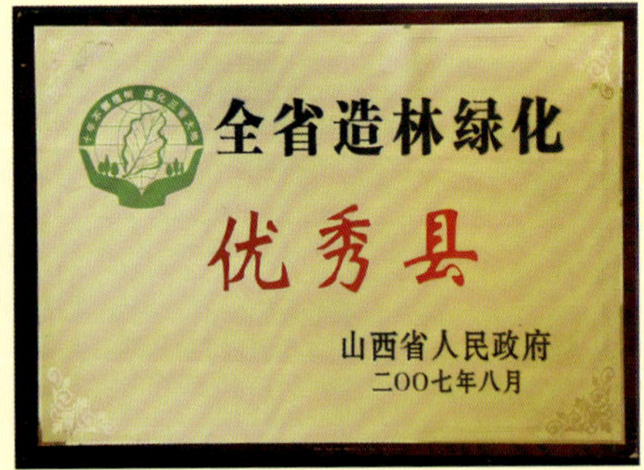

《武乡县革命老区发展史》编纂工作委员会

武效先　县教育局原局长，县老促会副会长

赵永福　县民政局原局长，县老促会副会长

张建国　原县新农办主任、农口党委书记，县老促会副会长

赵三文　县委党史研究室原主任，县老促会秘书长

《武乡县革命老区发展史》编纂人员

主　　　编：袁俊山

执行主编：赵三文

副 主 编：张建国

编　　　辑：李爱民　孙俊堂　张秀红　王文平

郝俊峰　刘　慧　蒋亚平

提供图片单位：武乡县政协办公室

武乡县融媒体中心

图片摄影：王晓方　王步宏　郝占红　李晓斌

王五堂　张兴田

《武乡县革命老区发展史》审稿人员

王连成　长治市地方志办公室原主任，市老促会调研室主任

温海明　中共武乡县委党史研究室（地方志办公室）主任

总　序

在举国欢庆中华人民共和国成立70周年前夕，中国老区建设促进会王健会长请我为全国革命老区县发展史丛书作序。作为一名在老区战斗过并得到老区人民生死相助的老兵，回首往事，心潮澎湃，感慨万千，深感义不容辞，欣然应允。

中国革命老区，是以毛泽东为代表的中国共产党人在领导人民推翻帝国主义、封建主义和官僚资本主义三座大山，争取民族独立和人民解放伟大斗争中建立的革命根据地。在这片红色的土地上，诞生了无数可歌可泣的革命英雄儿女，为后人树起了一座不朽的丰碑，她是中华人民共和国的摇篮，是党和军队的根。

在艰苦卓绝的战争年代，老区人民把自己的命运与中华民族的命运紧紧地联系在一起，与中国共产党和人民军队的命运紧紧地联系在一起，他们生死相依，患难与共。我曾亲历过战争年代，并得到过老区红哥红嫂的救助，切身感受到发生在身边的一幕幕撼天动地的革命故事，在那极其艰难的条件下，老区人民倾其所有，破家支前，不怕艰难困苦，不怕流血牺牲。“最后一碗米送去做军粮，最后一尺布送去做军装，最后一件老棉袄盖在担架上，最后一个亲骨肉送去上战场”，这是当时伟大的老区人民为建立中华人民共和国做出巨大牺牲的真实写照，它将永远镌刻在中国共产党、中国人民解放军、中华人民共和国的历史丰碑上。他们的光辉业绩永载史册，他们的革命精神必将影响一代又一代的革命新人，造就一代又一代的民族脊梁。

在社会主义革命和建设时期，革命老区和老区人民响应党的号召，面对落后的面貌、脆弱的经济、恶劣的生态环境，他们本色不变，精神不丢，自力更生，艰苦奋斗，干一行爱一行，始终坚持“革命理想高于天”，自觉做共产主义远大理想的坚定信仰者和忠实实践者，勇于向恶劣的自然环境和贫穷落后宣战。他们在各条战线上为国建功立业，用平凡的双手创造了一个又一个不平凡的奇迹，彰显了老区人民的崇高精神和人格力量。

在改革开放的伟大进程中，老区人民解放思想，勇于创新，发奋图强，攻坚克难，老区的经济社会建设取得了辉煌成就。特别是在改变中国的面貌、中华民族的面貌、中国人民的面貌、中国共产党的面貌的伟大实践中发挥了至关重要的作用。老区人民既是改革开放的参与者，也是改革开放的推动者。

艰苦炼意志，危难见精神。老区人民在近百年的革命战争、社会主义建设和改革开放的伟大实践中，孕育形成了伟大的老区精神：爱党信党、坚定不移的理想信念；舍生忘死、无私奉献的博大胸怀；不屈不挠、敢于胜利的英雄气概；自强不息、艰苦奋斗的顽强斗志；求真务实、开拓创新的科学态度；鱼水情深、生死相依的光荣传统。这是党和人民宝贵的精神财富、丰厚的政治资源，是凝心聚力、振奋民族精神的重要法宝，也是社会主义核心价值观的重要内容。

中国老区建设促进会怀着强烈的政治责任感和历史使命感，组织全国各地老促会人员克服困难，尽心竭力编纂全国革命老区县发展史丛书，记录老区的光辉历史和辉煌成就，传承红色基因，弘扬老区精神，是功在当代、利及千秋的一件大事。手捧这部丛书的部分书稿，读着书中的故事，我倍感亲切，深感这部丛书具有资政、育人、存史的社会功能，有着重要的时代和历史价值。它是不忘初心、牢记使命的源头活水，是赞颂共产党、讴歌老区人民的一部精品力作，是弘扬老区精神、传承红色记忆的丰厚载体，是一项继承优秀传统文化、弘扬革命文化、发展社会主义先进文化、坚定“四个自信”的宏大文化工程。它必将成为一种文化品牌，为各界人士了解老区、宣传老区、支持老区提供一部有价值的研究史料。希望读者朋友们能从中了解并牢记这些为党和民族的利益不断奉献的老区人民，从中得到教益，汲取人生奋斗的精神动力。

新时代赋予新使命，新起点开启新征程。让我们更加紧密地团结在以习近平同志为核心的党中央周围，坚持以习近平新时代中国特色社会主义思想为指导，增强“四个意识”，坚定“四个自信”，做到“两个维护”，弘扬老区精神，铭记苦难辉煌，为实现“两个一百年”奋斗目标，实现中华民族伟大复兴的中国梦做出新的更大的贡献！

原中央军委副主席
兼国防部部长 迟浩田

2019年4月11日

序

正值全党深入开展党史学习教育，全县上下大力弘扬太行精神、努力建设创新武乡，用实际行动迎接中国共产党成立100周年之际，由武乡县老区建设促进会编纂的《武乡县革命老区发展史》一书就要付梓出版了。这是一部弘扬太行精神、传承红色记忆的精品力作，这是一件功在当代、利及千秋的喜事好事。可喜可贺！

武乡是全国著名的革命老区，伟大太行精神的重要孕育地。抗战时期，八路军总部、中共中央北方局等首脑机关曾长期在武乡驻扎，朱德、彭德怀、左权、刘伯承、邓小平等老一辈革命家长期在这里工作、战斗和生活。当时仅有14万人的武乡县，就有9万多人参加八路军和各种抗日组织，有2.1万干部群众为国捐躯，为中国革命胜利作出了巨大牺牲和奉献，被誉为“八路军的故乡，子弟兵的摇篮”。

中华人民共和国成立初期，英雄的武乡儿女赴朝鲜作战，保家卫国；在确立社会主义制度的伟大社会变革中，武乡老区人民走在时代的前列，开创了农业生产合作化新的生产组织形式；在社会主义建设阶段，武乡老区人民自力更生、艰苦奋斗，创建了门类齐全的工业体系，以武乡独特的能源基地优势，支援国家经济建设。

改革开放以来，武乡老区坚持解放思想、实事求是，持续深化改革、扩大开放，农业农村发生了翻天覆地的变化，煤焦电等传统工业不断壮大，民营经济蓬勃发展，红色旅游产业方兴未艾，特别是以武墨铁路、八路军太行纪念馆、武乡和信发电厂为代表的一大批重大项目的实施，为武乡经济社会各项事业健康发展奠定了坚实基础。进入新时代，武乡老区始终把脱贫攻坚作为头等大事和第一民生工程，尽锐出战，精准施策，脱贫攻坚取得全面胜利。

党和国家领导人始终高度重视和关心武乡老区发展。1951 年 8 月，毛泽东同志派老区慰问团将“发扬革命传统、争取更大光荣”的题词送到武乡；1979 年 9 月，邓小平同志亲自为八路军太行纪念馆题写馆名；2001 年 8 月，江泽民同志亲临武乡视察；2005 年 7 月，胡锦涛同志亲临武乡视察；2009 年 5 月 25 日，习近平同志亲临武乡视察时提出“始终保持对党对人民对事业的忠诚，始终保持同人民群众的密切联系，始终保持知难而进、奋发有为的精神状态，始终保持艰苦奋斗的优良作风”的重要指示，给了老区人民巨大的鼓舞和激励。

《武乡县革命老区发展史》是我县第一部全面反映地方党组织建立以来，各个不同历史时期重大历史事件、重要发展成就的史著。本书遵从政治立场鲜明、史料真实准确、思想论述深刻、历史维度厚重、时代特色突出的要求，做到了史料与史论、历史与现实、政治与学术相统一，文献性、学术性、知识性兼容，既是一本难得的传承红色基因教育、爱国主义教育和改革开放形势教育的生动教材，也是一本总结武乡革命历史、弘扬武乡老区精神、展现武乡发展成果的优秀读物。

习近平总书记指出：“勿忘昨天的苦难辉煌，无愧今天的使命担当，不负明天的伟大梦想。”我们要弘扬太行精神，牢记初心使命，克难奋进、实干争先，奋力谱写新时代武乡老区高质量高速度发展的崭新篇章。

中共武乡县委书记 贺思宇

2021 年 6 月

编纂说明

2017年6月，中国老区建设促进会组织全国各地老促会编纂全国革命老区县发展史丛书，按照“建立中国共产党、成立中华人民共和国、推进改革开放和中国特色社会主义事业”三大里程碑的历史脉络，系统书写革命老区百年历史，深入挖掘革命老区红色文化资源。这对于充实中国革命史籍宝库、在新时代传承红色基因、弘扬革命精神、强固根本，对于激励人们在新的历史条件下夺取中国特色社会主义伟大胜利，实现中华民族伟大复兴的中国梦具有重要意义。

丛书编纂以习近平新时代中国特色社会主义思想为指导，以《中国共产党历史》《中国共产党的九十年》等重要文献为基本依据，以党的领导为核心，以老区人民为主体，以老区发展为主线，体现历史进程特征，突出时代发展特色，坚持辩证唯物主义和历史唯物主义相统一、历史真实性与内容可读性相统一的原则，书写革命老区从站起来、富起来到强起来的光辉革命史、不懈奋斗史、辉煌成就史，把老区人民的伟大贡献、伟大创造、伟大成就、伟大精神充分展示出来，形成一部具有厚重历史特征和鲜明时代特色的精品力作。这是一部培根铸魂、守正创新，既为历史立言，又为时代服务，字里行间流淌着红色血脉、催生着革命激情的传世之作。丛书将成为讴歌党、讴歌人民、讴歌时代、传播红色文化、为革命老区和老区人民树碑立传的重要载体。

丛书按照编年体与纪事本末体相结合、以编年体为主的编写体例确定框架结构；运用时经事纬、点面结合的方式记述史实；坚持人事结合、以事带人的原则处理人与事的关系；采取夹叙夹议、叙论结合、以叙为主的方法展开内容，做到了史料与史论、历史与现实、政治与学术统一，文献性、学术性、知识性兼容。

为编纂好全国革命老区县发展史丛书，打造红色文化品牌，中国老区建设促进会认真组织、积极协调，提出政治立场鲜明、史料真实准确、思想论述深刻、历史维度厚重、时代特色突出、编写体例规范、篇目布局合理、审读把关严格、出版制作精良的编纂出版总要求，力求达到革命史籍精品的精神高度、思想深度、知识广度、语言力度，增强丛书的权威性和社会影响力。各省（区、市）、市（州、盟）、县（市、区、旗）老促会的同志，以强烈的使命感、责任感和紧迫感，勇于担当，积极作为，认真实施，组织由老促会成员、专家学者等参加的十余万人编纂队伍。编纂工作主体责任在县（市、区、旗），省（区、市）、市（州、盟）组织协调、有力指导、审读把关。各方面人员以高度负责的精神和科学严谨的态度，满腔热情地投入工作，为丛书编纂出版做出了重要贡献。丛书编纂工作还得到了党和国家有关部委、地方各级党委政府及有关部门的大力支持和积极参与，社会各界也给予了热情帮助。中共中央政治局原委员、中央军委原副主席、原国务委员兼国防部部长迟浩田，对革命老区建设发展十分关注，对老区人民怀有深厚情感，欣然为全国革命老区县发展史丛书作总序。

丛书由总册和 1599 部分册（每个革命老区县编纂 1 部分册）组成，共 1600 册。鉴于丛书所记述的史实内容多、时间跨度长，编纂时间紧，难免有不妥之处，敬请批评指正。

中国老区建设促进会

目　录

概　述

一

武乡县位于太行山西麓、山西省东南部、长治市最北端，地跨太行、太岳两山，横亘于太原盆地和上党盆地之间。2021年3月，武乡县乡镇区划调整，全县辖丰州镇、洪水镇、蟠龙镇、韩北镇、监漳镇、故城镇、大有乡、贾豁乡、上司乡、石北乡、涌泉乡、分水岭乡12个乡（镇）。县城置宝塔、太东、河西、东坪4个社区。全县总面积1610平方公里，总人口21万。县境东西长150公里，南北最窄处仅10公里，形似“玉圭”。东邻黎城、左权，西界祁县、平遥，北连榆社，南接襄垣，西南与沁县临界。太长高速、邢汾高速与208国道、519国道、322省道在境内形成立体公路交通网，郑太高铁、太焦铁路、武左铁路从境内穿过，交通十分便利。

武乡县历史悠久，早在新石器时代就有人类居住。从夏至汉武乡之地称“涅”。西汉置涅氏县、涅县，县城在今故城镇故城村。西晋泰始年间，涅县分为涅县、武乡县、辽阳县。今武乡西部、沁县北部为涅县，北魏永安年间涅县改为阳城县，隋开皇年间改为甲水县。西晋时置武乡县，辖今武乡中、东部和榆社大部，因境内有武山和武乡水而得名，治所在今榆社县社城镇。北魏延和二年，改武乡县为乡县，北魏太和十五年，县治迁至故县村，1947年县城迁至段村（今城关村），县治设于境内已历时1500余年。

武乡县境内资源丰富，河流有浊漳河北源、涅河、马牧河、昌源河、云簇河、洪水河。矿产有煤、铁、铝、耐火黏土、白云岩、石灰石、泥炭、大理石、硅藻土、煤层气、天然矿泉水等20多种；

煤炭已探明储量28.6亿吨，是全国重点产煤县之一；石灰岩、白云岩已探明储量1.8亿吨；硅藻土储量1亿多吨，占全国已探明储量的1‰。旅游资源有八路军总部、中共中央北方局、抗日军政大学、长乐村急袭战战场、关家垴歼灭战战场等革命遗址40多处，有全国唯一全面反映八路军和华北各根据地抗战史实的大型革命博物馆——八路军太行纪念馆；自然景观有太行山中段精华——板山，有山西省六大水库之一的关河水库，有形成于5.7亿年前的溶洞——太行龙洞；历史遗迹有北齐石刻造像，宋代的五龙山应感庙、土河真如寺，金代的大云寺、洪济院，元代的会仙观，清代的千佛塔，有天竺高僧佛图澄修行布道的南神山，有东晋高僧法显坐化的离相寺，有石勒出生及征战的遗址遗迹等。

武乡人杰地灵，人才辈出。十六国时期，有由奴隶到皇帝的石勒。明清时期，有吏部侍郎任原、工部侍郎程启南、兵部侍郎魏云中等政界人物。中国共产党诞生后，共产党员李逸三，把革命火种带回武乡；段若宗、段宏绪、魏煜、李晙等志士仁人，为革命事业奉献了自己的青春和热血。中华人民共和国成立后，涌现出了王锦云、魏名标、王松留、李玉金、史春莲、陈国英、王来法、郭巨福等全国劳模、先进工作者；有国务院副总理纪登奎、民政部副部长史怀璧、煤炭工业部副部长张超、粮食部副部长李衍授、兵器工业部副部长来金烈、山西省政协主席武光汤、陕西省军区政治委员王兰江、青海省军区政治委员路宝银、沈阳军区后勤部政委武峰光、山西省最高人民法院院长李玉臻、汾酒集团董事长常贵明、人民作家冈夫、人民艺术家张万一、国家一级导演王冀邢等；有最高人民法院副院长李少平，全国工商联副主席、北京市副市长程红、生态环境部副部长赵英民，山西省政协副主席李正印，中国驻外维和部队司令、少将赵京民，北京大学中文系教授、博士生导师、美国艺术与科学院院士李零，中国工程院院士李建刚等。

二

武乡县是全国著名的革命老区，是太行精神的主要发源地。太行精神是国家和民族处于危亡的关键时刻，中国共产党人领导太行儿女展现的不怕牺牲、不畏艰险的革命英雄主义精神，是在极其艰苦的条件下展现的百折不挠、艰苦奋斗的精神，是为民族解放展现的万众一心、敢于胜利的精神，是为人民利益展现的英勇奋斗、无私奉献的精神。八路军总司令部和中共中央北方局、129 师司令部、太行第三军分区等党政军机关曾长期驻扎在武乡。八路军先后有 8 个旅（纵队）31 个团在武乡驻扎。在这片热土上，留下了一代开国伟人的光辉足迹。刘少奇、朱德、任弼时、彭德怀、邓小平、刘伯承、徐向前、聂荣臻、杨尚昆、薄一波、罗瑞卿等一大批老一辈革命家都曾在此运筹帷幄指挥广大军民与敌浴血奋战，夺取了一个又一个胜利。开国将帅中有 5 位元帅、5 位大将、23 位上将、51 位中将、311 位少将曾长期在这里战斗、工作和生活过。

抗日战争中，武乡人民在党的领导下，出兵、出粮、出干部，积极投入抗日战争，组建自卫队、游击队，积极参加了粉碎日军九路围攻的长乐村战斗、震惊中外的百团大战和白晋铁路破袭战等许多重大战役和战斗。八路军著名将领苏精诚、叶成焕、凌则之、郭国言为抗击日军英勇牺牲，血洒武乡大地。当时武乡仅有 14 万人口，有 9 万多人参加了工、青、妇和儿童等各种抗日团体，有 1.4 万青壮年参加了八路军、决死队。中华人民共和国成立后，被民政部门登记注册、列入英名录的就有 3200 多人。武乡人民筹集军粮 2.5 亿公斤，做军鞋 50 万双，做米袋、挎包 10 万余件，供应煤、木材等燃料 30 亿斤，为抗战胜利做出了巨大牺牲和突出的贡献。其间，武乡涌现出边区杀敌英雄关二如，太行神枪手高贵堂，少年英雄李爱民，母子杀敌英雄李贵女、段满青，地雷大王王来法，抗战功臣韩国栋，劳动英雄李马保、石榴仙，女民兵队长冯凤英，拥军模范胡春花等。解放战争时期，武乡人民踊跃支前参战，参加上党战役、晋中战役、白晋战役，出现了父送子、妻送郎、兄弟争相上战场的动人景象，并选派干部5300名，随军南下、北上，开辟新区。武乡人民为中华民族的独立和解放做出了巨大的牺牲和贡献。

武乡是山区县、老区县、国定贫困县。中华人民共和国成立后，党和国家给予了武乡老区亲切的关怀和极大的支持。1951年8月20日，以杨秀峰为团长的老区慰问团将毛泽东主席“发扬革命传统，争取更大光荣”的亲笔题词送到武乡；1979年9月，邓小平同志亲自为八路军太行纪念馆题写馆名；2001年8月，江泽民同志视察武乡，并题词“发扬老八路光荣传统，为中华民族的伟大复兴而奋斗”；2005年7月29日，胡锦涛同志亲临武乡视察，并强调：“我们要继承光荣传统，弘扬民族精神，为全面建设小康社会，实现中华民族的伟大复兴而团结奋斗。”2009年5月25日，时任中共中央政治局常委、国家副主席习近平在八路军太行纪念馆看望八路军老战士代表，作出“始终保持对党对人民对事业的忠诚，始终保持同人民群众的密切联系，始终保持知难而进奋发有为的精神状态，始终保持艰苦奋斗的优良作风”的重要指示。党和国家对老区的关怀，为武乡老区决战决胜脱贫攻坚增添了强大动力。

三

党的十一届三中全会以后，武乡县迅速转入以经济建设为中心的新征程，历届县委、县政府带领全县人民在发展经济和推进社会各项事业方面进行了不懈努力和积极探索。

20 世纪 70 年代末到 80 年代，武乡县大胆尝试种桑养蚕，走在全市、全省前列。1979 年，全县栽桑大队就达到 272 个，占全县大队总数的 73%，养蚕大队达 139 个，全县蚕茧产量达到 17800 公斤。1983 年蚕茧产量增加到 18.5 万公斤。洪水震动器厂生产的 ZX-50 型震动器、武乡县水泥厂生产的高松牌 325 # 水泥、县制帽厂生产的鞋帽分别达到部优和省优标准。另外，还有八路军太行纪念馆建成开馆，武墨铁路被国家计委立项开工建设。这些为武乡县加快改革开发和发展红色旅游打下了坚实基础。

跨入新千年后，特别是从 2002 年至 2012 年，是武乡煤炭产业十年黄金期。县委、县政府抢抓煤炭市场形势大好的机遇，果断对全县煤矿进行整合重组和技改扩建，煤炭工业步入快车道，煤炭年产量从 2002 年的 200 万吨左右发展到 2012 年的 1000 万吨，其间又成功上马和信发电厂项目，年发电 400 亿千瓦 • 时，煤电产业一举成为全县的支柱产业。全县财政收入从 2002 年的 7214 万元增加到 2012 年的 5.0410 亿元。同时，武乡县先后获得国家卫生县城、国家园林县城等荣誉。

武乡的红色旅游开发异军突起。2005 年，八路军太行纪念馆进行扩建改陈。2009 年，武乡县“两园一剧”项目开工建设。2009 年 12 月 7 日，八路军太行纪念馆、太行龙洞两个旅游景区通过国家 AAAA 级景区标准验收。2010 年 8 月，八路军文化园建成开园。2011 年 5 月，游击战体验园投入运营。2011 年 8 月，大型实景剧《太行山》成功上演，被列为山西省“八大文化品牌”“三大精品演艺工程”之一。全国 100 个红色旅游经典景区中武乡有 3 个，被列为全国 30 条红色旅游精品线路之一。武乡县先后被授予“全国红色旅游重点县”“全国红色旅游工作先进县”“中国优秀旅游目的地”“中国红色地标”等荣誉称号。

四

2012年以来，武乡县委、县政府以习近平新时代中国特色社会主义思想为指导，坚定不移贯彻新发展理念，团结带领全县广大干部群众迎难而上，攻坚克难，全力实施“11355”发展战略，以脱贫攻坚统揽经济社会发展全局，统筹推进稳增长、促改革、调结构、惠民生、保安全等各项工作，发展质量和效益不断提升。

党的十八大以来，武乡县委、县政府紧紧围绕“两不愁，三保障”，咬定“五年集中攻坚，两年巩固提高”的总体目标，确立了发展特色农业、电商扶贫、红色旅游、生态扶贫“四大产业”，强化基础保障、住房安全、资金投入、政策落地、就业技能、党建助力、内生动力、责任落实“八大支撑”，着力构建脱贫攻坚“四梁八柱”，倾全县之力，全面打响精准脱贫攻坚战。2014年至2018年，全县共减贫16002户46184人，综合贫困发生率由2014年的30.9%下降至2018年的0.56%。2018年，国际减贫与发展趋势研究项目考察组对武乡县脱贫攻坚工作进行考察后，给予充分肯定和高度评价。同年，武乡县接受了省脱贫攻坚第三方实地评估检查，农村居民人均可支配收入增幅高于全省平均水平，公共服务和基础设施建设水平显著提升，全面实现脱贫摘帽。

如今，武乡站在了一个新的更高的起点上，武乡县委、县政府在习近平新时代中国特色社会主义思想的指引下，以“弘扬太行精神，共建创新武乡”为主线，以推动高质量高速度发展为主题，聚焦“五大产业”，强化“八项重点工作”，为实现老区人民对美好生活的向往继续奋斗。我们相信武乡县必将在全面建设社会主义现代化的伟大征程中取得新的更大的胜利。

第一编

新民主主义革命时期

1933年8月，地下党组织的建立，是武乡开天辟地的大事件，革命烈火自此便以燎原之势遍布这片古老的土地。抗日战争最艰苦最残酷的阶段也正是武乡党组织大发展的时期，从党组织建立到1939年7月武乡县第一次党的代表大会召开，党员总数已发展到2500余人，到1947年7月党组织公开时，全县共有党支部218个、党员5392名。

从党组织建立到中华人民共和国成立，党领导全县人民展开百折不挠、艰苦卓绝的革命斗争，取得了反帝反封建的伟大胜利。抗日战争全面爆发后，武乡党组织积极创建抗日根据地，建立抗日民主新政权，实行统一战线，发展地方武装，有力地配合八路军粉碎日军“九路围攻”，支援百团大战，开展游击战争和反“扫荡”、反“清剿”、反“蚕食”、打“维持”斗争。1945年8月，以攻克日伪军盘踞的段村据点为标志，武乡全县获得解放。为了支援全国解放战争，武乡青年踊跃报名参军，大批地方干部随军南下北上，开辟新区，留下了“五千干部一万兵”的历史佳话。

武乡党组织成立后，领导全县人民先后开展抗债斗争、减租减息和土改运动，实现了“耕者有其田”，消灭了封建剥削制度，广大劳苦农民翻身做了主人。

武乡党组织创建以来，领导全县人民为中国革命付出了巨大的牺牲。在抗战中，武乡这个当时不足14万人的山区小县，在战争中牺牲和致残的干部群众就多达2.5万余人，有9万多人参加各种救亡团体，从1937年到1947年10年间，先后有14246人参军，中华人民共和国成立后被民政部门列入英名录的有3200多人。可以说武乡人民用鲜血和生命铸就了中国革命的历史丰碑。

第一章 党组织的创建

1911年辛亥革命以后，民主思潮开始传入武乡，越来越多的青年挣脱黑暗势力的束缚，到外地求学，学习新的知识，寻求救国救民的真理。到20世纪20年代初，武乡在太原、北京等地上学的青年，受马列主义思想和进步报刊的熏陶，萌发了远大的革命理想。这些具有进步思想的知识青年，将革命思潮带回故里，广泛传播，成为武乡早期革命活动的中坚。

20世纪30年代初，在武乡民主力量向封建势力发起猛烈冲击的同时，李逸三等共产党人和进步青年积极酝酿筹建武乡共产党组织。1933年8月初，李逸三到太原和中共山西特委取得联系，得到了中共山西特委关于建立武乡县委领导机构的指示；8月上旬，在县城（今故县）正式成立了中国共产党武乡县委员会。

1934年2月，李逸三、武光汤、武骏图等被捕，中共武乡县委遭到破坏。同年初秋，赵瑞璧遵照中共山西工委的指示，重新与全县各个地区的基层党组织取得联络，恢复了党的活动。1936年2月，由于叛徒告密，中共武乡县委再次遭到破坏。武乡党组织在白色恐怖下，经受了多次严峻考验，正是中国共产党人崇高的革命理想、不屈不挠的革命意志和艰苦卓绝的斗争，才使党组织得以保存和发展。

1936年春，红军东征来到山西，革命的烈火已成燎原之势，迅速改变了山西的局势。西安事变后，国共合作抗日的统一战线基本形成，阎锡山接受联共抗日的主张，山西各地的抗日救亡运动普遍开展起来。武乡党组织播下的革命火种，在抗战的硝烟中，越烧越旺。抗日战争全面爆发后，以这批保存下来的党的骨干为主，建立起县工委和人民抗日自卫队。后来，这些骨干都成为地方武装的组织者和领导者。

第一节　中国共产党组织在武乡的建立

一、建党前的政治经济状况

在数千年的封建社会中，由于封建统治阶级的残酷压榨，造成了武乡县经济上的极端贫困和落后。近代以来，武乡同全国各地一样，遭受着帝国主义、封建主义和官僚资本主义的三重压迫，日益贫困，广大人民陷于水深火热之中。

到20世纪30年代，地主阶级中开始出现了垄断集团，山西的大地主、大军阀阎锡山，推行所谓“新政”，加强和巩固了山西官僚地主的垄断地位。如，在山西各县成立了“公道团”（“公道团”，亦称“好人团”，是阎锡山为了防共反共在1934年成立的）。武乡也成立了“公道团”“国货实践团”，从政治上巩固了地主阶级的统治；同时，还设立了“官盐店”“土货商店”等，在经济上加紧对农民的掠夺。阎锡山政府规定：凡家资不到500银元者，不能当村长。这样，从县衙到村政权，从政治领域到经济领域，形成了封建势力一统天下的局面，人民被压迫得喘不过气来。

土地集中，农民破产，是当时农村经济的主要特点。由于军阀连年混战，反动政府横征暴敛，再加上自然灾害频繁，农民的负担一年比一年重，除需缴纳田赋、服徭役，以及承受各种苛捐杂税外，还要受地租、高利贷等形式的剥削。

地租，是地主阶级利用手中的土地，对农民进行残酷剥削的手段。其租佃关系有以下几种：(1) 定额地租：其形式是订立契约，规定租额，不论丰年歉年，租额固定不变。佃农按夏秋两季交租，田赋和各种苛捐杂税由佃农完全负担。租额，每亩交3至4斗，有的甚至高达 5 至 6 斗。(2) 份额地租：佃农租种地主土地，以每年的收获物按一定比例交纳地租，一般不少于五成，有的多达七成以上。(3) 钱租：农民租种地主土地，以钱交租。按这种地租形式，在物价不稳定的情况下，佃农所受的剥削尤为严重。

农民要负担各种苛捐杂税，还要交租，无法生活下去，就不得不向地主借贷，从而忍受更加残酷的高利贷的盘剥。高利贷的形式很多，最常见的是驴打滚、憋毒纸。驴打滚是一年利高于本，本加利息翻一番，正如民间所流传的："本加利，利加本，一年来个驴打滚。"最残酷的则是憋毒纸，即农民向地主借债时，必须先写好契约，指定以某块土地作抵押，一般以一年为限，清债废约，如到期还不清，土地即归地主所有。

地主阶级通过高租重利，大量兼并农民土地，在武乡逐渐形成"四大家、八小家、七十二个圪撑家"的大中小地主阶级统治网。"四大家"（即南沟郝泉香、大有裴会宝、赵家庄赵太和、下北漳李林春）占有的土地达 2 万余亩。"四大家"之一的赵太和，占有土地 5400 多亩，除雇用长工经营少量土地外，其余全部出租，每年收租达 5 万公斤；裴会宝占有土地 7000 多亩，是武乡地主中占有土地最多的一家；大地主兼官僚资本家郝泉香，则是全县巨富之首，他除占有土地 4500 亩外，还开着当铺和其他商行，对农民进行多方盘剥。"八小家"（即东村段雨田、岸北黄林忠、高台寺苗泽青、茅庄白士良、圪嘴头郝培兰、监漳暴来庆、韩壁魏筱山、吴村李久华）分别拥有土地几百亩到上千亩。"七十二个圪撑家"（即家中拥有一定数量的土地、资产的富户）也都是一村或一片的统治者，占有大量土地。据 1935 年统计，当时武乡约有 13 万人口，地主、富农占人口总数的 5%，却拥有耕地总面积的 54%，并且其中大部分是上等地；而占农村人口 76% 的广大贫苦农民，占地却不到 30%，还是远地、薄地。

由于土地的高度集中，高租重利的残酷压榨，以及苛捐杂税的层层盘剥，导致农村经济急剧破产，贫苦农民被迫卖儿卖女，流离失所，挣扎在饥饿和死亡线上。正如一首民谣所唱："农民头上三把刀，赋多、租重、利息高；穷人面前三条路，逃荒、要饭、坐监牢。"灾难深重的武乡人民，由于受剥削、受压迫最深重，因而斗争性也最强。人民群众一旦得到正确的组织和引导，就会以极大的革命热情和不屈不挠的斗志，投入反抗封建压迫的行列。

二、五四爱国运动对武乡的影响

1919年5月，爆发了伟大的五四爱国运动，在全国范围内引起了强烈的震动。此时，在太原省立第一师范上学的武灵初、高成哲等武乡籍青年，受俄国十月革命的影响，参加了声援北京学生的罢课运动。1921年，武灵初、高成哲加入了高君宇创建的太原社会主义青年团，成为山西省第一批青年团员。在高君宇的影响下，武灵初任学生纠察队队长，在斗争中经受了锻炼。1921年5月，武灵初接受了马克思列宁主义，思想有了质的飞跃。同年暑假，武灵初等一批青年学生回到武乡，在县立师范和高小等学校进行宣传，提倡科学与民主，鼓励师生开展反帝爱国运动。在武灵初等人的宣传影响下，县立师范进步师生开展了轰轰烈烈的学潮运动，并组织起"提灯会"，在县城、段村等集镇往返游行。他们高呼"打倒日本帝国主义""抵制日货，发展民族工商业"等口号，号召人们不买日货，不用日货，动员各地商贩把日货统统销毁。家在各个镇上的学生，首先说服自己家里人清除日货。

由进步师生发起的反帝反封建运动，对武乡的封建势力产生了冲击，唤醒了民众。在运动高涨的同时，在外上学的武乡籍青年学生，不断把进步书籍带回故里，在知识分子中间广泛传阅。当时，武乡流传的书刊有《新青年》杂志和《苏俄的真相》《青年的信仰》，以及进步青年编印的油印小报等。这些进步书刊的传播，开阔了青年人的视野，有力地促进了革命运动。

进步知识青年高沐鸿，武乡县城（今故县村）人，革命活动家、作家。1917 年就读于山西省立第一师范学校。其间，受五四运动的影响，与进步同学组织“共进学社”，创办《共鸣》，宣传新思想、新思潮，抨击封建礼教。

1926 年夏末，武灵初、王缙、高沐鸿、李逸三等在武乡创办“星光社”，高沐鸿任社长，李逸三任编辑，出版《星光》月刊，专门揭露和批驳武乡当权的土豪劣绅，公开抨击县长吕绍岩、贪官魏山珠贪污公款、鱼肉乡民等劣迹。1926 年冬，武乡籍太原学生寒假返乡时，吕绍岩将高沐鸿、杜辅唐等十多人逮捕。不久，武济川、武光汤等武乡进步青年，纷纷团结起来，四处奔走，散发传单，利用赶集机会，鼓动千余群众在县衙门前示威请愿，营救被捕学生。吕绍岩迫于压力不得不把高沐鸿等人全部释放，不久后弃官潜逃。

以“星光社”为首的武乡民主力量，在第一次与贪官污吏的斗争中取得了胜利。之后，武乡进步力量又组织起“公民会”，以反对土豪劣绅贪污自肥为宗旨，进一步扩大影响，与封建势力展开了坚决的斗争。李誉甫、武光汤等带领小学教员为加薪而罢课 40 余天，迫使县府给全县小学教员加薪一倍。同时，进一步发动群众，要求改进田赋征收办法，也取得了成功。

阎（锡山）、冯（玉祥）倒蒋失败后，冯军一部没有地盘“就食”，退驻武乡，大部路经武乡赴河北等地。全县兵差繁重，贪官劣绅乘机贪污勒索。县长张扬祚借口给军队长官送礼，贪污肥己，送五百报一千，大肆饱其私囊。

张扬祚的罪恶行径，激起了全县人民的公愤。武光汤等人联合在太原上学的学生赵益三、魏玉田等，发动了清算财务账目、驱逐张扬祚的斗争。他们组织清算委员会，一边清算账目，一边搜集张扬祚的十大罪状，向省政府提出控告。由于青年学生同心协力，斗争一直坚持到年关，省政府不得不将张扬祚撤职。消息传来，学生们更加活跃，立即召集了千人大会，涌进县政府把绅士们给张扬祚立的“德政碑”推倒，将“勤政爱民”匾捣毁，全县人民终于扬眉吐气了一回。

由青年学生和进步人士发起的几场斗争，冲击了当地封建势力的统治，增强了进步力量的斗争信心，为武乡地下党的创建打下了坚实的群众基础。

三、马列主义在武乡的传播

20 世纪 30 年代初，在武乡民主力量向封建势力发起冲击的同时，李逸三等一批共产党员和进步青年，秘密传播马列主义，积极酝酿、筹建武乡地下共产党组织。

李逸三，原名李楷，北良侯村（现北良村）人。1926 年 12 月，他为了追求革命真理，离开太原国民师范，经石家庄到天津、大连，又从大连去了上海，然后到达当时的革命中心武汉。1927 年 1 月考入中央政治军事学校武汉分校（该校为黄埔军校分校第五期），开始接受马列主义思想。1927 年参加了南昌起义和广州起义，同年 12 月在广州加入中国共产党，成为第一名武乡籍共产党员。1928 年，李逸三回到上海。1929 年秋，被中共中央军委派往洪湖苏区参加武装斗争。1930 年 12 月，李逸三被中共湘鄂西特委派往上海做交通联络工作，返湘鄂西苏区时途经武汉，因叛徒出卖被捕，被判刑三年。1932 年 5 月，武汉监狱根据国民党政府颁布的《疏通监狱令》将其释放。李逸三因联系人浦秀文病故，与党组织失去联系，于同年 10 月返回武乡，开始领导武乡群众斗争和创建党组织的工作。

在此期间，在外地为革命奔走的武乡籍进步青年王玉堂（冈夫）、段若宗（北平社联主要领导人之一，北平左联党团书记，杰出领导人）、李晙、魏煜、段宏绪、武华、魏玉田、郝淇、陈德荣、李玮、李廷枢、李晔、赵圭璧、姜步高等，先后在太原、北平等地加入了共产党或党的外围组织——社联、反帝大同盟等。他们经常用邮寄革命书报等办法，给武乡进步力量传播革命思想。返乡期间，他们在县立师范和高小学生、青年知识分子中积极宣传马克思主义，播撒革命火种。1932 年冬，武华、段宏绪在段村镇组织了党的外围组织——反帝大同盟支部，并油印革命传单，在县城各处暗中散发、张贴，进行宣传活动。

李逸三，北良侯村人。1927 年加入中国共产党，武乡县党组织创建者，首任中共武乡县委书记。

1933 年 3 月，高沐鸿为了把武乡革命发动起来，与武光汤商议，请示县长吕曰薪同意拨出经费在县城创办了《武乡周报》。“武乡周报”四个字就是吕曰薪题写的。社长为武光汤，编辑为李逸三、武骏图，缮写为史怀璧（史是武光汤介绍给高沐鸿到《武乡周报》当缮写的）。《武乡周报》采取公开合法的形式，于 1933 年 5 月正式出版，进行反帝、反封建、反官僚的宣传，传播革命思想，鼓舞群众斗志。6 月间，李逸三以“时午”为笔名撰写了《第二次世界大战》一书，由《武乡周报》出版。书中宣传了第三国际（又名共产国际）关于世界人民革命的理论，阐述了第二次世界大战必然爆发的原因及革命的伟大前途等。这本小册子共印 300 多册，不到 1 月就全部售完。

继创办《武乡周报》之后，高沐鸿又充分利用“武乡流通图书馆”，开展革命活动。“武乡流通图书馆”是在大革命时，由籍雨农等人成立的，有固定经费，图书管理员是武骏图。当时进步青年任象贤、史怀壁、程登瀛等经常到“武乡流通图书馆”看书学习。图书馆有《反杜林论》《政治经济学大纲》《大革命史》《生活周刊》以及《呐喊》《子夜》《民族自决》《苏联集体农庄概况》等书。高沐鸿经常组织在校学生和乡村小学教员到图书馆学习，把青年知识分子和进步人士紧紧团结在党的周围。1933 年初，李逸三在北良侯任教，高沐鸿把李逸三请到城内，并陪同李逸三到武乡师范学校讲演。李逸三的讲演得到该校校长王卢琴的支持，启发了广大学生的思想，使同学们第一次受到关于中国社会性质与革命前途的教育。

1933 年夏，武乡籍学生赵益三（于林）、魏玉田、魏煜等由太原返武乡。他们经县政府批准，在县城举办了“暑期小学教员讲习会”，聘请太原国民师范学校和成成中学的进步教师于怡青、李曙放讲授《教育学》《现代思潮》，而实际内容则是宣传辩证唯物主义和抗日救国思想。之后，赵益三、李逸三、史怀壁、赵瑞璧（赵向荣）等人发起组织了“现代思潮研究会”。他们在全县各地分片进行活动，宣传马列主义，为地下党的建立做了充分的准备。

四、中共武乡县委的建立

在传播马列主义的同时，李逸三有计划地发展进步青年加入中国共产党，筹备建立党组织。1933 年 6 月间，李逸三首先介绍史怀壁入党。8 月初，李逸三到太原，经段若宗、赵益三联系，同中共山西特委接通关系，详细汇报了武乡党的工作情况。中共山西特委书记随即指示其在武乡建立县委领导机构。李逸三返乡后，又先后发展赵瑞璧、程登瀛（程容）、武三友等人入党。8 月上旬，根据中共山西特委的指示，李逸三、史怀壁、赵瑞璧、武

武乡县党组织创始人

李逸三

史怀璧

赵瑞璧

程登瀛

武三友

三友、程登瀛等5人进行了宣誓，同时在县城高沐鸿宅内西屋召开秘密会议，正式成立了县委领导机构——中共武乡县委员会。

会议由李逸三主持，确定了参加会议的5人为县委委员。李逸三任书记，史怀璧任副书记兼宣传委员，赵瑞璧任组织委员，武三友负责抗债团工作，程登瀛负责青年运动工作。会议作出了四项决定：(1) 积极发展党组织，主要从抗债团的积极分子中选择对象。(2) 编印党内刊物《上党红花》，加强对党员的思想教育。(3) 加强对抗债团的领导，大力开展群众性的“五抗”（抗租、抗粮、抗债、抗税、抗丁）工作。(4) 把全县划分为东、中、西三个党的中心活动区：中区以段村为中心，由史怀璧、武三友负责；西区以北良侯为中心，由李逸三、李尚文负责；东区以窑头为中心，由赵瑞璧、程登瀛负责。党的地下组织，从此在武乡扎下了根。

地下党组织的建立，是武乡开天辟地的一件大事。党组织建立后，积极发动群众，开展了轰轰烈烈的民主革命运动，武乡大地上出现了革命的曙光。

五、建立东区、中区、西区党支部

1932年10月，李逸三回到家乡北良侯村，以小学教员的身份为掩护，秘密进行革命活动。通过秘密活动，李逸三很快与贫雇农李尚文、李华英取得联系，酝酿组织抗债团，与封建地主和官僚资本家展开斗争。在李逸三的引导和培养下，这些贫雇农很快成为斗争的骨干。

在东区的窑头村担任小学教员的赵瑞璧、程登瀛等，受进步思潮的影响，逐渐走上革命道路。他们在峪口、枣烟、型村、窑头、墁坡、下司等村的贫雇农中进行秘密联络，发动贫雇农有组织地同“官盐店”展开斗争。通过斗争，提高了他们的政治觉悟，使这一带逐步成为武乡东部革命斗争的活跃地区。

武乡中区的段村镇是比较繁华的集镇。这里形势复杂，贫苦农民受剥削、受压迫最深，斗争意志最坚决。史怀璧、武三友在中区先后发展了魏怀德、史怀庆和山阳垴村一个雇工（积极分子）为中共党员。不久，党组织即派魏怀德和史怀庆打入县公安局刺探情报。东区的窑头和西区的北良侯村的贫苦农民和佃农也因受李逸三、程登瀛、赵瑞璧等人影响，纷纷参加革命。上述三个地区在党的领导下，积蓄了一定的革命力量，可以作为党开展农村工作的立足点。因此，在县委成立的同时，李逸三、史怀璧等就着手组建了三个中心支部：中共武乡县东区支部（亦称窑头支部），负责领导武乡（东）地区党的活动，支部书记为程登瀛（后为李福元）；中共武乡县中区支部（亦称段村支部），负责领导中部地区党的活动，支部书记为武三友（兼）；中共武乡县西区支部，负责领导西部地区党的活动，支部书记为李尚文。各支部成立后，在贫雇农中秘密发展党员，先后发展 30 余人。农村基层党支部的建立，使党组织在农村站稳了脚跟，为深入发动群众，开展反封建斗争，奠定了良好的组织基础。

六、建立共青团武乡县支部

中国共产主义青年团武乡支部，是在创建党组织的同时，由李逸三、史怀璧、赵瑞璧、程登瀛等人创建的。

1933 年春，李逸三、高沐鸿征得县立师范校长王卢琴的同意，在学生中进行了讲演，阐述中国社会发展趋势、国民党的反动本质、苏区革命发展等，讲述马列主义的基本理论，指出青年学生的责任就是认识社会、改造社会，并利用“武乡流通图书馆”，组织学生参加读书会，启发引导他们阅读进步书籍。通过开展讲演和读书活动，团结了一大批具有进步意识的青年，先后发展王锦心、李衍授、张桂森、李旭、魏效泉、李步云等人加入共青团。随着团员人数的增加，李逸三、史怀璧等开始着手组建共青团武乡县支部。1933 年 8 月，中国共产主义青年团武乡县支部在武乡县立师范学校成立。县委确定王锦心担任团支部书记。他们开展了宣传抗债团、抵制高利贷、反对贪官污吏、打倒“官盐店”、散发革命传单等活动。同年 12 月的一个大雪纷飞的夜晚，王锦心和李衍授潜入国民党县政府张贴革命标语，散发革命传单，引起了国民党县政府的极度恐慌。广大群众得知这一消息后，大为振奋。到 1933 年 12 月下旬，王锦心、张桂森、高迪廷、李旭 4 名县立师范进步学生和县立高小 4 名同学魏效泉、杨发昌、史亚夫、籍薪田等 8 人，在魏家窑魏玉田家召开秘密会议，会议选举王锦心为团支部书记，张桂森为副书记兼组织委员，高迪廷为宣传委员。会议布置了开展“五抗”工作的任务，还要求每个团员拿出 1 枚铜板，支援红军。共青团组织的建立，为广大青年找到了一条崭新的成长道路，同时，也有力地配合党组织开展了各项工作，成为党组织的得力助手。

第二节　党领导下的农民抗债团

一、农民抗债团的建立

1933 年 5 月，李逸三通过深入的调查了解，结合大革命时期苏区的斗争经验，在筹建党组织的同时，即与史怀璧、高沐鸿等组织发动贫苦农民和小学教员，成立农民抗债团，作为党的外围组织，以便向武乡的地主、富农展开斗争，解救灾难深重的劳苦大众。

1933 年初秋，根据中共山西特委的指示，武乡农民抗债团成立大会在“武乡流通图书馆”秘密召开。出席会议的有李逸三、高沐鸿、武光汤、史怀璧、武三友、武贵同、王锦心、李福元、李尚文等 10 人。会议选举武三友为抗债团团长，李尚文为副团长。抗债团成立后，印发了《晋东南抗债团宣言》。中共武乡县委下设的东区、中区、西区 3 个中心支部，都加强了对各个乡村抗债团团员的领导，组织发动了以抗债、抗租、抗粮、抗税、抗丁为中心的农民“五抗”运动。抗债团的建立，受到民众的积极响应与支持。经过秘密发展，抗债团团员很快增加到 200 余人。他们边宣传边发动，使“五抗”运动如火如荼地开展起来。

抗债团最初的活动，主要是散发传单、制造舆论，以此来发动群众，扩大影响，进而动摇封建地主阶级的统治。为此，3 个中心党支部做了具体部署：东区支部负责墨镫至县城这段村庄，中区支部负责县城以西、坡底以东的地段，西区支部负责坡底以西、分水岭以北地段。抗债团团员在各中心支部的具体领导下，分头行动，在武乡的故城、段村、蟠龙、洪水等村镇贴满了传单。传单的内容为“年成坏，不还债，穷人没衣穿，没饭吃，哪有钱还债”“穷人团结起来，打死恶霸地主不顶命”“共产党来了，地主寿命不长了”等等。这次宣传活动，起到了威慑地主阶级、进一步唤醒民众的巨大作用。

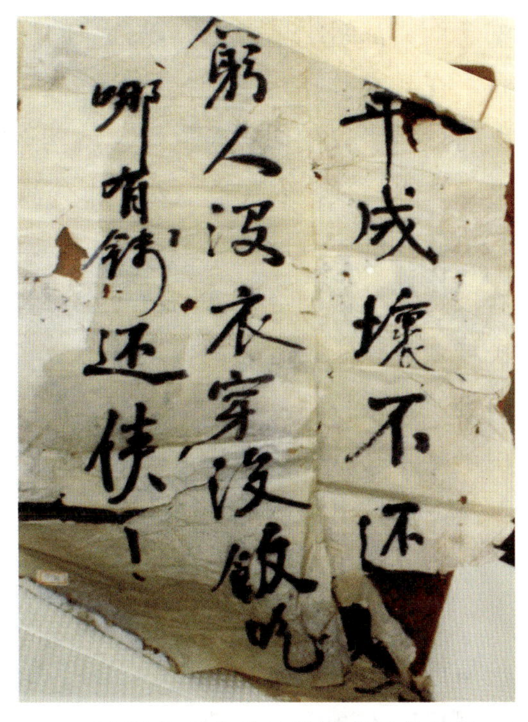

1933 年武乡县抗债团书写的标语：“年成坏，不还债。穷人没衣穿，没饭吃，哪有钱还债！”

随着斗争的深入开展，抗债团进一步组织群众，展开了多种形式的斗争。他们从团员中选拔出一批忠实勇敢、身强力壮的人员组成硬抗队，专门对付那些反动透顶的劣绅土豪。下北漳村地主李林春，外号“活阎王”，谁欠了他的债，他就将谁逼上死路。一次，他到窑上沟村向煤矿工人逼债，被埋伏在路旁的东区抗债团硬抗队队员王中秀痛打一顿。西区抗债团成立后就宣称：“若不摧垮地主债，群众就要受大害。”岸北村地主黄林忠，听到抗债团的口号，便不敢再借故敲诈勒索。广大农民有抗债团撑腰，对所欠债务，迟迟不交，当年冬季就抗住县城恶霸地主范希云的地租 1350 多公斤和赵太和的高息 1000 多元。在此情况下，地主豪绅惶恐不安，纷纷向县长吕曰薪告状，吕曰薪也惧怕抗债团的力量，表示无能为力。此后，不少地主慑于抗债团的威势，停止了催租逼债，从而大大减轻了贫苦农民的经济压力，抗债团取得了初步胜利。

为了便于活动，县委决定，利用社会上原有的社团公开合法的形式，掩护党领导下的抗债团活动。东区支部魏名扬、西区支部李尚文都组织了拳房，以合法的形式掩护地下斗争。1934 年腊月，在县委的指示下，抗债团粉碎了旧政府假选举的阴谋，如，段村欺压乡民的旧村长武承志就落选了，而具有进步思想的武子会当选为村长，农民群众对此十分满意。

武乡农民开展的“五抗”活动，是在党的领导下，学习苏区农民运动经验的产物，它沉重地打击了地主阶级，大大鼓舞了人民群众的意志，有力地推动了附近各县农民运动的开展，为后来开创抗日根据地，实行减租减息，奠定了坚实的群众基础。但是由于县委和抗债团领导人缺乏农民运动经验，致使革命力量过早暴露，使党组织遭受了第一次严重挫折。

二、党组织第一次遭受挫折

党组织领导下的农民抗债团，同封建地主展开了各种形式的抗租抗债斗争，引起了地主、官府的恐惧与仇视。与此同时，《武乡周报》不断揭露旧社会的黑暗和地主、豪绅对农民的欺凌，亦震惊了封建统治者。于是，地主、豪绅纷纷向山西反动政府控告。加之，1933 年 11 月，北京国民党宪兵三团从被捕入狱的武乡旅京学生武华、李晔的住处搜出了《武乡周报》，当即向山西做了通报。因此，山西反动当局将武乡划为全省“四大赤县”之一。在此期间，敌人又得到李逸三撰写的《第二次世界大战》一书，并由县公安局局长携带此书，赶赴太原与国民党山西省反省院大头目武誓彭密谋，策划抓捕共产党员。

1934 年正月的一个夜晚，县公安局派出警察，连夜赶到李逸三的家乡，偷偷包围了李逸三的院落。拂晓，巡官带着警察，冲进李逸三的住宅，把他抓到县政府。同一天，武光汤和武骏图也被逮捕。同时，敌人对高沐鸿下了通缉令。此时，高沐鸿早已离开武乡，史怀璧因到沁县接党的关系，未被逮捕。又隔了几日（正月十六），武乡第一高小进步教师李嘉树、史稽古给学生们讲：“要提高警惕，有些秘密文件及刊物，该烧掉的就烧掉。”这天晚上，学生史亚夫、张超等 4 人，发现东城墙上有巡捕活动，他们意识到这是巡捕在抓人，史亚夫请假躲了，而进步学生张超却被抓了关押起来。

党组织的领导人被捕后，《武乡周报》、“武乡流通图书馆”、印刷合作社均被查封。由于共产党在群众中有威望，“武乡流通图书馆”被查封后，同情者当夜从天窗潜入，转移了重要的革命书籍。巡捕搜查《武乡周报》办公室时，曾发现一本遗漏的党内刊物《上党红花》，同情革命的警察梁用之乘公安局局长梁楫不注意，便迅速将此书踢入地炉中烧毁。

党组织的领导人李逸三等被捕后，对党忠贞不渝，在敌人的严刑拷打之下，坚贞不屈，表现出共产党人英勇无畏的气概。当史怀璧、武三友到监狱探望李逸三时，他暗示同志们要注意隐蔽，继续斗争。后来，李逸三被押到太原法院，以《第二次世界大战》一书为罪证，加上“宣传共产”的罪名，被判刑 6 年，关押在山西省第一监狱，后转到国民党山西省反省院。

敌人的大肆抓捕，使武乡党组织遭到第一次大破坏，受到沉重的打击。事实教育了党员，使他们更坚定了对敌斗争的意志，党的基层组织转入更隐蔽的农村坚持活动。

党组织遭到破坏后，县委与山西特委联系中断（因特委的联系人只有李逸三知道），县城党的活动一度陷入停顿状态。党的骨干、积极分子非常焦急。为了同上级取得联系，赵瑞璧几次到太原寻找上级组织。1934 年初秋的一天，经赵益三介绍，赵瑞璧终于与中共山西工委取得联系，工委当即指示：(1) 由赵瑞璧负责领导武乡党的工作；(2) 整顿党和抗债团的组织；(3) 利用合法形式进行斗争，隐蔽党、团组织；(4) 由武乡派出交通员，并规定了联络办法和联络地址。赵瑞璧带着省工委的指示回到武乡后，由赵瑞璧、程登瀛、武三友组成中共武乡县委，赵瑞璧任书记。县委重新与全县三个地区的基层党组织取得联系，并首先在组织上进行了审查，清洗了一些动摇分子，恢复了党的活动，决定由李丙权任县委地下交通员，决定由魏名扬参加东区党支部的领导。经过整顿和教育，纠正了过去过分暴露等“左”的冒险倾向，党员的思想觉悟有了提高，对利用合法斗争的必要性、重要性也有了一定的认识。这样，武乡党组织的工作又走上了正轨。

三、南神山会议和发展农村党组织

1935年农历三月廿四，南神山庙会正盛，党组织利用这一有利时机，在一密林中选定了会址，召开了秘密会议。到会的有赵瑞璧、李丙权、王锦心、魏怀德、李福元、程登瀛、武寿彭。武三友因事未能参加，派李旭参加会议。会议主要讨论了如何加强斗争和党的活动方式等，并做出了四项决定：(1) 加强对全县群众性武术活动的领导，扩充这方面的人员，发展党组织，为将来创建党的游击武装奠定基础；(2) 派魏怀德打入县公安局，分化瓦解其公安人员，猎取敌人内部情报；(3) 党的活动方式，要隔断横的关系，采取单线联系；(4) 加强对党员和抗债团团员的教育，要求必须严守党的纪律，保守党的机密。这次会议在武乡县建党史上具有重要的历史意义。

南神山会议之后，武乡各区支部迅速开展工作。当时，阎锡山政府为了防止共产党活动，禁止群众集会。在此情况下，党组织就着手组织国术团，以学拳练武作掩护，广泛发动群众，发展革命骨干，进而在这些骨干中吸收党员，成立党支部。在东区，魏名扬、王占鳌、王炳文、郝得胜、李德盘、刘靖国、李五孩、王中秀、梁毓台等到处奔波，很快在20多个村庄成立了以党员和抗债团团员为骨干的国术团，许多山庄窝铺也建起了拳房，成员有数百人之多。宋三孩、高丙水、王碾存等国术团团员，活动比较频繁。枣烟魏名扬、贾豁刘清国、上司新庄赵林田等国术团团员，经常活动在贾豁、大有、北岭一带。凡有庙会的地方，都有国术团，一时国术团声威大震。因国术团成员绝大多数是贫苦农民，又有大刀、长矛在手，故使地主豪绅闻之丧胆。

东区支部除组织国术团团员向封建地主展开斗争外，还在斗争骨干中物色对象，秘密介绍其加入党的组织。如程登瀛在窑头村任小学教员时，积极培养进步青年加入党的组织，他发展的第一个党员是窑头村的李福元，之后还有峪口村的王狗臭、王马孩、王黑丑，枣烟村的魏名扬等人。一般都是先参加抗债团，后介绍加入党组织。入团要求很严，参加抗债团的条件与入党几乎一样。对这些骨干，采取个别谈话的方式，阐述中国共产党的政治主张，讲解只有共产党才能解救劳苦大众等道理。在魏名扬等人的宣传影响下，多数人愿意跟着他们一起去“找”共产党。就这样，东区支部在条件比较成熟的情况下，开始发展党员，并在一些较大村庄成立支部。李峪垴村的姜书祯（姜一）由于破产，生活困难，上高小不到一年就辍学回家劳动。1933 年冬，魏名扬来到李峪垴教练拳术，住在姜书祯家中，经常给他和他们村的青年讲述苏联是社会主义国家，那里没有剥削和压迫；现在中国共产党也要领导民众建立那样的社会。以此启发他们的阶级意识，提高他们的阶级觉悟，增强他们的斗争意志，并介绍李宏胜、姜天明等加入了党组织。同时，组织了抗债团，吸收姜书祯加入抗债团。到 1935 年秋，介绍姜书祯加入了党的组织。运用类似的方法，东区党员迅速增加，村级党支部也逐渐建立。到 1935 年底，东区支部下辖 16 个村支部。如峪口村当时是中心支部，组织健全，支部书记为王马孩，组织委员为赵全孩，宣传委员为王用予，枣烟、大有、贾豁等村也都建立了村党支部。全县农村党支部发展到 21 个。农村党支部的迅速发展，使党组织深入广大群众中间，在发动群众，开展反封建、反贪官斗争中起到了领导作用。但是，由于当时发展党员带有一定的盲目性，一些党员党性不强，带来了一些消极的后果。

除国术团活动以外，党在农村的工作主要是领导群众性的抗债、抗租。武乡（东）的反“官盐店”斗争，多是经济方面的斗争，还处于低级阶段。党的工作任务是：团结周围群众，同阶级敌人进行说理斗争。这在当时有个明显特点，即党员、群众“众口一词”。武乡（东）的反“官盐店”斗争，就是组织农民从太谷、榆次挑回硝盐沿村换卖，以解决农民吃盐难的问题。后来硝盐也来不了，武乡（东）农民就在地下党的领导下，组织“淡饭会”，干脆不买“官盐店”的食盐。因为食盐关系到千家万户的生活，尤其是贫苦农民受“官盐店”的欺压与剥削，生活苦不堪言，所以，县委一提出组织“淡饭会”，很快群众就被发动起来。“官盐店”生了疑心，就在群众中对卖硝盐的人进行追查、扣押、罚款。党组织就针锋相对，动员群众，同查盐者说理，迫使官方妥协。斗争虽然处于低级阶段，但是每一次斗争的胜利，都对群众鼓舞很大。

四、党组织第二次遭受挫折

1936 年 2 月，红军东征，从军事上和政治上开始把阎锡山逼迫到进退维谷的境地。当时，阎锡山强迫农民成立“防共保卫团”，给武乡派来一个大队，分 8 个连，分散到洪水、蟠龙、段村、故城等镇，迫使村村“联防会哨”，加紧对革命力量的武力镇压，形势十分严峻。在此情况下，党组织按照南神山会议精神，隔断了横向联系，采取单线领导，隐藏了蜡版及一切文件，并对党员加强了气节教育。东区支部书记程登瀛在峪口河神庙同地下党员魏名扬谈话，让他注意隐蔽，保存力量。为了掩护党的活动，程登瀛还要求魏名扬挑选一些机智勇敢的党员打入“防共团”，及时探听敌人的消息，分化敌人的武装，维护党和群众的利益。这次谈话之后，魏名扬首先将所有的党内文件都装在铁筒里埋入地下。当时，“防共团”的发展原则是：富人当兵，穷人出钱，家里有 50 亩地者才能加入。但富人不愿当兵，便雇人顶替。于是，魏名扬利用这一机会，分别到贾豁、窑上沟等地进行串联活动，选择可靠的党员，主动顶替地主、富农去参加“防共团”，掩护党的活动。在党活动的重点地区，群众基本上是在党的领导之下。窑头等村还派人秘密站岗放哨，准备以软硬两手，对付国民党的突然袭击。尽管阎锡山政权对武乡党的活动进行残酷镇压，但是党的组织还是日趋壮大。可是，就在党的工作开创新的局面之时，武乡党组织第二次遭到破坏。

1935 年底，武乡籍在太原读书的武楚，将他的同学侯昌龄介绍到段村武梦玉处，侯昌龄来段村后因为没有和中共山西工委打招呼，故党组织未与侯联系。但是段村支部个别领导被骗失密，暴露了部分党组织的领导机密。侯昌龄回太原即向阎锡山当局告密，致使武乡党的组织机构又遭破坏。1936 年 2 月，西区支部的李丙权、任丑儿，中区的魏富锁，打入公安局的魏怀德，东区的赵瑞璧，分别于各地被捕。程登瀛、武三友迅速外逃，并通知各支部党员外出，避开了敌人的搜捕。武三友潜入石家庄、大同等地。程登瀛经石家庄，后奔北平与高沐鸿、赵硕宾（山西榆次人，当时是北平新闻专科学校学生，共产党员，做社联工作，当世界语翻译。高沐鸿去北平后与赵硕宾住同房）在一起，参加了西安事变，后一直在外地工作。赵瑞璧等 5 人被捕后，先后被押送太原审讯，但敌人因无任何证据，只好以嫌疑犯名义将其关押。魏怀德、魏富锁通过社会关系，取保释放。

党组织第二次被破坏，损失惨重。武乡地下党的领导人被捕之后，又和上级党组织失去联络。在此情况下，党的骨干分子李福元、魏名扬于 1936 年秋又开始积极活动。

五、打入“防共团”保护基层党组织

武乡党组织虽然遭到两次破坏，但是革命阵营并未被摧垮。他们在总结了经验教训之后，以新的斗争方式，将工作重心转入农村，不断积蓄力量，壮大革命队伍，进行着不屈不挠的斗争。

东区支部党员打入“防共团”之后，便以耍拳练武、混弟兄结朋友为掩护，保护党的组织，并且利用“防共团”团员的身份，掌握敌人的情报，保护党和群众的利益。

1936 年 2 月的一天，“防共团”到禄村抓人，路经墁坡村。东区支部委员魏名扬悄悄告诉东区支部书记程登瀛的姐姐，说有坏人告密，敌人很快要来搜捕，让她赶快告诉程登瀛和赵瑞璧迅速转移。程得到消息后，及时离开家乡。魏名扬还告诉峪口村的王马孩、许家塭的李印元，让他们也迅速转移。王马孩便及时和王贵生将党的文件放入瓷坛，埋入地下。数日后，“防共团”到峪口搜捕时，没有任何收获。李印元也在得知消息后，迅速转移，从而免遭抓捕。

4 月初，“防共团”一中队队部派小队长刘子玉带领魏名扬等人在峪口村设哨立卡。魏名扬让姜一转告峪口村党支部提高警惕，他们又利用敌人内部矛盾，采取各个击破的办法，分化瓦解敌人。这个小队长到任不久，即同一青年女子鬼混在一起。当时一个警察赵振旅（共产党员）在魏名扬的鼓动下，抓住刘子玉这一弱点，请城关郝光斗写了状子，并私刻了型村编村村公所和“公道团”的大印盖上，向“防共团”总指挥部（驻辽县，今左权县）负责人杨爱源揭发了刘小队长吃喝嫖赌、贻误职守等罪状。杨派专人前去调查，恰巧碰上刘子玉与其姘妇在一起。刘子玉由此而被撤职，灰溜溜地离开了武乡，峪口的防共哨卡也随之被撤掉，群众无不拍手称快。

5 月，“防共团”举行所谓结业仪式，同时招考、集中小队长在故县三官庙培训。魏名扬便和一些党员分别回到村里，继续进行地下斗争。“防共团”大队长李培湖，霸占县城西关一民女。一天夜里，被录取为小队长的李宏胜（共产党员）、王绑纣 2 人化装进去，与房东张太太合伙，痛打了赤身裸体的李培湖。李臭名远扬，感到无脸见人，从此一蹶不振。

1936 年 12 月西安事变后，国共合作的抗日民族统一战线初步形成，整个山西的抗日形势发生了重大变化。武乡县旧政府慑于民众日益强烈的抗日呼声，不得不收起反共的勾当。武乡党的骨干分子又开始积极活动，在宣传抗日救亡中传播革命火种。同时，在外地的武乡籍共产党员和进步青年，纷纷返回故里，推动了武乡的抗日救亡运动。随着抗日战争的全面爆发，这些久经考验的共产党员和革命骨干，又以新的姿态投身于民族解放斗争的洪流。

第二章　创建抗日根据地

1937年7月7日，日本侵略军发动了卢沟桥事变，全民族抗日战争爆发。8月，中国共产党领导的工农红军改编为国民革命军第八路军后，即开赴山西前线作战。

根据中共中央北方局关于在华北发动群众开展抗战工作的指示，中共山西省公开工作委员会派出共产党员韩洪宾和工作员姚伯功任武乡县牺盟会特派员，以合法身份，进行抗战动员。同年10月，中共冀豫晋省委派徐子荣、王玉堂、高沐鸿等人到武乡，建立了中共武乡县临时工作委员会。党的工作重点即恢复发展曾因遭破坏而停止活动的武乡党组织，动员全民抗战。

1938年初，省委派陆清廉领导的八路军工作团进驻武乡协助工作，成立了中共武乡县委员会。县委建立后，全县党组织得到迅速发展。同年4月，全县人民紧密配合八路军主力部队，参加了粉碎日军“九路围攻”的长乐村战斗，有力地打击了日军的嚣张气焰，使初创的抗日根据地得到了进一步巩固。1939年，武乡县建立了抗日民主政府。县委认真贯彻党的统一战线政策，减租减息，清理旧债，团结一切抗日爱国力量，广泛开展抗日斗争，发动群众，有步骤地对县、区、村旧政权进行了初步改造，使根据地的工作得到进一步发展。

第一节　发展党的组织　动员全民抗战

一、中共武乡县临时工委的建立

抗战前，武乡地下党组织虽然屡遭挫折，但由于党领导广大农民群众进行了较长时间的“五抗”斗争，党在全县人民心目中留下了深刻的印象。随着抗日救亡运动的蓬勃开展，武乡党组织也同整个华北地区党组织一样，将革命斗争的主要目标转向反抗日本帝国主义的侵略。因此，党的各级组织也在风起云涌的抗日救亡运动中得以恢复和发展。

1937 年 11 月，冀豫晋省委负责人徐子荣带领高沐鸿、王玉堂来到武乡开展工作，着手恢复和发展武乡党的各级组织。先与县牺盟会特派员韩洪宾取得联系，并经上级党委批准，组建了中共武乡县临时工作委员会（简称临时工委），王玉堂任临时工委书记，韩洪宾任组织委员，高沐鸿任宣传委员（后由张天乙接任宣传委员）。

中共武乡县临时工委建立后，针对武乡县群众觉悟高、革命基础好、建党较早的实际情况，全面了解抗战前武乡地下党组织活动情况，并把迅速恢复党的组织当作首要工作来抓。经调查，了解到 1936 年前窑头村曾是东区党支部所在地，发展过不少地下共产党员，群众基础较好，又是武乡的腹心区，具有整顿和发展党组织的基础。他们经过对党员的重新登记和审查，首先恢复了窑头村党支部，支部书记由李福元担任。在窑头村搞试点取得经验后，又在段村、故城、大有、洪水、蟠龙等地全面进行调查，在东区不少村也恢复了党组织。抗战前发展的党员武三友、魏名扬等经县工委批准，恢复组织关系后，以搞农救会工作的名义，分别担任段村、峪口等地下党组织的负责人。与此同时，在县城通过扩大牺盟会组织，发展了一批新党员。他们大都是七七事变前在北平、太原等地求学的进步青年，如武光清、杜昕、李旭、李衍授、武铭、王润华（女）、李安唐、史玉麟、李生旺等。抗战爆发后，他们回到武乡开展抗日救亡宣传活动，党组织及时以牺盟会干部名义，把他们分配到全县较大的村镇发展党的组织。

这样，抗战初期武乡党的组织由农村和县城、农民党员和知识分子党员构成了有力的两翼。农民党员着力宣传和发动群众，协助组织工、农、青、妇等组织；知识分子党员则侧重搞改造旧政权和组建人民武装等工作。由此，武乡党组织得以迅速恢复和发展。

在恢复和建立党组织的同时，中共武乡县临时工委注意到在新形势下加强对党员、干部教育，即在中共冀豫晋省委徐子荣、中共晋东特委杨树根等人的具体指导下，于1937年12月在窑头村举办了党员培训班。培训内容主要是党的基础知识和抗战时事教育，主要内容有党的性质、最高理想和现阶段的斗争目标、党员的权利和义务、团结群众和如何在群众中起先锋模范作用、遵守党的纪律和保守党的秘密等，并组织学习中共冀豫晋省委出版的党刊《战斗》和一些通俗的马列主义读物。通过培训，党员掌握了党的基础知识，明确了党的宗旨和任务，提高了政治素质，并作为党的工作骨干，担任重点区、村党政干部。在窑头开办党员培训班之后，除恢复原有地下党的组织外，又在全县大部分抗日编村建立了党的基层组织。据统计，到1938年初，武乡县党员已达2500多名，建立党支部143个，党员和基层党组织真正成了领导群众开展抗日工作的骨干力量和战斗堡垒。

二、发动和组织群众抗战

随着抗日工作的全面展开，党的统一战线有了很大发展。运用公开合法的形式开展党的工作，是党组织面临的新任务。1936年12月，由薄一波领导的山西牺牲救国同盟会（简称“牺盟会”），为了适应形势发展的需要，扩大牺盟会的政治影响，决定把工作重点放在全省广大农村，故以“临时村政协助员”的名义，将大批党员或进步分子派往各县开展工作。当时来到武乡的有100多人。他们（多为青年学生）来到武乡后，即大力开展抗日救亡的宣传鼓动工作，为发动民众建立牺盟会基层组织创造条件。

1937年7月卢沟桥事变后，韩洪宾、姚伯功来武乡县任牺盟会特派员，在县城（今故县）东关正式成立了武乡县牺盟分会，下设组织、宣传两个部，韩洪宾兼任组织委员，高沐鸿任宣传委员。当时在北平、太原求学的杜昕、张桂森、张超等进步青年也返回武乡，参加了县牺盟会的组织工作。武乡县牺盟分会的宗旨是：大力发展会员，扩大组织；宣传“国家兴亡，匹夫有责，大敌当前，团结抗日”的革命道理；宣传“不分阶级，不分党派，不分宗教信仰，团结抗战”的统一战线主张；动员全县民众，誓死不当亡国奴，有钱出钱，有力出力，团结起来，共同抗日。

8月初，韩洪宾和张桂森到段村、故城两镇，杜昕、张超到大有、贾豁两镇，分别召开初、高级小学教师座谈会，阐述共产党坚决抗日、广泛建立抗日民族统一战线等主张。同时，他们还把印好的《中国共产党在抗日时期的任务》《为争取千百万群众进入抗日民族统一战线而斗争》等册子分发给广大群众，以唤起全县人民抗日救亡的觉悟。8月下旬，杜昕、张桂森又到武乡蟠龙第三高小进行抗日救国演讲，该校师生受到很大鼓舞，当即走出校门，到街头田间向各界群众做抗日宣传工作。到9月18日，段英奎、刘廷藻、武铭、石汝麟、李炳源等30多名来自全县各地的青年学生，作为宣传骨干聚集县城，召开了九一八纪念大会。会上，由韩洪宾、杜昕作了《大力开展抗日救亡运动》的报告，并成立了武乡县抗日救国学生联合会，推选杜昕为学生联合会主席，段英奎、黄岑明、武铭、张桂森为副主席。大会结束后，全体学生表演了《工农兵学商，一齐来救亡》和《义勇军进行曲》等抗日歌曲及《放下你的鞭子》等新剧，在全县人民中吹响了动员和组织抗日大军的战斗号角。随着抗日救亡宣传发动工作的不断深入，各地陆续组织了牺盟会和牺盟游击队，并按区派出了40多名牺盟会村政协助员，到各编村开展工作。到1938年，武乡牺盟会会员发展到1万多人，对发动各阶层团结抗日起到了积极的作用。

武乡牺盟会，始终坚持贯彻执行中共中央所颁布的《抗日救国十大纲领》（通过牺盟会组织变为《民族革命十大纲领》），使全县的抗日救国运动得到迅速发展。第一，在牺盟会的掩护下，恢复和发展了党组织。县牺盟会特派员大都是共产党员和先进分子，他们在开展牺盟会工作的同时，秘密地推荐和审查具备入党条件的积极分子，壮大了党的队伍。第二，领导抗日统一战线工作，团结了大批士绅名流。第三，领导群众同官僚和豪绅进行斗争。第四，大力开展宣传鼓动工作，组织了话剧团，创办了青年抗日救国公学；全县各村都兴办了民革室；创办了《大众力量》周报，共出刊 110 多期，对推动抗日工作起了很大作用。

共产党的力量来自人民，党的统一战线政策威力，就在于把各阶层的抗日力量聚集在党的周围。在武乡牺盟会里，由于共产党组织的坚强领导，在群众和先进分子中树立了崇高的威信，从而既发展和巩固了统一战线，又发展了党的组织。

三、组建地方抗日武装

1937 年 11 月，国民兵军官教导第五团在贾毓芝、李一清的带领下进驻武乡，开辟抗日根据地。教导五团成员大部分被派到各区所在地的编村，如洪水、蟠龙、监漳、段村、故城等集镇和较大的村庄，调查了解各阶层思想状况，宣传发动群众参加抗日救国运动，组建训练编村自卫队，为武乡抗日地方武装的组建做了舆论和组织准备。

当时，国民兵军官教导团驻故城和信义村。他们进村后，宣传发动故城镇群众抗日，讲述东三省被日军占领的惨状。他们把抗日标语、传单贴满故城大街，召开群众大会，宣传抗日救亡。经过宣传发动，全镇形成了很浓的抗战气氛，全民抗战的局面已初步形成。

武华游击队　武华游击队是在全县人民奋起抗日的热潮中，于1937年10月在武乡故城一带成立的。它属县动员委员会领导，武光清任大队长，武华任政治主任，李应东任参谋长。武华游击队是武乡县发展较早的一支人民抗日武装，是以发起者武华的名字命名的。武华，武乡段村（今城关）人，就读于太原国民师范，早年参加革命，1932年入党，返乡后，积极从事抗日工作。这支早期的人民武装，开始时有50多人，下设2个排，每排编3个班。他们经常活动在武乡西部的东良、故城、南关、石盘等地，主要是宣传发动群众抗日救国，贯彻党的统一战线政策。1937年12月，这支游击队进一步向武乡（东）地区发展，人数达到300人。他们根据战争的需要，经常活动于窑头、监漳、蟠龙、韩壁、东堡、石门、大陌等地。1938年4月，这支游击队曾配合八路军参加反敌“九路围攻”的长乐村战斗，活动在蟠龙一带，在小西沟山梁上与敌周旋，进行战斗。此后，这支地方武装正式编入八路军。

王道成游击队　王道成游击队是在教八团、教五团和牺盟会村政协助员的帮助下，由王道成（故城南街土门人）在三区各村发动青年组建的游击队。这支游击队成立后，开赴沁县三专署由薄一波专员领导，分别编入决死队第三纵队和游击二团。

魏名扬游击队　魏名扬游击队是1937年10月在武乡县城由11名革命青年发起成立。党组织指定魏名扬担任大队长，李旭任副大队长，杜昕任政委，李衍授任副政委，武铭、李安唐、王润华（女）任宣传干事。1937年底，经宣传发动，这支游击队迅速发展到500多人，由八路军帮助进行政治教育和军事训练。1938年1月，这支游击队按照党的指示，编入决死队游击二团。

1938年2月，为了给八路军输送更多兵员，在党的领导下，魏名扬在马村第二次发动成立八路军游击队。因魏名扬在搞地下斗争时，以国术团为掩护，这次组建的游击队就是以国术团团员为基础，组织青壮年参加。到1938年4月反敌“九路围攻”前夕，这支游击队已发展到300多人。同年6月与武华游击队合并，先后由八路军工作团陈先中、陈凯中、杨树根等带走，编入八路军的正规部队。

1939年春，在魏名扬帮助下武乡东沟又成立了一支人民抗日武装，即清河子弟兵。裴清河（大有村人）任大队长，该武装分3个连，共500人左右（其中女兵编了1个连），在东沟村整训一个月后，转移到抗日县政府所在地姚庄附近，承担保卫任务。除站岗、放哨、传递情报外，还配合正规部队作战。魏名扬第三次组建游击队，并带领游击队百余人集体加入尤太忠部八路军正规部队。随后，魏名扬接受邓小平指示带编制回乡组织地方武装，很快在骨干成员的努力下，第四次组建游击队，这支游击队在完成送粮任务后直接编入了八路军385旅769团，充实了孔庆德团长的队伍，并带动群众20余人参军。魏名扬回到地方接收戏班子，创办“翻身剧团”。魏名扬第五次组建游击队，人数达到800余人，百团大战开始后，魏名扬亲自率领游击队参加了榆社县城攻坚战、关家垴歼灭战、段村争夺战等多场激战，参加了陈赓指挥的老爷山、土落等战斗。战斗结束后，武乡县抗日政府请求魏名扬回到武乡再组建地方武装。魏名扬第六次组建游击队，担负起保卫县委、县政府，保卫全县人民生命财产安全的任务，魏名扬带领这支队伍除奸杀敌开工厂，减租减息搞土改。在日军投降、国民党抢夺根据地的危急时刻，接受上级指令，第六支魏名扬游击队参加八路军太行纵队，编入八路军主力部队。魏名扬凭借自己在群众中的威望和影响前后六次组建游击队，为八路军输送3000多名训练有素的游击队员。由于贡献突出，被朱德总司令亲自授旗“太行名扬游击队”。

贾书林游击队　贾书林游击队是以贾书林为名的游击队（贾

1942 年冬，太行三分区领导与魏名扬游击队部分队员合影。二排右四为魏名扬。

书林，武乡南亭村人）。他们经常活动于敌交通线周围，警戒监视日军，粉碎日军扩大占领区和“维持村”的罪恶计划，开展各种形式的对敌斗争，成为武西一支活跃的武装力量。

人民武装自卫队 1937 年冬，为了进一步扩大地方武装，工作团（县委）向全县人民发出了成立人民武装自卫队的号召：“所有 18 岁以上、59 岁以下的健壮男女公民，都有参加自卫队的权利和义务，都是当然的自卫队员，要拿起各种各样的武器——如镰刀、斧头、菜刀、剪子和石头，与敌人进行斗争，绝不让敌人随便捉住一个人，抢走一点东西，只有斗争才是出路。”县委的号召，得到了全县人民的热烈响应，各区、村青壮年纷纷报名参加自卫队。1938 年，全县 48 个大编村，村村建立了自卫队，并涌现出义门、寨上、王家峪等许多模范村自卫队和区自卫队（后称基干队）。到 1939 年春，全县自卫队发展到 2000 多人，县委成立了自卫队总队部。这支自卫队不脱产，担负为部队送军粮、抬担架等战勤任务。

为了加强对县自卫队的领导，便于统一指挥，县委于1939年五六月，从各村自卫队中抽出30%的队员，组成县武装自卫队，受县动委会直接领导，人数达到700多人。他们战时配合正规军作战，平时学政治、学军事，在八路军的帮助下搞训练。在武装自卫队成立的同时，各区为了加强区级武装力量，保卫区委、区政府，在各村自卫队中抽调骨干，成立区基干队，各区人数不等，一般在30至50人。自卫队队员基本脱离生产，受县自卫大队领导，后属各级武委会领导。人民武装自卫队，为打开武乡县抗日工作局面，保卫抗日民主政权，壮大人民武装力量，做出了积极贡献。

四、群众团体的建立

在建党和发展地方武装的同时，县委还积极组织成立各界群众抗日救亡组织。在冀豫晋省委和八路军的指导和帮助下，县委分别召开农民、青年、妇女等群众代表大会，通过民主选举，分别成立了各自的组织机构。

武乡县妇女抗日救国联合会（简称妇救会） 1937年10月成立。在太原求学的武乡籍女学生高铮惜、王克强等参加了山西牺盟会军政训练班。1937年8月，武乡的女学生李念九、李庭华、常启珍、李爱英等参加了决死队，奔赴抗日前线。同年秋，王克强、武铭、李念九等加入了共产党。武铭和王克强在县城积极从事抗日宣传工作，积极响应县委号召，建立了武乡县妇女抗日救国联合会。这批知识青年作为武乡的新女性，是第一批参加革命斗争的代表。

1938年，随着武乡抗日根据地的创立，妇女组织得到了各级党委的重视，县委书记兼任妇委书记，并在各区、村逐步发展起妇女救国会的基层组织。1938年4月，日军在“九路围攻”中，实行了残酷的奸淫屠杀，广大妇女遭受空前的灾难。残酷的现实，迫使广大妇女奋起抗争。在长乐村战斗中，附近村庄的妇女组织积极参加了救护、支前工作。12 月，边区党委派王炤等女干部来武乡接任妇女领导工作。1939 年，区、村妇女组织普遍建立，发动广大妇女组织起来，摆脱封建束缚，参加生产，参加慰劳支前，鼓励亲人上前线。同年 5 月，段子峰接任县妇救会主任。

武乡县工人抗日救国会（简称工救会）　1937 年 9 月成立。会员除武乡（东）的一些煤窑工人、小手工业工人外，主要是返乡的兵工厂工人。日军逼近太原后，省城以太原兵工厂为主的 500 名武乡籍工人，在贾志厚、杜生旺等人的带动下，于七八月先后离并返乡。他们中不少人在太原时已参加了牺盟会组织。贾志厚在 1928 年曾参加过太原兵工厂工人争红利的罢工斗争，并且为维护工人利益，同官绅进行过斗争。1936 年，在并的武乡籍工人组织了一个“武乡工人同乡会”（包括在太原各厂的工人和靠做缝纫、卖蛋糕谋生的手工业工人及店员共 500 余人），民主选举了贾志厚、石汝麟、崔廷玉、李银河、史景生等 5 人为委员会委员。这是一个自发组成的工人群众组织。这部分人回乡后，成为工救会的中坚力量。杜生旺、贾志厚、张玉堂、王化南、常贵生等 7 人，被选为工救会委员，杜生旺任主任，贾志厚、张玉堂任副主任。县工救会的基层组织是区工救会。到 1939 年底，全县工救会会员达到 6000 余人。

武乡县农民抗日救国会（简称农救会）这是在共产党领导下，由农民自愿结合而成的群众组织。1937 年 11 月，通过县牺盟会的公开发动和组织，在县城成立了武乡县农民抗日救国会，由赵晋臣（窑头村人）任农救会主席，委员有程高升、赵天恩、武志文、李春方。1939 年冬，赵晋臣调上级农救会工作，县农救会主席由武三友担任，王琼任组织部部长，李春方任宣传部部长。同时，在各行政区也建立了区农救会。全县 48 个大编村也都先后建立了村农救会。抗战时期，农救会的主要任务是：在各级党组织的领导下，用经济的（组织合作社、劳动小组等）、政治的、文化的等多种形式宣传、组织农民参加抗日战争，同时领导农民向封建地主进行减租减息与实行合理负担的斗争，提高农民的组织性和阶级觉悟，解除群众痛苦，改善农民生活。

武乡县青年抗日救国联合会（简称青救会） 1937年11月成立。李步云任青救会主席，史玉麟、郭茂田为副主席。这是共青团组织停止活动后的又一种更加广泛的青年群众组织。它的基本任务是：吸收广大青年参加抗日救国民族统一战线，并且积极发挥先锋作用，成为党的重要助手。青救会组织发展到各区和行政村，负责人叫青救会秘书，到1939年底，会员发展到1.6万多人。青救会在组织、宣传广大青年参军、参战和发展生产、发展根据地文化事业等方面，均起到了重要的作用。当时，各救亡团体实行联合领导，建立了抗日救国联合会。

五、开展兵工生产

县工救会建立不久，为了满足地方武装武器装备的需要，在八路军工作团领导下，积极开展兵工生产，首先由贾志厚、王化南等人筹建了小型兵工厂，厂名为“武乡县工人抗日武装自卫队铁工厂”，厂址设在县城（今故县）东门外的瘟神庙，后迁至松庄附近的佛爷滩，为了保密起见，对外称为“鼙山工厂”。工人大多是太原兵工厂返乡的技术员，一部分是从附近农村动员来的铁匠、木匠等手工业者，共50余人。主要生产地方武装所急需的大刀、长矛，装备县游击队和县自卫队。1938年4月初，八路军总部转战于武乡城西的马牧、寨上、义门一带，曾有一个连队驻在工厂附近的魏家窑。工厂模仿部队用的短枪，试制了撅把子手枪。随着地方武装的日益壮大，鼙山工厂不断改进技术，扩大生产。工人增加到100多名。不久，工厂又搬到枣岭与深泽滩之间的白龙洞庙内。为了响应县委的紧急号召，工人们把在长乐大

柳沟兵工厂工人设计的焖火炉

捷中缴获的部分武器和军用物资运到工厂，又请原来在太原火药厂的技术工人李盘明、籍三满、魏福珍等人来厂指导，成功研制了手榴弹，这是工救会的一大创造。

为了保证生产大批手榴弹所需原材料的足量供应，韾山工厂于 1938 年夏季迁至武乡东部煤铁资源丰富的柳沟、马岚头。同年 8 月，韾山工厂又动员来 100 多名工人。随着工厂的扩大，县委支持工救会组织，加强了兵工生产。这时，韾山工厂的骨干分子是李福兴、张俊生、崔廷义、赵兴业、魏庆昌、贾唐亮、李二唐、杜学唐、张保书、王玉文等。到 11 月，韾山工厂已能生产手榴弹、地雷、撅把枪、小马枪等 4 种武器，每天可以生产手榴弹 7000 多枚、地雷 6500 多颗。

1939 年“二七”纪念日，晋东南工救总会成立，韾山工厂负责人贾志厚、杜生旺、王化南等参加了会议。会议选举贾志厚为总工会经济建设部部长。杜生旺被选为晋东南工会主席，负责全区的工业生产。会议决定以武乡柳沟为基地，为晋东南培养兵工人才，带动全区工人群众积极参加抗日兵工生产。

在县委的领导下，武乡工人阶级不断发展壮大，不仅为地方武装提供了一定数量的大刀、长矛和手榴弹等武器，更重要的是对于推动全县铁工、木工、矿工和羊工等纷纷投入抗日运动起到了先锋作用。

六、配合八路军粉碎日军“九路围攻”

1938年4月16日，日军以108师团为主力，集中16、20、109师团及酒井旅团各一部，共十余个联队3万兵力，由太行山周围交通线上的博爱、邯郸、邢台、石家庄、阳泉、榆次、太谷、沁县、长治，向晋东南分进合击，妄图把八路军主力消灭在辽县、榆社、武乡地区。

晋冀豫军民为粉碎日军的“九路围攻”，做了充分的准备和周密的部署。此时，八路军总司令部进驻武乡马牧、义门一带。针对敌人围攻的企图，朱德总司令和彭德怀副总司令决定采取以

1938年4月，八路军129师386旅参谋长周希汉在晋东南粉碎日军第一次“九路围攻”前作战斗动员报告。

一部分兵力牵制其他各路敌军，集中主力击破其一路的战术，遂以 115 师 344 旅的主力，与决死一纵队各基干支队，结合游击队、抗日自卫队，以阻击袭扰的手段，迟滞各路进犯之敌；以 129 师及 344 旅的 689 团，隐蔽集结于涉县以北寻找战机，歼灭由长治或涉县进犯之敌。4 月 11 日，武乡县委书记陆清廉赴辽县参加 129 师师部和中共冀豫晋省委召开的党的特委、工委书记和游击支队政委联席会议，部署各地党组织、抗日政府、民众团体和游击支队配合八路军主力作战，动员和组织群众支援战争，保证后勤供应和保卫群众生命财产安全。辽县会议之后，武乡县委把所有民运干部编成动委会的地方工作队，县委书记陆清廉亲任大队长，带领干部分头到重点村镇做反“围攻”动员工作。同时，县委又迅速召开了各系统负责人紧急会议，传达了上级关于进行反“围攻”作战准备的指示，全县立即进入紧张的战备状态。各区、村干部和党的负责人，深入群众中广泛进行宣传，动员民众空室清野，组织担架队、运输队，帮助部队抬伤员、运粮食、运弹药、报敌情、当向导；抗日人民自卫队担负起破坏公路、捕捉汉奸、站岗放哨等任务，随时准备参军参战。各村镇还召开了民众动员大会，揭露敌人的欺骗宣传，进行反“围攻”动员，为粉碎日军的“九路围攻”做了充分的准备。

4 月 15 日，日军 117 联队共 3000 余人，北犯榆社扑空后，当即返至武乡，在我军民的袭扰下，连夜沿浊漳河向襄垣方向逃窜。根据这一情报，129 师师长刘伯承、政委邓小平和副师长徐向前决定：386 旅 772 团叶成焕部、115 师 689 团韩先楚部为左纵队，沿浊漳河北岸急追；385 旅 769 团陈锡联部为后续部队，沿武乡城东的大道跟进。到 16 日晨，各部队先后追上日军，在里庄至长乐滩 7.5 公里长的河谷中，将敌截为数段包围在浊漳河北岸的里庄滩，随即发起猛烈进攻。这时，771 团也由马汉垴赶到了浊漳河南岸的窑头、西岭村北侧一线高地向北展开突击。陈赓旅长一声令下，两个团以排山倒海之势，从山头飞奔而下，冲入敌群。同时，以一部围歼1500余名来援之敌。经过激烈战斗，将敌大部歼灭。与此同时，战前县委组织的参战民工和自卫队等支前人员3000余人，冒着敌人的枪林弹雨，踊跃投入支前工作。他们为八路军当向导、送饭、送弹药、抬担架、护伤员。游击队、自卫队还配合八路军参加了战斗。姚家庄的自卫队员姚兴塘和姚小春，在给侦察排带路时，还打死了1名日军军官。

在此次战斗中，各区、村党组织的负责人，根据县委的指示，积极为部队筹粮备饭，带领民工踊跃支前。赵三孩、王贵先等6名共产党员，带领群众给部队运送弹药时被日军杀害。当时八路军需要撤出战场急速转移到20千米外的榆社县郝壁村。为此，全县出动了2000多民工，连夜将500多名伤员运往后方医院。在民众的支持下，八路军与敌激战14个小时，在里庄滩共歼灭日军2200余名，毙战马500余匹，缴获步枪500余支，轻、重机枪30多挺等。八路军伤亡800多名，年仅25岁的772团团长叶成焕光荣殉国。

长乐急袭战，是粉碎日军“九路围攻”的决定性的一仗。日军117联队在长乐遭到八路军袭击后，其他各路日军被迫纷纷逃窜。八路军乘机连克18座县城，把日军赶出了晋东南。不久，八路军总部由义门移驻寨上村，召开了祝捷大会，并让广大民众参观了长乐村战斗中缴获的战利品展览。活生生的事实，使民众认识到：只有在共产党的坚强领导下，军民密切合作，才能取得抗战胜利。这次战斗的胜利，为晋冀鲁豫抗日根据地的创建奠定了坚实的基础。

七、日军的暴行和民众的广泛觉醒

太行抗日根据地游击战争的迅速发展，使侵入华北地区的日

1938 年 4 月 20 日，长乐村战斗祝捷大会在寨上村举行。

军深感不安，于是对晋东南进行了一次大规模的“围攻”。长乐村战斗之前的 4 月 4 日，由长治来的日军旅团长苫米地四楼亲自指挥，带领装备精良的 3000 兵力，由屯留经襄垣、沁县直向武乡扑来，日军北进榆社扑空后，返回武乡县城，对县城老百姓施行了惨无人道的大屠杀，对武乡这座古城实行了疯狂的洗劫。4 月 15 日深夜，日军撤离后，县城一条大街变成了一片废墟。被杀百姓的尸体横在路边上，倒在血泊中。东关、西关附近村庄的房屋、窑洞也遭破坏。一名妇女被敌人奸污后杀害，她身旁还躺着一个 3 岁左右的儿童，脑门被重物击碎，鲜血直流。日军洗劫县城后，又到县城东南 5 里外的石拐、白草讪、马家庄大肆烧杀。在一个土窑洞里就发现了 40 多具被敌人残杀的手无寸铁的民众的尸体。其中一个 87 人的村庄就被敌人屠杀了 86 人，只剩 1 人逃亡他乡，全村房子都被烧毁，成了悲惨的“无人庄”。

长乐村战斗之后，日军对附近村庄实行了疯狂的报复，浊漳河两岸沿蟠（龙）武（乡）公路的大小村镇，成了日军残杀无辜的屠场。其所到之处，见人就杀，见房就烧，见物就抢，从县城到长乐村，沿途村庄的房子全部被烧毁。在峪口村，日军将抓住的一些地下党员和抗日自卫队员赶到十八亩塔，用刺刀威逼，要他们说出八路军的去向。这些党员和群众怒视日军，坚贞不屈，结果被日军用刺刀活活挑死。后来，敌人又把抓来的十余名群众赶到这里，架起机枪将其扫射于地堰下。尤其是距长乐村战场最近的里庄、圪台庄等村，损失更为惨重。仅里庄村，就有 25 人被日军围在 3 个窑洞里放火熏死。在巩家垴一带，日军为了搜寻八路军伤员，将村子里的石碾、石磨都掀翻捣毁。在窑头村，日军残杀百姓、强奸妇女，真是惨不忍睹。在这次日军报复中，仅峪口村就被杀害 23 人，其中共产党员 5 人。

4 月 17 日，在长乐村遭到重挫的日军，向东窜至韩壁村，在五里圪廊至岭口一带，遭我军一部的猛烈阻击后，又对附近村庄进行了疯狂的报复性烧杀。他们将韩壁村的几个窑洞内的群众全部搜出，几经糟蹋蹂躏后统统推下深谷将其摔死。韩壁村的魏家古寨，全被日军烧成瓦砾。在东、西堡村，日军把抢来的五谷杂粮浇上汽油放火焚烧。这一次，武乡全县被日军烧毁房屋 3200 多间，烧毁粮食 15 万公斤，残杀无辜群众 1000 余名。在日军大肆洗劫之后，县委和抗日县政府及时安抚受害群众，帮助他们重建家园，并结合血淋淋的事实，对群众进行了广泛深入的教育。日军“扫荡”前，在农民中流传着一句话：“哪个朝廷不纳粮，日军来了也一样。”日军的大肆烧杀，使人们猛醒过来，战争教育了人民，人民从血的教训中认识到“不抗日，活不成；要生存，靠斗争”！同时，为了加强和健全县、区、村领导抗战的组织，坚持敌后抗日，中共武乡县委于 1939 年 7 月 30 日召开了第一次军政民联席会议，成立了军政民联席会。从此，全县 48 个编村普遍出现了“母亲叫儿打东洋，妻子送郎上战场”的群众性抗日热潮。

八、农村党支部普遍建立

1937 年 11 月，中共中央北方局针对太原失守后的山西局势，作出了《关于目前形势和华北党的任务的决定》。鉴于抗战开始后形势发展的迫切需要，结合共产党已经成为根据地政权和武装的主要领导者的现实状况，要求在敌后游击战争中必须十倍百倍地发展党组织。只有这样，才能保证对抗战的坚强领导。中共冀豫晋省委及时传达了这些指示精神，县委即着手发展党员，开展建立基层党组织的工作。首先由王玉堂主持，经杜昕介绍，史玉麟、李安唐、李衍授、武铭、王润华、李生旺等参加了中国共产党，以杜昕为主要领导组成了党支部。并以大有泰山庙为基地，同魏名扬会合，发展党组织。这是七七事变后在武乡首个以集体入党形式建立的基层党组织（即支部）。1938 年 1 月，冀豫晋省委派共产党员陆清廉接任中共武乡县委书记，以八路军工作团团长的身份同县牺盟会紧密配合，共同发动群众抗日。同年 2 月，正式成立了中共武乡县委员会。

1938 年 4 月，粉碎日军“九路围攻”后，太行革命根据地出现了相对稳定的局面。武乡也同其他晋东南各县一样，进入党组织大发展时期，县委开始着手广泛建立区级和村级党组织。4 月，先后在洪水、蟠龙、郑峪、段村、故城等地建立了 5 个区委。由魏效泉任一区委书记，史玉麟任四区委书记，李衍授任五区委书记。之后，各区委以牺盟会作掩护，采用活动分子会议的形式，深入各村发展党员，建立农村党支部。这些区委就成了发展和组建村级党支部的领导骨干。如四区的史玉麟在东沟、韩家垴、蟠龙、石门、石瓮、韩壁、土河、王家峪、砖壁一带开展工作、发展党员；二区委由李旭发展了一部分党员，其中有赵晋烈、赵硕甫、吕顺、王廷章、张子玉、李逢时等。

1938年6月，中共冀豫晋省委在沁县南涅水村召开重要工作会议。会议通过了《新形势下省委工作的新任务》（简称 “六月决定”）。“六月决定”指出，当前的中心工作是大力发展党员和健全党的组织，要求从6月底，把党组织扩大一倍，吸收新的工农党员干部到党的各级领导机关，派忠实而有能力的党员去领导游击队和地方武装中党的组织等。“六月决定”下达后，中共武乡县委书记陆清廉反复强调，把党组织的大发展工作放在重要地位，要求党员去发动群众，从群众中吸收先进分子入党，建立和扩充基层党组织。于是，武乡（东）山区不少村庄都建立了党支部。如：义安村由张帆负责，石门由冯青云、米如珍负责，韩壁由王琼负责，王家峪由李兴唐负责，姚庄由姜一负责。同时，砖壁村也成立了党支部。在东堡，史思琦、史云则以《中国人报》发行员身份秘密发展邻村党员。蟠龙联合小学校长张万寿、李玉田等也组建了党支部。另外，魏怀德、史法云（史云）入党后，积极投入发展党组织的工作。

在武乡西部地区，三区区委书记石汝麟9月份调到延安学习，牺盟会区主任武镇藩被怀疑有问题，所以县委调县委副书记史玉麟、武三友赴故城三区任区委书记和农会主席，开展武西党组织发展工作。经过发动，这个区各主要大村都有了党员，并建立了党支部。如，玉品村党支部由李如恒负责；山交村由李克诚负责；丈牛坡村由李生木负责；故城镇由李务滋负责；茅庄村由史玉麟和武三友直接发展白德元为中共党员，后经白德元介绍，又发展白木荣、田景云、白秀清、白莲香等为党员。当时，武西地区基础最好的要数建党最早的北良侯支部，这个村在发展党员的同时，还建立了区级群众组织农救会和青救会。武西党的队伍的不断发展壮大，适应了党在游击区工作的需要。

从1938年4月到1939年7月，武乡第一次党代会召开的一年多时间里，是武乡党组织的大发展时期，党员总数已发展到2500余人，达到了村村有党员。党的队伍的壮大，党的力量的增强，对武乡日益活跃的抗日工作的进一步开展起到了极大的保证作用。同时，基层党支部的广泛建立，使党得以与广大群众取得密切联系，有助于党的正确领导的实现和抗日方针政策的深入贯彻，使党创建武乡根据地的各项工作能够顺利完成。党组织的迅猛发展，也表明人民群众从党和党所领导的军队身上看到了希望。随着根据地的开辟，党的政治威信大大提高。

第二节　建立抗日民主新政权

一、彻底改造旧政权

1938年9月，为了加强党对创建抗日根据地工作的领导，便于和相邻县党组织取得联系，冀豫晋省委决定将中共武乡县委改为中心县委，帮助指导榆社、祁县两个县委的工作。刘建勋接任武乡中心县委书记。刘接任县委书记后，当即广泛地发动群众运动，进行民主民生斗争。

在旧社会，农村负担的粮款都是按地亩摊派的。地主、富农占有的多是一等好地，而农民占有的则多是三等薄地，按地亩平均摊粮摊款的办法，实际是将负担转嫁到了广大贫苦农民身上。更残酷的是，由于村政权为地主、富农所把持，从县到村政权都存在着严重的贪污讹诈等现象，广大贫苦农民所受的剥削十分严重，背着沉重的负担，有不少农户一直是衣不遮体、食不果腹，生活长期得不到改善。在这种情况下，要想真正提高农民的抗日积极性是不可能的。县委经过调查研究，深知为农民解决这些问题，满足农民的迫切要求，是依靠与发动农民的主要环节。于是在县委的领导下，通过各救国会组织，在全县开展了群众性的民主民生斗争，改造各级旧政权。

1938 年 12 月，中心县委书记刘建勋指派史玉麟同晋东特委书记杨树根、组织部部长魏晓云一同去区党委汇报武乡工作。李雪峰、徐子荣听了汇报后，布置在武乡县城召开“双十二”拥蒋抗日大会。12 月 12 日，牺盟会出面在县城（今故县）东门外召开以“拥蒋抗日”为名的全县人民群众大会，并结合纪念西安事变两周年智斗县长。牺盟会特派员张烈作为大会主席主持了大会。这次大会是武乡县抗战以来的首次大集会，标志着党在武乡改造旧政权斗争的初步胜利；作为一个重要的里程碑，揭开了全县民众自上而下改造旧政权，建立抗日民主新政权的序幕。

1939 年 1 月，山西省第三行政公署派谭永华（原沁县公安局局长）任武乡县县长。谭上任后，面临的重要任务即是全面改造旧政权，巩固和发展抗日民主新政权。他首先配合县牺盟会、决死队和各抗日民众团体，根据党的抗日民族统一战线政策和实际情况，采用团结、联合和斗争等方式，对县政权和各区政权的机构与人员进行了统一调整。县政府的四个科，全部由共产党员和进步人士任科长，五个区的区长也都是由共产党员和进步人士担任。县、区两级废除了旧的俸给制，开始实行供给制。

经过改造的县政权，一般都采取建立行政会议的办法来扩大民主。行政会议由县长任主席，吸收牺盟会、各抗日救亡团体负责人以及士绅代表参加，县政府各科科长均列席。在行政会议上，每一项决议案都要吸收各方面人士的意见，以使决议案能够代表广大人民的利益和具有广泛的群众基础。经过改造的县、区政府，反对过去旧衙门习气，工作人员厉行俭朴廉洁的作风。

村政权的改造，是从 1939 年春开始的。全县 48 个编村村长因是旧政权派任，对抗日救国态度不一。从其政治身份来说，分三种类型：一种是地下共产党员和进步知识分子，一种是本地地主阶级的上层人物，还有一种是顽固派。在比例上，中间势力所占比重较大。那些属于共产党员和积极支持抗日的进步村长，则代表广大群众的利益，坚决接受和贯彻党的政策。对部分顽固分子，在牺盟会村政协助员的帮助下，对他们进行了不同形式的斗争。对于那些有劣迹、民愤大的坏村长，采用群众斗争、向县政府请愿的办法予以罢免。如，古台村的村长搜刮民财，鱼肉百姓，该村群众就到县政府告了他的状，从而赶走了他，推选了农救会里的一位共产党员担任村长；上王堡、白和、广志、韩家垴、烟里、大有、东沟等村也都仿照这种办法，赶跑了旧村长；姚庄等编村的旧村长也是经群众请愿后被迫调走的；贾豁等编村村长是被揭发罪状，当场罢免的；韩壁编村的旧村长是干不下去，自己离职回家的。同时，武乡西部的故城、石盘、南关等编村，也结合反贪污和实行合理负担等斗争，调换了旧村长。之后，党组织发动群众，选举有领导能力的党员当上了村长。

为了巩固新政权，彻底摧垮武乡的封建地主势力，使抗日民族统一战线的政策得以进一步贯彻实施，1939 年 5 月 1 日，县委以牺盟会出面，在曹村召开大会，根据党的指示，号召全县开展“红五月”斗争。斗争的中心任务是，要求各抗日干部深入农村，发动群众，依靠抗日团体，同把持各村政权的顽固势力进行斗争。会后，全县普遍掀起了一个规模更大的改造区、村政权，反贪污，实行合理负担，取消按地亩摊派的群众性革命运动，使 85% 的村政权基本掌握在群众手中。这一时期，全县进行的较大斗争有 35 次，在斗争中选拔了积极分子，发展了党员，建立了农村党支部。

随着抗日形势的发展变化，县政府对旧政府执行的区长、村长委任制进行了改革，改为民主选举制。1939 年底，全县布置了村选工作，先以二、三区为试点，取得经验，在全县推广。

旧政权的改造和抗日民主政权的建立与巩固，是在党的领导下经过长期斗争取得的，为更加广泛地动员民众参加抗日战争奠定了组织基础。这是太行抗日根据地走向巩固发展的重要标志，也是开展减租减息、反奸清算、大生产运动和赢得抗日战争最后胜利的根本保证。

二、推动抗日民主运动

中国革命的根本问题是农民问题，要保证抗战取得彻底胜利，如何调动占全县人口中绝大多数的农民的抗日积极性，是摆在县委、县政府工作议程中的一个重要问题。为了更广泛地动员与组织民众投入抗日斗争，县委在狠抓地方武装的同时，及时向根据地组织起来的各界群众宣传并贯彻一系列抗日工作中的新政策。一是实行减租减息、合理负担，二是组织农救会等抗口群众团体。县牺盟会通过公开发动与组织，采用民主选举的方法，在县城（今故县）成立了武乡县农民抗日救国会，选举共产党员赵晋臣为农救会主席。党的农村工作，主要是通过农救会来开展的。农救会一成立，就把发动群众，斗汉奸、反贪污，实行合理负担、“二五减租”的斗争当作重要工作来抓。

抗战前，农村负担的粮款是按地亩摊派的，采用地主占有的一等好地和农民占有的三等坏地平均摊派粮款的办法，实际上是将负担转嫁到广大贫苦农民身上。更不合理的是，由于村政权为地主、富农所把持，他们可以随意隐瞒土地，以多报少，以优充劣，再加上村长们的贪污讹诈等，农民的负担十分沉重。针对这种不合理现象，县委根据上级指示，由抗日县政府出面，提出了“有钱出钱，有粮出粮，有力出力”的合理负担政策。为了落实这项新政策，还在全县统一丈量了土地，清查出那些地亩账上没有登记的“黑地”，评定了好坏地的不同产量。这一系列措施，改变了农民任由他人宰割的地位，受到了全县民众的热烈拥护。从此，广大群众抗日热情空前高涨，纷纷动员起来，积极向进驻武乡的八路军总部、中共中央北方局等党、政、军机关和野战部队（包括决死队）提供军粮和其他各种军需品。

1939 年 8 月 9 日，为了发扬民主、改善民生和提高广大民众参战的热情，武乡（东）在土河编村举行了农救会全体大会，到会的各村农救会会员共 300 余人，由农救会秘书刘时云任大会主席。会上提出多件议案，集中讨论了改善民生问题，中心议题是彻底实行合理负担、减租减息等。以此为契机，推动了全县范围的改善民主，民生运动向前蓬勃发展。

从1937年至1939年的反贪污、反摊派，推行合理负担的运动，改造了村政权，减轻了广大劳苦农民的负担，使农民的经济状况得到一定的改善，符合群众的利益，支持了持久战，极大地提高了人民群众的抗战信心，一大批青壮年走上了抗日救国的道路，并为武乡农村党组织的发展创造了条件。同时，为后来深入贯彻减租减息，实行统一累进税制和解放战争时期开展轰轰烈烈的土地改革运动，打下了一定的群众基础。

三、中共武乡县第一次代表大会

1939 年 7 月，正值抗日战争全面爆发两周年之际，也是全县抗日运动进一步高涨的时期，中共武乡县委为了总结各项工作的经验教训，进一步发挥党的核心领导作用，更好地组织全县人民，克服困难，巩固和扩大武乡抗日根据地，在县城（今故县）东关郝家庄召开了中共武乡县第一次代表大会，出席会议的代表有 30 余名。

会议的主要议题是：(1) 布置当前的中心工作；(2) 选举产生新县委；(3) 选举出席中共晋冀豫区党的第一次代表大会的代表。大会回顾了六年来武乡党组织的创建发展历程，总结了党在巩固发展武乡抗日根据地各项工作中所发挥的模范带头和核心领导作用，以及在建党方面所取得的经验教训，指出了党在抗战中的任务和建党方面应着重注意的问题，对以后要加强党员的思想、政治、纪律教育，提高党员政治素质和战斗力，党组织应起到战斗堡垒作用，搞好党的自身建设，进行调查研究，密切联系群众等问题提出了明确的要求；提出在党的工作中，要把抗日民众的切身利益与提高民族意识和政治觉悟紧密结合起来，这样才能开展轰轰烈烈的参军参战运动。

大会采用民主集中制的原则，选出了新的县委，县委共由5人组成：刘建勋、张烈、武三友、魏效泉、王宗琪。县委书记刘建勋，副书记张烈（兼牺盟会特派员）。县委始设组织部和宣传部，魏效泉任组织部部长，王宗琪任宣传部部长，秘书室设秘书1人。全县下设5个区委，每区设书记1人，组织、宣传委员各1人。同时，会议还选举刘建勋、武三友、赵悦祥、李国祯为出席中共晋冀豫区党的第一次代表大会的代表。

大会号召全县民众，紧密地团结在党组织周围，团结一切抗战爱国的进步力量，孤立和打击顽固势力；要充满抗战必胜的信念，为中华民族的独立与解放而英勇战斗。从抗战开始到第一次党代会的召开，武乡县党组织经历了一个大发展时期。党员的成分，主要是雇工、煤矿工人、贫下中农和外地回乡的青年学生。各个编村都建立了党的支部，全县党员已发展到2500多人。这次党代会，把各级政府和群团组织统一置于党的领导之下。

中共武乡县第一次党代会，是武乡一次重要的会议。它对于克服抗战所面临的巨大困难，巩固抗日根据地，并把武乡党组织建设成团结各阶层抗战的领导核心，具有重要的意义。

四、实行统一战线，全民团结抗战

建立抗日民主政权，贯彻抗日民族统一战线政策，团结一大批开明士绅共同抗日，成为县委的中心工作。1939年秋，八路军总部及直属部队进驻武乡之时，正值国民党发动第一次反共高潮，对抗日根据地实行经济封锁，停止供应八路军粮饷。为了克服困难，解决驻军及参战民众的吃粮问题，县政府于8月9日召开了有郝温、裴会宝、郝培兰等30余名士绅参加的全县士绅会，讨论了实行合理负担和士绅工作等问题，重点阐明了士绅在抗战中的地位及其作用，并倡导各阶层精诚团结，共同抗战。

1939年9月19日，八路军总部在土河村召开了盛大的榆（社）武（乡）士绅座谈会。武乡县政府县长谭永华主持大会并致开幕词。到会士绅有裴会宝、郝培兰、李祖寿、杜青史、武德宽和魏文澜等53人。应邀参加座谈会的有第十八集团军朱德总司令、彭德怀副总司令和八路军政治部副主任、野战政治部主任傅钟，连同来宾共百余人。会议贯彻了中国共产党“发展进步势力，争取中间势力，孤立顽固势力”的抗日民族统一战线策略方针。朱德在会上发表演说，彭德怀也就世界形势及中国时局讲了话。县牺盟会特派员张烈也发了言。参加座谈会的一些开明士绅，在党的政策的感召下，纷纷慷慨献粮。裴会宝、郝培兰等50余人，当场自报捐粮8500公斤，捐款220银洋，郝培兰还在会上带头发言。其中，开明士绅杜青史捐献大量粮款的抗日爱国行动，得到一致好评。会后，朱总司令对武乡士绅捐款献粮的爱国行动倍加赞赏，并为他们颁发了锦旗，号召大家团结一致，坚持抗战，共渡难关。

这次座谈会，增强了抗战力量，推进了武乡抗日民族统一战线的政权建设，许多士绅由中间派变为进步力量。9月22日，驻砖壁八路军总部的英国记者何果先生，为华北版《新华日报》撰稿，报道了榆（社）武（乡）士绅座谈会的盛况，盛赞我军民团结抗战之热忱。同版《新华日报》还发表了题为“巩固与发展农村中的统一战线”的社论。紧接着，县政府又在姚庄召开了士绅大会，贯彻落实中共中央《为抗战两周年纪念对时局宣言》和政府屯粮法令，发起在全县屯集300万公斤公粮的运动。并且制定了具体屯粮办法：要求地主、富农负担屯粮总数的80%，中农负担屯粮总数的20%。县委结合武乡的实际情况，把任务分配到全县5个区、48个抗日编村，限18天完成屯粮任务。

屯粮运动从9月19日开始，全县各级领导召开各种屯粮会议，宣传抗日政策，发动群众，鼓励士绅献粮。全县士绅也热烈响应土河士绅座谈会的号召。同时，共产党员与革命军属也纷纷带头，拥护八路军坚持华北抗战，积极捐献粮款，有力地推动了屯粮运动的深入开展。经自报公议，到9月24日就基本完成了任务。如大有士绅裴会宝，在党的政策的感召下，捐献公粮2.5万公斤，并自愿供给“武乡子弟兵”粮饷一年多。

在这次屯粮运动中，共屯集公粮335万公斤，超额完成了任务，解决了当时的军用急需。这次屯粮运动，是我党抗日民族统一战线政策的成功实践，充分体现了党的“动员一切力量争取抗战胜利”的指示精神，为粉碎敌人残酷的军事“扫荡”和经济封锁提供了根本保证，为更加广泛地建立“三三制”的抗日民主政权奠定了基础，对武乡根据地的巩固和建设发挥了巨大的作用。

第三章　巩固抗日根据地

武乡经过三年多时间的发展，已成为太行腹心地区的重要根据地之一。1940 年到 1943 年底这一时期内，抗日军民开始了根据地全面建设的各项工作，以增强实力，坚持长期抗战。另一方面，日本侵略者为了摧垮这块根据地，从 1940 年 5 月开始，对根据地进行毁灭性的疯狂“扫荡”，实行残酷的烧光、杀光、抢光的“三光”政策，国民党反动派又连续发动了几次反共高潮。其间，又连续遭受严重的自然灾害，使武乡根据地面临的困难越来越大，斗争越来越艰苦。

中共武乡（东）、武西县委，在太行区党委（原晋冀豫区党委）的领导下，带领两县人民，团结一致，克服困难，与敌人斗，与天灾斗，与国民党特务斗。在斗争中贯彻执行中共中央“对敌斗争、精兵简政、统一领导、拥政爱民、发展生产、整顿三风、审查干部、时事教育、民主建设、减租减息”的十大政策。在艰苦卓绝的对日作战中，进行了建党、建军、建政，开展了大规模的减租减息群众运动，组织领导群众进行生产救灾，发展和壮大地方武装，建立了县独立营和武工队组织，开展对敌斗争。武乡这块根据地不仅顽强地坚持了下来，并且得到了进一步的巩固和发展。

第一节　加强建党建政工作

一、调整区划

随着时局的变化，武乡行政区划也不断变化。原先，武乡属第三行政区督察专员公署，1939 年日军侵占白晋线后，武乡县划归太行区管辖，起初属三专署第二办事处，后由太行第三专署直接领导。

1939年秋，敌人侵占了白晋线上武乡境内的故城、南沟、权店和南关等地，并成立了“维持会”。中共武乡县委分析到敌人有可能侵占段村，为了便于开展对敌斗争，县委根据上级指示，研究决定设立武西办事处，王宗琪任书记，李晔任主任。办事处为中共武乡县委、县政府的派出机构，驻楼则峪、张村沟一带。中共武乡县委、县政府与武西办事处密切联系，共同领导全县各项抗日工作。

1940年春，上级党委决定，将白晋路以东的沁东地区40多个村庄划归武乡县管辖，将白晋路以西的原武乡最西边的贾封、石门、庞家会等33个自然村划归平遥县管辖。为了适应长期抗战的需要，全县将原来的5个行政区，改划为12个行政区，区委也增为12个，48个大编村改编为230个行政村。

12个行政区为：一区洪水（区署驻洪水），二区石门（区署驻石门），三区东堡（区署驻东堡），四区蟠龙（区署驻蟠龙），五区树辛（区署驻树辛），六区贾豁（区署驻贾豁），七区姚家庄（区署驻姚家庄），八区小店（区署活动于漆树坡、兰家垴、兴盛垴一带），九区段村（区署活动于朱家凹、石壁一带），十区涌泉（区署活动于义门），十一区故城（区署活动于山交沟、岸北一带），十二区松庄（区署活动于保家沟、西胡庄一带）。因县委预测到敌人可能占据段村镇，故将这里划为特别区，亦称十三区（区署驻东村）。

1940年7月4日，日军沿白晋线东进，占领东村、段村一带，直插武乡中部地区，不断扩大“维持区”，不断从周围地区抢丁、抢粮，并强行修通沁武、榆武公路，彻底切断了抗日县政府与武西办事处的联系，极大地阻碍了县党政机关对全县抗日工作的领导。为了适应对敌斗争的形势，中共武乡县委经上级批准，正式将武乡县划分为武乡（东）、武西两个县。新组建的武西县管辖段村以西地区。1941 年 1 月，武西县办事处正式开始行使县委、县政府职权。1941 年 11 月，白晋路以东沁县管辖的一、二区划归武西县领导，始设漳东办事处。1942 年撤销漳东办事处。武西县委由王宗琪、赵悦祥、籍薪田（后由杨达接任）3 人组成，王宗琪任书记，赵悦祥任组织部部长，籍薪田任宣传部部长。宁云程任县长。县政府下设一室（秘书室）、四科（民政科、财粮科、教育科、司法科）、两局（交通局、公安局）、一社（合作社）、二校（一高、二高）、一团（战斗剧团）。

这一时期，武乡（东）、武西县都隶属三地委领导。武乡（东）县委辖八个区委（一至八区），武西县委辖四个区委（九至十二区）。原来增设的段村特别区，因日军已占据段村而撤销。区委设书记、组织委员、宣传委员各 1 人。武乡（东）县大部分地区为抗日根据地，县委机关先后驻姚庄、大有、西沟岭、王庄沟、阳坡庄等地。武西县大部分地区为敌占区、游击区，县委机关先后流动于圪嘴头、泉则头、石壁、楼则峪、神西、园则沟、小良、石盘、会同、长谐、南家沟等地。

1943 年 6 月，日军侵占武乡（东）重镇蟠龙，武乡县委将蟠龙公路以南地区划为路南区，包括沁东三区，成立了前方指挥部，由县委领导，行政机构为办事处，由姜一、李甫堂、李尚春等负责。

二、创建实验县

根据中共中央决定，中共晋冀豫区党委经过充分准备，于 1939 年秋在武乡县东堡村召开了全区第一次党员代表大会。为了贯彻执行这次党代会制定的方针和任务，推动各项工作的深入开展，应对突发事变，区党委确定武乡为实验县，以便培养典型，总结经验，推动各县落实党代会精神，认真地转变党的作风，依靠群众，为创建与巩固抗日民主根据地而斗争。

在武乡创建实验县，有着十分重要的战略意义。从军事斗争上讲，武乡是三分区的门户，直接控制着白晋路，是对敌斗争的前卫屏障，是与太岳根据地联系的重要纽带；从经济上讲，武乡资源丰富，产煤出铁，物产丰饶，是太行根据地的重要生产基地；从政治上讲，武乡建党早，政治基础好，群众经过斗争锻炼，特别是八路军总部、中共北方局等许多首脑机关都驻扎在这里。这些得天独厚的条件，对武乡创建实验县十分有利。

为了加强对实验县的领导，1940 年 2 月，区党委发出关于搞好春耕生产的指示，要求全区全力以赴搞好春耕，巩固根据地，解决军队的吃粮问题；巩固党在人民群众中的威信，真正把全区群众发动起来，整顿好各级党组织，认真贯彻执行统一战线，转变党的工作作风，努力把生产建设搞上去，办好实验县，不断丰富斗争经验。3 月，地委派宣传部部长温建平兼任武乡县委书记，李友九任副书记，陈舜英（女）任组织部部长，王宗琪任宣传部部长。

在区党委民运部部长彭涛的指导下，武乡县委从屯集公粮、减租减息、解决土地问题入手，用算账对比的方法发动群众，调动群众积极性，大搞生产。同时，抓好群众的武装斗争，号召党员军事化、战斗化，对顽固分子进行坚决的斗争。经过系统的工作，县委于 1940 年 4 月召开了实验县首次活动分子动员大会。大会要求全县2500 多名党员争当劳动模范和战斗英雄，在斗争中锻炼、提高自己。

其间，还创建了实验县的支部，整顿党的工作，转变党的作风，清理不合格党员，提高党的战斗力。县委为了建立实验支部，重新确定了 13 个中心基点：一区墨镫、洪水，二区石门，三区东堡，四区大有、蟠龙，五区东沟、树辛，六区贾豁、峪口，七区监漳，八区上司、南亭。分别将县干部分成 13 个工作组。县委还布置了实验支部的竞赛内容和活动办法，并根据各区的具体情况，确定了工作的重点。通过创建实验县，武乡各级党组织逐步克服了严重脱离群众的倾向。县委、县政府的干部，立即深入基层，关心群众的切身利益，发放粮食，救济春荒，贷款给农民购置农具。党员都参加各系统的群众组织，积极领导春耕下种。普遍发动群众变工互助，并在武装保卫春耕的号召下，实行了劳动组织战斗化。民兵、自卫队开展了政治学习与军事训练，动员广大青年参军参战，发展壮大地方武装。驻武乡的八路军总部生产部指战员和抗大、北方局党校学员及太行第三专署工作人员，也积极主动地投入群众生产的热潮之中。

1940 年 4 月，中共武乡县委为加强领导，整顿各级党的组织，转变党的工作作风，在创建实验县的同时，创办了实验县委党校。学校先后迁于盐土凹、姚庄、大有、横岭等地，陈平任校长。党校教员有从区党委党校派来的吴江涛、吴锋、彭淦等，区党委还特地派陈光华（朝鲜人）来武乡协助创办党校。党校先后举办过 3 期基层党员培训班，共 1500 余名党员参加了培训。主要培训对象是区、村干部。培训内容主要是党的基础知识、党风问题与战争动员等。县委党校大大提高了党员整体素质，增强了武乡党组织的战斗力，对转变工作作风，完成武乡当时的各项生产、战斗任务，都起了积极的推动作用。

三、全力支援百团大战

日军从 1939 年起，极力赶修白晋铁路，企图以铁路为柱，以公路为链，以据点和碉堡为锁，对抗日根据地实行“囚笼政策”。1940 年 5 月初，八路军 129 师刘伯承师长、邓小平政委，指挥太行、太岳部队，发起了白晋线破击战役。在这次破击战中，中共武乡县委、县政府组织广大民兵、自卫队 5000 余人投入战斗。他们紧密配合部队，在“不留一颗道钉，不剩一根枕木，不漏一截铁轨”的口号指引下，5 人一组，10 人一班，仅用两昼夜的时间，就把敌人经营 1 年之久的白晋铁路破坏了 50 余千米，摧毁大小桥梁 50 余座，将南关镇守敌全部歼灭，缴获武器弹药 30 余吨，使敌人的东潞线（东观至潞安）中断，导致日军铁路运输瘫痪。在这次破击战中，涌现出许多英雄模范，如岩庄村的乔三流、故城镇的梁国斌、蒲池村的蒋坦等都受到上级嘉奖。

1940 年 8 月，为了彻底粉碎日军的“囚笼政策”，振奋敌后根据地和全国军民的抗战信心，制止国民党顽固派的投降活动，八路军在华北2500千米长的战线上，发动了震惊中外的百团大战。

8 月 20 日夜，在八路军总部的统一指挥下，各根据地统一行动，规模空前的破击战打响了。在战役的第一阶段，武乡出动民兵和民工 1 万余人，配合各部队向正太路西段的大小车站、据点，展开了破袭战役。广大军民冒着枪林弹雨和敌机的轰炸，对铁路、公路及其一切附属建筑物，进行了彻底的破坏。铁轨、枕木等凡能搬走的搬走，不能搬的即烧毁或埋掉。到 9 月 20 日，开始了百团大战的第二阶段作战，武乡又出动 6000 余民兵和民工，紧密配合部队，参加了榆（社）辽（县）战役，为部队运粮食、扛云梯、抬担架、送伤员。

百团大战的第三阶段，从 10 月 6 日起到 12 月 5 日止。在两个月的时间内，敌人对太行区连续进行了 3 次报复“扫荡”。面对日军的毁灭性“扫荡”，武乡县委组织全县人民，开展了英勇的反“扫荡”斗争。县、区各级领导干部奔赴各村，组织群众转移撤退，空室清野。许多村的民兵、自卫队，主动开展游击战，打击小股敌人，保护了群众的生命财产安全。

10 月 29 日，日军冈崎大队 700 余人，经武乡关家垴西窜，途中遇到 386 旅侧击，敌人乘夜抢占关家垴山顶高地。彭德怀副总司令亲自指挥拥有 4 个旅兵力的作战部队，战斗至 31 日拂晓，将敌大部歼灭。在这次战斗中，武乡洪水、蟠龙、石门、东堡等4个区委、区政府，组织了70多个自然村的3200多名群众，踏着泥泞山道，冒着敌人的炮火，行程数十里，把几千担饭送到前线，又把近千名伤员抢救下来，运送到野战医院，受到彭德怀副总司令和刘伯承、邓小平的表扬。据不完全统计，武乡在百团大战期间，民兵和群众参战总数达1.2万多人，先后参战538次，征调牲口1470头，供应军粮27万公斤、柴草15万余公斤、军鞋4000多双、蔬菜20万余公斤，全县人民为百团大战的胜利做出了巨大贡献。

四、打击日伪政权

日军打通白晋线后，相继占领武西地区南关、分水岭、权店、南沟、故城等村庄。不久，在南沟以日本人为主体，网罗拼凑汉奸，建立了日伪政权及其组织机构。1940年2月，武西南沟村地主郝泉香降日，经日伪省公署短期训练，5月在权店成立了日伪"权店治安维持会"。接着，武西高台寺地主苗泽清也当了汉奸，在故城成立了日伪"故城治安维持会"。日伪"治安维持会"是受以日本人为主的宣抚班控制的。1941年，宣抚班改为新民会，总会长由郝泉香兼任。郝泉香和日军同流合污，朋比为奸，担任了武乡县"维持会"会长（敌占领段村后，郝又任武乡县伪县长），成为武乡县第一号大汉奸，也是第一个投敌叛国分子。当时中共武西县委认为，要打击敌伪政权，首先就必须打击大汉奸郝泉香。郝泉香的"维持会"设在南关镇，日军在此设立了兵站。武西县委决定首先打击南沟之敌，这是武西对敌斗争的第一仗，必须打好打胜。1939年10月，武西县委组织了全县自卫队员500多人，配合八路军129师772团一部，对南沟之敌发起攻击，突袭了日军兵站，歼灭了驻守日军，缴获了许多枪支弹药和粮食，并对大汉奸、县"维持会"会长郝泉香的老巢进行了查抄，没收了郝泉香家各种财物、粮食等。此次胜利影响极大，打击了敌人的嚣张气焰，增强了群众抗日斗争的决心和信心。这次对敌斗争的胜利，巩固了武西抗日根据地。

第二节　军民团结　共渡难关

一、日军施行“三光”政策

日本侵略军在百团大战中受到我军民沉重打击后，从1941年3月起，回师华北，对太行革命根据地一连实行了五次“治安强化运动”，在武乡县到处实行惨无人道的“三光”政策，妄图摧毁我抗日军民的生存条件。更为狠毒的是，日军制造了无数惨案。武乡县人民因战争牺牲、被捕、被杀、失踪的竟达2.3万余人，被日军烧毁和破坏的房屋、窑洞达8万余间（孔），被掠夺宰杀牲畜4.26万余头，被抢劫的各种物资不计其数，这就使根据地军民陷入极端困难的境地。

1941年3月8日，日军驻分水岭小股部队和伪自警团，勾结沁县、壶关过路之敌300余人将大有镇包围，全村62人被杀，50多名妇女被奸污，40余人被抓去做苦力，全村300间房子被烧。日军“扫荡”后，村子一片焦土，满目凄凉。9日，敌人又沿途抢劫，到峪口村后，“驻剿”了3天。他们白天四处“讨伐”，黑夜将各村被抓的人带回该村关押起来。10日晚上，敌军将从峪口村和附近的王海峪、却净、石科、长乐等村抓回来的共产党员、干部、民兵、群众共102人杀害。其中，有共产党员王狗臭、武云先、王林书等9人。峪口村老党员王黑丑一家就有8人被杀。日军在峪口村“驻剿”的3天，据统计，人民粮食损失1万多公斤，牲口被宰杀、抢走30余头，房屋被烧毁150多间，被抢的物件无法计算。这次屠杀后，全村被洗劫一空。幸存的人，一度投亲靠友，迁居他村。全村户户家破人亡，一片惨景。

同年 11 月 13 日拂晓，驻南沟据点的日军，指挥伪警备队、保安队 500 余人，包围了武西抗日模范村东良，进行了野蛮的“围剿”和捕杀。11 月 13 日凌晨，敌人对东良村进行了挨门逐户的搜查，但没寻见一粒粮食，便烧房抓人，把四五户抗日干部家的房子全部烧光；抓捕民兵 30 余人、群众 250 多人，将他们带回南沟据点火车站关押起来，并进行严刑拷打。民兵骨干程三维、程林则、程怀保、程怀银、郭双在、郭贵元、郭柱维、郝金生等 9 人，惨死在沁县城内。

1942 年 10 月 20 日至 26 日，敌人“驻剿”了韩壁村。在村外，敌人发现了一孔避难窑洞，两个日军进去把 3 名妇女拖到外面轮奸后，倒提双脚从土台上扔下山谷，活活摔死。之后，又架起大火用烟熏窑洞。当时洞内藏着 23 名老弱妇孺，当场就有 17 人被活活熏死，其他窑洞也同样遭到劫难。被洗劫后的韩壁村，到处是断壁残垣，谷草、柴灰、血迹、猪腿、羊头、鸡毛，遍地皆是。全村的门窗、桌椅等皆化为灰烬。屋檐下摆满了敌人临时架起的锅灶，打谷场上一垛垛谷草和刚打下的谷子，都被烧成了黑灰。家家门前是锅盆碗片和被践踏的粮食。这次洗劫，全村 37 人被杀害。日军抢劫粮食 3.5 万公斤，宰杀牲畜 23 头、猪 40 余头、羊 100 多只。

同月 23 日凌晨，武西三区的山交沟被敌包围后，惨遭一场大屠杀。23 日傍晚，南沟据点敌军纠集沁县据点日伪军近千名，乘驻山交沟主力决九团九连外出执行任务之机，伪装成某旅从路西过来，午夜后将该村包围起来。到天大亮，民兵隐蔽的山洞和出来转移的群众被敌人发现。手无寸铁的村民，一个个倒在了敌人密集的枪弹中。李行成一家 8 口，被残杀得只剩下 1 个人。李书林一家 4 口，被杀 3 人。西沟李企英家被杀死兄弟 2 人。抗日村长李秀华被抓，他坚贞不屈，壮烈牺牲在村边。全村共被杀死

25 人，伤 13 人，被抓 60 余人，烧房 60 多间，抢拉耕牛 20 头、羊 200 余只，损失粮食、衣被等物资无数。

1943 年 5 月，段炳昌亲率“剿共军”侵占段村后，四处“讨伐”，无恶不作。仅在段村附近 7 个村，就杀戮壮丁 126 人，捕杀、奸淫妇女 372 人，杀害民兵 31 人，杀死地方干部 40 人，负伤致残 25 人，被俘失踪 39 人；毁坏耕地 1036 亩，掠夺劳力 507666 个，抢劫粮食 31.18 万公斤，烧毁粮食 4 万多公斤，破坏房、窑 7514 间（孔），烧房 1793 间，杀死和抢拉牲畜 877 头，焚烧农具价值 3265450 银洋，其他损失折款 3627986 银洋。

1943 年 6 月 10 日，八路军决九团四连，配合当地内线工作人员和民兵，里应外合，对武西县境内的敌据点南关火车站进行了有组织、有准备的袭击。驻南关据点的敌军和沁县据点便衣队 300 余人，于 6 月 11 日分别对分水岭至南关段铁路沿线的南关、岩庄、石窑会、窑儿头、东沟、阳坡、达对沟、河底、分水岭等村，进行了突然“包剿”和搜捕，制造了触目惊心的“南关惨案”。6 月 11 日拂晓，日伪军 70 余人包围了南关，抓捕群众 100 余人，随后用火车押送到分水岭据点。这次被抓的南关敌工站负责人孙汉英，大义凛然，视死如归，被敌困死在木笼之中。

1943 年 6 月，段炳昌又亲率日伪军侵占了武乡（东）重镇蟠龙。自此，武乡（东）人民陷入水深火热之中。日军在施行“三光”政策时所用的手段十分残忍，激起民众的极大愤慨。

日军施行“三光”政策，不仅使武乡承受了深重的灾难，也使根据地出现了严重的困难局面。武乡（东）县委根据中共太行区党委《关于加强群众工作的决定》，积极组织发动全县群众，进行革命前途和形势教育，稳定了群众的情绪，打破了沉闷局面。

二、建立“三三制”政权

1941 年 5 月，中共中央北方局提出《对晋冀豫边区目前建设的十五项主张》。其主要内容之一是实行民主政治，充实健全“三三制”政权。这是团结各阶层抗日力量的新的政权形式，也是新民主主义政权建设在根据地的体现。

武乡（东）县委按照中共中央关于建立“三三制”政权的原则和北方局、太行区党委的部署，进行了宣传发动，并在活庄村召开了座谈会，十八集团军野战政治部主任傅钟应邀到会并讲了话。在这次会议上，傅钟主任从政府改革、充实各级行政机构、在武乡境内迅速成立“村政委员会”等八个方面作了动员报告。会议期间，成立了“三三制”政权筹委会，推荐武三友、郭茂宏、史玉麟、张滔等 9 人为筹委会委员。

建立“三三制”政权的原则提出后，在各阶层出现了不同的反应：开明士绅和同情革命的地主表示欢迎；政治上顽固的士绅，则想搞投机，重新掌权；基层干部和工农积极分子表示拥护。但不同的人又有各自的看法：有的怕地主参加了政权，有的怕自己落选，等等。面对这种状况，县委分析了各阶层表现出来的不同态度，利用冬学、民革室等阵地，大讲建立“三三制”政权的重要性和必要性。同时，以武乡开明士绅裴会宝、郝培兰捐抗日公粮，主动减租减息为典型事例，向群众说明开明士绅是抗日所不可缺少的力量。县委书记亲自带领一班人，到蟠龙、洪水、监漳、大有等村镇进行广泛宣传发动，认真解决群众的思想问题。为了更进一步将“三三制”建政工作搞好，县长徐林汉调走后，区党委调武光汤担任抗日县长。这样，就大大地协调了各阶级的关系，有利于统一各方人士民主建政的思想。由于民众受封建社会“庶民不谈国事”的思想束缚，在宣传发动阶段，基层党委、支部花了很大的力气。经过一段深入发动之后，广大群众思想觉悟有了提高，统一了认识，理解了建立“三三制”政权的重大意义，于是开始核实登记公民，划分公民小组。一切准备工作就绪后，就在全县陆续开始了选举。

经过村选运动建立的新政权，具有广泛代表性，成为群众利益的真正代表和对敌斗争的坚强支柱。新选出的村长，基本上都是办事公道、热心抗战、敢于斗争的农民党员。他们当选后，深受群众拥戴，许多村庄为新选的村长披红戴花，敲锣打鼓，举行欢庆会，热烈祝贺民主政治的胜利。平素为人公正、热忱抗日的开明士绅，都入选新的政权机构。如大有镇的武乡“四大家”之一的开明士绅裴会宝、圪嘴头村的开明士绅郝培兰、石仁底村的王定一，都被选为晋冀豫边区参议员。

由于开明士绅参加了政权，不久，在逃的地主与国民党员 48 人中，就有 28 人陆续回到家乡，努力生产，用实际行动支持抗战。这次大选结束后，县委在一区的墨镫、寨坪、杨李枝 3 个村进行了调查：共选出代表 65 人，其中地主、富农 15 人，中农 24 人，贫农 23 人，雇农 3 人。墨镫、寨坪等的村选都充分体现了“三三制”精神。地主、富农对当选的代表深感满意；中农、贫农的代表，都是在群众运动中替大家谋福利的，更受村民拥护。各阶层在选举中都取得了一定的政治地位，全县农村的团结更趋于巩固。各区群众在选举大会上，都向新代表会提出很多意见。墨镫群众提出的土地、负担、贪污、婚姻等问题达 25 件，均由新代表会圆满解决。墨镫地主李鸣凤当村长时曾贪污大批公款，如果如数交出，即需变卖家产。新代表会为照顾李的生活，便予以适当解决。群众都说：“新代表会不但有权力，而且是照顾大家的呀！”综观三个村的选举，说明新生的政权是符合民意的抗日民主政权。这一次民主选举，对有错误的干部也毫不姑息。武西县县长李超周，由于在减租减息运动和对敌斗争中领导不力，压制群众，代表们纷纷向上级反映，结果罢免了他的县长职务。广大群众兴奋地说：“实行‘三三制’，发扬新民主，各阶层意见都得到尊重。”

此次经过民主建政，区公所增设了副区长和武装、公安、民政、财粮、生产等助理员，村公所也增设了治安员、民政员、财粮员等村干部，在完善县政府编制的同时，加强了区、村两级抗日民主政权的建设。

1943 年 2 月 9 日，为了进一步巩固和完善“三三制”的抗日政权，全县又普遍进行了一次村选运动，彻底贯彻临时参议会的“三三制”原则，试用新的村政机构。普选后的各级干部成分发生了变化，在村级政权中，贫农占 28.1%，佃农占 7%，中农占 43%，富农占 15.4%，地主占 6.5%。

在党的领导下，充实和健全了“三三制”村政权，保证了共产党在其中的领导地位，保证了贫苦农民在其中的绝对优势，得到了广大人民群众的拥护，同时也团结了农村开明士绅。在异常艰苦的战争岁月里，党组织有力地组织和领导了全县人民的对敌斗争，粉碎了敌人残酷的军事“扫荡”和经济封锁，并深入开展了根据地的减租减息和反奸清算、生产救灾运动，为巩固根据地的建设和赢得抗日战争的最后胜利，奠定了牢固的群众基础。

三、中共武乡县第二次代表大会

1941 年 8 月，在武乡（东）狼卧沟天主教堂召开了中共武乡县第二次代表大会，会期为 3 天。参加这次会议的有武乡（东）八个区的代表：洪水一区区委书记姜一，韩壁二区区委书记王琼，东堡三区区委书记武镇华，蟠龙四区区委书记李新田，树辛五区区委书记殷士敏，贾豁六区区委书记王贵生，上司七区区委书记武士诚，段村八区区委书记李逢时。石门三区因区小与二区合并。代表中有原县委委员、青救会主席、县武委会主任以及各区区委书记、区长、区委组织委员，共 100 余人。

这次代表大会的主要议程是：(1) 听取县委书记李友九所作的《关于县委一年来的工作报告》；(2) 选举产生中共武乡县委

第二届委员会；(3) 布置当年工作，确定党的统一战线、对敌斗争、支部建设与领导工作的方针、政策。大会选出了县委委员9名：李友九、麻贵书、赵迪之（女）、李衍授、李步云、赵志云、姜一、武书忠、殷士敏。县委书记为李友九，县委副书记为麻贵书，赵迪之任组织部部长，李衍授任宣传部部长。

县委书记李友九在报告中重点回顾了武乡县一年以来各方面工作取得的成绩。在建党方面，县委注重党组织的扩大与纯洁性问题，真正做到严明党的纪律，发挥党组织的先锋模范和战斗堡垒作用，统一全县党、政、军、民的领导，明确制定各种抗战政策。在建军方面，为配合主力部队作战，加强了地方武装的建设，自卫队、游击队和民兵等组织迅猛发展，成为战斗力颇强的抗日武装力量。在建政方面，1939年9月，在武乡土河村召开的榆武士绅座谈会，推进了武乡抗日民族统一战线的政权建设。

会上，代表们主要围绕李友九所作的《关于县委一年来的工作报告》展开了讨论，大家一致认为：当前最重要的任务是激发人民群众对敌斗争的积极性和自觉性，创造各种各样的对敌斗争方式，组织武乡地方武装，配合主力部队针锋相对地与敌人展开长期艰苦斗争，坚持到抗战胜利。

这次大会是武乡党的历史上一次继往开来的大会，为更好地领导全县民众咬紧牙关、克服困难、度过相持阶段，提出了前进中克服困难、战胜敌人的新的指导思想，使广大党员和群众透过暂时的困难，看到了民族解放的曙光。

四、减租退约清债反霸

国共合作达成协议后，中共中央在洛川会议上明确提出以减租减息作为抗日战争时期解决农民问题的基本政策，并将其纳入《抗日救国十大纲领》之中。为了贯彻这一指示精神，解救在高租重利压榨下的贫苦农民，县委根据区党委的指示，于1939年至 1942 年，在全县范围内开展了三次大的减租减息运动。

由于地主阶级大量兼并土地，致使广大农民沦为佃户，承受着高利贷的盘剥。根据抗战前夕统计的数据，全县地主、富农人均耕地 49.69 亩，而贫下中农人均耕地只有 1.76 亩。失去土地的农民，为了养家糊口，不得不租种地主的耕地。这样就出现了多种形式的租佃关系：定额地租、份额地租、伴种地租以及钱租。在这样几种关系中，广大贫苦农民需将自己一年收获粮食的五成甚至六成、七成交给地主。地主为了保证其租息，使用了“憋毒纸”“驴打滚”“卖青苗”“印子钱”等收租手段，迫使无数农民抵押自己的田产、房屋，忍痛割舍青苗，而租息却猛增几倍，结果弄得家破人亡、一无所有。农民不得不向地主借粮借钱，而利息又重，每元月息 3 分以上，有的高达 1 角 5 分；借粮利息更高，春借 5 公斤，秋还 50 公斤。韩壁东方山一个姓杨的农民，借债 120 元埋葬母亲，腊月廿七被债主没收家产和几亩薄田，被迫给债主做长工 12 年后，还欠债 40 元。墨镫村贫农有 85 户，被迫丧失土地的占总户数的 28%。石科村有 50 户人家，就有 40 多户租种地主的土地，每年出租息 1 万多公斤。

针对上述情况，武乡县委认识到，只有发动群众进行减租减息、反霸运动，才能唤起民众抗日，也才能支持人民获得自身解放。于是，县委在干部中进行了深入的动员之后，提出了 1939 年“红五月”斗争的口号，领导群众展开了减租减息运动。为了打开局面，使减租减息工作顺利进行，各级党组织做了充分的准备。首先，加强了农会组织。全县 48 个大编村，先后建立了各村农会组织，农会主席一般由党支部书记或党员担任。县委明确规定，这次减租减息的对象是地主、富农，斗争的主力是农会。为了探索经验，县委和区党委一道，在韩壁村进行了试点。韩壁最大的地主是武乡“八小家”中的魏筱山。他家有土地 1200 亩，从秋收开始收租一直延续到年关。魏筱山态度十分恶劣，在执行减租减息政策时，与干部、群众处处搞对立。区分委帮助村里成立了减租清债委员会，利用民革室、救亡室发动群众，向魏筱山清理旧债，要求他退还文书。几次要求，都被他搪塞过去。因此，区分委做出了反霸的决定，以便打开局面。为了统一斗争目标，集中力量斗争魏筱山，争取魏文澜，彻底发动群众，村干部还发放粮食，救济贫苦农民，巩固基层群众力量，激发他们的斗志。经过 20 多天的诉苦发动，群众对魏筱山拒退文书、不交公粮的劣迹更加义愤。在条件成熟后，就决定召开全村反霸斗争大会。在反霸大会上，魏筱山看到群情激愤，便将全部文书当场退还。经过这次斗争，他退还文书 1000 多张，退还钱 3800 银洋、土地 10 亩，典出地 36 亩，还清了所拖欠的 3500 公斤公粮。同时，在团结开明士绅方面也做了大量工作。魏文澜是韩壁村的一个开明士绅，1939 年曾自愿献田 100 亩。在这次减租减息斗争中，农会提出了“拥护开明士绅”的口号，并且主动同魏文澜谈了话，争取他带个好头。在斗争大会上，魏文澜承认了 1930 年“晋钞拍地”的错误，用实际行动再一次做出了榜样。

韩壁村减租减息、反霸运动的经验，很快被武乡（东）县委推广到全县。县委还在全县广泛发动群众，实行“二五减租”、分半减租以及反霸清理旧债。各村农会组织，发动农民总诉苦、总算账，认清旧社会的黑暗本质，唤起农民群众的阶级觉悟。各中心区组织大批民运工作队深入乡村，趁夏收、秋收之际，开展评租、减租、退租和换约的群众斗争。经过几年时间，到 1942 年，全县有 75% 的村庄，实行了减租退租。尚元村 1940 年全村交租 1750 公斤细粮，而在 1942 年减租减息运动后，只交了 1250 公斤粗粮。减租减息引起了变化，封建土地所有制有所削弱。监漳镇在抗战前有 10 户地主、富农，占有土地 1200 亩，减租减息后，共卖出土地 700 亩。据当时全县的统计，地主占有土地被削弱了 35.1%。从 50 个村（占根据地行政村半数以上）的统计看，经过减租减息运动，共清债 24.7 万元，退钱 8.2 万多银洋、粮食 2.7 万公斤，退文书 1.34 万多张。武西县也经过反贪污、反“维持”，共退款 5.34 万多银洋。随着减租减息的深入开展，逐步调动了广大农民参加抗战的积极性。

五、建立各级武委会

武乡县的人民武装，是从 1937 年秋至 1938 年春逐步建立起来的。为了发动群众参加抗日斗争，在县战地动员委员会的领导下，先后建立了武乡县人民武装自卫队和牺盟游击队。反敌“九路围攻”之后，鉴于血的教训，县委向全县人民发出积极参加抗日自卫队，同敌人开展斗争的号召，全县 48 个大编村，村村建立了抗日自卫队。1939 年以后，全县各村以共产党员和各救会中的积极分子为骨干，建立了模范自卫队和游击小组，成为群众武装的核心。1940 年 8 月 1 日，太行军区召开第一次扩大干部会议，提出建立统一的民兵制度。在军区、军分区逐渐成立了武装工作科，各区设武装助理员。在原来自卫队和青抗先的基础上，建立起不脱离生产的民兵队伍。民兵队伍主要是以工、农、青、妇各种群众组织为基础，通过改造旧政权和反顽斗争等群众运动而发展起来的。特别是在各村镇自卫队组织的整编过程中，在“武装保卫家乡、保卫生产”的口号下，广大青年农民踊跃参加民兵组织。武西地区，是在反“蚕食”、反“维持”斗争中发展壮大了民兵队伍的。

为了提高新发展的民兵队伍的军政素质，在县、区武委会的组织领导下，以区为单位，组织了军政训练班，让各村民兵学习《建立统一民兵制度》《青抗先队员须知》《民兵政治读本》《民兵使用武器教材》《武装保护春耕》等小册子，使广大民兵认识到在抗日斗争中加强地方武装的重要性。同时，在武乡（东）、武西还抽调民兵工作典型村（如武乡的韩壁、窑上沟、广志、胡峦岭、李峪和武西的故城、茅庄、泉之头、石壁等村）的武委会主任、杀敌英雄和战斗模范，到县武委会组织的训练班学习政治和军事知识。经过培训之后，这批领导骨干分别回到各村，向民兵传授所学到的知识。县武委会还指示全县，以区域或编村为单位进行投弹、埋地雷、射击比赛。接着，武乡（东）县武委会又组织了政治知识竞赛和武装大检阅。1940 年 2 月 12 日，武西举行了有数千名青抗先队员参加的政治测验竞赛和武装检阅大会，楼则峪、祁村、内义等村夺得优胜锦旗。同年 12 月 27 日，县委又组织了青抗先、基干队、自卫队 2000 多人参加的武装检阅大会，八区夺得第一，获锦旗 1 面、手榴弹 3 筐。

为了适应日趋严重的对敌斗争形势，1941 年 1 月，太行军区和晋冀豫区党委召开了武装干部会议，讨论发展地方武装和民兵问题，决定地方武装的领导由军区、军分区、县、区和村五级组成。4 月 1 日，冀太联办和太行军区颁布了《人民武装抗日自卫队暂行条例》，对人民武装的性质、任务、组织、编制等一系列问题作出了明确的规定。从边区到县、区、村，各级都建立了人民武装抗日自卫委员会（简称“武委会”），领导人民武装，进行群众性的游击战争。5 月，中共晋冀豫区党委作出了《关于目前武装斗争工作的决定》，要求全区党、政、军、民团结一致，发展人民武装，进一步打开工作局面，坚持对敌斗争。

遵照上级的有关指示和决定，武乡（东）、武西县委、县政府开始了积极的动员工作。11 月，武乡（东）县、武西县都建立了武委会，赵志云、董育宣分别担任主任。武乡（东）下辖洪水、韩壁、蟠龙、姚家庄、树辛、贾豁、上司、成家沟 8 个区，武西县下辖段村、涌泉、故城、石盘 4 个区，各区均成立了武委会，配主任 1 人、干事 2 人。两个县 230 多个行政村都成立了武委会，通过民主选举，选出了各级武委会的领导成员。

在成立各级武委会的同时，武乡（东）、武西两县出现了青年农民积极报名参加民兵组织的热潮。窑上沟青抗先队队长张德林、张来庆和张寿海等，带领 12 名队员，组织起窑上沟民兵“张家班”；大陌村青年妇女冯凤英，带领全村妇女成立了一个女兵班。1941 年冬，武乡（东）县在大陌村召开了全县民兵参军动员大会，上千名青壮年踊跃报名参军，县委宣传部部长李衍授、县农救会主席姜一、县工会主席袁朴光、县武委会主任王国培等十几名县级干部带头报名参军，成立新兵营。300 多人在会上佩戴红花，补充到八路军 772 团。到 1941 年年底，两县民兵总数达到 3.5 万多人，18 岁至 25 岁的青年，绝大多数参加了民兵组织，在反“扫荡”中人自为战，打击敌人。当时，从各个村镇到山庄窝铺，“村村像军营，人人都是兵，抗日根据地，一片练武声”。广大民兵自制土枪、土炮、大刀、长矛，配合八路军打伏击、埋地雷，开展了群众性的游击战争。

六、开展对敌经济斗争

针对日军在“治安强化运动”中的经济掠夺，武乡军民在反“蚕食”、打“维持”斗争的同时，展开了对敌经济斗争。1941 年 3 月，敌人发动第一次“治安强化运动”后，冀太联办于 4 月召开财政经济会议，研究加强经济战线，开展对敌经济斗争的问题。8 月，在太行、太岳区贸易联席会议上，进一步明确提出对敌经济斗争的三个环节，即发展生产、统制贸易、巩固币值。武乡（东）县委、县政府根据这两次会议的精神，一方面以主要精力发展地方手工业，生产人民所需的工业品和代用品，控制墨水、香皂、纸张、毛织品等入境物品；另一方面把武乡的山货、土产品通过多种渠道输送出去，换回人民所需的生活用品。

在工业方面，武乡（东）县政府首先整顿并建立了一部分公营企业，同时提倡群众生产，鼓励成立生产合作社、纺织小组和小手工业。1941年春，县政府发放工业贷款2万元，全县建立了不少生产日用必需品的小工厂和合作社。如，苏峪村创办的“太行纸厂”，生产的纸不但满足了武乡人民群众的需要，还拿出大部分支援了驻武乡（东）安乐庄的华北新华日报社。县政府在贾豁海神沟创办的“光华合作社”所生产的毛巾、毯子，除军需民用外，还远销敌后方与抗日邻县，颇受各方欢迎。武西县兴办起泉则头羊毛工厂，生产毛线毯；常家垴生产红花、红星纸烟、水烟，满足了游击区人民的生活需求。

除此以外，县政府还积极组织修建和裱糊、编织、陶瓷、打麻绳、铸银器等各种小手工业生产。有些缺货都有了代用品，如用槐子、橡壳、果树皮作染料，以火镰代替火柴，以粗制玻璃代替外来货，以植物油代替燃油，并发动农民种豆、开染坊；在八路军制药厂的帮助下，生产中药片代替西药片，其中有些中药片的功效与西药片无异。最发达的是制油、熬碱与纺织业。在大力发展手工业生产的同时，武乡（东）根据地重点抓了煤炭生产。武乡东部从韩壁到墨镫有一条储量丰富的煤层带，县政府抽出专人领导开采煤炭，当时全县的小煤窑发展到13座，就业工人达2000余人，年产煤炭10万多吨，与此同时还抵制了日本掠夺性的开采。

在农业生产方面，县委、县政府确定农业建设为根据地经济建设的根本，号召全县人民在紧张的对敌斗争中，要努力抓好棉花、油料等经济作物的生产。到1942年春，武乡植棉、种蓖麻和芝麻，饲养家畜、家禽，植树造林和木器生产，都完成了本系统的计划。

为了发展生产，保障供给，打破敌人的经济封锁，县委、县政府在抓工农业生产的同时，也抓了商业贸易。全县实行免税自由贸易，彻底废除了苛捐杂税，解决了根据地贸易停滞的问题。1941 年，八路军 385 旅在洪水镇开办了“黎泰”商店，太行第三专署在洪水成立了“永生贸易局”。同时，武西县恢复了石盘集市，涌泉镇设立了“太行生产部”供应点。故城镇的集市移至邵渠、岸北村。路南区新开辟了沁（县）襄（垣）武（乡）三县交界的圪老湾集市。这些集市贸易，通过批发日用杂货来稳定物价，控制商品吞吐。同年，县政府根据边区政府制定的《取缔牙行办法》《贸易暂行条例》《合作社条例》和《商人登记办法》等法令，在全县范围内取缔牙行，取消私人粮行，实行工商统管专卖，对宰杀牲畜、细布倾销加以限制管理，对进出县境的物资实行严格管理，粮食、棉花、铁、牲畜等严禁出境，奢侈品、毒品严禁进入根据地，并对度量衡器的混乱现象进行了整顿，打击了日军和不法分子的破坏活动。

对敌经济斗争的中心问题是粮食斗争。武乡于 1942 年春实行粮食统制贸易，在洪水、监漳、韩壁、贾豁、圪老湾和武西涌泉、石盘、石北等地凭证购粮，取消了私人粮店，使本币（冀钞）和农村社会商品产生联系，既稳定了物价，又稳定了本币的币值，扩大了本币的流通，挤掉了伪钞。在日伪占领区的南关、权店、南沟、故城、段村等地，当日伪强征粮食时，县独立营即配合武工队、敌工站设法组织群众，以合法形式据实诉苦，要求减免。1942 年秋，全县党、政、军、民总动员，进行了空前激烈的粮食争夺战。县、区两级干部深入乡村，配合区、村武装，全力保卫秋收，实行劳武结合，突击抢收、快打、快藏、快运，使敌人以抢粮为中心的第三次“治安强化运动”彻底破产。

1943 年 6 月，敌占蟠龙后，为了便于领导同敌人展开尖锐的经济斗争，县委决定以蟠武公路南部的三区、七区为主，成立路南办事处。此外，太行第三专署贸易粮站也设在圪老湾，粮站主任、工商管理干部赵林田和工作人员赵志勇，在769团部队和路南办事处游击武装的支持和协助下，对敌展开了针锋相对的斗争。第一，组织地方武装，配合主力部队，对抢粮之敌予以反击；第二，在“对内自由，对外管制”的贸易政策下，发动群众对敌人进行粮食封锁；第三，通过各种形式，发动敌占区和游击区群众开展抗粮抗款运动；第四，号召游击区人民踊跃交纳抗日公粮，鼓励商业人员和群众到根据地卖粮，同时也派人到敌区高价买粮；第五，发动群众进行“空室清野”，不让敌人抢走一粒粮食。1943年夏、秋两季，他们不仅在路南的上司、下司、圪针庄、斜道沟、漆树坡、暴家峪、西贾庄等地征粮，而且还扩展到襄垣的李后沟、高家沟、坪村、井峪，沁县的石科、潭村、金村、黑牛沟、段柳等接近敌占区去征粮。由于他们的广泛宣传和严格实行党的粮食统制政策，敌人无法在游击区和敌占区征到一袋粮食。

1943年以后，武乡灾荒继续蔓延，当地人民生活十分艰苦。对敌经济斗争仍以粮食为中心。县委、县政府采取稳扎稳打、先进后出、快进慢出、多进少出、掌握粮食、内部调剂等办法，支援全县开展生产救灾运动。同时，继续开展对敌货币斗争，采取紧缩发行、扩大流通领域、打击伪币混入的办法，稳定根据地金融流通。严格控制本币发行后，银行的力量大都用于农工商业贷款、信用周转和调节币值、管理外汇，使武乡的物价保持平稳，出入口保持平衡。这一系列措施，从经济上打击了敌人，增强了根据地的经济实力，促进了根据地经济的发展。由于注意争取和团结敌占区的商人，使他们得到经济上的利益，受到爱国主义教育，他们也帮助根据地购买某些稀缺物资，从而扩大了经济领域的抗日民族统一战线，打破了敌人的经济封锁。

七、组织生产自救

1941 年到 1942 年，武乡两年连续大旱，夏秋两季粮食收成不到往年五成。1943 年，全县遭受旱灾和虫灾，后半年旱涝不均，粮食收成大减。在此期间，日军又频繁“扫荡”，对根据地军民实行严密的经济封锁。天灾加敌祸，又有冀西、豫北地区大批灾民涌来，县财政发生了极大的困难。加之疥疮、疟疾、伤寒等疾病的流行，大片土地荒芜，村落萧条，生产力受到严重破坏，军需民食濒临枯竭。

面对这样严酷的现实，为了战胜自然灾害，打破敌人的经济封锁，保证抗战的需要，中共武乡（东）县委根据中共中央北方局发出的“生产自救”的指示和太行区救灾委员会“保证不饿死一个人”的要求，当即采取了紧缩机构、厉行节约、军民一起开展大生产、减免灾区负担、对敌开展粮食斗争、安置灾民、组织移民、以工代赈、开展社会互济等一系列有效措施。党支部组织战斗小组，加强劳武结合的互助生产组织，建立村与村的联防，把互助组改为战斗与生产相结合的劳动队，每队配备强有力的村干部，队下分设的小组都有民兵做骨干。1943 年秋，在庆祝保卫秋收胜利的大会上，县委书记麻贵书讲道：“武乡几个月以来，对敌斗争取得了很大胜利。夏秋两季，在据点附近抢收了 5000 亩麦子、7000 多亩秋田。军民同命，团结奋战，一定能搞好根据地的生产，战胜天灾敌祸。”

为了安置难民，武乡县各级政府开办了一些从事手工业生产的中小加工厂、作坊、纺织厂、农具厂、纸厂、编造厂等。县委、县政府还采取了一些急救办法。1942 年 5 月 8 日，为了支援农村抗灾斗争，武乡（东）县政府向农村发放贷款 1.7 万余元。1943 年 8 月，县委、县政府派出大批干部下乡，组织生产，与群众共渡灾荒。同年 8 月 21 日，华北《新华日报》以“武乡（东）干部全体下乡，组织群众克服严重灾荒”为题作了报道，并为这一典型经验配发了社论《一致起来克服严重灾荒》。

武乡（东）地区劳武结合、生产自救的经验，在武西县广大游击区也推广开来。武西人民在敌占区内，采取组织变工队、互助组，搞好游击生产的办法，克服了困难，发展了生产。在这方面，石北、楼则峪、茅庄、石盘等地取得了出色的成绩。楼则峪王虎旺组织 8 户农民组成变工队，成为武西第一个先进互助组，为武西群众树立了榜样，他本人亦获得武西县劳动模范称号。

与此同时，县独立营、游击队及驻武乡八路军主力部队，也积极保卫地方民众，生产渡荒。他们开荒、种粮、种菜、采集野菜，大大减轻了人民的负担。除作战及掩护群众抢种抢收外，还以连、排为单位，组织开荒劳动。如八路军总部特务团，在武乡左会板山开荒 5000 亩，创造了“太行南泥湾”。战斗在太行第三军分区的 769 团、14 团轮番警戒，结合开荒种地，保证了 3 个月粮菜自给，带动群众渡过了难关。灾荒时期，县委带头，整个机关都是每人一天供应 10 两（以 16 两一斤秤计）小米，以野菜补充粮食不足。

由于党、政、军、民团结奋战，全县生产形势好转，创造了根据地赖以生存的物质条件，保障了军需民用的起码要求，粉碎了敌人的经济封锁。通过群众性的生产，稳定了根据地的社会秩序，推进了经济建设，密切了军民、军政、党群关系。群众性的生产，锻炼了根据地的党组织，锻炼了根据地的人民。在最艰苦的岁月里，党员、干部严格要求自己，关心战士，关心群众。各级党组织与人民军队，依靠广大群众，坚持斗争，终于战胜了困难，度过了艰难的日子。到 1944 年，全县年景甚好，部队驻地的村庄，粮食普遍丰收，群众情绪振奋。贫苦农民捧着饱满的粮食，喜笑颜开，高高兴兴给八路军送军粮。太行第三军分区的地方部队和八路军 769 团、14 团、决九团与群众建立了亲密无间的血肉关系，在抗日战争的烽火中，与老百姓并肩战斗，共渡难关，共享胜利的喜悦。

八、军民兴修水利

由于日军的残酷“扫荡”，加上连年旱、蝗等严重自然灾害，武乡（东）、武西两县人民群众的生活非常困难。在这种情况下，武乡党、政、军、民团结战斗，战胜严重灾荒，更加密切了党、政、军和人民群众的关系，巩固了抗日根据地。当时，驻武乡的八路军总部和太行三地委、三专署、三分区的领导，十分关心和重视当地的灾情，经常与县党政有关领导联系，并号召驻武乡部队指战员与武乡人民同甘苦、共命运。他们经常利用战斗间隙和工作之余，参加水利建设，发展生产。八路军所到之处，都留下了他们拥政爱民的动人事迹。

1939 年，八路军总部进驻砖壁村，总部指战员帮助当地群众打了 3 眼水井、6 眼旱井、1 个蓄水池，砌了 3 条拦洪蓄水坝，初步解决了当地人畜吃水问题。其中井沟水井就是朱德总司令亲自带领警卫连战士挖成的。这一眼水井解决了总部机关和群众饮水问题，为抗战做出了贡献，被后人称为“抗日井”。驻扎在烟里村的中共中央北方局和八路军总部机关人员和警卫连战士，帮助王家峪群众担水点种玉米、高粱等农作物 1000 多亩。

朱德总司令带领军民在砖壁村修建的“八路池”

1940 年，冀太联办及边区政府建设处负责人郝文

1939年，中共中央北方局党校学员在上北漳河滩修筑拦洪石坝。

台，在蟠洪河滩上主持修筑了100多米长的防洪石坝，保护了200多亩水浇河滩地。1941年4月，监漳群众和八路军生产部的指挥员及冀太联办第二办事处工作人员连夜苦战，在村西小河上筑起一座200多米长的渡水桥，并挖砌了一条5里长的水渠，引水监漳滩，扩大灌溉面积500多亩，太行第三专署第二办事处主任刘亚雄（女）还在渡槽上题了“人力胜天然”。

同年春，八路军129师386旅旅部驻武乡宋家庄，其特务连驻前哨阵地苑家垴。该村因山高无水，吃水需到1.5公里外的韩家沟和2.5公里远的上王堡村去挑。为了解决人畜吃水问题，该连派人和村干部共同勘察地形，选择井址。经全体军民10昼夜奋战，打成了1眼7米多深的水井，解决了军民人畜用水难的问题。129师卫生部和直属医院驻左会村，为解决该村缺水的问题，左权将军亲自带领总部特务团指挥员，到左会板山找水挖泉。八路军战士将村北水源扩挖，砌筑蓄水池，并砌引水渠2公里至左会村。这样，不仅可够人畜饮水和129师卫生部医院用水，而且还可以用来浇田种菜。后来为纪念左权将军，当地群众将这股泉水叫作“圣人泉”。

1942年至1943年，整个太行区遭受了严重旱灾，武乡县持续时间更长。1941年冬季无雪，1942年又一春无雨，大旱10个月。1943年，持续干旱，小麦歉收，秋苗枯死，人畜用水都很困难。

旱灾威胁着武乡（东）、武西两县人民的生命安全。

为了战胜严重旱灾，县委、县政府积极领导广大群众进行抗灾救灾斗争，响应中共中央关于“组织起来，生产自救，自己动手，克服困难”的号召，全力生产渡荒，用实际行动同灾荒作斗争。县委、县政府一方面组织全县军、政、民同心协力开展抗灾救灾运动，担水点种，引水浇苗，利用自流小河浇田；另一方面采取截流堵水、开渠打井等措施，兴修水利，合理利用一切水资源。在武乡东部地区的寨坪、东庄、中村、上型塘、下型塘等蟠洪河两岸村庄，军民截流引水灌田达到千亩以上。上广志村自流渠，是 1943 年大旱时，由武乡县政府领导当地人民修筑的，渠长 3 公里。修好后，增加灌溉面积 300 多亩，增产粮食 3.8 万多公斤，获县政府“全县第一”匾一块。

在恶劣的战争环境里，经过军民共同努力，战胜了旱灾，保证了粮食生产，既解决了军政机关吃粮问题，又使人民群众克服了困难，这在武乡历史上是前所未有的。

九、开展制造土武器运动

军工生产是太行根据地工业生产的重要组成部分。抗战时期，为了自力更生解决广大军民对敌斗争的武器弹药问题，武乡人民不仅在人力、物力、财力上支持了部队，在武乡的柳沟、显王等地开办了兵工厂，而且在武乡（东）的石板村、戈北坪，武西的黄家山自办了许多解决民兵、游击队、县独立营等地方武装武器弹药需求的小型兵工厂。

抗战开始，为了解决手榴弹原料来源问题，1938 年夏，武乡抗日县政府将几家地主在柳沟合股开办的铸铁厂买了过来，由从太原兵工厂返乡的贾志厚、王化南、李克晋、李克志、李盘明、魏福珍等一批工人，开始搞翻砂铸造，制造手榴弹、地雷。到 1938 年年底，已有职工 260 人，每天可以生产手榴弹 700 多枚、地雷650多颗。

1939年4月，八路军总部第六科接管了武乡手榴弹厂，改名为“八路军总部柳沟铁厂”。武乡县政府积极支援兵工生产，抽调王化南、郭大海等一批制造手榴弹和黑火药的技术工人到兵工厂为生产骨干，还动员了当地一些炼铁、翻砂工人，加强军工生产。县、区政府根据当地素有民办小工业的优势，采用经济合同形式，把附近民办的铁矿、煤矿、铝矾土（做炼铁坩埚的主要原料）矿、酒坊等单位的生产统一纳入八路军兵工厂。武乡还有工农兼作的劳动力达600多人，坚持农忙耕作，农闲下井采矿，成为一群特殊的兵工工人。在1940年8月的百团大战中，武乡（东）地区的广大民兵、自卫队，一面支援军工生产，一面参战支前。日军不断进行“扫荡”，县政府地方武装同工人自卫队配合，用各种巧妙的战术打击敌人。同时，人民群众帮助兵工厂在断崖上挖了许多连环洞，敌人来“扫荡”时，工厂一面坚持战斗，一面进行生产，使武器弹药源源不断地运往前线。

1940年秋季，日军不断进行“扫荡”，企图摧毁兵工厂，工厂只得化整为零，分散进行游击生产。1942年，武乡民兵帮助柳沟兵工厂的工人，在反“扫荡”中给日军摆下2.5公里长的地雷阵，炸得敌人血肉横飞，寸步难行。当时，黄崖洞军工部一所需要从武乡左会板山运进柳沟铁厂铸造的弹体和显王分厂锻造的毛坯，以及职工的粮食等生活用品，于是柳沟铁厂、显王分厂、左会板山和水窖山连起黄崖洞兵工厂的生产运输线，横跨太行山，绵延百余里。武乡（东）地区农民赶着毛驴，成为这条生产运输线的运输队，沿途民房是运输线上的中转站和制品保管库。黄崖洞兵工厂就是靠这条“钢铁运输线”坚持军工原料和产品运输的。

1943年5月，日军在距柳沟2.5公里远的蟠龙扎下据点。为了缩小目标，柳沟兵工厂职工减至234人，该厂的铁工部迁至庄底村，群众帮助他们解决厂房和宿舍问题，保证了继续炼铁和铸造迫击炮弹毛坯。1944 年 2 月，敌撤离蟠龙后，柳沟重新成立太行军工四厂，铸造“五〇炮弹”和“八二迫击炮弹”的毛坯。显王分厂属于太行军工五厂。

与此同时，武乡（东）县政府和县武委会在马家岭、石门、戈北坪等山庄窝铺，因陋就简，分散开办了许多小型兵工厂和修械所，在紧张的反“扫荡”斗争中，为地方武装和主力部队补充了许多武器弹药。在艰苦的环境里，工厂所在地的人民群众，除挖窑洞让宿舍做工房外，还提供了原材料和粮食、蔬菜等物品。1942 年冬，太行第三军分区在马岚头办起了太行农具合作社，因前方急需大量武器，该社转为生产军火，随即搬迁到窑上沟村，改为太行修枪所。1943 年 3 月又迁到石门村，工人发展到 50 余人。修枪所不管迁至哪里，县、区、村各级领导均组织群众大力支持。所内工人大都是来自当地的铁、木工。原料是靠发动农民收集破旧废铁来解决的。工人在当地人民的支持下，生产出武器弹药，有力地支持了前方部队和地方武装的对敌斗争。

在武西地区，县武委会在石盘山区的黄家山办了个小型兵工厂，主要任务是修枪、装子弹、制造短枪，还生产“六五”和“七九”两种步枪，制造火药、炸药、土枪和土炮。当时原材料很缺乏，武西县政府就发动群众到白晋线上搬铁轨。这个小型兵工厂为武西民兵独立营、游击队提供了大量武器，直至支援段村、南沟解放。

第三节 发展地方武装 开展游击战争

一、建立民兵组织三结合体制

为了粉碎敌人的进攻，坚持根据地斗争，1940 年 8 月 1 日，军区扩大干部会议提出了“建立坚强的民兵，保卫太行山抗日根据地，保卫家乡”的口号。在武乡县委的统一领导下，在全县开展了三个月突击建立民兵组织的工作。党组织依靠各个群众组织，在抗日人民自卫队的基础上，普遍建立起民兵组织。

民兵组织。民兵的基本任务是：进行群众性游击战争，配合军队作战，维持治安，担任抗战勤务。他们农忙时从事生产，农闲时开展军训，战争时参加战斗，成为一支不脱离生产的武装骨干。

区基干队（游击队）。区一级的地方武装，其任务是保卫全区人民和区级政府，对付敌人的突然袭击。它的成员来自农民，队员全副武装，基本不脱产。每个区基干队的人数不等，但大多在几十到上百人。区基干队具有一定的战斗能力。

独立营。1940 年 3 月，县委遵照上级党委和军分区的指示，在县自卫队、区干队的基础上，建立了具有相当作战能力、装备较好的脱产的地方武装——武乡独立营。它是县一级的地方部队，是一支在主力军和民兵之间起纽带作用的地方部队。该营由太行第三军分区领导和补给。初建营时，营长为史雅清，下辖两个连，共 200 余人。7 月，武乡分置武西县后，为了适应敌情变化，将武乡独立营划为武西独立营，第一任营长白正戈（三五八旅），副营长李尚春，营参谋兼一连连长安正国，下设三个连，并统一编制了各区游击队，共 400 余人，成为活跃在武西地区的一支机动灵活地对敌斗争的地方武装。

1941 年 6 月，在太行第三军分区的领导下，在武乡（东）又成立了武乡独立营，营长为冉光华，政委为张向善，下辖两个连、两个区游击队、一个直属排，初建时共400余人。1943年，冉光华、张向善调离，县武委会主任赵志云兼任营长，李军任政委。同年6月，组建了三区游击队，队长为阎卓，政委由区委书记梧光兼任。武乡独立营活动于沁县、段村、大桥沟、上司一带，配合广大群众反“蚕食”、打“维持”，保卫县、区抗日政权，协同主力部队攻城夺堡。

独立营、区基干队和民兵组织是一个有机的整体，组成了打击敌人的有力拳头，真正实现了三种地方武装力量的结合。独立营每到一地，游击队、民兵组织都主动联络，互通情报，帮助执勤放哨，警戒敌人，互相配合，打了不少以少胜多的漂亮仗。

在1943年5月反“扫荡”中，日军慑于四处受击，就从洪水向蟠龙撤退，以集中兵力确保蟠龙不失。武乡独立营一连和四区游击队得知这一情况后，就带领当地民兵配合三分区主力部队，沿途阻击敌人，使之想进不能，欲退不得。敌人从早上5时出发，到晚上6时才到达蟠龙，15公里路走了整整13个小时，沿途丢下30余具尸体和大批军用物资。仅独立营一连就缴获步枪20余支，子弹上千发。武乡独立营以勇猛顽强的战斗作风，在各村民兵的支援下，配合主力部队打击了敌人的嚣张气焰，增强了群众对敌斗争的信心。

在相互配合作战的同时，县独立营和民兵还根据自身的特点，灵活机动地进行独立战斗。1943年春天，武乡（东）抗日县长武光汤和区长郝耀在洪水镇被敌包围。区基干队闻讯后，打退了敌人，掩护县、区干部突出重围，顺利脱险。在艰险的对敌斗争中，武乡独立营、区基干队和民兵组织，结下了血肉情义。其兵源的补充，就是由民兵到区基干队，由区基干队充实到县独立营。不论是反“扫荡”、反“蚕食”，还是保卫春耕、秋收，这种三结合体制的地方武装力量，都有力地保卫了县、区、村政权和广大人民群众的生命财产安全。

二、反“扫荡”、反“清剿”斗争

日军侵入武乡后，不断出兵“扫荡”，施行惨无人道的“三光”政策，妄图摧毁我军民的生存条件和抗战信心。面对这种险恶的斗争局面，县委遵照中共晋冀豫区党委《关于执行反对敌人“蚕食”政策的补充指示》，发动全县人民展开了广泛的群众性游击战争。广大民兵、自卫队，在八路军的支持下，以麻雀战、地雷战、窑洞战、破袭战等巧妙的战术，粉碎了敌人一次又一次的残酷“扫荡”，保卫和巩固了抗日根据地。

1939年4月10日，日军109师团3000余人开始向白晋公路沿线进行“扫荡”，并于5月17日占据了武乡南关镇。武乡军民积极组织起抗日自卫队和游击小组，破坏敌人的交通，将衣物、粮食埋藏起来，将牲畜赶进山沟，将水井盖好用土伪装，实行了彻底的空室清野。日军来“扫荡”了，既找不到粮吃，又找不到水喝。与此同时，游击小组配合主力部队，在敌据点交通线上采用打冷枪、埋地雷、破公路、割电线等多种办法，阻击敌人的“扫荡”。

1942年2月3日，日军36师团，独立第一、第四旅团，以及平汉线之敌110师团一部共1.2 万余人，对太行山区进行大“扫荡”。武乡（东）县委和抗日县政府为了粉碎敌人的“扫荡”，加强了县、区领导，坚持腹地游击战。2月4日，长治、武乡等地之敌，奔袭二、三、四区的蟠龙、石板等地，捕抓壮丁，抢杀牲畜，任意烧杀抢掠。八路军一部同地方武装及民兵，机动灵活地打击了“清剿”之敌。4月25日，敌千余人“扫荡”洪水、蟠龙地区，被洪水民兵27人伏击于董家庄，毙敌中队长以下5人，生俘日军1人，打乱了日军的阵脚。

1942 年 10 月，日军开始实施第五次“治安强化运动”。20 日，敌向武乡（东）地区实施合击。这次反“扫荡”中，军民密切配合，有力地打击了敌人，保卫了群众。26 日，八路军 385 旅 14 团一个营，在武乡（东）上司、漆树坡等村民兵的配合下，袭击里庄敌转运站，毙伤日伪军 30 余人。27 日，769 团两个连，在韩壁以南的马鞍山打击搜山之敌，毙伤敌 40 余人，掩护了群众。七区民兵用土枪保卫窑洞，救下 300 多名群众。韩壁村农民李慕法，用菜刀杀死 1 个敌人。苏峪民兵伏击由洪水南下之敌数百名，先由两个好射手埋伏于河沿，12 个民兵埋伏于山腰上，待敌进至两射手前方 10 米之地，他们出其不意地袭击敌人，将敌指挥官击毙。范家岭民兵埋伏于山梁上，击溃了向上广志奔袭的 300 名敌人。敌“驻剿”寨坪时，民兵在相距 1 公里的山梁上埋设地雷，炸死五六个敌人。阳坡庄民兵游击小组，用打冷枪打击敌人的“清剿”部队。特别是洪水一区民兵，主动到外线的马堡、墨镫、戈北坪、白和等地打游击，带动各村群众参加反“扫荡”斗争。在这错综复杂的反“扫荡”斗争中，武乡人民创造了许多打击敌人的新方法。民兵们把地雷、手榴弹埋在草堆、柴火里，当敌人燃柴取暖时，被炸得血肉横飞。敌人在型村、峪口、长乐沿途店铺门壁上，发现贴有“打倒日本”的标语，前去扯标语，一迈步就踏响了连线雷，许多日军被炸死。五区的上、下广志民兵在山上放哨，敌人一来，便指挥群众转移；敌人一走，群众又回到村里碾米、挑水、藏粮。由于部队、民兵与群众密切配合，建立了血肉关系，形成了真正的铜墙铁壁，粉碎了敌人一次又一次的“扫荡”。

1943 年 5 月，日军又对太行山区进行大规模“扫荡”，出动兵力达 1.5 万人以上，武乡县委领导全县军民以民兵、游击队坚持内线斗争，主力转向外线与敌周旋。我军民在“来时招待不周，去时好好欢送”的口号激励下，分别展开麻雀战、地雷战。5 月

14日，由洪水向蟠龙撤退之敌，在武乡独立营和民兵的轮番袭击下，难以撤退，15日夜间，敌偷偷西逃，可是蟠龙至武乡城的大路两旁布满了游击队和民兵，沿途52个村庄，到处响起枪声，敌狼狈逃窜，抢到的小麦抛弃了一路，连抬伤员的敌兵也成了伤员甚至被打死。5月，敌人“扫荡”失败后，复于6月合股“扫荡”武乡（东）根据地，抢劫小麦。这次，洪水民兵联合苏峪、南台、寨坪、东庄等村的民兵，开展了群众性的斗争，打得敌人丢盔卸甲，毙伤敌人532人，并抢救出民夫225人，夺回小麦5万公斤，得到晋冀豫边区政府的通令嘉奖。

在反“扫荡”、反“清剿”的斗争中，武乡县委始终带领人民群众，与敌顽强战斗，配合部队击溃了日军的无数次进攻。事实证明，武乡的党组织是强大的，人民群众是不可战胜的，只要党、政、军、民一心，就能立于不败之地。

三、游击战争的新创举

抗日战争，在一定意义也可以说是农民战争。普遍动员农民群众参加抗战，是武乡县委在根据地开展游击战争的基本特点，也是武乡县委领导广大农民，在极端艰难困苦的条件下扩大、巩固根据地，并不断取得胜利的根本条件之一。

武乡根据地的开辟和巩固，是经历了艰难曲折的战斗历程的。特别是1940年日军由白晋线东进，在段村镇扎下大据点，把武乡分割为武乡（东）、武西两块；1943年又侵占武乡（东）重镇蟠龙。这样，敌人以“蚕食”占领的点线作为“扫荡”的依托，又在反复“扫荡”中，大肆施行残酷的“三光”政策，妄图加速对根据地的“蚕食”。面对这种险恶的斗争局面，县委组织全县广大民兵、自卫队，配合转战于当地的主力部队769团、14团、决九团和武乡（东）、武西两县的独立营，在反“扫荡”、反“蚕食”、反“清剿”斗争中，真正做到了人自为战、村自为战、联防为战，以我之长，攻敌之短，创造了麻雀战、地雷战、窑洞战、围困战和攻心战等各种各样的巧妙战术。

麻雀战。各地民兵三人一群，五人一伙，出没无常，飘忽不定，这种机动灵活的战法，使拥有飞机、大炮的日本侵略军，望而生畏，无法应付。1942 年 5 月，女民兵队长冯凤英，带领妇女转山头，打冷枪，掩护乡亲安全转移，使在大陌村“驻剿”的日军昼夜不宁，疲惫不堪。9 月，上广志民兵高贵堂，在保卫村庄的麻雀战中，三枪击毙三敌，获得了“太行神枪手”的英雄称号。武乡（东）民兵广泛开展麻雀战，共歼灭敌人 852 名，使敌人不但无法按一般战术作战，反而在“扫荡”中常常受到我军民的袭击，使敌人常常觉得“四面楚歌传来，一拳打去是风”。

地雷战。用地雷、石雷这一杀敌制胜的土武器，封锁道路、村落和敌据点，使偷袭之敌寸步难行。民兵英雄王来法，从 1941 年至 1943 年，带领李峪民兵和群众，横踞蟠（龙）武（乡）线，大摆地雷阵，先后炸死炸伤敌人 121 名，荣获“太行地雷大王”的光荣称号。当时，各村民兵都编有爆炸小组，敌到雷到，甚至敌未到雷先到。敌占柳沟时，当地民兵协同兵工厂工人自卫队，从马岚头到河不凌布下了 2.5 公里长的地雷阵，使“清剿”之敌没捞到军火，却挨了一场“痛炸”，牲口驮了几十具尸首逃跑了。日军过路在蟠龙河滩的树荫下乘凉，刚想坐在石凳上，不料踏响了民兵的“连环雷”，炸得日军血肉横飞。峰垴村民兵在村口大道上布好地雷阵，发现敌人大队要避开大道绕小路，便通过几声稀落的冷枪，诱得妄图活捉“土八路”的鬼子陷进了地雷区。民兵们高兴地说：“这叫地雷加冷枪，老鼠钻风箱。”敌人包围范家岭时，一颗地雷炸死敌人 6 人。恼羞成怒的鬼子要烧房报复，一开门又碰响吊着的手榴弹，炸死两个，这使敌人不敢再在村里乱动了，都集中在打谷场上，正要点谷草烧火取暖，又被草堆中的地雷炸倒十多人。敌人无奈，只好扫兴地离开。马家庄民兵杀敌英雄马应元和赵炎云，一次埋下 24 个地雷和 4 颗石雷，炸死鬼子 14 人，炸伤 10 人。敌占蟠龙后，他们在马家庄补给线上先后用地雷杀敌 97 人，使敌人的运输线变成了死亡线。

窑洞战。窑洞战是武乡人民群众在对敌斗争中创造出来的一种新的战法。为了保存自己，消灭敌人，结合丘陵山地的地形，村村打窑洞，山山挖工事，把一座座山头和断崖变成了一座座消灭侵略者的战斗堡垒。抗战初期，武乡各地新挖的窑洞，多数用于埋藏粮食和财物。后来，由于敌人对根据地的“扫荡”越来越频繁，窑洞由村内发展到野外，不仅藏物，而且能跟民兵、自卫队一起转山头、打游击的老弱妇孺都利用窑洞藏身。这样一来，就大大减少了群众的伤亡。到 1942 年，窑洞又成为民兵作战的特殊阵地。这种窑洞战的特点是弯弯曲曲，上上下下，洞道多岔，层层叠叠。每个拐弯处与攀登处都设有障碍物，如圪针、刀枪和陷阱等。当时，区、村干部号召人民群众打洞的标准就是“拐三弯、过三关、楼上楼、天外天”。其特点是：(1) 找不见——洞口秘密隐蔽；(2) 熏不死——除进口外，还在不同方向的崖壁上有一处或多处通气孔；(3) 进不来——敌人即使发现了，也因洞内各个关口上都有民兵把守，或安置杀伤性的障碍物而进不来；(4) 住得久——洞内贮藏有粮食、柴、水、锅、碗，甚至有厨房、厕所以及纺车、线拐等生产工具，可以坚持十天半月；(5) 跑得脱——必要时洞长可以指挥洞内群众由几个出口趁着夜色转移他乡。

自从县、区、村抗日政府组织发动各村开展了窑洞战，民兵便甩掉了家庭拖累，解除了后顾之忧，配合部队作战，更加顽强机动。据统计，武乡全县挖大小窑洞在 7500 眼以上。当时有 120 户人家的西堡村，在敌占蟠龙斗争最残酷时，全村在 3 道圪梁、5 条沟里挖了 107 眼窑洞。树辛村的窑洞大的可容 500 人，小的可供 3 家藏身。韩壁、东庄和监漳、南庄等村，吸取了抗战初期被敌熏死多人的血的教训，认真选择地形，挖下了隐藏和战斗功能相结合的“保险洞”。在著名的漆树坡窑洞保卫战中，民兵以窑洞为阵地，同敌人激战 3 小时，拖住敌人，掩护了村东南驻扎的县、区干部和机关人员，使县、区干部安全转移了出去。

1943 年 5 月上旬，日军“驻剿”柳沟，洞内 300 多农民、工人，据险斗敌，用石头、沙子击退了进洞“搜剿”的坂本中队。大陌村边树丛中，有一个口朝上的窑洞因未赶上收口，被突袭之敌发现了，日军一连吊下 4 个敌兵，都被洞中投出的手榴弹炸死。接着敌人又改用火烧，但因洞口朝天，烟直往外冒，呛得鬼子受不了，只好扫兴而去。民兵们保护了洞内的 70 多名乡亲。敌人侵占胡峦岭后，在第三天搜山时，发现了木瓜沟的窑洞在崖头上，就搬来云梯上去“劝降”。窑洞内的妇女和民兵们以农具为武器，把几个日军打得掉下梯子。敌兵在崖下守了 3 天，第四天深夜民兵配合我主力部队，把 100 多名乡亲转移了出去。还有许多村庄是洞内洞外配合战斗。一次，冯家垴民兵中队长武大成带着 6 个民兵在山头上警戒敌人，突然望见几个日军正使劲刨村东南沟的藏人洞，他们架起老式机枪打了 3 枪，挖洞之敌以为八路军大部队赶来了，扔下铁镢头扭头就跑。马村民兵温凤鸣，发现 40 多个搜山鬼子接近了村外最大的藏人洞口，眼瞧敌人根据洞边新土踪迹和新脚印，要动手掘洞口了，立即点燃了老土炮，打了 3 炮，声音震天动地，敌人像疯狗一样扑上山梁想活捉“土炮手”，哪知温凤鸣早跑得无影无踪了。当年武乡（东）的民兵、群众，在窑洞内外和敌人进行大小战斗达 570 多次。

四、反特务斗争与政治时事教育

1943 年 8 月 21 日，中共中央北方局发出《对太行区的锄奸反特问题指示》。《指示》分析了国民党特务等的活动特点，提出了镇压与宽大相结合的锄奸反特方针，并强调了开展工作的重要性及争取方法。27 日，晋冀豫区党委发出《特务分子掌握民兵的事实通报》，通报了在武乡县王家峪、左权县麻田等村的民兵中，混入国民党特务，并掌握民兵及民兵武器的事实，要求各级党组织提高警惕，采取有力措施，立即清除混入民兵中的特务分子。

县委根据北方局和区党委的指示与内部通报，遵照地委意见，召开了紧急会议。会上，列举了抗战以来，武乡国民党反动势力和阎顽分子反共的历史事实。国特头子郝泉香、肖芳亭等，借口抗日，在阎派县长的庇护下，把持了县里的差务、财政。国民党内的顽固派坚持反共，在旧政府的支持下，极端仇视牺盟会、八路军工作团，成立了“和平农会”等反动组织。“九路围攻”后，他们散布失败主义情绪，利用“同善社”等反动组织，到处秘密散布“打倒共产党，打倒农救会，反对八路军”等反动口号，还乘机派遣特务，打探我军政机关的行踪，将干部、民兵名单及公家资产向敌人告密。据一、三区的不完全统计，敌特对我打冷枪的现象在 18 个村发现，共有 59 次；谋杀干部 7 人，割电线 24 次之多。此外，国民党特务利用战争与灾荒，制造失败主义情绪。他们的口号是：“多吃粮食少吃菜，日本来了不受害。”史标青曾说：“共产党成不了大事，也不过是些放羊受苦的人。”郝竹亭和李香亭曾在祥良纸坊秘密开会，企图勾结敌人，扩大“维持”。

郝竹亭投敌后，不久就勾结敌“剿共军”赵瑞、段炳昌部占领蟠龙重镇。郝竹亭利用“剿共军”与李香亭、肖芳亭等人秘密联系，借发展“新民会”来扩大“维持”。李香亭派人给郝竹亭送信，被我军民抓获。公安局以信为证据立即逮捕了李香亭，经过严密审问，李香亭做了坦白，供出郝竹亭、肖芳亭、魏云亭的罪恶事实。李香亭早有密谋，企图投靠日本帝国主义，重新压迫武乡人民，反共反人民。郝、肖、魏一伙的后台是史标青。县委根据这些口供，立即逮捕了肖芳亭、魏云亭和史标青，捣毁由他们发展的特务组织。在围困蟠龙斗争中，武乡（东）县委一面审查汉奸特务分子“四大亭”和史标青，一面布置发动群众开展反特务斗争。经过审讯，搞清了汉奸特务的网络。1943 年 8 月下旬，县委、县政府在下黄岩村召开了反特务斗争大会，李香亭在会上做了公开坦白认罪，揭露了“四大亭”的罪恶活动。为了镇压汉奸特务，揭穿其阴谋诡计，于同年 9 月上旬，县政府在洪水、苏峪、土河等地分别召开了群众大会，公开审判了肖芳亭、史标青、魏云亭等特务分子，最后执行了枪决。

镇压特务分子，既震慑了敌人，又教育了群众。同时，对坦白交代、低头认罪的国特分子，当场宣布给予宽大处理。会后，为了有效地分化瓦解特务组织，争取、教育、挽救大多数，县委按照区党委《关于开展反汉奸运动肃清特务的指示》，明确提出“开展坦白运动，挽救上当分子，以救人的态度处理国特问题”的方针。第一，对国民党的绝大多数人员进行集中教育，讲清形势和政策，促使他们自觉交代，同汉奸特务组织划清界限；第二，组织坦白好的分子到邻村去帮助其他未觉悟的分子；第三，对不同情况的国特分子，要区别对待，团结、教育、挽救其大多数，孤立、揭露和批判极少数拒不坦白交代和暗藏的特务分子；第四，对极少数犯罪特别严重的特务，也不放弃教育，启发他们转变立场，重新树立民族意识。

在反特甄别运动的同时，县委联系各地实际例证，对群众进行了深入的形势教育，从而使全县人民更加坚定地团结在共产党周围，继续开展对敌斗争，争取抗战胜利。

五、坚持围困蟠龙斗争

1943 年 6 月 14 日，日军 36 师团葛目联队的小林大队，指挥“剿共军”第一师赵瑞、段炳昌所部，共 3000 余人，同大汉奸郝竹亭勾结在一起，侵占了武乡（东）重镇蟠龙，在太行腹地插了一把刀，天灾敌祸接踵而至，使太行第三军分区的形势发生了严峻的变化。敌人进驻蟠龙后，蟠龙地区13个编村成为敌人骚扰残害群众的地方。县委事先进行动员，随即组织干部连夜撤到大有、东沟、洪水、东堡、西堡、朱家山等村。

敌占蟠龙后，为了尽快打通蟠（龙）武（乡）公路，又在沿途的马家庄、型村寨、胡峦岭、落凤坪等村高地扎下护路据点，连上蟠龙地带，使21个行政村两万余群众受到敌人威胁，其中需要长期转移到外地的约1.5万人。在太行区党委的指示下，县、区、村都成立了党政军一元化领导的前方指挥部，各自然村还设立了指挥组，主要是领导群众进行对敌斗争，掩护生产，在围困线上构成了一个互相策应的游击网。当时，在太行第三军分区司令部和武乡（东）县委围困敌人指挥部的具体指导下，根据“劳武结合，围困敌人”的总方针，对蟠龙之敌采取了下列斗争办法：第一，有组织地转移出敌占区群众，安置好难民，把敌人所占村庄的人力和物资隐置一空，使敌进驻之后，只有萧然四壁，看不到一个人影，得不到任何可以利用的东西。第二，组织民兵摸敌哨、烧仓库、割电线、劫武器，随时出敌不意地以冷枪、冷弹袭击敌人，或以夜袭战、掏心战突入敌人据点内，有时打一下即走，条件具备时拔除外围据点。第三，破坏交通，断敌给养。对“扫荡”之敌，大股伏击，小股歼灭，有大兵力出动，就用各种办法骚扰，或乘敌据点空虚，民兵、游击队配合主力部队抄其老窝；同时切断敌人与外界的联系，造成敌人供给上的困难，使蟠龙敌据点变成一座四处无援的“孤岛”。第四，动员边沿区各村庄挖沟断路、打窑洞，在山沟里建立起便于游击的野外生活条件，组织劳武结合的游击生产。第五，对敌开展政治攻势，瓦解日伪军，打击和镇压罪大恶极的汉奸。

1943 年 7 月中旬，为了从政治、军事、经济上粉碎敌人“蚕食”我根据地的恶毒阴谋，太行第三军分区奉总部和刘伯承、邓小平的命令，集中六个团的兵力，趁敌立足未稳之际，以“困日打伪，以强攻弱，猛虎掏心”的战术，组织蟠武战役，攻克蟠龙周围以及蟠武公路沿线之敌人据点。由太行第三军分区陈锡联司令员统一指挥，于 7 月 18 日深夜发起了蟠武战役，激战一昼夜，歼灭敌人近千人，打击了敌人的嚣张气焰，拔掉了横截蟠武公路的胡峦岭据点，为武乡（东）军民进一步围困敌人扫除了一大障碍。

蟠武战役之后，从敌人增加兵力和加固防卫工事来看，敌人是不可能很快撤离蟠龙的。7 月下旬，太行第三军分区司令部和中共太行三地委召开了联席会议，反复分析、判断、讨论了敌人的动向，提出了“坚持长期围困，逼退蟠龙敌人”的新方针，认真制定了围困斗争的方案，特别在武装力量配备方面，做到了主力兵团、地方兵团和民兵自卫队三结合。分区派 769 团、14 团和独立营等地方部队，以连或排为单位，分散在蟠龙周围各个围困敌人的联防点上，作为民兵、游击队的组织者和指挥者。当时，14 团除活动在蟠武公路上的两个营之外，钟明锋营长还率领第 3 营化整为零，配合四区前方指挥部进行对敌斗争。四区前方指挥部由杨忠、刘致祥负责，共计 56 人，杨负责指挥，刘负责后勤。在八个半月围困蟠龙的对敌斗争中，所有活动都是由四区前方指挥部布置，我抗日军民日夜活跃在蟠龙以北，胡峦岭至韩家垴的联防线上。769 团派出第 3 连，配合新八区民兵坚守蟠龙东面尖山顶阵地；派出第 5 连，组成“轮战队”或“侦察班”，配合韩壁、窑上沟、王家峪等村民兵，战斗在蟠龙以南的围困线上。为了使民兵、群众更加坚定地参加围困斗争，前方指挥部以胡峦岭“宁可饿死也不吃鬼子一口饭”的王四孩的母亲郝爱则大娘，和孤身斗敌、誓死不当亡国奴的皮烟村民兵王尚元摔碎步枪壮烈牺牲等典型事例，对广大群众进行了气节教育，增强了大家的民族意识，树立了“我中华民族有同自己的敌人血战到底的英雄气概”的信念。在围困敌人的艰苦斗争中，军民联防，并肩作战，演出了一幕幕惊心动魄的人民战争活剧。

从段村经马庄、长乐到蟠龙，长40余公里的一条大道，是蟠龙敌人唯一的补给线。蟠龙的敌人除到段村进行联络和运送弹药外，还要运送粮食等物资，沿线军民于是对敌展开伏击战、地雷战等，使敌人唯一的运输线变成了死亡线。由于蟠武沿线武乡（东）军民2万多人投入了这场历时八个半月的围困斗争，蟠龙敌人便像一头野牛撞入了人民战争的火阵，到头来被烧得焦头烂额。据武乡（东）7个区的统计：仅广大民兵开展地雷战、麻雀战两项，就毙伤敌军1669人。军民共进行大小战斗2753次，总共歼敌2100多人。在政治攻势中，伪军逃跑、投诚者共250多人。在我广大军民的重重包围之下，敌人被迫于1944年2月28日退出蟠龙，武乡（东）根据地得到恢复和扩大。

1943年冬围困蟠龙战斗时，县委指挥部麻贵书（二排中坐者）、武三友（后排右二）、王贵生（前排右）、赵志云等领导合影。

3月4日，太行第三军分区和武乡（东）县委在蟠龙镇召开了万人参加的庆功祝捷大会。769团第6连被评为太行第三军分区“围困蟠龙模范连”；第5连2排排长王凤才，14团英雄营长钟明锋、排长靳小瑞，关家垴民兵班长关二如，马家庄民兵指导员马应元，均被评为太行区一等杀敌英雄；韩壁村农会主席韩国栋和树辛村支部书记李马保等人被评为模范抗日干部；窑上沟民兵“张家班”，秦家烟李家俩兄弟，“太行地雷大王”王来法和菜刀英雄李庆和，以及推鬼子落井的郝贵堂等著名人物，也都被评为抗战功臣。1944年4月3日太行《新华日报》头版头条发表了《向蟠武线军民致敬》的社论，表彰了蟠武全线在血与火的斗争中坚持围困敌军的广大军民。

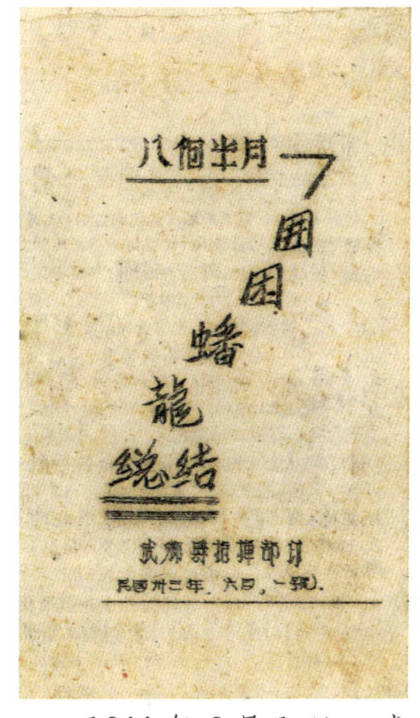

1944年6月1日，武乡县指挥部印制的《八个半月围困蟠龙总结》

六、武工队开展对敌斗争

为了扭转太行区对敌斗争日益复杂的困难局面，坚决打退敌人的蚕食与封锁，太行军区从各军分区选调了一大批政治素质好、作战勇敢的班、排级骨干，由营、区级干部带领，经过专门培训后，组成了武装工作队。根据“敌进我进”的方针，深入敌占区开展政治攻势，进行群众游击战争，进而变敌占区为隐蔽的游击根据地。129师于1942年3月还专门下达了武装工作队初次出动到敌占区的指示，对武工队的组成作了具体规定：“对特别严重的地区，必须按照中共中央北方局指示组织武装工作队，深入敌占区、接敌区、三角区进行工作。这种工作队以50人为一队，以营特派员为队长，县委书记为政委。队长和队员质量要非常优良，都能懂得政策。”1942年，日军接连五次施行“治安强化运动”，武乡县段村以西的故城地区被日军占领后划为“维持区”。武工队深入敌后，发动游击区、敌占区民众开展抗日斗争，进而扩大抗日根据地。

1942年秋，为了粉碎敌人的抢粮计划，武工队紧密配合主力军决九团，在故城一带同敌人展开了机动灵活的斗争。11月29日，南沟据点的敌军90余人，在“宣抚班”班长横田和伪区长程锦的带领下，逼迫五峪、河底等村民夫赶着24辆牛车，急奔茅庄编村狮则沟抢粮。武工队和茅庄民兵发现敌情后，同我决九团4连配合，给予抢粮之敌沉重打击，截回粮食9000公斤。秋后，武工队队长宋斌带领武工队到武西区活动，给日伪上“夜课”（喊话），开展政治攻势，瓦解日伪军。武工队队员李廉深入敌人南沟火车站活动，他只身一人把南沟敌人诱至高台寺，使敌人痛遭武工队和独立营的伏击。后来，武工队驰骋于白晋沿线百里铁路线上，在当地军民配合下，公开斗争与秘密斗争相结合，在一周的时间里，他们深入南关、分水岭、权店、良侯店据点附近，以机敏的行动，到16个村庄对3895人进行了宣传调查工作，把1000多份宣传品散发到敌占区和铁路线上。他们先后访问了818位士绅和知识分子，提高了敌占区群众坚持抗战的信心。

接着，武工队又向漳东区挺进，经过与敌周旋，打垮了武西县坡底、涌泉一带抢粮、抓丁的敌人。在上级党委的领导下，这支小分队不断发起新的政治攻势，极大地振奋了敌占区同胞的斗志。1943年春，14团3营营长钟明锋兼任武工队队长，他带领30余人战斗在沁（县）武（西）边界，发动群众，组织民兵搜集情报，打击小股敌人。深入武西的武工队，在游击区和根据地，充分发动群众，为建立和扩大敌后根据地创造了良好条件。同时，在敌据点之间不断开展斗争，随时打击敌人的嚣张气焰，并利用日、伪矛盾，瓦解日伪力量。武西故城和东良一带的根据地，就是在武工队的帮助下开辟和扩大的。武工队配合当地民兵，在东良红山伏击日军，打死其小队长和翻译官。武工队队员刘子梅，在东良村与敌搏斗中光荣牺牲。1945 年日军投降前夕，武工队小队长白德元，带领民工到五峪打开敌人粮库，强运出小麦和谷子 400 多麻袋，支援了我军解放段村的战役。

七、开展反“蚕食”、打“维持”斗争

1940 年夏季，日军侵入武乡中部之后，以东村、段村为轴心，西南筑公路，与沁县大据点连接，并在西河底村营造护路碉堡，以控制聂村、姜村一带，进而向南扩展，“蚕食”根据地。段村以南 10 公里、以东 15 公里范围内的曹村、上司、县城（今故县）地域，均成为“维持区”，并在各村建立了“维持会”。敌人利用这些机构残害人民，扩大敌占区，分割根据地。1942 年春，日军更加疯狂地对武乡抗日根据地实行全面“蚕食”，“维持会”的活动更加猖獗，大量捕杀我民兵和抗日干部。为了粉碎日军的变根据地为敌占区的阴谋，县委先后遵照中共中央北方局《关于反对敌人“蚕食”政策的指示》和晋冀豫区党委发出的《关于执行反对敌人“蚕食”政策的补充指示》，成立了武乡县反“蚕食”斗争委员会，领导武乡人民开展了反“蚕食”、打“维持”斗争。

民兵、游击队配合敌工站人员到游击区和敌占区进行活动和斗争，捕杀死心塌地的汉奸。活动在上司边沿区的前方指挥部，配合民兵和游击队，在同一时间把石鼻（今城南）、阳城、曹村、山阳垴、南亭、暴家峪、圪老湾等 52 个“维持村”的日伪人员全部抓回根据地，镇压了罪大恶极的汉奸张银旺等，并在接敌区召开群众大会，张贴布告，对日伪进行警告。这一行动震慑了敌人，有效地压缩了“维持区”。

对伪军及其家属进行耐心细致的说服教育工作。根据区党委宣传工作指示，派党的干部秘密到“维持村”，开始做伪军家属工作，通过其家庭摸清其态度，针对他们的情况，先宣传世界反法西斯战争状况和中国抗战必胜的大形势，并大讲共产党对伪军及其家属的宽大政策，劝说伪军反戈一击，站在人民的一边。通过一段时间的工作，一些伪军通过其家属与我方建立了联系。如曹村西沟警备队副小队长，在营救我方人员李毓秀时，就起过积极作用。

改造“维持会”，建立革命的“两面派”政权。为了适应对敌斗争的需要，在敌占区“维持村”搞“两面派”政权，即公开维持敌人，秘密为我方办事，开展了建立“两面派”政权工作，既注意不使群众受牵连，又达到与敌斗争的目的，要他们给我方送情报，保证抗日干部的安全，如富庄村的段仲旺等，就是“两面派”“维持会”会长。

关心和保护群众的生产和生活，争取群众的支持。从1942年秋季“扫荡”之后，凡是“维持”了的村庄，敌人都称“爱护村”，他们欺骗群众说：“爱护村不烧、不杀、不抢、不抓。”伪政权强调所有“维持”了的村，都必须按时送情报，按规定出劳役、送壮丁、交粮、交款。若一件办不到，就有送命的危险。敌人的“爱护村”，由一线推进到二线防区，对抗日领导干部严加封锁消息，并严重地威胁着三线人民群众的生活安定。面对这种局势，武乡县委号召各区正面突击，大讲抗战形势和抗日政策，并逮捕和镇压了一些暗藏的奸特，打击敌人在二、三线秘密建立起来的间谍网（指敌人安插的“钉子”）。1943年夏季，为了粉碎敌人“扫荡”的阴谋，武乡（东）新三区领导做了周密的调查研究，配备了武装力量，掌握敌人的间谍网点，分别在魏家窑、郝家垴、姜村、曹村、石科、里峪沟、徐阳7个村的点上，全面出击，一夜之间打掉了敌人精心建立起来的间谍网点和“维持会”组织。

组织秘密游击小组和建立小型的隐蔽根据地，到敌占区进行武装宣传。在边沿区，以自然村为单位，建立游击小组，到敌占区进行武装宣传，召开群众大会，公布汉奸罪恶事实。武西抗日根据地在反“蚕食”斗争中，由6个村扩大到18个村，并建立了71个游击小组。武西一区民兵12人，配合游击队，在敌据点附近，游击侦察15次，摧毁13个“维持会”，抓获伪干部7人，没收“居住证”百余张，并建成情报网络，到“维持村”订立抗日公约。二区游击小组，配合游击队到敌占区活动，在24个村进行武装宣传，教育群众1200余人，没收“居住证”520张，抓获奸细6人，争取伪军3人反正。三区游击小组十余人，抓获伪干部31人，营救被抓壮丁150余人，没收“居住证”2200张，袭击敌据点1次，并在聂村破坏围墙5段，夺回木板十余块，配合决死队到南沟、分水岭敌交通线上破袭1次，缴获电线2000多公斤，将西河底敌炮楼摧毁，击毙警备队班长李小昌。同年7月24日，武乡县总结反“蚕食”、打“维持”斗争成果，共摧毁“维持会”19个，解决旧案2000余件，摧毁敌据点、伪村公所6处，抓捕伪人员101人，公开处决了死心塌地的汉奸温木林、焦茂增、王二秃、武大金等6人，没收“居住证”2555张，“维持会”自首反省者178人，反动会道门成员自动悔过者873人。

根据政治攻势与军事打击相结合的原则，开展敌军反正工作。县委组织干部向“维持区”广大群众和伪军政人员大讲苏联红军的胜利形势，大讲人民政府对敌斗争的政策和敌占区群众对敌斗争的光明前途。同时，瓦解敌人，争取“维持会”。八区区长史亚夫，对被抓的“维持会”会长进行教育后释放，后来这个会长还为革命做了不少有益的事。

武乡的反“蚕食”、打“维持”斗争，是在县委的统一领导下，由边沿区的县、区游击队、武装工作队、敌工站、公安局密切配合，协同进行的。他们宣传教育群众，帮助群众解决最迫切的问题，充分发动并依靠群众，采用多种形式，对敌人进行了极为有力而又巧妙的斗争。

八、开展敌军反正工作

太行根据地的敌军反正工作，在1942年以前就有一定进展，为武装斗争的开展创造了有利条件。为了加强八路军打入敌人内部的工作，适应形势发展变化，中共太行分局书记邓小平在《五年来对敌斗争的概略总结与今后对敌斗争的方针》报告中及时提出“敌进我进”的方针，并指明：我党在敌占区的组织工作中，打入工作的第一个问题，是开门见山的问题，不能打入就谈不到一切，打入的对象是很广泛的，打入到敌占区群众中去，打入到敌占区城市中去，打入到伪军组织中去，打入到一切敌组织中去，而打入到伪军当中应该是目前的主要对象。打入的任务是“长期埋伏进行隐蔽的、巧妙的、谨慎的宣传组织工作，积蓄力量，起到发酵作用，以待时机，配合反攻”。太行区连续开展了9次大规模的政治攻势，发动了“中国人大团结，反对奴化”运动，对伪军则发起了“良心大检查”和“检查死心汉奸”运动。

从1940年开始，武乡县在搞好武装斗争的前提下，相应地开展了敌军反正工作，将敌占区的党支部改为锄奸小组，每个支部留二至三人坚持地下工作。在武西张家沟成立了锄奸领导组，组长为董成旺、张守仁、张宽宏。下设锄奸小组两个：一个组在东村，由段永旺、魏秃孩、段昌先组成；另一个组在平家沟，由王凤荣、王海全、米国华组成。到1941年，锄奸组改为情报站，由张凤鸣负责，受太行第三军分区敌工科直接领导。其主要任务是：第一，了解敌人内部的机构设置、兵种和兵力部署；第二，掌握敌人的一切动向，瓦解其实力，争取伪官兵反正；第三，做好敌占区地下工作，掌握敌据点附近群众的思想动态和敌人的活动规律；第四，搞好情报工作，在整个敌占区组成情报网、联络站。

1941 年 1 月，东村锄奸小组成员魏秃孩，打入驻东村的日军“红部”，对日军翻译官元村大成（朝鲜人）进行政策攻心，使之自动反正，投入抗日部队。2 月，锄奸组的段永旺，为了适应敌占区工作的需要，特在东村开设饺子铺一个，并利用关系，把警察所所长张成武的岳父段四孩拉进饭铺，专做敌特务班班长刘任炳的工作。之后，刘亲自送出便衣证，使我敌工人员能自由出入敌据点。同年 4 月 15 日，敌在段村的修城工程开工，由“维持会”会长郝泉香负责。为了进一步掌握敌情，便让李祝山在段村开设酒坊一座。李见机行事，随时报告敌情，并接洽抗日干部和情报人员。4 月下旬，“宣抚班”组织青年训练班，妄图奴化敌占区青年。为了粉碎敌人的阴谋，抗日政府趁机让武藩、段德堂、赵甲子等 3 人打入青训班，做伪区长高宗泰的工作。之后，高不但自己秘密做抗日工作，还动员秘书武炳烈填了抗日志愿书，随时为我方传递情报。

与此同时，武西县的南沟、故城敌工站，也展开了敌军反正工作。最初由武西县政府直接领导，李如伏负责南沟一带，柴玉堂负责分水岭、南关一带，到 1941 年 6 月归太行第三军分区敌工科领导。同年 8 月，敌工人员又增加了罗文龙，协助李如伏工作。当时，对敌斗争的主要策略是：第一，大力开展宣传教育工作，动员敌占区人民抗日；第二，物色积极分子，培养骨干，建立敌工人员的落脚点；第三，打入日伪内部，掌握其组织机构，搜集军事情报；第四，搞好情报工作。武西的北良侯、信义、故城、五峪、南沟都布置有敌工人员了解敌情。日军驻南沟车站 1 个排、1 个伪先锋队，共 40 余人，经敌工人员的工作，我军设法打入伪先锋队的有 4 人。后来，段村日军“维持会”的伪警察也被我敌工人员控制了三分之一。1942 年，日军又从太原警备队调来 1 个排，在南沟车站成立了“红部便衣队”。武西县敌工科号召敌工人员想尽一切办法打进敌伪组织，掌握日伪内部情况。我方首先打入“红部”7人，其中就有4人担任了便衣队队长。尔后，警备队内中队长以下的人员也被争取了大半。敌工人员梁文，从南沟偷抄出沁县至段村各据点的军事行动计划，并多次营救出我方被捕人员。

1943年5月，太行第三军分区和武乡（东）县委对各条干线上的敌工人员进行了审查整顿，进一步贯彻了“敌进我进”的方针。8月，县抗日政府公安局与分区敌工科研究，派北方军官学校毕业的高进廷以民夫身份，打入段村大据点进行活动，高利用给敌军砍柴、挑水之机，暗中绘出敌军事部署图。同时，情报站的张凤鸣和敌工人员郑文奎、梧光，配合敌工站的赵余庆，将日军“爱民工作队”的军法干事程志远争取过来，暗中做抗日工作，曾多次为我方送出子弹、情报。程又配合武耀文一次动员17名日伪人员投诚。同时，情报站配合县武委会做了东村炮楼伪军连长李庆明的工作，由县武委会主任赵志云带领敌工人员到炮楼附近张贴标语、喊话说服，讲解党的抗日方针、法令及对伪军的政策，从而使李庆明有所悔悟。在段村解放前夕，经六区武委会主任李锋集中一周的时间对敌进行政策攻心，李庆明所在的东村炮楼上的伪军未动一枪一弹，并带领全连伪军全部投降。

县委对敌伪工作的重点是打入日伪点线内部，建立地下党组织，同时配合政治攻势，进行政治宣传，加强对日伪军的瓦解。县委通过对日伪工作的深入开展，为抗日武装斗争的开展创造了更为有利的条件，不仅争取了一批日伪军投入抗战队伍，而且利用他们去团结一切可能团结的力量，进行对敌斗争，以期达到在敌占区和日伪组织内部积蓄力量，以待时机，配合反攻或反正的目的。

第四章　军民团结奋战　迎接抗战胜利

从1944年起，中国的抗日战争形势发生了有利于中国人民的变化，根据地进入全面建设时期，开始积蓄力量，准备反攻，迎接抗日战争的最后胜利。

经过减租减息、生产救灾，群众得到进一步发动，抗日武装力量得到了进一步加强。武乡（东）和武西两县的各级党组织更加坚强，两县人民在经济上有了转变，生活上有了改善。1944年和1945年，武乡（东）、武西县委，认真执行太行区党委的工作方针，开展大生产、复查减租减息、干部和党员整风和拥军优属、拥政爱民运动，使两县各项建设出现了蓬勃发展的新气象，为迎接抗日战争的最后胜利做好了思想和物质准备。

为准备局部反攻，武乡（东）、武西县委和县武委会响应上级号召，在全县范围内进行了以练兵为主的军事训练，为大反攻准备了强大的武装力量。1945年8月大反攻开始后，武乡（东）、武西县委领导全县人民与主力部队密切配合，歼灭日军1个小队和段炳昌的绥靖军第二师第二团和1个伪警务中队1000余人，解放了日军盘踞多年的段村镇，武乡人民为抗日战争的最后胜利建立了不朽的功勋。

第一节　开展整风运动

中国共产党从1942年开始的整风运动，对共产党员是一场普遍的马克思列宁主义教育运动，是用无产阶级思想克服一切非无产阶级思想的革命运动。中共太行区党委于1943年10月制定了完成全区整风任务的目标及计划，提出由党委主要负责人直接领导，采取“机关整风学校化，学校整风机关化”的要求，由区党委党校开办县级干部整风班，各地委党校举办区级干部整风班。根据上级党委的部署，武乡（东）县委于1943年冬开始进行整风。县委书记麻贵书、组织部部长赵迪之、宣传部部长武铭等率领区委书记以上干部到黎城县南委泉参加太行区党委整风班学习。1944年，县、区级干部全部参加了砖壁、土河地委整风班学习。

第一阶段是学习22种文件，提高对整顿三风的认识。开始有些干部认为，自我批评就是坦白，思想上存在顾虑；有的干部不知道怎样联系实际，对于主观主义、经验主义、教条主义的危害性认识不深。通过学习毛泽东所作的有关党风的报告和刘少奇的《论共产党员的修养》《论党内斗争》等著作，广大党员、干部认识到：批评和自我批评是我们党的传统作风，是共产党区别于其他政党的重要标志，从而对于如何开展批评与自我批评有了比较正确的认识。

第二阶段是结合实际开展思想运动。即对第一阶段学习中提出的各种问题加以分析，开展讨论，澄清是非，互相启发，消除各种模糊认识。一开始，整风班发现有部分干部对整风认识肤浅，不能正视自己的缺点，影响了整风运动的深入开展。为此，1943年12月，县委召开了扩大干部会议，提出进一步深入整风的要求，并制定了相应的措施，把克服非无产阶级思想意识作为整风的重点，开展批评与自我批评。重点完成了以下几点：(1) 树立共产主义的苦乐观；(2) 摆正了自己与群众的关系；(3) 树立了理论联系实际的学风；(4) 克服宗派主义，增强革命团结。

第三阶段是在农村整风中进行系统反省和总结。这一时期，武乡的整风工作是从总结交流党员的斗争历史、工作经验及检查领导入手的。如树辛村模范党支部提出：“回忆斗争历史，总结工作经验，提高工作，巩固模范。”马汉堉和洞上村党支部提出：“保持模范，克服缺点，把建党工作经验加以总结提高，以便大踏步地前进。”贾豁、洞上党支部定期检查领导，要求领导转变作风。党员踊跃给领导提意见，以求更好地改进工作。总之，对支部党员好的一面，说得透，表扬得够；检查领导，查得透，党支部自我批评得够。这就使支部党员能够心平气静地学习模范，反省自己，把一切仇恨集中到封建地主阶级身上。

在整风运动中，中共武乡（东）县委还开办了不同类型的支委干部整风班，以此为开展支部整风的基础。通过整风，广大党员、干部进一步掌握了马克思列宁主义理论联系实际的基本原则，树立和发扬了实事求是的优良作风，提高了党员、干部的革命自觉性，加强了党的思想建设，从思想上、政治上、组织上加强了党在革命原则基础上的团结，为战胜一切困难、夺取抗战的最后胜利奠定了坚实的政治基础。

第二节　根据地建设进一步发展

一、开展大生产运动

1944 年 1 月，中共太行区党委召开了县以上干部会议。会议决定把大生产运动推向高潮，努力生产，多打粮食，为迎接大反攻奠定了坚实的物质基础。武乡（东）县委遵照中共太行区党委的指示，召开了区级以上干部会议，联系实际，研究讨论了 1944 年大生产运动的特点、方针、方法以及具体办法。各区、村的党支部根据县委的部署，积极组织变工互助组，发扬互助互济精神，解决耕畜农具短缺问题，开展了大规模的大生产运动。

为了使大生产运动在全县普遍展开，县委首先在树辛、韩壁等先进村，培养了村党支部书记李马保、王海成，给村级支部树立了榜样。接着，县委及时发现、总结了洞上村党支部在发动大生产运动时创造的先进经验，即让劳动英雄戴大红花，登主席台，而让懒汉们列队站在群众的另一边，形成了一个鲜明的对比，双方都从中受到深刻的教育。为使洞上的经验在全县得到推广，县委在树辛村召开了全县劳动英雄座谈会。会上，洞上支部作了经验介绍，县、区级干部听了都很受启发。县委书记麻贵书在会上作了动员报告，动员全县人民积极响应毛泽东“组织起来”的伟大号召，进一步扩大互助组，整顿劳武结合变工队，把大生产运动推向新的阶段。在树辛会议上，县委对劳动英雄声势浩大的宣传和表彰，使互助生产运动很快在全县展开，形成了人人争当劳动英雄的喜人局面。

当时，除县委培养的李马保、王海成外，还涌现出许多新的劳动模范，如东堡的史成富、史兰珍（女），杨桃岭的魏花花（女），土河村的张步俊，洞上村的魏文秀，上广志的李德祥，马堡村的石榴仙（女），大圪垴村的石登贵，武西县的王虎旺、陈永和，石壁村的武拉弟（女），石盘村的李保爱（女）等。县委对这些劳模进行了“组织起来，由穷变富”的前途教育，引导和扶植他们扩大变工队、互助组。前后1个月光景，全县以劳动英雄、党员、干部为核心的互助组很快组织起来。一般村庄建立3个互助组，有的多达四五个。组织起来的劳力，最少占劳力总数的50%以上。像树辛、马堡、东堡、广志、洞上等8个模范村至少达到98%。

除了农业劳动互助组外，还有农业和手工业结合的互助组、手工业互助组等。如上广志村成立了木匠互助组，为当地农民修理农具、做木工。木匠家的地交给一个人耕种，秋后，地也种好了，工匠的家庭收入也增加了120元。窑上沟一个烧砂锅互助组，共7个人，其中3人种地，3人烧锅，1人管推销，生意很红火。芦家掌村有个互助组，大家凑钱买了1头毛驴，专门跑运输，赚来的钱大家平分。由于互助组的蓬勃发展，农民普遍要求向更大的组织形式迈进，以集中力量，进一步挖掘农业潜力。1944年，县委在武乡（东）地区创办了树辛互助大队、东堡红旗互助大队、韩壁红星互助大队，在武西县创办了楼则峪互助大队。这种生产大队组织，一般都有二三十个劳力，农具、耕畜齐全。其特点是：劳力充足，家底厚，分红高，又有战胜自然灾害的能力。

在农民大都组织起来的基础上，县委和县政府组织开展了劳动竞赛。在竞赛中，各区都制定了竞赛条件，制作了流动红旗，党员、干部做评判负责人。开展劳动竞赛，充分调动了广大农民的生产积极性。武西县一个村的武委会主任陈永和，领导民兵开荒地40亩，在他的带动下，五区开出荒地477亩。树辛村平均每亩土地上肥121担，秋禾锄3遍，麦地深翻3次，全村3484亩土地都垒上堰。韩壁红星大队，涌现出47名生产模范，改造了12个懒汉。在竞赛中，全县出现了对手赛、夫妻赛、村与村赛、区与区赛等竞赛形式。在大生产运动中，广大妇女积极响应县妇救会的号召，不但下地搞生产，而且还掀起了“百日纺织运动”。武西县大良村220名妇女在下地劳动之余，还参加了纺织运动，平均每人纺出0.5公斤线，赚到3公斤棉花。韩壁村200多名妇女，纺织1年，织布1万多米。东堡红旗大队的妇女，除纺线织布外，还积极下地参加农业劳动。

热火朝天的大生产运动，使农业获得了大丰收。1944年11月1日，全县劳动英雄、模范互助组、模范农家、生产技术能手举行集会，到会500多人。太行第三军分区政委彭涛到会并讲了话，大会选出了参加边区群英大会的代表。李马保领导的树辛村，粮食收成增加6000公斤，做到了“耕三余一”。东堡红旗大队、韩壁红星大队获得了粮食丰收，所有的农民都成倍地增加了收入。据对10个村的调查统计，增产粮食645公斤；2200个互助组中，

1944年11月，太行区第一届群英会一等劳动英雄李马保（左三，树辛村人），获得朱德总司令和彭德怀副总司令授予的奖旗。

有三分之一的贫农达到“耕三余一”。1944年11月，太行区第一届群英会召开，武乡县树辛村李马保、韩壁村王海成、东堡村史成富、马堡村石榴仙、泉河村胡春花、李峪村王来法、关家垴关二如、楼则峪王虎旺等，光荣地出席了这次大会并受到大会表彰。李马保名列甲等模范，获边区“劳动英雄”光荣称号，石榴仙获“纺织英雄”光荣称号，他们成为太行区人民学习的榜样。

二、开展妇女解放运动

充分发动群众，加强农民团结，努力克服经济上的困难，巩固抗日根据地，是当时的首要任务。其中，教育妇女群众，开展妇女解放运动，是一项非常重要的工作。

武乡妇女中存在两种陋习：一是普遍不参加农业生产；二是生了小孩后不肯吃饭，一月才喝几斤米的米汤。动员全民抗战，开展生产劳动，男女都应参加。特别是在当时情况下，中年男人参加自卫队，经常出去参战；青年组织青抗先送公粮，有的去参加了八路军、游击队。在家种地的男人不多，妇女理应成为发展生产和支援战争的主力军。可是妇女不但不参加农业生产，生了小孩还不吃东西，坐月子像生一场大病，躺在炕上好长时间恢复不了健康。有不少妇女坐月子时把男人拖在家里伺候，不仅损害了妇女、儿童的健康，又直接影响了生产和抗日救亡运动。

县委经过研究，决定帮助妇女革坐月子不肯吃饭和缠小脚的旧习。县委书记赵迪之亲自下农村，挨家逐户去宣传坐月子吃点鸡蛋、白面条、小米捞饭等会对身体有好处，身体恢复得快，对母子都有利。可是她们却说："我们不能比你们（指女八路军干部），你们那里水土软，吃了好的能消化掉，我们这里水土硬，吃了好的消化不了，会得月子病。"让她们把自己和女儿的缠脚布放开，她们也不敢，一怕别人笑话，二怕闺女大了嫁不出去。针对这种倾向，县委召开各区妇女主任会议，要求广泛向妇女和农民开展宣传工作。

在帮助妇女争取自由、获得解放中，县委着重抓了两件大事：一是组织妇女上识字班。各村的妇女骨干每天下午就召集妇女们一起认字、学文化，学抗日政府有关抗日运动的号召和规定。通过举办识字班，武乡（东）的大部分妇女都被发动起来，到识字班参加扫盲学习。有的人识了不少字，有的人虽没认下多少字，可经下乡抗日干部到识字班讲解革命道理，思想认识也都有很大提高。这为推翻封建主义、解放妇女、发动妇女参加抗日救亡运动起了很大的推动作用。二是教育妇女制定安家计划，就是让妇女参加家庭经营管理，学会管理家务，学会节约过日子。妇女学会管理家务，男女平等的问题就可逐渐得到解决。同时，男人可以减少牵挂，出去能安心当兵，安心工作。在发动妇女制定安家计划的同时，特别注意发动妇女参加生产，即要让妇女在政治上得到解放。为了普遍提高广大农民群众的思想觉悟，武乡（东）县委不仅组织妇女上识字班学文化、学政治，还利用晚上时间组织男同志一起上识字班，学习政治。经过做工作，男同志的思想通了，大多数都能积极支持妇女参加生产。对于个别顽固不化、不让妇女参加生产和抗日救亡工作且又打骂妇女的男人，村里的妇救会就召集妇女开会，对其进行必要的斗争。一经发动，那些有打骂妇女行为的男人，一开始还盛气凌人，不把妇女放在眼里，可一上会，让他们往妇女中间一站，再经妇女们七嘴八舌地斗争一场，他们就很快承认错误了。

通过一系列的教育，广大妇女获得了解放，树立了拥军、爱民、爱国家的思想，只要干部下去发动，拥军、优抗、合理负担、变工、互助……只要是对抗日有利的工作，一经过布置，马上就会行动起来，而且每项工作搞得都不错。做军鞋主要靠根据地的妇女来做。武乡的妇女每年要给军队做大量的鞋，每人每年平均做五六双。此外，还给军队缝米袋、做炒面等。1944 年，在姚庄成立了第一个县办纺织合作社，参加者都是妇女。这不仅锻炼了妇女的组织能力，而且有力地支援了人民军队。

三、加强军政训练

在敌后各根据地发动局部反攻的时候，中共中央根据国际反法西斯战争和国内抗日战争发展的新形势，于 1944 年 7 月 1 日，向全军和各地党组织发布了关于整训军队的指示，要求于一年之内，各地在秋冬两季利用战争与生产间隙，对现有的主力部队、游击队、民兵、自卫队进行一次大规模的政治和军事整训，为提高部队军政素质，参加大反攻，迎接全国胜利创造条件。并要求各地以“官教兵、兵教官、兵教民”和“学用一致”的新式练兵方法，结合整风，开展群众性的练兵运动。

为了贯彻中央指示，太行区武委会发出有关人民武装整训的指示，要求在军事训练中，民兵着重提高使用武器的技术，贯彻“有啥学啥，各专一长”的方针，特别是射击与爆炸要做到熟练准确。政治教育以时事教育和阶级教育为主，加强劳动观念，改善干群关系，加强内部的团结，保证士气饱满，提高胜利信心。

中共武乡县委和县武委会积极响应上级号召，立即召开全县各区、村武委会主任会议，传达中央精神，并参加轮训，要求各区、村行动起来，结合当地的地形、地貌与人之所长，组织民兵开展大练武。从 1944 年 7 月开始，从政治整训入手，在全县范围内进行了以练兵为主的军事整训。

当时，决九团刚刚从太岳前线参加完青（城）浮（山）战役归来，驻在武乡（东）山区的东堡、西堡一带。部队稍事休整便投入了以射击、投弹、刺杀为主，以游击战术和攻坚战术为辅的大练兵运动。黄定基团长负责领导训练，他连夜赶写出军训计划，要求全团将士认识军训的重要性，从实战出发，在自己练习的同时，还要热心地把军事技术教给当地的民兵和自卫队。他响亮地提出“军民团结，互学提高”的口号。时值隆冬，在东堡和西堡之间的西峰上，寒风凛冽，一队队士兵却在热火朝天地操练着，威武雄壮，喊声震天，附近十几个村庄的武委会，组织各村民兵和自卫队队员赶来观摩学习实战战术，出现了军民齐上阵、官兵同练武的动人场面。部队战士手把手耐心地教，民兵们也向部队干部、战士们虚心地请教。为了提高民兵们的体质，部队战士要求民兵们在练习杀敌本领的同时，积极开展翻杠架、跳远、跳高等军体活动。

射击方面，练武场上总结出快速射击法、闭气瞄准射击法、吸气瞄准射击法等射击方法，大大提高了民兵的射击水平。鉴于广大民兵的文化、技术水平偏低，为了便于他们记忆和接受，部队战士就把射击要领编成了顺口溜：“六点要合一，三线一元化；枪打一口气，一吸一呼击；要点掌握好，百射百中靶；平时多苦练，战时把敌杀。”在练武期间，战士与民兵之间、民兵与民兵之间展开了练兵赛。在将近两个月的时间内，大家不顾疲劳，上至 60 岁的老自卫队队员，下至 15 岁的青年民兵，都参加了练武运动。此外，各村民兵还结合当时即将进行反攻，准备配合主力部队攻

武乡（东）县女民兵

城夺堡的实际，进行了爬云梯、跨外壕、越障碍等练习，在村中两条路交叉处的高地或凹地演习埋伏、夹攻等战术。同时，决九团的政工干部还深入东堡、西堡、桥南、果烟垴、内顷等村，对民兵、自卫队进行政治训练和形势教育，动员更多的村民参加练武活动，为参加反攻积蓄力量。

爆炸技术方面，县武委会以著名的“太行地雷大王”王来法为首的李峪村民兵队为试点，摸索总结开展地雷战的经验和技术。村武委会主任王来法到县武委会组织的训练班去学习了新的爆炸技术，回村后召集本村的民兵，结合自己学到的各种埋雷技巧，给民兵们讲授爆炸技术。王来法还亲自带领民兵进行埋伏演习。有时碰到复杂的埋雷技术，他就先在地上画个图样，让大家看着做。民兵们还想出了许多伪装办法，例如，挖新土撒旧土，按牛、羊蹄印等，并创造出拉线雷、子母雷、蛇形雷、梅花雷、前哨雷、楼上雷、双弓雷等埋雷办法。乡亲们称赞道：“来法随身三件宝，铁铲、马蹄、土大炮（指地雷）。”经过埋雷训练，在全县开展了王来法式的爆炸运动，使地雷战普遍地开展起来。

通过群众性的练武运动，进一步提高了地方武装的战斗水平，密切了干部与群众、民兵与群众的关系，巩固和壮大了民兵、自卫队，为大反攻准备了武装力量。

四、攻克段村据点

段村是武乡境内最大的敌据点，地理位置极为重要，东扼武乡（东）煤铁基地，城南沁武公路直通沁县县城，西边可控制白晋线上的南沟火车站，北面与榆社之敌连成一片。敌人在城垣修筑了稠密的射击设施，沿城西北百米处横挖壕沟加碉堡，构成了坚固的外围防御体系。城墙高 7 米，城墙上开有射击孔，四角筑有碉堡，环城外壕深、宽各 6 米，城郊北山、王家垴东山和东村北山都设有外围据点。城内主要街道有巷战工事。城东北角日军“红部”院顶筑有高碉，乃外壕之坚固支撑点，守敌系绥靖军第二师第二团，还有日军 1 个指导小队、伪警备队 1 个中队。其兵力部署是：外围王家垴东山 1 个连，城郊北山 1 个连，东村北山 1 个连，其余驻守城内。日军 1 个指导小队驻于“红部”，团部驻于伪公署。敌恃其城垣工事坚固，外围据点地势高，火力可以控制段村周围的有利条件，打算负隅顽抗，长期盘踞。

1945 年 8 月 21 日，太行军区司令员李达率领太行纵队第三、第四支队所属 13 团、14 团、31 团、51 团、769 团、决九团集结于沁县地区，沁县军民及武乡（东）、武西县独立营协同主力作战。军区领导在陈家湾村召开了军事会议，布置了攻沁县县城任务。攻城战斗打响后，敌我争夺十分激烈。21 日夜及 22 日晚，部队曾两次冲入城内与敌展开厮杀，守敌顽抗，部队后援被切断，攻城未能成功。从整个战略部署出发，同时为避免不必要的消耗，攻城部队奉命撤退，转攻武乡段村镇。

8 月 23 日，太行第三军分区司令员鲁瑞林和各参战部队指挥员在战前进行了反复侦察和周密部署。参加围攻段村的部队有：

决九团、769 团 2 营、14 团、31 团 1 营、13 团与武乡（东）、武西和黎城县独立营。具体部署是：以 13 团于沁（县）段（村）公路上，14 团 1 营于松村准备阻击沁县和南沟火车站援敌。同时，太行军区动员黎城、左权、武乡（东）、武西等县广大民兵支援前线，武乡（东）人民群众在县委与县政府的指挥下，组织自卫队和广大民兵，配合正规部队作战。武乡一区和四区民兵在段村附近围困松村一带敌人，三区民兵埋伏在段村周围阻击白晋线援敌。群众组成救护队、运输队，帮助部队送粮、送饭、运弹药、抬担架、押送俘虏，个个争先恐后，积极支援前线。

8 月 25 日 3 时，决九团 1 营袭击东村山碉堡，31 团 1 营、769 团 2 营同时对王家垴碉堡和北山外围据点发起攻击，但未获成功。26 日晨，31 团派工兵绕到其侧后炸毁碉堡，守敌一个排被迫缴械投降。扫清外围后，部队进逼城下做攻城准备。当日 20 时，太行军区司令员李达、太行第三军分区司令员鲁瑞林在指挥所发出攻城命令。在统一指挥下，决九团从东门发起攻击，9 连助攻，摧毁东南角碉堡，城上射孔也被 31 团机枪压倒，战士们奋勇向城头攀登。1 营主力从突破口进入城内，沿街向西进攻，抢占了县“维持会”，打掉了敌团指挥所。此时，9 连也突破南城墙，俘虏了千佛塔内的敌人机枪班；31 团置重兵于西南城角突破，并集中火力压制突破口，2 连仅战斗 10 分钟就全部登城，1、3 连投入巷战。当夜，“剿共军”副师长段炳昌带领 40 多个伪军，从城西北角地道潜逃。769 团 2 营在攻占王家垴后，从西门突入城内，与决九团会合。至 27 日，只剩“红部”孤碉仍在拼死顽抗，直到工兵班炸毁碉堡歼灭残敌，段村全城终于获得解放。这次战斗，歼灭日军 1 个小队、伪 2 师 2 团和伪警备中队，共 1000 余人。

在段村战斗中，根据地人民以极大的热忱参加了支前工作。武乡（东）、武西民兵和群众从两头涌向段村前线，一队队支前大军积极投入战斗。武西县的一、二高小师生都参加了解放段村的战斗，宣传发动群众积极支前。在攻打段村前夕，各村群众就自动组织起来，准备米饭，史家垴村 66 个妇女，两天两夜便磨了 425 公斤白面。攻城开始后，方圆 30 里村庄的妇女，都冒着炮火往前线送饭。直至 28 日，还有许多村庄给部队送饭、送慰问品。《新华日报》记者李光在《活跃在解放段村战斗中的妇女们》一文中赞扬道：在这次收复武乡段村的战斗中，妇女们起着重大作用。正是由于军民同仇敌忾，并肩战斗，才使敌人盘踞多年的段村镇获得解放。段村战斗是太行部队由分散转入集中的第一仗。延安《解放日报》发表了“武乡人民欢庆全县解放”的胜利消息。

段村是八路军向敌人进攻中太行区收复的第一座重镇。此次战役极大地锻炼了部队的战斗意志，鼓舞了根据地的人民。段村的解放，为上党战役拉开了序幕。这一胜利消息一传开，全县各村敲锣打鼓，昼夜欢庆。

1945 年 8 月 25 日，晋冀鲁豫军区部队收复武乡县段村（今县城）。

第五章　完成土地改革　支援全国解放

1945年8月15日，日本天皇广播《终战诏书》，向盟国宣布无条件投降。9月2日，日本天皇和日本政府以及日本大本营的代表在投降书上签字，中国人民经过长达14年的全国抗战，终于赢得了最后的胜利。这是近百年来中国人民反抗外国侵略者所取得的第一次彻底胜利，是中国共产党联合一切爱国力量结成广泛的统一战线、实行全面的全民抗日路线的实践的伟大胜利。

段村解放后，根据上级指示，武乡（东）、武西两县合并，恢复武乡县建制，全县人民欢欣鼓舞，广大青壮年以空前的热忱，争相参军，为解放全中国和安享幸福生活而继续奋斗。

从此，武乡人民在中国共产党的领导下，一方面为保卫抗战胜利果实而参军参战，支援前线的反内战斗争，另一方面在根据地内开展轰轰烈烈的反奸清算和土地改革运动，并继续开展大生产运动和其他各项经济建设事业，为支援全中国的解放战争做出了巨大的贡献。

第一节　保卫抗战胜利果实

一、支援上党战役

1945年8月，日本投降后不久，阎锡山即派兵侵入上党地区，枪杀共产党、八路军，抢夺抗战胜利果实。晋冀鲁豫军区司令员刘伯承、政委邓小平从延安返回太行山后，即在刚解放的襄垣县城召开了紧急军事会议，部署反击，于9月10日揭开了上党战役的序幕。

中共武乡县委根据上级指示，在战前就成立了支前指挥部，积极动员全县群众，统一安排和组织、编制参战民兵与自卫队，准备及时开赴上党前线，配合正规军同阎锡山军队决一死战。

8月20日，晋冀鲁豫边区武委会发出了关于参军工作的指示。武乡县委根据上级指示精神，向全县人民广泛进行宣传发动，在"谁种桃树谁吃桃，抗战胜利果实全靠我们自己保"的口号声中，很快掀起了一股争先恐后参军的热潮。武乡关家垴村著名民兵杀敌英雄关二如，带领洪水一区百余民兵，集体入伍；禄村"八路妈妈"暴莲子带头送两个女儿参了军；朱家山村是个只有30户人家的小山村，可一次报名参军的人数竟达42人。在这次参军热潮中，出现了许多父送子、妻送郎、兄弟争相上战场的感人事迹。仅7天时间，全县就有1820名青年报名参军，一次补充到769团的青年民兵就达到540多人，并且戎装未着，就上了前线。

英雄的武乡民兵，除充实主力部队外，还拿起武器，随军作战。上党战役期间，正是秋收的紧张时节，由于县、区领导积极组织民兵参军参战，又组织群众开展生产互助，使参战人员情绪饱满，无牵无挂，出色地完成了军队交给的任务。名震太行的"地雷大王"王来法，奉命带领李峪村民兵日夜兼程，到沁县大桥沟执行警戒任务。10月的一天，他们接到有200多阎军向大桥沟方向窜来的情报后，便秘密地把土地雷埋设在白晋路上。当敌人闯入地雷阵后，被炸死70多人，剩下的也在当了俘虏。在老爷山和磨盘垴激战中，胡峦岭民兵1个班，俘敌8人，缴获机枪1挺。韩壁村民兵，机智勇敢地击退敌军1个排的偷袭，并抓获俘虏20多人。武乡民兵在随军作战中，先后战斗28次，毙伤敌371人，受到了769团、14团指挥员的表扬。

武乡还动员千余民兵奔赴上党前线，抬担架，扛云梯，送弹药，押俘虏，涌现出了许多支前模范。洪水镇民兵支前队队长宋贵生，在战斗开始后奉命带领民兵冒雨上阵，来到屯留县余吾镇前沿，为给攻打老爷山的部队准备足够的弹药，他们接受了回武乡柳沟兵工厂运输手榴弹的任务。宋贵生带领37名队员，经过一昼夜急行军，跑了75公里山路，赶到柳沟兵工厂，装好弹药，片刻未停，又星夜在大雨中赶到西营河边。队长宋贵生带头扛起弹药箱，纵身跳入齐腰深的河水中。在他的带领下，民兵们紧跟着蹚过对岸。当他们赶到老爷山下，冒着战火爬到半山腰时，遇到了小股敌兵，宋贵生临危不惧，带领民兵们用手榴弹击退了敌人，顺利地把弹药送到了前沿阵地。

在整个上党战役中，武乡支前民工赶着毛驴，抬着担架，肩挑身背，跋山涉水，冒着敌人的炮火，奋勇支前。在支前运动中，全县广大妇女都动员起来，积极帮助参战民兵家属收秋、种麦，使他们安心参战支前。

二、组建县独立团

抗日战争胜利后，随着行政区划的变更和对敌斗争形势的变化，中共武乡县委遵照上级党委和军分区的指示，将原武乡（东）、武西县两个独立营合并整编，组建武乡县独立团。1945年10月，武乡县独立团在涌泉镇成立，冉光华任团长，李文清任政委。

武乡县独立团奉上级命令，从组建之日起，便积极开展了对敌斗争。原来驻段村的“剿共军”摇身一变，成了阎锡山的省防军，全部退到南沟火车站和沁县城等地，伺机出来抢粮拉夫，不断对解放区进行骚扰破坏。10月6日，侦察员报告驻南沟之敌准备出动抢粮。团长冉光华迅速率领部队，兵分两路准备打击抢粮之敌。一路由3营营长安正国指挥，埋伏于信义、岸北一带，切断敌人向南沟据点的退路；另一路由2营营长李军指挥，埋伏于高台寺、邵渠附近，切断敌人向东的逃路。上午9时，敌军100多人，马车十几辆，窜入故城镇。部队按预定作战方案，从镇东北角攻入镇内。突击连由民兵陈志和带路，突破敌人的警戒线，3营也赶到镇西，整个阵势像敞开着的“口袋”，把敌人诱进了伏击圈。10时，进攻时机成熟，独立团向敌猛烈开火，打得阎军丢盔弃甲。镇南敌人的两挺机枪阻止了我军部队的冲锋，排长刘锦云向敌连甩了两颗手榴弹，敌人的机枪哑了，2营趁机冲了上去，与敌人展开激战。战斗进行到中午，除了少数敌军向沁县南涅水方向逃跑外，其余全被俘虏，并缴获马车十几辆、步枪百余支。事后，独立团荣获太行第三军分区奖旗1面，并被誉为“老虎团”。

11月下旬，南沟据点敌人再次到故城一带进行抢粮“扫荡”。为保卫群众利益，武乡独立团派侦察参谋孟来明和排长刘锦荣，到故城一带侦察敌情，掌握了敌人的活动规律，制定了作战方案。24日下午，部队从段村出发，到达蒲池，夜幕降临后按原定部署开始行动。1营由李之光参谋长率领，到达邵渠；3营由冉光华团长率领，经西渠于次日拂晓抵达槐圪塔。当南沟之省防军3团1营营长冯子明率领200余人，向故城进犯时，我部队立即进入战斗状态，营长安正国下达命令，由7连向敌正面发起攻击，8连和9连从东、西两侧迂回包抄，并集中全营机枪，向敌警戒部队猛烈扫射。1营营长杨春奎带领部队，从东南面向敌发起冲击，敌人企图从原路逃跑，不料退路已被9连切断。敌人又向南撤，妄图渡过涅河向牛寺据点靠近，但南逃之敌又遭8连阻击，敌兵一阵混乱。3营不失时机地向敌猛冲，紧缩包围圈，把敌人压缩在涅河北岸的一块凹地里，残敌无法逃脱，只好缴械投降。从南沟出来增援的敌人，刚爬上五峪坪，就遭到1营炮火袭击，被迫撤回据点。经过三个半小时的激战，除伪营长逃跑外，其余全部就擒。此战共毙伤敌人20余人，活捉160余人，缴获步枪、马枪140余支和部分弹药及军用物品，打击了抢粮之敌的嚣张气焰，保卫了边区人民的生命财产安全。

故城之战告捷后，武乡独立团于12月24日又进行了白家沟伏击战。凌晨5时，设伏部队秘密进入伏击区，3连、7连埋伏在白家沟东、西两侧，9连为预备连，5连埋伏在白家沟东南一带，以断其后路，阻敌援兵。当时正是数九寒天，战士们顶着寒风，静静地等候着敌人。没多久，向白家沟突袭的抢粮敌人，闯进了我军的埋伏区，在距前哨敌人只有几十米时，安正国营长一声令下，7连火器齐发，敌人全部被歼。

武乡子弟兵灵活机动地战斗在武乡边缘地区，凭借熟悉地形，主动寻找战机打击来犯之敌，并配合主力部队深入敌占区对敌作战，扩大解放区。经过多次的战斗锻炼，部队的战斗力迅速提高。1946年，武乡独立团接到太行第二军分区的指示，离县出境，英勇地投入了白晋战役。

三、武西边沿区的对敌斗争

日军投降以后，白晋沿线的日军据点由阎军窃据，地处武乡西部的南沟车站据点就是其中之一。南沟据点附近的故城、邵渠、茅庄、山交、信义等村镇，都是刚刚开辟的新区，这些地区由于日伪长期统治，旧的封建势力和可恶的汉奸、恶霸、反动地主，气焰十分嚣张，他们继续与人民为敌。同时，南沟据点的阎军，也频繁地对新区进行奔袭，抢粮抓丁，捕杀地下工作人员，残害无辜百姓，并与当地汉奸、恶棍相互勾结，妄图卷土重来，还乡复辟。

针对新区这种尖锐复杂的斗争形势，中共武乡县委认为，要搞好新恢复区的工作，必须发动广大群众，开展反奸清算斗争，保护新区人民群众的利益。于是在故城、北涅水、山交沟、信义、高台寺等边沿村庄，首先从救济困难户入手，然后通过宣传党的政策，开展诉苦运动，从中培养积极分子，进而带动广大农民，积极参加反奸清霸的群众诉苦大会。经过耐心细致的工作，广大群众纷纷起来，以血的事实，揭露阶级敌人的反动本质与罪行。通过开展诉苦和控诉阎军破坏停战协定等活动，提高了广大群众的阶级觉悟和革命警惕。在群众初步发动起来的基础上，县委又及时将运动由反奸清霸引向减租清债，为贫苦农民从地主恶霸手中收回了土地、耕牛、农具、粮食和衣物等生产与生活资料。通过这一系列的斗争，农民经济条件有所改善，政治地位也有所提高，他们决心永远跟着共产党走。同时，为了对付南沟据点阎军的袭扰，县委强调加强民兵武装，根据边沿地区敌我犬牙交错的特点，采取了军民联防作战的办法。以县独立团和区游击队为骨干，支持各村民兵组织，做到村与村彼此呼应，相互支援，一方受敌，八方出击，主力军和地方武装密切配合，结成了坚固的警戒线。此时，故城、邵渠和茅庄村民兵十分活跃，组成了联防民兵连，由茅庄村武委会主任田二丑任该连连长。他们经常活动于故城、信义、五峪村一带，多次打击了白晋线上阎军的袭扰。

1946 年 1 月 13 日停战命令下达后，17 日，16 旅驻故城镇，该旅 48 团驻信义村，连同茅庄、阎家庄、东寨底、羊公岭、五峪等村庄的民兵，在部队的支持下，对南沟敌据点加紧了围困斗争。19 日，由 48 团团长、政委和七区区长张国士、武工队领导人白德元，在河底村派人叫出国民党武乡县党部书记姚志远，进行隔河对话。我方向敌方提出三条意见：第一，双方要遵守停战协定，保证不先打响第一枪；第二，停战后不准出兵骚扰村庄；第三，驻原地待命，不准轻举妄动，不准侵扰百姓生产、生活。当天上午，16 旅 49 团全体官兵全副武装到五峪、河底村，向南沟之敌示威一次。可是 23 日 16 旅调离后，阎军于 28 日首先破坏停战协定，向我方开枪。阎军拂晓冲出南沟车站，在五峪坪同联防军民打了一仗。广大军民英勇无畏，将敌人打得落花流水，狼狈逃回据点。此次战斗后不久，南沟之敌又窜至信义村一带，奔袭抢粮，联防民兵在南岭坡底给敌以迎头痛击，使其仓皇逃回据点。故城联防民兵不怕牺牲，连续作战，打出了威风。

1946年6月26日拂晓，在段炳昌的指挥下，一路由南沟保警大队长冯子明带一队奔袭、“包剿”故城联防民兵；另一路由敌营长孟廷甫带领五连和迫击炮排，从沁县固义向故城方向进犯。天亮时，两股来敌近千人，将故城干部、党员驻地邵渠村包围。决心突围的民兵与干部，与敌浴血奋战，但终因寡不敌众，故城镇武委会主任程亮宏和妇救会主任、公安员李馥兰，民兵程兴旺、高来顺、李二赖、胡双贵、吕金林等人被抓到南沟，先后遭敌杀害。阎军还抢走民兵武器20余件，抓走干部、群众300多人，抢走牲畜20余头。敌军把故城、邵渠等村300多名干部、群众押回南沟火车站，关在协成一号院内，进行拷打审讯。在敌人严刑拷打中，故城镇妇救会主任李馥兰，面对屠刀，毫无惧色，慷慨就义，是年29岁。故城镇人民在李馥兰烈士纪念碑上镌刻了“民族之精英，人民之正气，青年之楷模，妇女之荣耀”的赞语。敌人制造“邵渠事件”之后，又偷偷窜至民兵驻地北涅水村，企图将故城联防民兵一网打尽。联防民兵迅速向狮则沟转移，又遇沁县来敌，双方展开了激战，民兵张万月、李三成突围时光荣牺牲。

“邵渠事件”激起武西人民的极大愤慨，武乡独立团和故城联防民兵，决心为死难烈士报仇，给南沟之敌以沉重打击。为此，从武乡独立团团部和县委前方指挥部抽调一批军事干部，到信义、五峪等地协同联防民兵，了解敌人近况及其活动规律，结合实际制定作战方案，决定在五峪消灭抢粮之敌，打好麦收保卫战。这次战斗，在民兵的配合下，由独立团9连打正面，7连从羊公岭向下压，以断敌退路，1连和3连隐蔽在信义和南岭坡底之间，以切断敌人从河底逃跑之路。上午7时许，南沟阎省防军中的“黑虎队”250余人，向五峪方向扑来，企图抢麦抓丁。当敌人进入独立团伏击圈时，我军先向敌开火，猛烈射击，将敌截为数段。经过 3 个多小时的激战，毙敌 20 多名，活捉 200 余人，缴获步枪 210 余支、子弹 2.3 万多发，为“邵渠事件”中殉难的烈士报了仇。

四、支援白晋战役

1946 年 3 月 11 日，白晋战役全面打响，参加战役的有晋冀鲁豫军区六纵队主力 16 旅、17 旅，以及太岳部队和太行部队等。人民军队在极端恶劣的环境下，与依托交通线、装备精良的敌人进行了决战，充分显示了其英勇顽强的斗争精神。

在白晋战役中，中共武乡县委动员一切人力、物力，充分发挥地方武装在自卫战争中的作用，号召全县人民踊跃支前参战。战役初期，为了架设关河桥，接通支援白晋战役的运输线，武乡支前民工不顾寒冬水冷，解衣涉水，打桩架桥，并到白晋前线拆回铁轨、枕木，昼夜进行抢修。县委书记姜一、县长李玉田、县委副书记李务滋等亲自参加施工，终于修成了一条以铁轨、枕木为主体的 180 米长的大铁桥，保证了武乡（东）地区粮食、弹药等一切支前物资能按时运往前线。

在白晋战役中，武乡支前民兵、民工分为三支队伍：第一支保卫兵站，第二支运送弹药、抬担架，第三支配合部队作战。当时，太行部队在武乡内义村扎下前方兵站，在山交沟扎下后方兵站，前呼后应运送军粮。武乡动员全县人民，把一批批粮食、弹药送到内义兵站。不仅武西的石盘、东良、故城一带民兵和群众纷纷组织了支前大队，而且武乡（东）人民也从 100 多公里远的墨镫、洪水、韩壁等地把公粮送往前线。妇女组织了看护组，沿途慰劳部队，烧水煮饭，救护伤病员。战役中，武乡向白晋线运送军粮 25 万公斤，出动参战民兵 1400 余人、民工 6000 余人，协同部队破坏铁路、割电线 60 千米，使阎军交通阻塞、联络中断。县委在组织民工支前的同时，还组织民众召开各种会议，控诉国民党勾结日伪、违令进攻和残害人民的种种罪行，从政治上揭露驳斥国民党破坏停战协定的卑劣行径，并以此教育全县人民丢掉幻想，坚持斗争。

武乡独立团配合分区主力部队参加了白晋战役。1946 年 1 月 25 日，武乡独立团 3 营奉命提前到白晋铁路两侧执行任务，在子洪口附近与敌军小队遭遇。在武乡独立团兵力占绝对优势的情况下，这小队敌军缴械投降了。2 月 10 日，武乡独立团在洞顶山一带打游击。敌人用一个团的兵力，企图在炮火的掩护下，占领洞顶山高地。3 营先敌一步占领这一制高点，敌人便开始用八二迫击炮和日式小钢炮向三营阵地轰击。3 营 7 连在正面，8 连、9 连在两翼，集中火力，交叉向敌人猛射，打退了敌人的第一次进攻。敌人又变换手法，企图用偷袭的伎俩向阵地接近，独立团战士纷纷将手榴弹投向敌人，7 连 1 排长程四货手端机枪向敌人猛扫，终于在 8 连、9 连的有力配合下，敌人第二次进攻又被我军击退。这时，敌人又以更多的兵力，集中所有的炮火，向阵地压来，3 营勇士用刺刀、手榴弹把闯入我军阵地的敌人又压了下去。最后，冉光华团长带领 1 营增援到 3 营阵地上来，并向敌人发起反击，迫使敌人后撤。经过 3 小时的激战，终于守住了洞顶山高地，极大地鼓舞了参战军民的斗志。

历时半个月的白晋战役，歼敌 4000 余人，截断了白晋线，终于迫使阎军接受了停战条件。在我军事力量的有力打击和民兵、群众的围困下，盘踞在沁县、南沟、南关等几个孤立据点的阎军，于 1946 年 7 月 24 日狼狈溃逃。至此，武乡全境彻底解放，全县军民载歌载舞，欢庆胜利。

第二节　开展土改运动

一、实现“耕者有其田”

为了加强政策学习，确保土改运动健康深入开展，中共武乡县委于1946年6月在枣烟村召开了为期10天的全县扩大干部会议，参加会议的干部有210人，进一步学习了《五四指示》。同年8月，在老区和新区进行试点，摸索经验，放手发动群众，宣传党的政策，采取深入群众访贫问苦、找穷根、倒苦水等方法，从解放群众思想入手，启发农民首先从思想上翻身，自觉地与封建势力作斗争，执行中央“一条批准、九条照顾”的政策。9月，武乡县委在郝家庄举办了有县、区干部和编村支部书记参加的土改骨干训练班，前后共办了三期，培训出一批土改工作干部，为土改运动在全县的铺开做了进一步的准备。

10月，晋冀鲁豫中央局召开土改工作会议，正式决定实行土地改革政策，消灭封建的土地制度，彻底解决农民的土地问题。全县十几万农民，从各地发动起来，其势如暴风骤雨，迅猛异常。好多村庄组织了清算委员会，向地主算账，大部分地主把剥削的财物交了出来。另外，组织召开规模较大的清算斗争大会，发动群众起来同地主进行说理斗争，到地主家拿东西、挖浮财等。赵家庄大地主赵太和死后，其家业由他大嫂、大老婆、儿媳妇三个寡妇执掌。土改时，虽经群众多次斗争，但赵家仍未交代他家的底财藏在什么地方，后来，经过对赵的儿媳妇进行政策攻心，她才终于交代底财藏在地窖内的一个暗洞里。群众从这个暗洞里拿出9000多银元和大量元宝。又如涌泉村土地改革一开始，区干部即领导发动群众，先是算地主阶级剥削账，后来召开斗争大会，将全村地主所占有的土地、房屋，除留给其维持生活所用之外，全部退给农民，其中退出房屋180余间、土地1960亩、农具（包括犁、耧、耙等）300余件、牲畜20多头，全村140多户贫农分到了果实。

东乡土改试点村韩壁，在土改中首先召开了广大干部与翻身组长会议，使干部头脑清醒，开展了群众性的检查运动。其次召开贫雇农、中农、妇女座谈会，算剥削账，算翻身账，总结10年土地斗争的经验，96个新、老积极分子和36位党员、干部召开了3天翻身会，在算翻身账的过程中，进行总诉苦，开展群众性的斗争。每个到会群众都认识到，南寨大地主当年是“金线吊葫芦，穷人血汗吸里头”，并提出“不留一个穷朋友，不让一户不翻身”“穷朋友一条心，不让地主投机钻了空”等响亮口号。1947年3月4日，韩壁村召开了400余人的庆祝土地回家大会，贫雇农分到了应得果实，实现了“耕者有其田”。

土地改革运动，使农村土地关系和阶级关系发生了明显转化，消灭了封建土地所有制，贫苦农民生活得到极大改善。据1947年5月对135个经过6个月土改运动的行政村的统计，农民从地主、富农手中收回土地41903 亩、房屋13170间、粮食938323.5公斤、牲畜894头、衣服41045件，其他物件55996件，银洋、元宝、银器等折冀钞44520760元。通过土地改革运动，全县人均获得土地3.8亩，贫、雇、佃农都彻底翻了身。

二、开展土改纠偏工作

1947年12月，党中央对土地改革运动中“左”的偏差进行纠正。随后，中共太行区党委也做出了纠正土改中“左”倾偏差的指示。中共武乡县委根据中央领导关于纠偏的有关指示和太行区党委的具体部署，进行了全面的土改复查。

1948年春，中共武乡县委根据上级党的一系列指示进行了纠偏工作。县委首先在25个村结合农村整党同时展开纠偏。纠偏的主要方针是：紧紧依靠和通过党支部，教育贫雇农去团结中农，大家团结一致，做好纠偏工作，巩固土改成果。工作的主要内容是：提高觉悟，贯彻中共中央正确的土改政策，恢复党支部的领导，补偿中农受到的损失，妥善安排地主、富农的生活。

为了完善纠偏工作，中共武乡县委根据晋冀鲁豫中央局发布的关于工商业政策的指示，及时召开工商税务会议，纠正了侵犯工商业利益的一些“左”倾错误，使广大工商业者解除了顾虑，放心经营，大胆发展。其次，县委还对在开展“挤封建，追三代”斗争时被错误地挤回老家的干部和教员，给予甄别平反，使他们重新得到分配并返回工作岗位。

从 1948 年春到 1949 年 3 月，武乡县结合土改复查、结束土改运动，完成了纠偏工作。据当时对 125 个行政村的统计，共抽出土地 6625 亩，补偿给经济利益受到侵犯的中农和留地过少的地主、富农，并填补给少数分配土地太少的贫农。

经过纠偏，大大安定了人心，稳定了社会秩序。于 1949 年春，全县颁发了土地房产所有证。据统计，全县 5 万农民共分得土地 97362 亩，农民不仅分到了土地，也分到了粮食、房屋、衣服等，土地改革取得了伟大胜利，彻底推翻了几千年的封建土地所有制，使广大农民从封建生产关系中解放出来，生产积极性空前高涨。各地翻身农民纷纷组织互助生产，农村经济发生了巨大变化，农民生活普遍改善。

三、整党工作

1947 年 6 月，太行区党委决定由李务滋任武乡县委代理书记。县委根据区党委的部署，在全县开展了整党工作。

武乡此次整党工作，是与土改复查、纠偏和结束土改密切结合、同步进行的，大体上分三个阶段进行。第一阶段是从 1947 年 5 月到年底，这一阶段是结合土改复查进行整党。

第二阶段的整党工作，是从1948年2月开始的。这一阶段整党工作，是有计划、有组织地按部署进行的。在整党之前，县委代理书记李务滋调离，由赵雨亭接任中共武乡县委书记。赵上任后，于2月24日至28日在县城召开了区级以上干部会议，传达贯彻了“冶陶会议”精神。

为了搞好第二阶段的农村整党，县委派出工作组，在城南、东良、树辛、监漳等村进行了整党试点。如树辛村整党工作组进村后，先通知召开群众座谈会，对问题作了进一步调查了解，对其他干部进行了适当调整，选举了新的党支部成员。通过整顿，树辛村各项工作逐渐走上正轨。

第三阶段的整党工作是从1948年8月到1949 年3月进行的。主要是结合土改结束，对基层党员进行总结教育。

1949年春，县委组织了干部审查组，进一步对全县部分干部进行了审查、甄别。通过审查让每一位干部真正做到解脱思想包袱，轻装上阵，积极工作，多数同志担任了区以上领导职务。

武乡土改中的整党工作，前后进行了一年多时间，于1949年3月底全部结束。实践证明：这次整党，成绩是巨大的，全县党组织的思想建设与组织建设向前大大推进了一步，对进一步动员群众，开展大生产运动，支援全国解放，从思想上和组织上创造了良好的条件。同时，也调动了广大农民群众保家保田、参军参战的积极性。

四、支援晋中战役

1948年6月19日，各路解放大军揭开了晋中战役的序幕。在这次战役中，武乡人民全力以赴支援前线。县委向全县人民发出“打倒蒋阎匪，解放全中国”的号召。并以“一切服从战争，一切为了前线”为指导思想，发动全县民兵和民工，组织了后勤团，由县委书记赵雨亭亲自抓战勤工作，县长王运德亲自率领民工，紧随部队，支前参战。各区支前民工分别为营、连编制，由区委主要负责人领导营、连工作。全县组织了运输、担架、毛驴、牛车、砍柴、炊事、押俘等88个连队。在各个支前连队中，党员、干部和民兵带头，以身作则，带动群众，全力满足部队作战需要。

经过土改运动，分得了土地的群众，保卫家乡、支援前线的革命积极性空前高涨，广大民兵、自卫队队员纷纷到区、村政府报名参战，青壮年党员更是踊跃参战。他们表示："部队打到哪里，我们就支援到哪里。"各级党委都把支前工作放到了首位。在支前工作中，县委特别注重宣传鼓动，以提高支前民工的信心。宣传鼓动的口号是"人员保证，服从命令，严阵以待，听从调动"，"参战是为咱，保田又保家，坚持到底积极干，人人争戴英雄花"。为了使宣传工作更加深入人心，县委还编印了《参战歌》："咱们反攻全国大展开，东西南北胜利不断来，最近收复回延安城，蒋介石马上要垮台；参战打仗都是为了咱，一切困难都要踩脚下，坚持到底努力干，完成任务胜利才回家。"这鼓舞人心的歌声传遍全县，响彻太行山。

在县委大张旗鼓的宣传鼓动下，各支前连队涌现出了许多支前模范。担架队三连的郝万泉，在烈日当头时将自己的草帽脱下来，给伤员盖在头上，休息时又给伤号找开水喝。运输连队的李登川、李生尧等20多个年轻人，超规定每次多挑粮12公斤。对这些模范人物，上级都给予了通报表扬。同时，县委对在支前中违反纪律的民工进行了教育，重者严加处理。这样，就有力地保证了前方部队的给养供应。参战中，民兵连和部队紧密配合，坚强勇敢，尤其是韩壁、洪水、故城、东良等地的民兵连更为突出。如洪水民兵，不分昼夜抢运伤员，一次在转运伤员通过敌人封锁线时，遇到三个敌人，为防止意外，班长张黄海命令其中二人同他留下，应付敌人，其余绕道护送。他们把敌人的火力吸引过来，机智地将敌人消灭，把伤员安全地护送到后方医院。

为了取得胜利，武乡人民在县委的号召下，省衣节食，把粮食、衣物送往前线，有的老年人甚至把自己的寿材也捐出来。南关、故城是前方转运站，仅送往这两个兵站的就有粮食60万公斤、谷草25万公斤、食油5000公斤、木柴25万公斤。长期在晋中前线参战的民工有四个连队526人，运输连队38个4015人，担架326副1680人，毛驴、牛车队15个1410人，投入运输物资的人数达到3.2万余人。此外，参加修筑白晋公路和墨镫到左权公路的民工达到4400余人。在支援晋中战役中，武乡投入支前的民工共4.7万多人。

1948年7月21日，晋中战役结束，取得了辉煌的胜利，武乡民兵远征队又随部队奔赴太原城下，参加了解放太原的战役。

第三节　根据地各项事业的发展

一、互助合作生产运动的蓬勃开展

1946年九、十月间，中共晋冀鲁豫中央局召开了全区财经会议。会议确定必须继续坚持贯彻党中央所指示的“发展经济，保障供给”的方针，并号召全区军民进一步增产粮食、棉花，扩大日用品生产，达到“耕三余一”。中共武乡县委根据太行区党委传达的指示精神，为了保障军需民用，支援解放战争，弥补因战争引起的劳动力不足的问题，在1944年大生产运动的基础上，1946年冬和1947年春组织开展了以农业、纺织业为中心的互助合作生产运动。

随着农业生产运动的深入开展，出现了新的特点，首先是大力发展互助组，已成为党的中心工作。为此，中共武乡县委及时发现问题，在原来的基础上，按照民主、自愿和互利的原则，经

1946 年 8 月 15 日，武乡县八区（成家沟）、九区（段村）两区全体干部合影。

过深入细致的思想工作，使互助合作组织在生产内容、相互利益关系和内部制度的建立等方面，都得到了充实、协调和加强。到 1946 年底，据对全县 7 个区的统计，每区平均组织起来的劳动力，比 1945 年增加两倍多。全县 87% 的劳动力已组织起来。县委还针对农村生产互助中出现的消极现象，在全县范围内广泛宣传了互助合作的十大好处，教育和改造了部分思想落后的农民；以现有好的互助组为例，总结出典型经验，在面上进行推广。树辛、蟠龙、苏峪、枣烟、窑上沟等村的互助组，创造了很好的经验。对此，县委在全县做了认真推广。县、区干部下乡帮助互助组制定切合实际的生产计划，并在执行中帮助解决实际困难。县委代理书记李务滋蹲点段村，解决了互助组的资金问题。同时，县委号召广大党员积极带头，每个党员包干搞好一个互助组。通过耐心细致的工作，全县互助合作生产运动得到了巩固，窑上沟、马村、监漳、枣烟、东堡、团松等村涌现出了先进互助组。

努力提高农业生产技术，大力推广优良品种，是开展互助合作生产运动的第二个特点。1946 年 1 月，县政府建设科负责，带领 7 名区建设助理员和 19 名劳动模范，赴长治专署农林局接受生产技术训练，回县后修订了生产计划。4 月，全县各村普遍建立健全了农业生产技术委员会，吸收 1357 名技术能手和劳动英雄到各级委员会中，使农业生产技术委员会成为研究、推广新品种，提高单位面积产量的重要部门。在全县开始进行科学试验，先后对“金皇后”玉米、棉花、花生、烟叶、靛蓝等作物进行了优种改良，均取得了较好的成绩。互助合作生产运动的发展，耕作技术的变革与提高，优良品种的推广，使武乡 1947 年的农业生产取得了好收成，达到了“耕三余一”的目标。

冬季副业生产形成高潮，是这次互助合作生产运动的第三个特点。在 1947 年秋末冬初，县委及早动手，布置了全县冬季生

1947 年 11 月 26 日，武乡县区干部总结全年生产会议合影。

产任务，即组织依靠贫下中农，大力掀起冬季副业生产运动。与此同时，各地互助组还办起了油坊、豆腐坊、印染坊等作坊，大大增加了农民的收入。1947 年 12 月，县委在全县推广了三区冬季副业生产的典型经验，号召全县人民在冬季副业生产中进一步展开小型合作运动，使冬季副业生产出现了高潮，创造出农副结合的先进经验。1947 年，全县农业总收入为 2900 万元。

新解放区的互助合作生产运动，因战争创伤大，存在不少困难，如南沟、故城、分水岭、南关等村，许多农户缺乏劳力、耕畜和口粮。为了克服新区农民的困难，保证春耕按时下种，1948 年春，县委和县政府号召老区群众，积极支援新区。仅一区、二区就支援新区种子 3400 多公斤，牵牛扛犁去帮助春耕的人不计其数，使新区的互助合作生产状况大有改观。

土改运动结束后的 1948 年和 1949 年，农民生产积极性更加高涨。县委发出了“组织起来，提高技术，发展生产，发家致富”的指示，并具体抓了三个环节：(1) 办好互助组与提高农业技术密切配合，新旧技术互相交流；(2) 把组织起来后剩余的劳动力，合理地使用在精耕细作上，把土地全部修整好；(3) 农业和副业结合，如，窑上沟史富生互助组，在种好地的基础上，又合伙开办了 1 座砂锅窑，利用农闲烧制砂锅，增加了收入。这样，全县农业生产有了较大幅度的发展。

武乡妇女的纺织运动，从抗日战争一直延续到全国解放，妇女成为在战争中发展生产的一支重要力量。1947 年 1 月，中共太行区党委发出关于 1947 年经济工作的指示，其中之一就是全面开展大生产运动，首先在春季开展纺织运动，达到棉花全面自给，并力争有富余。1947 年冬，太行区党委为大力发展生产，支援前线，又提出“组织妇女开展百日纺织运动”，掀起了第二次纺织运动的高潮。全县 4.3 万多名妇女，其中 85% 参加了这一运动。

各村普遍建立了互助合作社，承担购销工作。县、区妇救会坚持举办纺织训练班，改造了织布机，普遍推广了新机织布，大大提高了生产效率。1948 年，全县开展“百日纺织运动”以来，共有 18796 名妇女参加，纺棉花 8.5 万公斤。在生产运动中，涌现出了王桃梅、史兰芳、李书爱、李素梅等一批新的妇女纺织模范，她们已成为带动根据地妇女纺织生产的一支生力军。王桃梅等还光荣地出席了太行区第二届群英大会，被评为全区纺织英雄。

互助合作与妇女纺织运动的不断发展，给大生产运动带来了新的生机，创造了极为有利的先决条件。武乡人民在生产战线上取得了很大的成绩，保证了全县军需民用，还大力支援了全国解放战争。

二、工交财贸事业与合作运动

1945 年 8 月段村解放后，武乡县委、县政府十分重视工业和手工业的发展，积极动员全县人民，响应党中央、毛主席关于“自己动手，丰衣足食”的伟大号召，进一步开展了轰轰烈烈的大生产运动。为了尽快恢复工业生产，县政府于 1946 年春组建了武乡县手工业联合社。县工联社组建以后，首先抓了归队工作，经过调查摸底，把原来的小手工业者全部组织起来，成立了曹村联合农具厂、圪老湾新华草帽厂、城关东街新华印刷厂、中村纸厂、卧龙头陶瓷合作社、泉河编织合作社、涌泉纺绳合作社、洪水皮革合作社等。其次，县政府从多方面支持手工业者发展生产，如提供贷款、组织参观、选拔领导等。对私人经营和集体合股经营的手工业，县政府一律给予保护。1946 年，县政府给栗家沟、张庄两家合股经营的造纸厂贷款 1 万元，帮助他们恢复生产，并征得黎城县造纸厂的同意，给武乡代培了两名技术工人，提高了造纸质量。

1946 年 12 月，太行区召开了第二届群英大会，总结了全区在对敌斗争和经济建设中的经验，大大地推动了太行革命根据地的经济建设。此时，武乡各种形式、不同性质的工业和手工业合作社遍布全县，农民的生产积极性空前高涨，各种工厂纷纷建立和扩大。如，县政府在曹村创办联合农具厂（后改为武乡县农工器具研究所），除生产农具外，还生产人力车、纺纱机、织毛巾机、弹花机等。又如，新华印刷厂为确保《武乡战报》和各种契约等按时印刷，从冀南银行购买印刷机器 1 台，并请技术工人段守荣指导印刷，工人由原来的 3 名增加到 21 名，改善了生产条件，加快了印刷工业的发展。

此外，武乡的小五金加工历史悠久，主要以修配为主。它有两种经营形式：一种是铁匠、铜匠、锡匠、小炉匠等匠铺，另一

1946 年 12 月 14 日，出席太行区第二届群英大会的武乡代表合影。劳动英雄：李马保、王海成、史成富、王虎旺、韩国栋；供销英雄：安效儒、郝云书、程胖孩；纺织英雄：石榴仙、王桃梅、李书爱；翻身英雄：刘来富；技工能手：刘水云；民兵英雄：王来法、李福全、陈辰已；追忆英雄：马应元（追选一届牺牲英雄马应元为二届群英会的杀敌英雄）。

种是流动的钉缸、钉盆、补锅等游乡小贩。县政府把五金修配行业列为一项不可缺少的主要手工业，并将城关、故城、故县等地的个体手工业者组织起来，成立了武乡铁业合作社，满足了当地人民生活所需。武乡（东）山区的小西岭、泉河、熬垴等地制作柳制品的手工业者很多，多数以编织业为主，其产品除供应武乡外，还销至左权、黎城、涉县等地。南坪、卧龙头等地的农户，以烧瓷为业者居多，窑上沟的细泥砂锅、砂罐，后沟的瓦罐尤为上品。县政府把这些陶瓷小手工业者组织起来，成立了陶瓷合作社。1947 年是武乡小手工业发展的极盛时期，参加生产的人数之广，产品之多，质量之高，在武乡手工业发展的历史上是空前的。

1948 年 8 月，太行区党委和太行行署联合召开了全区第一次城市工作会议。会议确定了城市工作的方针和任务，即“以恢复与发展工业、手工业、商业经济为主，建设全区大小城镇”，强调要团结一切从事生产的工业、手工业工人及其他劳动者发展生产。为了贯彻这次会议精神，县委加强了对工业、手工业的领导，增设了工业经济委员会。在发展工业、手工业的同时，既充分发挥工人群众的主人翁作用，让工人积极参加工厂管理，又贯彻公私兼顾、劳资两利的政策，调动各方面的积极性，搞好生产，管理好工厂。武乡县农工器具研究所、城关新华印刷厂、柳沟铁厂就是实行公私合营、全面分红的办法，从经济关系上把工人和工厂结合起来，根据群众要求，扩大民主，互相监督。有的厂采取固定工资加奖金的办法，有的厂实行按件计酬，有的厂几种方法结合使用。做法虽有不同，但都促进了生产的发展，提高了经济效益，达到了劳资两利的目的。如武乡四联铁工厂，为农民创制了许多新式的生产、生活用具，受到县政府的奖励。

在大力发展手工业的同时，县委、县政府重点抓了煤炭生产，在墨镫、白和、阳迪、老沙坡等地成立了煤业合作社，组织群众合股采煤。当时，全县小煤窑发展到 25 座，就业工人 2000 余人，年产煤 20 多万吨。为了安全生产，各煤矿积极改善生产条件，加强安全措施，增加工人的劳保福利，提高工人待遇，表彰安全作业的好典型，从各方面调动了工人安全生产的积极性。

为了促进工业生产和运输事业的发展，结合解放战争时期的支前运动，县委、县政府组织全县各区、村抽调劳动力，集中修筑了县城到蟠龙、县城到南关的主要公路干线，还拓宽了通往阳讪等东部地区主要煤矿的车马大道，大大改善了交通条件。

武乡的合作事业也在抗战胜利后向前迈进。1945 年 3 月，县政府在武乡（东）县合作干部会议上，发出了全县向烟里合作社学习的号召，4 月 25 日，太行版《新华日报》登载了韩发如和烟里合作社的模范事迹，为推动太行全区的合作事业树立了榜样。

随着合作事业的蓬勃发展，合作社的业务活动、经营范围不断扩大，使供销合作社发展成为生产、运输、信用等各项事业相结合的联合体。为了更好地组织群众合作生产，各级党组织和政府大规模发动群众入股分红，加入合作社的行列。

1947 年 7 月 23 日，太行区召开会议，总结部署合作事业。太行行署主任李一清作了总结报告，并结合当时的经济状况，阐明了合作社的发展方向、合作社的组织领导和全力为渡荒服务等。在会议精神指引下，武乡的合作事业呈现出快速发展势头。1947 年底，全县各类合作社共 570 多个。在此基础上，县里举办了合作社会计培训班，加强对财务人员业务素质的培养，各个合作社都有了一套健全的经济制度，账面日清月结，入股、分红都有具体办法，不仅使社员尝到了甜头，而且还有效地促进了生产发展。

武乡县工交财贸事业与合作运动的发展，都是在党组织的正确方针指导下取得的。不但以大量的生产、生活用品，保障了军需民用；而且在办厂的过程中，培养了一大批专业干部和技术人才，积累了一定的经济建设经验，为解放后的工业建设奠定了基础。

三、文化教育卫生事业的发展

1946年后，武乡人民能够在比较稳定的政治环境中，开展减租清算、土地改革、大生产及支前参战等运动。中共武乡县委抓住时机，在抗日新文艺运动的基础上，配合新时期的中心工作，把文艺宣传工作提到议事日程上来，把党的方针、政策和中心任务，通过群众喜闻乐见的文艺形式宣传出去，让人民受到教育与鼓舞。

解放战争时期，广大文艺工作者积极参加了反奸清算和土地改革等群众斗争，深入体验农村生活，经受锻炼和考验，写出了许多好的文艺作品。首先，武乡（东）县盲人宣传队集体创作、由王世荣执笔的《地主与长工》，曾在边区教育厅举办的第一次文艺作品评奖中荣获甲等奖5000元。武乡民教馆的鼓书创作也十分活跃，1947年4月，边区文联《文艺杂志》曾向太行艺术界推广了他们关于曲艺的三种创作方法：第一，盲人下乡搜集材料自己编，回来大家审查集体修改；第二，民教馆协助，盲人加工润色；第三，集体创作，发挥盲艺人“遇啥编啥唱啥”的优势。其次，戏剧创作繁荣。当时由城关（今故县）剧团演出、赵浚川创作的独幕剧《错打算盘》，在边区教育厅举办的作品评奖中，获乙等奖，并得奖金5000元，高介云与张万一合作编剧的大型歌剧《圈套》和《王贵与李香香》，获太行区立功运动二等奖。1947年4月1日，太行文联对文艺创作进行奖励，武乡（东）县高介云、张万一合作编剧的《改变旧作风》获甲等奖。1948年7月初，县委根据华北文艺座谈会精神和区党委宣传部的指示，号召全县各区进一步开展群众性的文艺创作活动，创作出《新仇旧恨》《一担水桶》等好作品。再次，群众性的民歌创作兴起。专业、

1946年，武乡县七区（上司）禄村业余剧团合影。

业余文艺工作者以及教师大量谱曲填词，宣传党的方针、政策及群众幸福的生活，如《夫妻种瓜》《就要成立新中国》等。这些剧目和歌曲都反映了军民团结大反攻的英雄气概。

有了自己的剧目、曲目，还需要有表演节目的文艺团体。在武乡，最典型的文艺团体是剧团和盲人曲艺队。抗战胜利后，武乡的光明剧团已调往太行行署，后又以武西战斗剧团的演职员及社会艺人组成了县翻身剧团。剧团在当时宣传土改、支前等中心工作中发挥了很大作用。武乡盲宣队，继续发扬抗战时期的艰苦奋斗精神，自编自唱新节目70余个，仅1946年内，就走遍了长治、榆社、黎城、屯留、太谷等县的1985个村庄，在群众中影响很大，受到太行行署的表扬。1947年1月19日《人民日报》以“太行行署嘉奖武乡盲人宣传队”为题对其作了报道。盲艺人们受到鼓励后，踊跃到外地进行慰问演出。如1947年到武安冶陶为晋冀鲁豫边区政府财经会议作了祝贺演出。同年在阳南头召开的五县曲艺联欢会上，武乡盲宣队集体创作的鼓词《战斗英雄关二如》也获了奖。1948 年 10 月 5 日，召开了武乡盲人鼓书队会议，曲艺宣传工作又有了新的起色。

武乡的文化工作一直比较活跃，除有强大的专业队伍外，还有一个重要的原因，就是农村文化工作有广泛的群众基础。当时农村的文化活动小型多样，丰富多彩，通过冬学学习小组、民校和识字班、男女青年训练班等组织形式，开展群众性的文娱活动，活跃了农民文化生活。此外，还有书报阅览室、写作组、读报组、俱乐部等。县政府还在洪水镇创办了武乡文化合作社，及时向群众发售各种读物，这是当时华北区三大书店之一。而在农民翻身运动基础上开展起来的“群众翻身、自唱自乐”的农村戏剧运动，又成为基层群众性文艺活动的主流。当时武乡农村剧团很多，搞得最有声色的要数东堡村的解放剧团，1947 年 7 月 17 日，《人民日报》曾发表署名华含的《介绍武乡东堡解放剧团》一文，给予该剧团高度评价。之后，故县解放剧团、汉广剧团也得到了赵树理、陈荒煤、朱穆之等著名文人的书面赞扬。1949 年文教大会，仅武乡就出现了 163 个农村业余剧团，并随之出现了一批群众赞颂的名演员，如窑上沟剧团的郑桃英、大有剧团的“满天星”等。武乡农村戏剧运动蓬勃发展的原因是：(1) 县委、县政府委托下乡干部帮助组织、整顿、辅导农村剧团；(2) 农民刚刚欢庆抗战胜利，又土改翻身，分到土地、房屋，心情无比喜悦，急于言表，自娱自乐；(3) 结合党的中心工作，农民自己的事自己演，既推动了农村各项工作的开展，又使广大群众生活过得欢快舒畅，鼓舞了生产热情，走上了发家致富的康庄大道。

在教育方面，由于初级小学的不断发展和国家对人才的迫切需要，促使高级小学校有所增加。段村解放还不到两个月，该镇就成立了解放高小，全县小学教育开始向新型正规化方向迈进。

1946年6月，太行行署发出的《小学转民办的一些办法》，使多数学校不能转向民办而停办，为此在各区、各村进行了大量的思想工作。1947年是武乡教学改革十分活跃的一年，以改革教学促进教育事业的发展是这一阶段教育工作的显著特点。

1948年，县委、县政府纠正了教育界的“左”倾思想，让不该被清洗的教师重新回到教育系统。1949年6月，华北人民政府召开了小学教育工作会议。县委根据华北人民政府的指示，对全县教师进行了短期培训和政治鉴定，用革命的方法，培养为新民主主义教育事业服务的合格师资，并对全县初级小学进行了一次普遍的整顿。1949年，全县小学387所、高小7所、师范1所，教师共422名。同时，经过几年的减租减息和土地改革运动，以及组织假期集训、短期整风等，广大教师的思想水平普遍提高，逐步适应了日趋成熟的正规化教育体系。

作为社会教育主要形式之一的冬学，也是在各级党组织的统一领导下，紧密结合党的中心工作进行的。主要教育内容是：爱国自卫战争中的时事教育：土改运动中实现耕者有其田的翻身教育；动员人民搞好生产与支前参战的思想政治教育；破除封建迷信，学习科学知识的文化教育。随着农村冬学运动的开展，农村广播台、业余剧团、读报小组、通讯报道组、青年午学等群众文化组织也应运而生。这些社会教育工作的开展，对中心工作起了促进作用。同时，各地根据不同的情况，进行了多种形式的教育。当时树辛村是太行区的模范村，在劳动英雄李马保和义务教员陈全中的组织领导下，结合山区特点，采用了冬学等组织形式，收到了良好的效果。与此同时，城关、韩壁、石门、马堡、凤台坪等村的冬学也搞得较为出色，洪水山区还出现了“商人冬学”。这一时期的社会教育有力配合了土地改革运动和解放战争。

武乡的医疗卫生事业，是在敌祸与灾荒中，同愚昧、迷信、落后不断地作斗争而逐步发展起来的。段村解放，给人民卫生事业的发展创造了安定的环境，群众的卫生保健条件得以改善。1946 年下半年，医务学校搬至故县西关，改名为武乡大众医院，并附设医务学校，政治指导员为白德元，院长为王正中，共有职工 15 名，医师为张跃武，医生有李生华、李春午、郝兴五、徐中秀、王中和等。这时的医院属于集股投资民办公助性质，以中医中药为主，兼有少量西药。所有医护人员分为两支医疗队：第一医疗队队长李生华，医生景全春，司药韩斌；第二医疗队队长牛丙文，医生赵永和，司药赵秉公。他们走乡串户，挑药下乡，为群众防病治病。1948 年土改后，该院由政府正式命名为武乡县大众医院，下设蟠龙、故城两个诊所，大众医院附设的医务学校增加为两个班，男女学员共 60 余人，从此揭开了武乡卫生史上新的一页。同年下半年，由医生张盛轩、助手王希尧第一次给武乡任村一名患者施行了截肢手术。不久，医院增置了简单的医疗器械、换药用具，外科手术迈出了可喜的第一步。同时，县委、县政府成立了医务委员会及区分会，将全县的医药人员组织了起来。洪水、蟠龙、大有、圪老湾、涌泉、故城等各区先后成立了区联医药社。私人药铺也相继开业，医务人员初步掌握了用西药治疗疾病的知识。特别是在防病治病工作中，县医务委员会积极发动和组织全县医疗卫生人员，深入农村，宣传卫生知识，开展讲卫生活动，为治疗战争年代遗留下来的疟疾、疥疮、梅毒等疾病做出了新的贡献。

在整个解放战争时期，县委根据太行行署关于开展防疫与卫生运动并训练骨干医生的通知精神，为了提高医疗卫生水平，除开办医务学校外，还开办了助产士训练班、西医训练班等，并通过小学、民校等多种渠道，向学生及群众普及卫生常识。为了做好农村妇幼卫生保健工作，关心妇女、儿童的身心健康，推广新接生法，县委在东村五区举办了一期新法接生员训练班，时间 20 天，培养出新法接生员一百多人，为全县积极开展妇幼卫生工作和推广新法接生工作打下了初步基础。据 1949 年统计，全县有医院 1 座，公私医药机构共 60 多所，从事医疗卫生工作人员 180 多人。

武乡县各级党组织始终十分重视发展文化教育和卫生事业，帮助广大人民群众逐步摆脱了文化落后的状况，改善了医疗卫生条件，特别是培养了一大批具有各方面知识的有用人才，为中华人民共和国成立后武乡各项事业的建设打下了基础。

四、拥军优属 拥政爱民

拥军优属，拥政爱民，是在党领导下的长期革命斗争中形成和发展起来的优良传统，是加强军政、军民团结，实现军政、军民一致，夺取抗日战争胜利的重要保证，也是根据地深入进行大反攻战略准备的重要组成部分。开展拥军优属活动，为保障军、烈属的生产和生活，激励群众参军参战，保证源源不断的兵员补充，争取抗战胜利奠定了坚实的基础。

县委、县政府和各救会坚持做好拥军优属和拥政爱民的工作。全县各区、村根据边区政府制定和颁布的拥军优属相关文件，组织根据地军民广泛开展拥军优属活动。

由于县委、县政府和区、村党组织广泛深入地开展拥军优属工作，拥军拥政愈来愈成为武乡人民的自觉行动。青壮年担负着战勤任务，配合部队作战，妇女则推碾军粮、给军队送饭、救护伤病员、做军鞋、缝洗军衣，涌现出许多的拥军模范，如武乡第二高小师生就积极热情地投入转运和护理伤员工作。

禄村妇救会秘书、共产党员暴莲子，在反“扫荡”中，先后 3 次冒着生命危险，机智勇敢地掩护了 3 名八路军伤员。沁武战役开始后，八路军前方医院驻于禄村。在攻打沁县和解放段村时，

400 多名伤员被送到禄村。暴莲子主动腾出自家的房子，让 40 多名伤员住进去。她除领导全村妇女参加救护外，还把自己 3 个儿女都动员起来，给伤员喂饭。她一家人先后护理过 80 多名生命垂危的八路军战士，还送女儿参加八路军当了护士。她多次受到县抗日政府和上级党委的表彰。

武乡人民热爱八路军，也热爱抗日干部。武西大良村有个张老太太，在敌人长期占据武西大部分地区时，县、区政府没有一个固定的驻地，干部们经常在异常险恶的环境里活动，张老太太家就成了秘密联络点和接待站，接待和掩护了大批抗日干部，掩护转移地下工作人员。武乡（东）县胡峦岭村 75 岁的郝爱则老人，在 1943 年敌占蟠龙后，未来得及转移而落入敌手。敌人软硬兼施，逼她交代八路军和民兵的去向、村里粮食的埋藏处，她坚决不说一个字，与敌人进行顽强的斗争，最后饿死在窑洞里。

在艰苦的抗日战争中，武乡人民把八路军战士当成自己的亲人，子弟兵则把武乡当作自己的故乡。这种鱼水关系，在当年的老八路的脑海里，留有深刻的印象。

1944 年，武乡县拥军优属活动进一步开展，各村分别派专人给抗属、烈属代耕土地、担水、挑煤。过春节时武乡（东）县长武光清亲自给抗属、烈属拜年，并要求政府工作人员在下乡检查各区、村优抚工作的执行情况时，给军、烈属送对联，挂光荣灯，和当地驻军举行拥军爱民联欢会；给部队送慰问品，如猪肉、鸡蛋等。同时，对于荣退军人，县政府也组织力量进行妥善安置，帮助他们解决生活困难。

抗日战争胜利后，村村为烈士举行追悼会，并挂了“抗战功臣”的金字大匾。较大的村还建起烈士纪念碑，宣传先烈的英雄事迹以激励后人，全县各村建起烈士纪念碑 325 座。在抗日战争中，全县共建立 210 多个拥军招待站，救护伤员 1 万多人，做军鞋 15

1948年，季家岭村党支部书记杨青山发动妇女拥军优属。

万双、慰问袋1.5万个、米袋1.2万个，参军12125人。抗战中先后在武乡安家的荣退军人达1106人，分土地3649亩。在抗日战争中，武乡涌现出许多可歌可泣的动人事迹和一大批英雄人物，为抗日战争的胜利做出了巨大牺牲与贡献。

第四节　党组织的公开与壮大

1947年7月1日，太行区党委发出全区各级党组织和党员一律向群从公开的通告。通告回顾了党组织由过去秘密活动状态到组织公开的战斗历程，并对全区党组织与全体党员提出公开后的三点要求：(1)要无限忠诚地从事革命事业，更好地坚持群众路线，不断检查自己的思想和行为，克服存在的缺点和错误。(2)言行一致，不说空话。(3)诚恳坦白，虚心地听取人民的意见，勇于开展批评与自我批评。中共太行区党委还规定：各级党委的书记公开后不再叫政委，改称书记，区分委一律更名为区委。关于党支部和党员公开问题，根据各地不同情况，逐步实行。支部公开后，村政治主任改称支部书记。同时还宣布要掌握以下原则：一是无任何敌人威胁的地区才可以公开，只要有强敌威胁，哪怕是暂时的也要缓办。二是经过土地改革的地方才可以公开，并且支部必须是经过整顿的。

中共武乡县委根据太行区党委的通知精神，发布了《中共武乡县委员会告全县人民书》，具体地讲述了武乡党组织领导全县人民从地下斗争、抗日战争到解放战争所走过的艰苦曲折的历程和取得的一个个胜利。最后希望全县人民以真诚的态度向县委、区委、村支部中的党员提出宝贵的批评和改进意见，也告诫全县共产党员要虚心接受广大群众的监督，以使武乡党组织进一步发展壮大。同时，武乡县政府、救联会、武委会和县联社联合发出《为拥护党委公开向武乡人民的号召》和题为“武乡人民积极组织与行动起来做到当前几件工作，迎接胜利与全国大翻身”的文件，号召全县人民更紧密地团结在党组织周围，以实际行动，战胜一切天灾敌祸，赢得解放战争的最后胜利。为了纪念党的公开，中共武乡县委还编印了《中国共产党成立26周年纪念宣传材料》专辑，并开展宣传、学习。

同时，中共武乡县委根据太行区党委的指示精神，还作了几项具体规定：第一，凡在政府中工作，并兼任党委委员的，暂不以党的公开面目出现；有特殊需要的，须经上级党委批准。第二，在各系统中工作的党委委员，在党委委托之下，始得对外、对下代表委员会。第三，支部工作一般仍由专门做党务工作的党委委员管理。第四，公开以后的县委及区委会，有接受群众直接向党的委员会控告党员之义务。第五，各级党委在公开以后的统一名称：县委为“中共太行区武乡县委员会”，区委为“中共太行区武乡县X区委员会”。第六，各系统中党、团、机关支部，均暂不公开；工厂及学校中的党支部需要公开的，必须经地委批准。

纪念七一专刊

1947年7月13日中共武乡县委宣传部刊行的《纪念七一专刊》。

为了庆祝党组织公开，武乡各地举行了多种形式的纪念大会和活动，并结合纪念建党26周年，县委召开了有万人参加的庆祝党组织公开大会，举行了中共武乡县委及七个区委挂牌办公仪式，党组织由秘密隐蔽活动改为向社会公开挂牌办公。“中国共产党太行区武乡县委员会”的牌子由县委代理书记李务滋亲自挂牌，并向群众讲了武乡县党的革命斗争历史，县长王运德代表全县人民致了贺词，各界代表纷纷发言，并向县委赠送了“十四万人民灯塔”金匾，还向县委献旗、献花。偏远山区还发来贺信、祝词等。“十四万人民灯塔”的金字大匾挂在了县委大门上方，在群众中产生了很大的影响。大会期间，还组织了文艺演出，各区的文武社火、小花戏、八音会、秧歌队等都到会助兴。县委还举办了画展，以画面、图表等形式反映了武乡党组织的战斗历程与丰功伟绩，使到会的群众受到了很大教益。县委召开党组织公开大会之后，各区相继召开了党组织公开大会。三区在大有镇召开大会，区委书记魏名扬作了报告，简述了全县和本区峪口等党支部带领人民群众进行革命斗争的事迹。五区、七区的党组织公开大会在魏家窑河滩召开，会议十分隆重，不仅搭建了庄严的主席台，而且还用松柏树枝搭了彩门、牌坊，以示庆贺。当时到会的群众均在万人以上。故城镇还做了上书“领导一元”四个大金字的贺匾，以示纪念。县委主要负责人还亲临会议祝贺。被公开的党员披红戴花，在鼓乐声中登上主席台，公开与群众见面，并发表感想，会场一片欢腾。武乡六区在大良村举行了6000人大会，区委书记武伏丁在会上讲了话，区委副书记白木荣宣布石盘党支部为模范支部，支部书记郝永文在会上介绍了支部工作经验，党员培养对象郝明文登台表了决心。集会群众高呼“共产党万岁”“毛主席万岁”“翻身不忘共产党”等口号，喊声响彻云霄。1947年7月底，在全县218个党支部中，有三分之二的支部正式公开；在全县5392名党员中，公开的占党员总数的70%以上。

党组织的公开，是适应全国即将解放的新形势的一项重要措施，它不仅对于党员密切联系群众有重大影响，而且大大便利了群众对党员的监督，这在新时期是有着深远意义的。公开党组织也是对党员的一次再教育，同时表明了共产党对群众的无限信任，党的威信进一步提高。到1949年五六月，随着豫北和太原的解放，武乡5392名党员全部公开。党组织公开之后，县委组织部十分重视对干部的培养，在段村举办了党员训练班，分期对党员进行教育。

从此，全县党组织进入了一个直接领导群众进行革命斗争和发展工农业生产的新阶段，带领全县14万人民，满怀信心地迎接新的更大的胜利。

第五节　南下北上开辟新区

1947年，武乡党组织公开之后，解放战争正打到了国民党统治区。随着全国解放区的迅速扩大，尽快向新解放区输送干部，成了老区党组织不可推辞的光荣任务。为此，党中央指示，要迅速培养大批干部，支援新解放区。太行区党委根据中央精神，指示各地委要进行干部摸底工作，做好充分准备，坚决完成大批外调干部支援新区的光荣任务。

为了保证外调干部的质量，中共武乡县委根据上级党委的指示精神，作了严格的规定，所调出的干部必须称职，政治上可靠，历史清白，身体健康，妇女干部必须担任区级以上的职务。为了使外调干部能自觉地服从组织调动，到新区工作，各级党委做了大量的思想工作。除深入进行时事政治和形势教育外，对一些干部所存在的具体问题，都有针对性地进行了耐心的思想工作，并解决了他们的后顾之忧。在动员过程中，绝大多数干部是比较好的，能自觉自愿报名南下北上。对那些斗志松懈、不想继续革命的干部，进行了严肃的批评。对表现积极的，进行了表扬鼓励，以树立正气。对家庭确有困难的，合理地加以解决。对少数品质恶劣，对抗组织，经教育批评无效者，给以党纪处分。通过耐心地做思想工作，广大干部思想觉悟迅速提高，他们积极报名，争着随军南下北上，去开辟新解放区。

1944 年，中共武乡县委选调李甫堂、李振国、史尚华、胡景春、曹化启、张青山、段德先、赵林田、董宏等 30 多名干部配合部队去开辟与巩固豫北新区。1944 年 12 月，武乡（东）县第一批调冀区干部张天林、李兴唐、李玉堂、王晋儒、李振希、郝耀、梁德柱、柴玉堂、武建华、李善筹、郝协、段莲仙（女）、王国英（女）、马银秀（女）、张金菊（女）、李子会、张云英（女）、史三焕（女）、史云花（女）、赵存兰（女）、李伸、巩忠明、李春藩、申子明等由太行分局随彭涛调往冀南开辟新区。

1947 年 6 月，中共太行区党委书记李雪峰和行署主任李一清，带领太行区党群干部随刘邓大军出征，挺进大别山。武乡县委书记姜一，县武委会主任李尚春，以及区委书记郝松如、乔拴纣、成家英，区长石岗、王玉轩、任水旺、陈水林、李衍授、李海忠、张永庆、马凌云、武英才、韩瑞田、李峰、李福锁、武文忠、胡国珍、李春旺、苗登国、武余庆、魏来书、孙亚峰、肖甫高、郝本元、贾凤山、梁松旺、韩彬、霍正光、王存旺、王守先等60多人参加“六梯队”南下。该队走时路经蟠龙镇，又有姚庄、上广志等村十几个党员、干部自愿随军南下。

1947年7月，武乡县第三批南下干部由县委宣传部部长李树田带队启程，支援中原。成员多数是区委书记、副书记，区长、副区长和武委会主任，他们是武镇华、王贵清、王一峰、韩聚全、郝本立、魏文玉、张兴盛、王纯、杜书田、郝永胜、郝成福、姜成宏、马步生、周银旺、王玉盛、石富元、武生堂、王星文、石玉珍、刘成发、李天才、周虎旺、郝希良、李火龙、张志耀、王

1947年7月23日，太行二分区武乡县南征干部留影。

1947 年 10 月 4 日，武乡县第二批南征干部合影。

进文、赵来云、梁善政、马相唐、李彦漠、张平、张汉儒、张松年、王政平、李兴唐、肖甫高、常久通、邢国礼等 44 人。他们于 1947 年 10 月辗转到达河南新区开展工作。同年 12 月，武乡县第四批干部南下，由副县长李毓秀、财粮科科长史仁澍、民政科长段子谟、区长王用予、李三、杜野苹、李步斗、赵宋、武铭、关金云、韩廷瑞、史元生、李克柱、王国真、肖启民、李梦钰、李春庆、巩水波、巩水林、贾鸿举、魏海棠、李富士等 53 人组成，其中县级干部 23 人、区级干部 21 人、村干部 4 人，医生、教师等 5 人。南下队伍从县城出发奔赴湖北、安徽工作。1948 年秋，魏志远、武文涛、武兰芳、郝德华、王效兰、李秀英、赵彬卿、张萍、李淑青、冯光、魏玉明、马兰江、郝德等 40 余人，全是妇女干部，在太行区党委集中后，分别分配到第一、二、三批武乡南下干部所在地区工作。1949 年元月，正是雪花飘飞之际，县

1947 年 11 月，武乡县第四批南下干部合影。

政府民政局局长李鸿胜、七区区委书记韩磨锁以及李铁峰、王金元、杨改兰等 12 人赴天津市工作。

1949 年 2 月，中共武乡县委根据上级关于调配干部南下的指示，派出第五批南下干部，听从党中央、毛主席“打过长江去，解放全中国”的号令，义无反顾地打起背包，辞别亲人，踏上了南下的征途。由县委副书记秦定九带领科（局）级、区级领导干部南下，他们是县公安局副局长聂石柱、一区区委书记郝兆文、四区区委书记郑本善、八区副区长王道祥、民政科科长王桂芳、财粮科科长侯同以及周永旺、赵奋三、杜金贤、段元明、安佳秀、阎庶青、任文明、王福秀、刘书木、赵来春、李玘鸿、李如江、成桂、李林旺、王二孩、梁贞祥、安中秋、梁仲祥、王福秀、关拴劳、关拴纣、段怀旺、白书林、赵恩光、任德贞、徐瑞清、曹改花（女）、李福田、李生有、赵考唐、段福莱、张春红、王发祥、郭天锡、段利萍、高铮惜、李应槐、张树功、李玉林、张受彤、王克仁、赵茂德、常贵生、杨林、王秀英、申生才、李一农、段文华、赵彭春、李克勤、王桂芳、段文明等60人，赴福建南平。南下前，在武安县城集中整编学习50余天。太行、太岳两区南下干部2000余人统一编为“中国人民解放军长江支队第三大队”，下设中队、小队。武乡、襄垣、昔阳三县干部编为三大队第一中队，原定去91人，实去108人。第二中队是由和顺、左权、榆社干部组成，其中有武乡籍干部李尚仁、曹由璧、李玉亮、孙兴旺等6人。由太行四、五地委干部组成的第三中队，有武乡籍干部未力工、张田丁、安文俊、魏宏等人。由汲县、淇县干部组成的第四中队，有武乡籍干部陈砚田、白佩珩、赵振旅、程少康、吕定、刘秉仁等人。由辉县、汤阴干部组成的第五中队，有武乡籍干部张存友、孟树芬、胡惠民、刘尚贤等。第六中队，武乡籍干部有李步云、梁东初、常建业、段俊红。直属中队有武乡籍干

1949年2月24日，武乡县第一批南征渡江全体干部合影。

1949 年，武乡县委书记李鹏飞（后排左二）与南下干部合影。

部中队长武士诚，队员赵苏健、申步超、李安唐、王尚先等。他们南下后被分配到福建省南平地委及南平县工作。

1949 年 2 月，上级调李鸿胜、王锐民、李栋、申生旺、李敏、魏福真、景应堂、韩磨锁、李铁峰、武金元、郝诚、李如松、赵和璧、史思琦、杨改兰等到天津工作。4 月，上级调王锦心、郭步登、王德广、李心田、郝胜、刘更旺、弓杰、陈自禄、霍福河、魏达三、李国华、张树春、王堆金、魏一峰、孙福云等到湖南工作。同年夏，上级调刘初晓、任来应、李玉凯、马升堂等 10 名干部到太原市公安局工作，他们先后被提拔为处级、科级干部。1952 年上级调王占鳌、郭唐英、赵中和、张贵银、安文澜、李文清等到广州。

据 1949 年县委组织部统计，由县委组织部经办输送的干部达 3000 余人，若加上太行二中、太行三中、抗日军政大学、北方大学等学校毕业分配工作的武乡籍人，为了开辟新区，武乡这个太行小县共输送出干部 5300 余人。在先后 10 次外调中，武乡将自己德才兼备的好干部支援了新区，为全国解放做出了贡献，在党的历史上留下了灿烂的一页。

第六节　革命老区伟大贡献

从武乡党组织的创建，到全民族抗战和三年解放战争，勤劳勇敢的武乡人民在各级党委的领导下，进行了艰苦卓绝的斗争，做出了伟大的贡献和巨大的牺牲。据不完全统计，从 1937 年到 1947 年 10 年间，武乡共 14246 人先后参军。日本投降后，半个月就有 2300 人自告奋勇参加八路军，为保卫胜利果实，未着戎装，便奔赴上党战场。后来为支援刘邓大军南下，武乡又有 2000 余民兵自愿报名参军。

在这片古老的红色土地上，从反击日军“九路围攻”的长乐村急袭战到关家垴歼灭战，直至围困蟠龙、解放段村等重大战斗，以及人民群众广泛开展的地雷战、麻雀战、破袭战、窑洞战等，共进行了大大小小的战斗 6568 次，参战军民达 41594 人，毙伤敌军 29330 人，缴获武器 14020 件。武乡人民不仅直接参军参战，更担负了繁重的战勤任务。从支援武乡内的战斗，到支援上党战役、白晋战役、晋中战役，武乡县支前民工达 258 万人（次），折合 3870 万个日工。为支援全国解放，武乡共派出南下、北上干部（包括职工、民工）5000 多人。这些干部、职工驰骋在大江南北、长城内外，为建立中华人民共和国英勇奋战，为老区争得荣誉。兵民是胜利之本，人民战争的伟大力量来源于广大人民群众。在战争年代，武乡全县 215 个行政村，共为部队筹集公粮 1.25 亿公斤，妇女做军鞋 49.45 万余双。同时，武乡涌现出的著名杀敌英雄和劳动模范达 150 余人。这些光辉的革命业绩，已载入中国革命的史册。

从武乡地下共产党组织的创建，到抗日战争和解放战争时期，武乡党组织和全县人民为中国革命付出了巨大的牺牲。在抗战中，武乡这个仅有14万人口的山区小县，在战争中牺牲和致残的县、区、村干部和广大民兵、群众达2.5万多人，中华人民共和国成立后被民政部门登记、列入英名录的有3200多人。还有3500多名部队指战员，在武乡县进行的著名战斗中壮烈殉国。

在地下党组织创建时期，有段若宗、段宏绪、魏煜、李晙、武华等烈士。段若宗出生于茅庄一个佃农家庭。1934年在太原国师上学时，经李雪峰介绍，加入了中国共产党，长期从事学生运动。1935年12月，他代表国民师范等四校抗日学联赴北平出席华北学联筹备大会，为呼吁抗日救亡、制止内战卖国而被捕。临刑前在囚车上怒斥敌人，英勇不屈，就义于太原大南门外。

段宏绪，东村人。1929年在山西省第一中学加入读书会等进步团体，后又赴北平参加并领导抗日反帝大同盟，寒假返乡后在县城内外进行革命演讲，为武乡反封建斗争的开展与党组织的建立，在舆论上和组织上做了准备。1933年5月，他受地下党组织的委派，赴张家口参加吉鸿昌的抗日同盟军，在察北作战中牺牲于前线。

魏煜，故县人。1932年入党后，先后在太原青年图书馆和石家庄铁道部扶轮学校以英语教员身份作掩护为党工作。在危急时刻，他设法转告高沐鸿等进步人士外出脱险。1936年，魏煜奉命到上海从事革命活动时被捕，后惨死在苏州监狱中。

李晙，磨里村人。1931年春在北平加入中国共产党，从事党领导下的社联工作，曾任社联沙滩支部负责人。在此期间，他不断为故乡革命青年邮寄进步书刊和革命传单。1932年8月被捕，后被押送南京国民党中央监狱，受尽酷刑，惨死于狱中。

武华，早在1932年就担任中共北平东区区委宣传部部长，后又调任唐山市委委员等职。返乡期间，在武乡宣传革命，协助雇工武三友等组建武乡中区段村地下党支部，领导农民开展抗租、抗债斗争。抗战爆发后，在武乡组织抗日游击队，配合部队打击敌人。1943年任武乡（东）敌工站站长时，被日军抓进蟠龙据点，饱受毒刑，但他坚贞不屈，变敌人法庭为战场，愤怒控诉日军罪行。后惨遭杀害，头颅被悬挂示众，尸体被投入枯井中。其悲壮事迹将永远为后人所传颂。

在战火纷飞的抗战岁月里，八路军许多著名将领长眠在武乡的山水间。129师386旅772团团长叶成焕，河南省光山县人，1938年4月16日在长乐村急袭战斗中，带病上阵，挥师杀敌，为粉碎日军“九路围攻”，牺牲在硝烟滚滚的战场上。

决死1纵队25团政委凌则之，四川省屏山县人，1940年百团大战第三阶段，疯狂的日军在报复“扫荡”时，多次向八路军总部驻地砖壁村猛扑。10月22日，凌则之政委率部坚守温庄防线，同敌人激战9小时，击退强敌，保卫了总部首脑机关，然而不幸的是他自己却在阻击战中壮烈殉国。

386旅政治部主任苏精诚，福建省海澄人。抗战以来，随部队驰骋于太行、太岳之间。1941年1月27日拂晓，在掩护驻地军民突围的韩壁战斗中，为祖国流尽了最后一滴血。

太行第三军分区司令员郭国言，湖北省黄陂县人。1942年2月19日黎明，在指挥所阻击蟠龙向大有猛扑的4000多名强敌时，被敌炮弹击中，在西岗头高地上为国捐躯。他和上述诸位将军的光辉英名，永远铭刻在太行群峰之上，成为后人学习的楷模。

在战争年代，武乡还有无数奋不顾身参加革命斗争的民兵，区、村干部，为捍卫抗日根据地，保卫家乡，保护广大人民群众的生命财产，血洒疆场。他们中有力搏数敌的皮烟村民兵王尚元、故城武委会主任程坦和武乡（东）二区武委会副主任张德林，他们在弹尽援绝之后，抡起枪杆与敌搏斗，光荣牺牲；有身陷囹圄，坚不吐实，困死在敌人木笼中的南关镇地下情报组组长孙汉英；有在段村敌人铡刀下，面不改色，从容就义的共产党员张云九和地下工作者魏子玉（均系故县人）；有在南沟火车站阎军刑场上，大义凛然、视死如归的故城女共产党员李馥兰和武委会主任程亮宏，以及在反“扫荡”中与敌搏斗壮烈牺牲的武西游击队队长安唐；有被敌人绑来妻子、母亲等亲人数次威吓而毫不屈服的地下交通员高宝尉和太行区一等民兵杀敌英雄马应元烈士；有保卫群众窑洞，掩护路南办事处机关脱险的漆树坡民兵指导员武志芳；有不屈的茅庄村武委会主任田景云和党员民兵田文秀，在突围中以手榴弹击溃围敌后，誓死不做俘虏，拉响最后一颗手榴弹与敌人同归于尽；有区分委书记殷士敏和吴夺旗、区委委员赵三孩在带领区基干队和驻地民兵打击“扫荡”之敌时，身先士卒，英勇牺牲；有区干部杨晋标大义灭亲，毅然协助游击队活捉了其当汉奸的胞兄杨明德，把敌人挤出了故城镇，后遭敌人杀害，气贯长虹；有在烈火中永生的玉品村武委会主任李全儿，饿死不吃日军饭的郝爱则，以火棍、菜刀与敌搏斗的冀家垴和南庄村抗日村长徐永胜、张天元，山交沟抗日村长李秀华等烈士，以及为掩护百名学生脱险而牺牲的武西二高教师王兆琪、王成文和临危斗敌的白家庄儿童团团长李爱民等先烈。他们用血肉铸成的英雄业绩，充分显示了武乡人民不可侮，太行自有雄魂在。

一寸山河一寸血，一抔热土一抔魂。在那烽火岁月中，武乡儿女保家卫国，浴血奋战，用鲜血和生命铸就了“不怕牺牲、不畏艰险，百折不挠、艰苦奋斗，万众一心、 敢于胜利，英勇奋斗、无私奉献”的太行精神。

第二编

社会主义革命和建设时期

1950年6月25日，朝鲜战争爆发。爱好和平的武乡人民积极响应“抗美援朝、保家卫国”的号召，以和平签名、爱国丰产运动和爱国捐款等形式积极开展群众性的抗美援朝运动，有3200多人参加志愿军赴朝作战。

中华人民共和国成立之初,《中华人民共和国婚姻法》颁布后，建立起了以男女平等、婚姻自主为特征的社会主义婚姻制度。

在对农业的社会主义改造中，长治地委在全区试点10个初级农业合作社，武乡县试办了窑上沟村、枣烟村、监漳（东）、监漳（西）等4个农业生产合作社，开创了武乡县农业生产合作社新的生产组织形式，迈开了农业集体化经济建设的步伐。

社会主义制度充分显示出了其巨大的优越性。武乡县坚持以农业为基础、工业为主导的国民经济发展方针，大兴水利建设，完成了故城水库、关河水库、监漳高灌站等重要水利工程，持续开展基本农田建设，为农业发展奠定了重要基础；建立起以煤炭、电力、冶金、建材、五金、化工为代表的工业体系；供销网点遍布城乡，促进了城乡商贸流通；先后建成省道干线、县乡公路16条，在太焦铁路建设中，武乡投入大量人力物力，为工程建设做出了巨大贡献。1978年地区生产总值4491万元，地方财政收入149.87万元，城镇居民人均可支配收入348元，农村居民人均可支配收入54元。

1964年3月，武乡县被山西省确定为对外开放县，重点开放单位有武乡革命纪念馆、柳沟抗日兵工厂、八路军总部砖壁、王家峪旧址等6处，从1964年到1971年，先后接待来自世界76个国家和地区的国际友人1590人，对维护世界和平、促进国际文化交流发挥了积极的作用。

第一章　巩固新生政权和建立社会主义制度

第一节　中华人民共和国成立初期武乡县的形势和任务

一、武乡县党政领导机构的组建

1949年8月1日，华北人民政府通令调整华北地区的行政区划，恢复山西建制。8月23日，中共中央华北局通知，成立中国共产党长治地方委员会（简称中共长治地委），同时撤销中共太行三地委。1949年9月1日，中共山西省委、山西省人民政府、山西省军区成立，决定在山西省东南部设立长治专区（专署驻长治）。随着中共长治地委、长治专署的成立和中共太行三地委的撤销，原属中共太行三地委领导的中共武乡县委（简称武乡县委）归属中共长治地委领导。武乡县委的工作机构为秘书室、组织部、宣传部；武乡县政府的工作机构为秘书室、民政科、司法科、公安局、农林科、财粮科、税务局、工商局、教育科、人民银行武乡支行、邮政局、供销合作联社、建设科、人事科、硝磺局、合作科、简易师范。

武乡县建制划定后，按照经济、地理、工作条件及历史关系等，行政区域划分为区、行政村。全县辖7个区，209个行政村。区委、区公所驻地和下辖行政村数分别为：第一区，驻洪水村，辖42个行政村；第二区，驻蟠龙村，辖42个行政村；第三区，驻大有村，辖36个行政村；第四区，驻姚家庄，辖25个行政村；第五区，驻东村，辖24个行政村；第六区，驻涌泉村，辖13个行政村；第七区，驻故城，辖27个行政村。全县总面积1610平方公里，总人口141817人。

10 月 1 日，中华人民共和国中央人民政府宣告成立，中共武乡县委、县人民政府在县城举行大型集会，1 万余名群众涌向街头，敲锣打鼓，载歌载舞，热烈庆祝中华人民共和国的成立。

中华人民共和国的成立，极大地鼓舞了全县人民，从此，武乡步入了一个崭新的历史时期。

中华人民共和国成立后，武乡县组建了新的县级领导机构和工作机构；区级机构沿袭了中华人民共和国成立前的 7 个区公所，人员做了调整。县委书记李鹏飞，县委副书记王运德，县委常委郑文奎；县政府改称县人民政府，县长王运德，副县长崔天申。县委工作机构：秘书室、组织部、宣传部；县人民政府工作机构：办公室、民政科、司法科、公安局、农林科、财粮科、税务局、工商科、教育科、邮政局、人民银行武乡支行、粮食局。县委、县人民政府下辖 7 个区：一区洪水，区委书记张秀清、区长张富贵；二区蟠龙，区委书记李天才、区长马福寿；三区大有，区委书记

1949 年 11 月 5 日，中共武乡县委员会全体委员与各区区委书记合影。

王振国、区长史保国；四区姚家庄，区委书记王绑纣、区长史松林；五区东村，区委书记赵甫国、区长温廷俊；六区涌泉，区委书记任汉忠、区长路三保；七区故城，区委书记苑永华、区长赵中和。

二、中华人民共和国成立初期武乡县的形势

中华人民共和国成立以后，中国共产党成为执政党。武乡县委肩负起领导武乡人民执行党的七届二中全会确定的路线、方针、政策和中共山西省委、山西省人民政府、山西省军区成立大会精神，顺利实现党的工作重心转移的重任。武乡人民也迫切要求巩固革命胜利成果，恢复经济发展。

首先，作为太行革命根据地的腹心地，武乡县各级党组织久经艰苦卓绝的革命斗争锻炼与考验，队伍空前壮大，在人民群众中享有崇高的威信；同时，作为革命老区，已培养造就了一大批优秀干部，为武乡的各项事业发展准备了骨干力量。武乡人民经过党的长期教育和战争锤炼，政治觉悟和组织程度有了前所未有的提高，而且具有不屈不挠的斗争精神和光荣的革命传统；在民主革命取得辉煌胜利和中华人民共和国诞生的鼓舞下，焕发出更加高涨的革命热情和生产积极性。建设家园，创造美好生活，已成为广大人民群众的普遍愿望。

其次，全县所有区、乡、村均已完成了土地改革，封建剥削制度已被消灭，农村阶级关系已发生了根本变化，生产力得到空前解放。党在农村连续多年领导开展大生产运动，使得农业生产在大部分村庄快速恢复，全县的粮食产量已经超过抗日战争前的水平。

再次，武乡革命老区有着发展农林牧生产的重要资源。全县属黄土丘陵地带，境内丘陵起伏，沟壑纵横，河流交错，土层厚，大部为鱼鳞式梯田，是粮食作物的主要产区。地下资源丰富，主要有煤、铁、镁、煤层气、页岩气、石灰石、泥炭等。东部地区的煤储量达 28.6 亿吨。中华人民共和国成立后，随着社会经济建设的快速发展，煤炭开采成了武乡县最主要的产业，除供武乡工农业和群众生活用外，还远销省外，具有开发利用的广阔前景。

与此同时，中华人民共和国成立初期的武乡县，还面临着诸多亟待解决的问题。面对全县复杂形势和种种困难，武乡县委保持清醒的认识，在全面分析客观形势的基础上，制定了新的工作方针，有条不紊地部署了各项改革和经济恢复工作。

三、武乡县第一、二届各界人民代表大会

1949 年 10 月 3 日至 6 日，武乡县第一届各界人民代表大会第一次会议在县城召开。会议听取了县委书记李鹏飞作的《关于形势和任务的报告》，县长王运德所作的《关于政府施政工作报告》。会议指出，武乡县各界人民代表大会是中华人民共和国成立后，依据中央人民政府组织编制成立的人民代表大会。其主要职责是：召开全县各届人民代表大会，将政府各季节的生产计划与政策法令的贯彻作为大会的主要内容；根据形势的发展，解决群众迫切需要解决的问题。会议做出检查代耕、开展冬学、蟠武公路整修、兴修水利等五项决议。会议收到提案 242 件，在处理提案上由主席团聘请代表若干人、政府代表若干人，组成提案审查委员会，进行提案审查与解答。这次会议经过酝酿选举产生了第一届各届人民代表大会常务委员会主席李鹏飞，副主席高进廷、张桂荣，委员 10 人。

武乡县第二届各界人民代表会议第一次会议，于 1952 年 9 月 16 日至 22 日在县城召开。应出席代表 230 名，实出席代表 223 人。会议审查通过了 1952 年 8 个月政府工作总结报告与 1952 年 8 个月地方财政预算收支执行情况报告、各界人民代表会议驻会委员会两年来的工作总结。大会做出八项决议：(1) 关于政府 8 个月工作报告的决议：(2) 关于 1952 年 8 个月财政收支

预算执行情况的决议；(3) 关于政府秋季各项工作计划的决议；(4) 推广祁建华速成识字法，开展扫盲运动的决议；(5) 关于开展秋季爱国卫生运动的决议；(6) 关于继续贯彻《婚姻法》的决议；(7) 加强领导山区工作的决议；(8) 关于通过秋季修路工作计划的决议。大会收到提案 1021 件。

会议选举产生了县人民政府县长孙立功，副县长李娥则、高进廷，委员 16 人；选举产生了县第二届各界人民代表大会常务委员会主席李鹏飞，副主席孙立功、高进廷、张桂荣，委员 17 人。

四、中央人民政府北方老根据地访问团慰问武乡

1951 年 8 月 15 日至 28 日，中央人民政府北方老根据地访问团晋冀鲁豫分团，在团长杨秀峰，副团长聂真、王孝慈的带领下，携带毛泽东主席“发扬革命传统，争取更大光荣”的亲笔题词，来到武乡革命老区访问。访问期间，在县城召开了武乡、襄垣、榆社三县烈军属、革命伤残军人、干部和群众代表大会，武乡县级机关干部列席了会议。会上，县委书记李鹏飞汇报了武乡人民在战争年代的巨大贡献。会后访问团到蟠龙访问时，除进行访问、

1951 年 8 月 21 日，中央人民政府北方老根据地访问团晋冀鲁豫分团访问武乡时的合影。

表演杂技和放映电影外，还分别召开了武乡（东）地区区委书记、区长、编村代表、杀敌英雄和劳动模范座谈会，以了解老区人民生活，征求各种意见。访问团还到中共中央北方局和八路军总部旧址王家峪、砖壁等村访问，并表演了杂技和放映了电影。看了中央慰问团送来的文艺节目，广大干部、群众无不欢欣鼓舞，决心以实际行动贯彻落实毛主席的光辉指示，建设好自己的家园。8月25日，访问团到洪水访问，团长杨秀峰看望了边区劳动模范李马保。8月28日，访问团离开武乡赴左权县访问。

五、武乡县群众团体的组建

武乡县总工会联合会。成立初期，武乡县总工会委员会延续了中华人民共和国成立前的组织机构，至1952年7月，总工会主席先后由李荣锦、李保祥担任。中国教育工会武乡县委员会成立于1952年7月，当时共有会员300余人。它是全县教育工作者及文化艺术界工作者的职工群众组织，在武乡县总工会联合会成立之前，代管其他行业工会。教育工会组织实行代表大会制，领导机构由代表大会选举产生。

1952年7月到1953年4月，县教育工会共召开了四届代表大会，一至四届主席均为张贵堂。有会员460人，基层工会12个，工会小组75个。1956年8月，武乡县总工会联合会成立后，武乡县教育工会成为县总工会联合会的下属组织。

1956年8月11日，武乡县总工会联合会第一次代表大会在县城召开。会议的中心议题是：积极参加社会主义生产竞赛，认真贯彻执行党的“勤俭建国，勤俭办企业，勤俭办一切事业”的方针，鼓励广大职工群众积极完成和超额完成国家的生产计划，逐步改善职工生活；加强对私营工商业的社会主义改造，丰富职工的文化生活和体育活动。会议民主选举产生了由7人组成的武乡县总工会联合会委员会。

武乡县总工会联合会是武乡地方工人组织。其主要职能是：广泛组织团结全县职工，把党的纲领、任务和政策同职工的意愿相结合，维护职工当家作主的权利，调动职工的积极性和创造性，为社会主义建设事业作贡献。

中国新民主主义青年团武乡县委员会。1949 年 10 月至 1950 年 3 月，为中国新民主主义青年团筹备委员会，书记武云忠，副书记李务云。

1950 年 3 月 25 日至 28 日，中国新民主主义青年团武乡县第一次代表大会在县城召开。出席会议的代表 176 人，以区为单位，分 7 个代表团。大会的议题是：总结建团一年来工作的经验教训，成立新民主主义青年团武乡县委员会，制定工作方针。会上，中共武乡县委宣传部副部长刘中尧致开幕词，团县委书记武云忠作工作报告。会议选举产生了中国新民主主义青年团武乡县委员会，选出团县委委员 3 名，武云忠任团县委书记，李务云任团县委副书记，常来书任委员。从 1949 年 10 月开始，至 1950 年 3 月，全县团员总数发展到 1921 人，建立团支部 114 个。

1953 年 2 月，中国新民主主义青年团武乡县第二次代表大会在县城召开。会议回顾总结了 1950 年以来的各项工作，作出了实现党的方针任务的具体计划。会议选举产生了团县委领导：郭四元任团县委书记，常来书任团县委副书记。

1955 年 3 月 23 日至 26 日，中国新民主主义青年团武乡县第三次代表大会在县城召开。会议主要议程：(1) 听取中共武乡县委书记王林堂所作的《关于国内外形势的动员报告》；(2) 听取审议王明和代表团县委所作的工作报告；(3) 制定工作任务。会上，选举产生了青年团武乡县第三届委员会，王明和任团县委书记，刘景恒、赵学文任副书记。

1956 年 6 月 11 日至 14 日，中国新民主主义青年团武乡县第四次代表大会在县城召开。大会的中心任务是：第一，为提前完成和超额完成第一个五年计划而组织青年开展劳动竞赛；第二，组织青年向科学文化进军，交流技术和学习扫盲经验，提倡青年进修；第三，提出1956年建团整团的规划措施；第四，选举青年团武乡县第四届委员会。会上，团县委书记刘景恒代表第三届团县委作工作报告；选举产生了青年团武乡县第四届委员会，刘景恒任青年团武乡县委书记，赵学文、赵成凯、杜竹亭任青年团武乡县委副书记。

1957年7月1日，根据中国新民主主义青年团全国第三次代表大会决议精神，中国新民主主义青年团武乡县委员会改称中国共产主义青年团武乡县委员会。

武乡县妇女联合会。武乡县妇女联合会，前身是武乡县民主妇女联合会。它是全县各界妇女的群众组织，是中共武乡县委联系全县妇女群众的纽带。县妇联的主要职能是：对妇女进行教育，提高妇女素质；向社会宣传妇女的重要作用，宣传宪法、法律，维护妇女、儿童的合法权益；推动社会各方面力量，发展妇女、儿童事业，扩大妇女爱国统一战线，促进社会主义建设。

1949年10月至1953年4月，武乡县民主妇女联合会第一届主席为宋娥则；1953年4月至1954年3月，武乡县民主妇女联合会第二届主席先后为宋荷香、史月娥，副主席先后为成景文、任金串、李香莲、梁玉花。

1954年3月18日至22日，武乡县第三届妇女代表大会在县城召开。这次大会是武乡县妇女在中华人民共和国成立后的第一次盛会。出席这次会议的代表共397人。会议总结了中华人民共和国成立以来，特别是1953年妇女工作的发展情况，表彰了在互助合作和农业生产中做出显著成绩的模范人物，交流了互助合作和妇女组织工作等方面的经验，安排部署了1954年全年工作计划。在三届一次全体委员会议上，选出主席1人、副主席2人。主席宋荷香，副主席成景文、任金串。

1957年10月，武乡县民主妇女联合会改称为武乡县妇女联合会。

六、土改遗留问题的解决

1949年12月23日，武乡县人民政府召开各区主要干部会议，研究部署解决结束土改遗留问题。全县184个村，有165个村是老区村，占89%，有19个村是半老区村，占11%。老区村、半老区村都经过了减租减息和反奸清算、贯彻《五四指示》、整党建党等运动，土地改革全部结束，地权已确定。但也有一些村的遗留问题尚未彻底解决，如宅基地纠纷、土地证颁发等问题。为了安定群众情绪，提高生产积极性，制定了以下措施：第一，充分进行思想发动，使群众真正认识确定地权、颁发土地证的重要性。第二，各村成立调解委员会，采取调解方式解决。第三，发放土地证，以自然村为单位，由群众选举产生填写人，再由发证委员检查后，经群众大会通过。第四，果实分配与安置还乡人员，一般都应采用三种办法处理：一是分给少地、无地的农民，二是分给错斗中农，三是分给还乡人员。

全县88个村存在的土改遗留问题，全部得到解决，共补偿安置土地4632亩、房屋36间、牲畜46头、大农具148件、粮食49918公斤。通过解决土地遗留问题，切实安定了全县人民群众的情绪，提高了群众生产积极性。

第二节 抗美援朝爱国运动

一、开展和平签名运动

1950年6月25日，朝鲜战争爆发，美国政府不顾中国政府的严重警告，以所谓“联合国军”的名义，武装干涉朝鲜内政，把战火燃烧到中朝之间的鸭绿江边，严重威胁到中国的安全。10月，中国政府作出“抗美援朝，保家卫国”的战略决策，决定派遣中国人民志愿军入朝参战。10月19日中国人民志愿军在彭德怀司令员的指挥下，雄赳赳，气昂昂，跨过鸭绿江，开始了伟大的抗美援朝战争。

武乡县的抗美援朝运动从和平签名运动开始。1950年10月3日，县委召开县、区、村三级干部会议，认真传达贯彻中央、省委、地委有关抗美援朝的决议和文件精神。会议之后，县委抽调200余名县、区干部，下乡深入宣传中央、省、地有关抗美援朝的决议，进一步发动全县人民群众积极投入抗美援朝运动，动员青年报名入朝参战。同时，组织领导全县各级党组织，运用广播讲话、时事座谈、张贴标语、出墙报专栏、写黑板报等形式，向城乡各阶层群众展开了广泛深入的宣传动员，把和平签名运动推向高潮，使全县的签名人数占到了全县人口的80%以上。

和平签名运动的开展，使全县人民群众认识到世界和平民主力量的强大和帝国主义的虚弱本质，增强了战胜侵略者的信心。这一运动，实际上是武乡县抗美援朝运动开展前的一次思想总动员，对抗美援朝运动在全县的蓬勃开展起到了促进作用。

二、抗美援朝宣传教育工作

1950年11月至1951年5月，中共武乡县委组建抗美援朝分会，具体组织领导了抗美援朝宣传教育工作。1951年4月20日至23日，县委根据省、专指示，为了普遍深入开展抗美援朝运动，使全县每个角落每个人都受到抗美援朝教育，召开了武乡县第一次抗美援朝代表会议。参加会议的代表189人，农村代表占大多数，其余是县区机关、工商界、学界代表。会议选举产生了抗美援朝分会常务委员会，县委书记李鹏飞为常务主席，县长孙立功为常务副主席，有 9 名常务委员。这次会议，大大增强了全体代表的爱国意识和支援抗美援朝的热情。

三、爱国丰产竞赛运动的开展

1951 年 3 月，随着抗美援朝爱国主义教育运动的深入开展，武乡县委积极响应中央人民政府政务院在《关于一九五一年农林生产的决定》中提出的“群众性的奖励劳模运动和生产竞赛运动列入10项政策的内容”和农业部“开展爱国丰产竞赛运动”的号召，以及 3 月 9 日《人民日报》头版头条全文刊登的《李顺达向全国各地互助组发出开展爱国丰产竞赛活动的倡议书》，通过大力宣传，广泛发动，组织全县广大工人、农民和各界劳动群众，于 3 月下旬掀起了轰轰烈烈的春季爱国丰产竞赛运动。

5 月下旬，县委集中了县、区若干领导干部和蟠龙二区各村干部及互助组代表共数十人，开始对春季爱国丰产竞赛运动进行检查总结评比，以二区窑上沟小区试验为重点，着重了解抗美援

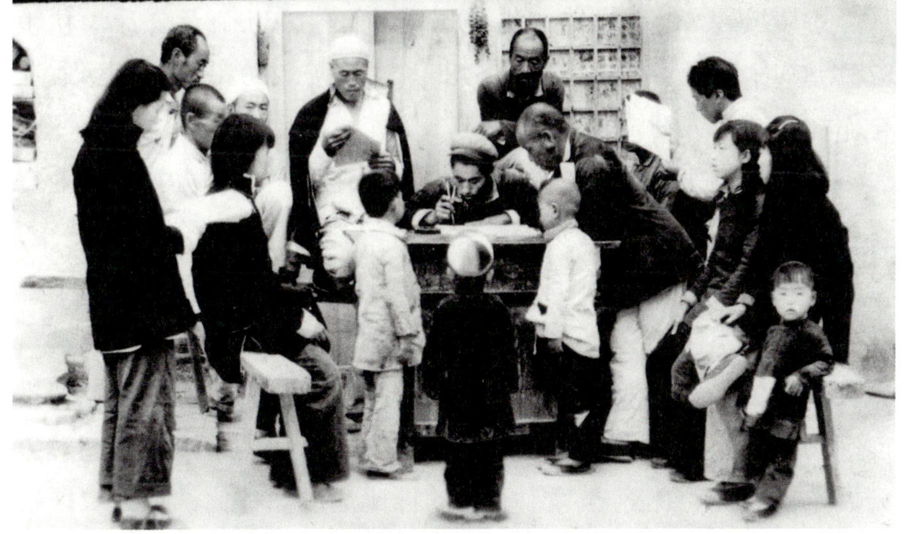

1951 年秋，武乡二区（蟠龙）白家庄村李五七组在修订爱国公约。

朝的爱国主义思想教育与爱国丰产竞赛是如何结合的。多数村庄与互助组已展开抗美援朝的爱国主义教育，修订并执行了爱国公约，群众爱国热情大大提高。竞赛中读报组已发展到26个，最好的史富生互助组成立了文化馆。5个村共订了36份《山西日报》和《农民报》，共开办了18座农民业余学校。竞赛中多数群众的爱国热情与生产热情始终是饱满的。各村已普遍推行调剂土壤、浸种拌种、科学施肥等农业技术。棉花、大麻等经济作物比1950年增产数倍。检查评比结果，选出64个劳动模范和23个模范互助组。向李顺达应战的47个互助组中，有22个组被选为模范组。为此，1951年6月12日《人民日报》以《比政治觉悟，比生产成绩，比互助组的领导，山西武乡检查评比爱国丰产竞赛运动》进行了报道。同年6月，为了加强农业互助合作和爱国丰产竞赛运动的组织领导，县委设立了合作指导委员会（后于1954年12月改为县委农工部），负责全县农村工作，贯彻党的农村方针政策，指导合作社运动。

1951年，武乡县实现丰产丰收，粮食总产4544.44万公斤，小麦761.10万公斤，比1950年增产1460.7万公斤，秋粮3781.87万公斤。农业互助组1435个，入户25020户，初级农业合作社4个，入社户数87户。

1952年3月，县委又在东村、白家庄等村新创办初级农业合作社20个，同年7月在苏峪、北上合等村发展初级合作社10个，三批累计达到34个。4月5日至20日，县委召开了县、区干部及各村互助组组长会议，号召开展全县性的爱国丰产竞赛活动，以竞赛促生产，夺取全县粮食大丰收。此后，为了把生产竞赛推向高潮，以区为单位、区政府驻地为中心、村为重点、组为对象开展了比爱国、比竞赛等十五比的评比运动。评比结果：二区窑上沟为全县特等村，三区洞上等49个村为中等村，一区上广志等 84 个村为乙等村。以王锦云、魏尧珍为首的 134 个农业生产合作社、互助组为甲等，402 个互助组为乙等。并选出王锦云、刘光汉等 415 人为甲等模范，李爱菊等 489 人为乙等模范，评选出监漳农业合作社主任崔五林等 540 人为模范干部。通过评比参观，克服了群众生产到顶的思想，推动了农村的政治时事教育。

1952 年 5 月，王锦云代表窑上沟初级社，魏名标代表枣烟初级社，出席了在首都北京召开的全国爱国丰产会议，受到了农业部嘉奖，农业部部长李书诚亲自给窑上沟、枣烟农业合作社颁发了奖状。10 月 27 日至 31 日，县委召开 1952 年农业丰产劳动模范代表会议，出席会议的劳模 301 人，其中，丰产村 7 个，丰产组 136 个，丰产户 90 户；林业模范 7 人，水利模范 10 人，畜牧模范 12 人，模范村干 7 人，国营农场模范 1 个。会上，县委书记王林堂指出，全县 1952 年亩产 179 公斤，超过 1951 年 39 公斤，超过原计划增产 12.5 公斤，达到中央、省政府奖励标准的丰产

1952 年，武乡县出席山西省农业丰产劳动模范代表会议的全体代表合影。前排左起：崔春发、暴银锁、王锦云、魏名标；二排左一：任焕孩；左四：史春莲；二排右一：郝冬莲。

村7个、农业社21个、互助组360个、户427户，共815个单位。大会选出王锦云、魏名标、郝东莲（女）、杨效忠、魏培明、刘光汉、暴银锁、张海川等农业社，崔刘丑畜牧社，任焕孩（女）、魏尧珍、牛来俏等互助组，李黑牛户及模范工作者李克志、林业模范关花花（女）、水利模范崔春法为出席山西省农业丰产劳动模范代表。这次会议交流了农业生产经验，组织劳模参观工农业展览，大大鼓舞了全体劳模的爱国丰产积极性。

四、参军参战与爱国捐献

1951年6月1日，中国人民抗美援朝总会发出普遍开展爱国公约运动、捐献飞机大炮运动和做好优抚工作的号召。中共武乡县委积极响应号召，组织领导全县各行各业以实际行动支援抗美援朝，在人力、物力、财力等方面作出应有的贡献。

1951年后半年，在县委、县政府的领导下，大多数村庄和互助组都制订了长期的增产捐献计划。如一区墨镫村李楼成互助组，确立了增产捐款计划，每10天抽出两天劳动时间，担挑煤炭，跑运输，搞收入，把赚来的钱全部捐献给政府。二区白家庄李五斤互助组组织妇女在农田做军鞋100双，捐献给县政府。县公安局炊事员白素华第一次捐献6元，第二次捐献10元，比一般干部都捐得多。在他的影响下，县级机关干部、职工都积极踊跃捐款，共捐款300元。城关柳泉沟小学校李怀北等17名小学生集体拾麦25公斤，全部捐献给县政府。三区石科村1名军属妇女一次捐款4元，还将自己的手镯拿出来捐献给县政府。

1951年，武乡县共捐献抗美援朝款35571.7元，1952年又捐款36365.3元，两年时间，共捐款71937元，捐献慰问袋2000件、毛巾600条、袜子300双、肥皂500块，写慰问信5000封。武乡子弟在伟大的抗美援朝运动中踊跃入朝参战。1950年10月1日，在纪念中华人民共和国成立一周年大会上，全县民兵志愿报名参加志愿军的有 5458 人，正式签名的有 2046 人。县立师范和 5 所高小报名参加志愿军的学生就达 300 余人。1951 年全县报名参加志愿军的有 1700 人，1952 年又有 1500 名热血青年报名赴朝作战。三年中，全县赴朝作战人员共有 3200 人。

第三节　各项事业的民主改革

一、教育事业的初步改革

作为革命根据地的武乡县，在抗日战争和解放战争时期，对教育事业已进行了一系列改革，创造了许多宝贵的经验。中华人民共和国成立之初，县政府设教育科，正副科长各 1 人，每区有联合校长 1 人。1954 年 3 月教育科改为文教局，设正局长 1 人、副局长 2 人，下设行政股、业务股。同年，又增设了教学研究室和扫盲办公室。武乡县委、县政府对教育事业的改革，主要以武乡的经验为基础，吸收传统教育的有益经验和借鉴苏联教育的特色经验：

健全和完善管理制度。继续实行党和人民政府对学校的全面领导，成立由校领导、教职工和学生代表参加的校务管理委员会，实行民主管理。选派优秀干部到各级学校担任领导，建立了共产党、共青团和少先队组织。设立了教导处，加强新民主主义的思想政治教育，贯彻教导合一的方针，使课内课外、课堂教学和课后辅导相结合，文化教育和思想教育相结合，理论和实践相结合。

进行课程改革。1950 年以后，教育部先后颁布《中学暂行教学计划》《中学教学计划修订草案》，明确规定了中学开设的新课程，即由教育部编审、新华书店发行的新教材对应的课程。据此，全县在中学开设了政治常识、时事教育、新民主主义论、社会主义发展史、中国革命史、政治经济学、辩证唯物主义与历史唯物主义等马列主义政治理论课程，加强了对学生的政治教育。此外，还自编一些讲义和教材，丰富了新民主主义教育的内容。

沿用原来学制。中华人民共和国成立之初，人民政府暂时允许原有学制存在，各级各类学校得以维持原状，安定下来，以待改造。1951 年 10 月 1 日，政务院发布《关于改革学制的决定》，小学学制从 1952 年秋季开始，统一改为五年一贯制，但武乡县仍沿用初小和高小两级修业六年的四二分段制，小学入学年龄规定为 7 周岁。初级中学实行三年制教学。

实行教育向工农大众开门的方针。为了充分保障劳动人民（首先是工农群众）接受教育的权利，全县在小学实行了学费减免，在中学实行助学金制，以照顾贫困家庭子女，使中小学学生中工农成分的学生大量增加。同时，在教育事业发展和布局上，试办民办小学 25 所。东部洪水西岭背等边远山村，也开始建立巡回与季节性小学，促进了全县小学教育的均衡发展。

中华人民共和国成立后，党和政府把工农业余教育作为一项重要工作，冬学运动逐渐走入常年性民校，职工业余教育也逐渐兴起。1950 年在厂矿行政协助下，先后在老沙坡、城关机械厂开办了职工业余学校，共吸收学员 123 名，参加了政治、文化、技术的学习。全县共有职工业余学校 21 所，参加学习的人数达 1200 人。1951 年冬，冬学转为民校，全县办起民校 762 所，入学人数 3.8 万人，农民业余班有 714 个，入学人数 21420 人。武乡县在中华人民共和国成立初期实行的教育事业初步改革，对推动全县教育事业发展起到了重要作用。

二、文化事业的初步改革

中华人民共和国成立初期，武乡县委、县政府从文学艺术方面入手，对文化领域进行了整顿和改革。

组织整顿和改革。武乡县文化馆于 1950 年建立，馆设“社教”、美术、内务三个组。主要任务是：开展馆地宣传，辅导农村群众文化，扶植业余文艺创作。1952 年，根据山西省人民政府发出的《关于将十人宣传组并入文化馆，并加强对文化馆等领导的通知》，1954 年 4 月县委、县政府确定县文化馆归文教局领导，主要任务是开展识字教育、政治宣传、文化活动和普及科学知识等工作。1954 年，根据省文化局作出的《加强文化馆工作的实施方案》，县委、县政府确定县文化馆是“政府为开展群众文化工作，活跃群众文化生活而设立的事业机构”，基本任务是“通过各种群众性的文化活动，满足当地群众，特别是工农群众的文化需要，并以爱国主义和社会主义的精神教育群众，使其成为祖国自觉的积极的保卫者和建设者”。同时，确定农村俱乐部是农民依靠自愿原则建立的业余性的群众文化组织，辅导农村俱乐部是文化馆的主要任务之一。

文艺场地建设。中华人民共和国成立后，在县委、县政府的倡导和支持下，武乡县广大农村新盖舞台，为文艺演出提供了良好的平台，增强了宣传教育的效果。在毛泽东《在延安文艺座谈会上的讲话》和党的“百花齐放，推陈出新”的方针指导下，县文化馆始终坚持文艺为无产阶级政治服务、为工农兵服务的政治方向，引导广大文艺工作者和文艺爱好者以适应形势需要、配合中心工作、积极健康向上、宣传教育团结群众为标准进行文艺创作，创作了大量的优秀文艺作品。1951 年，著名作家赵树理、青年作家韩文洲在监漳、窑上沟体验生活，创作的作品，影响和带动了武乡县一批业余作者。

文艺队伍建设。在上级文化部门的扶持与引导下，武乡县狠抓文艺演出队伍建设，实行“传、帮、带”，传技艺，帮提高，带新人，使各种文艺演出团体和优秀演员层出不穷。1951 年 10 月长治专署组织的 30 个剧团大竞赛中，武乡县大众剧团演出的现代戏《刘胡兰》荣获现代戏第一名。

三、司法制度的改革

中华人民共和国成立后，武乡县委、县政府进一步建立健全了司法机构，并制定了司法工作制度。1950 年，武乡县公安局下设第一股、第二股、行政股、治安股、内情股。每股设股长、副股长各 1 人。有公安局局长 1 人、副局长 1 人、侦查员 8 人、秘书 1 人、管理员 1 人，全县 7 个区，每区设公安助理员 1 人。1953 年，为保护合作化运动，在全县 63 个老社（初级社）建立了不脱产的保卫组织。

随着社会主义法制的建立，1950 年，武乡县成立了人民检察署。在“三反”“五反”及司法改革运动中，检察了一批危害经济建设、社会主义改造，侵犯人民民主权利等违法犯罪，推动了人民民主法治建设。1952 年，进行司法改革，克服了坐堂问案和刑讯逼供、诱供、骗供等封建衙门作风，清洗了司法机关内部的不纯分子。按照 1952 年 9 月 1 日山西省人民政府三届二次会议通过的《关于彻底整顿与改造司法工作的决定》精神，县委、县政府在全县司法系统开展了司法改造与整顿。通过组织司法人员学习有关文件，批判官僚主义、形式主义、衙门作风，开展批评与自我批评，采取内部检查和外部群众检举揭发相结合的方法，审查处理了一些有问题的司法工作人员，清理了一些旧案、积案，调整了司法队伍结构，加强了司法机关的组织建设，并制定和实行了新的工作制度。1953 年 10 月，将司法科改为人民法院，设院长、副院长各 1 人，设刑事、民事两科及院办公室，设审判员 4 人、行政干事 1 人，共有干警 21 人。

1954 年，贯彻全国第二届检察工作会议决议，检察工作在组织上、工作制度上进行了整顿，并以乡建立检察通讯小组，设检察通讯员。

四、婚姻制度的改革

婚姻制度是整个社会制度的重要组成部分，是家庭制度的基础。早在抗日战争时期，中共中央北方局妇委通过各级妇女抗日救国会，在妇女解放方面就做了大量的工作，为《婚姻法》的贯彻奠定了良好的基础。1950 年 2 月 10 日，山西省人民政府发出《关于有效制止虐杀虐待妇女的指示》之后，武乡县委、县政府和司法部门依据和睦家庭、发展生产、男女平等的基本精神，在群众中普遍宣传了党和政府反对封建恶习，禁止虐待妇女，禁止买卖婚姻、包办婚姻及早婚等有关政策法令，对个别一贯横行虐待虐杀妇女的封建余孽给予了严厉惩办。

人民日報

中華人民共和國婚姻法

（中央人民政府委員會第七次會議通過）

1950 年 5 月 1 日，中央人民政府颁布《中华人民共和国婚姻法》。这是中华人民共和国成立后制定的第一部基本法律。《婚姻法》颁布之后，5 月下旬，武乡县委号召全县人民广泛深入学习、宣传、贯彻《婚姻法》，专门组织司法、民政、妇女、青年、宣传等部门和团体的干部进行座谈，开展学习讨论。同时，把对群众有教育意义的典型事例编成小册子，在各村冬学、民校开展群众性的宣传教育，使广大干部群众对《婚姻法》有了深刻认识，特别是使青年男女的思想觉悟有了极大提高，一些青年开始同封建的买卖婚姻进行斗争，争取婚姻自由。同年 9 月 21 日，根据中央人民政府颁布的《婚姻法》，县委作出了《关于宣传贯彻〈婚姻法〉的意见》。第一，县委领导必须认真负责，每个县、区干部都要认真学习和精通《婚姻法》。在处理婚姻问题上，必须慎重考虑，细致调查，再做结论。各区、村党支部要重视妇女工作，要把妇女工作列为中心工作之一。第二，县、区干部要把《婚姻法》认真深入地宣传贯彻到农村中去，特别要注意山庄、小村。第三，在宣传中要注意发挥党内外宣传力量，利用各种宣传工具及不同场合进行深入宣传，使《婚姻法》家喻户晓，人人皆知，自觉执行。

1953 年 1 月中旬，为了清除群众在婚姻问题上存在的封建主义旧观念、旧意识、旧习俗，提倡婚姻自主，反对父母包办和买办婚姻，县委成立了贯彻《婚姻法》运动委员会。委员会下设办公室，负责办理贯彻《婚姻法》一切日常事务。1 月下旬，县委组织县、区干部 314 人，通过认真学习和讨论《婚姻法》，检查批判了对《婚姻法》的片面认识及对婚姻问题的错误观点。同年 2 月 27 日，为了进一步宣传贯彻《婚姻法》，武乡县妇女代表会议在县城召开。参加这次会议的代表共 186 名。会上，县委书记王林堂作了重要讲话。会议作出三项决定:（1）真正实现男女平等，彻底肃清封建主义婚姻制度、清除重男轻女的封建残余思想和恶习；（2）县妇联要积极协助县党政机关开展宣传贯彻《婚姻法》运动，真正做到家喻户晓，深入人心，建立新制度，树立新观点，形成新风气；（3）为建立更多的民主和睦、团结生产的新家庭，为新社会的建设而奋斗。到 1953 年 12 月，全县自由婚姻率达到了 80% 以上。这表明全县经过几年的艰苦努力，已在很大程度上摧毁了封建的婚姻制度，逐步建立起社会主义的婚姻制度，使广大妇女开始享有婚姻自主的权利，从而推进了全县妇女的解放，激发了她们参加新社会各项建设事业的积极性、主动性与自觉性。

当时，武乡县贯彻《婚姻法》工作，由于县委的重视，团委、妇联紧密配合，加之有较好的思想基础，所以，进展非常顺利，成为全国的先进典型。1954 年 3 月初，中央贯彻《婚姻法》运动委员会办公室派员来武乡调查贯彻《婚姻法》情况，在信义村住了一个多月时间，通过各种形式作了深入细致的调查研究。之后于 9 月 14 日，中央贯彻《婚姻法》运动委员会办公室向全国下发了《结合农村互助合作贯彻〈婚姻法〉的经验》一文，综合介绍了武乡在贯彻《婚姻法》方面的先进经验。中央对武乡工作的充分肯定，进一步推动了《婚姻法》在武乡的贯彻实施。《婚姻法》的正式实施，标志着妇女的真正解放，她们的合法权益受到了法律的保护，也标志着男女青年自由结婚的新时期的开始。

《婚姻法》的贯彻实施，使全县广大妇女摆脱了封建枷锁的禁锢，争得了男女平等和婚姻自由的权利，思想意识发生了前所未有的大改变，妇女生产力得到了进一步的解放。最终，确立了妇女在经济、政治、社会及家庭的新地位。武乡妇女参加生产劳动始于抗战时期的生产自救，发展于解放战争时期的大生产运动，而得到规模性发展则是中华人民共和国成立和大规模的互助合作运动开展以后。妇女参加生产劳动更为普遍，人数逐年增加。绝大多数妇女已冲出家门，走向社会，成为生产战线上一支生力军。

随着经济地位和政治地位的提高，妇女在家庭中的地位也有了明显改善。在提倡建立和睦家庭的基础上，全县大力推广民主治家，以民主方式解决家庭矛盾和安排家庭生产。民主精神由此逐步进入千家万户，新的家庭关系不断建立起来，在最基本、最直接的社会构成和生活单位中实现了妇女解放所追求的民主平等目标。

通过对婚姻制度的改革，从根本上动摇了封建婚姻制度和旧有家庭关系的根基，社会主义的婚姻制度逐步建立起来，新型家庭关系得到了深入推广，广大妇女、儿童的权益有了根本保障，武乡妇女获得了真正解放和社会地位的提高，社会风气发生了很大改变。

第二章　国民经济恢复与整顿

第一节　整顿经济秩序

一、加强财政管理　稳定金融、物价

中华人民共和国成立后，武乡县确定了“取之于民，用之于民”的财政管理体制。县政府下设财粮科和税务局。财粮科负责全县财政预算收支和国家粮、地方粮的征集。税务局负责财税征收，分别在洪水、蟠龙、城关、故城设立4个税务所，在贾豁、涌泉、圪老湾设立3个征收点。

财政收入主要来源于农业税，其次是其他各项税收及工商企业利润。中华人民共和国成立初期，武乡县经济薄弱，1949年财政收入42.7万元，其中，农业税占95%，支出11.5万元，文教卫生事业费占50.4%。1950年起，随着国民经济恢复和财政体制的健全，财政略有结余。1952年财政收入86.5万元，支出35万元，比1949年收入增长1倍多，支出增加近3倍，收支相抵，余额51.5万元。1953年4月，财粮科改为财政科。1955年前，支出主要用于文教卫生事业和行政，其次用于发展农业、林业、水利、气象业。1954年3月，县委设立财贸政治部，统管全县的财贸工作。1955年后，增支扶持工业发展。

第一个五年计划期间，1957年9月，财政科改为财政局，税务局并入财政局，实行统一领导、分级管理。山西省将印花税、利息所得税、交易税、屠宰税、城市房地产税、特种消费行为税、车船使用牌照税、契税及其他等10项收入，定为县政府的固定收入，逆差由国家财政拨款补足。五年间，武乡县财政收入

505.8万元，支出503.8万元。其中，文教卫生费187.3万元，行政支出140.08万元。

中华人民共和国成立后，中国人民银行武乡县支行就开展存款、放款、储蓄、汇兑业务，代办农村牲畜保险业务。1954年，中国人民银行武乡县支行在贾豁、姚家庄成立营业所。1955年3月，全县组织发行新人民币，主币面额有壹元、贰元、叁元、伍元、拾元五种，辅币面额有壹角、贰角、伍角，壹分、贰分、伍分。新旧币一次性兑换，比率为1∶10000。金融、物价的稳定和财政状况好转，为安定人民生活、恢复和发展国民经济提供了有力的保障。

二、合理调整工商业

中华人民共和国成立后，武乡县委、县人民政府严格执行山西省委、省人民政府和长治地委、长治专署制定的政策，全力保护和恢复私营工商业，贯彻“公私兼顾、劳资两利、城乡互助、内外交流”的政策，在发展国营工商业的同时，进一步保护和鼓励私营工商业的合法经营。1950年开始实行财经工作统一管理后，随着金融、物价的稳定，武乡县委、县政府根据中共中央、政务院决定精神和省委、省政府、地委、专署的部署，对全县工商业进行调整：一是组织党员、干部学习上级有关文件，提高思想认识，纠正部分干部轻视、排挤甚至要求提早消灭私商的错误观念，大力宣传有关政策法令，消除私营工商业者的顾虑。二是贯彻中央税收调整办法，调整税率，合并税目，缩小交易税征税范围。三是适当划分经营范围，国营商业坚持“以批发为主”的方针，零售机构的数量以能稳定物价、制止投机为限度。零售公司停止百货销售，只经销粮食、布匹、煤炭、煤油、食盐五大类商品，在次要商品上给私营商业让出较宽广的活动范围。四是执行地委、专署对批零差价和地区差价的调整规定，根据生产、贩运、消费三方面有利的原则，将批零差价从5.3%调高到9.3%；地区差价按货物性质的不同，根据道路远近、交通便利程度加以调整，以鼓励私商参加商品流转。五是调整银行贷款，扶植私营行业。在贷款政策上纠正过去“多存多贷，少存少贷，不存不贷”的贷款原则，降低利率，增加对私营工商业贷款的数额；放宽贷款期限，商业贷款由1个月改为3个月，工业贷款由3个月改为6个月；实行抵押贷款，特别扶植因季节转换而不利于推销产品的产业。六是根据不同行业的具体情况，适当放宽行政管理尺度。

全县工商业调整工作从1950年6月开始到年底结束，有效地扭转了全县私营工商业的困难局面，商品滞销情况得到缓解，城乡经济进一步活跃起来，私营工商业有了一定发展。1955年，对全县419户私营工商业进行清查摸底，发证登记，其中工业企业162户，从业人员471人，商业企业257户，从业人员290人。

三、扩大城乡物资交流

中华人民共和国成立初期，全县城乡商品交换不畅，城市工业品滞销，农副产品供应不足，农村工业品缺乏。为此，从1950年开始，武乡县委、县政府逐步开展并扩大了城乡物资交流。

根据党中央和山西省委的指示，县委强调在物资交流中要执行合理的价格政策，使私商推销、贩运有利可得；同时废除了一些不必要的限制，鼓励私商推销土产，提倡组织私商联购、联运、联销，推行公私联购，为农副产品、土特产品打开销路。

按照县委、县政府的要求和部署，通过各种途径，大力收购并销售滞销的农副产品，积极组织农副产品进城和工业品下乡，开辟了新的商业渠道。1952年，广大农民的购买力显著提高，要求供应更多的轻工业产品。县委、县政府在全县城乡掀起了以国营贸易为主导，以合作社为基础，带动私商参加的推销工业品运动。国营商业部门坚持“以批发为主”的方针，开展劳动竞赛，在短期内取得明显效果，为工业产品开辟了市场。

为扩大城乡物资交流，武乡县积极发展供销合作社事业，发动社员投资入股；设立农副土特产品收购门市部，开展购销业务，通过签订购销合同，及时供应农民所需要的农业生产资料和消费品，使供销社系统成为联结城市与农村、工业与农业、生产与消费方面的桥梁和纽带。同时，还发展农村信用合作社，帮助农民解决资金困难。

为了给滞销的农副土特产品打开销路，武乡县将传统庙会与集市贸易相结合，将城乡庙会按季节改为春、秋两季物资交流大会和骡马大会，由所在乡、村组织举办。1952 年，县委、县政府对集市贸易开始整顿，在洪水、蟠龙、城关、故城四大镇和韩北、监漳、大有、贾豁、石北、涌泉、南关、石盘等较大村镇建成以推销农副土特产品为主的初级市场，将分散的、盲目的私营商业活动，逐步纳入集中、有组织、有计划的轨道，进行工农产品交换。供销合作社大量购进食盐、棉花和其他日用工业品销售，平抑物价。同时，恢复了 30 多处传统的物资交流会，如城关镇农历七月传统交流会，参加群众达 3 万多人次，交易牲畜 300 多头、农副土特产品近 200 种，成交额达 123 万元。

四、开展爱国增产节约运动

1951 年 10 月，全国政协一届三次会议通过了《增加生产，厉行节约，以支援中国人民志愿军的决议》。开展增产节约运动是为了进一步增强抗美援朝的力量，为国家大规模地积累资金。为此，党中央号召全国人民必须加倍努力，增加生产，厉行节约。

1952 年 1 月，中共武乡县委按照中共中央决定精神，提出了武乡县增产节约的任务和范围，并确定了相应的组织领导措施，要求在全县城乡广泛深入开展爱国增产节约竞赛运动，发挥群众智慧，推广县内外工业上的先进工作方式与农业上的生产经验，发掘一切可能的潜在力量。之后，各系统、各部门、各单位和各厂矿企业、各乡村都组织开展了精简机构、增产节约、反对贪污浪费、反对官僚主义等工作。

爱国增产节约运动的开展，充分激发了广大群众的爱国热情和为国家经济建设做贡献的积极性，促进了全县国民经济的快速恢复和发展。1952 年，全县超额完成了增产节约目标，超额完成各项国民经济发展指标。

五、开展“三反”运动

1951 年冬季，随着增产节约运动的深入开展，全国各级党政机关揭发出许多贪污浪费和官僚主义的问题。12 月 1 日，中共中央作出《关于实行精兵简政、增产节约、反对贪污、反对浪费和反对官僚主义的决定》，决定在全国党、政、军机关和人民团体内开展一场反贪污、反浪费、反官僚主义的“三反”运动。12 月 8 日，中共中央又发出《关于反贪污斗争必须大张旗鼓地去进行的指示》。

为了贯彻落实中共中央关于反对贪污、反对浪费、反对官僚主义的《决定》和《指示》精神，中共武乡县委召开全委扩大会议讨论研究，迅速在全县党政机关，包括工、青、妇、学校开展“三反”运动。1952 年 1 月 2 日，县委在县城召开“三反”动员大会，党政机关、共青团、妇联会、供销社、学校等单位 300 余名干部参加会议。会上，县委书记李鹏飞作了动员报告，县长孙立功传达了中央、省委、地委的指示精神。会议作出了关于开展“三反”运动的决议：坚决拥护中共中央关于厉行增产节约，反对贪污、反对浪费、反对官僚主义的《决定》和《指示》。开展这一运动，必须用事实来教育广大干部，站在为党、为国家、为人民的立场上，与贪污、浪费、官僚主义作斗争。运动中，坚决执行地委规定的五条纪律：放手发动群众，不得压制民主；不准狭隘报复，提高自己，打击别人；不得无故缺席；不得互相包庇；不得随便外出、下乡；在大张旗鼓的方针下，必须形成有声有色的群众革命运动。

1952年4月30日，县委召开“三反”总结大会。武乡县的“三反”运动从1月5日开始到4月底结束，整个运动经过四个阶段：第一阶段，学习文件，讨论报告，提高觉悟，打通思想。第二阶段，从2月7日进入“攻碉堡，抓老虎”阶段，以财贸部门为重点，集中力量，瞅准目标，先易后难各个击破。3月21日进行查证、鉴定、总结。第三阶段，于4月1日开始，进入违章定案处理阶段。第四阶段，从4月15日开始，运动转入建章立制阶段，层层进行总结，建立健全制度。这次运动，开展得深入广泛，查处了一批贪污分子，教育了广大干部群众，纯洁了党的组织。

“三反”运动是中华人民共和国成立后党内开展的首次大规模的反腐败斗争。通过爱国增产节约和“三反”运动，有效地抵制了封建社会遗留的恶习和资产阶级的腐蚀，提高了人们对贪污腐败的警惕性，教育并挽救了一批犯错误的干部，清除了党和国家干部队伍中的贪污腐化分子，对于树立廉洁、朴素、为人民服务的工作作风，逐步形成厉行节约、艰苦奋斗、爱护国家财产等新的社会风尚，密切党与人民群众的联系，产生了重大而深远的影响。同时，为保证国民经济的恢复和大规模社会主义建设的健康进行，起到了重要的作用。

六、开展“五反”运动

“五反”运动是在“三反”运动中引发出来的。1952年1月26日，中共中央发出《关于在城市中限期开展大规模的坚决彻底的“五反”斗争的指示》，要求在全国大中城市，向着违法的资产阶级开展一个大规模的坚决彻底的反对行贿、反对偷税漏税、反对盗骗国家财产、反对偷工减料、反对盗窃经济情报的斗争，8月20日县委召开工商联合会和各镇办事处主任会议，决定在城关、蟠龙、洪水、故城4个大镇、463户工商户、96个摊点中全面开展“五反”运动。县委成立了“五反”运动办公室，并确立具体分工：县委书记李世源负责城关镇，县长孙立功负责洪水镇，宣传部部长张秀清负责故城镇，宣传部副部长李纯仁负责蟠龙镇的“五反”运动。

在“五反”运动中，四镇245户工商户，共查出偷税漏税金额45398元，100元以上者12户，20元以上者68户，20元以下者165户，户平均偷税漏税18.1元。行贿方面，四镇共占17%。盗窃国家财产、盗窃经济情报、偷工减料经审查共折合小米300余公斤。

这场在私营工商业者中开展的“五反”运动，既是一场经济领域的斗争，也是一场关系国家命运和前途的政治斗争。首先，有力地惩治了县级机关部分工作人员中存在的腐败现象，教育了干部和群众，巩固了新生的人民民主政权。其次，打击了严重违法行为，使工商业者普遍受到一次深刻的守法经营教育。再次，整顿了经济秩序，加强了社会主义国营经济的领导地位，推动了在私营企业中建立监督和实行民主改革的进程。1952年底，“五反”运动结束。

第二节　国民经济的恢复

一、工农业生产的恢复和发展

1950年3月14日至21日，中共武乡县委召开党员代表大会。出席这次会议的代表439人，列席代表68人。会议传达了长治地委关于贯彻执行省委1950年工作方针与任务的报告。这次会议讨论解决了以下几个问题：(1) 全面深刻地领会了省委、地委的方针任务；(2) 为全县党员干部、群众在工农业生产的恢复和发展方面奠定了思想基础；(3) 通过检查批评、充分发扬党内民主，对县委改进领导作风与党员干部作风起了很大作用；(4) 会议就如何迅速恢复全县工农业生产、加快经济建设步伐展开讨论，并提出了 3 年内恢复国民经济的奋斗目标。

工业方面。国民经济恢复时期，县委针对不同类型的工业企业，确定了不同的指导方针。对县营工业企业，要求其从新的情况出发，加以调整，实行工厂管理民主化与经营企业化。对手工业企业，要求其加强管理，革新技术，提高产品质量，拓宽销售渠道。对私营企业，要求其切实贯彻劳资两利的政策，生产人民所需要的生产资料与生活资料。经过了 3 年的艰苦奋斗，全县工业生产得到全面恢复。1950 年城关办起了武乡电磨厂，1951 年正式发电照明，并增加了印刷、编织草帽生产小组。1953 年，县手工业联社把城关、故城、故县等地的个体手工业合并在一起，成立了武乡铁业社。

农业方面。县委确定农业生产的方针是：努力增产粮食与经济作物，发展副业，以供给工业原料，同时逐步发展林业、水利、

1951 年，西堡村李翠领导的初级农业合作社粮食获得大丰收。

畜牧等。为了贯彻这一方针，县委、县政府采取发放农业贷款、发展供销合作、保护自由贸易、开展爱国丰产运动、奖励丰产模范、推广农业技术、植树造林、兴修农田水利等措施，仅用了3年时间，农业生产就得以恢复。1952年全县共创建34个初级社，入社农户1950户，占总户数的4.80%，农业总产值1742元，粮食总产量4786万斤。

二、交通运输和邮电事业的恢复和发展

中华人民共和国成立后，武乡县委、县政府十分重视交通运输事业，县政府设农林科，分管交通业务，以每人每月3.5至6公斤小米的薪酬，雇用临时工进行日常的修桥补路。1954年后，由县政府办公室负责此项业务，采取忙时少用人、闲时多用人的办法进行道路建养。到1956年，县政府设交通科，具体负责全县交通运输工作。县政府先后动员群众，对西武线、上韩线、西东线、洪温线4条公路进行了修复。西武线即权洪线西段，从西汤口起，至松村岔口止，与沁洪线衔接，全长27公里，是武乡西部连接分南、石盘、东良、故城、涌泉和城关的一条重要县级公路。上韩线，是由上北漳至韩北的公路，全长13.27公里，与蟠砖公路相接，是武乡东部连接阳讪等煤矿的一条重要公路。西东线，由黎城西井，经武乡左会、窑湾，至东庄，全长17.12公里，是武乡通往黎城县的主要通道。洪温线，由洪水镇起，经墨镫至左权县温城，与207国道相接，全长14.42公里。

中华人民共和国成立初期，武乡县主要运输工具仍是铁木轮大车和牛拉铁轮车。国家征购的夏秋粮食全靠牲口驮和人力挑。农副产品及各种商品调运、工业产品输出基本上靠马车队拉运。到1952年，县政府组织了一个马车运输队，负责拉运长治、太谷等地物资及武乡煤炭。运输队拥有铁木轮车32辆，分4个运输小组，每组8辆大车。1953年，胶轮大车开始发展，新增胶轮大车10辆，铁木轮车增至2111辆。

邮电事业有了初步发展。中华人民共和国成立后，武乡县邮政局是山西省邮政局管辖的三等乙级局，下辖机构五处：洪水邮政支局，蟠龙邮政所，涌泉、大有、圪老湾邮政代办所，共有干部职工17人，设局长、业务员各1人。1953年5月改称邮电局。1956年，邮电事业有了较大发展。随着业务量的增加，邮电局下设洪水、蟠龙两个支局和故县、涌泉、大有、上司4个邮电所，并有邮电代办所5处，负责收寄信件、办理邮票出售业务。邮电局设分邮组、发行组、营业室。

三、商业贸易的恢复和发展

国民经济恢复时期，武乡县委、县政府十分重视建立和发展以国营商业为主的商业体系。1949年10月，县政府设立工商科。1951年成立烟酒专卖批发部，后改为烟酒专卖公司。1954年3月，县委设立了财贸政治部，主抓商业、供销、粮食、金融等财贸工作。1954年5月，成立百货公司和花纱布公司。1955年8月成立贸易公司和食品公司。同年，城关开办饭店2个，理发、照相馆各1个；在故城、涌泉、圪老湾、长乐、蟠龙、洪水等大的集镇设立食品收购点6个。1956年成立饮食服务公司和药材公司，药材公司下设蟠龙药材购销站。同年，按照上级规定，国营商业和合作商业划分城乡经营范围，国营商业以批发为主，零售为辅。1957年8月工商科改为商业局。为方便人民群众生活，先后在县城开设百货、花纱、烟酒糖、肉食零售门市部和旅店各1个。至此，国营商业有6个公司，13个批发和收购点，9个零售门市部和饮食服务店，从业人员222人，商品销售总额达到190万元。

四、各项社会事业的恢复和发展

国民经济恢复时期，武乡县委、县政府十分重视各项社会事业的发展。3年间，全县社会文教卫生建设用款30.6万元，占同期财政支出的50.9%。

小学教育。1950年至1956年，在党中央“国家统筹与群众集资兴学相结合”的方针指引下，全县教育行业依靠党的领导，结合农村人民群众的实际情况，努力普及文化教育。1952年，初小由1950年的396所调整为393所，高完小在1951年4所的基础上新发展了3所。同时，积极响应党的号召，坚持两条腿走路的方针，大力试办民办公助小学和民办小学。1953年，武乡县教育事业根据国家过渡时期的总路线和第一个五年计划的基本任务，为适应国家建设需要，逐步满足人民群众日益增长的文化要求，高完小新增7所，全县为14所，初小为392所，其中民办小学由12所增加为14所。同时，为了提高教师的思想政治素质和业务能力，利用夏秋假日集训小学教师。

中学教育。1952年，县政府在县立简易师范基础上创办了武

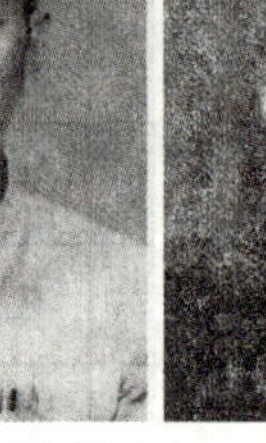

首任校长张汉卿

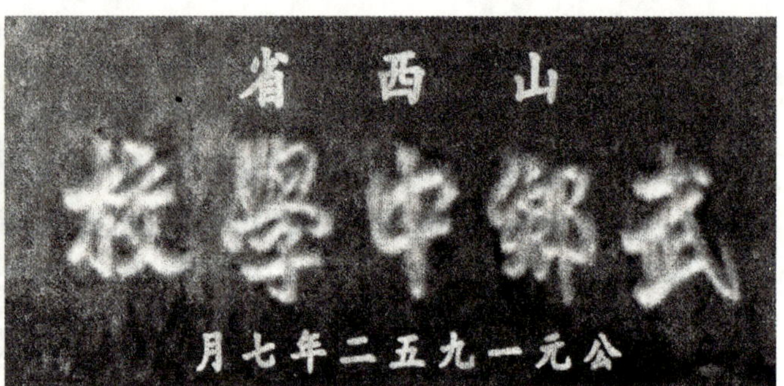

武乡中学校匾

乡中学。学校除保留原简易师范两个班外，还新招了3个初中班，学生156人，多数学生享受人民助学金。学校内设教导处、总务处和校医所。1956年秋，又在柳沟高小设立“戴帽中学”，招收初中班3个，学生100人。同年正式改为柳沟中学。至此，全县初中13个班，学生702人，教职工47人。

科技事业。1950年县委、县政府建立国营农场，以其为依托示范推广农作物新品种和农药、新农具等。村村选配一两名有文

化的青年担任广播宣传员，负责发放科普资料，用广播筒向群众传播科学种植技术。全县有广播筒1600多个，广播员3000多名。同时，农村办有900余块科普黑板报，及时登载科技知识。

文学艺术事业。县委、县政府以毛泽东《在延安文艺座谈会上的讲话》为指针，贯彻“百花齐放，推陈出新”的方针，组织全县文学艺术工作者创作了大量优秀作品。其中，诗歌创作进入新的时期，业余作者、农民诗人大量涌现，诗作层出不穷。小花戏剧本内容丰富，品味渐高，涌现出一大批优秀之作。歌舞剧以其适应性强、紧跟形势、宣传效果好的优势，活跃在城乡。民间文学故事、传说、笑话、民谣等经过文化、教育部门组织力量挖掘、收集、整理，广泛流传于县境内外。绘画、雕塑、剪纸、书法、摄影等艺术作品亦不断面世，受到广大群众好评。武乡秧歌、武乡民歌在新的形势下继续发展，经过发掘整理，从内容到唱腔都有新的提高。盲人宣传队、八音会等民间音乐都有所提高和发展。

卫生事业。中华人民共和国成立后，武乡县在党的“预防为主，面向工农兵，团结中西医，卫生工作与群众运动相结合”的方针指导下，医疗事业发展迅速，医疗机构逐步健全，医疗技术不断提高，医疗队伍日益壮大，医疗设备不断完善。

1949年12月，武乡县大众医院改名为武乡县卫生所。1950年3月，县政府增设了卫生科，同年武乡县卫生工作者协会成立。1952年，在洪水、蟠龙、贾豁、圪老湾、城关、涌泉、故城建立了公办卫生所。同时，在圪台庄、南关、蟠龙、柳沟、大有、洪水、贾豁、宋家庄、墁坡、南亭、南皋、石盘等地建立了公私合营的联合诊疗所12个，全县医疗卫生网初步形成。1956年，蟠龙、洪水、故城3个镇卫生所先后改建为地区医院。同时，供销社药房、私人药铺、个体开业医生均以乡为单位，组建保健站。

中华人民共和国成立初期，全县有医药卫生人员58名。

1956年，县中医学校第一批培训中医药人员20名，并且，县、社两级举办各种短期训练班120多次，为全县培训了一大批专业卫生人才。同时，党和政府十分重视保护妇女、儿童的身心健康，建立了各级妇幼保健机构，培养了一支专业技术队伍与一大批不脱产的农村助产员。全县妇幼保健工作发展较快，妇女、儿童健康水平逐步提高。

体育事业。中华人民共和国成立初期，武乡县的体育工作由县文化馆负责。1952年6月10日，毛泽东主席发出“发展体育运动，增强人民体质”的指示后，县级机关、厂矿积极推广田径、球类运动。同年秋，开始推广全民性的广播体操。至此，每年五一、五四、国庆等节日，全县都要组织球类、田径等比赛。同时，民间武术得到继承和发扬。每年一到冬闲，有习武传统的村庄都要组织全村青少年练武学艺。春节、元宵节期间，武术是一些村庄娱乐活动的主要项目之一。

第三节　加强党组织建设与整党整风

一、加强组织建设

中华人民共和国成立之初，全县的党员绝大多数出身于农民家庭，工人和知识分子党员所占比重很小，党组织和党员队伍的发展、分布、成分及年龄结构都不平衡。党支部中老年党员占到绝大多数。在厂矿企业和中小学中，党的基础比较薄弱，党员很少。

按照山西省委和长治地委的要求和部署，武乡县委制订了分期发展新党员的计划，并贯彻“发展必须与巩固相结合，增加数量和提高质量相并重”的指导思想，加强了对组织建设工作的领导，正确把握发展党员的标准，防止并克服各种偏向，加强对入党积极分子的培养教育，严肃慎重地对发展对象进行历史面貌和政治觉悟的审查，严格履行党章和中央规定的发展新党员的各项手续，在全县各行各业党组织中发展了一批又红又专的青年党员，保证了党员发展工作任务的完成，使全县党组织和党员队伍发展与分布不平衡的状况有了明显改善。

为了进一步加强党内监督工作，按照中共中央于1949年11月作出的《关于成立中央及地方各级党的纪律检查委员会的决定》，1950年1月，经上级党组织批准，建立了县委纪律检查委员会，设书记1名，由县委书记兼任，副书记1名，由县委组织部部长兼任。县委纪委的任务和职权是：监督全县各级党组织、党员干部和党员违反党纪行为，受理审查全县各级党组织和党员违纪案件并决定处分，以及在党内加强纪律教育等。成立后的县委纪律检查委员会严格审查全县各级党组织、党员干部和党员违反党的纪律案件，审理了一批违纪案件，并利用典型案件对党员加强了党纪教育。

二、开展整党整风运动

1949年11月15日至12月20日，县委分批先后对全县农村138个支部进行整顿。这次整顿，首先是动员检查，然后请非党积极分子参加，开展批评与自我批评，并且，将冬季生产工作贯彻于整个整党过程。同时，这次整党建党工作还强调党对青年团的领导，并对土改遗留问题、民主建设、治安工作、冬学教育等作了具体部署。

1950年12月5日至9日，根据中央整党会议精神及省、地委关于整顿党的基层组织的工作计划，为了更好地领导整党工作，做到不出偏差，县委召开了全县第一批整党工作会议。会议主要内容：第一，关于正确掌握情况；第二，关于贯彻整党方针；第三，关于步骤方法；第四，关于整党中与整党后应注意的问题；第五，关于整党纪律；第六，关于讨论提出若干问题的研究。会议要求，在这次整党中要把党员的觉悟提高到党员八条标准上，使支部成为有战斗力的支部，做到不发生偏差与发生偏差及时纠正，争取整党工作顺利完成。

1951年1月27日，全县农村第二批整顿党支部工作顺利结束，实际参加这次整顿的支部26个，党员880名。有4个支部因支部书记有病未整顿。整顿从1月3日开始，至27日结束，经过学习文件、检查工作、个人鉴定三个阶段。在这次整顿中，组织党员认真学习了《党章》；对工作积极、作风好、品质端正、劳动观念强的131名党员进行了表扬；对一些落后的支部和支部书记，采取民主选举的方法进行了整顿和撤换，如大活庄、石科、李家庄、南台、尚元等村，民主选举产生村支部书记，效果很好；对于60名违法乱纪、错误严重、屡教不改的党员，分别给予了党纪处分，其中开除党籍11人、留党察看18人、批评教育31人。这次整顿，纯洁了党的组织，严肃了党的纪律，达到了团结、教育的目的。

1951年2月16日，全县第三批农村党支部整顿结束。参加这次整顿的支部32个（其中包括第二批未整顿的4个支部），共有党员1057人。整顿分为学习文件、检查总结、个人鉴定三个阶段。整顿结束后，县委根据实际情况，作出了三项决议：第一，对一些党员进行了党纪处分，开除党籍25人，劝退32人；第二，各支部按照《党章》规定进行了选举，产生了新的支部班子32个，支部共有支委270人，其中有171人在这次整顿中因是积极分子而受到了表扬，占支委总数的74%；第三，各支部结合实际情况，建立了各项工作制度，并由全体党员大会表决通过。这次支部整顿，使广大党员提高了思想认识和政治觉悟，决心积极工作，把农村的各项工作搞好。

1952年，全县农村第一批整党工作从11月18日开始，到

12月18日结束，历时一个月。一、二、三区18个村党支部在柳沟党校整顿，参加人数360人。四、五、六、七区17个支部在城关党校整顿，参加人数353人。这次整党，第一阶段是学习文件，整顿教育，学习党的纲领、性质、任务。第二阶段是检查揭发，开展批评与自我批评。通过整党，纯洁了党的组织，提高了党的战斗力，并将具备党员条件的28个团员、25个积极分子、9个非党干部接收为预备党员，增加了党的新鲜血液，保证了党在农村的领导核心地位。这次整党对党员干部及入党积极分子进行了一次共产主义理想教育、革命前途教育，从而提高了其思想觉悟，改进了其工作方法和工作作风。

1953年1月10日至2月14日，全县农村开展第二批整党工作。参加这次整党的有70个支部，1417名党员，占党员总数的77.9%。整顿中首先肯定了大多数党的基层组织和党员是好的，但也存在命令主义、形式主义、壳里空、假报告、自满情绪以及个别支部搞宗派主义、违法乱纪等现象。这次整党，分两个党校，共抽调整党骨干76人，采取集中整训与分散发动相结合的方法，分为教育检查、审查鉴定，总结整党、宣布处分，与群众见面，交代整党情况四个阶段。

1953年2月18日至3月18日，全县农村开展第三批整党工作。参加训练的支部64个，党员干部350人。为搞好这次整顿，县委设总支部委员会，各区设支部委员会，64个支部划分为22个党的小组，每个小组配备一个整党干部负责辅导。通过大会报告、小组讨论、学习文件、联系实际、检查自己，使广大党员从思想上明确认识了党的性质，树立了共产主义的革命人生观，纠正了强迫命令、形式主义、壳里空的现象，进一步清除了旧的封建观念，树立了新的观念。

在整党过程中，武乡县委始终贯彻“紧密结合当前中心工作，以教育改造为主，以组织整顿和纪律处分为辅”的整党方针。通过整党，广大党员进一步明确了农村经济发展方向和党员在农村的基本工作任务；批判了党内的资本主义倾向和党内存在的不团结现象；调整了党支部领导，解决了遗留问题；清除了阶级异己分子、叛变分子、投机分子、蜕化变质分子，纯洁了党的队伍，把党组织的凝聚力和战斗力提高到一个崭新的水平。

第三章 过渡时期的经济建设

第一节 过渡时期总路线的宣传和贯彻

一、学习宣传党在过渡时期的总路线

1953 年 6 月 15 日，中共中央政治局会议讨论了党在过渡时期的总路线，明确提出向社会主义过渡的任务。1954 年 9 月，第一届全国人民代表大会第一次会议通过的《中华人民共和国宪法》，以根本大法的形式，把这条总路线作为国家在过渡时期的总任务确定了下来。

过渡时期总路线公布后，武乡县委及时召开了县委常委会议，随后召开了党的活动分子会议，由县委主要领导对总路线、总任务作了集中传达报告，解答人们提出的各种问题，使大批基层干部受到教育。县直机关，各厂矿，各区、村，先后召开党员干部会议和多种形式的座谈会，学习总路线和国家粮食统购统销政策，还针对人们在学习中暴露出来的对总路线的某些疑惑，着重开展了以学习文件、弄清问题、打通思想为主要内容的正面教育、算账教育、历史对比和典型对比教育。通过学习，大家普遍认识到：从中华人民共和国成立，到社会主义改造基本完成，这是一个过渡时期。

党在这个过渡时期的总路线和总任务，是要在一个相当长的时期内，逐步实现国家的社会主义工业化，并逐步实现对农业、手工业和资本主义工商业的社会主义改造。这是一条社会主义工业化与社会主义改造同时并举的方针，是“一体两翼”“一化三改”的总路线。“一体”和“一化”，指社会主义工业化；“两翼”

或“三改”，指对农业、手工业和资本主义工商业的社会主义改造。过渡时期的特点，就是社会主义成分正在逐步发展，非社会主义成分正在逐步被改造。国家的建设必须坚决走社会主义工业化的道路，反对走资本主义工业化的道路；必须集中力量发展重工业，相应地发展轻工业，以保证国家经济的完全独立和国防安全，为轻工业和农业提供技术设备和物质条件，使社会生产不断扩大，人民生活不断改善。

1953年11月，《人民日报》连续发表《必须大张旗鼓地向农民宣传过渡时期的总路线》《领导农民走大家富裕的道路》等多篇社论。县委部署并加强了对全县城乡各界人民群众，特别是农民的宣传教育工作。县委抽调一些干部组成宣传组，到全县各区、村宣传贯彻总路线。在宣传教育中，各区、村利用冬学教育的组织形式，以粮食统购统销、发展互助合作组织、基层政权选举、组织工农相互访问等任务为中心，通过回忆对比，具体生动地向广大农民群众宣传和讲解党的总路线的基本内容、精神实质和实施步骤，收到了良好的效果。1954年1月到5月，全县确立新计划，进行再动员，并总结推广先进经验，在全县各级党员干部中掀起了进一步深入、全面、系统地学习总路线的高潮。县委还遵照省委发出的《关于在私营工商业中传达与贯彻总路线的指示》《关于在国营厂矿和基本建设中进一步宣传总路线的指示》，对全县工商业、厂矿企业进一步开展总路线的宣传教育作了部署，并加强了对这一工作的领导，使之逐步深入发展。

1953年冬到1954年春夏，在全县掀起的过渡时期总路线的学习和宣传教育运动高潮，是一次比较系统的社会主义思想教育运动，对于社会主义观念在广大干部群众中的确立，对于总路线和总任务在全县的贯彻执行，对于社会主义经济制度的确立，都具有重要意义。

二、对农业的社会主义改造

1950年4月，县委、县政府制定《建立农业生产互助组组织办法草案》，《草案》共分六章，详细规定了组织名称、组织目的、组织原则、组员义务、组员权利以及救济公益事业等内容。同年10月，县政府在县城召开全县劳动模范表彰大会，总结交流了互助合作经验，表彰了窑上沟王锦云、史富生互助组，洞上村杨效忠互助组，枣烟村魏名标互助组，监漳村崔五林、暴银锁互助组。

1951年3月，长治地委经过研究决定，在全区试办10个初级农业合作社。其中，武乡县确定了4个：窑上沟村王锦云初级农业生产合作社、枣烟村魏名标初级农业生产合作社、监漳（东）暴银锁初级农业生产合作社、监漳（西）崔五林初级农业生产合作社。这4个初级社为武乡县第一批初级农业生产合作社。

（一）窑上沟王锦云初级农业生产合作社

王锦云，窑上沟初级农业生产合作社社长。

1951年3月，在以县委书记李鹏飞为首的武乡县委大力帮助下，王锦云在村里联系组织了21户农民，于1951年4月20日，创办了王锦云初级农业生产合作社。自此，窑上沟王锦云作为长治专区10个农业合作社创始人之一，开创了武乡县新的农业生产组织形式，迈开了武乡县农业集体化经济建设的步伐。

定额管理。窑上沟初级农业生产合作社建立后，在社长王锦云的带领下，推行科学的领导方法，既保证了生产计划的贯彻实现，又能发挥劳动力的生产积极性。这种科学的领导方法，就是搞好“四定”“五等十三级”劳动定额管理。“四定”：定工、定时、定质、定量，这样大大调动了社员积极性。“四定”的具体做法：一是确定底分，死分活评。就是按照社员的底分，根据其做活的数量和质量，由社员民主评定。二是小段包工，定额管理。就是农业社把全社的土地，除打场外，从种到收逐项估算，把应用工数包给每个作业组；各小组在作业过程中，又依据活计的数量和质量包给社员，对社员促进较大。三是把土地、耕畜、劳力、农具固定到作业组，对作业组实行包工包产，以产计酬，超产部分按比例分成。

窑上沟王锦云初级农业生产合作社，在“四定”常年包工的基础上，于1954年创造的“五等十三级”劳动定额管理，是初级社时期劳动管理不断完善的结晶。这一经验，曾在不少报刊发表，并选入《中国农村社会主义高潮》一书，在全国各地推广。其基本做法是：①分等划级。第一等为技术重活，第二等为重活，第三等为一般技术活，第四等为一般活，第五等为轻活。在“五等”基础上又划分了“十三级”，即一等分为二级、二等分为三级、三等分为三级、四等分为二级、五等分为三级。②定额。在分等划级的基础上，正确制定各种农活的定额标准。③确定劳动报酬。各种农活分了等，定了额，紧接着就民主确定完成各种农活定额的报酬。具体办法是：把三等一级活作为水平线，也就是完成三等一级活的定额，记一个劳动日。三等一级以上的多记工分，三等一级以下的少记工分。原则上每一级相差5厘工。根据这个原则，确定一等一级为12分，五等三级为7分，也就是最高和最低等级的定额，相差5分工。④随时修订。实行“五等十三级”劳动定额管理，也不是一成不变，而必须随着农活的变化随时修订。⑤严把质量关。为保证各种农活质量合乎定额要求，建立了严格的检查验收制度。规定半月一检查，一月一总结，发动社员互相监督，组织各作业组之间开展了比技术、比质量的竞赛活动，使农活质量大大提高。

财务管理。窑上沟初级农业生产合作社，每年冬春都要进行财务整顿，使初级社的财务管理不断完善，逐步加强。一是财务公开。二是账簿齐全。三是制度健全。四是监督有力。五是范围扩大。最主要的是针对集体共有农具、耕畜、储备粮、生产设施及其他固定资产，也都制定了相应的管理制度，使社内的公共财物得到了有效保护和合理使用。

计划管理。窑上沟初级农业生产合作社根据本村的实际，制订了长远规划和年度计划，后来逐步发展为农业生产、副业生产、劳力使用、财务收支、收益分配、固定资产购置、农田水利建设、农村社会发展等 8 个方面的计划，使社员既有长远的奋斗目标，又有近期的行动任务。

建章立制。窑上沟初级农业生产合作社随着互助合作内容的增加、范围的扩大，管理日趋复杂，很需要一套符合当地实际的完整的规章制度，来调节集体经济的内外部关系。该合作社修订自己的社章，使之更加完善。修订后的社章主要内容包括：社的性质、组织原则、分配制度、社员的权利和义务、劳动纪律、财产管理、奖惩等。在修订社章的基础上，还制定了不少具体制度，即学习制度、请假制度、社务干部工作制度、财务制度、奖惩制度。为使社章和各项规章制度落到实处，还设立了“爱社日”，有效地开展了模范社员评比和爱国丰产竞赛活动。

窑上沟王锦云初级农业生产合作社，办社五年后取得了史无前例的辉煌成就，创造性地发展了互助合作运动，农业生产迅速发展，集体经济逐步壮大，社员生活日益改善，曾多次受到中央、省、地、县的表扬奖励，堪称农业合作化的先锋。

窑上沟初级农业生产合作社社长、党支部书记王锦云为农业集体化和经济建设做出了卓越的贡献，党和人民给了他多项荣誉，曾两次出席全国劳模会，三次出席山西省劳动模范会，多次出席了地、县劳模会。1952 年出席了全国爱国丰产先进单位代表会议。

1953年还以全国农业劳动模范的身份，参加了中国人民赴朝鲜慰问团，到朝鲜慰问中国人民志愿军和朝鲜人民军。

（二）枣烟村魏名标初级农业生产合作社

1951年4月11日，枣烟村魏名标领导的初级农业生产合作社正式成立。入社农户共计19户，88人。社长魏名标，副社长王兴盛，会计武炳林。初级社分两个作业组，第一作业组组长王官林、副组长关秃孩，第二作业组组长白贵保、副组长姜丙丁。枣烟村办社头一年就取得了很大成绩，生产发展，产量增长，收入增加，生活改善，充分显示了农业合作化的优越性。从粮食产量看，枣烟农业生产合作社秋粮总产17950公斤，亩产114.5公斤，比上年增长32.5%。从副业收入看，枣烟农业生产合作社副业收入折合1973元，人均23.4元，其中店房443元、运输652元、磨坊298元。从集体分配上看，每户粮食收入比上年增长30至50元。

魏名标，枣烟初级农业生产合作社社长。

1952年入社户数26户，1953年入社户数50户，1954年入社户数54户，1955年入社户数69户，267人，耕地988.97亩，自留地101.36亩，小麦375亩，秋田391.34亩，经济作物101.87亩，羊415只。1955年上半年，枣烟村已有4个初级农业生产合作社。其中：枣烟农业生产合作社69户，青草角农业生产合作社27户，后堖农业生产合作社29户，石桥沟农业生产合作社36户。入社户数占全村总户数的99%。

枣烟村从1951年开始建立初级社一直到1955年上半年，生产力不断发展，连年丰收，村民生活不断改善，而且20%的社员开始有了存款，80%的社员家中有了余粮。同时，村里办起了民校，社员积极上民校学文化、学技术，各方面工作都走在了全县前头。

1952 年，枣烟初级农业生产合作社社长、党支部书记魏名标参加了全国爱国丰产先进单位代表会议，获得了农业部颁发的爱国丰产奖，他个人获全国农业劳动模范称号。1952 年合作社又获小麦大丰收，亩产达到 366.58 公斤，创全国旱地小麦高产新纪录，魏名标再次光荣地参加了当年山西省劳模大会，获山西省人民政府一等劳模奖。1952 年 9 月 12 日，魏名标农业生产合作社等 12 个互助组向全国联名发起冬小麦爱国生产竞赛倡议，从而推动了全国小麦爱国增产运动蓬勃有力地向前发展。

1952 年 9 月，魏名标受中央人民政府邀请赴京参加国庆 3 周年观礼。9 月 30 日晚上，他同华东劳模陈永康一道，同毛泽东、周恩来、朱德同桌共餐。10 月 1 日，他登上了天安门观礼台，观看了国庆 3 周年的盛大典礼。10 月 2 日至 10 月 12 日，魏名标作为全国农民代表出席了 37 个国家参加的亚洲及太平洋区域和平会议，表达了中国广大农民热切期盼世界人民大团结的愿望。12 月 18 日，《山西农民报》摘登了《人民日报》关于推广山西省农业生产劳动模范代表会议上典型经验材料——魏名标旱地小麦丰产经验的报道。

1953 年 1 月 7 日，《山西日报》公布全国 1952 年度农业丰产奖励名单，魏名标名列其中：枣烟村魏名标初级农业生产合作社有 212 亩麦田，亩产达到 366 公斤，再创旱地小麦丰产新纪录，获爱国丰产奖，奖金 300 元，魏名标获爱国丰产奖章 1 枚。1 月 10 日，《山西日报》登载了中央人民政府农业部粮食生产司发表的《魏名标农业社旱地小麦丰产经验》。

（三）监漳村东社和西社初级农业生产合作社

1951 年，根据长治地委互助组代表会议精神，监漳村创办了东、西两个农业生产合作社。全村共有 53 户农民入社，入社 279

暴银锁，监漳东社初级农业生产合作社社长。

崔五林，监漳西社初级农业生产合作社社长。

人，入社土地506亩，土地产量455.4公斤。其中：东社27户，141人，土地261亩，土地产量234.9公斤，社长暴银锁，副社长崔春发，会计魏天良；西社26户，138人，土地245亩，土地产量220.5公斤，社长崔五林，副社长周中云，会计魏书元。

监漳东、西两个社各自都有完整的规章制度，包括章程、财务管理、劳动管理、实物管理等制度，有社员守则，还有田间作业、牲口饲养和使用等的具体标准。每个社又分两个生产组，合作社实行“三包一奖”办法。

监漳东、西两个合作社的分配办法，即土地和劳动力的价值比例，是经过广泛征求农民群众的意见做出的。初级合作社期间，执行三七开的分配办法，土地分红按每石产量分三斗的比例执行，以后逐渐增加按劳分配的比例。东、西两社采取“记名工票”的记工办法。每个生产组一名记工员，工票上有劳力的姓名，每个劳力12张，总额为400分。面额分别是200分、100分、50分、20分、10分、5分、2分、1分、5厘。其中10分的、1分的和5厘的各为两张。社员参加劳动，每月综合一次，工分入账。这种“记名工票”科学简便，工票由社部保管，每个劳力建一个格子，12张工票都放在你的格子里，你今天劳动得了10分，记工员给你发一张10分工票，明天又得了10分，记工员收回你昨天那张10分，给你换发一张20分，以此类推，每月周转一次。这种“记名工票”，后来推广到全省甚至传到外省，前后沿用了30多年时间。

1951年秋收结束，东、西两个社一同获得丰收，较上年增产16.8%，超出好的互助组8.7%，超出好的单干户18.8%。1952年两个社的领导暴银锁、崔五林、崔春发、周中云、魏玉树等分别出席了山西省农业劳动模范大会，受到省政府表彰。

试办合作社，是中共长治地委工作的重点，监漳一村办两社成为重点中的重点。地委和县委都派来了强有力的工作组，地委书记王谦等领导多次亲临指导，县委书记李鹏飞、四区区委书记弓成木都把监漳村作为自己的点长期蹲下来具体抓试办工作。四区宣传委员李银尧是县委工作组的骨干，他能写会算，才华出众，又能吃苦耐劳，每天和群众滚在一起实干，很受监漳群众欢迎，他一蹲就是三年时间。全国著名作家赵树理从北京来到武乡老区，把监漳作为他调查研究、指导工作和体验农村生活的点蹲下来。“记名工票”就是赵树理专门为监漳农业生产合作社研究设计出来的。当年秋天，湖南省委组织干部来监漳参观学习时与赵树理进行了座谈，并把“记名工票”记工办法作为经验带回了湖南省进行推广。

监漳东、西两社初级农业合作化的实现，促进了农村经济的迅速发展和集体经济的不断壮大，充分显示了集体化的无比优越性，使农业生产在恢复中发展。农业社依靠集体力量，开展农田水利基本建设，推广新的科学技术，增加投入，粮食生产呈稳定增长趋势。建社前1950年亩产78公斤，到1955年亩产87.65公斤，增长14.4%。农业技术推广有显著进步。农业互助合作的实现，为农业科技的推广创造了广阔的空间。从1952年开始，监漳两社开始使用双轮双铧犁、马拉播种机和新式步犁，提高了效率，节省了人力、畜力；推广了玉米金皇后和谷子洛江白、铁公鸡等优良品种，推广了温汤浸种、药剂拌种、合理密植等新技术；在作物种植上，采取了科学的轮作倒茬，一作变两作，犁种变窝种，条种变耧种，大力改变旧的耕作制度，促进了农业的增产，农业生产条件有了一定改变。组织起来力量大，农业社利用农闲时间，组织社员开展农田水利基本建设，完成了许多过去可望而不可即的工程，全村80%的社员盖起了新房。社员上民校学文化、学技术，文化水平和技术素质也有很大提高。

（四）稳步发展农业合作社

1952年3月，武乡在4个老社试办一年之后，及时推广了他们的成功经验，又在东村、白家庄、石科、洞上、涌泉、信义等村创建了20个初级农业生产合作社，即武乡县第二批初级农业生产合作社。其中，有梨树庄、南郊、内义、岩庄等4个畜牧业生产合作社。同年7月17日，县委召开苏峪、北上合、胡峦岭、冯家堎、下城、代照岭、马村、岸北、故城、山交沟等第三批建立农业生产合作社的区、村干部会议。第三批建设10个，有8个是一类村，2个是二类村，党的基础较好，互助合作有新的发展，群众办社要求迫切，办社条件成熟。1953年2月，武乡县委、县政府认真贯彻执行中共中央的《关于农业生产互助合作的决议》精神，一方面继续大力巩固发展互助组和试办起来的三批34个初级农业生产合作社，另一方面开始按乡、村全面布局，有计划地逐步发展初级社，从而使全县半社会主义性质的农业合作社由试办阶段进入全面实施阶段。到1953年6月，全县共发展初级农业生产合作社153个。

1954年1月13日至20日，为了稳步发展农业生产合作社，县委举办培训班，对农业合作社干部进行培训。参加培训的有181个社的499名干部，新建社的84个党支部书记，县区专职干部14人，共计592人。培训的主要内容是：学习中共中央《关于发展农业生产合作社的决议》等文件，系统地贯彻总路线精神，明确了办社方针、政策、原则、目的，学习了办社方法，推广了

1955 年，西堡村李翠领导的初级农业合作社转为高级农业合作社。

老社经验。同年 6 月，窑上沟王锦云农业生产合作社在“四定”、常年包工包产到组的基础上，创造了“五等十三级”劳动定额管理制度。这是窑上沟初级社劳动管理完善的结果。这一管理经验曾在不少报刊报道，在全国各地推广。同年 9 月 24 日至 10 月 3 日召开的全省农业互助合作会议后，县委、县政府制订了建设计划，全县掀起了第一个农业合作化运动高潮。1955 年冬，县委贯彻中共山西省委于 1955 年 8 月 12 日至 14 日召开的地、市委书记会议和 10 月 28 日至 11 月 8 日区、乡以上党员干部参加的全省农村工作会议精神，在全县掀起了农业生产合作社发展的第二个高潮，使农业合作化运动以空前的速度向前发展。

1955 年 11 月，全县初级农业生产合作社发展到 623 个，入社农户 30654 户，占全县总农户的 81.8%。到 1955 年底，全县初级农业生产合作社发展到 651 个，入社户数占总数的 95.1%。至此，全县基本上实现了农业初级合作化。

1955 年，栗家沟村在赵拴劳的带领下，又有 24 户社员要求加入农业合作社。

三、对手工业的社会主义改造

1955 年 7 月，针对手工业合作化运动中出现的思想政治工作薄弱、社员思想觉悟不高、自私保守等现象，中共武乡县委决定对手工业合作社进行整顿。并于同年 9 月成立县工联社，属县人民委员会职能部门。县委、县人委按照“统筹兼顾，全面安排”的方针，对手工业的产供销计划加强平衡，调整手工业与大工业、农副业、合作社与个体户等方面的关系，在一定程度上缓解了产供销不平衡的紧张状况。在手工业社会主义改造中，县委加强了思想政治教育，使广大手工业工人提高了思想觉悟，明确了组织起来的方向，促进了全县手工业合作化运动的健康发展。组织起来的社、组开展了增产节约红旗竞赛活动，进行有计划的生产；原材料直接从与国家有关的企业购入，不再接受私商盘剥，产品销售有合同；不断研究生产技术，使生产效率不断提高，成本不断下降。

1956年，全县小手工业者组建了铁木业合作社、建筑合作社、砖瓦合作社、五金生产合作社、粉条豆腐生产合作社、皮革生产合作社、陶瓷生产合作社、铸造生产合作社、缝纫合作社等集体所有制生产组织，当年总产值达20万元。至此，全县个体手工业的社会主义改造基本完成。全县手工业户468个，从业人员986人，成立了24个生产合作社。全县手工业者全部入社，走上了集体化道路。

经过几年的发展，全县手工业生产合作社较个体手工业者的优越性日益显现出来。一方面生产能够因地制宜，就地取材，就地制造，有计划地进行；另一方面原料有比较可靠的来源，产品有稳定的销路，可以实行分工协作，有利于改进生产技术，提高劳动效率，降低成本，增加产量，提高质量。

四、对私营工商业的改造

1950年3月，武乡县根据“统筹兼顾，全面安排，积极改造”的方针，实行统一物资和资金调度，各私营商业只能在批准的数额内，向国营商业申请进货。在物价方面，调整了不同地区、季节和批发零售间的不合理差价。对一些主要农副产品，国营商业、合作商业与私营商业采取协商的办法，按统一计划进行收购，打击了私商投机。

1952年下半年，针对私营商业萎缩、一些干部盲目排挤私营商业、公私关系再次紧张的情况，根据中央指示，进行第二次改善关系。县委、县政府贯彻私营商业在国营经济领导下，接受利用、限制、改造的政策，在批零差率、经营范围、劳资关系、税收、贷款、行政管理等方面，作了适当调整。如将百货批零差率扩大为15%，贷款利率降低52%，国营商业仍以经营批发业务为主。

1955年4月，按照有利于国计民生的放宽开业幅度、不利于国计民生的严格控制的原则，对私营工商业普遍进行整顿。通过整顿，换发了新证。全县实有私营工商业419户，从业人员707名，资金59071元。其中，私营手工业、运输业162户，从业人员417人；私营商业257户，从业人员290人。同年5月，针对全县私营工商业的实际情况，采取合作化形式逐步安排改造。办法是：对有一定资金、有经营技术、生活以商为主的，组织合作小组、合作商店；对资金较少或没有资金而有经营能力的实行代购代销；对富农经商的一般使之弃商转农，对不愿接受安排的允许弃商转农。组织起来的以自愿原则入股，积累公积金一般在盈利的30%左右。全县共组织合作商店、合作小组11个，安排改造私营纯商业56户，从业人员62人，资金11900元；经销代销89户，从业人员92人，资金7658元；组织饮食业小组8个，安排改造私营饮食业24户26人，资金1784元；组织服务业（旅店、照相、镶牙、修表）小组4个，安排改造私营服务业12户20人，资金782元。

1956年初，随着农业合作化运动的发展，对私营工商业实行了全行业改造。全县私营商业和改造为合作商店、合作小组的商户中，除82户自愿弃商转农外，直接过渡到国营公司和供销合作社的有86户106人，资金15784元；过渡为国营、合作社商业代购代销的41户75人，资金7085元；保留合作商店、小组2个8人，资金1314元，即故城镇合作商店、蟠龙镇服务业合作组；私人手工业有29个合作社和4个合作组。

在实行公私合营过程中，对私营商业原有资金、财产进行了清产核资，确认其资金数额后发给证书，作为股金参与分红。至此，武乡县私营商业基本上完成了所有制由私有到公有的改革，全行业公私合营企业基本上转变为社会主义的公有经济。

五、执行粮食统购统销政策

1949年10月1日中华人民共和国成立后，县人民政府就设立了粮食局。对粮食进行计划收购和计划供应，是中共中央为贯彻过渡时期总路线在农业战线上采取的一项基本政策。1953 年 11 月 14 日至 27 日，县委根据省、地委指示，为了宣传贯彻党在过渡时期的总路线和中共中央关于粮食计划收购、计划供应的指示精神，召开了党的活动分子会议，参加会议的乡镇党员干部 589 人，县、区干部 342 人。在会议之前，县委组织干部调查了李家庄等 4 个村，经过了解研究后，又集中力量调查了西河底村，摸清了情况。在这一基础上，召开了党的活动分子会议。会上，县委书记王林堂宣读了《政务院关于实行粮食计划收购和计划供应的命令》，县长王维屏宣读了粮食计划收购、计划供应的方案。与会代表展开了热烈讨论，一致拥护党的路线与政策。会议之后，以这批力量为骨干，全县划分为 23 个小组，由县、区委直接领导，训练党、团员，各地训练 4 天，受训练的党、团员达 7171 人。

为了把粮食统购统销政策贯彻落实好，县委于 12 月 26 日又召开了粮食工作总结评比会议，300 余人参加会议。会上，总结了全县 1 个多月来粮食统购统销工作取得的成绩和经验以及有关问题和差距。通过交流经验，总结评选出粮食工作模范乡 10 个、模范社 12 个、模范党支部 3 个。完成收购任务 850 万公斤，超额完成分配任务 90 万公斤，超额完成的乡 60 个，完成任务的乡 16 个，未完成的乡 9 个。

1954 年 4 月下旬，为了活跃农村经济，继续宣传总路线和国家粮食政策，大力进行思想发动，扫清预购合同与夏统工作道路上的障碍，提高农民的增产积极性，县财粮科于 4 月下旬组织集训市场干部 62 人，总结前段工作，进行经验交流。在集训会上，认真学习了 4 月 13 日《山西日报》社论和《关于粮食市场管理暂行办法》。集训会之后，全县在农村建立了 65 个初级粮食市场，组织了 105 次粮食交易，上市粮食 3.7 万公斤。除农民调剂互换外，供销社代国家又收购粮食20950公斤，就地解决了农村缺粮户的供应问题。同时，收购了价值8.42万元的农副土特产品，供应生产资料达14万件。

1955年5月6日至13日，为了解决粮食“三定”（定产、定购、定销）问题，围绕粮食定产，安排部署春耕下种生产，县委召开了县、乡、村、社四级干部扩大会议。参加会议的有县直有关单位负责人和各乡总支书记、乡长、财粮委员、统计员，各村支书、主任、农业社社长、会计，共639人。会议传达学习了中共中央《关于整顿和巩固农业生产合作社的通知》，讨论通过了全县“三定”方案。会议强调：一是加强乡总支和乡政府对粮食统购统销工作的具体领导，进行思想发动和政策宣传；二是发动支部检查供应政策，依靠群众做好粮食统购统销整顿工作；三是积极发动群众从生产入手，搞好粮食统销供应；四是有领导地组织初级市场，贯彻省政府调剂粮食的命令，发动群众增产投资，把死钱变成活钱，活跃城乡物资交流；五是对农村义仓、农业社公积金的使用，一般不能超出原来入社的范围；六是在团结教育群众、基本澄清思想情况后，要主动打击谣言和个别对粮食统购统销不满的分子，教育处理个别违反政策的带头分子。

1955年6月23日至25日，全县分蟠龙、城关、故城三个点召开了县、区、乡三级扩大会议，参会人员1661人。会议着重解决了干部中存在的错误思想，进一步贯彻了粮食征购和农业社夏季分配的政策、原则和具体办法及统购和农业社小麦分配办法。经多方评议后，核实了各乡的产量和任务。会议要求：（1）在群众中广泛深入贯彻“三定”政策，详尽地讲解征购和农业社小麦分配办法。（2）在贯彻的基础上，各乡制定方案，区、县制定审批方案。（3）掌握运动的发展情况和重点，及时指导乡征购工作，发现问题及时解决，使各乡在搞好生产的同时，搞好征、购、销三项工作。

1955年10月8日至13日，县委召开第二次县、区、乡三级干部扩大会议，进行粮食“三定”到户教育。参加这次会议的有乡党总支书记和乡长192人，在乡工作组、县区干部129人，共321人。会议修订了粮食“三定”到户工作方案，介绍了城关定产到户的做法。会后，县委派出7名干部到区蹲点坐镇，各工作组分赴各乡，在党支部统一领导下，发动群众，依靠群众，以检查当前生产入手，通过思想发动，进行粮食“三定”到户工作，切实做到“定产公平，留粮恰当，购销合理”，达到群众满意、推动生产的目的。

实施“三定”政策，解除了农民“购销无底”的顾虑，对调动农民生产积极性，提高生产计划性，合理完成粮食统购统销任务，起到了积极的作用。这一政策的实施，保证了城市工矿区人民和农村缺粮农民的粮食需要，结束了粮食市场自由经营的混乱局面，全县粮食价格保持稳定，基本满足了经济建设对粮食的需要。

六、武乡县第一个五年计划的制定

武乡县国民经济发展的第一个五年计划（1953—1957年）是在边建设边制定中执行完成的。五年计划制定遵循了三个原则：第一，严格按照地委、专署分解到武乡县的指标制定计划；第二，国民经济有计划、按比例协调发展；第三，正确处理积累与消费的关系，把发展生产与改善人民生活紧密地结合起来。

1954年，全县的农业指标为：粮食播种面积稳定到1953年的56万亩，每亩在1953年实收粮食的基础上增产10公斤，达到100公斤。植树造林面积达到325万亩，每人平均25株，苗圃900亩。畜牧业繁殖940头牲畜、3237只山羊，每4户平均有1头猪。水利：修渠3条，打井430眼，引泉灌溉增加水浇地1200亩，修排涝渠4920条，覆地4936亩。到1957年粮食每亩产112公斤，每人植树100株、喂养3只鸡，每户有1头牛、5只羊，两户有1头猪。

根据全县国民经济恢复时期取得的成就和全县矿产资源分布情况，按照长治专署“一五”计划的要求，1955年5月，县人民委员会设立了计划委员会。“一五”计划明确提出全县发展国民经济的基本任务，即：5年内，固定资产投资154万元，新建县营企业联合加工厂，新建县人民医院，同时用于公路建设和植树造林。大力发展农业、林业、畜牧业，开展水土保持工作。积极发展交通运输业。大量培养建设干部，加强科学研究工作，积极搞好在职干部培训，及时推广科技成果。大力发展文教卫生事业，办好文化馆、俱乐部，办好中小学教育，搞好疾病预防、医疗和环境卫生，逐步改善人民的物质生活和文化生活，提高人民的健康水平。实现对农业、手工业、资本主义工商业的社会主义改造。计划还要求，到1957年，参加农业生产合作社的农户要达到总数的95%，参加手工业生产合作社、手工业供销合作社和手工业生产小组的社员要占应组织起来人数的98%，要有计划、有步骤地将工商业纳入各种形式的社会主义轨道。

全县第一个五年计划充分反映了当时的县委、县政府和全县人民迫切要求改变贫穷落后面貌的强烈愿望，对充分调动全县人民建设社会主义的积极性起到了极大的促进作用。

第二节　工农业建设

一、初步推进工业建设

1952年5月，县人民政府设立工矿科，管理工矿业生产。1953年，第一个五年计划开始实施后，县委、县政府狠抓全县工业建设，以进行基本建设为重点，新建和扩建了一批煤炭、机械、电力、冶金、农具修造、砖瓦烧制、粮油加工、酿造等工业企业，初步建立和奠定了工业基础。

煤炭工业。武乡煤炭资源丰富，素有“煤乡”之称。中华人民共和国成立后，煤炭生产开始有所恢复和发展，加强了工会组织和安全工作管理，逐步提高了职工的劳保福利，使职工生活得到保障。1951年，西江沟煤矿、担掌沟煤矿和阳讪煤矿合并为“阳讪联营社”。1952年，墨镫煤矿改为工人合办矿。白和煤矿改食油灯为电石灯，中村、担掌沟两座煤矿开始运用高车提煤等技术，提高了劳动效率，减轻了劳动强度。1953年，县政府成立矿业管理科，组织联营，加强安全生产，建立健全矿管机构。1954年，全县有11座煤矿，其中老沙坡为地方国营煤矿，墨镫、白和、担掌沟、柳沟、阳讪为合作社营煤矿。1956年，将显王、中村、北反头3座煤矿组织成高级生产合作社，白和煤业社和杜家庄、天凹两处合并为一社。

炼铁工业。1954年，将柳沟白五金、武金孩等7人集资合股开办的铸炉铁业小厂加以扩大，工人由7人增至63人，建炼铁方炉1个、淋炉1个，成立了柳沟铁业生产合作社。铁业社成立后大量生产犁铧、火炉、耧铧、火口、炉支、大小铁锅等民用产品。1955年，该铁业社改为武乡县柳沟手工业铁厂，规模扩大，技术提高，由风箱扇风，改为风车扇风，生产效率大大提高。到1955年底，生产生铁40余吨、犁铧5万个、铁锅5000口，制造农具1万余件。

电力工业。1950年武乡县开始发展电力工业。这年，县委抽调常子荣负责武乡电磨厂的发电筹建工作，购买了两部44.1千瓦的发电机和1台日本产的15千瓦小型发电机。同年5月5日投产发电，除供该厂磨面生产用电外，还供县委、县政府机关照明用电。1954年，电磨厂将旧式煤气机和15千瓦发电机换成两台73.5千瓦锅炉带动20千瓦发电机发电，年发电量为1.37万千瓦·时。

机械制造。1950年，城关新建电磨厂，主要业务为制造铁木小农具，并从事面粉加工。1951年，对手工业进行社会主义改造，将圪老湾草帽厂、故县农工器具研究所合并于电磨厂，改为武乡县联合厂，生产项目增加，有发电、磨面、编织草帽、印刷、铁木小农具制造等，职工20余名。1956年，洪水镇的铁业、木业、柳编业、缝纫、造纸5个小手工业，合并为武乡县洪水农具厂，由集体所有制手工业联社主管。

陶瓷工业。1950年，卧龙头、墨镫两地的陶瓷窑，全部投入生产，南坪、窑上沟、后沟等地砂锅窑也有一定发展。1955年12月，卧龙头成立陶瓷生产合作社，烧窑工人50余名。墨镫陶瓷窑，由农业生产合作社集体经营。

皮革业。1954年，手工业改造时期，洪水皮坊的7名工人，积极带头响应党的号召，组织起来加入了蟠龙二分社，成立了皮革生产小组，属武乡县工联社主管，主要生产车马皮具，加工熟制羊皮。1956年，手工业全部实行合作化以后，洪水皮革小组过渡为手工业合作社。同时，在工联社的领导下，迁至县城东郊区，改为工联社皮革生产组，皮革工人由原来的7人增加到11人，产值达1.5万元。

缝纫业。随着人民生活水平的不断提高，1952年，全县缝纫业合作社已由中华人民共和国成立前的9户发展到113户，机器发展到25台，工人54名。1953年，魏天和等10名缝纫工人，自由结合，自筹资金，组织起城关缝纫业合作社，属县工商联主管。1954年，城关缝纫社有职工25名，缝纫机12台。到1955年，新盖工房7间，主要业务是来料加工，年经营额约5000元。

小五金业。五金修配业被列为一项不可缺少的主要手工业，并受到社会的尊重。1953 年，县手工业联社把城关、故城、故县等地的个体手工业合并，成立了“武乡县铁业社”。1956 年，在手工业合作化运动中，县铁业社与县木业社合并，以木工、铁工、钣金工为主，兼搞油漆、编织，主要生产木制家具、铁制农具、铁皮制品等，年生产铁制农具 1.2 万件，日用铁皮制品 16 吨，产值达 6 万元，上缴企业利润 0.25 万元。

二、开展劳动竞赛运动

武乡县委、县政府于 1951 年和 1952 年在全县分别开展了爱国丰产和爱国增产节约竞赛运动。1953 年积极响应中共中央“增加生产、增加收入、厉行节约、紧缩开支、超额完成国家计划”的号召，把开展以增产节约为核心内容的社会主义劳动竞赛作为发展工业生产的一项重要任务进行了部署。按照县委、县政府部署，从 1954 年起，全县各厂矿企业普遍进行了技术革新，主要内容是生产工具、生产设备、操作技术等方面的改革，使新技术不断涌现。

1955 年 5 月，中共山西省第三次代表会议通过《关于在全省范围内开展全面节约运动的决议》。全县工业战线在中共中央和中央人民政府厉行节约、反对浪费的号召下，贯彻省委第三次代表会议精神，在继续广泛开展技术革新、提出合理化建议、学习推广先进经验、提高劳动生产率的同时，进一步掀起厉行节约、反对浪费运动。全县 85% 的基本建设、工业生产和交通运输部门的职工投入这一运动。全县各厂矿加强计划管理与技术管理，保证质量，提高效率；整顿和加强劳动组织，精简机构；加强财务和成本管理，推行车间、小组的成本管理和经济核算，修订原材料消耗定额，减少支出。

1956 年，全县各厂矿开展了先进生产者运动，互相帮助，互相学习，取长补短，共同提高，采用技术教学、技术表演与技术传授等方法，普遍推广先进经验，使劳动竞赛运动不断深入，月月超额完成生产和建设指标，有力地保证了“一五”计划的提早和超额完成。

三、扶持农业生产的发展

武乡县委、县政府在积极发展工业的同时，大力推进农业的发展。“一五”期间，实施了一系列扶持农业发展的经济政策。一是增加对农业的投入。这一时期，全县对农林和水利、水土保持的投资，比国民经济恢复时期增加了 3 倍。二是适当提高了部分农副产品的收购价格。按照上级物价部门规定，1953 年提高了生猪收购价格，1954 年提高了部分油料的产地收购价格。三是执行上级规定，优化农业税制度，稳定负担，减轻税负。1953 年 6 月 5 日，政务院发出《关于一九五三年农业税工作的指示》，要求根据国家需要和农民发展生产的具体情况来决定征收公粮的指标，坚决实行“种多少田地，应产多少粮食，依率计征，依法减免，增产不增税”的公开合理、鼓励增产、减轻农民负担的政策，并由以户征收改为以社征收。四是鼓励农民积极垦荒造田，改良土壤，繁育和推广农作物良种，推广先进技术，扩大耕地面积，使全县耕地面积总体缓减的速度有所下降。

为了发展农业生产，在全县大力推广了新式农具。1951 年推广新式步犁（单把犁）；1952 年开始用手摇式喷雾器喷洒农药，消灭农作物病虫害；1954 年推广双轮双铧犁。新式农具的推广，对改革传统落后的耕作技术发挥了一定的作用。1954 年，为加强对农林水气工作的领导，县政府将农林科改为农林局。

四、开展水利建设

1953 年以后，全县水利建设在农业合作化的高潮中得到较快发展，武乡县委、县政府贯彻执行“积极领导，稳妥前进，依靠合作化组织，发动群众，因地制宜地开展群众性的小型水利”和“民办公助，社办为主”的方针，在广大农村普遍开展了打井、修渠、建池、筑库等多种形式的水利建设。

1956 年，全县打成大口井 135 眼，安装畜力水车 52 辆、机械水车 2 辆。县人民委员会重点在下城、魏家窑、北社等村，打成大井 9 眼。下城村打井成功，安装锅驼机 1 台，可浇地 102 亩，是全县第一眼机械水车井。机电灌站，又称高灌站和扬水站，从 1956 年开始发展。1956 年后，发展透河井，用畜力水车提水灌溉。4 月，组织能工巧匠试制木制龙骨水车 150 多辆，提水高度 2 米左右，每台每天可浇地 6 亩左右，不少村庄制造出人力压水机和人工摇水车。

中华人民共和国成立后，武乡县人民政府重视水土保持工作，有规划、有组织、有步骤地大面积综合治理。1953 年，全县开展群众性的以防洪护地为中心的水保运动，开挖大小防洪渠 5204 条，护地 2.4 万亩。窑上沟王锦云农业合作社新修防洪渠 341 条，保护农田 3680 亩，引水浇地 460 亩，受到山西省水利局表扬。1955 年，以监漳、窑上沟等典型引路，修梯田、打硬埂、砌沟坝等工程在全县普遍展开。在长治地区行署水利局的指导下，首次对窑上沟、石门、故县三个重点乡进行了水土保持规划。1956 年 8 月，县人民委员会设立水保科，组织培训社队干部 800 人，大面积的综合治理全面展开。胡峦岭成立全县第一个水土保持专业队，坚持常年连续治理。1960 年 4 月，水保科改为水利局。

五、开展爱国卫生运动

1952 年，武乡县委、县政府积极响应毛泽东“动员起来，讲究卫生，减少疾病，提高健康水平”的号召，成立了武乡县爱国卫生委员会，在全县组织开展了以“四净”（人净、家净、院净、街净）、“五灭”（灭蝇、灭蚊、灭老鼠、灭虱、灭蚤）、“三光”（墙光、地光、炕光）、“四有盖”（锅有盖、井有盖、缸有盖、厕所有盖）为主要内容的爱国卫生运动。结合城乡建设，发动群众整修街道，清除垃圾，治理污水，突击清除卫生死角，并建立卫生小组，划分卫生责任区，制定街巷清扫制度，开展卫生竞赛和检查评比活动，极大地改善了城乡环境卫生。

1953 年 3 月，武乡县爱国卫生委员会改为爱国卫生运动委员会，下设计划、检查和行政 3 个组，县卫生院增设了防疫股，负责具体工作。1956 年围绕《1956 年到 1967 年全国农业发展纲要》提出的消灭“四害”（苍蝇、蚊子、老鼠、麻雀），防治危害人民健康最严重疾病的要求，山西省委、省人民委员会组织各地开展了以除害灭病为中心的爱国卫生活动。山西省爱委会发出“十改良”（改良厕所、改良畜圈、改良粪堆、改良鸡窝、改良污水沟、改良水井、改良厨房、改良污水坑、改良池塘、改良街院）要求，全县农村因地制宜进行环境改良，彻底清除村内外堆积多年的垃圾堆、灰渣堆，清除街巷小粪堆，在村外建起堆肥场，减少了病媒害虫滋生场所；拓宽街道，疏通或新建排水沟渠，整修残垣断壁，在房前屋后、街旁村边植树绿化，使农村面貌焕然一新。在爱国卫生运动的推动下，武乡县涌现出冯家垴、窑上沟、下北漳、北良等 17 个卫生村典型。

第四章　过渡时期的政治建设

第一节　推进法治建设

一、武乡县第一届人民代表大会

武乡县第一届人民代表大会第一次会议，于1954年6月26日至7月1日，在县城召开，应出席代表191人，实出席代表184人。听取了县委书记王林堂作的《关于宪法（草案）讨论报告》。会议审查通过了1954年上半年政府工作和下半年工作计划。会议选举赵日新为武乡县人民政府县长，赵贵保、王保书、高进廷为县人民政府副县长，温廷俊为县人民法院院长，王承尧为县人民检察院检察长。

武乡县第一届人民代表大会的召开，标志着各界人民代表会议代行人民代表大会职权的过渡阶段已经结束，进一步健全和巩固了人民民主专政制度，是民主政治建设的一个重要里程碑，对于动员全县人民实现党在过渡时期的总路线、保证党和政府各项方针政策的贯彻、推进各项革命和建设事业起到了重要作用。从此，全县人民以宪法为指导，积极完成上级党委和政府布置的任务，为实现社会主义、共产主义的目标而同心同德、努力奋斗。

二、区、乡区划调整

1954年1月，为适应农业合作化运动和建立集体经济的需要，中央人民政府内务部发布了《关于健全乡政权组织的指示》，对调整、加强乡政权作了新的规定，要求建立乡人民代表大会和乡人民政府委员会制度，使之真正成为领导生产建设、组织人民行使权力的机关。8月，武乡县委、县人民政府对中华人民共和国成立初期的7个区人民政府工作机构进行了适当的调整，建立乡人民政府工作机构。即撤销大有、姚家庄、东村、涌泉4个区，保留洪水、蟠龙、故城3个区；设县直区3个，县直乡39个，区辖乡58个。设区党委、区政府，乡党总支、乡政府。县直乡39个：监漳、东皋、吴村、禄村、庙岭、姚家庄、大有、长乐、石科、马村、西中庄、贾豁、石泉、古台、北沟、上司、北高岭、小店、张庄、胡家庄、故县、南庄、南亭、魏家窑、王白烟、暴家峪、枣岭、城关、瓦窑科、聂村、石鼻（城南）、松北、张家垴、石壁（石北）、义门、楼则峪、涌泉、蒲池、寨上。

1955年2月，山西省人民政府更名为山西省人民委员会，各级人民政府统一改称人民委员会。相应地，乡人民政府改称乡人民委员会。1956年3月初，随着农业社会主义改造的基本完成，全省农村实现了高级农业生产合作化。高级农业生产合作社的规模大于初级农业生产合作社，出现了社大乡小的情况。中共山西省委、省人民委员会决定对现有乡进行适当合并，同时取消区的建制。3月9日，省人民委员会发出《关于扩大乡的行政区划和撤销县的区级建制的实施方案》，撤销了全省原区级建制，实行小乡并大乡。规定乡的规模为平川区每乡2200户左右，丘陵区每乡1100户左右，山区每乡650户左右。

1955年4月，实行中央、省、县、乡四级政府制度，撤销一区洪水、二区蟠龙、三区故城。全县划为96个乡，直属于县。

1956年4月，乡级区划调整，将96个乡合并为45个，乡设乡党总支、乡政府。45个乡如下：墨镫、下黄岩、窑湾、洪水、阳坡庄、白和、中村、石门、东沟、窑上沟、土河、东堡、坪上、蟠龙、北漳、柳沟、监漳、吴村、姚家庄、大有、长乐、马村、活庄、西中庄、贾豁、北沟、宋家庄、上司、郑峪、故县、南亭、魏家窑、城关、石鼻（城南）、聂村、石壁（石北）、涌泉、寨上、故城、东良、高仁、分水岭、南关、内义、会同。

三、加强司法工作

1953 年，武乡县委从各个方面加强了司法建设。在思想政治和业务建设上，县委组织全县司法工作者学习各项政策法令，研究总结司法实践经验，使他们逐步提高了理论、政策和业务水平，减少了工作中的盲目性。在组织和制度建设上，县委抽调一批强有力的干部充实到司法部门，加强了司法机构的力量。1953 年 9 月 15 日撤销县司法科，成立武乡县人民法院。1954 年，全县各乡均建立了调解委员会。1954 年 9 月，全国人大一届一次会议通过了中华人民共和国第一部《宪法》和《人民法院组织法》，标志着中华人民共和国的法制建设进入了一个新的发展阶段。同年 12 月 24 日至 1955 年 1 月 13 日，山西省召开第三次司法会议，制定了全省贯彻执行《人民法院组织法》的计划。从 1955 年起，武乡县按照法律规定，由县人民代表大会选举产生县人民法院院长。与此同时，县人民法院建立了审判委员会，逐步实行了公开审判、人民陪审、辩护、合议、回避等各项审判制度。

从 1954 年到 1956 年，武乡县人民法院共审结刑事案件 260 起，各类民事案件 86 件，处理一般民事纠纷 84 件，办案质量和工作效率日益提高，有力地打击了反革命分子的破坏活动和各种违法犯罪活动，解决了大批人民内部的纠纷，巩固了人民民主专政制度，保护了人民群众的合法权益。

四、健全人民检察机构和检察制度

1950 年成立了武乡县人民检察署。1954 年，贯彻全国第二届检察工作会议决议，对检察工作在组织上、工作制度上进行了整顿，并以乡建立检察通讯小组和设检察通讯员。在“三反”“五反”及司法改革运动中，检察了一批危害经济建设、阻碍社会主义改造、侵犯人民民主权利等违法犯罪案件。

1955 年 2 月，武乡县人民检察署改为人民检察院，设检察长 1 人，检察干部 2 人。同时，着手进行基层检察机构的建设。在县级机关、厂矿和一些阶级成分较复杂的农业社、自然村，恢复和发展了基层检察通讯员 30 名。随着社会主义法制的不断发展和完善，在组织机构、工作制度等方面也不断改进。

武乡县人民检察院在行使监督职权中，积极开展一般监督、侦查监督、审判监督和监所劳教监督工作，在统购统销、肃反等工作中，充分发挥了宪法赋予的法律监督作用。1955 年到 1956 年，县人民检察院承担起刑事案件的嫌疑人批捕职责，受理了一批又一批公安机关提请逮捕嫌疑人的刑事案件和提请起诉的刑事案件。这些刑事案件主要包含反动会道门、凶杀、赌博、偷盗、诈骗、奸污等。此外，还履行法纪检察职责，侦查和检察了一批国家公务人员贪污案件、侵犯人权案件、损害公共财产案件及渎职案件等。

人民检察机构和检察制度的建立健全，从检察方面配合了历次大规模的社会改革运动，打击了各种违法犯罪分子，检察和纠正了一些错捕、错押、错判案件，在保障经济建设、保护人民民主权利等方面均发挥了积极的作用。

五、学习宣传《中华人民共和国宪法》

1954 年通过的《中华人民共和国宪法》，是中华人民共和国成立之后的第一部宪法，是国家的根本大法。它用立法的形式肯定了中国人民长期革命斗争的胜利成果和中华人民共和国成立以来所取得的重大成就，明确规定了国家在过渡时期的总路线、总任务，体现了全国人民建设社会主义社会的共同愿望。

1954 年 6 月，《中华人民共和国宪法（草案）》公布。为贯彻中共中央在全国人民中进行宪法草案的宣传和讨论的指示，按照省委部署，武乡县委、县政府于 7 月上旬，对全县开展宪法草案的宣传和讨论进行了全面安排，做到“家喻户晓，深入人心”。县委组建了宪法草案讨论委员会，各机关、团体、厂矿、学校成立了分会，并制订了宣传讨论的具体计划。在县、乡召开的人代会上，都把学习讨论宪法草案列为会议的重要议程，并通过了拥护宪法草案的决议。

从7月下旬起，县委对宪法草案报告员、宣传员、积极分子进行了培训，先后安排他们分赴全县各乡村，充分利用广播、报纸、黑板报等一切有效的宣传工具和宣传方式进行了宣传。到8月底，全县有7万余人直接听到了宪法草案的宣传和报告，占全县人口总数的75%以上。

这次历时两个月的宪法草案的大讨论、大宣传，极大地提高了人民群众对中华人民共和国人民民主制度的优越性、制定宪法的重要性和宪法赋予公民权利与义务的认识，进一步增强了全县人民群众珍视和维护宪法的自觉性和遵纪守法的思想观念。

六、开展肃反运动

中华人民共和国建立初期开展的第一次镇压反革命运动，沉重地打击了公开暴露的反革命残余势力，但仍有部分反革命骨干分子漏网潜逃，尤其是那些解放前后以种种手段和方式混入各级党政机关、人民团体和生产建设、经贸文教等部门隐藏较深的反革命分子，在第一次镇压反革命运动中未被清查出来。

1955年，武乡县委在全县范围内组织开展了一场肃清暗藏反革命分子的运动。县委深入调查研究，充分发动群众，贯彻“从严惩治”的政策，强调加强搜捕、起诉和审判工作，促进了肃反运动的深入开展。

1956年3月，根据山西省镇反计划精神，县委坚决执行严肃与谨慎相结合、镇压与宽大相结合的方针，先后有36名反革命分子和4名刑事犯罪分子向人民政府投案自首。

在案件处理中，武乡县政法部门经过认真调查研究、核实材料，严格区分反革命问题和历史问题、政治问题和思想问题、反革命破坏和工作过失、反动言论和落后言论、犯罪和一般违法行为或者错误行为等的界限，对那些坚持反动立场，拒不坦白认罪和经过处理或刑满释放后继续进行破坏的反革命分子，依法予以严惩；对那些投案自首、坦白罪恶、真诚悔过的人，予以宽大处理。同时，通过法律讲演、举办展览等方式，向人民群众进行遵纪守法的教育，提高了人民群众对反革命破坏的辨别能力，使许多疑难案件在人民群众的支持和帮助下得到了破获。

按照中共中央的指示精神和中共山西省委确定的“先内层，后外层，先领导机关，后基层单位”的部署，全县内部肃反主要在县级领导机关、县直属党政机关、各种企事业单位和乡干部中分批进行。县委要求在肃反运动中，坚持“提高警惕，肃清一切特务分子；防止偏差，不要冤枉一个好人”的方针，把肃反与审干（审查干部）工作结合起来，纯洁干部队伍。经省、地委批准，县委成立了肃反领导小组，具体领导肃反与审干工作。大体经过了制定肃反计划、摸清肃反对象、检举坦白、甄别立案和复查工作等五个阶段。

历时 5 年多的内部肃反运动，在全县范围内进一步清理了干部、职工队伍中暗藏的反革命分子和其他坏分子，沉重打击了国内外反革命势力，清除了人民政权内部的政治隐患，纯洁了干部、职工队伍。同时，使广大人民群众普遍受到了一次深刻的政治教育，提高了警惕性；不少干部、职工放下了沉重的历史包袱，焕发出革命和生产的积极性，促进了社会主义建设事业的顺利进行。

第二节　党组织的发展

一、中共武乡县第三次代表大会

1951 年 8 月 1 日至 8 日，中共武乡县第三次代表大会在县城召开。参加会议的正式代表 223 人，列席代表 2 人。大会的主要议程是：听取和审查县委中华人民共和国成立以来的工作及之后工作意见的报告，通过《关于改进县、区、村领导若干试行办法的决议草案》及整党建党三项决议，民主选举产生中共武乡县第三届委员会。会议选出委员 13 人。在中共武乡县第三届委员会第一次全体会议上，选出县委常委 7 人：李鹏飞、李来盛、魏名扬、孙立功、郑文奎、董迈林、张秀清。李鹏飞当选为县委书记。这次会议，经过反复讨论，明确了任务，统一了思想，确立了坚持三级领导，加强整党和建党工作的基本路线。

二、中共武乡县第四次代表大会

1955 年 1 月 11 日至 16 日，中国共产党武乡县第四次代表大会在县城召开。参加会议的正式代表应到 200 人，实到 190 人，列席 122 人，旁听 284 人。会议听取和表决了县委书记王林堂所作的《中共武乡县第三届委员会工作报告》、县委副书记郭四元所作的《关于粮食统购统销和互助合作总结以及第一个五年计划纲要和 1955 年生产指标增产措施的报告》、县兵役局局长李仁奎所作的《关于加强现代化国防建设的报告》。

会议选举出县委委员 15 名，选举出候补委员 1 名，在中共武乡县第四届委员会第一次全体会议上，选出县委常委 7 人：王林堂、郭四元、马名骏、任汉忠、郝四锁、王绑纣、赵日新，王林堂当选为县委书记。选举出山西省党代表 5 名：王林堂、赵日新、郝四锁、王明和、刘炳南。

第五章　全面进行社会主义建设

第一节　贯彻执行党的八大路线

一、党的八大会议精神的学习与贯彻

1956年9月，中国共产党第八次全国代表大会，提出党和国家之后的主要任务是集中力量发展社会生产力，确定了经济、政治、文化等方面的方针，为我国的社会主义建设指明了方向。八大召开之前，7月25日至8月1日，中共山西省第一次代表大会在太原召开，大会在学习贯彻毛泽东《论十大关系》的基础上，提出了山西省进行社会主义建设的任务。

9月26日至29日，武乡县委召开各乡总支书记、乡长，各农业社支书、主任和工作组等800余人参加的扩干会议。会议根据党的八大和省第一次党代会精神，组织学习了反对官僚主义、坚持群众路线等决议。通过学习，对县、乡干部在改进思想作风上进行了一次深刻的教育，与会人员检查批判了在民主办社过程中存在的官僚主义和主观主义所造成的不关心社员疾苦的现象。会议制定了收益分配的步骤、方法和正确执行“按劳取酬，多劳多得”分配政策的方案。县委为做好收益分配，保证90%以上社员增加收入，又具体部署了以秋收为中心的“三秋”工作，提出了“抢收防风，抢打防烂，抢耕防冻”等口号。会后，县委抽出90余名干部，组成工作组深入各乡具体指导。

11月9日，县委召开县、乡、社干部扩大会议，参加大会的有县、乡、社干部1400余人。这次大会主要以中共八大精神为指导，总结全县一年来各项工作的成绩与差距，从成绩中总结经验，从

缺点中吸取教训。会议布置了全县冬季生产工作。会上，县委书记郭四元作了政治时事报告，讲明了之后工作的方针政策。会议要求，以学习中共八大文件为动力，做好冬季生产、普选、征兵等工作，在党的领导下和各有关部门密切配合下，团结一切可以团结的力量，将一切积极因素调动起来，为建设社会主义新农村而努力。在会议召开之际，11 月 9 日至 11 日由山西省委组织的山区视察团来武乡视察。视察团先后参观了故县沙滩林业绿化、城关山湾塘绿化，并参加了全县扩干会议。省委农工部部长王绣锦、地委书记贾俊亲临会议并作重要指示，希望全县人民团结起来，建设新武乡。

二、武乡县第二届人民代表大会

1956 年 12 月 27 日至 30 日，武乡县第二届人民代表大会第一次会议在县城召开。会议的主要议程是：审议县人民委员会 1956 年政府工作报告和法院工作报告，研究讨论制定 1957 年国民经济发展计划指标，审议并通过 1956 年财政执行情况与 1957 年财政预算计划，讨论武乡县 1957 年增产节约方案，选举人民委员会组成人员和法检两院院长。会议作出粮食增产、扫盲等决议。会议经过酝酿讨论，在充分发挥民主的基础上，运用无记名投票方式，选出了县人民委员会委员 12 人，选出县长赵日新，副县长王保书、赵贵保、高进廷、郁学曾，选出县人民法院院长韩宗琦，县人民检察院检察长王承尧。

三、开展增产节约运动

1957 年 1 月 1 日，《中共武乡县委号召全县人民为超额完成 1957 年工农业生产任务而奋斗》一文发表。文中指出 1957 年的任务应当是积极巩固提高农业社，开展一个以农业增产为中心，全面发展多种经济、支援国家工业建设、增加社员收入、改善人民生活的增产节约运动，同时相应地发展县营工业、商业、交通运输业。

林牧业的任务：造林 3 万亩，植树 250 万株。牧畜要求增殖 1395 头。羊增殖 37979 只，猪要求每两户喂 1 头，增加 14961 头。此外，因地制宜发展鸡、鸭和果品山货等土特产之生产。县营工业和手工业的任务：对原有企业实行改善技术设备，加强经营管理，提高产品质量，降低生产成本，相应生产满足农业需要的修补各式农具的厂房和建筑材料。地方工业生产总值要达到 35.5 万元，煤矿业生产总值达 97 万元。产煤 71500 吨，硫黄 300 吨，解决工需民用之燃料问题。商业、交通运输业、邮电业的任务：进一步改善公路运输工作，运货量增长 15%左右，客运量增长 20%左右。商业要加速资金运转，购置人民喜爱的物品，满足人民需要。

1957 年 2 月 28 日至 3 月 4 日，全县财贸先进工作者代表会议在县城召开。这次会议进一步贯彻“勤俭建国、勤俭办企业”和增产节约精神，总结推广 1956 年财贸工作先进经验，部署 1957 年开展以增产节约为中心的运动。会议经过反复酝酿讨论，为超额完成第一个五年计划，修订了 1957 年全县财贸计划。会上，蟠龙供销合作社主任王留松等 30 多位代表，交流了先进经验，并受到奖励。通过这次总结交流，与会代表一致认为，窑上沟供销合作社主任史春莲创造的商店“四定”（定位、定序、定量、定额）先进经验和宋家庄信用社会计以师代徒培养出 35 个青年会计等 15 条先进经验，要在实际工作中因地制宜推广，以保证完成全县财贸工作计划。

7 月 23 日，县委号召全县人民立即行动起来，开展增产增收运动。县委决定在全县开展一个增产增收、种菜养猪的运动，争取秋作物亩产在 128.5 公斤的基础上再增产 6.5 公斤，达到亩产 135 公斤，全县增产 350 万公斤，增加收入 11 万元，总收入达到

1085万元。为完成这一增产增收计划，县委提出几项措施：第一，做好思想发动工作，要在全县范围内开展一个群众性的增产增收、种菜养猪运动；第二，必须加强田间管理，加锄加追，达到草净苗旺；第三，利用一切空闲地间作种菜，发动群众挖野菜；第四，做好“三养”（养猪、养牛、养羊）；第五，多方面增加社员收入；第六，做好水土保持和雨季植树造林工作；第七，坚决同自然灾害作斗争，检查整修防洪渠道，预防洪灾，利用一切水源，防旱灾，组织技术人员消灭山害，保证丰收。会议决定，必须依靠群众，实行干部分工负责，定期检查，抓重点，摆样板，组织参观，发动群众开展增产增收、种菜养猪运动。

12月21日至26日，县妇联召开县、乡妇女干部扩大会议。参加会议的有各乡妇女主任和勤俭持家、节约粮食、节制生育的模范人物及各类积极分子164人。会议贯彻了全国第三次妇女代表大会和山西省第三次妇女代表大会精神，讨论确定了妇女工作的方针和任务，动员全体妇女勤俭持家、节约粮食、节约棉布，搞好计划生育等工作。窑上沟郝冬莲、上司乡魏焕男等19名先进妇女干部代表，进行了大会发言，交流了经验。这次会议，为全县妇女勤俭持家、节约粮食、计划生育树立了旗帜。

四、第一个五年计划的完成

1953年至1957年，是武乡县发展国民经济的第一个五年计划时期。在党的过渡时期总路线和党的八大方针指引下，在中央、省、地区的大力扶持下，武乡县委、县人委带领全县人民经过五年的艰苦奋斗，到1957年胜利地完成了“一五”计划，取得了巨大的成就。1957年与1952年相比，全县国内生产总值由2145万元增长到2485万元，增长了16%；其中农业总产值由1742万元增长到1826万元，增长了5%，工业总产值由269万元增长到357万元，增长了33%，第三产业总值由134万元增长到275万元，增长了1.05倍；造林面积由2593亩增长到24593亩，增长8.5倍。

农田基本建设基础得到改善。第一，水库工程。1956年修建了城关“七一”示范水库，亦称三湾塘，这是武乡第一座水库。此后，修塘建库出现高潮。第二，小型水利。1955年全县重点抓了10处小型水利工程，即监漳、李峪、上广志、下黄岩、前张庄等自流渠扩建，连庄沟、王海峪自流渠复修，新开李家庄和南关自流渠，扩砌南沟八角泉池。1956年以点带面，在全县推广。当年动工的小型水利工程208处，到1957年这些工程相继建成，浇地面积在百亩以上的自流渠14条，小型水利控制灌溉面积达8894亩。上北漳乡13处小型水利工程和内义乡5公里渠成绩显著。监漳村高潮桥和幸福洞闻名全县。龙端、磨里等村还利用小型水利工程安装水磨，进行粮食加工。第三，水井建设。1957年全县水井达205眼，井灌面积920亩。第四，机电灌站。1957年首次建成祁村等机灌站二处，装机20马力，浇灌面积200多亩。第五，渠系灌溉。1957年县水利部门首次制定适应武乡的耕作制度、灌溉制度、灌水方法、用水制度、灌区机构编制等。水地有效面积达2900亩，保浇面积1000亩。另外，还进行了故县滩防护等水利工程建设。

为全县社会主义工业化奠定了初步基础。1957年成立武乡县农业机械厂，生产小型农具，修配小型机械，并为城镇居民加工面粉。1957年，由国家投资，老沙坡煤矿排水、提升、照明全部采用机械动力，这是武乡县煤炭工业由小型变中型、由手工操作向机械生产发展的开端。

文教卫生事业得到进一步发展。1956年10月9日县委成立科普协会筹委会，由县委书记、宣传部部长、文教部部长等13人组成。凡具有初中以上文化程度，爱好科学技术的在职干部和知识分子，愿为人民群众宣传科学知识，就可申请入会。科普协会的任务是：在服务生产的前提下，进行农业、医药卫生等各种科学技术的宣传，把科学技术真正带给人民群众，以此来提高人民群众的思想觉悟，逐步消灭封建残余思想。1956 年 10 月 1 日，县有线广播站建成，并正式开播，成为县委、县政府有力的宣传工具。1954 年至 1957 年之间，办起了十几所托儿所和托儿组。高完小新增 7 所。新成立普通中学 1 所，即柳沟中学。1956 年在 38 个乡建立了保健站。1956 年 8 月，文化、教育分设，1958 年又合并为文教局，1959 年 12 月卫生科改为卫生局。

“一五”计划成就的取得，得益于社会主义改造的完成，得益于八大路线的贯彻执行，不仅为以后的社会主义建设积累了宝贵经验，也极大地鼓舞了全县人民，使全县城乡呈现出一派欣欣向荣的局面。

五、中共武乡县第五次代表大会

1957 年 6 月 14 日至 20 日，中国共产党武乡县第五次代表大会在县城召开。参加大会的正式代表 299 人。为了贯彻“长期共存、互相监督”的方针，大会还邀请民主人士、党外知识分子、农民和非党干部 23 人列席会议。大会听取了县委书记籍希俭所作的《我们必须正确对待和处理人民内部的矛盾》的讲话，县委副书记马名骏代表县委所作的《关于二年半县委工作报告》，县委副书记赵日新同志代表前任县委作的《继续为争取实现今年农业大丰收而斗争》的报告，县委副书记、县长郝作荣所作的《关于继续争取 1957 年农业大丰收的报告》。与会代表讨论通过了《关于进一步巩固农业生产合作社的决议》《关于加强党的思想政治工作开展反右斗争的决议》。会议选举了中共武乡县第五届委员会。选出县委委员 23 名，籍希俭当选为县委书记，郝作荣当选为县委副书记，常务委员 6 名：郭四元、赵日新、王振国、苑永华、马名骏、赵国英（女）。

7月，增设县委书记处。第一书记籍希俭，常务书记王振国，书记处书记郝作荣、马名骏、郭四元、苑永华、赵日新，常委刘锦文、关留珍、郝四锁、王成尧、任汉忠、赵国英（女）。

六、下放干部劳动锻炼

1958年2月28日中华全国总工会43名干部下放到武乡县。县城近千名干部和小学教员以及群众，敲锣打鼓，将43名下放干部迎回县人民礼堂。县委书记处常务书记王振国致欢迎辞，下放干部队长马骏致答辞。3月6日，县委在人民大礼堂欢送24名优秀干部下乡参加劳动锻炼，县委书记处常务书记王振国在会上讲话，上山下乡干部刘汉温等4名代表在会上发言。8日，下乡干部离开县城，分别到故县、南沟、大有等村。

6月1日，县级机关、学校、厂矿及城关居民共1000余人，前往下城桥西热烈欢迎全国总工会第二批下放干部来武乡县劳动锻炼。次日，这批干部到达城关红旗人民公社沙河头农业社进行

全国总工会下放干部与武乡县委领导合影

劳动锻炼。

七、乡级区划再次调整

1958年3月9日，乡级区划再次调整。45个乡合并为33个乡，设20个乡党委、13个乡党总支，33个乡政府。33个乡分别为马堡、下黄岩、窑湾、洪水、阳坡庄、中村、石门、东沟、蟠龙、上北漳、土河、东堡、坪上、窑上沟、监漳、大有、长乐、宋家庄、贾豁、上司、张庄、故县、南亭、魏家窑、城关、城南、石壁（石北）、涌泉、故城、东良、分水岭、南关、石盘。

第二节　建立人民公社

一、武乡县第三届人民代表大会第一次会议

1958年6月9日至12日，武乡县第三届人民代表大会第一次会议在县城召开。会议听取和审议了县长郝作荣所作的《武乡县人民委员会工作报告》，听取和审议了县人民法院工作报告，听取和审议了1957年财政决算和1958年财政预算报告。会议选出县长1人、副县长3人、委员17人。郝作荣为县长，赵日新、郁学曾、王保书为副县长，韩宗琦为县人民法院院长，王承尧为县人民检察院检察长。大会选出出席山西省第二届人民代表大会代表：任焕孩（女）、武藻、郝作荣。

二、建立人民公社

1958年8月17日至30日，中共中央政治局在北戴河举行扩大会议，会议通过了《关于在农村建立人民公社问题的决议》。8月下旬中共长治地委改称中共晋东南地委，武乡县归其管辖。8月20日，县委召开县、乡、村三级干部会议，部署安排大办人民公社的工作。8月23日，城关红旗人民公社率先成立，由18个高级社合并而成，为武乡县第一个人民公社。8月24日，窑上沟五星人民公社成立，由20个高级社合并而成。8月25日，33个乡合并为14个人民公社，分别为马堡、洪水、窑湾、蟠龙、石门、窑上沟、大有、贾豁、姚家庄、城关、涌泉、故城、石盘、分水岭人民公社。同时，村农业社改称管理区。

同年11月1日，根据山西省人民政府行政区划编制指示，榆社县并入武乡县，原榆社县下属的榆社镇、云簇、社城、郝北4个人民公社移归中共武乡县委领导，榆社县的党政领导也分别到武乡县委工作。

三、初步调整人民公社

1958年12月29日，中共武乡县委作出《关于人民公社若干政策问题的规定》：第一，关于公有化方面，凡是生产资料一律无代价归公社所有；第二，关于分配方面，推行“供给制加工资制”的分配形式；第三，关于发展生产方面，要根据国家计划，有计划地因地制宜发展生产；第四，关于生活福利方面，办好公共食堂，贯彻执行“三好”指示，保证吃饱、吃好、吃热。

1959年1月24日，县委召开县、社、管理区三级干部会议，参加会议的共有327人。会议传达和讨论了中共八届六中全会的决议，研究和确定了《关于整顿和巩固人民公社的方案》，决定将全县18个人民公社调整为12个人民公社，分别是：榆社镇、云簇、社城、郝北、洪水、蟠龙、韩北、大有、上司、城关、涌泉、故城人民公社。

5月19日，县委贯彻省委决定，再次调整行政区划，原武乡县的8个人民公社，调整为12个，分别为墨镫、洪水、窑湾、蟠龙、韩北、大有、上司、城关、涌泉、故城、石盘、分南人民公社，原榆社县的4个人民公社调整为6个人民公社，分别为榆社镇、云簇、社城、郝北、岚峪、仰天人民公社。同时，取消公社“七部、两委、一室”的组织设置。整顿后公社只设党委会、管委会、共青团、妇联会。根据公社的规模，党委可由9至13人组成，管理委员会可由11至19人组成。全县公社共编制干部382人，90人下放到重点管理区任副职。

5月30日，县委农工部发出《关于全面改进人民公社经营管理意见》，要求各公社全面推行以产值计酬，成本核算。

1959年7月，榆武分置，榆社6个公社回归榆社县，武乡县仍保留12个公社。

四、各项事业的成绩

农业方面。1958年前后，贾豁公社凤台坪大队党支部书记杨效忠领导农民创造了新的谷子种植技术，全大队300亩谷子亩产350公斤，被誉为太行山的“谷子王”。枣烟大队选用优种，合理密植，深翻蓄水，伏雨春用，旱地小麦亩产200公斤，党支部书记魏名标出席了太平洋区域小麦高产会议。1958年12月国务院授予武乡县“农业社会主义建设先进单位”光荣称号，国务院总理周恩来亲自颁发了奖状；国务院嘉奖武乡县窑上沟五星人民公社窑上沟生产大队为“农业社会主义建设先进单位”。

畜牧业方面。1958年实行“公养私养并举，以私养为主”的养猪方针，全县掀起养猪热潮。县生产资料公司办起大牲畜繁殖场，养母畜60头，场址在窑湾公社左会村。公社级办牧场18个，养畜1200头；母猪场12个，养母猪200头。生产大队办牧场213个，养畜1450头；鸡场58个，养鸡1万余只；蜂场9个，养蜂320箱；兔场8个，养兔1300只。1959年12月山西省农业社会主义建设先进单位代表会议在太原召开，会上，印发了《武乡县高速发展养猪事业的经验》《大有红光人民公社10个月养猪2万头的经验》。

林业方面。1958年，故县滩插干造林3000亩。故县乡团委书记魏尧珍，创造了“插干分类、提高成活”的造林经验，向各个乡干部群众传授技术，被山西省人民政府命名为“林业劳动模

武乡林业大学教师张辉

范”，出席共青团中央委员会第二次全国青年社会主义建设积极分子大会。同年11月，国务院授予武乡县“全国林业先进单位”称号，并颁发奖匾。

教育方面。涌泉幼儿园多次出席省、地的教育工作先进集体会议，受到中央、省、地、县的表彰奖励，成为全省幼教战线的一面旗帜。1960年6月1日至11日，武乡林业大学教师张辉出席了全国教育和文化、卫生、体育、新闻方面社会主义建设先进单位和先进工作者代表大会，受到刘少奇的亲切接见。张辉，江苏省徐州市人，1958年毕业于安徽农学院，分配到山西省林业科学研究所工作。这年，武乡县委决定创办林业大学，张辉得知此事后，立即主动报名来到武乡，由于师资缺乏，她除带林业专业课外，还挤出时间带数学、物理、化学等基础课程，为武乡县培养了一批林业专业技术人才。《山西日报》曾发表人物通讯《把青春献给山区的文化教育事业》，对张辉的成绩作了充分肯定。

五、兴建关河水库

1958年8月1日，中共武乡县委在关河水库工地举行了隆重的开工典礼。县委、县人委领导，县直各机关负责人，机关干部、群众、学生以及建设水库的民工2500余人参加了大会。县委第一书记籍希俭作了修建关河水库动员报告，县委副书记、关河水库施工指挥部总指挥马名骏作了工程介绍，县委书记处书记赵日新宣读了修建关河水库决定。自此，关河水库施工战斗打响。

“八一”开工动员会后，积极进行了大战前的准备工作：一是组建工程总指挥部。指挥部下设办公室、政工科、劳保科、后勤科、技术科、财统科、防卫科、广播站。二是抽调干部和民工组建了兵团。9月，按照“组织军事化、行动战斗化、生活集体化、管理民主化”战斗方针，把来自四面八方的万余名干部、学生、农民整编成卫星团、火箭团、八一团、三八团、五四学生团、各公社民兵团等12个兵团，各团又编制了营、连、排、班，分东山、西山、导流洞、水电站、灌区五大战区。

关河水库是武乡县一项大型的水利工程，全体施工人员坚持贯彻执行党中央在水利建设上的“三主”方针，采取了水中倒土的方法筑坝建库。1958年11月17日至12月27日，水利部在关河水库工地举行了规模宏大的全国水中倒土筑坝现场会。全国先后有20个省、自治区代表团前来参观学习，历时40天。会后，水利部出版了《关河水库施工经验汇编》一书，向全国发行。1959年1月13日至18日全省水利现场会议在武乡县召开。会议总结了1958年以来全省水利建设的成绩和经验，进一步贯彻了省委1959年冬季水利建设的计划，详细地阐述了“小型为主，蓄水

1959年5月23日，关河水库施工指挥部党委书记晋东南地区检察院检察长陈光明在关河水库建设工地作下段战斗任务动员报告。

关河水库工地上的“刘胡兰突击队”

为主，灌溉为主，自办为主”的水利建设方针，贯彻了大中型水利建设必须抓住冬季施工、高工效施工、工地办工厂三个环节。

1959 年 5 月 8 日，由地委决定，从长治、黎城、沁县调集 4000 名民工，支援关河工地建设，保持 15000 人上坝。5 月 13 日，沁县兵役局政委李保元带领 644 人（其中女民工 76 人）开赴关河支援施工。5 月 14 日，由长治市（原县级市）副市长张树新、市兵役局政委曹志中带领 1937 人，奔赴关河支援施工。5 月 20 日，由黎城县农建局水利科科长杨辑带领 840 名民工来到关河，支援施工。

1960 年 1 月 13 日，刘开基副省长、刘锡田总工程师亲临关河工地检查指导：为缩小溢洪道工程量，提高蓄水效益，大坝由 32.9 米，提高到 34 米，坝顶高程 997.4 米，最高洪水位 995.6 米，汛限水位 990.4 米，溢洪道进口高程 995 米，总库容 1.651 亿立方米。并责成晋东南地区水利局于 1960 年 3 月搞出设计。3 月 11 日，大坝高程已达 22 米，土石方完成量达到 199.6 万立方米，投工达 398 万个。

关河水库土坝使用了水中倒土筑坝法。其优点是：省机械、省劳力、省投资、进度快、质量高，不受季节、气候变化限制，有利于大搞群众性的突击。当时由省水利局工程师和技术人员负责施工指导。为了提高土坝填筑工效，指挥部领导亲自带领技术人员利用水库和东山坡陡的优势，以柴油机带动水泵抽水，进行水力冲土运土试验，取得了较好的效果。同时，通过技术革新和工地办厂，推广了“三土”和“六化”的施工经验。即：火药炸土、高空运土、水中倒土，近路缓坡车子化、远路平地铁轨化、陡坡木轨自动化、隔沟运土高线化、装土运土自动化、车子运土滚珠轴承化。这些技术革新省事省时省力，大大加快了工程进度。

水库开始施工时，除有200多辆平车外，再无其他物资。指挥部当时提出了“项项办工厂，人人学工匠，个个成专家”的口号，决定坚持自力更生，因陋就简，土法上马，就地办工厂。一开始，采取自报和介绍的方法，组织起有12种技术的民工120多人，后又实行以师带徒、干部下连队搞“试验田”的办法，工人发展到500多人，先后办起了水泥厂、炸药厂、工具厂、修配厂、滚珠厂、编织厂、加工厂、发电厂、石膏厂、养猪场等。指挥部设技术研究委员会，提出了“向工具要劳力、要时间、要速度、要资金”的口号，开展了“人人献计、个个出力”的群众运动，取得了“十厂节约百万元，六化省工百万个”的显著成绩。

水库建设大军都是来自各村的青壮男、女劳力，对此，指挥部十分注重改进劳动管理，始终坚持实行责任制和合同制。一是实行“三等七级”定额计酬，即把124种工种按技术高低和劳动量的轻重分为三个等七种级别，样样有定额，以产计酬；二是实行“六定”包干责任制，即定任务、定劳力、定工具、定时间、定质量、定领导；三是实行“当日任务合同制”，即以团包场，以营分路，以人包车，以车定方，早定指标，晚上验方。

经过2年2个月的艰苦奋战，1960年9月，关河水库大坝、导流洞、溢洪道、水电站等枢纽工程胜利竣工，12月1日，关河水电站两台2×700千瓦水轮发电机组安装完毕，开始发电，成为武乡县电气化的开端。

六、改进食堂管理

1960年10月24日，县委召开安排农村人民公社生活会议。这次会议是针对由于自然灾害和工作中“左”倾错误造成的粮食减产、生活困难的局面召开的。会议贯彻精打细算、细水长流、计划用粮、节约储粮的精神，安排人民生活。

按照县委的精神，各人民公社想尽一切办法加强食堂管理，义门食堂成为典型代表。11月20日，《人民日报》第二版登载了一篇社论《从义门食堂里学到什么？》。社论指出：读了山西武乡涌泉公社义门食堂的报道，使人万分兴奋，这里今年灾情严重，除完成征购任务外，所留口粮仅有100多公斤。可是这个食堂保证了人们吃得又饱、又好、又省，人人满意，皆大欢喜，是农村公共食堂的一面镜子，所有食堂都应该力争办成这个样子。义门食堂办得好，是因为食堂有计划、有制度、有家底，更重要的是食堂里有一批好管家。食堂的管理人员，应该是公道、能干、肯关心人、会体贴人的。首先，应该是热爱公共食堂这个事业的，把几十个人、几百个人最重要的吃饭问题管起来。义门食堂有一批全心全意热爱自己事业的人，支部书记李国忠，把食堂作为自己的家，“不论白天黑夜，一没事就和炊事员在一块，烧水、切菜、担水、擀面，遇到什么干什么”。在做工作的时候，把食堂看作自己的家，用自己的全部精力来经营它。在吃饭的时候，却又是严格按制度办事，坚持和群众一同吃一样的饭，“米不多吃一颗，汤不多喝一口”。如果每一个食堂都有一个或几个这样的管理人员，何愁食堂不能办好。

11月29日，为了认真贯彻执行中央“低标准、瓜菜代”的方针，确保全县所有的食堂达到“五吃”（吃省、吃饱、吃暖、吃好、吃得卫生），使学义门的群众运动迅速展开，县委决定采取以下紧急措施：第一，各级必须书记挂帅，全党动员，全民动手，全力以赴，开展一个大张旗鼓、雷厉风行地大抓生活的运动。第二，全县各级党委书记，要立即亲临生活第一线，向义门管理区党支部书记李国忠学习，把食堂当作自己的家，遇着什么干什么，在做工作的时候，用自己的全部精力来经管它。第三，要像义门那样，把那些公平、忠实、吃苦耐劳、办事利落的贫下中农选拔到食堂的领导岗位上来。第四，全县各级党的组织，要立即动员起来，把千百万人民最关心的吃饭问题，当作一切工作的出发点，要把义门公共食堂当作一面镜子对照检查，改进自己的工作，树立自己的标兵，以食堂为中心，把群众的冬季生活安排好，通过抓生活促进生产。

1960 年，涌泉公社义门村公共食堂及职工合影。

12 月 5 日，武乡县委又制定出台《农村公共食堂章程（草案）》。

1962 年 2 月 2 日，县委紧急通知，全面开展淀粉加工，要求书记负责，政治挂帅，大搞群众运动，人均生产 30 公斤。6 月，接上级通知，武乡农村公共食堂解散。

第六章　国民经济调整

1961 年 1 月，中共武乡县委遵照中共八届九中全会的精神和省委的安排部署，开始对武乡县的国民经济实行“调整、巩固、充实、提高”，开展了精简压缩非农业人口、加强农业第一线工作，下放机关干部到农村和工厂进行劳动锻炼。

第一节　初步贯彻调整方针

一、整风整社

1961 年 3 月 4 日至 9 日，县委召开扩大会议，贯彻地委扩大会议精神。会上，县委第一书记赵日新传达了省委第一书记陶鲁笳在省委扩大会议上的总结及地委扩大会议上关于整风、生产、生活、工业、政治等的文件。会议集中解决了以下五个问题：第一，正确分析农村形势，克服畏难松劲情绪。第二，进一步认识整风的重要意义，决心将整风运动进行到底。第三，千方百计争取 1961 年农业丰收。第四，认真实行中央“低标准，瓜菜代”的方针，为 1961 年安排好人民生活打下基础。第五，以整风为中心，大抓生产，安排生活，做到整风、生产、生活三结合、三胜利。

5 月下旬，县委宣传部通知各地，结合整风整社，对“三三二一”思想政治工作制度进行了整顿。全县普遍建立了三校（党校、团校、红专学校）、三日（党日、团日、爱社日）、二室（图书室、展览室）、一部（俱乐部），这一整套党的思想政治工作制度，在各级党组织的重视与领导下，发挥了巨大的作用。为了进一步加强党的各项方针政策的贯彻落实，进一步调动广大群众建设社会主义的积极性，通知要求，各级党组织应结合整风、整社，认真对“三三二一”思想政治工作制度进行一次整顿，真正实现制度化、经常化。整顿分以下三步：第一，召开全体宣传工作者会议，以大调整、大总结、大评比入手，通过思想发动，澄清宣传工作中存在的思想问题。第二，抓住当前工作中存在的主要问题，逐个解决。第三，调整一部二室的领导干部，固定宣传工具，具体进行分工，健全各种制度，开展宣传工作竞赛活动，使“三三二一”思想政治工作制度经常化、制度化、正规化。通知要求，这次整顿，在公社党委的直接领导下以生产大队党支部为单位进行。各级党组织必须加强领导，定期研究，责成专人负责，并要抓好重点，总结经验，指导全面。

这一阶段的整风整社工作，主要是贯彻执行了中共中央的《紧急指示信》，初步纠正了“五风”，调整了农业的内部结构关系，稳定了群众情绪，调动了群众的生产积极性；整顿了农村各级党组织，教育了广大干部和群众，坚定了干部群众团结一致、克服困难的信心。

二、农村政策的调整

1961 年 1 月 14 日至 18 日，中共中央召开八届九中全会，决定 1961 年全国将集中力量加强农业战线，贯彻执行国民经济“以农业为基础，以工业为主导”的方针，并正式通过了对整个国民经济实行“调整、巩固、充实、提高”的八字方针。按照中央和省委的要求，武乡县委从以下几方面对农村政策进行了调整：第一，解决“一平二调”的问题。凡属“一平二调”的东西，坚决退赔。谁平调的谁退赔，从哪里平调的退赔给哪里。原物仍在的退还原物，原物已经丢失或者消耗了无法退回的，用等价的其他实物抵偿。干部们要亲自向群众作检讨，讲清了搞社会主义不能

“剥夺农民利益”的原则，使广大干部群众懂得社会主义的分配原则是按劳分配、等价交换，又具体规定了平调劳动工、平调耕地、平调牲畜、平调机械、平调财物等的处理办法。

第二，解决人民公社体制问题。首先，明确规定“以生产队为基础的三级所有制，是现阶段人民公社的基本制度”。其次，提出适当缩小管理区和生产队的规模。1961 年 2 月 22 日，按照山西省委（〔1961〕31 号）通知，为了使全省农村人民公社的管理体制和全国各地农村人民公社的管理体制相统一，省委决定：自 2 月 1 日起，全省农村人民公社委员会下设的管理区一律改为生产大队（管理区主任改为大队长）。原管理区下设的生产队一律改为生产小队，原管理区是人民公社基本核算单位，改名后的生产大队仍是人民公社的基本核算单位。5 月，县委按照省委常委（扩大）会议“适当划小人民公社体制”的要求，决定将大有公社分为大有、贾豁 2 个人民公社，全县变为 13 个人民公社。同年 9 月，全县行政区划再次变更，新增设东良、曹村、石北、监漳、东沟、广志、石门等 7 个人民公社，全县 13 个人民公社调整为 20 个。后于 1966 年 8 月从城关公社分出故县公社。

第三，解决人民公社经营管理制度问题。推行“以农为主，合理安排，分片包干，定期使用”的劳动力和资金管理制度；坚持生产小队的小部分所有制，严格实行包土地、包耕畜、包农具，奖优惩劣的“三包一奖惩”制度；尊重生产大队和生产小队的管理权限，坚决纠正瞎指挥风；坚持劳动定额和评工记分制度；切实做好按劳分配工作。

三、贯彻《农业六十条》

1961 年 3 月，中共中央制定了《农村人民公社工作条例（草案）》（简称《农业六十条》）。4 月 16 日至 22 日，县委召开三级干部扩大会议。参加会议的共 850 人。会议听取了县委第一书记赵日新所作的动员报告，县委书记处书记苑永华传达了中央拟定的《农村人民公社工作条例（草案）》，讲解了《农业六十条》的重要意义。这次会议，集中解决了两个问题：一是贯彻了《农业六十条》，二是讨论农村生产和整风、整社、定购等项工作。6月1日至6日县委召开三级干部会议，参加会议的有805人。会议总结了前段工作，部署了以生产为中心的夏季工作，具体讨论了农村形势，夏季农业生产、畜牧生产，贯彻《农业六十条》和整风整社、生活安排、征购分配和农村集市贸易。为了把会议精神迅速贯彻到基层，立即掀起以秋补夏的夏季生产高潮，把食堂整顿好，把整风整社搞好，会议结束后，县委抽调了县级机关干部187人，分头深入下去，到生产第一线，加强具体领导，保证夏季生产运动顺利进行。8月22日至9月4日，县委召开县、社、队三级干部会议。会议分三步进行：第一步，传达贯彻中央、省委会议精神，开展大鸣大放，揭露工作中的问题，总结经验教训；第二步，学习讨论《农业六十条》和中央关于商业、林业、手工业退赔等政策规定；第三步，讨论制定农业生产、三年恢复发展计划和部署秋季工作。

在广泛宣传《农业六十条》的过程中，武乡县委从实际出发，集中解决了几个问题：第一，允许农民经营自留地和家庭副业。明确指出，自留地和家庭副业属于社会主义经济体系，不能把它当作资本主义自发势力加以反对，鼓励社员在不影响集体生产的前提下，种好自留地，发展家庭副业。经过宣传教育，干部们的思想认识逐步统一了，社员也抛弃了怕被戴上“发展资本主义”帽子的思想包袱，在积极从事集体生产的同时，大胆经营自留地和家庭副业，补充了集体经济的不足，满足了社会的需求，增加了个人的收入。第二，纠正平均主义，贯彻按劳分配的原则。明确指出，社会主义的分配原则是“各尽所能，按劳分配”，要推行“三包一奖，超产奖励”的制度。第三，鼓励农民积极地开展农村集市贸易。根据“管而不死，活而不乱”的原则，为保证集市贸易合法交易，工商行政管理重点打击那些乘国家之危，大量套购倒卖生产、生活资料，扰乱市场物价，破坏国家计划供应的投机倒把分子。允许社员将自留地所生产的农产品和其他家庭副业产品直接拿到集市上贸易，产品价格可以由购销双方公平协商。1959 年，根据中央、国务院有关指示，恢复了洪水、蟠龙、城关、故城等四处集市贸易。1960 年恢复了东堡、监漳、大有、贾豁、涌泉、石北、石盘、南关等八处集市贸易。同时，根据山区经济发展需要，又新开辟了窑湾、墨镫、圪老湾三处市场。第四，基本核算单位下放生产队。1962 年 1 月 15 日，县委召开东良、石北、曹村、大有、东沟 5 个社党委书记座谈会，主要研究整社中“五定”落实中的问题。生产大队干部设置为：党支书、大队长、会计、武装、妇联、青年、治安等 7 名基层领导干部；生产队干部设置为：队长、副队长、记工员、保管等队务干部。

四、对工业经济的调整

1961 年 8 月 23 日至 9 月 16 日，中共中央召开的庐山工作会议，讨论通过了《中共中央关于当前工业问题的指示》，发布了《国营工业企业工作条例（草案）》（简称《工业七十条》），要求工业领域坚决贯彻“调整、巩固、充实、提高”的方针，恢复和发展工业生产。武乡县委遵照中央和省委精神在 1961 年对工业经济进行了调整。一方面，将生产效率低下的企业进行了关、停、并、转，将原手工业性质的机械厂、皮革厂、五金社、砖瓦社、建筑社等由国营企业恢复集体所有制性质，各地铁木生产组下放为社办企业。调整后，全县工业年总产值为 83 万元，企业工人数量大大减少。另一方面，开展整顿企业的群众运动。1961 年 3 月 21 日至 24 日，县委召开工业会议。会议指示：第一，结合整风，加强对职工的社会主义思想教育，提高工人觉悟，改进领导干部作风；第二，努力完成生产任务，首先抓好农业，二季度要为农业修造各种农具6万余件；第三，大抓生活，以办好职工食堂为中心，全面提高职工生活水平。这次企业整顿的重点是整顿企业的生产秩序，同时在企业职工中开展社会主义教育，主要是以中共中央的有关指示和邓小平在中共中央庐山工作会议上的报告为指导，对职工进行形势、革命传统、工农联盟和共产主义等方面的教育，以保证《工业七十条》的顺利贯彻。

贯彻落实《工业七十条》，要求通过"五定""五保"，建立健全严格的生产责任制，加强企业管理。所谓"五定""五保"，就是国家对企业实行"五定"，企业对国家实行"五保"。"五定"：定产品方向和生产规模，定人员、机构，定固定资产和流动资金，定主要的原料、材料、燃料、动力、工具的消耗定额和供应来源，定协作关系。"五保"：企业对国家保证产品的品种、数量和质量；保证不超过工资总额；保证完成成本计划，并且力求降低成本；保证完成上缴利润；保证主要设备的使用期限。要求通过实行"五定""五保"，把企业的生产条件和义务相对固定下来，为企业生产的恢复和发展创造条件。

《工业七十条》的实施，对于贯彻执行国民经济"调整、巩固、充实、提高"的方针，恢复和建立必要的规章制度及正常的生产秩序，提高企业的经营管理水平、技术水平和生产水平发挥了积极作用。1962年1月2日至4日，全县1961年工业生产、交通运输、邮电工作先进集体和先进工作者会议在县城召开。参加会议的共181人。会议奖励了先进集体和先进工作者。县人民委员会县长张秉公向大会作了总结报告，希望各位代表充分发挥骨干、带头、桥梁作用，带领广大职工群众，为完成和超额完成1962年工农业生产任务而奋斗。

五、社会事业各领域的调整

国家在调整经济工作的同时，对科学、教育、文艺、卫生等方面的工作也进行了调整。1961 年国家先后制定了《科学十四条》《高学六十条》《中学五十条》《小学四十条》《文艺八条》，给全国的科学、教育、文艺、卫生等方面的工作的调整提供了政策指导。1961 年 5 月下旬，中共山西省委召开全省地（市）、县委书记会议，对全省工业、农业、文教等各条战线的调整工作作了进一步部署。

1961 年 10 月 8 日至 19 日，县文教部在城关小学召开小学教学研究会。参加会议的有高、完小校长，全体小学教师，县、社教育干部，共 680 人。会议听取了县委文教部部长刘锦文所作的工作报告。为了进一步贯彻党的“学校以教学为主，学生以学习为主”的教育方针，扎实提高教学质量，会议指出：第一，要深入实际，调查研究，改进教学方法；第二，要贯彻党的教育方针政策，联系实际，提高认识；第三，要发扬取长补短、以老带新、互相帮助、互相学习的精神，不断提高教学水平；第四，要做到备课周密，讲课明白，批改耐心细致，课前辅导经常，关心学生生活，将学生培养成为建设社会主义的德、智、体全面发展的人才。

根据上级指示，武乡县对学校的布局作了合理的调整。武乡红专师范于 1960 年改为教师进修校。武乡县唯一的大学林业大学也于 1961 年停办。柳沟铁厂和城关机械厂兴办的工业班、县农业局和县农场兴办的农校、县卫生局和县卫生院兴办的卫校等职业中学全部停办。1962 年全县只保留武乡中学和柳沟初级中学两所全日制普通中学，保留洪水中学和故城中学两所民办公助中学，其余一律停办。

文化系统的调整，主要是减少开支性演出和减少职工人数。1961 年 11 月 28 日至 30 日，县人委召开文艺工作座谈会，参加会议的有各公社机关、学校、厂矿、剧团等方面的专业、业余文艺工作者以及文艺爱好者 70 余人。会议对武乡县三年来的文艺工作作了评价，肯定了成绩，总结了经验，并研究讨论了之后的文艺工作。会议指出：利用冬闲，本着勤俭办事业的精神，坚持“业余、自愿、小型、多样”的原则，以办好农村俱乐部为中心，开展农村文艺活动，以满足广大群众的要求，活跃农村文化生活。

卫生系统的调整，主要是将农村人民公社医院中由国家发给工资的医务人员改为不占国家编制、不领国家工资的职工，国家只发给定额补助，由集体所有制转为国营医疗机构的单位全部恢复集体所有制性质。

经过调整，使武乡县的文教、卫生事业与工农业生产力水平基本适应，由追求数量转变为提高质量。

六、武乡县第四届人民代表大会第一次会议

1961 年 9 月 21 日至 25 日，武乡县第四届人民代表大会第一次会议在县城召开。出席大会的代表 122 名。会议的中心议题：第一，总结三年来的工作；第二，审查政府各项工作报告和法院工作报告；第三，讨论通过三年规划草案；第四，审查并通过 1960 年财政收支情况和 1961 年财政预算草案；第五，选举县人民委员会组成人员和法检两院院长。会议听取了县委书记处书记任汉忠代表县委向大会所作的《国际国内形势报告》，听取了副县长张元堂受县人民委员会委托向四届人民代表大会所作的《县人民委员会工作报告》，听取了副县长郁学曾所作的《关于 1960 年财政决算和 1961 年财政预算（草案）的报告》，听取了县人民法院院长韩宗琦所作的《县人民法院工作报告》，听取了副县长任耀春所作的《关于武乡县 1961 年至 1963 年国民经济计划及 1962 年农业生产计划（草案）的报告》。在四届人民代表大会第一次会议上，选举产生了武乡县人民委员会。选出县长张秉公，

副县长张元堂、武士良、任耀春、郁学曾、郝四锁；选出县人民法院院长韩宗琦，县人民检察院检察长张海玉。

第二节　进一步调整国民经济

一、改进农村经济管理制度

1962年6月3日至25日，县委组织能力较强的会计人员232人，分两批先后深入生产大队和生产队，进行了一次群众性的“三清”（清工、清财、清投资）、“三健”（健全账簿、计划和制度）财务工作大检查。这次检查的做法是：社社到，队队到，项项看，个个帮，具体采取了听、看、访、帮做法。通过检查，澄清了生产队财务工作的情况和问题：会计能力弱，新手多，业务生，文化低；账簿、制度未建立，财务手续混乱；一部分生产大队在分队和下放以前财产处理不彻底，新旧会计手续尚未交接清楚；历年财务不清，社员分配兑不了现；公社大队一部分干部对财务工作重视不够，不少站、网流于形式。会议主要解决了四个问题：帮助生产队做好工、财、投资“三清”工作，解决分队和核算单位下放的遗留问题，帮助建立账簿和财务计划、制度，对会计网进行了一次整顿。提出了加强生产队财务工作的意见：继续做好“三清”，健全财务制度；通过“三清”进一步建立和健全账簿；在“三清”的基础上，要普遍建立和健全7项制度；提高会计工作能力。首先加强站、网活动。其次，以老带新，以强带弱；用好专职辅导员，充分发挥兼职辅导员作用；加强领导，总结评比，推广经验，开展竞赛。

12月，县人委进行树权确定工作，将占集体耕地的树、公共场所的树、未分配的地主树、祠堂和庙院树、风景树、无主树、绝户树、五保户树、公路道旁树，均划归集体所有；社员房前屋后坟丘树、自留地树、合作化时留下的自留树、木材树、果园归社员所有，并颁发了树权证。

二、精简职工、压缩城镇人口

1958 年以来，大批农业人口涌入城市，造成城市人口压力增大，农村劳动力减少。因此，精简企业职工和压缩城镇人口，是贯彻执行“八字方针”的重要措施。1961 年 5 月 21 日至 6 月 12 日，中共中央讨论制定了《关于减少城镇人口和压缩城镇粮食供销量的九条办法》，要求在三年内减少城镇人口 2000 万以上，使城镇人口的数量降低到 1957 年的水平。山西省委也制定了《山西省精简机构、人员实施方案》，决定 1961 年全省精简非农业人口 50 到 60 万。1962 年 1 月到 5 月，省委制定了《省、市、专、县机构设置方案》《山西省行政机关编制方案》《1962 年全省精简职工、减少吃商品粮人口计划方案》。

中共武乡县委根据中央和省委的要求，成立了精简领导小组，专门负责此项工作。全县各行各业都制定了精简计划，采取“动员领导干部带头响应党的号召到农村去、积极做好被精简人员的思想组织工作、积极想方设法解决返乡人员的实际生活困难、要求各公社配合县委安排好返乡人员的生活、要求各部门各单位认真做好善后工作”等措施，保证完成精简任务。

1961 年，卧龙头陶瓷厂工人由 1958 年的 76 人减至 40 人；1961 年，八一陶瓷厂工人由 1958 年的 100 人减至 27 人；1962 年，全县邮政机构由 1960 年的 17 个减少至 8 个，职工由 1960 年的 74 人减少至 58 人；1961 年，中国人民银行武乡支行营业所由 1958 年的 12 个减少至 5 个；1961 年，粮食管理机构干部职工由 1958 年的 153 人减少至 127 人。全县共精简干部职工 541 人，精简吃粮人数 1552 人。

1961 年 7 月，精简机构，取消了 13 个人民公社的“一委六部”（一委：计划委员会；六部：农林水利部、工业交通部、财粮贸易部、文教卫生部、政治部、生活福利部）。1962年，机构精简，将民政局、劳动局合并为民政科，农业建设局、水利局合并为农业建设科，财政局、税务局合并为财政科，经济计划委员会、工业局、交通局合并为经济委员会，文教局、卫生局、科学技术委员会、体育运动委员会合并为文教卫生科，人事局改为人事监察科，粮食局改为粮食科，商业局改为商业科，新设统计科。同年7月，又将商业、粮食、农业建设、文教卫生四科改为局。

1962年10月，根据中共山西省委决定，撤销县委书记处，恢复县委书记、副书记领导编制。书记赵日新，副书记张秉公，常委郝四锁、王承尧、王世英、关留珍、赵国英、苑永华、张元堂、任海生。

在精简干部职工、压缩城镇人口过程中，许多共产党员和领导干部积极带头到农村参加农业生产，大批职工和城镇居民也克服重重困难，回乡参加劳动，体现了顾全大局、为国分忧的奉献精神，为武乡县农业生产的恢复和发展做出了积极的贡献。

三、推进工商业对农业的支援

武乡县委根据“以农业为基础、以工业为主导”的发展国民经济的总方针和“全党动手、大办农业”的指导思想，动员各行各业尤其是工业从各个方面对农业进行了大力支援。

1962年2月13日至16日，全县1961年财贸先进工作代表会议召开。参加会议的有各基层供销社、商业、粮食、金融、财政等部门先进集体代表和先进工作者共183人。县委财贸部副部长刘怀毅作了《全县1962年财贸工作计划和一季度工作安排意见的报告》。大会奖励了来自全县财贸战线的先进集体和先进工作者，选举产生了出席晋东南地区财贸会议的先进单位代表、先进工作者28名。大会通过了全县财贸先进工作者向全县财贸战线全体职工的倡议书。县长张秉公作了大会总结报告，报告指出，1961年财贸战线突出抓了以下几项工作：第一，支持农业；第二，发展多种经营，增加社员收入；第三，通过供销业务，积极支持工业、手工业的发展；第四，加强市场管理，活跃农村集市贸易；第五，关心群众，大抓生活。

2月26日至28日，长治市工农联盟代表团来武乡农村进行访问。代表团先后在韩北、蟠龙等地，深入6个生产大队、35个生产队，以个别交谈、登门拜访、组织联欢会等形式，与2900名农民进行了交谈，帮助当地农村检修了柴油机、电话机、喇叭筒等40余台（部），治疗患病农民74人（次），取得了良好效果。

四、第五届人民代表大会第一次会议

武乡县第五届人民代表大会第一次会议，于1563年6月19日至22日在县城召开。应到代表189人，出席会议的代表168人。张元堂副县长致开幕词。县委书记张乃成作了《关于当前形势的报告》。会议听取审议了县长张秉公所作的《武乡县人民委员会工作报告》、副县长关留珍所作的《关于1963年国民经济计划（草案）和第三个五年初步规划的报告》、副县长任海生所作的《关于1962年财政决算和1963年财政预算（草案）的报告》；韩宗琦所作的《法院工作报告》，并经代表酝酿讨论后，表决通过了上述四个报告的决议。大会充分发扬民主，经过无记名投票的方法，选举了武乡县人民委员会县长张秉公，副县长任海生、关留珍、张元堂，法院院长韩宗琦，出席省人代会代表张秉公、郝改英、王定一、于霖瑞。

五、国民经济调整目标的实现

1963年9月6日至27日，中共中央政治局在北京召开工作会议，决定从1963年起再用三年时间，继续进行“调整、巩固、充实、提高”的工作，把它作为第二个五年计划（1958—1962年）

到第三个五年计划（1966—1970年）之间发展国民经济的过渡阶段。武乡县委按照中央要求继续对国民经济进行调整。

农业方面。以贯彻《农业六十条》为基础，进一步从政策方面积极扶持，增加对农业的投资和贷款，调整了农产品的购、留比例，提高了农副产品的收购价格，降低了农业生产资料的供应价格。另外，按照省委提出的“以粮食为中心，带动经济作物全面丰收；以农业为中心，带动林、牧、副、渔全面发展”的方针，对全县农业结构进行了必要的调整。1964年10月28日至11月4日，县委召开三级干部扩大会议。会议分四个阶段进行：第一阶段，思想革命化，揭露和批判各级领导干部中的右倾保守思想，提高觉悟，统一认识；第二阶段，研究“今冬明春”生产任务和1965年农、林、牧、副、渔奋斗目标；第三阶段，安排以粮油为中心的农副产品征购和收益分配；第四阶段，具体部署面上工作，以革命的精神，掀起生产高潮。会上，县委副书记王富和作了《以阶级斗争为纲，以农业生产为中心，全面部署今冬明春生产任务的报告》，副县长关留珍作了《关于今冬明春农业生产任务的报告》，县长张秉公作了《关于认真做好1964年粮油征购和收益分配工作的报告》，县委组织部韩乃福作了《加强党的基层组织工作，实现党员和干部思想革命化的报告》，县人民武装部部长丁力作了《关于加强对敌斗争，保卫农业生产的意见》，县团委副书记王银全作了《高举三面红旗，大鼓革命干劲，为胜利完成今冬明春农业生产任务而奋斗》的发言，县妇联主任刘三梅作了《高举三面红旗，大鼓革命干劲，充分发挥妇女的作用，积极投入今冬明春农业生产》的发言。

1965年7月5日，县委召开增产增收三级干部会议。参加会议的有县、公社、生产大队三级干部。会上，县长牛永丰作了题为“大力发展多种经营，做到增产增收，促进农业生产新高潮”

的报告。报告共分五部分：第一，阐述了发展多种经营不仅是农业生产发展的大事，而且是发展国民经济、建设社会主义的大事；第二，发展多种经营，在各级党政机关的领导下，在社会主义教育运动的推动下，根据“以粮为纲，多种经营”的方针，深入发动群众，因地制宜地组织和发展多种经营；第三，根据形势的发展和群众要求深入地贯彻“以粮为纲、多种经营”的方针，必须在努力搞好粮食作物的基础上，大力发展多种经营，做到增产增收；第四，发展多种经营，做到增产增收；第五，加强领导，通力协作，各条战线紧密配合，各有关部门都必须把支援发展多种经营放在重要的地位，并要通力协作，互相配合，把工作做好，争当发展多种经营的促进派。

工业方面。继续加强轻工业，加强基础工业，开展大规模的增产节约运动和群众性的技术革新、技术革命，加强企业管理，提高质量和劳动生产率，努力降低消耗、降低成本、增加利润总额。1964 年以后，各厂、社开展了技术革新和技术革命，生产效率提高，产品种类增加，年产值达 85 万元以上。

县委还组织全县企业开展了学大庆运动。会议集中学习了中央关于加强相互学习，克服故步自封、骄傲自满情绪的指示，同时传达讨论学习了解放军政治工作经验和大庆油田经验。在学习文件的基础上，以中央指示为武器，以解放军和大庆油田的经验为镜子，联系工作实际，总结检查县、社两级的工作。通过学习文件，检查工作，揭盖子，找差距，肯定成绩，看到了问题，统一了认识，提高了觉悟，鼓舞了信心，加深了对中央指示的理解。大家一致表示，要以革命化要求搞好工作，改变故步自封、疲疲沓沓、工业生产落后的状况。在此基础上，讨论修订了 1964 年的主要指标和任务。

从 1961 年至 1965 年，经过五年的调整，武乡县工农业生产取得了显著成效，国民经济调整目标实现。1965年全县国内生产总值2491万元，比1957年增长6万元；农村人均纯收入44.8元，比1957年增长19.31元；全县粮食总产量4823.19万公斤，比1957年增长867.9万公斤；粮食每亩产量111公斤，比1957年增长33.5公斤；全县财政收入118.72万元，比1957年增长19.72万元；1965年全县农副产品收购总值达到420万元，比1960年增长5%。

从总体上看，经过10年的艰苦努力，武乡县的社会主义建设虽然遇到了挫折，但是仍然取得了一系列成就，为大规模进行社会主义建设奠定了基础。

第三节 知识分子政策的调整

一、“右派分子”摘帽和甄别平反

从1957年至1961年初，在反右派斗争、“大跃进”中对不少干部和群众进行了错误的批判，对他们造成了伤害，给国家带来了不应有的损失。县委根据中央和省委的指示，为被错划为“右派分子”的人进行摘帽和甄别平反。

根据中央和省委指示，1959年9月，武乡县为第一批被错划为“右派分子”的人摘帽。1959年至1964年，先后分五批，给32名被定为“右派分子”的人摘去了帽子。摘帽虽然没有从根本上澄清是非，但对于被错划为“右派分子”的人来说，精神压力得到一定缓解，政治处境和工作、生活状况有所改善。

1961年5月，在中共中央召开的工作会议上，决定对在1958年以来历次政治运动中受到党纪、政纪处分不当或处分错了的干部、党员进行甄别平反。6月，中共中央下发《关于讨论和试行〈农村人民公社工作条例（修正草案）〉的指示》，进一步强调对过去几年中受过错误批判和处分的干部、党员要进行平反。1962年4月27日，中共中央发出了《关于加速进行党员、干部甄别工作的通知》，要求对甄别平反工作加强领导，加速进行。根据中央和省委指示，武乡县从1961年至1962年，开展了为受到错误批判和处理的干部和群众进行甄别和平反的工作。1962年，武乡县公安局配合有关部门复查了1958年至1962年捕判的一批案件，纠正了其中错捕错判的43案。

二、知识分子政策的落实

1962年，随着国民经济的全面调整，党对知识分子政策以及科学教育文艺政策作了进一步调整。县委遵循对知识分子“政治关怀、工作勉励、生活照顾”的方针，抓紧落实各项知识分子政策。在政治上，把知识分子当作劳动人民看待，对受过错误处理的知识分子进行平反。在工作上，鼓励知识分子“向前看”，去掉隔阂，加强团结，放下包袱，轻装前进，要求新老知识分子要相互取长补短，钻研业务，共同进步。在生活上，一方面鼓励知识分子努力克服困难，艰苦奋斗；另一方面积极创造条件，在工资待遇、医疗、粮食和副食品供应等方面给予了知识分子力所能及的照顾。

1962年1月3日至10日，县委召开文教工作会议，部署“今冬明春”工作。参加会议的有各公社联合校长，中学党支部书记、校长，高、完小校长等100余人。会上着重讨论了小学普及和提高中学教学质量问题。会议强调：各公社、各生产队、各级学校，应当对普及小学教学工作重视起来，认真做到：第一，深入进行普及小学教育的宣传发动，提高广大干部和群众的思想认识；第二，逐村了解，登记统计，切实做好普及小学调查研究，查明情况，作出具体计划；第三，坚决贯彻国家办学和群众办学两条腿走路的方针，针对武乡村庄分散、自然条件较差的特点，办好一批全日制、半日制、轮回、一揽子等多种学校，让儿童就近上学；第四，教师要全面关心学生，严格要求学生，巩固儿童入学率，防止旷课、失学。在普及方面要达到：年满7至12周岁儿童除生理缺陷者外，全部入学，并坚持学习5至6年。会议要求：第一，全日制中、小学必须以教学为主，切实加强中、小学基础知识教学和基本技能的训练；第二，继续加强思想政治教育，培养学生热爱祖国、热爱劳动人民、热爱中国共产党、热爱劳动、热爱科学的情操；第三，加强总务工作，办好学校食堂，搞好生活，保证师生安心教学，身心健康；第四，各级领导干部要在政治上关心教师，照顾教师。

2月15日至17日，县委、县人委召开全县1961年工农教育、文艺宣传、医药卫生、科学技术先进工作者代表会议。出席会议的有来自全县民校、医院、药材、生产模范大队、爱国卫生模范村、俱乐部、读报组、广播收听小组、文艺创作、科学技术基层组织等的61个先进集体代表和97个先进工作者。这次大会的任务是：总结成绩，交流经验，表扬先进，克服缺点，不断前进。

2月28日至3月5日，县委召开县、公社医院、保健站工作人员和药材基地负责人参加的医药卫生工作会议。会议指出，1962年医药卫生具体要做好以下工作：第一，协同有关部门，搞好群众生活和劳逸安排；第二，就地组织医药力量，继续采取治疗、休息、营养三结合，中西医结合，推广行之有效的土方、验方、偏方等有效措施，加强疾病的防治工作；第三，充分调动医药卫生人员的工作积极性，开展医学科学研究活动，努力提高医疗水平。在药材生产上要继续贯彻执行党的方针政策，千方百计恢复和发展药材生产，尽量做到药材数量多、质量好、品种全。

由于党的知识分子政策的贯彻落实，全县广大知识分子心情舒畅，刻苦钻研，努力工作，在各条战线上取得了较大成果，为社会主义建设作出了积极的贡献。

三、调整党的统一战线政策

1962 年 1 月，中共中央扩大工作会议在北京召开。图为参加会议的在全国各地担任地委、县委书记的部分武乡籍干部合影。

党的八届九中全会后中共中央多次检查纠正了过去几年来统战工作中的“左”倾错误，特别是在 1962 年 1 月 11 日至 2 月 7 日召开的“七千人大会”上提出发扬党内党外的民主，以便团结一切可以团结的力量，进行社会主义建设。

在贯彻统一战线政策方面，中共山西省委要求，第一，对过去几年来受到错误批判的民主人士、知识分子，分别进行甄别平反。凡是平反的，均恢复原来的工作或安排其他相当的工作，较好地调整了党与民主人士和各种统战对象的关系。第二，坚持与民主人士“长期共存、互相监督”，鼓励民主人士积极参政议政。第三，加强各级统战工作机构的建设。1962 年 8 月 26 日，根据中共晋东南地委关于加强统一战线工作的通知精神，经县委常委会研究，决定恢复中共武乡县统一战线工作委员会，任汉忠任主任委员，刘锦文任副主任委员，任海生、窦明堂、王晋明任委员。

这些工作的开展，使党的统一战线再一次得到巩固，民主人士均表示愿与党组织同舟共济，团结一致，克服困难，为社会主义建设贡献力量。

第七章　城乡社会主义教育和对外开放

第一节　城乡社会主义教育运动

1962年年底，到1963年初，全国一些地区进行了整风整社、社会主义教育和小“四清”（清账目、清仓库、清财物、清工分）。1963年2月21日至28日，党中央在北京召开工作会议，会议决定以抓阶级斗争为中心，在农村开展以“四清”为主要内容的社会主义教育运动，在城市开展反对贪污盗窃、反对投机倒把、反对铺张浪费、反对分散主义、反对官僚主义的“五反”运动。5月2日，中央下发了《关于目前农村工作中若干问题的决定(草案)》（“前十条”），对运动的任务、政策和方法作了规定。9月，中央工作会议通过《关于农村社会主义教育运动中一些具体政策的规定（草案）》，共十条，即“后十条”。1964年12月15日至1965年1月14日，党中央在北京召开工作会议，会议制定的《农村社会主义教育运动中目前提出的一些问题》（“二十三条”）规定：全国城乡的“社教”运动一律以“清政治、清经济、清组织、清思想”为内容，城市“社教”的“五反”也改为“四清”。

1963年至1966年，中共武乡县委根据党的八届十中全会和中共中央“双十条”“二十三条”的指示精神，在全县开展了以阶级斗争为纲的社会主义教育和“四清”“五反”运动，并结合“四清”“五反”运动，对全县的党、团、工会、妇联组织进行了一次普遍整顿。

一、农村整风整社和“三清”运动

历时半年的农村整风整社和“三清”运动是农村社会主义教

育运动极为重要的内容之一。1963 年 2 月中旬，全县农村的整风整社和“三清”运动全面铺开。全县共组织整风队伍 502 人，采用巡回检查指导的方式，进行社会主义教育。教育内容：第一，教育党员和干部，提高阶级觉悟和社会主义觉悟，提高领导广大社员搞好集体经济的自觉性。第二，教育贫下中农成为巩固集体经济、发展农业生产的依靠对象。第三，教育和团结富裕中农，搞好集体经济。第四，对待地主、富农分子，正面教育他们服从国家的政策、法令。在三类队和二类偏下队，教育的方法：一是县工作组找落后原因；二是回忆土改前情况和合作化前阶级情况；三是建立贫下中农组织，确立贫下中农优势，提高贫下中农觉悟。在一类队和二类偏上队，教育的方法：一是总结农业合作化以来的巨大变化，进行比较，使之看到农业集体化的好处，更加坚定走社会主义道路的信心；二是表彰热爱集体经济的模范干部、模范社员，使广大党员更加热爱集体经济。

1963 年 5 月 3 日至 6 日，县委召开工作会议，各公社党委书记、科局长以上党员干部共 69 人参加。会议全面分析了整风整社运动的情况。全县 410 个大队，整得好的 60%，一般的 30%，没有或基本没有解决问题的 10%。为使整风整社运动圆满结束，县委强调做好以下工作：第一，关于政策方面的遗留问题，要彻底检查处理。第二，关于“三清”（清财、清工、清物）和干部的处理。第三，支部团结问题，没有解决的要检查补课。第四，全面检查评审工作，要充分发动群众，划清政策界限。第五，党支部要讨论如何加强战斗堡垒作用，如何发挥贫下中农委员会的作用。会议对春播工作作了安排，要求集中力量完成春播任务：抓保墒，抓整地，抓水利，抓肥料，抓优种，抓时间，抓密植，抓面积。会议强调：加强领导，干部要具体分工，深入生产队，实行包干负责制，上地劳动，以参加生产领导生产；广泛进行技术传授；

严格检查验收，发现经验总结推广，发现问题及时解决，保证完成春播任务。

6月19日，县委对农村整风整社运动进行了总结。这次农村整风整社运动分为四步：第一步，以两条道路、阶级斗争为主要内容开展了深刻的社会主义教育运动；第二步，以贯彻《六十条》为主要内容，落实了党的各项政策；第三步，以“三清”和干部参加劳动为中心改善了干群关系；第四步，以远景规划为动力，树立了兴家立业思想。为了搞好整风整社运动，县委和公社党委都搞了试点，县委书记和公社党委书记，亲自蹲点创造经验。县委还抽调县、社干部220人，组成工作组，分赴三类和二类偏下大队，帮助党支部开展整风整社运动。经过5个月的社会主义教育和整风整社运动，使全县广大农村党员干部和农民群众受到了一次深刻的教育。其中受到教育的成年人占成年人总数的97%。全县410个生产大队，整风质量好的队218个，占53.2%；一般的大队150个，占36.6%；质量不好的大队42个，占10.2%。

6月20日，县委对农村人民公社、生产大队和生产队清工、清财、清物资的“三清”运动进行总结。全县410个生产大队（155个核算单位），按照地委五个标准衡量，“三清”彻底的158个大队，占38.5%；基本彻底的154个大队，占37.5%；不彻底的77个大队，占18.8%；基本没搞的21个大队，占5.2%。“三清”运动搞得好的大队占80%。全县“三清”总值达到566488元，占1962年可分配总收入的9%，每户平均14元。

二、城市的“五反”运动

1963年8月8日至10月10日，为了正确贯彻实施中共中央关于厉行增产节约和反对贪污盗窃、反对投机倒把、反对铺张浪费、反对分散主义（包括本位主义）、反对官僚主义运动的指示，根据中央会议精神和省、地委对“五反”运动的安排意见，结合实际，县委讨论确定开展“五反”运动的计划。

县级机关“五反”运动分两批进行，第一批党政领导机关和企事业单位的行政管理机构共33个参加，应参加职工535人，实际参加职工517人，占96.6%。这次运动分四个阶段进行。第一阶段：学习阶段，时间10天，主要学习中央“双十条”和“五反”运动指示；第二阶段：“洗手洗澡”阶段，时间25天，在学习文件、提高阶级觉悟、明确方针政策的基础上，根据中央“五反”指示，完成好两件工作，一是搞好“三清三查”（三清：清账、清财、清库，三查： 查漏洞、查去向、查原因），二是按照省委文件，清理好各单位的小家当、小仓库、小金柜；第三阶段：开展反对贪污盗窃、投机倒把的斗争，时间15天；第四阶段：系统整改，集中反对官僚主义，进行总结教育，时间10天。

为使“五反”运动健康发展，同时搞好当前工作，做到“五反”与当前工作双胜利，县委组织了以县委书记张乃成、副书记赵日新、县长张秉公、县监委书记任汉忠为首的“五反”领导小组。在县委“五反”领导小组指导下，参加第一批“五反”的33个单位又划分为党群、政法、财贸、农业、工交、文卫6个口，各口由3至7人组成领导小组，组长均由县委常委担任，深入下去，坐镇指挥，加强对运动的具体领导。

三、开展农村“四清”运动

1963年12月3日，县委部署社会主义教育运动。1964年2月，县委在涌泉大队进行“四清”试点，揭开了武乡“四清”运动的序幕。农村大队的“四清”运动，是按照中央“前十条”和“后十条”，以搞好搞细、搞深搞透的要求，以分期分批集中力量打歼灭战形式进行的。4月13日，县委决定在监漳、上司两个公社的34个生产大队中开始开展“四清”运动。

6月13日，县委决定成立农村“四清”工作队政治部。为了加强农村“四清”工作队干部的思想政治工作，并在“四清”运动中发现和培养人才，解决他们日常生活中所遇到的一些实际困难，根据省委5月7日《关于建立农村“四清”工作队政治部机构的通知》精神，县委常委会讨论决定，成立农村“四清”工作队政治部。

8月2日，县委召开工作会议。会议期间，讨论了省委《关于农村社会主义教育运动的部署通知》《城市社会主义教育运动的通知》《关于民兵三落实的决定》《关于领导干部蹲点问题的决定》4个文件。8月11日，根据省委对开展社会主义教育运动的初步部署，县委对全县农村“四清”运动作出初步部署：第一，本着冬春搞“四清”、夏秋搞“五反”和集中力量打歼灭战的精神，在后6个月分期分批完成生产大队和生产队的“四清”运动。第二，为了搞好冬季“四清”，完成5年“四清”规划，必须高标准按时完成第一批大队“四清”。第三，公社一般的“四清”扫尾问题，要求在9月底之前，把定案、组织、处理、退赃等工作搞下来。第四，组织和训练好“四清”工作队。县委从县级机关中抽156人，从农村工作队中抽44人，从公社一般干部中抽100人，专署在武乡县搞第一批“四清”的干部53人，以上共353人，每个大队平均近7人，生产队平均1人。第五，为把“四清”运动搞好搞细，搞深搞透，坚持高标准，必须加强对“四清”运动的领导，加强对“四清”工作队的领导，不断总结典型经验和教训，提高工作队的思想认识；加强检查验收工作，为此，县委后来专门组织了一个“四清”工作检查组，进行巡回检查，发现问题及时解决，保证运动健康发展。

9月，县委开始在监漳、上司两个公社进行“四清”试点。10月中旬，根据晋东南地委的安排部署，县委书记张乃成带领武乡县400余名干部组成的“四清”工作队，赴长子县参加社会主义教育运动大会战。

10 月 31 日至 11 月 3 日，县委在监漳公社召开“四清”试点贫下中农代表会议，参加会议的有监漳、上司两个公社的 34 个大队和涌泉大队的干部和贫下中农代表 552 人。会议总结了试点经验，处理了一批案件，并进一步批判了右倾保守思想。

11 月 24 日，县委、县人民委员会，根据省委指示，作出举办贫下中农讲习所的意见。第一，举办贫下中农讲习所（会）的目的和任务：在普遍提高阶级觉悟的基础上，积极培养基层贫下中农组织的骨干力量；为生产大队培养贫下中农讲习所（会）领导干部和教学人员；培养建党建团对象和基层民兵组织的骨干；在举办贫下中农讲习所的过程中，发现典型，培养典型。第二，学习内容和方法步骤：以阶级斗争教育为纲，用毛泽东思想武装贫下中农；讲习所采用群众路线的学习方法，贯彻理论联系实际的学习原则。第三，要求各公社生产大队在积极办好冬学的同时，普遍举办贫下中农讲习所。第四，加强贫下中农讲习所（会）的组织领导，由县贫下中农筹委会主办，县委党校具体承办。讲习所由县委副书记王富和担任所长，县委宣传部部长刘锦文担任副所长，指定一人为办公室秘书。同时成立讲习所党、团支部，以加强领导。县、社下乡工作组，各公社党委书记和生产大队党支部要亲自抓，加强领导，把贫下中农讲习所办成组织训练阶级队伍的学校。

1965 年 1 月 1 日，县委制定《关于当年“四清”工作方案》。《方案》对当年“四清”工作的重大意义、内容和方法步骤等问题作了明确规定。5 月 4 日，县委作出关于当年“四清”运动的总结。主要是以清工清债为中心，清账、清库、清债，解决贪污盗窃、投机倒把、多吃多占、铺张浪费等问题，以此促进当年收益分配兑现，安排好社员生活。在整顿基层组织、整顿经营管理的基础上，掀起农业生产新高潮。整个运动分三步进行：第一步，贯彻政策，发动群众，组织阶级队伍，成立“四清”委员会，摸清各类人员思想底子；第二步，以清工清债为中心，开展揭盖子，干部洗手洗澡，放包袱，组织退赔，进行当年分配兑现；第三步，整顿基层组织，整顿经营管理，组织发动生产新高潮。

通过这次运动，取得了以下成绩：第一，所有干部、群众都受到了一次深刻的社会主义教育和集体主义教育，明确了方向，坚定了走社会主义道路的决心，95%以上的干部群众划清了大是大非界限，社会主义觉悟大大提高。第二，组织了阶级队伍，树立了贫下中农优势。全县410个大队，都成立了贫协委员会，共有委员2647人，形成了一支强大的贫下中农阶级队伍。第三，基本上刹住了四不清歪风。第四，清工清债，落实了工分和经济收入。第五，普遍整顿了基层组织，调整加强了领导力量。全县18个公社377个大队干部共3160人，调换职务的598人，撤职的26人，停职的22人。生产队级干部共5971人，撤职的28人，调换职务的412人。第六，整顿了经营管理，建立健全了制度，在整顿中，为生产管理、劳动管理、财务管理、农具管理及林业、副业、畜牧业等建立了规章制度。第七，掀起了农业生产新高潮，全县人民发扬老区艰苦奋斗的光荣革命传统，破保守，鼓干劲，一个争取大面积增产增收的农业生产新高潮在全县形成。

1965年7月中旬，中共晋东南地委决定在武乡县开展“四清”大会战。8月14日，参加长子县“四清”运动的武乡县“四清”工作队返县。

8月15日，由省级、地级机关、北京师范大学和襄垣、晋城、武乡三县组成的2500余名武乡县“四清”工作队会集县城，进行整训。9月，农村“社教”工作队的先遣队入村，共派出干部2119名，平均每队6.5名。全县进行“社教”的大队326个，占

1966 年 6 月 20 日，武乡县“社教”工作团办公室全体人员合影。

大队总数的 79.3%。为加强领导，县设立工作团，各公社设分团，县工作团由地区行署专员张行夫任政委，县委书记张乃成任团长。

“社教”运动在政治上、组织上、经济上和思想上，切实解决了农村存在的大量实际问题，对整顿农村的经济秩序、加强社队经营管理、改变干部作风、密切联系群众、促进生产发展起到了一定积极作用。全县共清出贪污挪用、投资倒把、多吃多占金额 97.8 万元，粮食 51.5 万公斤，布票 11 万米，工分 47 万个。其中千元以上大案 4 起，受党纪处分的党员 263 名，占党员总数的 6.64%，其中开除公职的 3 人，开除留用的 3 人，降级 3 人，撤职 42 人，不登、缓登、劝退党员 567 人，占党员总数的 14%。运动中全县发展党员 1131 人。

历时三年的“社教”“五反”和“四清”运动，对于纠正干部多吃多占、强迫命令、欺压群众等作风和集体经济经营管理方面的许多缺点，对于打击贪污挪用、投机倒把和刹住封建迷信活动等歪风，起了一定的作用。但是，由于以阶级斗争为纲，混淆了两类矛盾，使一些干部和群众受到不应有的打击。

四、组织干部参加集体生产劳动

1963 年 4 月 1 日至 3 日，县委召开各机关单位负责人会议，动员县直各单位职工开展植树造林运动。随后，县级机关、厂矿、学校等共千余名干部职工，在县委书记张乃成、县长张秉公的带领下，绿化故县滩。同时，吸收技术员和老农组成造林质量验收组，采取边植边查边验收的方法，从而保证了质量。共植树6488株，每人平均6.4株。4月5日，全县21个公社普遍开展了植树造林运动，参加人数达6万人次。全县共造林4142亩，植树94.04万株。

1964年6月19日至22日，县委召开县、社、队三级干部参加的劳动大会。会议要求：提高思想认识，使各级干部参加集体生产劳动经常化、制度化。通过劳动实践，更好地领导群众完成阶级斗争、生产斗争和科学实验三项伟大革命运动，促进生产，力争1964年农业生产全面丰收。会上有8名劳动模范介绍经验，分别是：模范支部书记王锦云“通过参加劳动，领导‘双五好’竞赛”的经验：“大队干部参加劳动的活样板”——牛兴旺的经验；支部书记魏满堂搞好财务管理的经验；“五好社员铁老汉”——韩国栋的经验；“在劳动中抓措施、保增产、工作好、劳动好的支部书记”杨效忠的经验；“法院书记员程新田下乡70天”的经验；“一个劳动好、工作好的大队党支部书记”刘大朴的经验；劳动模范韩改桃的经验。会议要求全县广大干部做到：第一，进一步认识参加劳动的伟大意义，自觉地以革命精神不断提高觉悟。第二，通过参加劳动，由外行变成内行，人人争取“三通”（通政治、通技术、通管理）。第三，加强具体领导，保证运动不断向前发展。

7月30日至8月5日，县委召开县、公社、大队三级干部参加的集体生产劳动大会，共1386人参加大会。这次会议根据省、地委指示精神，集中解决干部参加劳动问题。会上，县委书记张乃成作了动员报告，从正面讲解了干部参加劳动的意义，接着分组进行讨论，在提高认识的基础上进行了放包袱、揭盖子、挖根子、查危害工作。会议要求，县、社干部要带头劳动，下队必下地，下地必劳动。会议确定县级机关干部每年至少劳动30天，公社干部每年至少劳动60天。生产大队干部要坚持定工劳动、定额补贴制度。大队和生产队干部在工作中，要实行“四结合”，即集体领导与分工负责相结合，参加生产和领导生产相结合，依托重点和指导全面相结合，定期开会和田间商量相结合。经过定制度、议办法，促进了干部参加劳动。

第二节　外事工作

20世纪50—60年代，随着国际共产主义运动的深入发展，特别是第三世界国家反帝、反殖、反霸斗争的蓬勃兴起，越来越多的还在帝国主义殖民统治下的人民奋起反抗，渴望来华学习中国抗日游击战争的经验。

1964年3月，武乡被山西省确定为对外开放县。自此，大量的亚非拉友好人士先后来到太行山区的武乡县进行参观访问、考察学习。1964年3月2日，武乡县迎来了第一批外宾——哥伦比亚《先锋报》社长一行。从此，外国友好人士陆续来到武乡。

一、外事机构

1964年到1971年7年间，武乡县没有设立专门的外事领导机构，由纪委监察委员会书记任海生兼管外事工作，指定县委办公室副主任李彦南具体主管外事工作，专职干事李志宽负责外事宣传资料和布展，组织培训讲解员。

随着来武乡的外宾不断增多，这种临时分管的机构不再适应新形势的要求，于是，省外事部门根据国务院通知精神，适时作出决定，于1971年4月正式成立了武乡县外事办公室，属县政府下辖的科级单位。李彦南任首届外事办公室主任，兼县委办副主任。县委副书记高晓玉（原武装部部长）和县委常委、县革委副主任王晋岚分管外事工作。这样，外事工作在武乡得到充分的

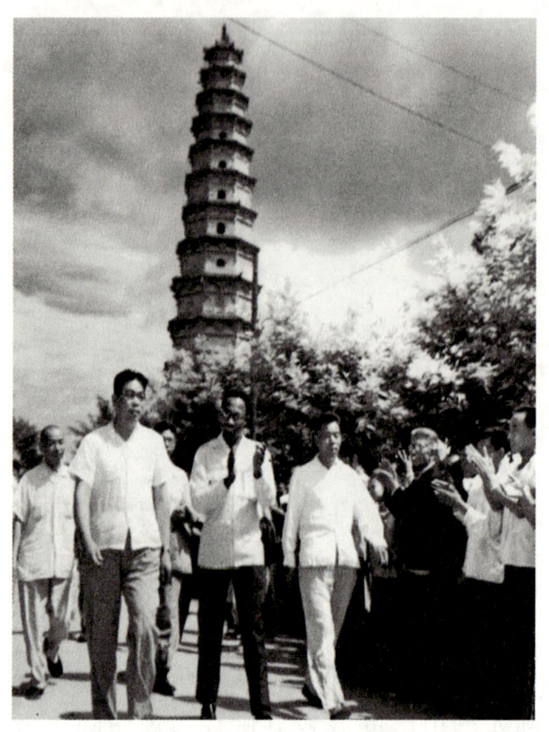

1965年8月29日，乍得外宾到达武乡县城时受到当地群众的热烈欢迎。

重视，成为县委、县政府的一项重要工作。后来，又根据省外事办公室指示，1977年9月将武乡县革委外事办公室改为武乡县革委外事科，1978年10月又根据国务院指示将武乡县革委外事科改为武乡县人民政府外事办公室。外事机构多次更名，但并未改变其接待外宾、开展外事活动的工作内容。

二、外宾参观考察重点

根据外宾来参观学习的要求，20世纪60—70年代武乡县确立的开放单位和项目共有6处：

武乡革命纪念馆。建立于20世纪70年代初，是为外宾系统了解武乡老区人民在抗日战争和解放战争中，团结一致，同仇敌忾与敌人殊死搏斗的英雄史实而建立的。它坐落在县城广场的东侧，较好地宣传了太行老区人民配合八路军浴血奋战开展游击战争打败日本侵略者的英雄事迹，对外宾了解中国的抗日战争是一部较好的“教材”。

八路军总部砖壁、王家峪旧址。这两处旧址是1961年3月4日国务院公布的第一批全国重点文物保护单位，属于县文物管理所管理。对外开放以后，即开始向来武乡的外宾开放。通过

1980 年，武乡革命纪念馆

八路军总部领导人当年生活、工作过的旧址和珍贵的实物，加上老八路、老干部现场讲解，生动地宣传了八路军将领朱德、彭德怀、左权、刘伯承、邓小平、杨尚昆等老一辈革命家，在抗日战争的艰苦年代带领军民战胜敌人的丰功伟绩。

柳沟抗日兵工厂遗址。抗战时期，柳沟曾建有八路军抗日兵工厂。这里有煤有铁，又在深山沟里，建厂条件充足。这个兵工厂生产手枪、步枪、地雷、手榴弹、土炮等，有力支援了抗战。解放后，工厂搬走，留下遗址。外宾通过参观当年的旧窑洞、铁矿井、铁匠炉、炼铁炉、旧厂房、石窑洞、武器库等遗址和当时用过的一些简陋的生产工具和部分军工产品，可以了解当年抗日军民自力更生、艰苦奋斗的革命

1964 年 9 月 18 日，柳沟兵工厂厂长李克志（左一）与来访的南罗得西亚贵宾交谈。

精神和就地取材战胜困难的必胜信心。

李峪地雷战遗址。李峪村是抗战时“太行地雷大王”王来法的家乡，他领导村里民兵在蟠武公路上大摆地雷阵，炸得日本人闻风丧胆。在太行区首届群英大会上王来法被评为“太行地雷大王”。通过老民兵介绍王来法当年率领李峪民兵在蟠武公路开展地雷战的英勇事迹，使外宾了解到，地方武装和主力军配合，坚持开展游击战争是取得革命胜利的重要途径。

1964年9月18日，“太行地雷大王”王来法给南罗得西亚贵宾演示地雷战术。

长乐村战斗主战场。1938年4月16日，八路军主力部队激战一整天，歼敌2200余人，取得了粉碎日本侵略者对晋东南地区的“九路围攻”的辉煌胜利。外宾通过实地参观战场，可以亲身体验这一战例的具体打法、兵力布置和现场氛围，深刻理解山地游击战在战争中的重要位置。

下城土法制造火药小型厂房。抗日战争中，抗日军民缺乏武器，自制武器就成了民兵的一个任务，武乡各村民兵大部分都会造火药。下城村保留了一处自制炸药的小厂房专供外宾参观，可以使外宾以小见大，认识在革命战争中，自己动手克服困难，积少成多，以弱胜强的重要性，学习一些土法制造黑色炸药的具体方法。

三、涉外人员

除了外事办公室主任李彦南，成员李志宽、陈仁锁、张校苹、王晋元、王香芬、韩彭德、李月红和章霞琴外，还有外事招待所的服务员、炊事员、保卫人员负责外宾的接待任务。县委、县政府的分管领导先后有监委书记任海生，县委副书记高晓玉，县委常委、县革委副主任王晋岚，县委副书记韩国华，副县长祝志唐、史福登等。还专门聘请了一部分直接担负对外宣传工作的老同志，分别是：老党员李德盘主要介绍武乡地下共产党组织简史，老武工队队员张凤鸣重点讲解抗战时期第三军分区在段村敌占区开展隐蔽工作和进行政治攻势的情况，老民兵班长张寿海，母子杀敌英雄王贵女、段满青，铁道飞行军乔三流，女扮男装上战场的王九焕以及“地雷大王”王来法等老八路、老民兵，他们分别向外宾介绍抗战时期武乡军民围困蟠龙敌人、开展交通斗争、带头参军参战的典型事迹。

四、作用和意义

从 1964 年到 1971 年先后有来自 76 个国家和地区的外宾 1590 人来武乡参观、学习。来武乡县参观访问的外宾大部分来自第三世界国家。其中除各国革命党团的领导人之外，还有知名人士美国黑人领袖罗伯特·威廉、新西兰革命作家路易·艾黎、亚非新闻工作者协会总书记查禾多、美国进步作家韩丁和西德古生物学家托宾教授、美国纽约自然历史博物馆古生物部主任保管员戴福特博士、法国巴黎自然历史博物馆副馆长金斯伯格博士、日本军事评论家林克也、哥伦比亚《先锋报》社长波尔达等不远万里来到武乡参观考察。他们参观之后，对老区军民在抗战中所作的贡献评价极高，对中国人民的革命斗争精神十分钦佩，普遍反映不虚此行，收获颇丰。他们纷纷在留言簿上留言，盛赞中国人民经过艰苦卓绝的斗争取得民族解放的伟大胜利。

第八章 社会探索发展

第一节 成立革命委员会

1967年3月23日，经中共晋东南地区核心小组批准，成立了中共武乡县核心小组。核心小组组长：王保书，副组长：孔繁民、王成柱，成员：聂庆保、祝志堂。4月8日，县核心小组撤销了党政工作机构，设立“三室四组”，即办公室、学习毛主席著作办公室、政策研究室，宣传统战组、组织干部组、群众工作组和监察组。同时，各公社党委于4月下旬至5月间，相应成立了公社核心小组，行使原公社党委职责。

1967年4月5日至9日，武乡县革命委员会成立。县革命委员会由75人组成，其中革命群众代表占60%，人民解放军代表占10.7%，各级革命领导干部代表占29.3%。县革命委员会常委有15人。王保书为县革命委员会主任，孔繁民、王承柱、聂庆保、祝志堂为副主任。此后，各机关团体、人民公社、农村生产大队都相继成立了革命委员会。

第二节 学习毛主席著作活动

1966年2月13日，《武乡小报》转载《人民日报》《引导广大农民大学毛主席著作》的社论，号召社员大学毛主席著作。5月12日至16日，根据中共中央华北局、中共山西省委、中共晋东南地委《关于进一步加强学习毛主席著作领导的决定》，县委召开了全县学习毛主席著作先进单位暨积极分子代表会议，全县各条战线840多名代表出席了会议。10月，针对毛主席的《为人民服务》《纪念白求恩》《愚公移山》三篇伟大的光辉著作，全县掀起学习“老三篇”高潮。

1969年，县人武部政委、县核心小组组长王承柱在南亭村与农民们一起学习毛主席著作。

12月8日，晋东南地区农村学习毛主席著作辅导工作现场会在武乡召开。9日，参会人员到大有公社峪口大队参观学习，峪口大队回乡知识青年王月书和社员王生祥、王天书、王玉梅、王爱珍分别介绍了经验。在活学活用毛主席著作活动中，全县涌现出许多积极分子和标兵，有监漳公社禄村大队党支部副书记张爱菊，大有公社峪口大队回乡知识青年、学习毛主席著作辅导员王月书，洪水公社西岭背小学教师郭巨福，蟠龙公社蟠龙大队贫协副主任安存秀，上司公社下司村小学少先队大队长赵苗英等。其中郭巨福的《用毛泽东思想办革命的学校——二十年扎根山区办教育的先进事迹》，在《人民日报》《山西日报》等报刊上登载。蟠龙“红孩子”宣传队，坚持宣传革命传统，宣传八路军精神、雷锋精神，用先进的文化鼓舞人，对维护当地的社会稳定、促进当地工农业发展起到了积极作用。他们的事迹在《人民日报》《光明日报》作为先进典型进行了报道。

第三节　知识青年上山下乡

1968年，毛泽东发出“知识青年到农村去，接受贫下中农的再教育，很有必要”的号召，全国立即掀起知识青年上山下乡的高潮。为响应毛泽东号召，武乡县革命委员会根据上级指示，专门设立了知识青年上山下乡办公室负责接待、安置以及处理有关知青工作。

1969年1月8日，第一批武乡插队知青（来自北京市宣武区菜市口中学、40中学、76中学、131中学和丰台区中学等，共计765人），被安置在寨坪、下寨、白家庄、胡峦岭、韩北、窑上沟、王家峪、汉广、西岗头、峪口、长乐、槐树烟、凤台坪、杨桃湾、东里庄、牛家庄、五里坡、下城、上城、西黄岩、义门、楼则峪、窊里、窑上坡、常家垴、坡底、大良、信义、东寨底、五峪、东良、西川、禄村、吴村、乐家坪、圪针庄、枣岭、暴家峪、南亭等39个生产大队。1970年春，武乡县又迎来第二批知青，这次是来自天津市和平区和虹桥区等中学的学生，共计195人，安置在南台、枣烟、郭村、赵家凹、

1972年，石北公社楼则峪大队北京插队知青出工劳动。

北社、马牧、邵渠、北上合、陌峪、董井凹、铺上、王白烟、石北、岸北等 14 个生产大队。其间，还有在外省、市、县工作的武乡籍干部职工子女，被送回老家插队的“回乡插队青年”，共 45 人。1974 年，在自动报名上山下乡插队的高潮中，武乡县 112 名干部职工子女报了名，分别被安排在下城、牛家庄等村，部分知青经组织安排，回原籍插队劳动。此外，驻扎在武乡修筑太（原）焦（作）铁路的中铁三局的 50 名子弟也被安置在禄村、楼则峪等村插队劳动。此时，在武乡上山下乡插队的知识青年共达 1167 人，分布在 15 个人民公社的 53 个生产大队。

1973 年 8 月，为进一步加强党对知识青年上山下乡工作的领导，县委决定成立武乡县知识青年上山下乡工作领导小组，组长由县委常委、县革委副主任张元堂担任，副组长由县农林局局长路三保、文教办公室主任陈守年担任，成员有 10 人。11 月，又调整为县委书记李刘炳亲自担任组长。武乡县在 1973 年 9 月 9 日至 12 日、1976 年 6 月 25 日至 27 日，召开过两次规模较大的上山下乡知识青年工作会议，对 1969 年以来，1400 余名在武乡上山下乡的知识青年“走上与工农相结合，积极参加三大革命斗争的实践，在农业学大寨，普及大寨县的群众运动中，作出了应有的贡献”表示肯定。通过劳动锻炼，插队知青中先后有 10 人出席了晋东南地区先进知识青年表彰大会，有 100 多人被评为县、公社的模范人物，有 12 人加入了中国共产党，100 多人加入中国共产主义青年团，378 人被评为学习毛主席著作积极分子，7 人成为国家干部，79 人担任了生产队以上各级领导职务。1970 年之后，插队知识青年陆续离开武乡，有的被选送到国家机关单位、厂矿企业，有的被推荐上大学深造，也有的因疾病和家庭生活困难回城。到 1980 年，随着上山下乡知识青年政策的落实，知识青年陆续返回了城市，知识青年上山下乡运动成为历史。

第九章　国民经济和社会事业在徘徊中前进

第一节　整顿全县各级党组织

1977年2月，中共武乡县委决定对全县各级党组织分期分批进行整顿。县委要求，各级党组织要突出搞好“一批四整顿”，“一批”就是要学好文件抓住纲，深揭猛批“四人帮”；“四整顿”就是整顿思想、整顿作风、整顿组织、整顿经营管理。整顿方法是：充分发动群众，实行开门整党，集中整顿与常年整顿相结合。按照县委部署，从2月份开始，各人民公社和县直机关分别进行集中整党整风。在整党整风期间，县委组织工作队深入基层，蹲点包片，指导工作，解决问题。

1977年10月，县委出台《关于农村党的基本路线教育运动的意见》。《意见》的基本内容是：第一，进行党的基本路线教育；第二，坚持把揭批“四人帮”的斗争进行到底，把“四人帮”颠倒了的路线、思想、理论一一纠正过来；第三，进行新党章学习教育，搞好基层党组织的整顿；第四，整顿经营管理，建立健全人民公社的管理制度，不断进行生产领域的革命；第五，进行大寨精神、经验教育，大搞农田基本建设，改变生产条件。10月20日，中共山西省委党的基本路线教育工作队来武乡帮助工作。工作队由省计委和省财贸口的32名干部组成，分别深入城关、曹村、石北3个公社11个大队，对基层党组织进行党的基本路线教育，帮助和指导整党整风和农业学大寨等方面的工作。同年11月，为了加快农业学大寨的步伐，县委抽调县、社两级干部230人组成了党的基本路线教育工作队。

这次对各级党组织的整顿和对农村党的基本路线教育运动，到1978年12月结束。通过整顿，对全面恢复政治秩序起到了一定的促进作用。

第二节　农业生产的发展

畜牧养殖。1977年1月27日至2月2日，县革委召开全县畜牧兽医工作会议，参加会议的有各公社畜牧指导员和兽医工作者共90余人，总结了1976年畜牧兽医工作所取得的成绩和经验，表彰了一批先进畜牧兽医工作者。会议围绕县委提出的“决战1977年、建成大寨县”的规划和号召，制定了“养猪要达15万头，畜牧生产大发展”的规划和措施。

1978年6月4日至6日，县委在大有公社召开养猪养兔工作现场会。参加会议的有部分大队养猪养兔工作的负责人，共142人，与会人员参观了大有、城关、曹村等大队的养猪场和养兔场，听取了他们的经验交流。会议结合全县实际情况，进行了深入的讨论，制定了1978年养猪12万头、户均2.5头，养兔36万只、人均两只的奋斗目标。会议指出，全县养猪、养兔工作取得了很大的进展，但离预定目标还有很大差距。各级领导要高度重视，采取措施，把养猪养兔工作作为头等大事来抓。同年12月，农业部和省人民政府将武乡县列为全国发展半细毛羊基地县之一。

1978年以后，国家提高农副产品的收购价格，促进养殖业发展，畜牧战线专业户、重点户纷纷出现，全县57户养畜392头，47户养猪953头，142户养羊16980只，17户养兔5162只，106户养鸡21000只，10户养貂21头，26户养蜂300箱。养殖业的发展，有力地促进了农村经济和农民收入的快速增长。

栽桑养蚕。全县把发展耕地桑园作为发展蚕桑事业的一项基本举措。1977年秋，武乡从阳城、沁水购进22万株优种桑苗，在故城、石北、涌泉三个公社新建桑园110亩，1978年又在涌泉、东良、监漳等公社新建桑园650亩。同时，开始搞桑山试点，主要集中在涌泉公社的祁村和石北公社蚕种场，两处共建桑山166亩。

武乡县的栽桑养蚕，从1977年夏末秋初开始，经过两年多的时间，桑圃桑园发展到4200余亩，其中育实生桑苗2200余亩，桑苗4400万株，人均200多株，母本桑园2000余亩，优种桑250多万株，人均13株。栽桑大队272个，占全县大队总数的73%，养蚕大队139个，养蚕768张，蚕茧产量由1977年的245公斤增加到1978年的3150公斤。经过几年的努力，武乡县蚕桑产业取得了骄人的成绩，有力地推动了农村经济的恢复和发展。

1978年以后，全县蚕桑业大兴，1983年养蚕户由1977年的20多户增加到2000多户，养蚕公社由4个发展到19个，养蚕大队由6个增加到196个，饲养张数由10张增加到6000张，蚕茧产量由245公斤增加到8.5万公斤，涌现出蚕茧万斤以上公社4个、千斤以上大队42个、500斤以上社员户2个。信义、五峪、型庄、东良等村养蚕业最盛。

植树造林。1977年11月15日至17日，县委在故城公社东寨底大队召开全县林业工作会议，参加会议的有各公社分管林业的人，国营和各公社林场、苗圃负责人，县人武部和县直机关、厂矿的领导共70余人。会议传达贯彻了全省林业工作会议精神，讨论制定了全县林业发展规划和工作措施。会议期间与会人员到东寨底、北涅水两个大队进行现场参观，县委副书记、县革委会主任段国廷到会作了动员报告。报告指出，一定要充分发动群众，举旗抓纲拼命大干，像抓农田基本建设那样，抓好林业生产，不折不扣地完成县委提出的各项任务。

1978年10月11日至13日，县委召开全县林业工作会议，各公社革委会主任和国营林场、苗圃、县社负责人共100余人参加了会议。会上，县委副书记、县革委会主任段国廷传达了全国林业局长会议精神和全省用材会议精神，并作了有关全县林业发展规划的报告。县委书记孙文龙强调，全县各级干部一定要认真落实党的林业政策，特别是解决社员房前屋后树木的所有权问题，鼓励和支持社员植树造林，加快全县林业发展速度，同时要认真执行护林制度，加强整顿管理。与会人员在认真学习林业政策的基础上，讨论研究了林业工作中的有关问题，并制定了相关措施，提出了1978年秋季全县植树造林的奋斗目标。

1977—1978年累计完成造林25870亩，四旁植树454万株，育苗3176亩，采种18050万公斤。

第三节　工业生产的发展

一、工业学大庆运动的开展

1976年12月23日至28日，中共山西省委召开全省工业学大庆工作座谈会。会议提出了1977年全省工交战线的主要任务，号召全省工人阶级开展工业学大庆、普及大庆式企业的群众运动，为全省普及大庆式企业而奋斗。1977年4月20日至5月13日，中共中央和国务院召开全国工业学大庆会议。会议提出，为了实现四个现代化，工业战线要开展学大庆活动。5月29日，中共山西省委在太原召开规模空前的传达贯彻全国工业学大庆会议精神和工业学大庆、普及大庆式企业的动员大会。武乡县委认真贯彻上述三次会议精神，在全县掀起了工业学大庆、普及大庆式企业的高潮。工交部门制定了工业学大庆、普及大庆式企业的规划，组织各企业建立健全了以岗位责任制为中心的规章制度，加强了职工队伍建设，开展了技术革新、技术革命和群众性的科学实验活动，促进了企业整体水平的提高。

1978年4月5日至12日，山西省工业学大庆会议在太原召开。省委书记韩英在会上作了题为“以揭批‘四人帮’斗争为纲，深入开展工业学大庆运动，为加快山西省国民经济发展速度而奋斗”的报告。4月18日至22日，中共武乡县委主持召开了全县工业学大庆会议，县委、县革委会领导和县直机关干部、全县各条战线负责人参加了会议。会议传达了中共中央关于工业发展的指示和全省工业学大庆会议精神，总结交流了全县工业学大庆的经验。通过联系实际，揭矛盾、找差距，解放思想，充分讨论，制定了1978年工业学大庆的奋斗目标、规划和措施。会议之后，全县工交战线认真贯彻《中共中央关于加快工业发展若干问题的决定（草案）》（简称《工业三十条》），开展质量月活动，促进了全县工交战线拨乱反正工作，使工业生产效率显著提高。至1978年底，全县有工业企业70户，由全民所有制和集体所有制两部分构成，其中，全民所有制企业2户，直属企业1户，专属企业2户，县属企业15户，集体所有制县属企业13户，农村社办企业39户。全县完成工业总产值1769.54万元，完成利税109.51万元，职工4397人。

1976年，武乡县化肥厂

二、工交领域的恢复和发展

武乡县委从抓工业学大庆入手，组织领导工交战线职工学习大庆人的精神和作风，加强企业管理，推广工交战线先进典型的经验，使全县的工业、交通、邮电及基础设施建设迅速得到了恢复，并取得了可喜的成绩。

煤炭工业。1978 年，全县煤矿发展到 18 座。其中，全民所有制的东庄煤矿，属县工业局领导；集体所有制的墨镫、白和、中村、阳迦、五一等煤矿，属县手工业管理局领导。社队小煤矿发展到 20 个，新增了阎家庄煤矿、庄里煤矿、新村煤矿、戈北坪煤矿、南坪煤矿、洪水煤矿。墨镫煤矿开始斜井生产，新建车房 1 座，井下改变为半机械操作，运输主巷用道轨铺设。五一煤矿在扩大再生产的同时，又购进新型大型绞车，井筒安装了罐笼、罐道，改造了坑下运输，由人工搬运改为畜力、绞车配合运输。阳迦煤矿修建职工住宅楼一栋，生产条件有所改善。社队小煤矿发展到 24 个，新增了韩北煤矿、石门公社煤矿、庄底大队煤矿、温庄大队煤矿等。这些煤矿中，洪水、墨镫、石门、韩北、蟠龙为公社煤矿，其余均为大队煤矿。1978 年全县生产原煤 21.89 万吨。

电力工业。1977 年 7 月 2 日，晋武发电厂 1 号机组正式投产。同年 12 月，全县 21 个公社全部通电。通电大队达到 244 个，占大队总数的 63%，10 千伏线路 485.7 公里，配电变压器达到 368 台，总容量为 19490 千伏安，用电猛增到 987.97 万千瓦·时。1978 年在长乐新建 7800 千伏安变电站，城关变电站建成投产。城关变电站是一座现代化程度较高的 35 千伏变电站，年输电量为 1500.95 万千瓦·时。

公路建设。1977 年 12 月 20 日至 23 日，县委、县政府在墨镫召开了全县公路建设现场会。参加这次会议的有：在公路建设中作出突出贡献的先进集体代表和先进生产者，各公社分管公路

20世纪70年代，武乡发电厂

建设的领导干部，共130余人。会议总结交流了全县公路建设的经验，表彰了先进，并进行了现场参观。会议指出，全县公路建设者要取长补短，研究对策，大干快上，掀起全县公路建设新高潮。会上，县委副书记韩国华作了动员报告。报告指出，要进一步加强领导，整顿组织，落实措施，开展竞赛，大搞技术革新，在全县掀起一个公路建设的新高潮。截至1978年底，全县21个公社300余个大队均可通汽车，同时以县城为中心，建成6条班车路。

邮电通信业。这一时期，全县的邮电通信业也有了进一步发展。截至1978年底，全县21个公社300多个生产大队均通了邮路，其中乡邮线路1339公里。报刊发行、包件、函件、汇票是邮政基本业务，全年发行报刊162万份，邮政业务收入10万元。

1978年，武乡县电信增开县城至洪水、蟠龙、故城三路载波电路，电报业务量达到2.3万份，同时改用电传打字机收发电报。农村电话到1978年底已全部实现载波化、干线杆路水泥化。

第四节　各项社会事业的恢复和发展

一、教学秩序的逐步恢复

1977 年 10 月 23 日至 11 月 1 日，武乡县委召开全县中、小学教师及教育局、文教部全体干部职工会议。会上，县委书记孙文龙作了重要讲话，强调了会议的重要意义和主要任务。研究讨论了整顿教育战线，提高教学质量，为实现“四个现代化”培养人才的规划和措施。与会广大教育工作者纷纷赞成党中央的举措，表示一定要努力工作，为全县教育发展作出自己的贡献。

小学教育迅速恢复。1978 年贯彻《全日制小学暂行工作条例（试行草案）》，小学教学向正规化方向发展。全县有初级小学 689 所，简易小学 24 所，在校学生 33888 人，入学率达 85% 以上，教职工 1415 人。各级学校层层建立了岗位责任制，各联合学区

山西省模范教师、洪水公社西岭背小学教师郭巨福在大雪中送孩子们回家。

普遍建立和健全了小学生学籍管理制度。各地还从实际出发，因地制宜，合理布局，以全日制为主，打破单一化，创建了多种形式的学校。为了保证质量，使儿童真正接受五年制教育，达到小学毕业的文化程度，不少学校开展勤工俭学，让学生依靠自己的努力，逐步实行免费和半免费入学。在教学上，从1978年秋季开始，严格执行新的教学计划，按照教学大纲规定，开全课程，开足课时。1978年，中学教育恢复正常，武乡中学面向全县择优招生，当年招收初中班两个、高中班4个，恢复“文化大革命”前的完全中学建制。全县将137所七年制学校调整为44所初级中学，6所中学为县直中学，各公社办好一所社办初级中学，其余下放到村队联办。中学各校健全党支部、教导处、总务处和团委会，教学日趋正常，教学质量稳步提高。

1978年5月，恢复武乡县教师进修学校，设教务主任1名、教师4名，采取定期集中轮训方法，对教师进行培训。1978年6月5日至16日，中共山西省委召开全省教育工作会议。根据这次会议精神，县委、县革委会要求全县教育战线广大教职员工提高教育质量，提高教学水平，更好地为社会主义服务；要求学校大力整顿革命秩序和革命纪律，造就具有社会主义觉悟的一代新人，促进整个社会风气逐步好转。1978年下半年，县委根据地委的指示，撤销了贫下中农管理学校委员会，恢复了党支部领导下的校长负责制，调整了不适应中小学校工作的部分负责人。全县各级教育部门和中小学校逐步冲破束缚，恢复和健全了各项管理制度，重新制定了教学计划，改进了教学方法，使全县教育工作呈现出蓬勃向上的局面。

二、文艺事业的恢复

在全国、全省文学艺术界开始拨乱反正的形势下，1977年中共武乡县委首先恢复了武乡秧歌剧团，先后排出古装剧《逼上梁山》《小刀会》《杨门女将》《雏凤凌空》等。

1978年2月14日，文化部《全国摄影艺术展览》在武乡县文化馆展厅展出，山西省电视台根据蟠龙供销社支农事迹拍摄的《贴心社员支农忙》纪录片在中央电视台4次转播，受到全县人民的喜爱。同年4月，武乡图书馆创建，藏书1.4万余册。1978年为了活跃农村文化生活，全县各人民公社普遍建起了社办放映队，轮流在生产队为广大社员放映电影。

三、科技事业的恢复和发展

1978年3月，全国科学大会在北京召开。大会之后，武乡县委、县革委会召开千人大会，传达贯彻全国科学大会精神，要求全县干部群众充分认识科学技术在社会主义现代化建设中的重要地位和巨大作用；充分认识提高整个中华民族的科学文化水平，我们责无旁贷，领导干部要带领群众把全县的科技事业推上一个新的水平。4月，武乡县恢复科学技术协会，并选举产生了第一届科学技术协会委员会。11月，恢复县科学技术委员会，与县科学技术协会合署办公，设科协办公室、科委办公室、分析实验室、情报资料室、科技图书馆、科教电影队、地震办公室、标准计量所。同时，各科研普及机构亦相继恢复。建立健全科技机构之后，县委、县革委会贯彻党对知识分子在政治上关心、工作上信任、生活上照顾的政策，进一步激发了科技工作者的积极性。这一时期，全县科普活动逐步恢复。1978年县科委科教电影队深入全县农村放映150余场，观众达9000多人次。

四、农业科技的恢复发展

1977年4月1日至4日，县革委会召开四级农科网和科学种田会议。参加会议的有各公社革委会主任、农科站和部分生产大队的负责人、县农科所的全体职工，共80余人。9月28日至29日，中共晋东南地委、地区革委在武乡县召开小麦耕作制度改革现场会。各县革委会主任、农业局局长、农科所所长、技术站站长及有关单位负责人共85人参加了会议。与会人员参观了故城、监漳、城关、下城等社队和县农机厂。由武乡和屯留两县代表介绍了小麦带状种植的经验以及有关农机具的配套和使用方法。地区革委会主任王林堂就小麦耕种制度改革工作进行了具体部署，王林堂要求全区各县一定要完成小麦耕种制度改革工作，为夺取1978年夏粮丰收打好基础。

1978年6月19日至20日，县委召开了农业机械化会议。县委、县革委会、县农机局、各公社的农机干部及有关单位负责人参加了会议。会议传达贯彻了第三次全国农机会议和全省农机会议精神，分析研究了全县农业机械化的基本情况和发展形势，讨论制定了1978年全县基本实现农业机械化的规划和措施。会议要求，各级党委一定要高度重视，切实加强领导，要把实现农业机械化

1977年12月27日，武乡县拖拉机驾驶员训练班全体合影

作为一项重要任务来抓，充分发动群众，调动各方面的积极因素，坚持自力更生方针，加快农业机械化的步伐。到 1978 年底，全县有大中型拖拉机 151 台、小型拖拉机 128 台、其他机械 1861 台。

五、卫生体育事业的复苏

武乡县委对事关人民群众身体健康的卫生体育事业十分重视，不断加强对卫生体育事业及相关工作的整顿，制定了规章制度，重新启用了一批在“文化大革命”中被下放或错误处理的专业技术人员，使他们放下包袱，轻装上阵，充分发挥聪明才智，为广大群众防病治病，为增强人民体质组织开展各项体育活动。

在医疗方面，1978 年，县人民医院有职工 96 人、床位 110 张，设有内科、外科、中医科、放射科、化验室、牙科、药剂科等科室，医疗水平有了较大提高。除武乡县人民医院，又分设蟠龙、洪水、故城 3 个地区医院、18 个公社卫生院。公社卫生院的职工人数有

烧高角大队医生杨银喜（中）在观察种植的药材。

所增加，医术有所进步。村卫生所发展到378所，乡村医生总数达到864人。

体育事业也得到了较快的发展。学校体育活动方面，从1976年起，每年元旦，县城中学生都要参加县体委组织举行的青少年环城越野赛跑活动。1978年，执行教育部中小学生体育教学大纲，各校普遍落实了两课（每周两节体育课）两操（早操、课间操）制度。同年4月19日，全县举行中学生篮球赛，25个队268名运动员参加，获得男子前三名的是武乡中学、大有中学、东良中学，女子前三名是武乡中学、东良中学、柳沟中学。县职工体育队逐渐增加，项目以篮球、武术、象棋、乒乓球、羽毛球为主。

农民体育、职工体育、老年体育、学校体育和竞技体育均有所发展，在提高健康水平、增强人民体质中发挥了较大作用。

第三编

改革开放和社会主义现代化建设新时期

党的十一届三中全会后，改革开放率先在农村拉开序幕，并不断引向深入。1980年，武乡县全面实行以大包干为主的家庭联产承包责任制；1993年至1995年，全县推行土地二轮延包政策，赋予了农民长期而稳定的土地使用权，促进了农村经济发展和社会稳定；2005年，实行粮食直补政策，保护种粮农民利益，调动农民种粮积极性，提高粮食产量，促进农民增收；2006年，免除延续两千年之久的农业税，“三提”“五统”“两工”也随之退出历史舞台，标志着农村税费改革取得重大进展，极大地减轻了农民负担。

其间，武乡县大力开展八七扶贫，发展畜牧养殖、核桃种植、名米生产，实施农村饮水工程和农民健康工程，实施村村通公路、村村通客车、村村通广播电视工程，创建小康示范村，建设社会主义新农村。武乡县先后兴建了八路军太行纪念馆、武墨铁路、武乡和信发电厂等一批影响深远的重点工程。乡镇企业、民营企业异军突起，以镁合金、新型建材为代表的新型工业粗具规模，以八路军文化为主题的“两园一剧”红色旅游开发方兴未艾。

改革开放时期，武乡大力推进政治体制改革，1981年9月县人大恢复活动并设立常委会，1984年5月县政协成立，同年撤销人民公社，建立乡镇体制，实行政社分开，全县393个行政村普遍建立村民委员会，大队、生产队的建制被取消，实行村民自治。

这一时期，县城综合服务功能和城市品位日益提升，先后获得国家卫生县城、国家园林县城称号。2012年，地区生产总值62.4184亿元，地方财政收入5.0410亿元，城镇居民人均可支配收入12086元，农村居民人均可支配收入3905元。

第一章　拨乱反正的全面展开

第一节　贯彻党的十一届三中全会精神

一、学习党的十一届三中全会精神

1978 年 12 月 18 日至 22 日，中共中央在北京召开的十一届三中全会，实现了思想路线、政治路线、组织路线的伟大转折，开启了改革开放历史新时期。

人民日报
RENMIN RIBAO
中国共产党第十一届中央委员会
第三次全体会议公报
（一九七八年十二月二十二日通过）

1979 年 2 月 16 日至 21 日，为了传达贯彻中共十一届三中全会精神，统一全县各级党组织和全县党员的思想，遵照中共十一届三中全会精神，联系武乡实际，讨论武乡县工作重心转移的若干问题，中共武乡县委召开了县、社、队三级干部（扩大）会议。会议认真学习了《中共中央关于加快农业发展若干问题的决定（草案）》和《农村人民公社工作条例（试行草案）》。会议指出，全党上下要解放思想，迅速把工作重心转移到社会主义现代化建设上来。特别是全县的农业生产，更应重点搞好，加快全县农业发展步伐，在农业上拨乱反正，全面纠正“左”的经济政策。一是恢复生产队基本核算单位；二是建立生产责任制和奖惩制度；三是改变自留地集体代种的做法，自留地要分给社员自己经营；四是开放集市贸易；五是允许并鼓励农民经营家庭副业；六是全面地贯彻“以粮为纲，全面发展”的方针。

1979年2月27日至3月3日，县委召开全县宣传工作会议。会议指出，全县宣传工作的主要任务是：深入广泛地宣传好、贯彻好中央工作会议和中共十一届三中全会精神以及中央关于农业方面的三个文件；充分利用各种宣传工具，使中央文件精神家喻户晓、人人明白；从实际出发，抓好理论学习，使宣传理论工作走在前头；办好各级党校，加强干部思想建设，着重解决工作重心转移后的问题。

二、中国共产党武乡县第七次代表大会

1981年10月4日至6日，中共武乡县第七次代表大会在县城召开。参加会议的代表共210名。这次代表大会的指导思想和中心任务是：坚持党的十一届三中全会以来确立的思想路线、政治路线和组织路线，认真学习党的十一届六中全会精神，回顾总结六届党代会以来的经验教训，讨论研究之后党组织的工作任务，进一步统一思想，增强团结，振奋精神，搞好物质文明和精神文明建设，加快武乡“四化”建设的步伐。大会议题是：听取和讨论县委书记段国廷代表县委所作的工作报告，听取和讨论县委副书记韩国华所作的纪律检查委员会工作报告，选举产生中共武乡县第七届委员会，通过县委《关于执行〈准则〉搞好党风的决定》。大会选出县委委员21名，候补委员4名。在七届一次全委会上，选出县委书记段国廷，副书记：李银尧、韩国华，县委常委：王晋岚、李银尧、李拴纣、杨效瑾、段国廷、祝志堂、韩国华、鲁建春，并选出中共武乡县纪律检查委员会委员7名，书记为韩国华，副书记为杜曙光、张建文。

第二节 恢复和加强社会主义民主法制建设

一、武乡县第六届人民代表大会召开并设立地方人大常委会

1981年9月14日至18日，武乡县第六届人民代表大会在县城召开。出席会议的代表117人。会上，县革委会主任李银尧代表县革委作了《武乡县革命委员会工作报告》，县财政局局长李玉山作了《武乡县1980年财政决算和1981年财政预算报告》，县法院院长李富堂作了《武乡县人民法院工作报告》，县检察院检察长程忠厚作了《武乡县人民检察院工作报告》。会议按照法律规定和程序撤销了县革命委员会，恢复了县人民政府。同时，选举产生了武乡县人民代表大会的常设机关——常务委员会。选举人大常委会主任1人、副主任5人、委员15人。选举产生了县人民政府县长1人、副县长5人，选举产生了县人民法院院长、县人民检察院检察长各1人。选出武乡县人大常委会主任王晋岚，副主任弓成木、苑永华、刘怀毅、路三保、王至善；选出县人民政府县长李银尧，副县长祝志堂、史福登、李志云、张怀照、曹明魁；选出县人民法院院长李富堂，县人民检察院检察长程忠厚。

二、恢复和加强公检法司法机构

1979年，进一步澄清了是非，肃清了“左”的影响，解放了思想，实事求是地纠正了大批冤假错案。1979年9月25日，建立了城关派出所，负责管理县城的社会治安。1981年，县公安局有局长1人、教导员1人、副局长2人，下设办公室、刑侦队、治保股、预审股、政保股、内保股、看守所和公安中队。

1978年10月，恢复重建武乡县人民检察院，调配干部15人，设刑事监察科、法制监察科、经济监察科和院办公室，设院长、副院长、办公室主任各1人，科长3人，监察员、助理监察员11

人。检察院恢复后，配合公安和法院对在押未决犯进行全部清理。1976 年 10 月粉碎“四人帮”后，司法工作走上正常轨道，配备公社司法助理员 21 名，对大队调解委员会进行了整顿，并培训了调解主任 100 人。

1979 年，县人民法院配合公安、检察机关，复查了 1966 年以后的全部案件，按照党的政策，实事求是地纠正了一大批冤假错案，围绕“四化”建设开展审判工作，严厉打击各种犯罪活动，巩固了安定团结的局面。1981 年，县人民法院得到进一步充实，设院长 1 人、副院长 3 人、院办公室主任 1 人，刑事审判庭庭长 1 人、审判员 3 人，民事审判庭庭长 1 人、审判人员 2 人、书记员 1 人。

第二章　改革开放的全面启动

第一节　农村经济体制改革

一、放宽农村经济政策

1979年12月14日至26日，全县落实农村经济政策三级干部会议在县城召开。参加这次会议的有大队支书、大队长、公社干部、县级机关干部，共1500人。会议以会代训，分段进行，重点解决体制变动、建立生产责任制、部分大小队干部班子问题。会议组织学习了《中共中央关于加快农业发展若干问题的决定》，其主要内容是：一定要正确地、完整地贯彻执行“农林牧副渔同时并举”和“以粮为纲，全面发展，因地制宜，适当集中”的方针；按自然规律、经济规律和群众利益，着手领导农业，反对滥用行政命令和瞎指挥；人民公社、生产大队和生产队所有权和自主权受国家法律的切实保护；在生产队统一核算和分配的前提下，可以全面分到作业组，联产计酬，实行超产奖励；社员自留地、自留畜、家庭副业和农村集市贸易是社会主义经济的附属和补充，不是资本主义尾巴；增加农业投资和贷款；提高粮食统购价格，棉、油、糖和畜、水、林产品收购价格也酌情提高；稳定粮食征购指标，绝不允许购过头粮。

12月，县委组织县、社两级科、局长以上干部100余人深入各社、队，就贯彻落实中央两个农业文件和党的各项经济政策的经验和问题进行调查研究。调查表明：全县在贯彻落实中央两个农业文件精神方面取得较大成果，农业丰收了，农民生活水平得到了较大改善。主要落实了三件事：（1）坚定不移地贯彻执行“三级所有，队为基础”的原则，继续纠正“穷过渡”。（2）普遍推广包工到组、联产计酬、超产奖励的生产责任制，进一步调动了社员的生产积极性。（3）进一步落实了党的各项经济政策，使一部分社队和社员先富起来。三中全会以来，通过贯彻两个农业文件和落实党的各项经济政策，社队多种经营和社员家庭副业生产有了很大发展。这次调查，对正确贯彻执行党的政策，加速农业的发展，是一个很大的推动。

1980 年 1 月 18 日，县委召开公社党委书记会议，传达贯彻中共晋东南地委、晋东南行政公署关于进一步落实农村经济政策的“三个规定”，即《关于进一步落实农村经济政策的一些规定》《关于加速发展林业的若干政策规定》《关于加速发展畜牧业的若干政策规定》。会议号召全县广大干部迅速掀起宣传、贯彻、落实“三个规定”精神的热潮，尽快把全县农业搞上去。会议强调，要迅速掀起大学习、大宣传、大贯彻“三个规定”的高潮，使文件精神深入人心，把党在农村的各项经济政策真正落到实处。同月 20 日，县委抽调 100 余名县级机关干部和 400 余名社、队干部，深入基层，督促检查宣传贯彻情况，充分调动广大干部群众的社会主义建设积极性，为“四化”建设作贡献。

1980 年 4 月，在进一步落实农村经济政策、拨乱反正的同时，21 个公社区划未变，但行政机构名称由公社革命委员会，恢复为公社管理委员会，同时大队革命委员会也恢复为管理委员会。

二、家庭联产承包责任制的建立与完善

1980 年 8 月 8 日至 14 日，县委召开三级干部会议。参加会议的有各大队支部书记、大队长、会计、公社全体干部和县级机关干部共 2000 余人。这次会议，传达贯彻了省委召开的全省农村工作会议精神，组织学习了有关文件，联系实际，紧紧围绕建立农业生产责任制的问题，展开了深入的学习讨论。会议期间，副省长霍泛、地委常务书记白清才到会讲话，县委书记孙文龙，县委副书记、县革委会主任段国廷，亲自辅导，带头亮思想、谈认识，对广大干部启发很大。这次会议是武乡县农村合作制再一次变革，把农民家庭经营引入合作经济体系的一次具有决定意义的会议。会议集中解决了三个问题：一是进一步清除了“左”的错误影响，二是进一步认识了大包干的适应性，三是进一步掌握了建立健全各种生产责任制的方法和步骤。会议结束后，各公社都召开了各种会议进行贯彻，狠抓落实工作。到1980年年底，全县1671个生产队，实行包干到户的生产队1649个，联产到劳的生产队13个，联产到组的生产队6个，专业承包的生产队3个。至此，以大包干为主的家庭联产承包责任制在武乡县全面实行。

8月25日，中共武乡县委下发了《关于印发北社大队实行联产到劳生产责任制调查的通知》。《通知》提出：“北社大队前三年搞‘包工到组，联产计酬’尝到了甜头，1979年把部分作物联产到劳，1980年又全部联了下去，对生产促进很大，很有说服力。”

1981年6月1日，中共武乡县委发出《武乡县专业分工联产到劳责任制试行办法》。此办法共10章39条，内容包括：总则、统一经营、“六定”到劳（“六定”指定劳力底分、定土地产量、定地块、定投资、定工分、定奖罚）、各业承包、多种经营专业户、农田基本建设、实行合同制、干部责任制、民主管理及其他问题。此办法实施后，使专业分工联产到劳责任制逐步完善。

12月4日，县委、县政府根据省委和地委的安排部署，召开了县、社、队三级干部共1700余人参加的会议。县委、县政府的领导和地委驻武乡工作组的负责人出席了会议。会议的中心任务是：认真宣传贯彻中央农村工作会议精神和省、地有关加强农业生产责任制会议精神。

1982年1月1日，中共中央发出第一个关于“三农”问题的“一号文件”，对迅速推开的农村改革进行了总结。文件明确指出，包产到户、包干到户或大包干都是社会主义生产责任制，同时，还指出它“不同于合作化以前的小私有的个体经济，而是社会主义农业经济的组成部分”。“一号文件”发出之后，县委召开扩大会议进行了传达贯彻。

1983年1月，第二个中央“一号文件”《当前农村经济政策的若干问题》正式颁布。文件从理论上说明了家庭联产承包责任制是在党的领导下中国农民的伟大创造，是马克思主义农业合作社理论在我国实践中的新发展。“一号文件”下发以后，中共武乡县委及时召开县委扩大会议进行了贯彻。

三、废除农村人民公社体制

随着农村经济体制改革的展开，人民公社体制已经不适应农村经济发展的需要。1983年1月2日，中共中央印发的第二个“一号文件”指出，要改革人民公社体制，实行政社分设。1983年10月，中共中央、国务院发出《关于实行政社分开、建立乡政府的通知》，规定建立乡（镇）政府作为基层政权，同时普遍成立村民委员会作为村级群众性自治组织。

1984年3月20日，县委、县政府转发武乡县选举委员会《关于政社分开、建立乡政府工作的方案》。依据方案，从5月开始，全县共设5个镇（洪水镇、蟠龙镇、监漳镇、城关镇、故城镇），16个乡（墨镫乡、广志乡、窑湾乡、石门乡、韩北乡、东沟乡、大有乡、贾豁乡、上司乡、故县乡、曹村乡、石北乡、涌泉乡、东良乡、石盘乡、分南乡）。至此，人民公社体制解体。

6月9日，县委、县政府转发武乡县建村领导组《关于认真抓好建立村民委员会工作的方案》。依据这一方案，1984年年底全县393个村普遍建立了村民委员会，原大队、生产队的建制被取消。

废除农村人民公社体制，建立乡镇人民政府和村民委员会自治组织，实行政社分开，为农村经济体制的进一步改革创造了有利条件。

四、稳定和完善家庭联产承包责任制

1982年1月，中央“一号文件”发出后，县委召开扩大会议，进行学习宣传贯彻，强调农村改革的政策不变，家庭承包制不变，允许一部分人先富起来的政策不变，稳定农民思想，调动农民生产积极性。会后，先后完善了土地承包，延长了土地承包期，合理适度地发展粮食专业户，促进了农村劳动力的转移。

1982年秋，上司公社为了解决承包耕地中存在的重用轻养、重补轻投、重分轻统问题，在实践中开始试行承包土地定等估价、土壤肥沃程序升奖降罚的办法，使承包双方共同承担责任，既发挥了集体的功能，又调动了农民种地养地的积极性，使耕地管理有章可循、有偿转让、有法可依，对于稳定和完善家庭联产承包制，改善生产条件，增强农业后劲，促进粮食产量持续稳定增长，都

1985年3月3日，武乡县人民政府召开1984年度群英大会，为年度收入万元和售粮万斤的专业户颁奖。图为获奖专业户在县城街上游行。

1985年，墨镫乡青草烟村村民年终分红。

起到了积极的作用。定等估价、升奖降罚管理制度的基本做法是：以地定产，以产定等，以等估价，升奖降罚。定等估价的耕地包括责任田和口粮田，定期一年一检查，三年一兑现，即以承包前三年的实际产量求出全村的平均亩产，作为标准产量，再以各块耕地的平均亩产量为依据，划分等级；在以地定产、以产定等的基础上，以每等耕地三年平均亩产量为依据，每公斤以0.06元计，对承包耕地肥力作出估价。1984年3月，中共中央书记处农村政策研究室余展、王强二人在武乡调查贯彻中央“一号文件”的情况，专程到上司乡进行了土地定等估价承包的调查。调查之后，余展、王强写出了《定等估价是对土地投资补偿的一种好办法》一文，在全国宣传推广。

五、推广户包治理小流域

根据第二个中央“一号文件”指出的“农村走农林牧副渔全面发展，农工商综合经营道路”的精神，武乡县在完善土地承包制的同时，进一步完善了林业、牧业、渔业的生产经营责任制。

1983 年 6 月 5 日，全县以户承包治理小流域三级干部会议在县城召开。这次会议，主要是深入贯彻晋东南地区 5 月中旬在武乡县召开的以户治理小流域现场会议精神，对全县应治理的 52 万亩“四荒”进行了全面规划，承包到户，进一步认清了户包治理小流域的重大战略意义，动员全县各级干部像抓农业生产责任制那样，抓好以户承包治理小流域的工作，调动广大群众开发山区治穷致富的积极性，把全县“四荒”治理好，加快劳动致富的步伐。

以户承包治理小流域，是家庭联产承包责任制在水土保持方面的延伸，是依靠农民群众治理水土流失的重大措施，是山老区农民脱贫致富的有效途径，是组织农民向荒山、荒沟、荒坡、荒滩进军，开发建设山区，走全面发展道路的好形式。

第二节 经济体制改革

一、推行工商业企业经济责任制

武乡县委、县政府认真贯彻执行中共中央《关于经济体制改革的决定》和山西省委、省政府相关政策，以增强企业活力，提高经济效益为中心，积极稳妥地进行了工商企业的经济体制改革，制定了关于工商企业改革的十项政策和十条补充规定，推动工商企业经济体制改革不断深入，使全县的工商企业面貌为之一新，扭转了十一届三中全会以前大部分企业亏损的局面，出现了产值、利润大幅度增长的好势头。

工业企业。一是全面推行厂长（经理）负责制，明确了厂长中心地位，强化企业的生产经营管理体系，并逐步推行了厂长（经理）任期目标制；二是建立和完善了企业内部的经营责任制，根据不同情况，调整了企业内部的分配关系，调动了职工的积极性；

三是广泛开展横向经济联合，对外开放，对内开发，引进外资，引进先进技术，引进技术人才，加速了企业内部技术改造；四是对小型微利企业和亏损企业，积极推行租赁承包经营的办法。

国营商业。1982年改革经营管理制度，给企业下放经营管理自主权，各厂、站、店实行定额管理。1982年试点承包经营责任制，1983年全面推广，各批发部、副食加工厂、零售门店实行企业内部单独核算，本着国家得大头、企业得中头、个人得小头的原则，承包经营，超额利润分成，缺额包赔。同年，企业实行利改税。1983年，国营商业有百货、糖业烟酒、五金交电、石油、食品、饮食服务等6个公司，批发、收购、零售门店、饮食服务等网点42个，完成商品销售总额1657万元，实现利润30万元。

供销合作社。1979年，根据党的十一届三中全会精神，建立岗位责任制，实行“七定一奖”，实现了经营业务“八增两降”，与1978年比，商品销售2034.1万元，增长18.75%；人均劳效3.1882万元，增长10.05%。1980年完善经营责任制，扩大企业管理自主权，实行经营业务经济合同制。同年，设县贸易货栈。1981年，各公司和基层供销社所属业务单位实行独立核算、工资浮动、专业承包、全奖全赔形式的经营管理责任制。1983年，供销社系统恢复“三性”（管理上的民主性、组织上的群众性、经营上的灵活性），清理社员原有股金，发展新股，全县入股21672人，新增股金21.9182万元，开始推行农商联营、工商联营，与1243个农村专业户、35个社队企业实行联合经营、共负盈亏，商品纯销售1685.4万元，实现利润25.65万元。

二、农村流通体制改革

随着家庭联产承包责任制的普遍推行和农村经济的活跃，农村原有的商业体制越来越不适应农村生产合作组织和农民发展商品经济的要求。因此，武乡县委依据党中央和山西省委政策，着手对农村流通体制进行改革。

供销合作社改革方面，逐步恢复和加强供销社在组织上的群众性、管理上的民主性和经营上的灵活性，核心是由“官办”改为“民办”，使其真正成为农民群众集体所有的合作商业，目标是建立为农村商品经济的发展提供供销、加工、储存、运输、技术、信息等的社会化服务体系。改革的措施是下放批发机构，扩大批发网点，改革供销社体制；通过扩大吸收农民入股、建立社员代表大会制度等，增强供销社的“三性”；通过供销社同农民实行购销联营，建立农商联办商品的基地，使农村商业改革走农工商一条龙的路子，促进农业生产的专业化和社会化。

商业部门改革方面，县委对全县各级商业部门也进行了流通体制改革，使其职能也从直接经营管理企业转变为统筹、协调、监督，从宏观上指导和管理商业。农村国营商业成立了各种贸易货栈、商场商店、批发市场、商贸中心，开展议购议销、代购代销业务。在商品批发体制上，打破了以往城乡分割和地区封锁的固定行政区域、固定供应对象、固定作价的“三固定”做法，实行按商品分工、城乡开通、不分对象和地区、灵活作价的批发方式，形成了多形式、多渠道、多层次、少环节的商品流通体制。在农副产品经营中，开放了城乡集贸市场，允许集体、有证个体商贩和农户进行长短途贩运；逐步开放了部分二、三类农副产品购销价格，实行议购议价，随行就市。

统派购制度改革方面，1985 年 2 月 23 日，山西省人民政府下发《调整农村粮油购销政策和价格的方案》，决定从 4 月 1 日起，取消粮食、棉花统购，改为合同订购。县委继续改革和完善统派购制度，扩大农产品市场，对以粮食为主的农副产品从统派购制度改为合同订购和市场购销并行的“双轨制”。1985 年 3 月 2 日，全县三级干部会议在县电影院召开。会上，县委副书记、县长薛俊华宣读了中共中央第四个“一号文件”《关于进一步活跃农村经济的十项政策》，取消了实行 30 年的农副产品统购派购制度，对粮、棉等少数重要产品采取国家计划合同收购的新政策。县委副书记张金余作了调整农村产业结构的报告。各乡（镇）、各口进行了小组讨论，并认真学习了省委工作会议有关文件。

1987 年 5 月 5 日至 7 日，长治市供销系统引深体制改革经验交流会在武乡召开。会议组织与会人员参观了洪水供销社和农民联办的九龙服务中心、蟠龙供销社扶持老凹村的万株红果基地和上北漳万株速生木材林基地，还参观了农副产品服务公司、城关供销社批发中心、农产品公司丰州商场、副食品公司冷饮生产等典型。经过交流经验、参观学习，讨论制定了引深体制改革、全面振兴供销系统的工作思路。县供销合作联社推行经理（主任）任期目标责任制的经验，得到了与会人员的肯定和赞赏。通过推行任期目标责任制，真正使企业的责、权、利相结合，国家、集体、个人利益相统一，从而激发了职工开拓进取的工作热情，使企业充满新的活力，发生新的变化。

农村流通体制改革把农村经济纳入了有计划的商品经济轨道，促使传统农业逐步向专业化、商品化方向发展。

三、逐步完善双层经营体制

所谓双层，即农户承包经营为一层，集体统一经营为一层，农民承包土地，集体提供统一服务，这种体制是由农村生产力发展水平决定的，能使集体经济的优越性和个人生产积极性同时得到发挥。双层经营体制是一种适合中国农村改革之需、推动农村经济大发展的经营体制。

在农村经济体制改革中，逐步完善了双层经营体制，健全了合作经济组织，加强了服务体系，充分发挥了两个积极性，同时进一步完善了合同制，明确了承包双方的权利和义务，强化了集体经济的职能作用，带动了共同富裕。1985年11月29日至30日，县委召开的农村工作会议指出，各级领导要继续按照中央“一号文件”的要求，进一步搞好农村的第二步改革，搞活农村经济。会议强调：一是要加强新形势下的思想政治工作；二是要搞好乡村财务整顿，减轻农民负担；三是要发展和完善农村合作经济组织，加快建立农村服务体系；四是要继续完善承包制，抓好合同兑现。

在双层经营体制下，农村出现了两种合作制。一种是地区性合作组织，其职能是：管理集体所有的土地、自然资源和集体财产；管理已有的企业，开辟新的生产致富的门路，为剩余劳力就业搭台子、架梯子；平衡劳动者收入，以工补农，稳定和发展农业，支持农村工业、服务业；落实国家计划指导和合同订购；对水、电、路、农田基本建设、抗灾、防病等进行统一协调，推广新技术；合作经济机构和村委会一套人马，两个印章，挂两个牌子。另一种是专业联合组织，多是按产品或行业建立的，其职能是：把农户之间的联合范围扩大到农户、集体、国营之间的联合，把农村联合的范围扩大到城乡联合，把劳力联合的范围扩大到劳力、技术、资金的联合，把种植业的联合范围扩大到各个产业。

1990年12月9日，全县第一个农村经济合作社监漳镇下北漳村经济合作社举行成立大会。会议宣读了经济合作章程（草案）及主要任务。会上，县委副书记杨志崇指出：一是要提高广大干部群众对经济合作社的认识，要向群众讲清楚，成立经济合作社并不是回到过去那种吃大锅饭的老路上去，它是一种新型农村经济的组织形式，是对家庭联产承包责任制的完善和补充；二是要搞好宣传发动工作，认真宣传经济合作社的职能、任务、性质；三是经济合作社要配备强有力的领导班子，为农民办好事、办实事，带领群众艰苦创业，造福后代。下北漳经济合作社是全县农村经济合作社的示范，要把握政策，坚持大稳定、小调整，密切合作社和村委会的关系，不断总结成功经验，以便在全县普遍推广。

12月下旬，农业部农村经济发展研究中心李占魁在武乡考察。考察期间，先后深入墨镫、洪水、蟠龙、监漳、大有、贾豁、故城等乡（镇）的20多个村，对武乡村级集体经济的状况和加速发展的途径进行了深入的调查研究。调查结束后，对如何尽快改变村级集体经济的状况和开展对蟠洪河、浊漳河两大流域的综合治理以及加快蚕桑生产的发展都提出了很好的建议。

1991年12月23日，全县农村经济合作社现场会在墨镫召开。与会人员参观了墨镫乡经济联合社和墨镫、新村、马堡、青草烟、河神烟5个村的农村经济合作社财务整顿和会计档案。会议要求，学习先进典型，清理整顿好财务，完善承包合同，健全农村经济合作社，把农村改革的各项任务落到实处，引向深入。到1991年年底，全县已有341个村健全了经济合作社，占全县行政村总数的89.3%。墨镫、韩北两个乡还组建了乡经济联合社。

乡村合作经济组织增强了服务功能，为广大农民的生产和经营提供了便利，受到了广大农民的拥护。

四、大力发展乡镇企业

县委根据中央精神，结合武乡地理位置和自然经济条件的特点，鼓励和引导农民开发荒山、荒坡、荒滩、河流、水面和各种地下资源，开辟生产门路，增加收入。推进“四轮驱动”，乡办、村办、户办和联办一起上，从种植业、养殖业、采集业和土特产品加工业起步，逐步发展，进一步拓宽农业劳动力转移的途径，使农村传统的自然经济逐步向商品经济转化。

1985年5月4日，县委、县政府作出《关于加速发展乡镇企业的决定》：第一，认真贯彻落实党的路线、方针、政策，进一步放宽搞活，充分发挥当地优势，积极进行产业结构调整，加快乡镇企业的发展步伐；第二，选准项目，坚持以户办和联户办的主要形式发展乡镇企业；第三，采取多种渠道和形式筹集资金；第四，加强乡镇企业的经营管理，注重提高经济效益；第五，放宽乡镇企业的税收政策；第六，注重人才，起用人才，培养人才；第七，乡镇企业，必须瞄准市场、面向全国，生产具有一定竞争力的名优产品；第八，发展乡镇企业要先抓好现有企业的技术改造；第九，支持乡镇企业是各行各业不可推辞的责任；第十，加强对乡镇企业的领导。到 1987 年乡镇企业的从业人员已占到全县总劳力的 22%。

1991 年 5 月 9 日，县委召开全县乡镇企业工作会议，回顾总结 1990 年全县乡镇企业工作，安排布置 1991 年的生产任务。各乡（镇）党委书记或乡（镇）长，分管乡镇企业工作的副书记或副乡（镇）长，乡镇企业管理员，部分乡镇企业先进集体代表和乡镇企业空白的乡、村领导以及县直有关部、委、局的负责人，共 150 余人参加了会议。会上，县长王天珍作了《关于加速发展全县乡镇企业》的重要讲话，县乡镇局局长翟山海作了题为“同心协力，再接再厉，克服困难，勇攀高峰，努力实现全县乡镇企业发展的奋斗目标”的工作报告。会议表彰奖励了 30 多个先进乡镇企业和 6 名模范乡镇企业管理员。会议指出，1991 年全县乡镇企业的指导思想是：坚持贯彻党的十三届七中全会精神，坚持治理整顿、深化改革的方针，坚持“强农兴工”的战略措施，以提高经济效益为中心，以质量、品种、效益为重点，为完成“八五”计划的各项奋斗目标开好头，起好步，取得比 1990 年更大的成绩。

1991 年，全县乡镇企业（含煤）总产值达到 1.0355 亿元，首次突破亿元大关。工业总产值完成 15718.8 万元。重点考核的

8种主要工业产品中，产量稳定增长的有6种。其中，发电量完成10259.92万千瓦·时，原煤完成131.8万吨，生铁完成6781吨，水泥完成3.15万吨，电石完成3977吨，石灰完成1510吨，煤炭外销完成70.2万吨。

五、挂毯生产

武乡县挂毯最早是由曹村乡松庄村1985年引入并生产，之后涌泉乡涌泉村也建厂生产。1990年，曹村乡党委、乡政府通过考察论证，成立了武乡县曹村挂毯厂，由曹村乡政府副乡长焦学明负责运营管理，属乡镇企业，初期有4台机架，员工20人，聘请高平市挂毯总厂相关技术人员进行培训，所生产的产品挂靠高平市挂毯总厂销售。1995年，在县委、县政府的领导和县外贸局的帮助下，直接与山西省工艺品进出口公司合作，扩大生产规模，并采取“公司+农户”的方式进行生产。随后，逐步发展到20台机架，生产人员发展到50余人，成为曹村乡龙头企业项目。1996年，由县财委、县外贸公司牵头，在全县进行挂毯生产加工销售，生产扩展到蟠龙镇、故县乡、石北乡、上司乡、曹村乡等部分村。所生产挂毯参加了广州交易会和上海地毯进出口交易会，并销往欧美等地。

第三节　开展治理整顿

一、搞活工商企业

在进行农村改革的同时，武乡县委积极稳妥地进行了工商企业的经济体制改革，制定了关于工商企业改革的十项政策和十条补充规定。

在工商企业改革中，具体落实了几项政策性措施：一是全面推行厂长（经理）负责制，明确了厂长中心地位，强化企业的生产经营管理体系，并逐步推行了厂长（经理）任期目标责任制；二是建立和完善了企业内部的经营责任制，根据不同情况，调整了企业内部的分配关系，调动了职工的积极性；三是广泛开展横向经济联合，对外开放，对内开发，先后引进外资700多万元，引进先进技术80多项，引进技术人才100多名，加速了企业内部技术改造；四是积极探索企业所有权和经营权相分离的有效形式，对小型、微利企业和亏损企业，积极推行租赁、承包或转卖等形式，扩大企业自主权，使之成为独立经营、自负盈亏的经济实体；五是在不断深化改革的基础上，积极开展了计划、统计、财政、金融、物价、劳动人事、工商管理等配套改革，发挥了各个部门的职能作用，为农村和工商企业的改革提供了良好的外部环境。

1985年10月10日，县政府举办工商企业产品展销会。这次展销会的目的是对外开放，对内搞活，开展横向经济技术协作和物资交流，互通有无，调剂余缺，进一步搞活企业，繁荣武乡经济。展销会共展出工商企业生产的各种产品300余种、3000多件，有煤炭、化工、冶金、机电、建材、造纸、橡胶、服装针织、陶瓷、印刷及各种农副产品。其中，洪水振动器厂生产的机绣老寿星半截门帘获山西展销会铜牌。此次展销会成交额达到668089元。

1986年9月28日，县委召开经济体制改革会议。会议强调抓好以下工作：一是提高认识，积极推行体制改革；二是围绕搞活企业，全面贯彻县委、县政府十条补充规定；三是全面推行厂长（经理）任期目标责任制；四是各部门要密切配合，树立领导就是服务的思想，搞好资金融通，禁止向企业乱摊派；五是经济体制改革要落实在行动上，用企业的经济效益来检验改革。

这一阶段工商企业的改革，使全县的工商企业面貌为之一新，扭转了十一届三中全会以前大部分企业亏损的局面，出现了产值、利润大幅度增长的好势头。全县工业总产值从1981年的2020万元增长到1986年的3300万元。1981年全县工商企业亏损23万元，1986年实现利润179万元。财政收入状况好转，1986年比1981年增长一倍。县政府先后投资3700多万元，恢复、扩建、新建了一批骨干企业，如恢复柳沟铁厂，扩建水泥厂，筹建电石厂、马堡煤矿、焦化厂、温庄联营煤矿等项目；加强了水、电、路等基础设施建设，如武墨铁路开工，砖壁提水工程上马，沁温公路武乡县城至墨镫段改造铺油，蟠洪段公路改造工程胜利竣工，蟠龙大桥竣工，为建设具有武乡县特色的以煤炭为中心的工业体系提供了保障。

1987年，中共武乡县委八届一次会议提出深化企业改革，加速重点工程建设。一是在继续完善厂长（经理）负责制的基础上，全面推行厂长（经理）任期目标责任制，真正确立厂长（经理）在企业中的中心地位。二是积极探索企业所有权和经营权相分离的有效形式，对小型、微利企业以租赁、承包或转卖等形式，扩大企业自主权，使之成为独立经营、自负盈亏的经济实体。三是完善企业内部的经营机制，搞好内部配套改革，进一步完善各种形式的经济责任制，调动职工的积极性。四是继续深入搞好计划、统计、财政、物价、劳动人事、工商管理等配套改革，为深化企业改革提供良好的外部环境。同时强调，在深化企业改革中，要把煤炭基地的建设作为振兴经济的重点来抓，以煤炭工业为依托，带动电力、冶金、化工、建材业的发展。

会议要求，在煤炭基地建设上，立足当前，着眼长远，分期进行，逐步实现。要千方百计抓好煤的推销，以销促产，增加农民收入。中期要办一批中小型焦化厂，搞好煤炭的加工转化，从粗加工到精加工，从焦炭到其他化工产品，以取得更大的经济效益。长远要抓好几个中型到大型煤矿的新建和旧矿的技改工作，增强生产后劲，保证产销衔接，争取到 1990 年全县原煤产量达到 300 万吨左右。要环环紧扣，层层深入，以煤为主，多种经营，同步发展铁、铝、煤焦油、水泥、陶瓷等工业。工商企业要千方百计挖掘内部潜力，努力增产增收，降低能源和原材料消耗，提高产品质量，利用多种渠道扩大产品销售。其他各行各业都要发扬艰苦奋斗的优良传统，勤俭办一切事业，反对铺张浪费，坚持量入为出，做到开源节流，压缩行政编制，提高工作效率。

1989 年，全县工业总产值达到 7907 万元，比 1986 年增长 68%；1989 年国营、二轻企业实现利税 467 万元，年平均递增百万元以上，主要工业品产量连年增长，原煤产量首次突破百万吨大关，1989 年达到 120.12 万吨；武墨铁路、砖壁提水工程、马堡煤矿、温庄联营煤矿、东庄煤矿、八一电石厂、焦化厂、武乡发电厂、铁厂、水泥厂等重点工程进展顺利。

1990 年，中共武乡县第九届第一次会议提出“继续深化工商企业改革，抓住技术和管理两个薄弱环节，改善和优化工业结构，提高经济效益”的要求。重点抓好四项工作：一是要坚持治理整顿、深化改革的方针，以改革方针总揽全局，在体制上继续推行承包经营、租赁经营或入股分红，对企业统得过紧、卡得过死的管理体制要继续进行配套改革。二是要继续发扬老区工人阶级艰苦创业的精神，突出政治优势，努力改善企业的思想政治工作。三要继续大力推进科技进步，努力提高职工素质，培养和造就一支“四化”队伍和优秀管理人才。四是继续优化工业结构，发展具有武乡特色的以煤炭为龙头的工业体系，以煤炭工业为主导，以其带动各业的蓬勃发展。邓小平南方谈话后，县委抓住这一契机，制定了《关于对外开放发展经济的十四项优惠政策》，以吸引外地资金、人才、技术；制定了《关于党政机关办实体搞开发性生产及干部下乡下厂领办帮办企业的规定》，以促进机关干部向农村和企业分流；在北京、太原等地设立武乡办事处，加强对外交流。这些措施效果十分明显。仅仅一年，全县有20多个项目同外地签订了合作协议，达成引进外资意向3400多万元，关河水库、水泥厂、化肥厂、酒厂、东庄煤矿相继与外地联营。

1990年，全县工业总产值达到8324万元，比1989年增长417万元，武墨铁路建设进展顺利，砖壁提水工程建成通水，武乡电厂开始扩建，焦化厂、铁厂、水泥厂相继投产，一批工业和基础设施工程部分或全部发挥效益，工业经济实力显著增强。1991年，水泥厂、发电厂两个企业晋升为省级先进企业；健春牌泡泡糖和白杨牌童帽创省优；水泥、矿车、松紧布等14种产品合格率达100%；武墨铁路武乡至北社段24.2公里具备了试运条件，北社煤站、蟠龙大桥主体工程基本完工；武乡发电厂二期扩建工程，四号机组具备了试车条件；马堡煤矿主副井已完成设计的76%，王家峪煤矿初步设计已经批复；权马公路25公里改造工程，泥结碎石铺装21公里，经省、市验收达到设计标准；全县工业企业已拥有固定资产14656亿元，煤、铁、化工、建材等行业的骨干企业相继崛起。

二、扶持个体私营经济

1982年10月12日至14日，首届武乡县个体工商业劳动者代表会议在县城召开，出席会议的有城关、洪水、蟠龙、故城4个个体工商业劳动者分会选出的代表24名，县供销社、商业局、劳动局、社队局等单位的领导也应邀参加了会议。这次会议讨论通过了《武乡县个体工商业劳动者协会章程（试行草案）》，选举产生了武乡县个体工商业劳动者协会第一届委员会。

1984年7月12日，省政府发布了通告，对城乡个体工商业进一步放宽了政策。根据省政府通告精神，县委、县政府规定：允许个人申请从事个体工业、手工业、商业、饮食业、服务业、修理业、运输业、建筑修缮业、文化娱乐业等行业；允许外县、市、省农民和个体工商业者来武乡县务工经商；对粮食、油脂、油料等农产品，在完成国家征购任务的前提下，允许上市交易，允许长途贩运出县、出省；对农民依法砍伐的自产的木材、农民自种自采的中药材，允许上市出售；允许农民贩卖大牲畜；允许个体工商户经营棉布、针织品；除个别街道外，一般地方都允许个体工商户摆摊设点；允许企业、村镇、街道采用自办、合办、联办等各种形式，建集市贸易市场。

针对个体工商业在发展过程中出现的挂靠、雇工等问题，县委、县政府根据省委、省政府有关会议和文件精神，明确规定：简化个体工商户申请开业的手续；城镇街道两侧在不影响交通的情况下，放宽对个体户摆摊设点的限制；在税收上采取一些简便的办法；在个体户的对外成交和结算上，允许挂靠集体企业实行“挂户经营”；允许个体工商户雇请帮手和学徒；工商行政管理部门、税务部门、城建部门要很好地为城乡个体工商户提供服务、提供方便；严格禁止对个体工商户强行摊派和乱收费。

1984 年 12 月 9 日，武乡县个体劳动者协会第二届代表大会在县城召开。副县长史福登代表县委、县政府作了题为“解放思想，扫除障碍，勤劳致富，开拓前进，为振兴武乡经济贡献力量”的报告。县长薛俊华在会上强调，要进一步解放思想，放宽政策，疏通渠道，搞活流通，充分发挥个体经济的作用，为建设具有中国特色的社会主义贡献力量。会议讨论并一致通过了《武乡县个体劳动者协会章程》，选举产生了武乡县个体劳动者协会第二届委员会。会议向全县所有个体劳动者发出倡议书，倡议全县个体劳动者开展劳动竞赛，比先进，争贡献。

1986 年 12 月 3 日，武乡县下北漳村李玉宏代表全市个体户，出席全国个体劳动者第一次代表大会暨全国先进个体劳动者表彰

20世纪80年代，监漳镇下北漳村漳河食品厂加工的芝麻饼。

大会。参会期间，受到党和国家领导人的亲切接见。

1989年3月12日，武乡县个体劳动者第四届代表大会暨“双先”表彰大会在县城召开。县工商局副局长路书珍在会上作了题为“团结一致，共渡难关，为振兴武乡经济作出新贡献”的报告。会议选举了武乡县个体劳动者协会理事会。全体与会代表向全县个体劳动者发出了倡议。会议还表彰了故城个协分会、洪水个协分会、故城个协分会商业组、城镇个协分会缝纫组和80名先进个体户。

个体私营经济的恢复与发展，对于充分利用人才、技术、资金和场地，发展社会生产和流通，增加社会财富，补充国营、集体企业的不足，对于吸收城乡富余劳动力就业，都发挥了积极的作用。同时，个体私营经济的恢复与发展，使全县所有制结构发生了变化，开始形成以公有制为主体、多种所有制经济共同发展的格局。

三、推进科技与教育改革

改革开放以来，“科学技术是第一生产力”的观念深入人心。1981年5月27日至29日，县委召开全县科技工作会议。会议传达了全省科技工作会议精神，学习了有关文件，结合武乡实际情况，研究讨论了如何贯彻执行国家科委提出的科技工作发展方针，分析了全县科技工作发展状况和科研计划的执行情况，安排了之后工作的具体任务。会议号召全县科技工作者，要进一步肃清“左”的影响，解放思想，开动脑筋，振奋精神，开创一个学科学、爱科学的新局面。

1982年6月10日至12日，县委、县政府在县城召开全县农业科学技术推广工作会议。会议传达了晋东南地区农业书记会议精神，讨论通过了县委、县政府《关于加强农业科学技术推广工作的意见》，集中解决了夏季农业科学工作问题和汛期防汛问题。县委副书记阎世成就科学技术是现代化的基本动力作了详细的论述，鼓励科技人员热心本职工作，积极钻研业务，努力攻关，尽快改变武乡贫穷落后的面貌。

1983年3月13日至17日，县农业科学技术训练班在县人民礼堂举办。参加训练班的有各公社领导、农业技术员、林业技术员、畜牧业及养猪指导员，具有初中文化程度的农业、林业、畜牧业的专业户、重点户，共600余人。这次培训的任务是：讲授农业、林业、畜牧业方面的知识，把科学技术推广到农业生产各个领域，普及到千家万户。训练班结业时，县委副书记阎世成作了重要讲话，要求参加这次技术训练的人员，把学到的东西运用到生产实践中，不断摸索经验，总结教训，提高技术水平，使科学技术在生产中发挥作用。

1985年1月12日，武乡县人民政府与山西矿业学院达成长期、稳定、全面合作协议，并正式签订了合同。县政府委托山西矿业学院用两至三年时间，代培45名采矿工程专业技术人员。矿院还采用不同形式为武乡县培训采矿、机械、电器、测量、地质、矿建、企业管理、维修等多方面的技术人才，帮助解决全县矿业生产领域遇到的技术疑难问题，设计中小型煤矿和现有煤矿的技术改造。这一举措为武乡县煤炭矿产资源提供了技术、人才等方面的帮助。

1985年，县委、县政府依据中央和省、地关于科技体制改革的决定、实施方案与实施意见，进行了科技体制改革。改革科技拨款，由一揽子拨款的单一模式改为按科研项目和科技开发项目分类拨款；科技项目经费的管理全部实行合同制，项目经费在项目完成后有偿回收，滚动使用；实行科技贷款。县里成立了科技交流中心，建立了科技交流机构，举办了各种技术交易活动，初步建立起技术市场。从1985年开始部署实施“星火计划”，把科学技术引入农村，将科技成果转化为生产力，直接为农村经济服务。

全县深化农村科技体制改革。县里成立了农业技术服务中心，乡镇成立了农技站或农技服务站，村级依托村委会科技副主任或科技示范户开展科技工作。县和乡镇还配备了科技副县长、科技副乡镇长，加强对农业科技工作的领导。同时，扶持创办民间科技开发组织和农村产业协会或研究会。放活科技人员，促进人才流动。鼓励、支持科技人员到生产第一线，进行各种形式的有偿技术经济承包活动，领办、创办各类技术经济实体，取得合理报酬，发展科研与生产的横向联合。

科技体制的改革促进了科技事业的发展。1984年6月，全国震动器行业质量鉴定北方组一行10人来到武乡县振动器厂，对ZX-50型插入式震动器进行质量鉴定。最后的鉴定结果：整机可靠性能系数为0.79809025，在北方组五个受检单位中，名列第一，

武乡县洪水振动器厂生产的 ZX —50 型震动器达部优产品标准。

达到了部优产品标准。1989 年 4 月，山西省人民政府给武乡县水泥厂颁发了“325”矿渣硅酸盐水泥优质证书。1989 年 12 月，中共山西省委、山西省人民政府奖给武乡县“1989 年粮食总产量达到 1.90 亿公斤，创历史最高水平”锦旗一面。科技兴县的发展战略开始实施，科技网络初步形成，全县发展各类科技组织 988 个，科技服务转向有偿服务，400 多名科技人员下乡进行技术承包，完成星火计划项目 16 项。

1991 年 9 月 13 日，全县科技工作会议在县城召开。会议的中心议题是：认真贯彻省委关于发展科技工作的意见，回顾总结武乡县“七五”科技成果，安排“八五”期间科技工作任务，表彰“七五”时期在科技工作中做出优异成绩的科技工作先进个人和先进集体。会议听取了县委副书记、县长王天珍所作的《关于武乡县“七五”科技总结和“八五”科技安排的工作报告》，听取了省科委副主任吴天林所作的题为“放开手脚搞改革，一心一意搞建设”的报告。会议期间，与会人员参观了县委举办的“七五”时期科技成果展览。

中共十一届三中全会之后，教育战线积极进行整顿、调整，迅速恢复了正常秩序。1982 年，县委、县政府作出《关于加强普及小学教育工作的决定》。主要内容是：全县各级领导、各部门和教育工作者，要提高对普及小学教育工作的认识，认真做好普及小学教育工作的规划，制定切实可行的落实措施。积极改善办学条件，使全县所有小学在 3 年内分批实现“校校无危房，班班有教室，学生人人有桌凳”（简称“一无两有”），因地制宜，提倡多种形式办学，建设一支稳定合格的教师队伍，加强对普及小学教育工作的领导。

1983 年 10 月 31 日至 11 月 2 日，全县教育工作暨表彰先进大会在县城举行。会议传达了全国、全省普教工作会议精神，传达学习了中共中央、国务院《关于加强和改革农村学校教育若干问题的通知》和教育部发布的《关于普及初等教育基本要求的暂行规定》，回顾总结了全县前一阶段教育工作，安排和部署了下

1983年10月3日，武乡县教育工作暨表彰先进大会全体与会人员合影。

一阶段教育工作，表彰和奖励了27个先进教学单位和127名模范教师。

1985年，根据中共中央决定和山西省一系列教育体制改革的文件与法规精神，县委、县政府先抓了基础教育领导管理体制的改革，实行县、乡（镇）、村三级办学，县、乡（镇）两级管理，即由县政府统筹，村办小学，乡（镇）办初中，县办高中和职业技术教育中心，由县、乡镇两级进行教育管理。

此外，县委、县政府还积极创造条件加强成人教育。1987年8月23日，山西大学武乡函授站首届学员毕业典礼大会在县外办会议室举行。武乡函授站是山西大学为了支援老区建设，为山区培养专业人才所设立的。1984年通过全省统考，录取学员51名。1984至1987年，全体学员在山西大学老师的辛勤教育下，系统地学完了汉语言文学大专课程，46名学员经考试成绩合格全部毕业。有37名学员先后在各新闻单位发表作品217篇，有18名学员光荣地加入了中国共产党，8人被提拔到领导岗位，多数学员成为武乡县两个文明建设的骨干力量。

教育体制改革的推行，促进了武乡县教育事业的蓬勃发展。教学设施明显改善；普通教育、职业教育和成人教育“三教”沟通的战略初步实施；集资办学热情空前高涨，县人大通过的《关于建立教育发展资金的制度》，使全县集资兴教走上制度化的轨道；教学质量明显提高，全县中小学普及率、合格率、升学率名列全市前茅，1987年至1990年共向各类大专院校输送学生631名；成人教育成绩显著，2254名干部职工考入各类大中专院校；全县无盲率达到96.3%，进入无盲县行列；幼儿教育向普及化、达纲化迈进。

四、开展区域性开发式扶贫工作

1984年9月29日，中共中央、国务院下发《关于帮助贫困地区尽快改变面貌的通知》。1985 年 3 月 15 日，中共山西省委、山西省人民政府印发了《关于帮助贫困地区改变面貌的实施方案》，武乡县是全省确定的 31 个贫困县之一。

武乡县委认真落实中央和省委政策，把扶持贫困乡村脱贫致富当作大事来抓。首先是放宽政策，针对武乡实际情况，县委作出了减轻农民负担、帮助贫困乡村尽快改变面貌、整顿乡村财务等几个规定，让农民休养生息，增强自身活力；其次是加强了组织领导，成立了扶贫领导组，组织了一批干部深入贫困乡村调查研究，包村蹲点，县直单位和贫困村结亲，帮助制定规划，落实措施；再次是在资金、人力上予以大力支持和优先照顾，使贫困村的面貌逐步发生变化。

1985 年 5 月，县委、县政府作出《关于减轻农民负担的十项规定》：第一，乡（镇）村不论兴办什么事业，都要认真贯彻量力而行、合理适度的原则；第二，明确农民应负担的项目、范围及用途；第三，严格控制各项提留比例；第四，合理使用和管理好提留；第五，精简非生产人员，压缩非生产性开支；第六，乡（镇）要严格把好专项资金和自筹资金使用关；第七，县级各单位和部门一律不准向农民转嫁负担；第八，搞好乡村企业利润的使用和管理；第九，加强物资管理，特别是固定资产的管理；第十，加强党的领导，模范执行各项财经制度。8 月 5 日，县委、县政府召开下乡工作人员会议。这次下乡由县委、县人大、县政府、县政协四大班子领导带队，分 8 个组，从 8 月 7 日至 15 日深入全县 10 个乡（镇）、55 个行政村（收入在 120 元以下）进行调查研究。通过调查，对这些贫困村的现状、贫困原因、资源优势等情况，有了进一步的了解，为采取扶贫措施提供了依据，对扶贫工作起到了重要推动作用。

1986 年 3 月 17 日，省委帮贫致富服务队抵达武乡县。服务队由省人大、省广播电视厅、二轻厅、省储备局、省作协5个单位22人组成。3月19日，服务队分赴曹村、涌泉2个乡5个村帮助工作。5月23日至25日，县委召开1986年扶贫工作会议。参加会议的有县四大班子领导，省、市、县扶贫工作队队长，共300余人。会议对照中共中央、国务院《关于帮助贫困地区尽快改变面貌的通知》和省委、省政府的实施方案，认真总结了武乡县扶贫工作的经验教训，检查落实了扶贫资金使用情况，讨论制定了武乡县脱贫致富的方针措施。

县委按照中央“一号文件”精神，在充分调查研究的基础上，调整产业结构，提出了围绕粮、煤、林、牧、加五个字，积极建设三个基地的构思，即东部地区重点抓好挖煤、修路、办工厂，建成武乡煤炭基地；西部地区重点抓好种草、种树、办牧场，建设林牧业生产加工基地；中部地区重点抓住增产增收，发展粮食、经济作物和经济林，建成粮食和农副产品加工基地。按这个设想，扶贫工作从千家万户的温饱攻坚工程向区域经济开发的轨道转移，促使广大农民稳定脱贫。

1988年5月16日，县委召开全县经济开发及扶贫工作会议。会议认真贯彻全省贫困地区工作会议精神，回顾总结全县三年来特别是1987年的经济开发工作，安排部署1988年的经济开发及扶贫工作。会议指出，1988年经济开发和扶贫工作要做好以下几项工作：第一，把工作重点放在狠抓扶贫工作上。第二，搞好小区域规划，发展“一村一品”经济。第三，因地制宜，积极兴办扶贫经济实体。第四，打破封闭的内向型自我循环状态，加强横向联系。第五，进一步完善资金管理办法，提高扶贫资金的使用效益。第六，重视智力开发，搞好技术培训。第七，把科学技术作为经济开发的重要支柱。第八，县直各部门要继续做好“结亲”扶贫工作，进一步加强对扶贫工作的领导。

5月25日至31日，县委对全县21个乡（镇）130个先进行政村和贫困村的党支部书记以及部分乡（镇）副书记或副乡（镇）长共150余人，进行了为期6天的培训。培训期间，参观了墨镫、白和、庄底等村靠煤致富的典型，参观了郭村、信义等村靠蚕桑致富的典型，参观了神前、南台等村靠林果致富的典型，对大家启发很大。还学习了墨镫机焦厂、大有乡养殖专业户董太生、蟠龙镇庄底村、东良乡北良村、曹村乡郝家垴等农村改革率先致富的先进典型经验。要求各行政村和农业经济合作社进一步深化改革，解放思想，大力发展商品生产，尽快促进全县农村经济再上一个新台阶。

1991年6月18日，根据省、市深化农村改革，完善双层经营，尽快改变"空壳村""萎缩村"面貌的具体要求，结合武乡县的实际情况，在"八五"期间改变一批集体经济十分薄弱的"萎缩村""空壳村"的面貌，县委、县政府提出如下规划和实施意见：第一，尽快改变"萎缩村""空壳村"的面貌，推动农村经济全面振兴，从根本上改变武乡的贫困面貌，实现共同富裕。第二，"八五"期间，一年起好步，三年基本变，五年有较大改观，使全县农村村级集体经济的整体水平有大幅度的提高。第三，因地制宜建设具有自己特色的生产和加工基地。第四，完善与双层经营体制相适应的新的积累机制。第五，帮助"萎缩村""空壳村"解决起步资金。第六，对"萎缩村""空壳村"实行倾斜的产业政策。第七，尽快改善农业的各项基础设施。第八，依靠科技进步，加快发展步伐。第九，动员全社会力量支持和强化"萎缩村""空壳村"。第十，切实加强对改变"萎缩村""空壳村"面貌工作的领导。

1991年，全县共使用国家各项扶贫资金56万元，续建和开发项目40项。县委、县政府下决心解决农村"一难四不通"问题，取得明显成效。全县解决了 9 个村人畜吃水困难，解决了 6 个村的通公路问题，解决了 5 个村的通电话问题，解决了 116 个村的通广播问题，为贫困乡村尽快脱贫致富创造了条件。

五、武（乡）墨（镫）铁路开工建设

1982 年 7 月，彭德怀夫人浦安修怀着对武乡老区人民的深情厚谊，专程来武乡进行了访问。在浦安修访问期间，武乡县主要领导，向浦安修汇报了工作之后，提出一个请求：为开发武乡煤炭资源，为武乡在东部山区煤田修建一条地方铁路，浦安修愉快地答应了并表示乐意帮助。于是，武乡县委、县政府于 1982 年 7 月 8 日联合写了请示，并委托浦安修转呈党中央、国务院及有关领导。

1982 年 9 月 11 日，国家计委以计燃（1982）751 号文件复函山西省人民政府并报邓小平，同意为武乡东部煤田建设铁路支线。煤炭工业部在接到国家计委文件后，于 1982 年 12 月 30 日，

1992 年 6 月 4 日，武（乡）墨（镫）地方铁路武（乡）北（社）段建成通车。

复函山西省计委，请组织有关部门协助武乡县提出修建铁路专线的具体方案。12 月 23 日，中共武乡县委下发《关于成立太焦线武乡（东）支线筹建领导组的通知》，领导组下设筹备处。

1985 年 10 月 14 日，复函山西省计委，批准设计，正式立项，并同意该线自太焦线武乡站接轨，全线采取一次设计，分期建设。第一期工程由武乡修到柳沟，一期工程总投资控制在 5000 万元以内。

1986 年 10 月 11 日，武墨铁路武乡至柳沟段施工合同签字仪式在武乡宾馆举行。按照施工合同，武墨铁路武乡至柳沟段工程由铁道部第十二工程局总体承包。该局安排第三工程处承担施工。按铁道部第三勘测设计院 1986 年 8 月编制的施工组织意见的要求，于 1986 年 10 月动工，1988 年 6 月 30 日前完成武乡至北社段工程，12 月 31 日前完成北社至柳沟段部分工程。

1992 年 6 月 4 日，武墨铁路武乡至北社段通车剪彩仪式在北社车站隆重举行。山西省人民政府副省长吴俊洲、乌杰、纪馨芳，长治市委书记光敏、市人民政府代市长曹中厚，武乡县委书记郭有勤、县人民政府县长王天珍以及省、市、县党政机关和其他有关部门的领导参加了仪式。

第三章　加强党的建设和精神文明建设

第一节　党的代表会议

一、中共武乡县第八次代表大会

1987年8月11日至15日，中共武乡县第八次代表大会在县城召开，出席大会的代表390名。县委书记阎好勇代表七届县委作了题为“团结进取，坚持改革，艰苦奋斗，振兴武乡”的工作报告，县纪检委书记曹守璧代表县纪检委作了纪检工作报告。大会审议通过了《关于进一步加强党的基层组织建设的决定》。会议选出县委委员27人，候补委员5人。同时，选出县纪检委员15人，并选举出出席中共长治市第五次代表大会代表37名。在八届县

1987年8月11日至15日，中国共产党武乡县第八次代表大会在县城召开，图为大会会场。

委第一次全委会上，选出常委7名：阎好勇、郭有勤、辛耀武、栗世英、曹守璧、刘成书、韩世明；选出县委书记阎好勇，副书记郭有勤、辛耀武、栗世英。在第一次纪检委全委会上，选出纪检委常委7人，纪检委书记1人、副书记2人，纪检委书记为曹守璧。

二、中共武乡县第九次代表大会

1990年8月15日至17日，中共武乡县第九次代表大会在县城召开，出席会议的正式代表400人，列席代表59人，特邀代表4人。大会听取了县委书记郭有勤代表八届县委向大会所作的题为“发扬老区优良传统，切实加强党的建设，为实现全县政治、经济和社会的稳定发展而努力奋斗”的报告，县纪检委书记曹守璧代表县纪检委作了纪检工作报告。大会审议通过了县委、县纪检委工作报告的决议。大会一致通过了《关于贯彻〈中共中央关于加强党同人民群众联系的决定〉的实施意见》。大会按照《党章》规定，经过充分酝酿和民主选举，产生了中共武乡县第九届委员会和武乡县纪律检查委员会。在九届一次全委会议上选出县委常委7人：郭有勤、王天珍、姚允民、杨志崇、王丁戌、刘成书、张仁生，县委书记郭有勤，副书记王天珍、姚允民、杨志崇、王丁戌。在纪检委全委会第一次会议上，选出纪检委常委7人，纪检委书记王丁戌。

三、中共武乡县第十次代表大会

1993年4月24日至26日，中国共产党武乡县第十次代表大会在县城召开。会上，县委书记王天珍代表九届县委向大会作了题为“在党的十四大精神指引下，真抓实干、奋力拼搏，为实现经济再上新台阶而努力奋斗”的报告。县纪检委书记李哲民代表县纪律检查委员会向会议作了纪律检查委员会工作报告，会议选举产生中共武乡县第十届委员会，委员30人，候补委员6人。

选举产生中共武乡县第十届纪律检查委员会，委员 15 名。在第十届一次全会上，选举出县委常委 10 名、县纪检委常委 7 名。选出县委书记 1 人、副书记 4 人，纪检委书记 1 人、副书记 3 人。王天珍任县委书记，杨志崇、王丁戌、刘成书、张仁生为副书记，李国珍、马生旺、李哲民、王国英（女）、柳广辉、马朝中、郜卫平、郭俊林为常委。

十届县委提出做好九个方面的工作：一是进一步解放思想、更新观念，以适应社会主义市场经济的需要。二是牵住“牛鼻子”，进一步加强农业和农村工作及“12345 工程”，明确一个目标，带领全县农民加快奔小康的步伐；发挥优势，调整结构，走大农业和高产优质高效农业的路子；加快步伐，实现农村经济三个突破：1998 年农村经济总收入突破 4.2 亿元，林牧蚕果四个支柱产业总收入突破 1.06 亿元，乡镇企业总收入突破 2.36 亿元；转换机制，建立健全信息体系、科技体系、市场体系、服务体系；狠抓关键，在实施措施上突出深化改革、科教兴农、治旱兴农、健全制度、减轻农民负担五个重点。三是切实转换企业经营机制，增强企业竞争能力，把企业真正推向市场。四是打破封闭，搞活流通，积极培育市场。五是大力发展科技教育事业，把经济建设转移到依靠科技进步的轨道上。六是加强民主与法制，为改革开放和经济发展创造良好的环境。七是坚持两手抓的方针，高度重视社会主义精神文明建设。八是转变职能，精兵简政，下决心搞好县级机构改革。九是加强党的建设，顺利完成历史赋予的任务。

第二节　人大、政协会议

一、武乡县第七届人民代表大会第一次会议

武乡县第七届人民代表大会第一次会议于 1984 年 5 月 28 日

至5月30日在县城召开。应出席会议的代表220名，实际出席会议的代表217名。会议听取和审议了代县长薛俊华作的政府工作报告、县计委主任李善庆作的计划工作报告、县财政局局长李玉山作的财政工作报告、县人大常委会主任王晋岚作的人大常委会工作报告、县人民法院院长李富堂作的法院工作报告、县人民检察院副检察长史名峰作的检察院工作报告，会议表决通过了以上六个报告的决议。副县长史福登作了关于代表提出议案建议批评和意见的审查报告。会议选举产生了第七届人民代表大会常务委员会主任李银尧，副主任李留成、吴福全、白怀瑞；县人民政府县长薛俊华，副县长史福登、刘如绵、籍先菊（女）、白晚才；县人民法院院长王保相，县人民检察院检察长程兴田。

二、武乡县第八届人民代表大会第一次会议

武乡县第八届人民代表大会第一次会议于1987年6月5日

1987年6月5日至8日，武乡县第八届人民代表大会第一次会议在县电影院召开。图为大会会场。

至8日在县城召开。应出席会议的代表140名，实出席会议的代表139名。会议听取和审议了县人民政府副县长史福登所作的政府工作报告、县计委主任李善庆作的计划工作报告、县财政局局长李玉山作的财政工作报告、县人大常委会主任李银尧作的人大常委会工作报告、县人民法院院长马华英作的法院工作报告、县人民检察院检察长程新田作的检察院工作报告，会议表决通过了以上六个报告的决议。会议选举产生了县人大常委会主任李银尧，副主任史福登、吴福全、白怀瑞、武亦文；县人民政府县长郭有勤，副县长王新江、刘如绵、杨志崇；县人民法院院长梁新春，县人民检察院检察长姚俊先。

三、武乡县第九届人民代表大会第一次会议

武乡县第九届人民代表大会第一次会议于1990年6月12日至15日在县城召开。应出席会议的代表170名，实出席会议的代表169名。会议听取和审议了县人民政府代县长王天珍作的政府工作报告、县计委主任李善庆作的计划工作报告、县财政局局长张志文作的财政工作报告、县人大常委会主任李银尧作的人大常委会工作报告、县人民法院院长梁新春作的法院工作报告、县人民检察院检察长姚俊先作的检察院工作报告，会议表决通过了以上六个报告的决议。会议选举产生了第九届人民代表大会常务委员会主任王新江，副主任吕永旺、武亦文、白怀瑞、温庭槐；县人民政府县长王天珍，副县长曹守壁、李来福、原文才、李存祥、马文芳；县人民法院院长梁新春，县人民检察院检察长姚俊先。

四、武乡县第十届人民代表大会第一次会议

武乡县第十届人民代表大会第一次会议于1993年4月28日至5月1日在县城举行。应出席会议的代表170名，实出席会议的代表170名。会议听取和审议了县人民政府代县长杨志崇作的政府工作报告、县计委主任魏国华作的计划工作报告、县财政局局长张志文作的财政工作报告、县人大常委会主任王新江作的人大常委会工作报告、县人民法院院长梁新春作的法院工作报告、县人民检察院检察长姚俊先作的检察院工作报告，会议表决通过了以上六个报告的决议。会议选举产生了人民代表大会常务委员会主任王新江，副主任吕永旺、李来福、魏晋峰、温庭槐；选举产生了县人民政府县长杨志崇，副县长原文才、曹守壁、李存祥、王建华、马文芳、崔孟胜、孙新贵；县人民法院院长梁新春，县人民检察院检察长姚俊先。

五、政协武乡县第一届委员会第一次会议

政协武乡县第一届委员会第一次会议于 1984 年 5 月 27 日至 30 日在县城召开。出席会议的委员有 60 名，代表 16 个界别，列席人员 59 名。会议的主要议程：县委副书记李补安向大会致开幕词，听取县委书记郝永和《关于开创我县人民政协工作新局面》

1984 年 5 月 27 日至 30 日，政协第一届武乡县委员会第一次会议在县外事办会议室召开。图为大会会场。

的讲话，听取县委统战部部长韩乃福《关于学习政协新章程，开创政协工作新局面》的讲话。列席武乡县第七届人民代表大会第一次会议，听取县长薛俊华所作的政府工作报告和其他工作报告。会议通过了政协武乡县首届委员会的第一次会议决议。会议选举产生了政协武乡县第一届委员会主席刘怀毅，副主席李政文、朱赞光、牛正兴。1986 年 6 月增选申玉堂为副主席。

六、政协武乡县第二届委员会第一次会议

政协武乡县第二届委员会第一次会议于 1987 年 6 月 4 日至 6 日在县城召开。出席会议的委员 69 名，代表 17 个界别，列席人员有县直各部、委、局的负责人。一届县政协副主席申玉堂致开幕词，政协长治市委员会副主席高烘致贺词，听取和审议了县政协副主席李政文作的政协武乡县第一届委员会常务委员会的工作报告，听取了县政协副主席牛正兴所作的关于提案处理情况的报告。列席县人大八届一次会议，听取并讨论了史福登副县长作的政府工作报告和其他工作报告。审议通过了会议的各项决议。县委书记阎好勇发表重要讲话。会议选举产生了政协武乡县第二届委员会主席刘怀毅，副主席李政文、牛正兴、申玉堂、郝文科。

七、政协武乡县第三届委员会第一次会议

政协武乡县第三届委员会第一次会议于 1990 年 6 月 11 日至 13 日在县城召开。出席会议的政协委员共 76 人，来自 18 个界别，列席人员 62 人。会议由政协第二届委员会常务委员会主席韩世明主持，县委副书记王丁戌向大会致开幕词，长治市政协副主席郭宝来和长治市委统战部部长田龙分别代表市政协和市委统战部向大会致贺词，县委书记、县长郭有勤在开幕式上作重要讲话。二届县政协副主席李政文受政协武乡县第二届常委会委托，向大会作常委会的工作报告，二届县政协副主席牛振兴向大会作第二届委员会提案处理情况报告。列席了县人大九届一次会议，听取并讨论代县长王天珍作的政府工作报告和其他工作报告。审议通过了会议的各项决议。会议选举产生了政协武乡县第三届委员会主席主席韩世明，副主席周秀生、牛正兴、郝文科、孙全来。

八、政协武乡县第四届委员会第一次会议

政协武乡县第四届委员会第一次会议于1993年4月27日至29日在县城召开。出席会议的委员77人，代表19个界别，列席人员98人。县委副书记张仁生致开幕词，县委书记王天珍和长治市政协副主席戴海水作了重要讲话，韩世明代表三届政协常委会向大会作工作报告，牛正兴向大会作政协武乡县第三届委员会提案委员会的工作报告。列席了县人大十届一次会议，听取和讨论了县人民政府代县长杨志崇作的政府工作报告和其他工作报告。会议通过了四届一次会议关于常委会工作报告的决议、提案工作报告的决议和四届一次会议的政治决议。会议选举韩世明为政协武乡县第四届委员会主席，周秀生、牛正兴、孙全来、郝文科为副主席。

第三节　加强党对工、青、妇和统战工作的领导

一、加强和改善党对工、青、妇工作的领导

1990年2月下旬，县委召开常委会议，学习讨论《中共中央关于加强和改善党对工会、共青团、妇联会工作领导的通知》，并根据中央通知精神，提出加强和改善党对工会、共青团、妇联会工作领导的7条具体意见：(1)县委和各级党委必须牢固树立全心全意依靠工人阶级和人民群众的思想，充分认识加强和改善党对工会、共青团、妇联会工作领导的重要意义，通过工会、共青团、妇联组织团结带领全县人民同心同德，艰苦奋斗，巩固和发展全县安定团结的政治局面，加速兴县富民的步伐。(2)县委

和各乡（镇）党委要把工、青、妇工作列入重要议事日程，定期研究部署，检查指导，一般情况一年至少研究两次。县委和各乡（镇）党委要有一名负责同志分管工、青、妇工作，负责协调指导。(3) 县、乡两级和企事业单位的团委书记，是党员的可以列席同级党委和党委常委会议，县四大班子的有关会议可以吸收工、青、妇负责人参加或列席。(4) 在开展社会主义劳动竞赛活动中，评选县和县级以上劳动模范时，必须通过县总工会审定，县总工会要认真负责地协同有关部门搞好此项工作。(5) 要注重培养和使用工人、青年、妇女干部，工会、共青团、妇联组织要协同组织部门按照干部“四化”标准，注意选拔德才兼备的优秀同志，充实各级领导班子。(6) 为了充分发挥工会、共青团、妇联会在国家和社会事务管理中的民主参与、民主监督作用，便于工、青、妇向政府反映情况，县委决定由县委副书记、县政府副县长辛耀武负责同工、青、妇联系，具体业务工作由政府分管领导协调解决。(7) 各级党委和工、青、妇组织要根据中央通知和县委意见精神，结合各自的实际情况，制定具体实施意见和措施，并认真加以落实。

4 月 29 日，武乡县总工会五届二次全委（扩大）会议在县城召开。各基层工会主席、工会小组长和优秀工会工作者共 156 人参加了会议。会议由县总工会副主席郝素花主持，总工会主席王承印回顾总结了一年来的工会工作，在肯定成绩的基础上，安排部署了之后的全县工会工作。会上，县教育局、县医院、县农业银行和县邮电局等基层工会作了典型发言。会议对武乡发电厂等 12 个职工之家，东庄煤矿等 23 个先进基层工会，县焦化厂焦炉车间等 18 个工会小组，孙世珍等 58 名优秀工会工作者进行了表彰。县委常委、宣传部部长刘成书作了讲话，他肯定了基层工会和广大职工为全县两个文明建设作出的巨大成绩，并鼓励获奖同志要再接再厉，谦虚谨慎，戒骄戒躁，为把全县基层工会工作提高到一个新水平作出新贡献。刘成书要求各级工会组织和广大工会工作者，在党的领导下，振奋精神，在党的五中、六中全会精神鼓舞下，同心同德，奋发努力，为夺取治理整顿、深化改革的全面胜利作出更大贡献。

二、加强党对统一战线工作的领导

1989 年 12 月，中共中央通过《关于坚持和完善中国共产党领导的多党合作和政治协商制度的意见》。1990 年 7 月 28 日，中共山西省委发出《贯彻〈中共中央关于坚持和完善中国共产党领导的多党合作和政治协商制度的意见〉的实施意见》。同年 10 月 26 日，中共山西省委根据中共中央的通知精神，发出《关于加强统一战线工作的若干意见》。

根据中央和省委关于加强统一战线工作的规定和要求，县委主要通过支持和加强县政协工作来加强全县各级党组织与无党派人士的合作与协商。一是举行民主协商会，就全县大政方针，有关重要人事安排，经济和社会发展规划，经济、科技、教育、文化领域以及统一战线方面的重要问题等与无党派代表人士进行协商或讨论，一般都做到了协商于决策之前。二是选配无党派人士担任县人民政府和县、乡镇行政部门领导职务，坚持德才兼备原则和干部“四化”方针，考虑到实际情况，对无党派人士的年龄要求和任职资历作了适当放宽。三是县、乡镇人民政府召开有关会议讨论工作时，视需要邀请有关无党派人士列席会议。四是保证无党派人士在县政协常委中占一定比例。五是支持县政协不断加强自身建设，提高参政议政能力。六是组织县政协委员和各界人士积极开展参政议政，调查研究，为武乡发展献计献策。

第四节　整顿农村党组织

一、整顿农村后进支部

1990年11月20日，县委召开农村工作队下乡动员培训会议。县委、县政府领导和有关单位负责人及下乡工作队代表，共170余人参加了会议。会上，县委书记郭有勤指出，这次农村工作队的主要任务是整顿后进支部，要以党的基本路线为指针，紧紧围绕农村深化改革、发展经济这个中心，以思想整顿为主，突出抓好领导班子建设，优化组合，选配好支部书记，把党支部的整顿和治穷治乱结合起来，不断提高党支部的凝聚力、吸引力和感召力。并要求农村工作队领导组在各阶段进行检查、督促、指导，基层党委要把这项工作列入议事日程，抓在手上，工作队要和基层党委密切配合，通力协作。

11月，县委作出开展向庄底等10个农村先进党支部学习的活动的决定。决定指出，农村党支部是党在农村的基层组织，是农村各项工作的领导核心。在加强农村基层党组织建设、深化农村改革大潮中，武乡县涌现出一批先进党支部，特别是庄底、郭村、城关、白和、墨镫、保家沟、北社、王家峪、信义、枣岭等10个党支部，不仅在带领群众致富中做出了显著成绩，而且在加强党的建设方面也积累了丰富的经验；在发展社会主义商品经济，提高生产力，壮大集体经济，建设富裕、文明的社会主义新农村过程中，发挥了党支部的核心领导作用和党员的先锋模范作用。县委决定，在全县农村基层党组织中，开展向庄底、郭村、城关、白和、墨镫、保家沟、北社、王家峪、信义、枣岭等10个党支部学习的活动。12月18日至19日，全市整顿农村后进党支部工作座谈会在武乡召开。

1991年1月15日至18日，县委、县政府在县宾馆会议室举办农村基层干部培训班。参加培训班的有21个乡（镇）党委书记、393个行政村党支部书记、市县农村工作队员，共520人。培训班集中学习了党的十三届七中全会精神和《关于社会主义若干问题学习纲要》、党的基本知识和怎样当好农村支部书记、党在农村各项基本政策、党的基层组织建设理论、农村经营知识等。省委农村政策研究室合作处副处长田伟专程到会辅导。城关、郭村、王家峪、信义、保家沟、墨镫、庄底、白和等先进党支部分别在会上交流了经验。

1991年3月上旬，全县21个乡（镇）分别组织农村全体党员，进行了为期三至五天的培训。培训采用边学习边讨论的形式，集中学习了中共十三届七中全会精神，贯彻农村基本经济政策，深化农村改革和稳定农村各项基本政策，严格掌握“三不准”，即不准未经批准擅自调整承包土地；不准借健全双层经营体制之机，把包到户的土地和作价到户的牲畜、农具重新收回来；不准搞“一平二调”。动员农村广大党员团结一致，克服困难，努力搞好各项工作。通过这次培训收到了四个方面的效果：一是增强了集体观念；二是沟通了领导班子之间的思想；三是落实了本年的各项生产指标；四是推动“党员办好事，支部办实事”的活动进一步开展。

二、解决农村“一难四不通”问题

1991年3月中旬，针对全县18个村不通电、12个村不通车、224个村不通电话、251个村不通广播和63个村人畜吃水困难问题，县委书记郭有勤、县长王天珍召集邮电、广播、电业、水利等有关部门负责人进行了具体研究，提出要把解决这一问题作为贯彻中共十三届七中全会精神、扎扎实实为民办事的一件大事来抓。经研究决定采取5条措施解决“一难四不通”问题：一是国家、集体、个人一起努力，县财政拿出一部分，个人集资一部分。二是通电由财政补 7.5 万元，其余由电业部门和各乡（镇）负责；广播、电话线路 2 公里以内自己解决，2 公里以上，每公里县财政补助 1000 元；人畜吃水主要是资助打旱井或水井、抽水。三是县城的自动电话和换下来的 170 多部电话机由邮电局统一收回，无偿支援农村。四是统一培训乡（镇）话务员、线务员，发证上岗，县财政每年每人补助工资 1200 元。五是县政府和各乡（镇）签订责任书，保证在 1991、1992 两年完成任务，重点完成通电话、通广播，其余三项任务力争完成 85% 以上。

经过 1991 年、1992 年两年的努力，各部门积极配合，广大群众大力支持，到 1992 年底全县解决了“一难四不通”问题。

第五节　精神文明建设

一、八路军太行纪念馆开馆

1979 年春，武乡县委派人到北京，请邓小平给武乡八路军总部纪念馆题写馆名。9 月 28 日，邓小平同志看完中共武乡县委的请示后，欣然为纪念馆题写馆名“八路军太行纪念馆”，并指示：纪念馆要表现八路军战士在太行抗战的事迹，不要局限于总部机关。之后，武乡县委根据邓小平的指示精神，经过 9 年的不懈努力，终于在 1988 年 9 月建成了一座能全面而系统地再现八路军抗战史实的大型纪念馆。

1988 年 9 月 3 日，中共山西省委、山西省人民政府、山西省军区在武乡县隆重举行八路军太行纪念馆开馆剪彩仪式。中共中央政治局委员、国务委员兼国防部部长、中央军委委员秦基伟，中央顾问委员会常委陈锡联，中央顾问委员会常委、国防大学政委李德生，中国人民解放军副总参谋长何正文和部分抗日战争时

1988年9月3日，由邓小平亲笔题写馆名，全面反映八路军在太行抗战历史的大型博物馆——八路军太行纪念馆举行开馆剪彩仪式。

期在武乡以及晋冀鲁豫战斗过的老革命家出席了剪彩仪式。省、市和武乡县党政军的领导以及县城3000余名干部群众参加了剪彩仪式。省委副书记王茂林主持了剪彩仪式，秦基伟作了重要讲话，省委书记李立功代表省委、省顾委、省人大、省政府、省政协、省军区向八路军太行纪念馆胜利落成和正式开馆表示热烈的祝贺。武乡县委副书记、县长郭有勤代表全县20万老区人民向光临武乡县的中央、省、市领导和来宾致以衷心的感谢，并动员全县广大干部群众继续发扬老区人民英勇杀敌的献身精神，艰苦奋斗，坚持改革，加速经济发展，促进全县两个文明建设。秦基伟和李立功为八路军太行纪念馆开馆剪了彩。剪彩仪式结束后，中央和省、市党政军领导和来宾参观了八路军太行纪念馆。

二、开展精神文明建设

1986年9月，中共十二届六中全会作出《关于社会主义精神文明建设指导方针的决议》。按照党的十二大和十二届六中全会精神，武乡县委制定了《关于加强社会主义精神文明建设实施方案》。

在思想道德方面，一是重视思想理论教育和形势政策教育。每当党的大政方针下达，就力求把学习宣传工作做在前头，通过以会代训、集中轮训、巡回宣讲等形式，逐级把党的政策贯彻到广大群众之中。二是坚持革命传统教育。通过编写传统教材，整修、新建革命纪念地等，利用史迹、史实、史料进行了大量的宣传教育，修建了八路军太行纪念馆，修复了八路军总部旧址、北方局旧址，兴建了长乐村战斗纪念碑和抗日战争胜利纪念碑，开辟了一批传统教育基地，编印了《中共武乡简史》《武乡县志》《武乡青运史》《武乡妇运史》《巍巍太行》《武乡烽火》等，拍摄了《长乐之战》《太行之歌》等革命题材电视剧，用光荣的革命传统教育广大党员和人民群众，使在抗日战争、解放战争中孕育的伟大太行精神，成为宝贵的精神财富代代相传，增强了广大党员和群众艰苦创业的决心和信心。三是加强法制教育。一方面抓重点，进行了干部和青少年的普法工作，每年开展“12·4”法制宣传日等普法宣传活动，普遍推行了治安承包责任制；另一方面抓“严打”，有步骤、分战役，严厉打击了各种犯罪活动，对重大犯罪活动，如“1982年特大黄金被盗案”，在县城人民广场举行宣判大会，以教育广大人民群众。经过综合治理，全县社会治安有了明显好转。四是广泛开展“五讲四美三热爱”和“倡导文明新风、革除封建陋俗”活动。共青团武乡县委先后于1982年2月24日和1983年1月4日发起了“全民文明礼貌月”活动和“帮教送暖月”活动，县妇联于1982年开展了三八红旗手和“五好家庭”评比活动，县委于1983年11月开展了“清除精神污染”宣传活动。全县共创建文明卫生单位和文明卫生村（镇）103个，涌现出“五好家庭”15140户、“遵纪守法光荣户”28500个，建立了婚丧理事会393个。通过一系列活动，使武乡县“脏、乱、差”的状况得到了改变，扭转了婚嫁丧葬中的大操大办、请客送礼、铺张浪费等不良风气，抵制了封建迷信活动和腐朽思想的侵蚀，促进了社会风气的进一步好转。

三、精神文明创建活动

组织宣传。1996年12月4日，县委召开十届七次全委（扩大）会议。会议的中心议题是：传达贯彻党的第十四届六中全会精神和省、市委扩大会议精神，讨论和审查了《武乡县创建精神文明建设先进县的意见》。会议要求，全县各级党组织要统一思想，提高认识，明确精神文明建设的指导思想、工作任务和主要措施，切实加强思想文化建设，发挥老区政治优势，为创建精神文明建设先进县而努力奋斗。

1997年5月24日，县委在洪水镇召开了全县农村精神文明建设现场会。会议的中心议题是：学习推广洪水经验，进一步加强全县农村精神文明建设，促进全县两个文明健康发展。洪水镇党委书记魏庆武介绍了全镇狠抓精神文明建设、促进经济快速健康发展的做法和经验。县长师义昌作了题为“坚持两手抓，两手都要硬，开创农村精神文明建设的新局面”的讲话。县委书记杨志崇强调了搞好农村精神文明建设和十星级文明家庭评选工作。县委宣传部部长王国英宣布了省级命名的文明单位和文明家庭，并代表省政府颁发了奖牌和奖状。

2000年5月30日，全县宣传思想工作暨精神文明建设先进典型表彰大会在武乡宾馆召开。大会对全县1999年度精神文明建设目标责任制完成好的乡镇、县直系统党委和作出突出贡献的45个先进集体、74户“十星级文明户”和82名先进个人进行了表彰。

省级文明乡镇。2001年10月，省委宣传部在洪水镇召开了全省精神文明创建现场会，2002年洪水镇获山西省“省级文明乡镇”称号。

2000年5月30日，全县宣传思想工作暨精神文明先进典型表彰大会在武乡宾馆召开。

省级文明单位。武乡县供电支公司，先后被电力工业部和省电力工业局授予“三为”服务达标单位，被市政府授予文明单位称号，被县委、县政府评为“经济建设功臣”，2002年获山西省“省级文明单位”称号。武乡县国家税务局，连续多年圆满完成了国税征收任务，取得“双文明”建设的优异成绩，被山西省文明委授予文明单位称号。武乡县地税局，2000年被山西省文明委授予文明单位称号。八路军太行纪念馆，始终高扬爱国主义教育主旋律，艰苦创业，团结拼搏，锐意改革，开拓创新，年平均接待人数50万人次，全国有500多家机关团体、部队、厂矿、大中小学在此挂牌，设立爱国主义教育、国防教育、德育教育和廉政教育基地，被山西省文明委授予文明单位称号。

省级文明村。洪水镇寨坪村，为“上党明星村”“百强村委会”，2002年被省文明委命名为文明村。

文明之星。优秀人民警察董俊青，为维护社会治安秩序作出了突出贡献，多次受到省、市、县的表彰。2000年3月17日，荣获“全国优秀人民警察”光荣称号。见义勇为的曹亮，当时是武乡一中高二年级学生，共青团员，2002年8月27日，为抢救两个素不相识的落水少年，两次跳入水中，在自己体能耗尽，自身生命随时都有危险的情况下，凭着坚韧的毅力，最终将两名儿童救出水面。曹亮在生死关头，毫不犹豫，以自己的实际行动展示了当代共青团员见义勇为、助人为乐的精神风貌，树立了优秀共青团员的典范，得到了社会的普遍赞誉。省、市精神文明委员会授予他“见义勇为优秀共青团员”光荣称号，发放奖金3000元。

第四章　因地制宜实施发展战略

第一节　农业综合开发

一、外资项目开发

太行山中段农业综合开发项目是依据国际农发基金贷款宗旨“减少贫困和将有限的基金用于资助贫困省份或繁荣的省份中的边远山区”“增加粮食产量，提高农户的收入水平和生活标准”设计的。该项目是国际农发基金组织在中国开发的第七个农业综合开发项目。

根据国际农发基金组织的评估报告，项目总投资设计为4548万元，其中农发基金2733万元、国内配套资金1815万元，分为水利灌溉、土壤改良、蚕桑、干鲜果、畜牧、种子、农业支持和项目管理（编者注：项目管理的具体安排暂缺）8个项目。

水利灌溉：投资962万元，新增和改善灌溉面积15990亩，受益农户9100户。其中：关河水库灌区灌溉面积2010亩，投资652.8万元；新发展井灌面积2010亩，投资154万元；新建电灌面积795亩，投资35.3万元；园田化7995亩，投资72.6万元；培训投入47.3万元。

土地改良：投资942万元，完成土地改良面积4.6万亩，受益农户23500户，其中：排水13995亩，投资256万元；土质改良2万亩，投资300.2万元；坡改梯1200亩，投资255.3万元。购买农机具38台，投资121.4万元；配备监督车2辆，投资9.1万元。

蚕桑：投资956.9万元，发展桑园面积12405亩，受益农户11580户，其中：发展苗圃1275亩，投资2.3万元；发展大田桑

5595亩，投资378.8万元；发展梯田桑5595亩，投资467.6万元；建小蚕共育点15个，投资4.9万元；建立乡服务中心13个，投资16.4万元；技术培训739330人次，投资70.9万元；建设桑园示范基地840亩，投资3万元；给长治市蚕种场投资13万元。

果树：投资392.1万元，发展果园8535亩，受益农户8025户，其中：发展苗圃2.5亩，投资2.7万元；新栽水地苹果495亩，投资100.98万元：新栽旱地苹果4500亩，投资78.1万元；改造水地苹果495亩，投资82.88万元；改造旱地苹果2490亩，投资24.17万元；技术培训462946人次，投资30.7万元；建设苹果示范基地510亩，投资1.79万元；建设苹果储藏窖28个，投资70.69万元。

畜牧：投资680万元，受益农户6060户。其中：发展母牛2200头，投资176.6万元；发展母羊10240只，投资208.9万元；开发草场3584公顷，投资109.8万元；购买切碎机267台，投资62.5万元；建立乡镇兽医站14个，投资16.4万元；建设药浴池42个，投资16万元；建立人工授精站14个，投资14.4万元；购买种公羊660只，投资59.2万元；技术培训258人次，投资16.2万元。

种子投入：投资113万元，其中：改造种子加工厂1个，投资59.6万元；化肥投入325吨，投资47.1万元；技术培训15625人次，投资5.8万元；建立示范基地8.3公顷，投资0.5万元。

农业支持：投资161万元，其中：配套农技中心及购买设备3套，投资75万元；技术培训160万人次，投资62.3万元；建立示范基地1005亩，投资3.8万元；运行费投资19.9万元。

通过外资项目建设，从1990年到1996年，项目区受益农户共33219户，总增值18790.27万元，户均增值5656.5元；总增收15330.23万元，户均增收4614.9元。项目区农民人均纯收入由1990年（项目前）的238元增长到1996年的1236元，提高了419.3%，比非项目区同期多6.9%。项目区粮食总产量由1991年的47082吨增长到1996年的73150吨，净增26068吨；粮食亩产由1990年（项目前）的147公斤增长到1996年的262公斤，比实施项目前增长了78.2%，比非项目区同期多7.8%。

农业引进外资项目，是改革开放以来的新生事物。利用外资进行农业综合开发，是武乡县有史以来的第一次。项目实施以来，项目区农业生产条件得到了明显的改善，项目区人民群众的生活水平得到了显著的提高，加快了武乡县脱贫致富的步伐。

二、名米开发

1993年，县委、县政府号召全县人民充分利用自然资源和传统种植优势，大搞谷子和小杂粮产业开发，首先在小米上做文章。境内上司乡盛产优质谷子，投入资金10万元创办了“汾州香”小米加工销售企业，并注册商标，推向市场。1993年起，上司乡小米到北京进行展销，项目区农户户均增收200元。20世纪90

1998年9月29日，武乡金粟海公司举行万吨小米工程建成典礼。

年代末，优质小米产区上司、大有、贾豁、监漳等乡（镇）扩大晋谷 21 号种植面积，以规模种植和产品创优开拓市场。

1998 年 9 月 29 日，以开发优质小米为主业务的农业产业化龙头企业——武乡金粟海公司万吨小米加工厂举行投产典礼。武乡县金粟海公司是由来伟商务有限责任公司与武乡县生物制品总厂联合兴办的年产 1 万吨小米的加工厂。该公司主要开发黑小米、新小米、软小米，并着力研究开发高附加值的系列食品和低度营养型黑米酒。企业的建成投产，带动 4 万户农民从事谷子产业开发，标志着武乡名米战略提高到了一个新水平。

三、开展百村学信义活动

故城镇信义村，当时全村 425 户 1670 人，土地总面积 10900 亩。1991 年秋，村党支部书记石树堂带领支委、村委和党小组组长 50 多人，到平顺县留村参观取经。回村后，他们决心“用留村精神创业，用股份合作开发”，兴办了白草山干果林股份合作林场，第一次明确提出用股份合作的形式发展农业。从 1991 年秋开始，到 1993 年春止，信义村建成了白草山干果林场，总计营林面积 4005 亩，其中，干果林 2790 亩。在创建白草山股份合作林场的同时，新建耕地桑园 510 亩，累计达到 1020 亩，新建果园 300 亩，户均近 2 亩，实现了全村户均经济林 10 亩的目标。

1993 年 6 月 1 日至 2 日，县委、县政府在信义村召开全县农业综合开发百村支书现场培训会。全县 100 个行政村的党支部书记、各乡（镇）党委书记和乡（镇）长、县级机关涉农部门的负责人参加了会议。会上，信义村党支部书记石树堂作了题为“抓水兴林栽果桑，开拓进取奔小康”的经验汇报，全面系统地介绍了农业综合开发的做法和体会。县委书记王天珍作了题为“咬定青山搞开发，学习信义创大业，为老区经济再上新台阶而努力奋斗”的动员讲话。会议期间，组织与会人员现场参观了信义村翻身工程——白马山干果经济林基地和平地果园、桑园，使参会人员受到了深刻的启发和教育。与会人员在认真讨论的基础上，进行了表态发言。县委还分别同参加培训的21个乡（镇）党委、100个行政村的支部书记签订了百村农业综合开发目标责任书。

百村学信义活动的深入开展，股份合作制的全面推行，使全县农业综合开发保持了高速度发展、高标准兴办的势头。1995年，全县以股份合作形式兴办的各种农业开发实体共1239个，总股本1.28亿元。其中，集体参股6596.5万元，农民劳务参股、投物折股和投资入股4923.5万元，外资参股280万元。“四荒”开发105495亩，其中，新开发干果林28005亩，累计达到5.1万亩；新建果园3.3万亩，总计达到7.8万亩；新建桑园3990亩，发展到7005亩。林、牧、果、蚕四大支柱产业为主的商品型农业新格局粗具规模，一批高速高效的农业综合开发的典型应运而生。

四、林业发展

义务植树。1995—1997年，县直机关八大口1500多名干部职工、各乡（镇）1000多人组成的民兵专业队伍和工程辖区的干部群众，连续3年在208国道武乡段高标准义务植树造林22995亩。1994年始，县委推行股份合作植树造林，在全县开展创建百个信义村的竞赛活动。1995年，实施“一条通道”“两个窗口”等12项重点植树绿化工程，全县完成四旁植树220万株，其中义务植树60万株。1997年，蟠龙镇在下型塘两岸成片植树400亩，监漳镇在西川滩栽树200亩，故县乡在故县滩成片植柳树300亩，城关镇在县城西河滩植树1.6万株。上司乡八条乡村公路，全部进行了绿化。1999年，全县累计投资100多万元，投工180多万个，投入机械3850多辆（次），在208国道分南、故城段建成两个2000亩的精品工程；建成权店、分水岭、南关等7个风景点，栽植风景树1620株；全年四旁植树190万株。

规模造林。1993—1999年，连续飞行58架（次），飞播造林21万亩，播籽105.5吨，树种有油松、侧柏等。1997年，县扶贫办安排100万元用于8个乡（镇）的经济林开发。1998年建设了龙王岭、石坡垴等一批精品绿化工程，造林1.8万亩。1998年，武乡县被山西省人民政府命名为“全省林业建设红旗县”。1999年10月，国债工程在武乡县全面启动，共投资255万元，在分水岭、故城、石盘、城关、贾豁、洪水、韩北、墨镫8个乡（镇）和国营义门林场，造林3.45万亩，其中人工造林1.65万亩、封山育林1.8万亩。

基地育苗。1999—2001年，重点抓乡村育苗和大户育苗建设。监漳镇政府拿出2万元，以每亩核桃苗补偿500元，承包给林农技术员进行育苗；窑湾乡育苗160亩；故县乡东关村村民武兆周、连元村村民赵换小两户自愿投资1万多元育毛白杨7亩。全县1999年新育苗2000亩。

2000年，县林业局投资6万元，在国营南沟、连元两个苗圃搞了核桃、三倍体毛白杨、元宝枫等优质壮苗引进和繁育；投资4万多元在涌泉乡石槽沟种苗基地，搞了梨枣、骏枣、汾阳核桃采穗圃基地建设；在墨镫、贾豁、故城等乡（镇）完成育苗500亩。2001年，全县100个林业大户中，育苗大户在10亩以上的就占了20多个，监漳镇20多户农民连片育金丝柳苗120亩；丰州镇育苗200亩；贾豁乡郭村民营林业大户魏万富1户育毛白杨等优质苗木15亩；分水岭乡的石盘、玉品等村与中简公司合作育苗达到1000亩；国营连元、南沟苗圃，从祁县、太谷引进新品种，建立新基地，培育优种苗木100万株。

退耕还林。2002年全面启动的退耕还林工程，是党中央、国务院推进生态建设和环境保护的重要举措，也是贫困地区农民脱贫致富的有效途径。县委、县政府坚持“既要金山银山，又要绿水青山”的发展思路，紧紧抓住国家退耕还林工程全面实施的大好机遇，在15个乡（镇、区）全面启动了退耕还林工程。

2002—2014年，全县完成工程造林20.2万亩，其中退耕地还林5.6万亩、荒山荒地造林12.8万亩、封山育林1.8万亩，工程涉及178个行政村16598户。2002年6月，长治市人民政府在武乡县召开了退耕还林现场会；10月，武乡县又在全省退耕还林五寨现场会上交流了经验；12月，市政府抽查验收，武乡排全市第二名。

2002年，市政府下达给武乡县的造林任务为6.4万亩，其中退耕还林2.8万亩、荒山荒地造林3.6万亩。工程涉及14个乡(镇)、1个开发区，151个行政村，9577户。经过全县上下的共同努力，2002年，全面完成任务，其中退耕还林营造生态林23263亩、经济林4737亩。

2003年，全县造林任务为6万亩，包括郊区移来1.4万亩，其中退耕还林2.6万亩、荒山荒地造林3.4万亩。工程涉及14个乡（镇）、1个开发区，146个行政村，6821户，698个小班，全面完成任务，共营造生态林57316亩、经济林2684亩。

2006年，全县退耕还林工程完成10000亩，其中退耕地还林2000亩，成活率97%，荒山荒地造林8000亩。

通过林草结合、林果结合等多种退耕还林模式，农村产业结构得到调整。据统计，退耕还林区直接从事农业生产的人，比退耕前减少1.5万人，外出务工人员增加1.2万人。从生态效益看，通过实施退耕还林工程，全县减少水土流失严重的25度坡耕地面积1.9万亩，新增林草植被覆盖14万亩，林草植被覆盖率增加5.3个百分点。从经济效益看，通过大力推广林草结合、林果结合等多种复合林业间作模式，有效地促进了后续产业的发展。全县推广林草间作模式2.8万亩、林果间作模式1.4万亩。特别是2002—2003两年种植的紫花苜蓿，已取得明显经济效益，一年收割三茬，亩产鲜草2吨左右，每亩收入达到320元，仅此一项收入已远远超过过去种植粮食的收益，深受退耕户欢迎。

林业产权制度改革。2001年，推行林业产权制度改革，开始拍卖“四荒”使用权。贾豁乡胡庄一次性将村集体361亩干水果园经营权拍卖给26户村民。同年11月24日，全市林业产权制度改革现场会在武乡召开，县长吴凌在会上就武乡县林权制度改革工作作了经验介绍。本次林权制度改革，共拍卖“四荒”18.9万亩。全县将3万亩集体疏林地和30多万株四旁树管护权卖给了购买者。并且，打破了本地与外地的界限，有1200个外县、外市、外省的业主来武乡购买，红龙山、蓬莱山、故城水库两侧荒山等16处2万亩“四荒”地，都卖给了非武乡人士；打破了干部与农民的界限，有30多名干部和14个单位购买了荒山，办起了民营小林场。

1980年，分南公社石窑会大队农民高庭朝，承包荒山1300亩，成为山西省第一个林业专业户。1985年荣获“山西省林业劳动模范”称号。

林业产权制度改革后，经营户积极性大增。故城镇故城村22户村民，连片购买150亩荒滩后一次栽种杨树1.5万株；贾豁乡郭村魏万富，将1300亩荒山沟变成生态经济林，价值50多万元；分南乡石窑会村民高庭朝，带头包山造林，绿化荒山4座，面积

1000亩，活立木蓄积2400立方米，价值100万元。改制后，全县共吸纳了林业开发的社会资金3800多万元。原石盘乡将3个村20010亩的土地整体转让后，三年投入资金300万元，累计育苗1200亩，造林1005亩；太原市唯高农业发展有限公司女职员徐兵，购买武乡县蟠龙镇红龙山的2010亩荒山，1年半时间投入资金40万元。林业改制后，权责利明确，林木管护得到了有力保证，有效地解决了林木管护难问题。故城镇信义村2000年将1800亩干果经济林拍卖给38户村民后，锄草、施肥、浇水、嫁接、管护工作很是到位，经济收益成倍增长。

五、畜牧养殖

武乡发展畜牧养殖业条件十分优越。改革开放以来，武乡坚定不移走农牧业复合发展的路子，大力改良牧坡，调整畜群结构，推广青贮、氨化、秸秆养牛、配方饲料、舍饲圈养等先进技术，使畜牧养殖业成为当地的一大主要产业。

家庭养殖。以猪、鸡为主，兼养家兔、肉鸽等。随着先进养殖技术的大力推广和普遍应用，养猪和养鸡已成为农民一个有效的致富门路。1993年，在省、市、县扶贫工作队的帮助下，先后兴办了郭村、大有、曹村、东良、范家凹等一批种猪厂，基本上实现了养猪优种化。1995年起，推广长子县养猪经验，大搞猪舍改造。1997年，普遍建起标准化猪舍，基本实现了消毒、驱虫、清理粪便一体化，有的已利用沼气发电；农户饲喂配合，有的还补充浓缩饲料，实行了定时、定量、干喂、半干湿生喂新方法，育肥时间大为缩短，经济效益明显提高，涌现出一批专业村和专业户，比较典型的有故城镇东寨底、高台寺、温康、磨里、范家凹，涌泉乡的庄头村，石北乡的西黄岩村，丰州镇的马牧、上城，大有乡的大有村等。规模饲养户达到了403户，其中饲养30头以上的92户，50头以上的50户，100头以上的20户。故城镇东寨底村程菊香一户饲养猪210头，年收入5万元。

规模养殖。1997年6月19日，全县培养发展规模养殖动员大会在县城召开。会议期间，与会人员参观了石盘乡、东良乡、故城镇等乡（镇）和县畜牧局的养殖场及重点养殖大户，听取了石盘乡玉品村和东良乡北良村养殖户的经验介绍。副县长李国珍代表县委、县政府作了题为“抓大户、上规模、增效益，努力开创全县畜牧工作新局面”的报告。1998年8月13日，市政府在武乡召开了全市畜牧工作现场会。与会代表参观了东良、故城、涌泉等乡（镇）的长毛兔发展中心、肉牛育肥场、农机推广站、饲料加工等场所和东良乡兴东集团饲料公司、兴东集团三大养牛场、农机培训中心、生态养猪等示范点，县委副书记牟树纲、东良乡党委书记魏书文在会上就推进畜牧产业化、加快产业结构调整、发展规模养殖等作了经验交流。1998年。武乡县与省计委合作，引进山西晋穗江村集团祖代种鸡场，年产商品代鸡苗200万只，为发展牧养鸡创造了有利的条件。武乡肉鸡饲养始于1999年。2000年，故城养鸡有限责任公司从上海沪广家禽育种公司引进1000只绿壳蛋鸡，年繁育绿壳蛋雏鸡3000只，笼养鸡1.1万只，年产绿壳蛋3.2万公斤。

舍饲圈养。2002年，武乡县政府出台了《关于实施生态养殖和推广舍饲圈养的若干规定》，提出了“五区、五化”。

规划养殖小区。2002年，把分水岭、石盘、故城、涌泉、石北、丰州、故县7个乡（镇、区）规划为养牛小区，韩北、上司、监漳、贾乡、大有、蟠龙、洪水、墨镫8个乡（镇）规划为养羊小区，故城、涌泉、丰州、故县、蟠龙、监漳6个乡（镇）规划为养猪小区，大有、监漳、上司、故城、涌泉、石北、丰州7个乡（镇）规划为养鸡小区。到年底，全县养殖小区建设粗具规模。养牛小区的7个乡（镇、区）牛饲养量达到23856头，占全县总数的45%；养羊小区的8个乡（镇）养羊14.9万只，占全县总数的67%；养猪小区的6个乡（镇）养猪达47680头，占全县的62%；养鸡小区7个乡（镇）养鸡36.72万只，占全县的51%。

政策扶持。在2002年出台《关于实施生态养殖和推广舍饲圈养的若干规定》的基础上，2003年为了巩固退耕还林成果，保护森林资源，出台了《在重点生态工程建设区域实行全面封禁保护的通知》，加大了封山禁牧、舍饲圈养力度，并要求每个乡（镇）至少建设3个舍饲圈养示范点。以乡（镇）为单位，根据当地实际情况，划分放牧区和禁牧区，在工程规划范围内一律实行禁牧；以乡为单位制定管护公约，组建管护队伍，有力地打击了滥牧行为；全县共筹资300多万元，新建56个舍饲圈养示范村，建圈18385平方米，从而缓解了林牧矛盾，提高了造林成活率和保存率，做到了种树和养牧双丰收。

典型引路。2003年，县委、县政府在涌泉乡召开了舍饲圈养现场推进会，在全县掀起了舍饲圈养热潮。2004年，县政府出台《武乡县2004年舍饲圈养工程实施方案》，将50个养殖示范村、150个养殖示范户的建设任务分解到各乡（镇）。

2002—2004年，全县共投资1210万元，培养养殖示范村107个、养殖示范户393个，建圈面积3.1万平方米。其中，涌泉乡3年时间建成养殖示范村15个，涌现出蚂蚁乢、大良、蒲池、常家垴、涌泉、坡底、窑上坡、东良、五科、李家山、温家庄、书社等一批舍饲圈养的好典型，走在全县前列，并且得到了市政府的肯定。为此，长治市人民政府在武乡召开了舍饲圈养现场会，在全市推广武乡的经验。

六、农田水利基本建设

1994年，全县铺开各类农建工程415处，新增水地2030亩，改善水浇地8000亩，水浇地面积达到4万亩。1995年，全县铺开各类农建工程263项，改造中低产田3.2万亩，垫滩造地1000亩，机修梯田1.5万亩，改善水浇地8000亩。1996年，全县铺开各类农建工程404处，新增耕地面积8900亩，新增和改善水浇地6000亩。1997年，全县铺开各类工程410多处，总投资3000万元，新造滩地9500亩。1999年10月10日，县委、县政府提出了“治滩、治山、兴水、改土”四大基本建设目标。2000年，新增水浇地5500亩。2001年，投资700万元，完成40项农建重点工程。

20世纪90年代，丰州、故县等乡镇开始采用温室技术种植蔬菜，兴建大棚300多座，蔬菜品种较多，产量逐年增加，城乡居民蔬菜供应不足的状况有所缓解。1996年全县果园种植面积创历史峰值，达到83161亩，果品总产量达到5365吨。

灌溉工程。故城万亩灌渠，位于武乡县西部故城镇，是武乡县水利建设中灌溉效益最好的工程，包括水库、引水渠、输水干渠、灌区和高灌站5项工程。1999年投资13万元，对阳公岭灌站进行了管灌工程建设。经两年建设，管道灌溉取代了原渠道灌溉，管灌面积495亩。

关河万亩灌区，是以关河水库为水源的灌区工程，也是农业引资项目中最大的一项水利工程。从1990年开始，武乡县利用国际农发基金，重点发展关河灌区，工程于1991年秋季开工，至1998年完成投资353.9万元，建干渠6691米、支渠9800米，总工程量13.13万立方米。工程完工后，新增灌溉面积6900亩，恢复灌溉面积2355亩，改善灌溉面积2355亩，使原城关、曹村两个乡（镇）受益。

监漳村电灌站，位于监漳村北浊漳北源南岸，扬程12米，开渠1500米，与原有自流渠合流，水浇地达100公顷。1998年秋，县水利部门设计修复。新修渠道采用150#砼现浇，U形防渗，断面65×65厘米，防渗厚度10厘米，全长1600米，新修渠系建筑物35处，工程总投资15.2万元，灌溉控制面积1995亩全部受益。

井灌工程。水井灌溉是武乡县使用最早、最为普及的灌溉方式。1993年，利用国际农发基金，武乡在城关、涌泉、石北、曹村、故城等5个项目区乡（镇），重点发展井灌工程，共投资182.03万元，新增井灌区495亩。2000年，全县有水井灌区4305亩，配套机电井154眼，装机容量1316千瓦，有效灌溉面积达到8310亩。

小型水利工程。武乡县山多川狭，支沟密布，小溪小泉发育良好，径流多，有广泛发展小型水利工程的有利条件。项目有挖泉、建池、修塘、筑堤、开自流渠、截潜流等，特点是工程小、投资少、受益快、好管理，群众乐于接受、积极性大。改革开放以来，小型水利工程遍及全县，各显其能。

“小白龙”工程。1996年，县委、县政府成立了专项工作领导组，按照长治市委、市政府安排，大力利用小泉小水进行节水灌溉，实施“小白龙”工程。“小白龙”是一种小型抽水机，有体积小、易移动、成本低的优点，非常适合山区利用小泉小水灌溉。市、县两级财政给予专项资金补助，各乡（镇）因地制宜大搞“小白龙”工程建设，1996年底，共发展各种“小白龙”431台，发展节水扩浇面积1.54万亩。

人字闸工程。人字闸工程，就是在小泉小水上建闸拦蓄水。它具有节省投资、技术简单、便于管理的特点，适合在流域内大河沟兴建，为农民群众所乐于接受。1998年大有乡石佛沟流域内开始建设人字闸工程，兴建5座，全部蓄上了水。1999年春遇大旱，其他流域内水果经济林受旱严重，春播无法下种，大有乡却利用人字闸的蓄水及时进行了灌溉，沿河两岸450亩果园和部分秋田未受干旱影响，当年苹果、庄稼长势良好，获得丰收。同年，又沿河修建12座，两岸1005亩水果经济林和部分农田全部

20世纪90年代，人字闸节水灌溉工程

发展成微灌区域，彻底摆脱了旱灾的威胁，不仅使经济效益大大提高，而且使流域内面貌大为改观，成为全县水保治理典型示范乡。1999年底，全县共兴建人字闸88座，蓄水35.5万立方米，总工程量完成3.6万立方米，投入资金390多万元，投工近2万个，发展山地微灌面积1200亩。“小白龙”+人字闸，逐步成为山区利用小泉小水进行节水灌溉的有效模式。

节水灌溉。节水灌溉有喷灌、渗灌等多种，是一种省时、省力、省电、省钱、节约水资源、扩大水浇地的有效方法。武乡从20世纪90年代中期开始，大面积推广节水灌溉工程，收到了很好的效果。

涌交节水园区，位于武乡西部涌泉乡和故城镇山交村交界处，受益范围包括涌泉乡的庄头、窑上坡及故城镇的山交等村，总控制面积3195亩。1997年涌交节水园区开始建设，利用国家下达武乡县的粮食自给工程资金，由水利部门在涌泉乡窑上坡村兴建节水工程1处，发展高标准节水面积705亩，其中固定喷灌240亩、活动喷灌及管灌465亩。该工程的建设不仅使窑上坡村人均拥有了2亩水地，而且为全县的节水工程建设摆出了样板，成为一项重点节水示范工程。1998年，故城镇山交村利用粮专资金建成1处节水工程，采用固定喷灌形式，控制面积495亩，2000年底工程建成投入使用。

岸北节水灌溉工程，位于故城镇岸北村，控制灌溉面积300亩，采用固定式喷灌节水形式，利用水泵直接加压供水至输水管道，安装喷头进行灌溉。该工程经过水利部门的精心组织与施工，1998年10月中旬建成，工程总投资30.3万元，总工程量9488立方米，总投工6388工日。工程的建成使岸北村人均增加水浇地0.3亩，为岸北村农业生产发展打下了良好的基础。

第二节　实施扶贫开发战略

一、重点乡（镇）对口帮扶

1994年，根据国家核定贫困县标准，武乡县被列为国定贫困县，纳入国家贫困县扶持之列。县政府规划分南等8个贫困乡（镇）作为扶贫重点攻坚区，集中发展粮、桑、果、牧、煤五大主导产业，带动扶贫开发。1996年，县委、县政府制定的“九五”扶贫规划，以分南、东良、故城、石北、广志、窑湾、东沟、故县等8个乡（镇）123个贫困村，13个乡（镇）124个插花贫困村，作为扶贫攻坚主战场，把解决25611户97751个贫困人口的温饱问题作为扶贫攻坚目标，制定了市、县、乡（镇）、村四级书记抓扶贫，省、市、县三级干部下乡驻村蹲点扶贫的制度，形成了县、乡、村全民上阵打扶贫歼灭战。并新发展了一批龙头企业，推行股份制，吸纳贫困户入企、入股，增加经济收入。

1997年3月2日，县委、县政府召开扶贫工作会议，提出了全县扶贫攻坚总体部署和工作思路：继续坚持产业、科教、社会三结合的扶贫方针，重点抓好领导干部、工作队队员和贫困群众三支队伍，采取重点突破、科技兴农和典型引路三项战术，集中用好扶贫项目资金和以工代赈资金，全力实施“121”三大温饱工程，以8个乡（镇）为主战场，咬定目标，发起总攻，不获全胜，绝不收兵。会上县委书记杨志崇、县长师义昌与8个攻坚乡（镇）书记、乡（镇）长签订了责任书，开启了8个乡（镇）扶贫攻坚的新征程。同年，以发展商品经济基地为目标，大力实施“五养”（牛、羊、猪、鸡、兔）战略，拓宽了增收渠道，贫困群众经济收入显著提高。当年东沟乡全乡饲养大牲畜达9000多头，养猪2420头，养羊1.56万只，养鸡3万只，养兔5400只，单养殖一项，全乡人均收入160元。经过三年攻坚，到1998年底，全县7个乡（镇）205个村7万多人越过温饱线。

二、发展特色农业

在扶贫开发中，武乡县委、县政府十分注重农业产业化的培育，使全县农业产业化雏形基本形成，8个攻坚乡（镇）都走上了各具特色的农业产业化发展道路。原广志乡以蔬菜大棚为特色的主导产业粗具规模，发展日光温室大棚上百个，每个大棚年创收在8000元以上。原东良乡依托本乡养牛多的特点，引进人工牛黄种植技术，首批种植380头，每头牛收入达1200元以上，并且掀起全县种植牛黄热潮。1998年底，全县85%的贫困人口相继越过温饱线。

进入2000年，县委、县政府集中精力发展种植业、养殖业、畜牧业、农副产品加工业和移民搬迁等项目，8个攻坚乡（镇）相继解决温饱问题，温饱线以下人口由9.8万人降到1.5万人，缩小幅度达85%，攻坚区贫困人口由4.8万人降到2000人。全县农民人均纯收入由1995年的842元，增长到2000年的1458元；攻坚区农民人均纯收入达到1174元，比1995年增长了76%，人均生产粮食达到400公斤以上。

同时，随着扶贫工作不断深入，山区农民封闭半封闭的小农经济观念逐步转变，商品经济意识、改革开放意识不断增强，“穷光荣”“等靠要”的消极思想逐渐得到克服，自力更生、勤劳致富的思想观念发扬光大。这一时期的扶贫方式也发生了重大转变，具体讲有四个转变：由“输血型”的生活救济向“造血型”的经济开发转变，由封闭传统式开发向现代开放式开发转变，由单纯资金投入向综合投入转变，由分散经营的自然经济向规模经营的商品经济转变。广大干部和群众精神振奋，朝气蓬勃，对彻底改变武乡县贫困落后面貌充满了信心和决心。

三、经济林开发

核桃种植。武乡县干果树种植历史较长。1993—1994年分别投入资金50.8万元、11.5万元，在分南、石盘、涌泉、监漳、大有、石门、洪水、广志等8个乡（镇）发展核桃树2200亩。1995年，落实“八七”扶贫攻坚规划，在广志等6个乡（镇）9个行政村，发展核桃树500亩。1996年到1998年，投入101.4万元，分别在广志、窑湾、韩北、故城、故县等5个乡（镇）种植干果9730亩，带动贫困户810户3557人。2000年，投入资金6万元，建设名优干果经济林“武乡县绿源经济林苗木基地”，引进核桃苗1号、晋龙2号、中林5号和金丝大枣等。2002年后，在大有等5个乡（镇）种植核桃树7000亩。

干果经济林建设。1996年，全省扶贫攻坚四级书记会议确定武乡县为干果经济林开发基地县。当年，县政府投入10万元用于经济林育苗和工程建设，完成经济林育苗561亩，新发展干果经济林2.7万亩。1996年秋季，利用扶贫资金100万元，用于经济林的项目开发。

2002年，在大有、涌泉、上司发展金太阳、新世纪杏、凯特杏等优质杏树1000亩；在石盘、韩北发展骏枣、壶瓶枣、梨枣2000亩；栽植核桃24万株、杏树78万株。林业局投资2万元，在故城镇北良、石北乡型庄、涌泉乡石槽沟完成核桃高接换优2万株、酸枣接大枣5万株，更新改造干果经济林4000亩，发展优种核桃200亩，培育优质壮苗1800亩。

四、栽桑养蚕

武乡栽桑养蚕，历史悠久。1994年3月7日，县委在贾豁乡郭村召开庆“三八”迎“四大”养蚕致富现场会。县委书记王天珍出席会议并讲话，省养蚕女标兵、贾豁乡郭村妇联会主任乔改先在会上介绍了栽桑养蚕勤劳致富的经验。会议还组织全体与会人员参观了乔改先的桑园和蚕室。1995年，东良、故城、石北、城关、故县、贾豁、蟠龙、石门等8个乡（镇）77个村2215户发展蚕桑生产。其中，贫困户1056户，贫困人口4770人。累计投入扶贫资金186.482元，建桑园（包括大田桑、地埂桑、坡地桑、桑田苗圃）2.1万多亩，建烘茧灶4座、蚕茧服务中心2个、培训学习机构1个。蚕茧年产量达到118吨，总产值达到248.75万元，贫困乡村养蚕农户人均增收810元。1995年桑园面积达到20430亩，蚕茧产量增加到212吨，出现了万斤茧村7个。产茧最多的信义村蚕茧产量达到了8吨，连同育苗、烘茧、蚕桑，收入达到28.1万元。1996年，全县桑园面积达到20880亩，是武乡蚕桑发展最盛时期。

五、扶贫攻坚再动员

1998年，县委召开了全县扶贫攻坚动员大会，对扶贫攻坚下乡工作进行了安排部署。这次下乡单位93个，下乡干部250人，其中县级领导21人、县直单位主要责任人93人、工作队队员

1997 年 11 月 20 日，分南乡举行扶贫攻坚三项工程竣工剪彩仪式。

136 人。县委书记杨志崇在会上指出，全县各级党组织和广大干部群众要深刻理解扶贫攻坚的战略意义，抓住机遇，提高认识，坚定信心，加大力度，形成全县上下扶贫攻坚的合力，打一场扶贫攻坚的人民战争，力争在两年内结束全县一部分农民绝对贫困的历史。同年 9 月 9 日，县委召开扶贫攻坚三级书记会议，中心议题是：贯彻落实全省扶贫攻坚四级书记会议精神，进一步动员全县人民打好打胜扶贫攻坚战。县委书记杨志崇指出，要紧紧抓住农田基本建设、经济林开发、畜牧业开发三大主攻目标，决战三年，稳定解决贫困群众温饱问题，彻底改变全县贫困落后的面貌。会议印发了《农业综合开发脱贫致富攻坚工程实施方案》。

2000 年 12 月 14 至 15 日，全市“九五”扶贫攻坚汇报总结现场会在武乡召开。与会人员先后参观了东良乡的畜牧农技校、经济林，故城镇的养殖业，广志乡的大棚菜，广有集中供水工程等项目。县委有关领导向大会介绍了全县“十五”期间的指导思想，即：以发展为主题，以调整产业结构为主线，以市场为导向，以科技为动力，以提高人民生活水平为目标，以贫困村、贫困户为对象，调动千家万户，兴办千园万厂（场），从解决温饱全面转向产业化开发，培育特色农业，开发绿色产品，不断增加农民收入，为老区人民早日脱贫致富而努力。

六、农业项目扶贫

整村推进。2003年，武乡县在石北乡、上司乡、洪水镇等3个乡（镇）8个村3330人中，开始实施整村推进项目。2004年，共投入资金200万元，购买母牛1012头，养猪450头，养鸡37200只，种植核桃树400亩。

技术推广。1995年，根据“八七”扶贫攻坚规划，对全县各乡（镇）分管扶贫工作领导和农村人均纯收入400元以下的124个贫困村党支部书记开展了集中培训——如何建好班子、选好路子、用活引子、用好法子、树立好样子的“五子”培训。同时，邀请龙成祥在武乡举办长治市龙氏养猪法扶贫培训班。1999—2002年，武乡县先后引进小枣接大枣、渗水地膜覆盖、核桃接新换优、名优苹果树嫁接、旱季蔬菜种植管理等技术，组织培训班10期，培训1000余人。

地膜覆盖。武乡县应用地膜覆盖种植技术始于20世纪80年代初，由县农业技术推广中心引进了地膜覆盖种植技术，并加以示范推广。1993年，运用地膜覆盖技术种植玉米8000多亩，玉米增产80多万公斤。1997年，投入资金190万元，推广地膜覆盖技术种植小麦，在东沟乡树辛等6个村种植小麦2000亩，在故城镇五峪村等9个村种植小麦2500亩，在分南乡6个村种植小麦2000亩。1998年，投入资金200万元，在广志乡、洪水镇、窑湾乡、石门乡、韩北乡、大有乡、贾豁乡等乡（镇）推广地膜覆盖技术，种植小麦2000亩、玉米4000亩。1999年，投入资金80万元，在韩北乡等8个贫困乡（镇）运用地膜覆盖技术种植小麦7000亩、玉米2000亩。2000年开始，渗水地膜覆盖已被全县

1987年全县推广地膜覆盖技术

农民普遍推广应用。

土壤改良。1992年起，利用世界粮农组织的农业发展资金100万元，开始实施土壤改良项目，分别在广志乡、窑湾乡、石门乡、东沟乡、大有乡、贾豁乡、故城镇、东良乡等8个乡（镇）实施坡田改梯田、沙土改良、下湿地改良和丰产沟建设共6000余亩。1996年，投入财政扶贫资金120万元，在分南乡分水岭村等6个村实施机改梯2000亩，在石北乡型庄村等13个村实施沙土改良750亩，在故城镇南沟村等12个村实施土壤改造1350亩，在洪水镇白杨岭村等6个村、蟠龙镇型塘等6个村、东沟乡团松等8个村、韩北乡固村等7个村实施坡田改梯田10600亩。

七、工业项目扶贫

“九五”时期，武乡县投入各类扶贫资金5725万元，建设工矿企业和农产品生产加工企业。其中，投资2509万元，扩建马堡煤矿；投入2127万元，新建王家峪煤矿；投资300万元，改建、扩建三保书包厂、白和煤矿、中村煤矿、武乡电石厂、上司小米加工厂等企业；投入189万元，扶持了焦化、采矿、农副产品加工业等21个乡镇企业的发展建设。1996年，投入723万元，新建了武乡汽车钢板弹簧厂和小米加工厂。2000年开始重点扶持龙头企业涌泉生态园、佳泰农业发展科技有限公司、康宝小杂粮生产加工企业、晋武薯业、大山禽业、山西亿泰合金有限公司、武乡波利维公司等，工业项目扶贫成效明显。

第三节　工商企业改革发展

一、建立现代企业

武乡属农业县，工业基础比较薄弱。1994年以产权制度改革为突破口，加快企业经营机制转变。1995年，总产值3.78亿元，实现利税1647.80万元，分别比1978年增加20.38倍和14.05倍。1996年，原煤、发电、焦炭产品产量大幅增加，总产值达到5.35亿元，利税超过2000万元。1998年，武乡鑫兴电力开发有限公司成立，成为当地第一家股份制企业。同年12月，兴武化工一期工程投入生产，投资300万元，采用离子交换法，年设计生产规模3000吨。1999年，鑫兴电力有限公司6000千伏安硅铁炉投产达效，兴武化工有限公司二期工程竣工，形成年产5000吨碳酸钾、2000吨氯化铵的生产能力。2000年8月15日，寨坪焦化厂与交城红旗煤焦设备厂合股投资2400万元，新组建祥辉焦化有限公司，标志着乡镇企业走出了由小变大、由弱变强的路子。同年9月27日，武乡县煤焦化有限公司挂牌成立。县煤焦化公司全面推行企业改制，建立现代企业制度，使企业顺利走向转轨之路。

2002年，武乡县调整经济结构，逐步淘汰小钢铁、小化肥、小水泥、小五金等高耗能企业，企业向规模化、高效化方向发展。完成的工业重点建设项目有：鑫兴电力开发有限公司2#、4#炉完成改造，投入运营；高松水泥有限公司12万吨扩建项目达产达效；金属镁基地形成2.5万吨生产能力；马堡煤矿达产30万吨，60万吨矿井扩建开工建设；阳迣煤矿扩建达到15万吨生产能力；煤矿由原来的33座减少至13座；新增了农用氮肥和碳化钙新兴企业；新发展乡镇企业32个，乡镇企业规模以上工业增加值7119万元。

三、商业经济发展

商贸改革管理。1993年，在全县商业系统全面推行了二轮承包经营。为了搞活企业，提高经济效益，国有商业14个中小型企业进行了“包死基数，确保上交，超额全留，歉收自补”的承包经营，商业局、财政局代表国家和企业签订了承包经营合同书。1994年，撤销三级专业批发职能，将3个工业品批发公司分别更名为百货公司、交电公司、糖酒副食公司，对8个独立核算的零售商店进行了撤并重组。撤销太行商店，将兴隆、友谊两个商店分别并入迎新、东风两个商店，实行并店连锁经营。红旗、振兴两个商店合并成立了红旗市场。国有商业所属企业，分别是百货、交电、糖酒副食、蔬菜、饮食服务5个公司，红旗市场、食品厂、东风副食、迎新五交化4个零售商店以及原3个公司下属的蟠龙、故城、洪水等7个对口农村批零站。

1995年，国有商业开始实施资产租赁，职工下岗，部分管理人员靠租赁收入维持企业运转。原食品厂完全停产，改建为富民农贸市场。1997年，国家出台《生猪屠宰管理条例》，商业服务总公司承担了全县“定点屠宰，集中管理，统一检疫，分散经营”的职责，具体由食品公司负责“定点屠宰”。1998年，东风商店开始个人承包。此后，全县所有国有商业企业全面转入以租赁场地、门店、资产收益为主。1999年山西省出台了《山西省酒类管理条例》，商业服务总公司承担了全县酒类管理职能，在全县展开酒类流通管理工作。2000年，在迎新商场和浊漳酒业公司实行了国有企业产权制度改革，迎新商场采取“一人牵头，职工集体买断产权”，成为私营企业；浊漳酒业有限责任公司（原蔬菜公司）改制为“职工个人参股持大股、国家参股”的股份合作制公司并挂牌，成为国有商业企业产权制度改革的典范。企业产权由国有转为私有或公私共持，国有商业企业改制试点取得很大进步。

供销合作社。1995年后，随着供销合作体制改革的不断深化，基层供销社逐步走向按经济区建社，石北供销社首先并入城关供销社。到2001年，先后对石门、东沟、分南、窑湾、石北五个基层社实行撤社留店，窑湾并入洪水供销社，石门、东沟并入蟠龙供销社，分南并入故城供销社，石北并入城关供销社。3个区联社也分别并入洪水、蟠龙、故城供销社。至此，全县基层供销社由过去的21个变为16个。经营服务网点也随着市场经济的深入发展调整到287个，小而全的供销门店逐渐缩减，大而专的供销市场和门店不断增加。到2000年，新发展综合性服务市场10个。其中，较为规范的县城农副产品批零市场，为武乡第一个农贸市场。

商品经营。1993年，实行“放开粮食购销价格，放开粮食市场，放开粮食经营”的“三放开”政策。1994年，对订购任务以外收购的一律实行随行就市。1997年取消非农业人口供应。1998年，实行粮食改革，取消定购粮收购，明确了25个粮站为政策性业务单位，其余单位为商业性业务单位。1998年，粮食收储企业由25个精简合并为13个，人员由342人定编为140人，把编外人员集中于五大镇成品粮经销站和粮油调运站，保护价、粮价两价合一，对农民的粮食按保护价敞开收购。1999年，县粮食部门实行政企分开，储备与经营分开。

县城红旗百货商场

商贸市场。红旗市场，占地面积 2500 平方米，建筑面积 3100 平方米，资产总额 947 万元，1994 年 9 月建成并投入运营。市场以并列的两幢营业楼为主体，拥有 37 个独立分店、200 多个柜组，经营范围包括大小百货、针纺织品、服装鞋帽、五金化工、交通电料、糖酒副食、日杂用品，共计上万种商品。

农产品交易市场，2000 年由农产日杂公司改造建成，是县城最早的农副产品交易市场，占地面积 46005 平方米，各种客商摊位 160 个，主要经营农产日杂、副食调味、瓜果蔬菜、水产肉类等大类，1200 余个品种。

嘉隆商贸有限公司，1993 年 10 月建成投入使用，占地面积 4000 多平方米，建筑面积 5000 多平方米，一楼经营副食综合超市，二楼经营针织床上用品、鞋帽、男女精品服饰、大小百货、日化。

佳禾超市，2001 年创办，为全县第一个超市。主要经营日用百货、糖酒副食、粮油调味，品种计 6000 多种。市场营业面积 600 平方米，从业人员 16 人，流动资金达 230 万元，年上缴利税 10 万元。

第五章　社会领域改革的深入推进

第一节　城镇住房制度改革

1993年，武乡县依据国家法律和政策，积极开展了公私房屋的产权产籍、房产买卖、房产租赁等管理工作，全年对建筑面积31250平方米的18个新建房屋进行了测量登记确权，对23起、成交额300万元的房产买卖交易进行了评估鉴定发证，对新建路和桥西街70多起房屋租赁行为进行了审查签证。1995年，对新建和变更房屋所有权6户、22550平方米进行了测量登记确权，对39起房产买卖交易进行了评估鉴定发证，为2户房屋拆迁单位办理了拆迁许可证。1996年至1999年，共进行各类房屋所有权登记147起，办理房地产抵押登记63起，办理房屋租赁许可手续340起，对5起房产交易行为进行了审查，开展了房屋所有权证换发工作，在县城和城关、东村换发新房产证665个，办理房屋新建变更登记106起、交易过户手续27起、房屋拆迁许可手续18起，房产管理上了一个新台阶。

1998年，县人民政府出台《关于进一步深化城镇住房制度改革加快住房建设的实施方案》，就推行住房分配货币化、全面建立住房公积金改革、加快公有住房出售、建设经济适用房进行了详细规定。2000年，武乡县为房改后的房屋进行了产权登记，办理了房产证。2001年，取消福利分房后，对无房户老职工和新参加工作的新职工实行住房货币化补贴，并在一些单位进行集资建房。县城建局、机关事务管理局在全县率先进行公有住房出售，随后各单位陆续进行了公有住房出售工作。2006年3月底，住房公积金制度覆盖了全县3000多名干部、职工，住房公积金累计达到1600多万元，为100余名职工审批了住房公积金贷款手续。

第二节　实施撤并乡镇

2000年12月，山西省人民政府下发《关于武乡县调整乡镇行政区划的批复》：广志乡、窑湾乡并入洪水镇，设立新的洪水镇，以原广志乡、窑湾乡和洪水镇的行政区划为现洪水镇的行政区划，全镇人口28538人，总面积202.9平方公里，镇人民政府驻洪水村；东良乡并入故城镇，设立新的故城镇，以原东良乡、故城镇的行政区划为现故城镇的行政区划，全镇人口18579人，总面积153.2平方公里，镇人民政府驻故城村；石门乡、东沟乡并入蟠龙镇，设立新的蟠龙镇，以原石门乡、东沟乡和蟠龙镇的行政区划为现蟠龙镇的行政区划，全镇总人口27862人，总面积195.8平方公里，镇人民政府驻蟠龙村；分南乡、石盘乡合并，设立新的分水岭乡，以原分南乡、石盘乡的行政区划为现分水岭乡的行政区划，全乡总人口7583人，总面积229平方公里，乡人民政府驻分水岭村；曹村乡与城关镇合并，设立新的丰州镇，以原曹村乡、城关镇的行政区划为现丰州镇的行政区划，全镇总人口38033人，总面积162.4平方公里，镇人民政府驻县城太行街253号；墨镫乡、韩北乡、大有乡、贾豁乡、监漳镇、故县乡、上司乡、涌泉乡、石北乡建置保持不变。

2001年1月，按照省政府批复意见实施撤乡并镇，将原来的21个乡镇撤并为5个镇、9个乡。5个镇分别是洪水镇（由原洪水镇、广志乡、窑湾乡合并组建）、蟠龙镇（由原蟠龙镇、石门乡、东沟乡合并组建）、监漳镇、丰州镇（由原城关镇和曹村乡合并组建）和故城镇（由故城镇和东良乡合并组建）；9个乡分别是墨镫乡、韩北乡、大有乡、贾豁乡、上司乡、故县乡、石北乡、涌泉乡和分水岭乡（由原分水岭乡和石盘乡合并组建）。2001 年 12 月，根据全县农业发展规划，县委、县政府决定，在原石盘乡设立石盘农业开发区，全面管理辖区内党务、政务，行政区划归分水岭乡。2008 年更名为武乡县人民政府驻石盘农业综合开发区办事处，为县人民政府直属派出机构。

2002 年 12 月，完成全县村组撤并工作，村组撤并后全县共有行政村 374 个。2005 年恢复 3 个村，共计 377 个行政村。

第三节　村民委员会换届

1998 年，依据《中华人民共和国村民委员会组织法》，实行村民直接选举，村民自治进入新的发展阶段。县民政局以建立健全村党组织领导的村民自治机制为目标，以“四个民主”为主线，以制度建设为重点，对行政村领导班子进行规范化建设。

村民直接选举“村官”，以“民主选举、民主决策”为主线的民主与法治建设得以健康有序发展。其间，总结推广了涌泉乡“村账民管乡审，实行财务公开”的经验，洪水镇熬垴村“坚持四个民主，引导村民依法参与村级事务管理”的经验，以及石北乡型庄村、丰州镇城关村实行村务公开、民主管理的经验。县委、县政府采取“一乡十村带全县”的方略，以点带面，整体推进，开创了村级民主管理的新局面，党组织领导的充满活力的村民自治机制在全县农村初步形成。2003 年，武乡县被民政部命名为“村民自治模范县”。2006 年、2009 年武乡县被全国村务公开协调小组分别命名为村务公开、民主管理示范县。

第四节　免除农业税

2003 年 6 月，启动农村税费改革试点工作。农村税费改革主要内容是：取消乡统筹费和农村教育集资等专门面向农民征收的行政事业性收费和政府性基金、集资；取消屠宰环节和收购环节征收的屠宰税，原来地方随屠宰税附征的其他收费项目也一律停止征收（按国家规定收取的检疫费等合法收费除外）；取消过去统一的劳动积累工和义务工，村内进行农田水利基本建设、修建村级道路、植树造林、防疫、防汛等集体生产公益事业所需劳务，实行一事一议，由村民大会民主讨论决定。

按照山西省委、山西省政府农民负担监督管理领导组《关于做好 2003 年减轻农民负担的通知》要求，对没有法律、法规依据或未经中央和省两级人民政府及财政、价格主管部门会同农民负担监督管理部门批准的，涉及农民负担的行政事业性收费项目一律取消；没有法律、法规依据或未经国务院及财政主管部门会同农民负担监督管理部门批准的，涉及农民负担的政府性基金项目一律取消。1997 年以来出台的专门面向农民的行政事业性收费项目和政府性基金项目一律取消，农村的各种集资、摊派以及要农民出钱出物出工的达标升级项目一律取消，同时还建立了涉农收费“公示制”、农村义务教育收费“一费制”、农村订阅报刊费用“限额制”（以村计，年报刊征订费不得超过村级管理费平均额的 10%）、违反农民负担政策责任追究制四项制度。

农村税费改革减轻了农民负担，规范了各类税赋，基层干部也从“催粮派款”中得到解脱，终结了延续两千多年的农民种田交税的历史。对乡村公益事业和村干部工资实行转移支付，使农村经济发展和农民增收致富环境明显优化。

第五节　启动移民并村工程

武乡县扶贫移民新村建设始于1995年。当年根据省委的统一部署，省委农工委深入武乡分南乡包乡扶贫，采取移民扶贫措施，有5个行政村的6个自然村移民脱贫65户，建起居民点5个，新建砖木结构的住房325间。继而，这项措施在全县偏远山区推而广之。扶贫移民新村按照“规划先行，设计超前，布局合理，设施完善”的原则有了新的发展，成为乡村建设的新亮点。

涌泉乡大沿沟村123户502人，是2002年建成的移民新村，共建新房670间，户均6间90平方米，铺装油路700米。2006年大沿沟村列入省级新农村建设整治村。在集中整治中，拓宽硬化街道、砌筑排水渠1200米，新建公用厕所1座，安装路灯11盏，修建村中花园2处，新建了敬老院，完善了村卫生所，村小学配套了电脑、图书等设备，全村各户都通了自来水。此外，还

2005年涌泉乡大沿沟移民新村

推广了养猪沼气配套技术，围绕农业调产新建温室大棚6座，全村建设整治总投资达80余万元，群众生活和生产条件大为改善；促进全村剩余劳动力劳务输出，当年外出务工人员达到150多人，年总收入可达120多万元，有效地增加了村民收入。

丰州镇下关村位于县城东部，关河水库西岸，距县城2.5公里，全村65户260人，以渔业为支柱产业。2005年，按照县委、县政府对太行龙湖生态旅游开发的安排，将该村列入整体搬迁范围，举村迁移，重建新村。下关新村建设按照统一规划、统一设计、统一标准进行，2005年10月动工，2006年7月主体工程全部结束。工程占地26680平方米，新建别墅式小楼65套，每套建筑面积166.13平方米。同时，还配套建有办公楼1座、便民超市1座、医疗所1个、污水处理站1座、停车场1处和养猪场1个。2006年，下关新村列入省级新农村建设整治村。村内主干道与各户小巷道全部铺设水泥路，全部安装了路灯；村民全部使用自来水和煤气做饭；除各户有双卫生间外，公共场所还建有公厕1座；新村东坡主要种国槐、桧柏，各户院内种植草、花卉，村内主路种塔松，并建有1500平方米的休闲小广场1处。

20世纪末，武乡开始对水、电、路不通的山庄窝铺村实施易地扶贫搬迁，重点解决居住在偏僻山区的农民生产生活条件极端困难问题。1997年，在分南乡沿国道建立移民点6个，移民123户520人。移民新村水、电、路、医、学等条件比较完善。移民新村全部建在208国道两边，新建了学校，喝上了自来水，开通了有线电视。之后，持续实施移民扶贫的特殊措施，累计移民搬迁118个村1497户6199人。

第六节　实施农村饮水工程

武乡十年九旱，人畜缺水历来严重。1997年8月31日，省委书记胡富国，省委常委、秘书长武正国带领省有关部门领导，深入武乡县故城、大有、石门等乡村视察旱灾情况。胡富国嘱咐市、县领导一定要组织带领人民群众发扬艰苦奋斗精神，搞好抗灾自救工作，保证老百姓有粮吃、有水喝。9月，县委、县政府成立解决人畜吃水领导组，决定利用大部分水利扶贫以工代赈资金，兴建彻底解决人畜吃水问题的集中供水工程，先后兴建了蟠洪河、上司、窑湾、广有、墨镫、漳河、城东等7处大型集中供水工程。2000年，县委、县政府把饮水解困工程作为农村工作的头等大事来抓，完成总工程量46.75万立方米，投工36.42万个，完成总投资866.67万元，解决了152个村庄的2.947万人、8756头大牲畜的饮水问题，省、市当年下达的43项解困任务全面完成。12月18至19日，山西省农村饮水解困工程验收领导组王世文一

2000年，长治市实施农村饮水解困工程现场会在武乡宾馆召开。

行，对武乡县的农村饮水解困工程进行了检查验收。2003年6月，投入资金4660.09万元（其中国补资金2158万元），完成全部工程，基本解决了武乡东部9个乡（镇）540个村11.56万人、2.73万头大牲畜的饮水问题。

2000年，利用扶贫、以工代赈等财政资金建成广有、漳河、城东、故城4处集中供水工程，30多处小型提、引水工程以及40多处单村供水工程，解决了90个自然村3.23万人的饮水问题。

一、旱井工程

旱井，俗称水窖，是干旱山区群众使用最久、最基本的饮水工程。1997年全县新打旱井1.7万眼，充分发挥了旱井的蓄水、保土、抗旱作用。

二、提水工程

小型提水工程，也叫小高灌，被列为人畜饮水解困重点工程。2000年全县有小型提水工程12处，蓄水工程30处，解决了150个村庄2.6万人和0.8万头牲畜的饮水困难。重点工程有11项：

南村提水工程。该工程是丰州镇（原城关镇）南村一项小型提水工程，2000年被省政府列入首批农村饮水解困工程范围，经水利技术人员勘察并组织施工，维修水源井1眼，新建钢筋混凝土蓄水池1座，铺设上水压力管道600米、入户输水管道600米，总工程量为2200立方米，投资5.7万元。工程完工后，解决了该村210人、70头大牲畜的饮水困难。

石仁底提水工程。位于故城镇（原东良乡）石仁底村，2000年被省政府列入首批农村饮水解困工程范围。经水利部门勘察并组织施工，在村东北800米处新建大口井1眼，深5米，直径4米，在村制高点修容积为100立方米的钢筋混凝土蓄水池1座，埋设上水压力管道800米，总工程量完成1464立方米，总投资8.2万元。工程完工后，解决了该村400人、100头大牲畜的吃水困难。

故城村提水工程。2000年，省政府将故城村列入首批农村饮水解困工程范围，经水利部门组织勘察施工，打深井1眼，投资13.5万元，解决了该村2400人、120头大牲畜的吃水困难。

东家沟提水工程。2000年省政府将上司乡圪针庄东家沟村列入了首批农村饮水解困工程范围，经水利部门勘察施工，打深井1眼，建容积100立方米的蓄水池1座，安装上水管道1470米，建9平方米机房1座，安装机泵，总工程量6800立方米，投资18万元。完工后，解决了该村405人、270头大牲畜的吃水困难。

圪咀头蓄水工程。2000年，省政府将石北乡圪咀头村列入全省首批农村饮水解困工程范围，经水利部门组织施工，打手压井65眼，各配套手压式抽水机1台，该工程总量为1300立方米，投资8万元，工程完工后，解决了该村370人、60头大牲畜的吃水困难。

窑湾集中供水工程。位于武乡县东部山区，是该县最大的一项引水工程。1997年提出可研报告，同年由省计委批准，工程总投资420.1万元。该工程利用板山泉水和补充水源，采用二级泵站提水，总装机127千瓦，总工程量14.4万立方米，总投工12.79万个。工程1998年8月正式开工，2001年9月完工。该工程解决了洪水、蟠龙2个乡（镇）26个行政村、46个自然村的10360人、3256头大牲畜的饮水困难。

上司集中供水工程。1996年2月由省计委、省水利厅批准，同年8月动工兴建，引浊漳北源干流河水，采用三级泵站提水，提水最高扬程为482.5米，总装机240千瓦。工程总投资580万元，总工程量17.36万立方米，总投工13.23万个。供水范围涉及上司、监漳、丰州3个乡（镇）26个行政村，解决了17009人、2024头大牲畜的饮水问题。

墨镫集中供水工程。由县水利局从1999年5月开始组织实施，2000 年竣工，解决了墨镫、洪水 2 个乡（镇）24 个行政村、43 个自然村的 3262 户 14586 人、3780 头大牲畜、1200 只猪羊的饮水困难。工程设计总投资 496 万元，其中 1998 年、1999 年省计委投资以工代赈资金 280 万元，工程受益村陆续受益。

广有集中供水工程。该工程于 2000 年 6 月动工兴建，历时 6 个月，11 月 20 日完工。2002 年，广有工程又续建了二期工程。两期工程总投资 772.56 万元。广有集中供水工程解决了洪水、大有、贾豁、原广志、东沟等 5 个乡（镇）152 个村庄的 2.947 万人、8756 头大牲畜、43319 只猪羊的饮水困难。

蟠洪河集中供水工程。工程前身是砖壁提水工程。1994 年，县委、县政府决定扩大砖壁提水工程供水范围，更名为蟠洪河集中供水工程。县水利局 1996 年 3 月正式施工，总投资 1015 万元。工程设计科学，质量优良。自投入运行以来，使韩北、蟠龙、原石门 3 个乡（镇）的 80 个村和 7 个厂矿的 2.6 万多人、3000 余头大牲畜、1.5 万只猪羊饮用上了清澈的自来水，告别了缺水历史。

漳河集中供水工程。2002 年漳河集中供水工程被列为县农村饮水解困重点项目。该工程采用一级提水，总工程量为 12.15 万

1998 年 10 月 26 日，蟠洪河集中供水工程竣工剪彩

立方米，总投资393.42万元。该工程于2002年4月动工，9月完工。工程完工后，解决了监漳、大有、上司3个乡（镇）44个自然村的13114人、1358头大牲畜的饮水困难。

第七节 实现村村通公路

武乡被确定为全国扶贫攻坚重点县后，把解决山老区人民“行路难”的历史难题，列为扶贫攻坚的一项重要内容，扶持力度明显加大。

2001年，长治市委、市政府部署在全市大搞村村通工程，武乡县积极响应，一个政府出资为主导、群众集资投工为主体、社会捐助为补充、全社会参与、大搞村村通水泥（油）路的热潮在全县兴起。1月18日，县委、县政府在武乡宾馆召开了公路建设再动员会议。县长吴凌指出，全县目标是224个村开工，里程

1998年10月26日，武乡县乡乡镇镇通油路暨重点工程竣工庆祝大会在县人民广场举行。

784 公里，路基备料 600 余万立方米。各级领导必须狠下决心，加大力度，迅速在全县掀起村村通公路建设热潮。

2002 年 4 月 13 日，县委、县政府在武乡宾馆召开村村通水泥路攻坚再动员大会。县委副书记姚中华宣读了《关于开展为实现村村通水泥（油）路建设做贡献活动的倡议书》，号召全县企事业、机关干部职工、共产党员、共青团员以及武乡籍在外工作人员和社会各界人士，为武乡公路建设慷慨解囊，捐资捐物，为村村通公路建设贡献力量。为推动村村通工程顺利开展，县委书记师义昌、县长吴凌带头给村村通水泥（油）路各捐款 500 元，县四大班子其他领导也积极响应，各捐款 300 元。

2002 年 8 月 6 日，全县召开村村通水泥（油）路工作现场促进会。会议组织参观了上司、蟠龙、洪水、墨镫 4 个乡（镇）村村通公路重点工程。会议要求，各乡镇、各有关部门、各帮扶单位都要进一步提高认识，统一思想，坚定信心，奋力苦战，以不获全胜决不收兵的信心和决心，排除一切困难，坚决打好打胜全县村村通水泥（油）路建设攻坚战。县长吴凌强调，广大干部和群众要再动员、再鼓劲、再掀高潮，学习墨镫乡开拓进取精神、熬垴村艰苦奋斗精神，学习上司乡高标准严要求、蟠龙镇勇挑重担精神，坚持目标不变、任务不变、时间不变，卡死任务、卡死工期、卡死质量，奋力决战，全面打胜全县村村通公路建设这场硬仗。

2002 年底，村村通工程总投资 4000 万元，共完成 105 个行政村、210 公里的水泥（油）路铺装，完成红色旅游线路 18 公里路基、广志到榆社 5 公里公路路面、太行龙洞旅游公路路基及 4.5 公里路面铺装工程，按期完成了村村通及其他公路建设目标和任务。

第八节　实现普及九年义务教育

一、普及九年义务教育

1998年3月13日，县委、县政府召开全县“普九”攻坚暨1998年教育工作会议，对当年教育工作重点进行了安排部署。县委副书记、县长师义昌要求全县教育工作者提高认识，落实责任，增强紧迫感，强化措施，狠抓落实，坚持做到五到位，即宣传到位、领导到位、责任到位、政府行为到位、监督到位，确保完成“普九”攻坚目标任务。县委书记杨志崇强调，各部门要明确目标，统一思想，正确认识，加强组织领导，各负其责，保证“普九”达标如期实现；同时，要加强教师队伍、干部队伍整顿，把全县教育工作推向一个新高度。

1998年9月1日至20日，山西省人民政府对武乡县的普及九年义务教育工作进行了评估验收。参加验收的工作人员一致认为：武乡县“普九”工作成效显著，普及程度、师资水平、经费投入、办学条件以及教育质量均已达标，扫盲成果也得到了巩固和提高，农民学科学、用科学的积极性空前高涨，实用科技培训收到了明显效果。武乡县是典型的山老区，全县共有中、小学校620所，其中小学591所、初中29所；小学在校生21269名，初中在校生12261名；中、小学教师2260名，其中小学教师1533名、初中教师727名；全县小学、初中适龄儿童入学率分别达到100%和99.9%，15周岁人口中初等教育完成率为99.6%，小学辍学率为0，残疾儿童入学率为75%；小学、初中专任教师学历合格率分别达到100%和81.3%；所有小学校长和初中正、副校长全部经过中级培训，持证上岗，合格率为100%；国拨教育经费连续三年实现“三个增长”，教师工资按月足额发放；全县的素质教育工作也成效明显，小学、初中学生行为规范合格率为100%，毕业年级各科合格率为99.5%和99.6%，体育合格率为100%；全县扫盲工作认真贯彻“一堵、二扫、三提高”的方针，坚持班子不散、思想不松、人员不少、方法不变的原则，大力扫除文盲，并加强农技校建设，办学覆盖率达到100%。1998年11月，全县实现普及九年义务教育，教育部为武乡县颁发“普及九年义务教育和扫除青壮年文盲县”奖牌。

1998年11月，教育部为武乡县颁发“普及九年义务教育和扫除青壮年文盲县”奖牌。

小学教育。从2001年开始，坚持“两基”重中之重地位不动摇，巩固提高“普九”成果，突出加强了“控辍”工作，实行依法管理、强化责任、治乱减负、扶贫助学等措施，全县小学的入学率和巩固率一直保持在100％和99.9％，经省“两基”复查组检查验收“复查合格”。

2002年秋季，针对全县农村中小学布点多、规模小、教学资源严重浪费的情况，坚持实事求是原则，撤并7人以下小学80所，调整幅度为14％，超过省规划目标近4个百分点，3年任务1年实现。经过调整，全县基本取消了小学四个年级复式教学，三个年级复式教学也大幅度减少，布局基本趋向合理。同时，根据省、市要求，从秋季起有7个乡（镇）小学、2所县直小学，即墨镫乡小学、蟠龙镇小学、大有乡小学、上司乡小学、故县乡小学、涌泉乡小学、分水岭乡小学、县城五一小学、上电希望小学，改为“六三”学制。

中学教育。1994年，全县共有初中35所，教学班168个，在校生8418名，其中在校住宿生3238名，专任教师693名，其中民办教师92名。1995—1998年，经过调整，相继撤并了魏家窑、郑峪、圪针庄、禄村4所村办初中，至此全县初中减为31所，教学班177个，在校生9963名，专任教师693人。1999年监漳中学、大有中学改为乡办初中，县直中学只留一中、二中、职中、柳沟中学、寨坪中学、故城中学6所。2002年，根据省、市文件精神，又撤并华杰中学、长乐中学、聂村中学和寨上中学。至此，全县初中为27所，教学班197个，在校学生10920人，专任教师699人，学历合格率达到86%。

1994年，武乡中学教师张汉杰晋升为“中学特级教师”。1996年，武乡中学张毓以610分高分夺得长治市文科第一名，考入北京大学，成为全县第一个进入北京大学的学生。2001年，武乡中学本科达线突破百人大关。2001年，县教育局决定在武乡职中设立普通高中班。2002年9月，武乡中学获得长治市委、市政府“学校标准化建设先进单位”称号。

职业教育。1993年后，职业中学处于停办状态。1997年4月25日，职中恢复招生，开设了美术装潢、音乐短训、B超检测等短训班，招生85名，开设医士专业2个班，学制2年。1998年省计委拨款60万元，市计委拨款18万元，新建职中教学大楼1幢，建筑面积1700平方米，招收计算机专业1个班，学制两年。两年时间转送到河北、深圳、广东等地机电服务、缝纫、裁剪等专业人才240余名，使职中的吸引力越来越大。2001年，根据上级高中扩轨的文件精神，职中开始招收高中学生，办学轨制为双轨。2002年，职中改名为武乡县第三中学，实行“一套班子、两块牌子”，形成了普职融通、双轨并行的办学模式。

二、希望工程和集资办学

1994年9月24日，在山西省宏艺首饰总厂资助下，武乡县第一所希望小学——宏艺小学在故县乡五村落成开学。1994年起，

1994 年 9 月 15 日，武乡第一所希望小学——宏艺小学在故县乡五村举行剪彩仪式。

国家为发展贫困地区教育事业，又为武乡划拨贫困地区义务教育工程专款 600 万元，国家还向联合国争取到 500 万美元“世行贷款”用于发展武乡县的义务教育。1995 年，国家和省、市各级党政机关部门陆续派出干部到武乡定点扶贫。煤炭部派出对口帮扶工作队，投资 20 万元，在石盘乡兴建希望小学 4 所，工作队组织献爱心活动，捐献衣物、学习用品共 2 万余件，分发到分南等 8 个贫困乡（镇）30 个贫困村 3000 多贫困户手中。1998 年，总投资 292 万元，建起希望小学 17 所。1999 年，实施“世行贷款”在贫困地区发展基础教育项目，筹集资金 395.36 万元，新建校舍面积达 13668 平方米。

1995 年 4 月 7 日，武乡一中举行李逸三捐资助教大会。李逸三是武乡县党组织创始人，也是武乡第一个共产党员。他十分关心家乡的教育事业，专程返乡，将多年省吃俭用攒下的 10000 元

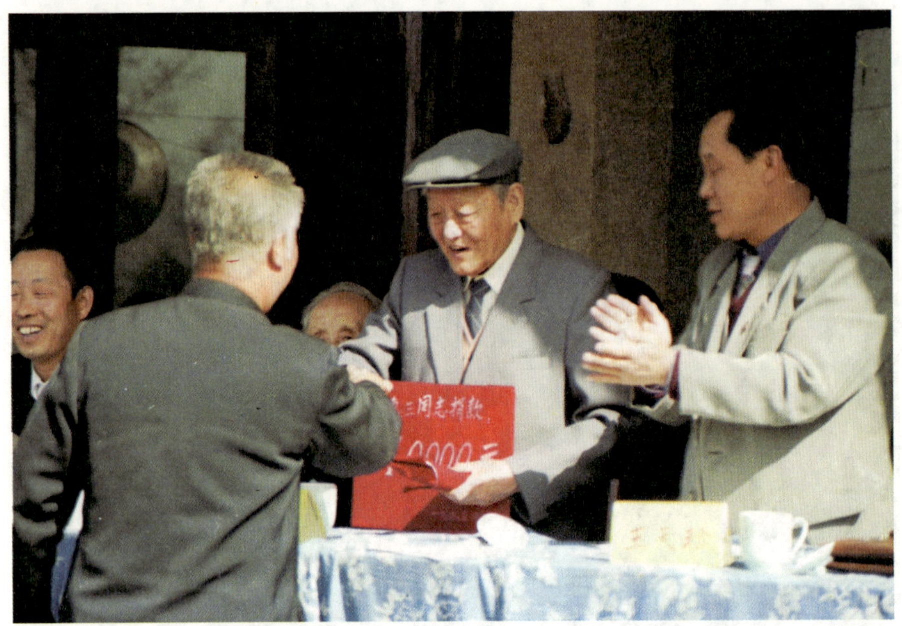

1995年4月7日，武乡县党组织创始人李逸三向武乡中学捐资1万元，奖励优秀学生和有特殊贡献的教师。

积蓄捐献给家乡，并提出要用于奖励高考中成绩优秀的学生及做出特殊贡献的教师。从1997年至2000年，连续4年，中共中央组织部原秘书长何载共寄4000元，北京师范大学原教授何定共寄5000元，用于资助贫困儿童上学。2000年6月1日，长治市在武乡召开了捐资助教动员大会，武乡籍香港企业家李俊彪等7位民营企业家分别向武乡步魁希望小学、韩北乡王家峪学校捐款27万元和300个书包。

从1994年至2006年13年间，武乡县得到社会各界的大力支持，20个单位和18个民营企业共捐资600万元，新建了37所希望小学、1所中学，大大地改善了革命老区的办学条件。

第六章　转型跨越发展 加快老区崛起

第一节　大力推进经济转型发展

一、实施“三百”战略工程

“三百”战略，是中共武乡县第十二次代表大会上提出的发展战略，其内容是“百里绿色经济带建设，百万亩生态林草基地建设，经济社会发展百项工程建设”。

按照党的十六大“发展要有新思路，改革要有新突破，开放要有新局面，各项工作要有新举措”的要求，贯彻市委“创环境，调结构，全面建小康”的总体部署，结合武乡的实际，县委确立了“落实五句话，实施三大工程”的基本工作思路，提出了“实施‘三百’战略，奋力打造绿色经济新武乡”的长远目标。

近期目标是：最近三年，调动一切资金流、物资流、信息流向“三大工程”集中，推进全县经济结构优化升级，使全县的主要经济指标在“十五”期末位居全市前列，为全面建设小康社会奠定坚实的产业基础。远期目标是：通过实施以生态文明为基本价值取向和目标的“三百”战略，建设故城至监漳100里的集高效农业、生态农业、观光农业、设施农业为一体的绿色经济带，实现全县100万亩生态林草基地建设目标，完成100项经济建设和社会发展重点工程建设项目，把武乡建成山川秀美、适宜人类居住、综合经济竞争力强、可持续发展能力强、人民生活质量高和创业投资环境优的一方乐土，形成武乡全面建设小康社会的特色。

到2006年，在县委的带领下，经过全县人民的努力，“三百”

战略取得丰硕成果，工业结构调整步伐加快，技改扩建力度加大，煤、电、焦、镁四大产业优势逐步形成，以马堡煤矿为标志、以和信电厂为龙头的企业迅速崛起，工业整体上实现了脱胎换骨和优化升级，提升了规模效益和竞争能力；农业基础进一步巩固，产业化进程明显加快，以马铃薯种植标准化示范基地这一国字号名片为依托，特色种养业粗具规模；旅游产业蓬勃兴起，八路军太行纪念馆、八路军总部王家峪和砖壁遗址、太行龙湖等景区形成亮点，对外宣传声势浩大，老区名声大振，带动了旅游、餐饮、住宿、购物等服务业迅速发展，第三产业成为新的增长点。全县经济发展呈现出强劲态势，2005 年完成生产总值 12 亿元，比 2002 年增长 54.2%；财政收入达到 2.62 亿元，是 2002 年的 3.62 倍。

二、强力推进“三大工程”

中共武乡县第十二次代表大会提出：“全力推进‘三大工程’，力争在五年内，走出一条经济结构优化、工业总量扩张、二产和三产业比重加大、财政实力增强、城乡统筹发展的新路子。”

抓好“973”工程，加快工业调产步伐。工业重点要抓好 9 座煤矿的技改扩建，扶持壮大 7 个骨干企业，发展 3 项新型产业。

2007 年，山西马堡煤业有限公司自建运煤专线和储煤场

具体是重点抓好马堡煤矿、东庄煤矿、福达煤矿等9座煤矿的技改扩建，将全县的煤矿总数控制在10座以下，使煤炭总产量达到500万吨以上，煤炭产业对财政的贡献突破亿元大关。重点抓好鑫兴电力开发有限公司、柳沟钢铁有限公司、县煤焦化有限公司、高松水泥有限公司等7个骨干企业的技改扩建，努力建设一批“小巨人”“小拳头”企业，形成集群竞争优势，促进县域经济快速发展。重点抓好武乡和信发电有限公司新建4×300兆瓦发电机组项目、鑫兴电力开发有限公司2×50兆瓦煤矸石发电机组项目、金属镁基地建设项目。

抓好“1554”工程，做强做大特色农业。建设一条百里绿色经济带，五年内完成4000亩节水灌溉园区建设、万亩耕地种植结构调整、3个百亩设施农业强区建设、3个农副产品交易市场建设、5个农产品加工龙头企业建设以及10个大中型牛、羊、猪、鸡养殖场和太行龙湖、故城水库建设水上公园等项目，力争2007年底项目全部完成后，百里绿色经济带年收入达到6000万元，项目区农民人均收入达到5000元。培育五大支柱产业基地：马铃薯生产基地、优质谷子生产基地、优质干果经济林基地、绿色蔬菜基地、畜牧养殖基地。壮大五个农业龙头企业，在政策、改制、资金、人才、信息等方面给予金粟海有限公司、太行名米开发有限公司、太行畜禽发展有限公司、恒昌肉制品厂、马铃薯开发服务中心等现有的农业龙头企业大力支持。重点实施百万亩生态林草基地建设工程、舍饲圈养工程、扶贫移民工程、农村基础设施建设工程。

抓好“510”工程，大力发展第三产业，加快基础设施建设。加快旅游业开发步伐，加强基础设施建设，重点抓好红旗路延伸及新建大桥建设、阳光小区建设、马牧河建设。要通过加强基础设施建设，使武乡县城的整体架构初步建立，形成西有凤凰山叠翠，中有马牧河环绕，东有太行龙湖胜景，山水在城市中，城市在山水中，充满现代化气息的山水园林文化型新县城，以优美的环境吸引外地客商，提高县城居民的生活质量。同时，要加快小城镇建设步伐，引导农村剩余劳动力合理有序流动。路网建设要抓好武墨铁路二期工程，实现同阳涉线接轨，与京广线联运；积极争取立项完成权马路、南沁线武乡段的升级改造。

三、兴建和信发电厂

为落实中共十六大提出的走新型工业化道路的要求，2002 年 12 月 19 日，县委、县政府利用武乡煤炭资源优势，决定兴建一座 4×300 兆瓦发电厂。2003 年，中共武乡县第十二次代表大会上明确指出将建设和信发电厂项目作为“大力实施‘三百战略’，强力推进‘三大工程’，打造绿色经济新武乡”的重中之重，努力实现这一目标任务。县里专门成立了项目领导组，经过两年多时间的不懈努力，于 2005 年 4 月 21 日得到国家发展和改革委员会的核准批复。该项目是全国 24 座重点电厂项目之一，也是山西省唯一被核准的电厂项目。项目一期工程 2×600 兆瓦机组，总投资 53.1 亿元。发电机组采用空冷、脱硫、低氮氧化物燃烧

2012 年 10 月，武乡西山发电有限责任公司（原武乡和信发电厂）

技术，实施全厂计算机一体化控制，是节水、环保、技术含量高、自动化水平高的大型火力发电厂。项目建成后，每年可消耗原煤350万吨，发电约70亿千瓦·时，实现销售收入20亿元，增加财政收入3亿元。2006年10月、11月，2×600兆瓦的1号机组、2号机组分别并网发电，投入运营，成为武乡的经济翻身工程项目。

第二节 发展红色旅游 建设旅游大县

一、八路军太行纪念馆扩建改陈

2002年，在党中央、国务院的关怀下和老一辈革命家的热切关注下，经中共中央办公厅〔2002〕107号）批准，省计委立项，国家计委批复投资兴建八路军太行纪念馆二期扩建工程，项目投资概算为5360万元，扩建项目是八路军将帅厅、八路军抗战纪念碑、游击战术演示厅等。2004年8月15日，中共中央政治局常委李长春来武乡视察，指示要将八路军太行纪念馆扩大规模，建成全国一流的爱国主义教育基地。之后，山西省委将八路军太行纪念馆扩建改陈列为山西省加强与改进未成年人思想道德建设和红色旅游“一号工程”，成立了八路军太行纪念馆扩建改陈工程领导组，省委副书记担任组长，省委、省政府的四位领导和长治市委书记担任副组长。2004年10月25日改陈扩建工程开工奠基。占地面积从7.4万平方米扩展到18万平方米，展出面积由3613平方米扩大到7960平方米，展出内容由八路军总部及129师在太行山抗战的历史，扩展为全面反映八路军总部、115师、120师和129师及华北各抗日根据地抗战的历史，总投资2.7亿元。在省委、省政府的重视下，在武乡县委、县政府和有关单位的积极配合下，涉及的11个单位和150户住户得到拆迁安置，工程进展顺利。2005年在纪念中国人民抗日战争胜利60周年之际全面竣工并对外开放，馆内共收藏图片780余张、文物1059件，成为同井冈山、延安、西柏坡齐名的全国一流的革命纪念地、革命传统教育基地。

二、景区、景点的开发建设

旅游业是一个极具活力、关联度大、综合效益明显的朝阳产业，是带动第三产业及全县经济发展的重要增长极。中共武乡县第十二次代表大会提出："要牢固确立旅游富民的观念，真正把旅游业作为一项带动群众增收致富的产业来抓，切实形成政府全力搞规划、企业主导搞开发、千家万户搞服务的全社会大办旅游的崭新局面，拓宽增收领域，带动群众致富。""大力实施以红色旅游为主的'138'工程，做强做大'抗战圣地，红色武乡'一大旅游品牌，重点培养三条精品线路，着力开发八路军太行纪念馆、王家峪和砖壁八路军总部旧址、太行龙湖、太行龙洞、板山、崇城山、南神山等八大旅游点，真正形成以红色旅游为龙头，绿色、古色为两翼的旅游产业格局。"

2003年，县委、县政府成立了武乡县旅游开发领导组，出台

2004年7月，太行龙洞经营权转让签字仪式在武乡宾馆举行。

了《武乡县加快旅游产业发展的实施方案》。2004年7月，中国旅游景区协会、中国社科院及省市专家评审通过了《武乡县旅游产业发展总体规划》与《武乡县太行龙洞旅游区控制性规划》，提出以“红、绿、古”三色为主题，集中整合全县旅游产品，建设两大旅游带、七个旅游区、一个中心，力争到2020年建成特色旅游名县的构想。

2003年9月28日，在国家、省、市有关部门的支持下，在全县人民的努力下，投资1300万元开发建设的旅游景点——太行龙洞，隆重举行剪彩仪式，洞内上下共四层、总长1000多米、有100多处景观的太行龙洞得以向世人展示。同年，武乡县与潞宝集团开始商讨太行龙洞旅游景区经营权转让议题，利用潞宝集团资金、技术、人才、信息、管理优势，合作开发太行龙洞。2004年5月，双方举行了签约仪式，太行龙洞开发建设、经营进入新阶段。

2004年11月5日，长治红色旅游路南沁线改建工程举行开工奠基仪式。工程全长84.5公里，总投资1.45亿元，全线按二级技术标准建设。2005年8月竣工通车，成为武乡县旅游产业的“景观大道”。

第三节　社会事业全面发展

一、小康建设示范村

20世纪90年代，在全县农村铺开了小康村建设，在实施过程中，采取典型示范的方法，确定了24个不同类型的小康建设示范村。1997年，墨镫乡河神烟、墨镫、青草烟，洪水镇白和、寨坪、阎家庄，蟠龙镇柳构、庄底，韩北乡下合，监漳镇北社，大有乡大有村，贾豁乡胡庄村，丰州镇城关村，石北乡型庄村，故城镇信义村、北良村等 18 个村达到了小康标准。

河神烟村 改革开放以来，兴办了村办煤矿，生产发展，村级集体经济实力雄厚，农民收入显著增长。进入 20 世纪 90 年代，

20 世纪 90 年代，墨镫乡河神烟村

河神烟村采用以工补农的办法，大力发展农业和林业，大搞农田基本建设，砸坝治沟，搬山造平原，扩大和新增土地 300 余亩。1995 年，河神烟村被确定为全县小康建设示范村后，坚持统一规划、统一设计、统一施工的原则，积极筹建小康新村，建起了高四层的村综合大楼、学校和舞台，做到了公共设施齐全；采取个人集资、集体补助的办法，共建别墅式个人住宅楼房 103 套，室内水电暖配套设施齐全，人均住房面积 35 平方米；对全部街巷进行了绿化、亮化、美化。1998 年，竣工剪彩，全村 100 多户居民搬入新居。

墨镫村 全村 325 户 1200 人。1998 年投资 102 万元，新建 2400 平方米的教学大楼 1 座，增设了初中班，全村 340 名学生在宽敞明亮的教室里学习，普及了初中教育；办了技术夜校、图书阅览室、青年活动中心、法制展览室和歌舞厅，建起了电视差转台，丰富了农民的文化生活；新建住宅楼 140 座，平房 40 座 840

间，面积5.156万平方米，全村农民人均住房面积达到27平方米；自来水送到了各家各户，小康新村建设的总体框架已粗具规模。2002年后，加宽、硬化了1000米主街道，改造了下水道，安装照明路灯40盏，种植临街草坪16个，进行了绿化、香化、美化、亮化，真正实现了“生活宽裕，村容整洁”。

大有村　全村223户885人，耕地面积1490亩。1998年将主街道铺油硬化，长500米，宽12米。大街两旁的主要建筑有大有村办公楼、供销社、门市部、信用社营业厅、卫生院门诊部、小学教学楼以及电信所、邮政所、食品站、兽医站和大有村商业、饮食、加工等大小面铺23家。街面有乡中学、粮站、乡政府等驻乡机关。与此同时，村民的住宅也按规划建成，一式砖混结构、排列整齐的民居相继建成。至此，大有村小康新村粗具规模。

二、实施农民健康工程

1997年开始，在全县实施以加强农村医疗预防保健网建设、普及农村合作医疗、加强农村卫技人员培养、提高农村卫技人员整体素质为主要内容的农民健康工程，县财政主管部门在财力十分紧张的情况下，千方百计筹集资金，支持农村卫生事业发展。9月29日至10月2日，由中央电视台组织全国十家制药厂和北京各大医院的专家、医生组成的“情系老区——九七健康太行行”送医送药慰问团在武乡进行了为期3天的慰问活动，为武乡县捐赠价值达25万元的药品。

1999年8月31日，国家计委发展司司长杨庆蔚一行在省、市领导的陪同下对武乡农民健康工程进行了考察。他们先后参观了东良、故城、贾豁等乡（镇）的卫生院，详细了解了各个卫生院的结构、经费、农民就医等基本状况，还视察了县医院、妇幼站、防疫站等卫生部门的工作，询问了这些部门的服务质量、管理水平、人员培训情况。县长师义昌表示：决心再鼓干劲，再接再厉，不断加大工作力度，千方百计克服困难，实现“农民保健康，农村达小康”的宏伟目标。

国家体育总局将2004年定为“农村体育年”之后，在“体育三下乡”工作的推动下，农民逐渐改变了原有的劳作就是锻炼的传统意识，越来越多的农民在农闲时自觉进行科学健身。2005年10月，在全县第二届太极拳比赛中，监漳镇下北漳村村民自费组织两支队伍参加比赛引起较大的反响，显现了农民体育发展的良好势头。

三、实施村村通广播电视工程

1999年8月14日，县委、县政府召开村村通广播电视动员大会。会议指出：实现村村通广播电视是一件大事，各级党委、政府、广播战线全体干部职工要统一思想，提高认识，紧密合作，苦干实干，抓住机遇，乘势而上，大打一场村村通广播电视的群众攻坚战，在两年内增加200个电视村，开通多套广播节目，丰富广大人民群众的文化生活。

9月18日，开始实施村村通广播电视工程。同年，首批购买了2台数码摄像机，建成了制作室和演播室，组建村级网124个，安装用户9865户。全县38286人收看到了中央一台、中央七台和山西台在内的四套以上电视节目。

2000年4月15日至16日，山西省村村通广播电视现场会在武乡县召开。年底，全县安装有线电视的村168个，发展用户21865户，占总人口的45%，电视覆盖率达95%以上。

2002年3月3日，贯彻长治市委、市政府户户有电视工程动员会议精神，大力实施户户有电视工程。经调查摸底，筹集资金，发放电视机，全县共新增用户2961户，全县电视机总数达到5.2万台，基本实现了户户有电视。

2003年4月17日，县城300瓦电视发射机，迁址到海拔

2000年4月15日，全省村村通广播电视现场会在武乡宾馆召开。

1150米的上司乡佛爷顶。迁址后的发射功率为300瓦，天线高度为70米，覆盖半径30公里，电视台节目覆盖率由原来的15%提高到85%，覆盖人口达17.85万人。至此，全县范围共有电视差转机31部，总功率为1375瓦。

2003年9月2日，县城有线电视系统开始升级改造，网络设计紧密结合实际，本着高起点、高标准、高速率，同一网络支持多种服务。高速率、宽频带的因特网接入，实现了集体用户和个人用户数据信息传输、开电视会议、视频点播、高质量的电视节目和调频广播节目传输，形成一个具有双向传输功能的宽带综合信息网。

四、教育基础设施建设快速发展

百年大计，教育为本。武乡县委、县政府把改善教学条件、加强教育设施建设放在重要位置。

2004年3月，由国家计委立项的武乡三中教学综合楼开工建设。工程总投资350万元，9月25日竣工投入使用，为扩大教学规模、扩轨招生优化了环境，创造了条件，推动了普通高中教育事业的发展。投资400万元，在县城红旗路建成了占地面积4000

平方米、建筑面积 4306 平方米、高标准的机关幼儿园。投资 130 万元，建成建筑面积 2000 平方米，共有标准教室 6 个、标准实验室 5 个及语音室、微机室、多功能室的武乡二中教学实验室。2005 年，在体北路投资 1700 万元，新建成占地 4 万平方米、建筑面积 12097 平方米、能容纳 42 个教学班的武乡二中。同时，对县职业中学等 186 所学校进行了改建扩建，基本实现了校校无危房。2006 年，在中共武乡县第十三次代表大会上提出："新建 20 轨制高中，提高高中入学率，再建一所高标准的示范初中。"2007 年 5 月开工建设的武乡中学，占地 170 亩，建筑面积 5.8 万平方米，工程总投资 1.45 亿元，20 轨制，为高中部，可容纳 60 个教学班、3500 名学生，2010 年竣工搬迁，投入使用。

2010 年 4 月，投资 1.45 亿元、占地 170 亩、建筑面积 5.8 万平方米、设 20 轨制、可容纳 60 个教学班的武乡中学新校区竣工。

五、文化体育基础设施不断完善

2003 年 10 月，经过一年多的紧张施工，建筑面积 672 平方米、工程总造价 68 万元的县文化服务中心办公楼竣工。10 月，开工建设武乡县青少年文化活动中心，总投资 280 万元，建筑面积 2000 平方米，内设名流书画厅、健身厅、青少年传统教育厅、语音室、多功能排练厅等10个厅室。2004年5月23日举行落成剪彩仪式，是武乡县有史以来第一个大规模、多功能、高档次的综合性文化活动场所，极大地推动和促进了武乡县青少年文化事业的繁荣和发展。

2004年5月，中央文明委为改变革命老区文化基础设施落后状况，投资300万元建设的武乡县宣传文化活动中心建成。活动中心总占地面积2000平方米，建筑面积1176平方米，是集阅览、展览、文化活动、娱乐活动等为一体的多功能宣传文化活动中心，对满足人民群众日益增长的文化需求、丰富人民群众文化生活起到了积极的推动作用。

2005年10月，投资400万元，建成武乡县综合体育馆。共有观众席1800个，可满足篮球、排球、乒乓球、羽毛球、体操、武术等室内项目的比赛训练，投入使用后多次举办国际、国家、省市级大型赛事。

六、机关办公条件得到改善

2004年全县12项重点工程中，县人民法院办公大楼，投资470多万元，在2005年建成投入使用；投资350万元、建筑面积350万平方米的县人民检察院办公大楼主体工程如期竣工，大大改善了办公条件；投资340万元重建的看守所如期投入使用，实现了电脑监控化管理。

2004年5月，占地面积2000多平方米，建筑面积1499平方米，总投资196万元，安装有无障碍电梯的欧式残疾人活动中心建成，从此，残疾人有了自己的活动场所。

2004年10月，建筑面积800平方米、总投资70万元的县疾控中心传染病防治大楼建成投入使用，改善了医疗救治条件，大大提高了应对突发公共卫生事件的水平。

第四节　县城日新月异

2003年，武乡县委、县政府以改善人居环境为宗旨，以精心建设山水园林型文化县城为目标，科学决策，先后投资6.2亿元，大刀阔斧对县城进行建设改造。2003年，县城建设铺开十大工程；2004年，12项重点工程胜利竣工剪彩；2005年，县城建设“3231”工程再掀高潮；2006年，铺开“4322211”17项城建重点工程。三年间，武乡县城发生了翻天覆地的变化，成为充满现代气息的山水园林型县城。

一、县城集中供热

2005年3月召开的全县三级干部会议上，县委书记阎建书代表县委、县政府作了工作报告，其中郑重承诺：在县城推广集中供热，2005年完成一期工程建设任务，完成40万平方米供热面积。5月20日开工建设，在太行街东盛巷南延伸段，建起占地面积15692平方米、设计规模为4台40吨热水锅炉的热源厂。当年安装1台40吨热水锅炉，新建换热站5个，铺设管网1.7万米，

2005年建成的县城集中供热中心

完成投资3500万元。11月14日工程竣工，投入营运，实现当年施工，当年受益，解决了县城78个单位、3400多住户、1万多居民的冬季集中取暖问题，武乡成为长治市首家实现集中供热的县城。2006年4月又实施集中供热二期工程，完成投资800万元，新增加40吨锅炉1台，新建换热站3个，铺设管网2000余米，新增加供热面积30万平方米。集中供热工程的竣工，大大改善了县城空气质量和人居环境，提升了城市综合服务功能。

二、街道建设

2003年6月，铺开红旗路的延伸和架桥工程，总投资600万元，历时15个月，延伸段主干道宽20米，两侧行人道各6米，铺装路面10400米，铺装彩色水磨板6850平方米，绿化面积2000平方米，2004年9月竣工。2005年7月，又将红旗路作为县城“3231”重点工程之一进行更新改造，改造道路700米，宽20米，总面积24098平方米，2005年8月全面竣工。改造后的红旗路平坦、宽畅、整洁，改善了县城形象。

2004年，铺开宝塔街、迎宾街的拓宽改造工程。宝塔街拆迁9个单位、34户住户，总面积9449平方米，以县委、县政府大楼为主体，将原宝塔街东段整体南移，进行拓宽改造，呈圆弧形，使东西相连。迎宾街是县城的主轴路和中心街，拓宽改造工程西起丰州路，东至太行街南端，道路全长2270米，拆迁单位30个、住户95户，总面积14725平方米。工程4月29日开工，9月25日竣工，历时5个月，总投资2000万元。改造后的道路笔直宽敞，提升了县城的综合服务能力和城市品位。

2005年，县城“3231”重点工程之一太行大街改造工程动工。工程西起下城桥，东至太长高速路引道，全长1938.85米。共拆迁面积720平方米，铺装路面38777平方米，铺装人行道板2万平方米，铺设管网1938平方米，绿化面积33068平方米。经过5

个月的建设，全面竣工。同年，新修西起红旗路南，东至武乡二中，主干道宽 12 米，行人道宽 3 米，全长 403 米的体北街。

此外，2003 年至 2005 年改造了县城广场至五一小学 125 米的东沟巷，改造延伸了迎宾街至体北街 300 米的泰安巷。2005 年，兴建了县城外环公路，路线全长 5.5 公里，新建 6 孔 20 米大桥 1 座、小桥 2 座，共计 193 米，涵洞 11 道，计 177 米，排水防护工程 5222 立方米，完成投资 1888.5 万元，与太长高速公路、南沁线、红旗路、凤凰路构成数个交通大十字。2006 年，改造了丰州路至雨沟口的太行西街，道路全长 2900 米，宽 24 米，缓解了县城交通压力，加强了同外部的联系，提供了交通便利。

三、桥梁建设

2003 年 11 月，建成红旗路桥，桥长 150 米，宽 20 米，北与红旗路相接，南与凤凰路相连，桥上部结构为 9 孔整体式钢筋混凝土连接板桥，下部结构为钢筋砼柱式桥墩配桩基。2004 年，完成了段村桥的加宽改造工程。2005 年，建成南沁公路（县城段）的南沁线大桥，桥长 123 米，宽 17 米。

四、河道治理

武乡县城地势低洼，处于涅河、马牧河交汇之处，每遇大雨必遭受洪水灾害。从 20 世纪 80 年代开始，历届县委、县政府都重视对河流的整治，但并未根治。2003 年至 2005 年间，县委、县政府加大投资力度，科学决策，总投资 1400 万元，进行马牧河综合治理，铺设了长 2332 米的排污管道，加高、加固了两岸防洪河堤，完成河道清淤及防渗防冲工程，修建橡皮坝。2006 年 5 月竣工，水面 11.1 万平方米，打造出蓝天碧水景观。

五、公园建设

2004 年开工建设宝塔公园。工程总投资 560 万元，以保护千佛塔为重点，采用开放式休闲生态的设计模式。工程共铺装花岗岩 6850 平方米，绿化面积 3444 平方米，是县城旧城改造的标志性工程，2004 年 9 月竣工。

2005 年，在红旗路西南侧、马牧河东修建红旗游园。游园东西长 102 米，面积 6500 平方米，以游园中心广场为轴心，安置有后赵石勒雕像，设计花架长廊、健身广场。工程总投资 132 万元，2005 年 6 月竣工。

2006 年，在马牧河北段与涅河交汇处建设滨河公园。公园占地面积 170260 平方米，其中：水面 11.1 万平方米，游园面积 59260 平方米，绿地面积 32733 平方米，两岸铺装面积 9668 平方米，园路面积 11598 平方米。共建景点 6 处，东西各 3 处，东有绿篱迷宫、时代广场、文体广场，西有武乡版图广场及塑石假山、采水广场、休闲空间（小广场），整个公园和蓝天碧水融为一体，人和自然和谐相处，是省级“二星级公园”。同年 7 月，总投资 1000 万元，在太行街东端、县城入口处建设太行公园。公园占地面积 5 万平方米，以雕塑广场、旱喷广场、水幕廊广场、沙滩广场、金檐六角亭、花架为主要景观。其中，反映抗战时期军民团结抗击侵略者的大型花岗岩群雕“太行丰碑”，具有历史教育意义和较高的艺术观赏性。公园 2006 年 9 月竣工，是省级“三星级公园”。

2007 年 4 月，在八路军太行纪念馆南建设和平广场。广场占地面积 68152 平方米。广场与八路军太行纪念馆南北对应，标志性建筑——抗战胜利纪念碑高 37.825 米，绿化面积 49020 平方米，水景设计有现代化大型音乐喷泉。广场气势宏伟，景色别致，是省级“三星级公园”。

第七章　改革创新　再铸辉煌

第一节　实施“一三三”发展战略

2008年1月16日，在中共武乡县第十三届二次全体（扩大）会议上，县委立足发展的新起点，顺应广大人民群众的新期盼，创新思维谋发展，倾心打造新武乡，制定出三年发展思路和奋斗目标。

“一三三”战略的具体内容是：打响老区一张牌，走好特色农业产业化、工业经济循环化、第三产业规模化三条路和力求在解放思想、发展环境、发展方式三个方面全方面突破。“打响老区一张牌”：通过打响革命老区这张牌，在政策支持上寻求新突破，在人气聚集上开拓新境界，在精神支撑上激发新动力。“走好特色农业产业化、工业经济循环化、第三产业规模化三条路”：一是突出区域特色，走好特色农业产业化之路。通过培育千亩种植园、万头养殖场等农业园区，着力抓好马铃薯、小杂粮、干水果、畜牧养殖、蔬菜等五大基地建设，形成规模化、优质高效的绿色农产品生产基地。做大做强佳泰万吨淀粉厂、大山禽业两百万只牧养鸡场、兴华畜禽千万只肉鸡加工厂、仁隆集团16万立方米秸秆制板厂、汇丰公司1500吨杏汁饮料厂、晋武薯业3万吨马铃薯加工厂、康宝杂粮500吨小杂粮加工厂等一批农副产品加工转化流通龙头企业，真正形成公司加农户、公司带基地、产加销一条龙、贸工农一体化的特色农业产业化经营格局。二是立足资源优势，走好工业经济循环化之路。重点培育镁矿—镁—镁合金—压铸件、煤（煤矸石）—电—粉煤灰（石膏）—新型建材、煤—

焦化—煤气（煤层气）—镁—镁渣—新型建材等循环经济产业链，着力培育新型镁业基地、新型稀土合金基地、新型电力工业基地，到2010年力争全县煤炭产量突破1000万吨，发电量达到160亿千瓦·时，金属镁产量达到10万吨，稀土合金及铸件产量达到15万吨，构筑起工业强县新支柱。三是围绕增强后劲，走好第三产业规模化之路。以传统教育游、自然风光游为品牌，以八路军太行纪念馆为中心，打造国际和平园；以砖壁、王家峪为中心，打造抗战游击园；以板山、太行龙洞为中心，打造休闲度假“后花园”；以南神山、离相寺、会仙观、大云寺为中心，打造古迹观摩园。同时，围绕完善城市功能、丰富城市内涵、提升城市品位、增加城市亮点和拉大城市框架，扎实推进经济适用住房、集中供热三期、集中供气、污水处理厂、垃圾处理厂、五星级大酒店和高层商务大厦等配套设施工程建设，全面提升县城的承载力和辐射力，充分发挥其引领现代服务业的主导作用和平台效应。“力求在解放思想、发展环境、发展方式三个方面全方位突破”：通过弘扬创新精神，保持进取作风，促进思想大解放，建设创新武乡；在发展环境上求突破，强化大局意识、诚信意识、服务意识和效率意识，建设活力武乡；在转变发展方式上求突破，在好的基础上谋求最快，谋求多种产业、多种所有制共同发展，同时在全面协调可持续上做到“东、中、西”兼顾，统筹城乡，建设实力武乡。

第二节 实施“五项惠民工程”

2008年2月，县委、县政府在全县三级干部暨劳模表彰大会上提出，发展依靠人民，发展为了人民，发展成果由人民共同分享，要在又好又快发展的基础上，投入更多的精力和财力，全面实施“五项惠民工程”，着力解决人民群众最关心、最直接、最现实的利益问题，促进发展成果惠及全县人民。

立足学有所教。积极构建群众满意的教育体系，把教育放在优先发展的战略地位，努力办好人民满意的教育。到2009年1月，投资970万元，完成12所寄宿制学校的改扩建和25所农村中小学取暖锅炉的安装任务；投资12亿元，建成长治市首屈一指的20轨制高中；投资400万元，新建职业中学综合教学楼；投资1100万元，建设职中学生公寓楼，实现了1000多名职业中学学生免费接受教育；各乡（镇）办好1至3所幼儿园；投资800万元，建起青少年活动中心；招聘100名中小学教师，加强了教师队伍。

立足病有所医。积极构建覆盖城乡的社会保障体系，进一步解决老百姓看病难问题，投资600万元，兴建了县医院功能检查楼和中医院、妇幼院保健门诊楼；投资1200万元，购置了先进的医疗设备。着力加强乡村卫生基础设施建设，14所乡镇卫生院通过验收，300所村级卫生所完成建设。农村合作医疗实现了全覆盖，补助标准普遍提高，城镇人口医疗保险改革全面启动。

立足老有所养。积极构建覆盖城乡的社会保障体系，以社会保险、社会救助、社会福利为基础，以基本养老、基本医疗、最低生活保障制度为重点，加快完善社会保障体系。2008年底事业单位养老保险统筹经费全部到位，50%的农民参加了农村社会养老保险。丰州、洪水、蟠龙、监漳、故城等五大镇率先新建敬老院，对孤寡老人实行集中供养。为全县农村2149名80岁以上老人，每年发放107万元的生活补贴。

立足劳有所得。积极构建适应市场的创业就业体系，按照“专业化、制度化、社会化”的方针，建立长效统一的劳动市场，多渠道、多方位增加就业岗位。依托阳光工程、雨露计划、残疾人培训、再就业保障等资金和政策资源，加大城乡劳动力就业培训力度，3000余名各类人员得到专业培训，全县劳动合同签订率、备案率均有较大提升。

立足住有所居。积极构建不同层次的住房保障体系，完善了东声小区、惠民小区、太行小区，建成金地小区、物资小区、阳光小区。共投资2亿元，建成面积18万平方米的保障性住房，共1746套，城镇中低收入的家庭住房有了政策性保障。

第三节　开展“五大创建”活动

开展“五大创建”活动，是2008年县委在县十三届二次全体（扩大）会议上提出的奋斗目标。其内容是：在全县开展创建省级党建先进县、省级平安县、国家卫生县城、国家园林县城和省级宜居城市活动。在全县开展“五大创建”是贯彻落实科学发展观、推进四个文明建设和构建和谐武乡的重要载体和有效途径，是进一步弘扬“逢一必夺、逢冠必争”进取精神的重要体现，是老区人民逐步摆脱贫困落后的首选之路，是创优发展环境、吸引外来投资的重要保障，也是提升武乡老区知名度的重要突破口。

一、创建省级党建先进县

在创建省级党建先进县中，县委以创建省级党建先进县为抓手，不断创新新形势下加强党建工作的路径。在农村，积极开展党建“三级联创”活动，狠抓“三创三强”工作，开展定期培训、党课辅导、巡回宣讲、传统教育等多种形式的党员教育培训；制定了《关于进一步加强农村基层党组织建设的意见》《全县农村基层党组织建设三年规划》；建立健全了以党支部、村委会、村民代表大会为主体的村级组织体系，以民主选举、民主决策、民主管理、民主监督为主要内容的民主管理制度体系以及以设岗定责、支部承诺、民主评议为主要举措的党员队伍管理制度体系；高标准完成了一批村级组织办公活动场所建设任务，实施了农村党员现代远程教育网络建设。创建省级党建先进县活动使农村基层党组织整体水平不断增强，凝聚力、战斗力和创造力得到提高，在新农村建设中发挥了战斗堡垒作用；进一步强化了队伍建设，优化了党员结构，机关服务质量明显提高；非公企业、社区党建取得明显进展；县级红旗支部达到50个以上，先进党支部达到70%以上；“六个一”“六联六抓”主题实践活动特色明显，解决了一批群众反映强烈的突出问题，树立了基层优秀党员干部先进典型张书堂，涌现出一批“五好”党支部和“五带头”党员，党的建设全面加强。

二、创建省级平安县

为实现创建省级平安县的目标，县委2007年开展了平安乡村、平安街道等多种形式的基层平安创建活动。2008年扩大创建范围，延伸创建内容，开展了“十创”活动。2009年，开展平安文化进机关、进乡村、进社区、进学校、进单位、进企业活动和“三进家庭”（平安文化进家庭、法律知识进家庭、科技防范进家庭）活动。2010年，修订了平安创建活动的考核办法，召开了平安创建促进会、平安互助推进会，建成了较为完善的考核体系。2011年，通过开展平安村、平安社区、平安矿区、平安校园创建活动，实现了“十无”（无危害国家安全犯罪、无邪教犯罪、无团伙犯罪、无毒品犯罪、无重大经济犯罪、无重大自然灾害事故和交通事故、无重特大安全生产事故、无危及铁路运输安全的重大事故、无重大集体越级上访、无干警违法犯罪）目标。同年，获得山西省“省级依法行政示范县”称号。

三、创建国家卫生县城

为了实现县城净化、绿化、亮化、美化，尽快改善老区形象，创建最佳人居环境，2008年，县委、县政府把创建国家卫生县城列入全县发展总体规划。2009年3月5日，召开了创建国家卫生县城誓师动员大会，县委书记、县长周涛作了动员讲话，拉开了创建国家卫生县城的序幕。县委、县政府制定了《武乡县创建国家卫生县城工作方案》《武乡县四大班子领导成员及各职能单位包保创建国家卫生县城工作任务的通知》等文件，并将国家卫生县城八大标准、41 项任务细化、量化，分解落实到每个创建责任单位。几年中，累计投资 12 亿元，完成城建项目 41 个，新建、改建道路 13 条、桥梁 2 座，构建了“三纵三横、外环畅通”的县城交通主骨架；高标准亮化 4 条主要街道、2 个广场和 2 个公园；新增路灯 3680 盏，亮化率达 99.8%；投资 4000 多万元，新建日处理污水 8000 立方米污水处理厂一座；投资 2200 余万元，建成生活垃圾无害处理厂；新建水冲式公厕 12 座，购置垃圾密闭清运箱、小型保洁三轮车、果皮箱等，配备了保洁、清运专用人员，清运率达 100%；完成集中供热一、二期工程，供热能力达到 80 万立方米；环境空气质量二级以上天数达 261 天；噪声达标率 100%，区域环境噪声平均值为 531 分贝；饮用水源地水质达标率为 100%；烟尘控制区覆盖率达 100%；重点工业企业污染废

2009 年 2 月 6 日，“国家卫生县城”授牌仪式在县影剧院举行。

水排放达标率100%；县城绿化覆盖达到164万平方米，绿化面积144万平方米，覆盖率达41%；公共绿地面积595万平方米，人均公共绿化面积达17平方米；县城规划道路全部实现了硬化，下水管道全部随路而建，覆盖率达到95%；市容市貌整洁，集贸市场管理规范，所有建筑工地设置了18米以上的隔离护栏；县城内河流水面清洁，附近村庄1133座农户旱厕全部得到改造。两年多时间，县城水更清了，天更蓝了，街道更加干净整洁，空气更加新鲜，营造出“景在城中，城在林中，人在绿中”的画卷。2009年2月武乡被国家爱委会授予“国家卫生县城”称号。

四、创建国家园林县城

随着县城建设的突飞猛进，从2005年开始，县委、县政府将创建山西省园林县城提上工作议程，开始在所有街道大面积建绿化带，种植树木和花草。到2006年底，县城建成区绿化覆盖率、绿地率和人均公共绿地面积分别达到39.4%、35.76%和9.8平方米，以广场、游园、河道为载体，先后建设了宝塔广场、红旗游园、太行公园、滨河公园等精品景点，新增绿化面积18.4万平方米。2007年5月，被山西省人民政府命名为山西省园林县城。

2008年3月，县委、县政府为进一步提高县城城市形象和品位，打造“城在园中，道在绿中；居在景中，人在画中”的太原、长治“后花园”，动员社会力量，开始创建国家园林县城。以科学规划为龙头，借鉴国内外先进园林城市设计理念，突出人文底蕴，体现人文、生态综合效果，专家主导、部门负责、全民参与，高起点规划、高标准建设、高水平管理，创建“生态良好、整洁优美、品味高雅、特色突出、文明开放”的山水园林城。制定《武乡县城市绿地系统规划》，因地制宜，彰显山水风韵，山脚建园，水边栽树，坡上植树，城市为山水而添色，山水因城市而靓丽，山、水、城浑然天成，和谐一体，与《武乡县城总体规划》一道

2010 年，武乡县被住建部命名为国家园林县城。

形成了超前、完善的城市绿化规划体系。创建中首先打响拆墙透绿攻坚战，先后实施了三批大规模拆墙透绿工程，累计拆除建筑 34600 平方米，实体围墙 5600 多米。同时，积极开展园林化单位、庭院、小区创建工作，加快庭院绿化进程，引导居民养花种草，见缝插绿，延绿入室，园林庭院绿化面积占总数的 65%。坚持“绿随路建、有路皆绿”的原则，按照《城市道路绿化规划与设计规划》，结合街道新建、改造，先后绿化了迎宾街、太行街、红旗路、外环路、体北街等主要干道，绿化面积 18 万平方米，绿化普及率 100%，达标率 80%，干道绿化带占道路总用地面积的 25%。到 2009 年，县城绿地率达 36%，绿化覆盖率达 41%，人均公共绿地达 17 平方米，达到国家园林县城验收标准。2010 年 2 月，经验收，武乡县被住房和城乡建设部命名为国家园林县城。

第四节　开展社会主义新农村建设

2006年3月，武乡县成立了社会主义新农村建设领导组。2006年至2010年，完成10个省级试点村、82个省级推进村新农村建设规划以及《武乡县社会主义新农村建设总体规划》《武乡县现代农业发展规划》，确定墨镫、洪水、寨坪、蟠龙、庄底、王家峪、大有、圪针庄、城关、型庄等10个省级试点村及新村、阎家庄、柳沟、砖壁、韩北等20个市级环境整治村。2006年，全县新农村建设项目总投资达2.6亿元，其中10个省级试点村和20个市级环境整治村投资7100万元，开工项目110个。共确定生产发展项目和基础设施建设项目186个，完成176个，占94.6%。洪水镇发展白灵菇种植基地；大有乡李峪村建成商贸街、物流中心；故城镇新发展反季节蔬菜400.5亩；贾豁胡庄村马铃薯种植达600亩；丰州镇下关村建成度假村，发展网箱养鱼、农家乐和旅游业。2007年，全县20个环境整治村晋级为省级推进村，又有22个村确定为市级整治村，48个村确定为县级示范村。到2010年，全县省级试点村10个，省级推进村82个，市级整治村27个，县级示范村35个。2010年，实施省、市“十个覆盖工程”（村通水泥路、校舍改造、农村卫生所、村村通广播电视、农村饮用水安全和村级组织活动场所、农村低保、五保户集中供养、农村卫生环境保洁与村庄绿化、农村销售服务网络建设）。省、市、县三级财政先后投入省级试点村、推进村，市级整治村、县级示范村等基础设施建设资金累计3110万元，同时实施“155”农业特色工程、“一乡一业、一村一品”及发展农民合作社等。到“十一五”期末，十大农业园区、十大农业龙头企业、十大农民专业合作社，即“三个十”工程和10个农产品批发市场粗具规模。

第五节　“两园一剧”对外开放

为了利用丰富的红色文化资源，推动武乡旅游事业大发展，经过长时间的项目考察、论证、立项，于2009年3月9日，隆重举行了八路军文化园工程奠基仪式，这意味着“两园一剧”工程建设正式启动。

八路军文化园位于县城八路军太行纪念馆东侧，占地300亩，总投资3.1亿元。八路军文化园由八路村、军艺社、胜利坛组成三大景观，由情景剧、体验剧、大巡游组成三大演艺，由水面、陆地、高空的竞技游戏组成三大拓展，由多功能大厅、抗大分校、识字班组成三大会址，还有八路军大食堂、八路村客栈等服务机构，是全国唯一的八路军文化主题公园、国家AAA级景区。2010年8月，八路军文化园建成开园（演）。

八路军游击战体验园，位于蟠龙镇砖壁村，占地1500亩，总投资9866万元，于2009年动工建设。园区内有地雷战体验区、麻雀战体验区、地道战体验区、追击战体验区、儿童体验区、军事对抗体验区，2011年8月建成投入运营。

大型实景剧《太行山》以抗日战争为背景，由中国电影家协会主席、中国著名导演李前宽担任总导演，以太行山水为依托，利用声、光、电结合的手段，反映八路军将士与太行人民浴血奋战、共同抗击日本侵略者的史实，情节生动，气势恢宏，感染力极强，教育意义极大。2010年开始建设，总投资2亿元，2011年8月试运营，2012年4月15日正式对外开放，是山西省八大文化品牌和三大精品演艺工程之一。

第八章　加强和改善党的领导

第一节　学习教育活动

一、开展“三讲”教育活动

1999年3月15日，根据《中共中央关于在县级以上党政领导班子、领导干部中深入开展以“讲学习、讲政治、讲正气”为主要内容的党性党风教育的意见》和省、市委有关精神，县委召开县级干部“三讲”学习动员会，研究制定下发了《中共武乡县委关于在县级党政领导班子、领导干部中深入开展以“讲学习、讲政治、讲正气”为主要内容的党性党风教育的工作方案》。成立了由县委书记杨志崇任组长，县委副书记、县长师义昌任副组长的“三讲”学习领导小组。

2000年2月29日，武乡县领导班子和领导干部“三讲”教

2000年2月29日，省、市“三讲”教育巡视组成员与武乡县四大班子领导、“三讲”办工作人员合影。

育动员大会在县城召开。省委驻武乡“三讲”教育巡视组组长苏安秀就如何保证“三讲”教育有序进行、达到预期目的进行了强调。市委副书记、常务副市长张怀文就武乡“三讲”教育提出四点意见。

2000年11月28日，县领导班子、领导干部“三讲”教育“回头看”动员大会在县宾馆召开，按照县委制定的“回头看”实施方案的要求，实事求是地总结了“三讲”教育以来取得的成效与经验，深入细致地查摆整改方案和整改措施的落实情况，查找尚未得到彻底解决的问题及原因，并有针对性地提出了进一步整改的措施和努力的方向。

县四大班子及六部门领导班子按照县委制定的“回头看”活动实施方案的要求，实事求是地总结了“三讲”教育以来取得的成效与经验，深入细致地查摆了整改方案和整改措施的落实情况，查找了尚未得到彻底解决的问题及原因，并有针对性地提出了进一步整改的措施和努力的方向。第一阶段，共征求各类意见和建议240条。第二阶段，各班子及班子成员针对干部和群众的意见和建议，认真撰写了班子和个人自看自查材料，并分别于12月8日和9日召开了各班子自看自查专题民主生活会。第三阶段，各班子成员重点就专题民主生活会查找出来的问题，继续积极深入基层，调查研究，狠抓整改方案的落实，并重新制定完善了下一步整改的措施和相关制度。第四阶段，各班子通过召开座谈会等形式在适当范围内向干部群众通报了自看自查和整改方案的落实情况，接受群众监督，并通过召开领导班子自看自查专题会议，针对存在的差距和工作中的不足，分析原因，开展批评与自我批评，进一步推动了整改，增强了各班子及班子成员改造世界观、人生观、价值观的自觉性。

二、开展“三个代表”学习教育活动

2001年3月1日，全县“三个代表”重要思想学习教育工作

2001 年 3 月至 2002 年 1 月，县委开展“三个代表”重要思想学习教育活动。图为全县科级干部学习“三个代表”理论考试考场。

动员大会在县影剧院召开，县委书记师义昌作了动员报告。他强调：（1）要坚定信心，精心组织，严格按照中央的要求和省、市委的部署开展工作。（2）要把握契机，乘势前进，努力开创农村基层党组织建设工作和县级机关干部转变作风的新局面。（3）要加强领导，层层负责，确保这次活动取得明显成效。市委“三个代表”重要思想学习教育检查组组长陈东海在讲话中指出：一要认真学好“三个代表”理论；二要贯彻落实好会议精神；三要处理好工作和学习的关系，确保学习效果。

6 月 25 日，县委召开乡镇机关、县直单位“三个代表”重要思想学习教育总结大会。会议认真总结了“三个代表”重要思想学习教育活动成果，要求全县机关党员干部继续加强学习，努力实践“三个代表”，把学教活动不断引向深入。县委书记师义昌指出，通过这次学教活动，广大干部的宗旨意识明显提高，工作作风有了明显转变；通过严肃的批评与自我批评，增强了班子的凝聚力和战斗力，从而促进了经济快速发展。市委检查组组长陈东海在会上作了总结：百天学习教育大会战，战果辉煌，大获全胜。第一，领导层层做到了真重视、真投入、真落实。第二，指导组做到了真参与、真指导、真把关。第三，学教对象做到了真学习、真检查、真整改。第四，学教活动达到了预期目的，取得了圆满成功。

2002 年 4 月 23 日，全县组织工作暨“三个代表”重要思想学习教育活动总结表彰大会在武乡宾馆二楼会议室召开。县委副书记苗开宏宣读了中共武乡县委《关于表彰“三个代表”重要思想学习教育活动先进集体和先进个人的决定》。县委书记师义昌作了总结讲话，他说：“各级领导干部一定要提高认识，抓好落实，在县委、县政府的正确领导下，坚持以‘三个代表’重要思想为指导，开拓创新，与时俱进，奋力拼搏，不断推进学教活动，为实现‘五五战略’提供强有力的组织保障。”

三、开展学习实践科学发展观活动

2008 年 9 月，党中央决定用一年半左右时间，在全党分批开展深入学习实践科学发展观活动。县级分两批进行，第一批为全县的 10 个机关系统党委、18 个党总支、118 个机关单位、176 个党支部、2985 名党员干部，第二批是乡（镇）、农村党支部。县级机关于 2009 年 3 月开始，活动共分三个阶段：第一阶段为学习调研阶段，3 月至 5 月；第二阶段为分析检查阶段，5 至 6 月；第三阶段为整改落实阶段，7 至 8 月。乡（镇）党委、农村支部于 2009 年 9 月开始，2010 年 2 月基本结束。活动中，武乡县紧紧围绕“提高思想认识、解决突出问题、创新体制机制、促进科学发展”的目标，坚持规定动作不走样，自选项目有创新，大胆探索，精心组织，确定了“四四四一”的活动主题和载体，即牢牢把握以人为本这个核心，突出发展作为第一要务，树立四个观

2009年3月12日，武乡县深入学习实践科学发展观动员大会在武乡宾馆召开。

念，提高四种能力，强化四个保障，弘扬一种精神，全面提升武乡老区科学发展水平，不断拓展“一三三”发展战略成果。

为促进学习实践活动取得成效，武乡县立足实际，着眼创新，开展了“六个一”系列特色主题实践活动，各级党员干部积极深入基层，进行宣讲650次，走访农户1380户500余人次，走访农村、企事业单位183个，召开各类恳谈会187个，撰写民情日记2300多篇，完成调研报告600余篇。共发放征求意见表（函）8500份，征求到意见建议759条，解决突出问题360个。学习实践中，认真按照规定程序，创新工作方法，采取了“五个二”工作法。一是依托“两个抓手”抓推进，即一手抓办公室高效运转，一手抓检查指导推动。二是创新“两种形式”抓学习，即坚持领导带头扎实学、聘请专家释疑解惑帮助学。三是搞好“两次深入”抓调研，即专题调研、全面调研。县四大班子领导分别深入各联系点和所包乡镇进行专题调研。确定了17个调研课题，由县处领导干部深入基层调研；确定了243个调研课题，在各参学单位中开展“科学发展在武乡”调研活动。四是围绕“两个层面”抓主题实践活动，即规定动作层面、自选项目层面。规定所有参学单位全部开展“六个一”主题实践活动，同时，参学单位自发组织特色鲜明的实践活动。五是依托“两个平台”抓宣传，即对内抓发动、对外抓宣传，形成浓厚的深入学习实践活动氛围。在解决问题上，把解决突出问题、促进科学发展作为学习实践活动的出发点和落脚点，真正解决了一些影响和制约武乡科学发展及群众切身利益的问题。一是“三抓一保”应对金融危机，通过强一产、精二产、扩三产来谋发展，促进经济平稳较快增长。二是狠抓社会和谐稳定。三是重拳出击狠抓税收秩序整顿，有效杜绝税收上的跑冒滴漏现象。

2010年3月12日，武乡县深入学习实践科学发展观活动全面结束，县委召开了总结大会。这次活动主题鲜明，基本上实现了提高思想认识、解决突出问题、创新体制机制、促进科学发展和加强基层组织的目标，收到了预期效果。

第二节　党的代表大会

一、中共武乡县第十一次代表大会

1998年5月4日至7日，中共武乡县第十一次代表大会在县城召开。会议应到代表300名，实到294名。大会听取并审议通过了杨志崇代表中共武乡县第十届委员会所作的题为“解放思想，艰苦创业，再抓机遇，奋力赶超，把兴武富民的宏伟事业胜利推向二十一世纪”的工作报告和县纪检委书记郭俊林代表县纪律检查委员会所作的纪检工作报告。会议的指导思想是：高举邓小平理论伟大旗帜，全面落实党的十五大精神，进一步解放思想，积极推进两个根本转变，加强农业基础地位，加快工商企业改革步

图为大会会场

伐，加快基础设施建设和个体私营经济发展，大力实施科技兴县战略，切实加强党的建设、精神文明建设和民主法制建设，确保经济上新台阶、城乡变面貌、农民达小康，把武乡建设成上党经济强县和全省精神文明建设先进县。基本工作思路是：围绕一个中心（经济建设为中心），抓住两个目标（建设上党经济强县和创建全省精神文明建设强县），提出三个重点（扶贫攻坚、农村达小康、企业改制），抓好五项建设（摆脱贫困的“致富工程”、争创文明县的“形象工程”、促进发展的“人才工程”、保持稳定的“安全工程”、提供保障的“堡垒工程”），使全县经济和社会发展取得更大的成效。大会按照《党章》规定选举产生中共武乡县第十一届委员会，委员 29 人，候补委员 6 人。在县委十一届第一次全会上，选出了县委常委 11 人，选出了县委书记 1 人、副书记 4 人，县委书记杨志崇，副书记师义昌、牟树纲、马朝中、李国珍，常委王国英（女）、柳广辉、郜卫平、郭俊林、王守国、阎潞平。选举产生了中共武乡县第十一届纪律检查委员会，委员 15 名。在纪检委第一次全会上，选出了县纪检委常委 7 人、纪检委书记 1 人、副书记 2 人，纪检委书记为郭俊林。

二、中共武乡县第十二次代表大会

2003 年 6 月 9 日至 11 日，中国共产党武乡县第十二次代表大会召开。会议审议通过了阎建书代表中共武乡县第十一届委员

图为大会会场

会作的题为“实践‘三个代表’，实施‘三百’战略，奋力打造绿色经济新武乡”的工作报告；选举产生了中共武乡县第十二届委员会，委员28人，候补委员6人；选举阎建书为县委书记，吴凌、郭俊林、苗开宏、姚中华为副书记，薛安庆、袁俊山、魏晋民、徐建军、王一兵、刘进为常委；选举产生中共武乡县第十二届纪律检查委员会，委员15人。

工作报告提出全县全面建设小康社会的目标、步骤和指导思想：紧紧抓住21世纪前20年这一重要的战略机遇期，加快发展，奋力赶超，力争在2020年与全国同步达到全面小康社会的目标。

三、中共武乡县第十三次代表大会

中国共产党武乡县第十三次代表大会于2006年6月20日至21日在县城召开，应到代表300名，实到296名。会议审议并通过了阎建书代表中共武乡县第十二届委员会作的题为“坚持大开放，实现大跨越，再铸全国著名革命老区新辉煌”的工作报告。选举产生了中共武乡县第十三届委员会，委员37人，候补委员7人。选举产生中共第十三届纪律检查委员会，委员15人。选举阎建书为县委书记，周涛、姚中华、徐建军为县委副书记，薛安庆、魏晋民、张秀敏、张志刚、侯宝庆为县委常委。

阎建书在工作报告中指出：县十二次党代会以来的三年，是打好武乡老区翻身仗、向全面建设小康社会目标奋发前进的三年，是武乡县突破观念障碍、大力解放思想、不断开拓发展新境界的

图为大会会场

三年，是全县上下心齐、气顺、劲足、实干的三年，是武乡历史上经济社会发展最快、城市面貌变化最大、人民群众实惠最多、党风政风最好的三年。主要标志是：致力于提升综合实力，县域经济强势推进；致力于改变城乡面貌，基础设施建设力度空前；致力于统筹发展，社会各项事业发生深刻变化；致力于改善人民生活，干部群众得到更多实惠；致力于提高执政能力，党的建设得到显著加强。

工作报告中提出，未来五年的指导思想是：高举邓小平理论和“三个代表”重要思想伟大旗帜，以科学发展观统领经济社会发展全局，围绕全面建设小康社会和“三晋强县”的总体目标，紧紧把握国家扶持山老区和贫困地区脱贫致富的政策机遇，按照求真务实、加快发展的总要求，奋力实施“新三百战略”，强力推进“新三大工程”，努力构建开放文明、富强和谐、安居乐业、充满活力的绿色经济新武乡，再铸全国著名革命老区新辉煌。经济社会发展的目标是：坚持大开放，实现大跨越，通过五年的努力，基本建成综合实力更加雄厚、人民生活更加殷实、文化支撑更加强劲、生态环境更加优美、社会更加和谐的魅力武乡。

四、中共武乡县第十四次代表大会

2011 年 5 月 19 日至 20 日，中国共产党武乡县第十四次代表大会在县城召开，应到代表 300 名，实到 295 名。会议审议并通过了周涛代表中共武乡县第十三届委员会所作的《“三个建设”

图为大会会场

引领，“五项措施”保障，为再铸老区辉煌再造一个新武乡努力奋斗》。选举产生中共武乡县第十四届委员会，委员37人，候补委员7人；选举产生中共武乡县第十四届纪律检查委员会，委员15人。十四届第一次会议选举周涛为县委书记，阎新平、申林科为副书记，张维斌、魏书文、郭强、王霖（女）、曲晋山、董晓纲、郝炳宏为常委。

指导思想和目标任务：以加快转变经济发展方式为主线，以转型跨越发展为主旋律，按照“文化兴县、工业强县、旅游兴县、三产富民”的总体要求，深入实施“一三三”发展战略，突出“三个建设”引领，强化“五项措施”保障，加快推进工业新型化、农业现代化、县域城镇化、城乡生态化，再铸老区辉煌，再造一个新武乡。

第三节　推进民主政治建设

一、武乡县第十一届人民代表大会第一次会议

武乡县第十一届人民代表大会第一次会议于1998年5月11日至15日在县城举行。应出席会议的代表162名，实出席会议的代表161名。会议听取和审议了县人民政府县长师义昌作的政府工作报告、县计委主任赵德新作的计划工作报告、县财政局局长安润祥作的财政工作报告、县人大常委会主任王新江作的人大

常委会工作报告、县人民法院副院长王先平作的法院工作报告、县人民检察院副检察长弓炳文作的检察院工作报告，会议表决通过了以上六个报告的决议。会议选举产生了第十一届人民代表大会常务委员会主任刘成书，副主任吕永旺、陈福荣、张王成、梁先平（女）。选举产生了县人民政府县长师义昌，副县长李存祥、袁俊山、李效莲（女）、王建军、李树林、王晋，县人民法院院长牛安林，县人民检察院检察长姚俊先。

二、武乡县第十二届人民代表大会第一次会议

武乡县第十二届人民代表大会第一次会议于2003年6月16日至18日在县城举行。应出席会议的代表162名，实出席会议的代表162名。会议听取和审议了县人民政府县长吴凌作的政府工作报告、县计委主任程小平作的计划工作报告、县财政局局长张爱国作的财政工作报告、县人大常委会主任李国珍作的人大常委会工作报告、县人民法院代院长申江水作的法院工作报告、县人民检察院代检察长李皎明作的检察院工作报告，会议表决通过了以上六个报告的决议。会议选举产生了第十二届人民代表大会常务委员会主任李国珍，副主任安润祥、梁先平（女）、路新印、王月岗、李树生；县人民政府县长吴凌，副县长袁俊山、李效莲（女）、介建芳、申林科、赵志刚、魏书文、杨燕妮（女）；县人民法院院长申江水，县人民检察院检察长李皎明。

三、武乡县第十三届人民代表大会第一次会议

武乡县第十三届人民代表大会第一次会议于2007年5月17日至19日在县城举行。应出席会议的代表162名，实出席会议的代表161名。会议听取和审议了县人民政府县长周涛作的政府工作报告、县人大常委会主任李国珍作的人大常委会工作报告、县人民法院代院长王家胜作的法院工作报告、县人民检察院代检察长史高峰作的检察院工作报告，印发了县发改局局长窦孟良作

图为大会会场

的计划工作报告、县财政局局长程小平作的财政工作报告。会议表决通过了以上六个报告的决议。会议选举产生了第十三届人民代表大会常务委员会主任袁俊山，副主任路新印、梁先平（女）、王月岗、李树生；县长周涛，副县长张志刚、介建芳、申林科、魏书文、王淑英（女）；县人民法院院长王家胜，县人民检察院检察长史高峰。

四、武乡县第十四届人民代表大会第一次会议

武乡县第十四届人民代表大会第一次会议于2011年5月27日至29日在县城召开。出席会议的代表160名。会议听取和审议了县长阎新平所作的政府工作报告、县发改局局长崔宏彦所作的武乡县2010年国民经济和社会发展计划执行情况与2011年国民经济和社会发展计划草案的报告、县财政局局长姜向东所作的武乡县2010年财政预算执行情况和2011年财政预算草案的报

图为大会会场

告、县人大常委会主任袁俊山所作的武乡县人大常委会工作报告、县人民法院代院长陈建龙所作的武乡县人民法院工作报告、县人民检察院代检察长王建宏所作的武乡县人民检察院工作报告。会议表决通过了以上六个报告的决议。会议选举产生了第十四届人民代表大会常务委员会主任袁俊山，副主任路新印、梁先平（女）、王月岗、李树生、赵保红；县人民政府县长阎新平，副县长郭强、曲晋山、王淑英（女）、常红兵、侯建军、李军印；县人民法院院长陈建龙、县人民检察院检察长王建宏。

五、政协第五届武乡县委员会第一次会议

政协第五届武乡县委员会第一次会议于1998年5月10日至13日在县城召开。出席委员91名，代表20个界别，列席人员85名。大会开幕式由主席团常务主席、县委统战部部长李兴越主持，常务主席孙全来致开幕词，市政协副主席曹焕兰到会祝贺并作了讲话，县委书记杨志崇在会上发表题为“提高参政议政水平，注重民主监督实效，推动跨世纪发展战略的全面实施”的讲话。韩世明受四届政协常务委员会委托，向大会作工作报告。县政协副主席牛正兴代表提案委员会向大会作了四届政协五年来的提案工作报告。列席了武乡县第十一届人民代表大会第一次会议，听取和讨论了县长师义昌作的政府工作报告和其他工作报告。会议通过了常委会工作报告、提案工作报告等决议。会议选举产生了政协第五届委员会主席韩世明，副主席马生旺、李兴越、牛正兴、孙全来。

政协武乡县第五届委员会第五次会议于2002年2月28日至3月2日召开。会议期间，韩世明辞去政协主席职务，马生旺、牛正兴、李兴越辞去政协副主席职务。会议改选了政协武乡县第五次委员会主席、副主席，主席王建华，副主席王国英、赵德新、杨树宏。

六、政协第六届武乡县委员会第一次会议

政协第六届武乡县委员会第一次会议于 2003 年 6 月 15 日至 17 日在县城召开。出席会议的委员 135 人，代表 20 个界别，列席会议人员 77 人。主席团常务主席王国英主持了开幕大会，市政协副主席阎建国在开幕会上致贺词，县委书记阎建书在会上作了重要讲话。县政协主席王建华向大会作工作报告，县政协副主席杨树宏向大会报告了五届县政协的提案工作情况。列席了武乡县第十二届人民代表大会第一次会议，听取和讨论了县长吴凌作的政府工作报告和其他报告。审议通过了六届一次会议的各项决议。会议选举王建华为政协第六届武乡县委员会主席，赵德新、杨树宏、王毅、成彩娥（女）为副主席。

七、政协第七届武乡县委员会第一次会议

政协第七届武乡县委员会第一次会议于 2007 年 5 月 16 日至 18 日在县城召开。出席会议的委员 147 名，代表 20 个界别，列席人员 69 人。开幕大会由主席团常务主席王建华主持，县委书记阎建书在开幕式上作重要讲话，县政协副主席赵德新向大会作常委会工作报告，县政协副主席杨树宏作政协第六届武乡县委员会常务委员会提案工作情况的报告。列席武乡县第十三届人民代表大会第一次会议，听取和讨论了县长周涛作的政府工作报告和其他工作报

图为大会会场

告。审议通过了会议的各项决议。会议选举王建华为政协第七届武乡县委员会主席，赵德新、杨树宏、成彩娥（女）、高红旗为副主席。

八、政协第八届武乡县委员会第一次会议

政协第八届武乡县委员会第一次会议于2011年5月26日至28日在县城召开。出席会议的委员165人，代表17个界别，列席会议人员75人。主席团常务主席高红旗主持开幕大会，长治市政协副主席赵春英出席会议并致贺词，县委书记周涛在开幕式上作重要讲话，县政协副主席高红旗向大会作政协第七届武乡县委员会常务委员会工作报告，县政协副主席杨树宏向大会作七届县政协常委会提案工作情况的报告。列席武乡县第十四届人民代表大会第一次会议，听取和讨论了县长阎新平作的政府工作报告和其他工作报告，讨论了武乡县国民经济和社会发展第十二个五年规划纲要（草案）。审议通过了八届一次会议的各项决议。会议选举王建华为政协第八届武乡县委员会主席，赵德新、杨树宏、成彩娥（女）、高红旗为副主席。

图为大会会场

第四编

中国特色社会主义新时代

党的十八大以来，武乡县坚持以脱贫攻坚统领经济社会发展全局，锚定“五年集中攻坚、两年巩固提高”的总体目标，围绕“两不愁、三保障”的基本要求和核心指标，坚持精准扶贫方略，做到“六个精准”，实施“五个一批”，解决“五个问题”，着力构建脱贫攻坚“四梁八柱”，倾全县之力，全面打响精准脱贫攻坚战。2014 年至 2018 年，全县共减贫 16002 户 46184 人，综合贫困发生率由 2014 年的 30.9% 下降至 2018 年的 0.56%。

2019 年 1 月，武乡县顺利通过省级脱贫攻坚第三方实地评估，同年 4 月山西省人民政府正式批准武乡县退出贫困县序列。至此，武乡人民摘掉了压在头上几十年的贫困帽子，到 2020 年，与全国人民同步进入全面小康社会。2020 年地区生产总值 65.0016 亿元，地方财政收入 6.3389 亿元，城镇居民人均可支配收入 27132 元，农村居民人均可支配收入 9064 元。

进入新时代，农村改革持续深入，武乡县先后完成了农村土地承包经营确权登记颁证和农村集体产权制度改革工作；积极推进农业供给侧结构性改革，推动特色农业发展，大力发展畜牧业，推动水利工程建设，走出了现代农业发展的新路子；全力抓好生态建设，2020 年全县森林覆盖率达到 17.68%；创建美丽乡村、旅游示范村，着力打造全域旅游品牌；实现了新型农村合作医疗、农村社会养老保险、社会救助全覆盖。

这一时期，煤矿企业兼并重组，传统煤炭产业不断发展壮大，新型能源产业异军突起；郑太高铁武乡站及连接线建成通车，带动武乡进入“高铁时代”；建成太行干部学院、八路军烈士陵园、社会福利中心。以“弘扬太行精神、共建创新武乡”为引领，武乡革命老区正昂首阔步开启全面建设社会主义现代化的新征程。

第一章　推进小康社会建设

第一节　贯彻党的会议精神

一、学习贯彻党的十八大精神

党的十八大是在我国进入全面建成小康社会决定性阶段和深化改革开放、加快转变经济发展方式攻坚时期召开的一次十分重要的大会。大会全面回顾、总结了过去五年和党的十六大以来的实践经验，确定了全面建成小康社会和全面深化改革开放的目标，对新时代条件下推进中国特色社会主义事业做出了全面部署，对全面提高党的建设科学化水平提出了明确要求。十八大报告描绘

2012 年 12 月 8 日，武乡县学习贯彻党的十八大精神培训班在武乡宾馆举办。

了全面建成小康社会、加快推进社会主义现代化的宏伟蓝图，进一步动员了全国各族人民坚定不移沿着中国特色社会主义道路前进，为全面建成小康社会而奋斗。

武乡县委根据中央和省委、市委安排部署，组织全县党员干部，认真解读十八大报告。同时，抽调20余名政治素质强、理论水平高的领导干部、理论工作者组成十八大精神县委宣讲团，分赴全县各乡、镇、村、机关单位，结合本地实际情况，动员全县广大党员干部群众深入学习党的十八大精神。

通过深入学习宣传贯彻党的十八大精神，全县各级党组织和广大党员干部进一步认识到，中国特色社会主义是党和人民长期实践取得的根本成就，是由道路、理论体系、制度三位一体构成的，总依据是社会主义初级阶段，总布局是经济、政治、文化、社会、生态文明建设五位一体，总任务是实现社会主义现代化和中华民族伟大复兴；进一步明确了夺取中国特色社会主义新胜利的基本要求；进一步明确了治国必先治党，治党务必从严，只有从严治党，党才能担负起团结带领人民全面建成小康社会的重任，才能始终成为中国特色社会主义事业的坚强领导核心。

二、学习贯彻党的十九大精神

中国共产党第十九次全国代表大会于2017年10月18日至24日在北京举行，习近平总书记代表十八届中央委员会作《决胜全面建成小康社会，夺取新时代中国特色社会主义伟大胜利》的报告。这是在全面建成小康社会决胜阶段、中国特色社会主义进入新时代的关键时期召开的一次十分重要的大会。认真学习宣传贯彻党的十九大精神，事关党和国家工作全局，事关中国特色社会主义事业长远发展，事关最广大人民根本利益，对于动员全党全国各族人民更加紧密地团结在以习近平同志为核心的党中央周围，高举中国特色社会主义伟大旗帜，坚定道路自信、理论自信、

2017 年 11 月 3 日，武乡县学习宣传贯彻党的十九大精神报告会在太行干部学院召开。

制度自信、文化自信，为实现推进现代化建设、完成祖国统一、维护世界和平与促进共同发展三大历史任务，为决胜全面建成小康社会、夺取新时代中国特色社会主义伟大胜利、实现中华民族伟大复兴的中国梦、实现人民对美好生活的向往而继续奋斗，具有重大现实意义和深远历史意义。

党的十九大召开以来，武乡县始终把学习宣传贯彻党的十九大精神和习近平新时代中国特色社会主义思想作为首要政治任务来抓，切实在学懂弄通做实上狠下功夫，精心组织学习宣传贯彻工作，通过“三学模式”“四步走”，结合实际深入采取线上线下相结合的方式，开展十九大精神的学习。组织全体党员读原文、学原著、悟原理，原原本本学、逐字逐句学，深入细致对报告进行研读、领会，把握精髓要义，真正做到入脑入心。成立十九大报告宣讲团，利用丰富多彩的宣传形式和手段，推动十九大精神进企业、进农村、进机关、进校园、进社区。同时，武乡新闻中心微信公众号开设了“解读十九大报告”“全面贯彻落实党的十九大精神系列报道”“‘两学一做’在武乡”专栏，持续更新关于宣传贯彻十九大精神的报道，在全县范围内掀起学习贯彻党的十九大精神热潮，做到将报告精神真正入脑入心，在工作中体现，在实践中见效，推动党的十九大精神和习近平新时代中国特色社会主义思想全面落地见效，努力在新时代开启新征程、续写新篇章。

第二节　党的代表会议

2016年8月23—24日，中国共产党武乡县第十五次代表大会在县城影剧院召开。300名代表出席了会议。县委副书记、县长阎新平主持。市委常委、组织部部长姚逊到会祝贺并讲话。县委书记胡坚代表中共武乡县第十四届委员会向大会作题为“勠力同心　攻坚克难　坚决打赢脱贫攻坚战　为全面建成小康社会而努力奋斗”的报告。

报告指出，接下来五年武乡县经济社会发展的指导思想是：高举中国特色社会主义伟大旗帜，坚持以马克思列宁主义、毛泽东思想、邓小平理论、“三个代表”重要思想、科学发展观为指导，深入贯彻习近平总书记系列重要讲话精神，以中央“五位一体”总体布局和“四个全面”战略布局为统领，全面落实省委“一个指引、两手硬”总体要求和市委“两个奋斗目标”工作部署，深入实施“11355”战略，以贫困人口全部脱贫、贫困县摘帽为核心任务，全面推进创新发展、协调发展、绿色发展、开放发展、共享发展，勠力同心，攻坚克难，努力建设实力、富裕、宜居、幸福、美丽“五个武乡”，为全面建成小康社会努力奋斗。

会议选举产生了中国共产党武乡县第十五届委员会、候补委员，中国共产党武乡县纪律检查委员会委员。选举出41名县委委员、9名候补委员，选举出县纪委委员16名，选举产生了30

2016 年 8 月 23 日至 24 日，中国共产党武乡县第十五次代表大会在县影剧院召开。图为大会会场。

名武乡县出席长治市第十一次党代会的代表。大会通过了《中共武乡县第十四届委员会工作报告的决议》和《中共武乡县纪律检查委员会工作报告的决议》。

在中国共产党武乡县第十五届委员会第一次全体会议上选举产生了十五届县委常委和书记、副书记；选举产生了中共武乡县第十五届委员会常务委员会委员 12 名。胡坚当选为中共武乡县委书记，阎新平、刘英魁、路晓波当选为中共武乡县委副书记，王淑英、李军印、王书文、刘水源、张志鹏、元海波、吕志刚、刘钢平当选为中共武乡县第十五届常务委员会委员。

在中国共产党武乡县第十五届纪律检查委员会第一次全体会议上，选举产生了中国共产党武乡县纪律检查委员会常务委员会委员 7 人，元海波当选为纪委书记。

第三节 全力实施“11355”战略

2014年，在中共武乡县十四届六次会议上，新一届县委以省委转型跨越为主线，确立了坚持文化引领、强基固本的“11355”战略，即：着力打响全国红色旅游第一品牌，率先走出一条国贫县转型跨越、脱贫翻番、全面建成小康社会的新路，打造全省煤电一体循环经济产业、全国镁铝合金新材料产业、全省特色农产品生产加工产业“三个基地”，实施项目建设、扶贫攻坚、新型城镇化、民生普惠、生态文明“五大工程”，为建设实力、富裕、宜居、幸福、美丽“五个武乡”而不懈进取。

一、着力打响一个品牌

武乡是一片红色热土，是华北敌后游击战指挥中枢，是中国著名的抗战圣地，是太行精神的孕育地，是八路军文化的形成地。这片光荣的土地，有着得天独厚的红色资源，境内有八路军太行纪念馆、八路军总部旧址、百团大战总指挥部旧址、中共中央北方局旧址、129师师部旧址、八路军烈士陵园等430多处革命历史纪念设施、遗址和爱国主义教育示范基地，馆藏国家级革命文物达4026件（套），被誉为“没有围墙的革命历史博物馆”。

2013年以来，武乡县委、县政府以弘扬太行精神和传承八路军文化为主线，对八路军太行纪念馆、八路军总部王家峪旧址和砖壁旧址3个全国爱国主义教育基地进行了改陈，对华北新华日报社安乐庄旧址4处院落进行了本体维修，对石门炸弹厂旧址等进行了展陈布置。按照《山西省革命文物保护利用工程实施方案》的要求，完成了《武乡县革命文物保护开发利用规划》评审；启动了八路军总部王家峪旧址群和八路军总部砖壁旧址群等31个重点项目建设，着力打造全国红色资源集中连片保护示范县和全

2011 年 8 月 19 日，首届八路军文化旅游节开幕式在八路军太行纪念馆举行。

省红色文化产业龙头；配套修建了红色旅游公路，将散布全县的红色资源全线贯通。武乡县充分发挥独特的红色资源优势、革命圣地优势和便捷的交通区位优势，以政府主导、市场运作的模式，全方位打造全国著名的红色旅游基地、全国最大的八路军文化基地、全国知名的红色文化产业基地。

武乡县紧紧围绕“弘扬太行精神、传承八路军文化”这一主题，锚定把红色资源利用好、把红色传统发扬好、把红色基因传承好的目标，打造了八路军太行纪念馆、八路军总部王家峪旧址、百团大战总指挥部砖壁旧址等革命文化教育基地、爱国主义教育基地；组织举办八路军文化旅游节和八路军文化研讨会；创建了八路军文化园、八路军游击战体验园、八路军文化产业创意园、太行干部学院；修建了八路军文化一条街、八路军文化走廊；开设了红色藏品展、红色文学作品展、红色报告会、红色书画笔会；录制了《武乡抗战风云录——在太行山上》《八路军在武乡》《朱德儿童团》《十八勇士》等影视作品；出版了《武乡抗战故事》

《八路军文化研讨会论文集》《八路军与武乡》《太行游击队长——魏名扬传奇》等八路军文化书籍；编排了《太行山》实景剧和《太行丰碑》《英雄足迹》等情景剧。

2017年，武乡被中国红色文化研究会和中国红色旅游发展专业委员会联合命名为首批“中国红色地标”（全国仅10家）。武乡县紧紧抓住这一机遇，全力打造红色经典，创新文化业态，推动文化产业转型升级，全面完成了八路军文化园、游击战体验园和太行山实景剧“两园一剧”的品位提升工程；成立了红星杨旅游发展有限公司，整合八路军文化园、游击战体验园、《太行山》大型实景演出“两园一剧”资源；开展了纪念馆、文化园5A级景区和体验园4A级景区申报工作；修建了八路军烈士陵园；加快了八路军影视创意园项目和板山、崇城山、太行龙洞、太行龙湖开发建设，形成红色、绿色、古色三色旅游格局，全力打造“全国红色旅游第一品牌”。

二、倾力打造“三个基地”

打造全省煤电一体循环经济产业基地。一是立足煤。把煤炭作为经济增长、财力增加的重要引擎，作为发展新兴产业的重要支撑，毫不放松地抓好煤炭生产，推进煤矿技改扩建，确保“十二五”末全县煤炭生产能力达到1305万吨。二是延伸煤。积极推动昱昇煤矸石建材发展，以及榆武、武乡东煤层气、矿井水等衍生物和伴生品再生转化、循环利用，最大限度实现资源节约高效利用、高碳产业低碳发展、黑色资源绿色发展。制定完善激励政策和机制，鼓励和促进煤炭企业转型发展。三是超越煤。以延伸抓循环为路径，以转型上高端为方向，推进煤电一体化发展，重点抓好西山电厂二期2×110万千瓦项目上马，积极拓展上下游产业链，形成煤电深度精细化工产业集群，打造全省煤电一体循环经济产业基地。

打造全国镁铝合金新材料产业基地。武乡县拥有丰富的镁铝矿产资源，是山西省四大金属镁生产基地之一。武乡县发展金属镁已有几十年的历史，2008年，金属镁产量占全国产量的9.9%，不仅形成了一批生产金属镁的骨干企业，积累了丰富的经验，也培养和聚集了一批发展镁合金材料产业所必需的人才。为实现与周边县市的错位发展，武乡紧抓山西省转型综改试验区建设机遇，以蟠洪循环经济工业园区为载体，以引进中国五矿集团和高新技术为依托，联合任兴、晋王等镁业公司，建立以镁铝合金为核心的新型工业体系，打造“镁（铝）矿—镁（铝）—镁铝合金—压铸件—终端制造”全产业链的镁合金产业集群，打造全国镁铝合金新材料产业基地。

打造全省特色农产品生产加工产业基地。发挥武乡农业优势，以发展现代农业为主题，以“一县一业、一村一品”为抓手，以培育新型农业经营主体为重点，以政校企联合、产学研一体为支撑，以工业化推进、产业化引领、园区化承载、品牌化提升、标准化建设为路径，加快农村发展、农业增效、农民增收。一是加速推进规模健康养殖。重点抓好山西鑫四海养殖有限公司、武乡县绿农农牧科技有限公司、山西多维牧业有限公司、武乡大山禽业有限公司等龙头企业养殖基地，建成规模健康养殖小区114个，全县猪、鸡、羊出栏分别达到15.2万头、1651.2万羽、10.2万只。二是巩固扩大特色种植。着力抓好核桃、小米、梅杏、油用牡丹、食用菌大棚等特色种植业，在巩固好原有成果的基础上，不断扩大种植规模，达到核桃15万亩、梅杏5万亩、油用牡丹5万亩、小杂粮8—10万亩、食用菌大棚3000座的规模。三是着力发展农产品深加工。立足武乡县规模养殖和特色种植优势，建设肉羊屠宰加工和核桃深加工项目，加快提升农产品加工水平，大力开发功能性食品，开拓省内外市场，培育了省、市级龙头企业12个，认证“三品一标”产品16个。其中“武乡小米”通过农业部农产品地理标志认证。

三、全力实施“五大工程”

项目建设。武乡县委、县政府牢固树立“抓项目就是抓发展，抓项目就是抓落实”的理念，成立了转型项目建设攻坚推进领导组，坚持“一个统领”，推进“八大工程”，以全力打造“11355”战略升级版为目标，全力创优发展环境，突出项目建设“生命线”。

推进转型项目建设，坚持把项目建设作为推动经济转型的切入点和突破口，加快推进新材料、新能源、装备制造、通用航空等新兴产业发展，先后引进和建设了潞安50兆瓦光伏发电项目、泓晨万聚自洁式透水砖项目、年产1000吨酒厂项目、中冷仓储物流集团武乡项目、年产10万吨纳米碳酸钙项目、东正建材有限公司年产20万吨脱硫石膏及3000万平方米纸面石膏板项目、大山循环经济园区建设项目、武乡县泓晨万聚环保科技有限公司年产6000万块瓷化粉煤灰系列产品项目、山西君祥通新能源科技有限公司王家峪煤业瓦斯发电项目、西山发电有限责任公司煤场封闭改造项目、山西航宇智能制造技术研究院3D增材打印示范项目、太焦高铁武乡西站站前广场及县城连接线项目、县城污水处理厂提标改造项目、砖壁红色旅游休闲教育基地建设项目，以及初心服饰有限公司服装、鞋帽加工销售项目，山西寿禄春农业科技有限公司现代生物农业健康食品产业循环经济项目。这些重点工程项目的开工建设和投入运营，将推动武乡进一步优化产业结构、做强市场经济，成为武乡经济发展的增长极和新引擎。

新型城镇化。武乡县按照“一城两区三中心、三山两河、六纵七横”的大县城框架思路，大力推进县城“东扩、西进、北延、内增”，县城人居环境得到明显改善。按照“红色为魂、绿色为韵、古色为脉、山水相依、城湖共生”的发展定位，着眼“十三五”

时期县城扩容提质的实际需要，着力打造“一城两区三中心”格局，以县城为体、两区为翼，新区东扩、旧城西进，围绕太行龙湖规划建设休闲养生中心，围绕“两园一剧”“一馆两部”规划建设八路军文化旅游中心，围绕太焦高铁武乡站规划建设现代物流综合服务中心。抓好东山、南山、凤凰山和涅河、马牧河“三山两河”综合治理和生态修复。规划西外环、凤凰路、红旗路、东盛路、新区两纵和宝塔街、迎宾街、太行街、涅河北街、涅河南街、高铁连接线、南外环“六纵七横”路网结构。

民生普惠。2013 年以后，武乡县坚持保障民生信念不变、改善民生力度不减，在服务设施配套、医疗、教育、住房等一系列民生项目上加力提速，民生建设取得新突破。

社会服务中心提档升级。政务服务中心以便民服务、行政审批、电子监察、网上审批为主要职责；4 个社区服务中心涵盖 2.3 万多常住人口，设置了一站式服务大厅、老年人日间照料室、老年人活动室、民间健康讲堂等。

新农合制度从无到有，最低生活保障制度实现全覆盖。全县已有 16 万余人参加新农合，参合率 99.5%。全县共建设农村老年人日间照料中心 42 个，总占地面积 26642 平方米。

教育教学环境全面优化。建立健全“三残”儿童少年入学、外来务工人员随迁子女入学、留守儿童帮扶等机制，实施“零障碍”就学行动，入学率达 100%。

保障性住房项目建设加速推进。成立保障性住房建设领导组，建立了县住房保障工作联席会议制度。凡属保障范围的，户均享受灾民建房补贴 6000 元，残疾人家庭户均落实建房补贴 5000 元。

开通县城公交和城乡公交；发放低保金、五保金和医疗救助金 1427 万元；154 个基层医疗服务体系软、硬件同步提升，实现了“小病不出村、中病不出乡、大病不出县”；有线电视用户达到2万户；实现42个行政村、68个自然村、2.1万人饮水安全。2019年，全县实现了教育、医疗、养老、低保、意外伤害险全覆盖。

生态文明。武乡县牢固树立“环境是最稀缺资源、生态是最宝贵财富”的理念，始终把生态文明建设作为贯彻社会主义核心价值观、践行群众路线的最好实践，扎实推进生态创建、大气污染防治、城乡环境综合整治等各项重点工作。

武乡县积极推进造林绿化和生态治理，实施造林绿化“六大工程”。2013年以来，完成造林4.5万亩，其中生态林2万亩、干果经济林2.5万亩；四旁植树74万株，义务植树37万株，育苗5300亩。另外，还对汾邢高速公路通道19公里、红色旅游线通道22公里、南沁线通道实施提档绿化。同时，全力实施水利扶贫“3211”工程。

环境综合整治。积极开展“环保百日攻坚”和“严厉打击环境违法犯罪百日会战”等环保专项行动，其中20个加油站、47家餐饮洗浴业、19家卫生院完成了环境污染整治任务，并淘汰关闭了3家黏土砖厂、1家橡胶厂，取缔了县城5家废品收购站。

武乡县高度重视节能减排工作，把生态环境保护放在更加突出的位置，加强重点行业的污染治理，持续抓好电力、水泥、金属镁等行业的脱硫、脱硝和除尘设施改造。西山发电有限公司完成了烟气脱硝和脱硫升级改造工程，实现了达标排放。在畜禽养殖企业污染防治设施建设方面，严格实行畜禽养殖业粪便资源化管理，其中贾豁王家垴万隆、石盘松庄金凤巢、石盘玉品大象惠农等8个畜禽养殖场已完成污染减排项目建设。加快县城污水收集管网延伸、城区垃圾压缩转运站建设，不断提升环境质量。

四、努力建设“五个武乡”

建设实力武乡。按照山西省“项目效益年”和长治市“项目达效年”的部署要求，一是加快项目建设，完善重点项目手续；

二是强化招商引资，立足资源禀赋、区位特点和产业结构，进一步加大力度策划、发现、引进项目，推行定点式、持续式的精细化招商引资，推动以企招企、以商招商和小分队招商；三是全力抓好项目服务体制机制建设，严格实行“433”和“3个24小时”工作制度，制定完备的招商引资优惠政策、项目建设扶持政策。

建设富裕武乡。把农民收入翻番作为县、乡、村工作的主要任务，把农民人均收入作为最重要的考核指标，作为评价和衡量领导班子和领导干部工作的重要标尺。一是产业发展快。牢牢抓住“百企千村”产业扶贫机遇，以“龙头企业+合作社+农户”的模式，加速推进产业扶贫项目实施。二是扶贫移民实。加快实施易地扶贫搬迁，落实移民对象的安置方式，兑现建房资金，确保移民搬迁任务完成。同时，搞好移民村后续产业开发，确保贫困群众搬得出、稳得住、能发展、可致富。三是定点扶贫准。继续落实好领导包村全覆盖工作，落实结对帮扶举措，抓好科技扶贫和专项扶贫，努力实现由帮扶到村变为精准到户、精准到人，优先对鳏、寡、孤、独和偏远山区贫困人口实行精细化管理、精确化配置、精准化扶持。

建设宜居武乡。坚持以人为本，推进以人为核心的城镇化，按照以旧城新区加太行龙湖为核心、重点镇和中心村为两翼的“一核两翼”总体布局，加快推进武乡城镇化建设。以大县城为格局，着手改造旧城，启动新区基础设施建设，构建主城区“十分钟便民服务圈”。加大洪水、蟠龙、监漳、故城4个重点镇基础设施建设，提升水、电、热、气、路综合配套能力，努力建设功能齐全、宜居宜业的小城镇。坚持中心村与新农村建设相结合，与百人以下贫困村移民搬迁相结合，实施农村人居环境改善工程，构建“农民半小时生活功能圈”，高标准建设农村社区。

建设幸福武乡。坚持优先发展教育，合理配置教育资源，抓好县城学校扩轨工程；加强县、乡、村三级医疗卫生机构标准化建设，切实提高医务人员医疗技术水平，为广大人民群众提供优质医疗服务；积极扩大就业，支持自主创业、自谋职业的政策措施，多渠道、多方式增加就业岗位；加大保障性住房建设和供给，建设廉租住房、公共租赁住房，推进棚户区和城中村改造；着力提高社会保障水平，提高企业退休人员基本养老金、城镇医保和新农合人均财政补助标准、城乡低保标准、农村“五保”对象补助标准，抓好社会福利服务中心建设，做好社区服务、居家养老、日间照料等工作；大力推行“阳光信访、数字信访、规范信访”，使群众问题能反映、矛盾能化解、权益有保障，切实提高居民幸福指数。

建设美丽武乡。坚持不懈植树造林，大力实施环城绿化、通道绿化、荒山绿化、村庄绿化等工程，深入持久开展义务植树。大力实施“两库两干两河一县”项目，加快推进小型农田水利重点县、广志水库、农村饮水安全等重点工程建设，打造武乡水网新格局。着力抓好生态环境修复和治理，对沿河工业企业进行集中整治，启动保护“母亲河”行动和饮用水源地保护工程，积极推进马牧河、涅河、蟠洪河河道治理工程。韩北、蟠龙、洪水3个污水处理厂投入使用，完善县城污水收集管网，加快电力、水

2008年建成的县城污水集中处理厂

泥等行业的脱硫、脱硝、除尘设施改造，不断加大对农药、化肥、生活垃圾的治理力度，全面削减污染物排放总量。

第四节　开展国防教育

武乡是“八路军的故乡、子弟兵的摇篮”，是伟大太行精神的孕育之地，拥有十分宝贵的国防教育资源。境内有国家级爱国红色主义教育基地 5 个、省级爱国主义教育基地 17 个、国防教育示范基地 3 个。2017 年 6 月、2018 年 7 月，武乡县先后创办太行干部学院和太行少年军校。同时，对外经贸大学、天津工业大学等 30 多所高校在长治建立红色教学基地，国防大学更是与太行干部学院建立教学战略协作关系，红色旅游景区景点教学功能不断延伸，逐渐成为国防教育主阵地。

2013 年之后，武乡县发挥本土红色资源优势，创新方法手段，

2018 年 7 月 28 日，首届全国国防教育竞技大赛总决赛在武乡县八路军文化园举行。

总结推广经验，以体验式、基地式、融入式、熏陶式"'四位一体'红色旅游+国防教育"新模式，打造国防教育新名片，促进了全民国防教育工作提质增效，助推了全县经济、政治、文化、社会和生态文明全面发展、互促互进。

2018年8月18日，"'四位一体'红色旅游+国防教育"实践创新武乡推进会在八路军文化园举行，旨在进一步总结推广经验，讲好八路军故事，弘扬太行精神，打造新时代国防教育品牌。

武乡十分注重国防教育宣传，依托县城主干道及太长高速公路、102太长省道、322南沁省道制作国防教育宣传展板和壁画、群雕、连环画等，建成3个万米国防文化长廊，使国防教育深入人心，人人有了国防意识，积极投身国防行动。武乡二中被认定为国家级"中小学国防教育示范学校"。2018—2020年，国家连续三年在武乡举办全国国防教育竞技大赛。这是贯彻中央深入开展群众性主题宣传教育活动，推动国防教育深度普及的重要举措。

第二章　精准扶贫　精准脱贫

第一节　构建脱贫攻坚大格局

一、精准识别，建档立卡

武乡是国家扶贫开发重点县。县委、县政府认真贯彻落实山西省扶贫开发领导组意见，逐条逐项精准施策。2014 年，全县共识别建档立卡贫困人口 18787 户 55088 人，贫困村 215 个（2017 年撤并行政村前），贫困发生率降至 30.95%。2014 年脱贫 4027 户 10003 人，贫困发生率降至 25.3%。2015 年脱贫 2178 户 8000 人，退出贫困村 10 个，贫困发生率降至 20.8%；2015 年通过建档立卡“回头看”共精准识别贫困人口 11787 户 32558 人，按照“五个一批”（即：发展生产脱贫一批、易地搬迁脱贫一批、生态补偿脱贫一批、发展教育脱贫一批、社会保障兜底一批）进行分类，计划通过生产发展脱贫 10493 人、易地搬迁脱贫 3933 人、教育扶持脱贫 4028 人、生态保护脱贫 6938 人、政策兜底保障脱贫 7166 人。其中，2016 年计划脱贫 54 个贫困村 9650 人，按照“五个一批”进行分类，计划通过生产发展脱贫 3173 人、易地搬迁脱贫 1079 人、教育扶持脱贫 1239 人、生态保护脱贫 1758 人、政策兜底保障脱贫 2401 人。2016 年脱贫 3416 户 9868 人，退出贫困村 54 个，贫困发生率降至 13.4%。

2017 年，武乡县认真贯彻落实习近平总书记关于扶贫开发系列重要讲话精神，特别是视察山西重要讲话精神，按照省、市脱贫攻坚部署要求，大力实施特色产业扶贫、易地搬迁扶贫、培训就业扶贫、生态补偿脱贫、社会保障兜底、基础设施改善、公共服务提升、社会力量帮扶“八大工程”，通过全县上下的共同努力，实现了 4317 户 11800 名贫困人口脱贫，75 个贫困村退出，贫困发生率从 2016 年的 13.4% 下降到 6.75%。贫困群众收入明显增长，人均可支配收入达到 4396 元，同比增长 18%，高于全县农民人均纯收入增幅 9 个百分点。经市级交叉检查，全县群众满意度达到 98.02%，在全省名列前茅。

2018 年，武乡县委、县政府全面落实中共中央、国务院《关于打赢脱贫攻坚战三年行动的指导意见》和全省攻坚深度贫困现场推进会精神，始终坚持以脱贫攻坚统揽经济社会发展全局，紧紧围绕“两不愁、三保障”，着力打造武乡脱贫攻坚事业“四梁八柱”（四梁，即大力发展特色农业、电商扶贫、红色旅游、生态扶贫“四大产业”；八柱，即全力强化基础保障、住房安全、资金投入、政策落地、就业技能、党建助力、内生动力、责任落实“八大支撑”），全力夯实脱贫基础、提高脱贫成色、确保脱贫成效。

2018 年，武乡县根据《山西省脱贫攻坚领导小组办公室关于做好 2018 年度扶贫对象动态管理和信息采集工作的通知》要求，精细组织、周密部署，严格按照时间节点全面完成了 2018 年动态管理和贫困退出工作。经动态调整，2018 年武乡县建档立卡贫困人口 16403 户 47173 人，出列 1225 户 3184 人，新识别 224 户 521 人（因病），返贫 17 户 42 人（因病 11 户、缺技术 1 户、缺劳动力 1 户、缺资金 2 户、因残 1 户、因学 1 户）。2018 年脱贫 4034 户 11291 人，退出贫困村 73 个。至此，全县剩余贫困人口 401 户 989 人，贫困村 3 个，贫困发生率降至 0.56%。

2019 年，按照国家、省、市关于扶贫对象动态管理常态化的工作要求，印发了《武乡县2019年度扶贫对象动态管理实施方案》，县、乡、村逐级开展了专题培训，按照程序对未脱贫户、脱贫户、非贫困户“一稳定两不愁三保障”及人口自然变更情况进行核实，逐户研判，并形成了2019年退出、新识别、返贫和人口自然变更名单。2019年共新识别20户49人，人口自然增加358人，人口自然减少817人，清退75户276人，识别脱贫监测户520户1327人、边缘户276户621人。脱贫376户896人，贫困村整村退出3个，全县剩余贫困人口46户120人，综合贫困发生率下降至0.07%。

2020年，武乡县认真贯彻落实习近平总书记在决战决胜脱贫攻坚座谈会上的重要讲话精神，在省委督导组的有力指导推动下，深入实施脱贫攻坚巩固提升“3568”工作举措，始终保持攻坚态势，进一步强化措施、查漏补缺、补短强弱，全力巩固提升脱贫质量和成色，确保高质量打赢脱贫攻坚决胜战。

2020年，经过动态调整，全县建档立卡贫困人口中未脱贫人口47户121人，边缘户275户611人，脱贫监测户512户1307人。同年底47户121人未脱贫人口已全部达到脱贫标准；275户611人边缘户、512户1307人脱贫监测户已全部解除返贫风险。

二、夯实脱贫攻坚产业基础

2013年以来，武乡县先后出台了《武乡县绿色有机农产品生产技术操作规程》《武乡县绿色有机旱作农业封闭示范区创建实施方案》《武乡县2019年绿色有机旱作农业特色示范县项目实施方案》《武乡县2019年特色农业产业扶贫行动计划》等政策，以山西省“百企千村”产业扶贫为契机，大力推动“一村一品”，按照强基地、壮龙头、抓特色、创品牌的思路，积极推动全县特色农业产业化发展步伐，促进农民增收。

实施特色种植、规模养殖、农产品深加工“三轮驱动”，依托六大农业龙头企业（大山禽业、绿农农牧、多维牧业、鑫四海、潞武、太行沃土），全面推行“公司+基地+农户”“公司+合作社＋农户”“公司＋农户”等产业发展模式。发展十大特色农业基地（上司乡谷子种植基地、韩北乡食用菌种植示范园区、蒋家庄千亩蜀葵生产基地、贾豁乡嘉德利现代化蔬菜育苗基地、聂村花卉大棚、权店村梅杏产业基地、石北乡神西村养驴场、洪水镇熬垴村养牛基地、魏家窑村生态牧养鸡基地、故县乡五村养猪场），带动26465名贫困人口实现增收。大力推广有机旱作农业，以国家、行业标准为基础，从县域实际出发，大力推行“统一优良品种、统一生产操作规程、统一投入产品供应和使用、统一田间管理、统一收货销售”的“五统一”生产管理制度，重点打造上司有机旱作农业示范乡，以及石北乡石北村、丰州镇魏家窑村、涌泉乡大良村和西里庄村、大有乡李峪村和枣烟村6个有机旱作农业示范村。其中，以谷子为首的小杂粮种植面积达到10万亩。农产品深加工方面，主要有监漳镇成家庄村手工挂面、蟠龙镇阎家庄村贫困户芝麻饧等作坊。特别是以山西太行沃土农业产品有限公司和武乡县老家农业开发有限公司等龙头企业为引领，先后成立三里湾、盘中餐、龙晖、新特农等多家种植专业合作社，带动农户积极参与，大力推广谷子种植与加工。成立了谷子协会、小米协会等社会组织，专家指导，强强联手，使得小米产业成为全县种植业中最具代表性的产业之一。创建了“晋皇羊肥小米”“十里坡羊粪小米”“上司老家小米”“盘中餐小米”“翻得高小米”等颇具市场竞争力的武乡小米品牌，并通过“三品”认证。2017年10月，举办“武乡小米”区域公共品牌推介会。

2017年5月，多维牧业休闲体验园、上司乡蒋家庄村、晋皇羊肥小米基地、大有乡李峪村、上司乡岭头村（山西第一电商村）、龙湖梦岛、故城镇权店梅杏采摘园、蟠龙镇砖壁村等8处景点入选长治市休闲农业和乡村旅游产业精品景点。2018年被省农业厅授予第一批全省畜牧业绿色发展示范县荣誉称号。2019年，武乡县获批创建以小米为主导产业的省级现代化农业产业示范区。

三、电子扶贫新模式

2015年12月，《国务院办公厅关于促进农村电子商务加快发展的指导意见》下发后，武乡县认真贯彻落实，多次专题研究部署电子商务工作，并成立了以县长阎新平为组长的工作领导组，先后制定出台了一系列扶持政策，严格按照“一园区、六中心、三级体系”的思路，全面推动农村电子商务发展，并于2015年7月成功申报全国第二批电子商务进农村综合示范县。

开展电商扶贫以来，武乡县积极对电子商务园区进行改造，并组建起电子商务协会，吸纳了电商企业、知名网店、物流快递企业及“万村千乡”配送企业、商贸流通企业等5个会员单位，为电子商务的发展奠定了坚实的基础。

武乡县积极探索电商精准扶贫创业就业新模式，激发贫困群众内生动力，全面推进贫困群众大众创业、万众创新。打造“整村微商”模式，如武乡县岭头村，是全县第一个发展微商的贫困

2017年10月10日，山西省电子商务进农村综合示范暨电商扶贫工作推进会在太行干部学院召开。

村，从最初零散创业，到政府组织有序发展，再到标准化提档升级，短短一年多时间，全村发展微店100多个，销售突破100万元，带动26户贫困户户均增收5000多元，涌现出魏宝玉、郭晋萍等一批贫困户网红带头人，带动全县100个贫困村发展成为整村微店村，形成了“一户一店带全家，一村多点带多户，整村微商带全县”“扶贫创客小院”等电商精准扶贫模式。

随着电商扶贫工作的深入开展，武乡县经过探索走出了新模式，在长治市首创县、乡、村三级电商扶贫超市，为贫困户及贫困村搭建了“实体店+互联网”全方位销售平台。利用现代化物流和电子商务平台打造“蚂蚁到村”农村物流综合服务平台，形成农村物流三级体系，打通了乡村物流的“最后一公里”。全县共建设乡村电商服务站264个，覆盖全县328个行政村的80%；开办微店5700个，其中贫困户428个；打造农产品网创品牌10个；电商交易额达到2.3亿元，带动贫困户2318户6954人增收，人均增收1500元以上。

2017年10月10日，山西省电子商务进农村综合示范暨电商扶贫工作推进会在武乡县召开。2018年11月26日，山西省商务厅《关于印发武乡县电商扶贫经验的通知》指出：“山西武乡县是国定贫困县，也是国家扶贫开发重点县，随着互联网与传统行业之间深度融合，武乡县积极开展电商扶贫，打造独具特色的‘微店村’武乡电商扶贫模式，值得学习与借鉴，并大力推广。”

四、乡村旅游开发

武乡县作为国家扶贫开发重点县，县委、县政府坚持把实施“旅游富民”战略作为脱贫攻坚的主要抓手，整体推进全域旅游，创新提升红色旅游，大力发展乡村旅游，全力实施“旅游+扶贫”融合发展模式，使旅游产业发展成为脱贫攻坚的重要引擎，使更多的贫困人口共享旅游发展的红利，成功探索出旅游发展助推精准扶贫的武乡模式。

武乡县努力打造故县五村特色民俗小镇、贾豁乡古台村、洪水镇左会村农耕文化小镇、太行龙湖、石盘开发区会同村康养度假特色小镇等，依托太行旅游板块建设，做深“旅游+特色小镇”文章，充分挖掘红色文化、生态文化、农耕文化、民俗文化等优势资源，推动文旅融合发展，打造形成八路军文化旅游节、权店梅杏节、上司梨花节、古台农耕文化节、石北武术节等旅游节事，打造禄村乡村娱乐游，形成旅游产业链，有力促进乡村文旅产业蓬勃发展。

武乡以旅游业带动市场经济发展，实现乡村振兴。武乡县大力创新旅游扶贫机制，以红色文化旅游产业为引领，融自然风光、乡村休闲、古迹民俗于一体，带动农家乐、旅游纪念品、民间手工艺品、地方土特产等系列产品蓬勃发展。其中，监漳镇大河西村、蟠龙镇东沟村、故城镇故城村、故县乡故县村、丰州镇东胡家垴村、监漳镇监漳村、大有乡李峪村、墨镫乡青草烟村、蟠龙镇石板村等 9 个村入选国家乡村旅游扶贫重点村，贾豁乡古台村、蟠龙镇大陌村、上司乡岭头村、洪水镇显王村、石北乡石北村、蟠龙镇关家垴村、丰州镇魏家窑村、故县乡五村、石盘乡泉之头村等 9 个村入选山西省旅游扶贫示范村，蟠龙镇砖壁村、大有乡李峪村入选山西省首批 100 家 3A 级乡村旅游示范村。

五、生态扶贫走出新路子

武乡县认真贯彻落实“绿水青山就是金山银山”的理念和省委“一个战场打好两场攻坚战”部署要求，坚持“百姓富”与“生态美”同频共振，实行“1+4”生态扶贫机制，即以 37 个造林专业合作社为引领，全力实施造林绿化、退耕还林、生态保护、干果经济林提质增效四大工程，让贫困群众在造林营林、管林护林、产业发展中增收致富。

2016 年 12 月，丰州镇阳城村梅丽造林专业合作社育苗基地。

为深入打造“美丽武乡”，构建以植树造林为核心的生态大格局，武乡县全力实施了退耕还林补助、造林绿化、森林资源管护劳务采购、经济林提质增效、林业生态产业增收“五个一批”林业生态扶贫工程，并以建档立卡的贫困户为主，组建起武乡县梅丽、翠绿、长有、绿润、惠泽、森大、晋林、老槐树、新绿颜、康森海、常青园等 37 个扶贫攻坚造林专业合作社，吸纳贫困人口 754 人，占社员总数的 94%。另外，还从 326 个村建档立卡贫困人口中选聘了 316 名生态护林员。

故城镇权店村梅杏大丰收

经济林种植是武乡县生态扶贫项目之一，种植区域涉及全县14个乡（镇）、1个开发区。武乡大力展开了三个“一万亩”行动，主要包括故城镇权店村、贾豁乡古台村梅杏种植，韩北乡拐垴、洪水镇南台、故县赵家凹、上司乡乐家坪、涌泉乡神前村等核桃种植，韩北乡刀把嘴村连翘种植，丰州镇魏家窑村、韩北乡韩北村、土河坪油用牡丹种植等。其中，权店梅杏已成为武乡县的一大品牌，权店也被誉为“梅杏之乡”。

林业生态建设作为全县脱贫致富的重要产业项目，通过整体规划、统一部署使经济林集中连片，逐步迈向产业化、规范化、规模化，绿水青山变成了金山银山。

六、教育帮扶成效显著

“扶贫必扶智，治贫先治愚。”教育扶贫是改变贫困家庭命运、阻断贫困代际传递的重要举措。扶贫与扶志、扶智要相结合。扶志就是要把贫困农民自己主动脱贫的志气扶起来，增强他们脱贫增收的主观能动性。扶智就是从农村普通教育、职业教育、农技推广等方面或通过升学、转换职业等方式实现劳动力转移，以及培育有科技素质、有职业技能、有经营意识与能力的新农民。扶志与扶智都要依靠教育扶贫，通过教育扶贫来凝聚贫困主体的精神力量，形成可持续发展动力，实现“输血”式扶贫向“造血”式扶贫的转变。2013年以后，武乡县坚持“扶贫先扶智、治贫先治愚”的工作思路，大力改善乡村学校办学条件，着力提升乡村学校师资素质，落实各类教育资助政策，扎实开展职业技能培训，保障了贫困家庭子女免费接受良好的义务教育和职业教育，有效减少了因学致贫、因择校返贫现象，确保无一名学生因贫失学辍学。

在职业教育方面，结合武乡县产业发展需求，组织科技、职教工作人员每年两次深入农村，倾听农民呼声，了解农民所急所需，利用农闲科学安排培训时间和内容，努力使贫困户拥有一技

2018 年 10 月 12 日，北京新阳光慈善基金会、共青团武乡县委在县综合大楼会议室举行捐助仪式。

之长，共培训 2000 余人次，发放科技丛书 2 万余册。实施山区人才项目，主要由大山禽业有限公司和多维牧业公司实施，由省、市畜牧专家提供技术指导，培训内容包括肉羊高效养殖综合配套技术和蛋鸡优质高产配套技术，共培训养殖户 1000 人，培养科技乡土人才 100 余人。县职业中学还专门针对贫困学生实行无门槛招生，同时增设 4 个农村农业特色班。

七、开展健康扶贫

2016 年后，根据省、市、县健康扶贫方案要求，对全县“因病致贫，因病返贫”及计生困难家庭进行了深入调研和健康检查，全部建立了健康档案。对贫困人口大病实行分类救治和先诊疗后付费的结算机制。先后出台了《武乡县开展健康扶贫“双签约”活动实施方案》《武乡县新农合按病种分级诊疗实施方案》《武乡县贫困人口“先诊疗后付费”实施方案》等文件。针对建档立卡贫困户基本医疗保险、补充医疗保险、大病统筹保险等实行财政补贴，实行“136”医疗扶贫政策，对住院患者实行先诊疗后付费的管理办法。新建（改扩建）村级卫生所 328 个，其中贫困村卫生所 215 个（撤并保留 172 个），每个村配备常用药品 50 种，采取邻村覆盖、下派医生等方式，实现了乡村医生全覆盖。

武乡县实行建档立卡贫困人口、特困人员和低保对象“四项医疗保障”在县域范围内“一站式服务、一窗口办理、一单制结算”。进一步加大门诊慢性病帮扶力度，慢性病病种在省定 35 种特殊慢性病的基础上扩大至 41 种，凡在医保目录内的费用按病种支付限额 100% 报销。通过落实“基本医疗保险、大病保险及大病补充保险与贫困人口参保全额财政救助、民政大病关怀救助与特困特殊救助”的“三保险、三救助”政策与县级、市级、省级医疗机构住院“136”兜底保障报销政策，让贫困群众“病有所医，医有所保”。

为贯彻落实健康扶贫政策，完善农村贫困地区基本医疗卫生

2017 年，贾豁乡政府、县人民医院、贾豁乡卫生院、乡村医生联合服务团健康扶贫“双签约”服务活动现场。

服务保障体系，成立了健康扶贫政策宣讲小分队，开展健康扶贫六进活动。在县电视台开办健康扶贫讲座，并深入乡村通过集市、健康讲堂、街头宣传、入户随访等途径和方式向贫困户免费发放健康扶贫政策小册子5万本、健康知识口袋书1万套，制作医疗保健箱4000个、健康扶贫服务包1万个。在全县范围内进行健康扶贫“双签约”活动，共签约7个乡镇、208个村庄，筛查贫困户6561户18274人，签约2547户3304人，确保全县农村贫困人口中的因病致贫、因病返贫的群众都有一个健康服务家庭医生团队。

八、着力实施易地搬迁

易地扶贫搬迁是脱贫攻坚的“头号工程”和标志性工程。脱贫攻坚工作启动以来，武乡县大力推进挪穷窝、拔穷根易地搬迁工程，全力破解“人钱地房树村稳”七个难题，采取行政村建设移民新村集中安置、结合城镇化县城集中安置、“五保”集中供养安置、货币补偿分散安置等方式，共建设73个集中安置点，2483户8729人搬出大山，喜迁新居。

武乡县将易地扶贫搬迁工作作为精准脱贫工作的头等大事，作为改善贫困群众生产生活条件的重大举措，精心谋划，严格按照国家相关政策入户摸底调查、召开村民代表大会表决、实行村级公示确定等，采取县城集中安置和就近移民安置两种方式实行易地扶贫搬迁。以城西佳惠小区为主，在丰州镇、洪水镇、蟠龙镇、监漳镇、大有乡、贾豁乡、分水岭乡等地设乡（镇）安置点；在丰州镇柳泉沟村、代照岭村，蟠龙镇关家垴村、胡峦岭村、山角坡村，上司乡韩庄村，分水岭乡窑儿头村等村设村集中安置点。2018年全部入住，旧村腾退、拆除、复垦等工作已全面完成。

武乡县先后出台了《武乡县2018年易地扶贫搬迁拉网式全覆盖自查工作方案》《武乡县易地扶贫搬迁后续产业发展项目资

县城易地扶贫搬迁集中安置二期工程（丰州镇上城村）

金管理实施细则（试行）》等相关政策，紧扣“搬得出、稳得住、有业就、能致富”的目标，按照“保安全、保基本、降成本、不超标、不违规”的原则，聚焦实际入住、旧宅腾退、后续融入等各项工作，努力将易地扶贫搬迁工程建成民心工程、民生工程。贫困群众搬离“穷窝”、摆脱“困境”，创建了扶贫车间服装加工厂、佳惠农贸市场、务工信息交流中心，从根本上解除了搬迁户的后顾之忧。

九、开展光伏扶贫

光伏发电是国家帮助贫困地区脱贫的民生工程。在“十三五”期间，第一批村级光伏扶贫电站项目最先在武乡推广实施，先后在监漳镇成家庄村、庙岭村、姚家庄村、杨桃湾村，大有乡炉家掌村、鸦儿烟村、董井凹村、王庄沟村、马村、许家垴村、枣烟村、李峪垴村，贾豁乡贾豁村，故县乡牛家庄村，石盘开发区石塔庄村，洪水镇下黄岩村，蟠龙镇石瓮村、马垴村，故城镇故城村，韩北乡坪上村，上司乡铺上村等21个贫困村，建起38座分布式村级电站，总装机容量28.6兆瓦，总投资2亿元，可惠及139个贫困村。

2018年，武乡县成立了光伏扶贫电站项目推进工作组，制定了《武乡县光伏扶贫电站收益分配管理办法（试行）》，为新能源客户开辟并网服务“绿色通道”，优化光伏送电并网流程，为客户提供“一条龙”服务，积极推动光伏扶贫电站项目建设，制定合理的光伏扶贫电站并网运行和电力销售方案，及时拨付上网电费和新能源补贴转移支付，带动全县农民脱贫增收。

2019年5月，武乡县又入选山西省“十三五”第二批光伏扶贫项目计划，涉及3个村1695户。

武乡县潞安光伏发电有限公司，先后在涌泉乡蚂蚁沺、寨上村建起装机容量30兆瓦、50兆瓦的涌良、涌新光伏发电站。还有，在省、市扶贫工作队帮助下建起一系列村级光伏扶贫电站，涉及的村庄有：丰州镇南亭、松北、松庄、西河底、朱家凹，监漳镇姚家庄，故城镇大寨、石仁底、温家庄、南沟，韩北乡大坪村，石北乡石北、西黄岩、神西村，墨镫乡上北台、井湾，洪水镇中村、当城，涌泉乡蒲池，石盘开发区内义，蟠龙镇烟里、大陌、祥良、老中角，大有乡脉落神、王海峪等贫困村，共建户用光伏扶贫电站141座、分布式村级地面光伏扶贫电站47座、分布式

涌泉乡寨上村50MW光伏发电站

村级屋顶光伏扶贫电站 172 座、集中光伏扶贫电站 1 座，总装机容量 64.55 兆瓦。

十、实施金融扶贫

为助力精准扶贫、精准脱贫，解决贫困户融资难问题，武乡县把金融支持产业扶贫作为脱贫攻坚的重要抓手，与邮储银行等金融部门合作，在“富民贷”贴息贷款的基础上，推出“政府+银行+企业+贫困户”的“大山富民贷”和“大象富民贷”政策，并出台了《武乡县金融扶贫“大山富民贷”实施方案》和《武乡县金融扶贫“大象富民贷”实施方案》等相关文件，依托大山禽业和大象集团，在贾豁乡贾豁、张家庄、古台、王家垴、上寺烟、下西庄等 6 个村推广试点，兴建监漳镇大河西村养殖公司，放款达到 240 万元。

自“五位一体”推进扶贫小额信贷工作实施以来，武乡县委、县政府高度重视，在省、市相关金融部门的指引下，成立了金融扶贫工作领导组、风险补偿金管理委员会，出台了《武乡县“五位一体”推进扶贫小额信贷工作实施方案》，采取“政府+银行+保险+实施主体+贫困户”的方式全力推进。县金融办、银监办、人行协调各金融机构和各乡镇积极开展扶贫小额信贷工作。各银行积极抽调精兵强将组成金融扶贫小分队，深入基层走村入户，大力实施 5 万元以下、三年期以内、免抵押、免担保、财政贴息的“5321”信贷政策，率先走出了一条切实可行、“精准滴灌”的金融扶贫之路。

随着人保财险武乡支公司扶贫小额贷款保证保险第一单的出具，武乡县“五位一体”推进扶贫小额信贷工作取得了实质性进展，属长治市首家。在武乡县“五位一体”推进扶贫小额信贷工作中，人保财险武乡支公司通过保险与扶贫相结合，充分发挥保险业在风险保障、社会管理、经济补偿和资金融通等方面的独特优势，保障建档立卡贫困人口如期脱贫，逐步实现武乡老区贫困村“三农”保险全覆盖、保障全方位、服务全配套，助力武乡打赢打胜脱贫攻坚战。

武乡县紧紧围绕“脱贫摘帽”工作目标，加大金融扶贫力度，把有限的扶贫信贷资金真正用到实处，做到扶真贫、真扶贫。全县扶贫小额贷款发放6446.5万元，带动贫困户1301户，完成市下达任务5470万元的117.85%，成为全市首家超额完成扶贫小额信贷任务的县区。

十一、就业扶贫

党的十八大以来，武乡县按照中央、省、市脱贫攻坚总体部署，把培训就业作为精准脱贫的一项重要举措，不断加大贫困劳动力就业培训力度，取得了良好效果，有力地促进了全县脱贫攻坚。先后培训建档立卡农村贫困劳动力5960人，其中挖掘机、电工、焊工275人，种植养殖4216人，家政服务473人，电商微商571人，厨师类284人，裁剪缝纫48人，演艺类93人。通过培训和提供就业岗位，使2276名贫困劳动力实现了就业。

2016年，县委、县政府坚持把一人就业全家受益作为最有效、最直接的脱贫方式，通过对建档立卡贫困户中有劳动能力、有发展意愿的人口进行培训，充分激发贫困户的内生动力，实现就地就近就业和转移就业。一是抓整合。针对不同扶贫对象，充分整合新型职业农民培育、“千村万人”就业培训、阳光工程、雨露计划等培训资源，切实增强培训的合力。二是抓培训。扎实开展种养加、建筑业、家政服务、养老护理、文化旅游、物流配送等多领域的特色就业培训。2016年培训新型职业农民487人。三是抓就业。重点依托绿农农牧、多维牧业、大山禽业、鑫四海等龙头企业，强化“公司+基地+贫困户”带动效应，绿农农牧公司帮助贫困人口160人就业，人均年工资收入3.6万元；大山禽业公司帮助贫困人口 65 人就业，人均年工资收入 2.16 万元；文化旅游产业帮助贫困人口 510 人直接就业，人均年工资收入 1 万元。

2017 年，武乡县委、县政府按照“扶贫要同扶智、扶志结合起来”的要求，大力开展培训就业。一是采取帮扶工作队、第一书记、县乡村三级领导干部讲政策，以及行业部门深入一线抓培训的方式，持续举办脱贫攻坚大讲堂 30 余期，进一步坚定贫困群众想脱贫、盼脱贫、能脱贫的信心和决心。二是充分整合各类培训资源，落实各类培训资金 300 多万元，组织培训贫困家庭劳动力 4500 余人次，实现农村劳动力转移就业 3500 人，人均年增收 1500 元。三是依托绿农农牧、多维牧业等龙头企业，强化“公司 + 基地 + 贫困户”带动效应，带动贫困人口 200 余人就业；依托全县红色旅游资源优势，通过文化旅游产业带动贫困人口 600 余人就业；抢抓电子商务进农村综合示范县机遇，通过发展微商带动贫困人口 200 余人就业。

2018 年，全县建成扶贫车间 53 个，涉及服装加工、手工艺品加工、家具加工、陶瓷加工、小杂粮加工、中药材加工、特色食品加工等七大类 18 个小类，通过按件计酬、计时计酬、订单加工等灵活多样的薪酬发放机制，带动贫困劳动力 1325 人就业。

2019 年，针对贫困群众生产技能普遍较低、想脱贫而不会脱贫的问题，扎实开展畜禽养殖、林果栽植、家政服务、厨师缝纫、电子商务等实用技能培训，培训贫困劳动力 363 人。并积极组织贫困劳动力与用工单位对接，与北京、天津、太原、长治等地用工单位签订劳务合作协议，建立长期劳务合作关系，帮助贫困群众实现就近就地就业。2019 年有 1745 名贫困劳动力实现转移就业，新建扶贫车间 30 个，带动贫困劳动力 1833 人就业。

2020 年，武乡县以人社部门牵头，整合各类培训资源，坚持以持证为目标，扎实开展家政服务、工程机械、服装加工、电商等技能培训，2020年培训贫困劳动力1640人。对全县贫困劳动力深入摸排、建立台账。充分利用光伏收益增设防疫消杀、森林防火、卫生保洁等公益岗位，采取以工代赈等方式，促进贫困劳动力参与乡镇道路建设、水利建设等项目，全力确保扶贫企业、扶贫车间、产业项目复工复产，有力促进贫困劳动力稳定就业。加大就业帮扶力度，积极落实稳岗拓岗政策，做到就业人数、务工时间和工资收入“三个不减”。

十二、驻村帮扶

脱贫攻坚战打响之后，武乡县各级驻村工作队、第一书记、帮扶干部作为扶贫的中坚力量，直奔脱贫攻坚第一线，抓关键，破难题，披荆斩棘，精准发力，把群众当亲人，用脚步丈量脱贫路，用双手托举致富梦，用真情谱写幸福歌。帮扶工作队每个人都是砥砺奋进、迎难而上的攻坚战士，他们的每个故事都是扎根大山、坚守扶贫一线中令人感动的印记。

2013年，山西省派驻武乡县扶贫工作队4支，长治市派驻武乡县扶贫工作队33支，长治市其他区、县派驻武乡县驻村帮扶工作队20支，深入贫困村开展驻村帮扶。2014年，山西省驻武乡县扶贫工作队投入扶贫资金105万元，在蟠龙镇砖壁村新建15座春秋拱棚及配套水、电、路等基础设施；投资30万元，在监漳镇行道岭村实施养猪项目；投资20万元，在丰州镇马牧村建日光温室大棚10座。长治市领导包村帮扶投入资金90万元，分别投入洪水镇、蟠龙镇、韩北乡、故县乡、石北乡种植业、养殖业、人畜饮水、道路修补、物资交流市场搭建、文化广场修建等。

2015年，出台《关于省、市、县领导干部和机关党员干部精准帮扶贫困村、贫困户的指导意见》，全县所有贫困村都派驻驻村帮扶工作队，实现省、市、县三级党政机关单位干部驻村帮扶全覆盖，并选派素质高、能力强的党员干部到贫困村担任第一书记。2015 年，省扶贫工作队投资 205 万元，市扶贫工作队投资 407.85 万元，在 7 个乡（镇）28 个行政村，实施帮扶项目 100 个。

2016 年，调整驻村帮扶工作队和第一书记，制定出台《武乡县关于对省、市、县三级驻村帮扶工作队、第一书记驻村帮扶管理考核办法的实施意见》，规范帮扶机制，落实帮扶责任，并组织 1000 多名党员干部入村入户与贫困户对接，实施一对一帮扶，全县每 1 个贫困农户都落实 1 名帮扶责任人，机关单位党员干部帮扶覆盖所有贫困户。2016 年，央企派驻武乡扶贫工作队 1 支、工作队队员 1 名；山西省派驻武乡县帮扶工扶贫工作队 5 支、工作队队员 18 名，投入帮扶资金 340 万元，实施帮扶项目 20 多项；长治市派驻武乡县扶贫工作队 33 支、工作队队员 109 名，投资 480 多万元，涉及蟠龙、大有、贾豁、故县、上司、丰州镇等 8 个乡镇、39 个行政村，实施帮扶项目 30 多项。

2017 年，武乡县委加强帮扶工作队队伍建设，对满 2 年的第一书记和履职不到位的帮扶工作队进行调整，进一步强化扶贫力量；下发了《关于精准帮扶包村单位和领导、第一书记、驻村工作队、帮扶责任人的管理考核办法》，进一步加强“三支队伍”管理，为打赢脱贫攻坚战提供了队伍保障。

2018 年，武乡县深入实施“五帮联动”机制。制定出台了《关于建立完善“五帮联动”精准帮扶机制的实施意见》，先后派驻各级驻村帮扶工作队 540 支，第一书记 642 名。制定出台了《武乡县关爱脱贫攻坚一线干部激励办法》，驻村干部人身意外保险、生活补助、交通补贴足额落实到位。实施干部帮扶“六六八”工作法。从严落实县处级领导干部、县直帮扶单位一把手、驻村工作队和第一书记、帮扶责任人、乡（镇）包村干部、村“两委”干部的工作责任和具体任务，做到“六个必须有”“六个搞清楚”“八个确保”。

第二节　实现脱贫摘帽目标

为决战决胜脱贫摘帽，武乡县狠抓“四大产业”，夯实“八大支撑”，打造武乡脱贫攻坚事业“四梁八柱”。大力发展特色农业、电商扶贫、旅游扶贫、生态扶贫“四大产业”：依托山西绿农农牧科技有限公司、武乡大山禽业有限公司、山西多维牧业有限公司、山西鑫四海养殖有限公司、山西潞武农业开发有限公司、山西太行沃土农产品有限公司等六大龙头企业，通过“公司+基地+农户”模式，大力发展核桃、梅杏、油用牡丹、小杂粮、生猪、肉羊、肉鸡等十大特色产业，带动贫困人口26465人增收；推广“整村微店”“一店带多户”“三商联动”“扶贫购平台”等电商精准扶贫模式，打造微商村100个、微店5500个，建立扶贫创客小院30个，直接带动1824户增收，户均增收1510元；抢抓创建国家全域旅游示范区机遇，大力推行“旅游+就业扶贫+乡村振兴+乡村农家乐+土特产销售”等旅游扶贫业态，直接帮助贫困劳动力2152人就业，带动贫困人口6025人增收；以37个造林专业合作社为引领，实施造林绿化、退耕还林、生态保护、干果经济林提质增效“四大工程”，着力构建了“1+4”生态扶贫机制，带动贫困户994户、贫困人口5744人增收，户均增收7537元。全力强化基础保障、住房安全、资金投入、政策落地、就业技能、党建助力、内生动力、责任落实“八大支撑”：全面实施水、电、路、网、物流、公交车、有线电视、手机信号八大畅通工程，实施教育、医疗、养老、低保、意外伤害险五个全覆盖；强力推进易地搬迁和危房改造，五年内新建移民安置点73个，搬迁贫困群众2483户8729人，完成农村危房改造9190户；建成村级光伏扶贫电站219个，总规模达到65兆瓦，惠及贫困户

6185 户；整合各类培训资源，累计培训 22969 人次，设立扶贫车间 53 个，帮助贫困人口 1325 人就业。

2014 年之后，全县减贫 16002 户 46184 人，综合贫困发生率由 2014 年的 30.9% 下降到 0.56%。2018 年 12 月 15 日，国际减贫与发展趋势研究项目考察组来武乡考察，对武乡县脱贫攻坚工作给予了高度评价，称赞武乡为脱贫攻坚的中国故事提供了很好的案例。2019 年 1 月 2 日至 8 日，武乡县顺利通过了省级第三方评估，走在了全省前列。2019 年 4 月，山西省人民政府正式批准武乡县退出贫困县序列。

2019 年，武乡县坚持以习近平新时代中国特色社会主义思想为指导，认真贯彻落实习近平总书记关于扶贫开发的重要论述和中央、省、市部署要求，牢固树立“2020 年交总账”意识，从严落实“四个不摘”重要指示，强化责任担当，认真履职尽责，制

2018 年 3 月 6 日，武乡县三级干部暨脱贫摘帽誓师大会在县影剧院召开。

定出台了《武乡县2019年脱贫攻坚巩固提升行动方案》，全力实施脱贫攻坚巩固提升“3568”工作举措：“3”，即坚持脱贫攻坚巩固提升与转型发展、乡村振兴、全面小康相结合；“5”，即牢牢抓住精准识别动态调整、防止贫困户返贫、易地扶贫搬迁后续帮扶、贫困边缘户和非贫困村提升、帮扶责任再落实“五个关键”；“6”，即进一步强化产业提升和群众利益联结机制、基础设施和公共服务提升、扶贫资金管理使用绩效、政策落地“最后一公里”、脱贫督查督导反馈问题整改落实、乡村生态增绿工程“六个重点”；“8”，即全力抓好党建促脱贫、产业扶贫、生态扶贫、电商扶贫、农村八项改革任务、农村人居环境整治、贫困户就业技能提升、激发贫困群众内生动力“八项工作”。通过扎实落实“3568”工作举措，脱贫攻坚质量和成色得到了全面提升。

第三章　建设现代农业

武乡县属于北方半干旱县区之一。党的十八大以来，武乡县紧紧围绕习近平总书记“走有机旱作农业路子”重要指示，按照《武乡县现代农业发展规划》，在大力发展有机旱作农业的同时，十分注重农林牧副渔全面发展、山水田林路综合治理，推行“两米”（玉米、小米）战略、多样化种植（特色农业）、设施农业、地膜覆盖、林药兼作、机械化旱作农业、农畜产品加工、畜牧养殖、植树造林、水利工程建设，走出了一条现代农业发展之路，在脱贫攻坚产业振兴上打硬仗，在整治农村环境上补短板，在促进农民增收上增动能，推动农业转型升级，农村繁荣进步，农民富裕发展。

第一节　推进特色农业发展

一、“两米”战略

武乡县地处太行山腹地，位于北纬36°—37°谷物黄金生长带，昼夜温差大，玉米、小米种植面积大、产量大、色金黄、口感好，玉米可粮可饲，小米所含的脂肪、蛋白质及可溶性糖类都多于普通小米。

2012年以来，武乡县按照“一年示范、两年推广、三年辐射”的路径，着力构建有机旱作农业封闭示范园区。全县玉米种植稳定在20万亩以上，谷子种植稳定在9万亩左右。其中，2017年种植玉米22.7万亩，种植谷子9.7万亩，并在东西两山实施地膜覆盖玉米5万亩，在洪水、蟠龙、韩北等乡（镇）推广渗水地膜机械化覆盖穴播谷子1万亩。

故县乡十里坡村羊粪小米

2018年，在北京召开的第三次农产品地理标志登记专家评审会上，“武乡小米”通过了国家农产品地理标志认证。当年玉米种植面积达到26.4万亩，谷子8.8万亩，推广渗水地膜穴播谷子2.5万亩，亩产增收超过260斤。培养出上司“老家小米”“晋皇羊肥小米”“十里坡小米”等口碑好的武乡小米品牌。武乡成为太行有机小米主产区。

2019年10月14日至15日，第三届中国小米产业发展大会在武乡县召开。农业部及山西省农业厅相关负责人，有关院校及科研院所专家学者，农业加工企业、电商及农产品经销商代表，省内部分国家级、省级农业专业合作社代表，媒体记者共计300余人齐聚武乡，从小米生产、加工、销售、科研等多方面进行交流研讨。

2020年，武乡县制定出台了《有机旱作谷子标准化生产示范基地建设项目实施方案》《特色农业产业巩固提升行动计划》，进一步夯实了有机旱作农业发展的基础。一是在丰州镇山阳垴、兴盛垴、暴家峪3个村建起1200亩省级有机旱作农业封闭示范区。二是在监漳镇姚家庄、庙岭一个市级核心示范区种植1500亩有机旱作谷子。三是在故县乡五里坡、贾豁乡杨桃湾等村及韩北乡东堡、内顷两个县级核心示范区种植3000亩有机旱作谷子。全县有机旱作谷子标准化生产示范基地建设项目涉及监漳镇、韩北乡、故县乡、丰州镇等11个乡（镇），共计2.2万亩。有机旱作谷子实行标准化生产，农机农艺配套融合，专用有机肥替代化肥，有力地推进了谷子标准化生产示范基地的建设。山西太行沃土农业产品发展有限公司承担的国家有机旱作羊肥小米产业发展标准化示范区，成功入选第十批国家标准化示范区建设项目。

2020年，全县种植粮食、经济作物41.21万亩，其中小麦1346.05亩、玉米28.17万亩、谷子8.04万亩、杂粮37640.42亩、薯类3454.77亩、中药材5196.61亩。显而易见，武乡县特色农业发展效果十分显著。

二、设施农业

蔬菜大棚种植。2016年，全县种植蔬菜2.6万亩，其中设施蔬菜2800亩，有效带动880户贫困户增收。2017年，全县种植蔬菜2.65万亩，其中设施蔬菜3000亩。2018年，全县蔬菜面积稳定在2.7万亩，其中，设施蔬菜3300亩，以豆角、辣椒、西红柿、黄瓜、西葫芦、大葱等品种为主，全县各乡（镇）均有分布，蔬菜总产量2.68万吨。2020年全县集中连片20亩以上露地蔬菜种植5828.02亩，带动贫困户1434户增收，补助资金291.826万元。其中故县乡连元村设施蔬菜、露地蔬菜250亩，丰州镇聂村设施蔬菜、露地蔬菜300亩。

食用菌种植。2013年至2015年，全县食用菌产业发展迅速，主要种植双孢菇，县内双孢菇栽培大棚为简易季节性菇棚，所用原料主要为玉米芯、牛粪，菌种多从外地购买。2016年，全县有双孢菇棚500栋，栽培面积达225亩。2018年，食用菌产业主要以山西路武农业开发有限公司、武乡益菌种植专业合作社等为主体，以双孢菇、香菇种植为主。2020年，全县食用菌生产基地面积达到了200亩，年产量达到300余吨。

三、中药材种植

2016年，武乡县蚕果中心大力推广中药材种植，新发展中药材0.8万亩，其中建设中药材示范园3750亩，先后在墨镫、洪水、蟠龙、韩北、贾豁、涌泉等乡（镇）的29个行政村种植苦参、柴胡、连翘、黄芩、灵芝、猪苓，为当地农民稳定脱贫提供了增收致富项目。2016年，武乡县林业局通过议标，由8个扶贫造林专业合作社实施了5000亩连翘种植；同年，强化林权制度配套改革，充分利用林地资源，培育新的经济增长点，全面完成连翘、党参、灵芝、猪苓3000亩林下中药材种植任务。

2017年，全县中药材种植面积15万亩，其中大田种植4.4万亩、林药间作3万亩、野生抚育7.6万亩；建设万亩以上种植基地1个、千亩以上种植基地3个、百亩以上种植基地6个，品种以苦参、板蓝根、黄芩、连翘、猪苓、柴胡为主，搭配防风、大黄等品种，总产值可达2650万元，纯收益可达1850万元。

2020年，全县种植中药材5000亩，涉及6个乡（镇）、26个行政村，其中洪水镇4个村种植板蓝根230亩，蟠龙镇14个村种植菊花1100亩，故城镇2个村种植菊花140亩，监漳镇申良沟村种植菊花30亩，韩北乡3个村种植菊花160亩、种植党参200亩，贾豁乡2个村种植火麻1600亩、板蓝根200亩、金银花50亩、芍药350亩，种植菊花共计15.6万株，带动贫困户32户增收，每株补助0.15元，县财政补助资金2.34万元。

连翘是武乡道地中药材重要品种之一，连翘种植是增加农民收入的主要途径之一。2020年，蚕桑中心在洪水镇新寨村、故城镇南沟村搞连翘育苗45亩。县财政投资，由林业局牵头，15个造林专业合作社实施，在墨镫、洪水、蟠龙、韩北、大有、贾豁、上司、城关、石北、涌泉、故城、分水岭等12个乡（镇），种植连翘1万亩，总投资400万元。

近几年，山西振东健康产业集团有限公司在武乡发展苦参和柴胡2300亩；武乡县五星种植专业合作社在种植1000亩中药材的基础上，2020年新发展板蓝根200亩。

四、机械化旱作农业

2012年以来，武乡县大力推广机械化深耕、播种、中耕、秸秆还田、机收机打五大技术。2016年，县委、县政府组织召开玉米机收演示现场会、农机深松整地示范演示现场会、使用电动农机新产品奖补工作推进现场会，对全县旱作农业机械化起到了积极的推动作用。全年培训各类农机新技术人员716人，推广各类新式农机具1963台（件），新增玉米联合收割机20台，武乡获评“以电动农机新产品试验考核示范县”，推动了特色农业的发展。是年，机播完成39.5万亩，玉米机收9.5万亩，机械化秸秆还田11.5万亩，机耕40万亩。全县农业机械化水平：机耕达到75%，机播达到91%，机收达到27%，综合机械化率达到65%。

2017年，县农机中心在洪水、蟠龙、韩北、大有、贾豁等5个乡（镇）实施1万亩渗水地膜谷子穴播种植，亩产382.4公斤，增产率达60.9%，收到良好的经济效益与社会效益。积极推进电动农机新产品奖补工作，顺利完成100万元电动农机新产品奖补工作，补贴推广电动除草机177台、农用无人飞机2台、其他电动农机产品42台。组织召开玉米机收演示现场会，会上对9个企业12个品牌玉米收获机进行演示，对全县玉米机收起到积极的推动作用。为166台50马力以上拖拉机和玉米收割机安装秸秆还田监控仪，每台政府补贴100元；秸秆还田每亩补贴30元，全年共完成秸秆还田15万亩。全年推广各类新机具1070台（件），全县机耕34.68万亩、机播41.09万亩、机收13.5万亩，综合机械化水平达到69.9%。

2018年，农机中心在墨镫、洪水、蟠龙、韩北、大有、贾豁、监漳、上司、故县、丰州等10个乡（镇）实施2.5万亩渗水地膜谷子穴播种植。同年为11台50马力以上拖拉机和玉米收割机安装秸秆还田监控仪，全年推广各类新机具874台（件），其中新增玉米收割机26台。全县完成机耕37.5万亩、机播41.3万亩、机收15万亩，综合机械化水平达到72%。

2020年，拖拉机、联合收割机新增120台（拖拉机87台、联合收割机33台），新上户120台。年检拖拉机825台，培训了新型职业农民500人，培训农机驾驶员150人。机耕完成39.2万亩，机播完成42万亩，玉米机收完成14万亩，机械化秸秆还田完成9.2万亩，中耕深松完成3万亩，推广各类农机具435台（件）。

五、粮食作物直补

2016年起，国家全面推行农业三项补贴改革，将农作物良种补贴、种粮农民直接补贴和农资综合补贴的三项补贴政策合并为农业支持保护补赔，政策目标调整为支持耕地地力保护和粮食适度规模经营，提高政策的指向性、精准性和实效性。国家补贴标准：小麦综合补贴80元/亩，谷子和杂粮79元/亩，玉米59元/亩，薯类49元/亩。县里实际下拨时，按小麦综合补贴70元/亩、谷子和杂粮69元/亩、玉米和薯类49元/亩执行。全县粮食直补面积37.49万亩，其中小麦0.26万亩、玉米和薯类25.01万亩、谷子和杂粮12.22万亩。县财政下拨直补资金2087.68万元。

经山西省人民政府同意，2017年补贴继续按照2016年补贴标准执行，补贴依据为农业部门统计的2016年粮食实际种植面积。全县粮食直补面积为37.49万亩，其中小麦0.14万亩、玉米22.72万亩、薯类0.62万亩、谷子和杂粮14.01万亩，涉及376个行政村、42829个农户。县财政下拨粮食直补资金2488.65万元。

2018年，全县粮食直补面积约39.97万亩，其中小麦1474.9

亩、玉米239535.825亩、谷子91898.88亩、杂粮61210.471亩、薯类5548.31亩，每亩补助67元，县财政合计下拨直补资金2677.78万元。

2019年，全县粮食直补面积约41.23万亩，其中小麦1225.7亩、玉米263796.6亩、谷子87855.18亩、其他杂粮59448.99亩，每亩补助67元，县财政下拨直补资金2762.30万元。

2020年，全县粮食直补行政村321个，户数43502户，粮食直补面积为412102.725亩，其中小麦1346.05亩、玉米281702.85亩、谷子80370.545亩、其他杂粮37640.42亩、薯类3454.77亩、蔬菜类2391.48亩、中药材类5196.61亩。

六、农产品深加工

武乡县围绕农产品加工精细化、特色化、功能化，聚力打造小米、酿品、饮品、主食糕点、果品、功能食品、保健品、药品等农产品精深加工八大产业集群。

小米产业。全县小米加工企业主要有山西太行沃土农业产品有限公司、武乡县老家农业开发有限公司、武乡县金谷子杂粮加工有限公司、武乡县康达醋业有限公司、武乡县三里湾种植专业合作社、山西盘中餐农产品开发有限公司等。全县已经初步形成了“公司加基地、基地连农户”发展模式，架构起了特色种植、杂粮加工、市场销售为一体的产业格局，打造了集小米种植、旅游、观光等为一体的小米综合体验园。

酿品产业。充分挖掘武乡县悠久的酿造文化和独特的生产工艺，发展陈醋、白酒、果酒等酿造产业。支持康达醋业开发有机陈醋，引导制定行业标准。加快推进太行涌泉酒业有限公司3000吨酒厂建设。

特色饮品。重点打造小米可乐、黄梨银耳羹、杏汁、山楂汁等特色饮品，加大推进晋黄羊肥小米加工综合体建设，已取得生产许可证。

主食糕点。大力发展一村一品，支持武乡枣糕、官尝、干面饼子、监漳手工挂面、蟠龙芝麻饧等食品精细化生产。

果品加工。利用核桃、梅杏、黄梨等果品资源，大力发展果品精深加工，在贾豁乡胡庄村、故城镇权店村、上司乡岭头村开发核桃粉、梅杏干、梨干、果脯系列产品，线上线下同步营销。

功能食品。依托太行沃土、老家小米等企业的带动，建设小米产品深加工生产线，开发小米饼干、小米咖啡、小米茶、玉米糁、羊肚菌等功能食品。

保健品生产。开发党参、黄芪膏、保健醋、连翘药茶、苦荞茶、菊花茶等产品，蟠龙郭家垴菊花茶、韩北刀把嘴连翘茶、大有王海峪保健醋、故城权店苦荞茶已投入市场。

药品产业。依托县域连翘、苦参、板蓝根等道地中药材资源，大力发展中药材深加工，丰富晋药品牌。

第二节　林业工程建设

一、四旁植树

2017 年，实施“双创”示范工程，以打造山川秀美新武乡为目标，开展生态乡镇和生态村创建活动，全县建设生态乡镇 1 个（故县乡），生态村庄 5 个（郝家垴村、东河村、河西村、墨镫村、磨里村）；实施“四旁”植树工程，以路旁、沟旁、渠旁和宅旁植树为重点，植树 104 万株。武乡县村庄绿化涉及 5 个村，分别是蟠龙镇关家垴村、韩北乡斗底村、故县乡五村、涌泉乡坡底村、石盘开发区泉之头村，全部为2017 年脱贫村，工程总投资 50 万元。

2019 年，武乡县实施改善人居环境增绿“51111”工程，完成 50 个村庄绿化建设任务、1000 户庭院绿化示范户、10 个示范小区绿化、10 个示范企业绿化、10 个示范单位绿化。建设重点公路通道绿化林带 110 公里，工程分布于南沁线、太长线、故石线、连榆线、红色旅游线两侧，建设 15—30 米宽林道，县级投资 1000 万元。由 15 个扶贫攻坚造林专业合作社负责实施，带领 240 户贫困户参与劳动，获取劳务收入 270 万元，户均增收 11250 元。

县级通道绿化林带建设工程 40 公里，工程总投资 600 余万元，全部为县级投资。建设地点为红色旅游路二期及高铁连接线，树种为杨、柳、槐和梅杏。2020 年，武乡县投资 500 万元在 14 个乡（镇）50 个村庄建设绿化示范村，造林树种以杨、柳、槐和梅杏为主，间种常绿树种及乡土花灌木。

二、荒山造林

2016 年，武乡县围绕“两山治本、两林富民、两网提档、双保安保、双十示范、双育增效”的六大林业生态工程建设目标，大力推进生态文明建设，实现荒山增绿和农民增收互促共赢。全年完成造林 2.5 万亩，其中生态林 1.4 万亩、干果经济林 1.1 万亩；四旁植树 104 万株；育苗 6300 亩。完成“两山”造林工程 10307 亩，其中，太行山绿化工程 5000 亩，巩固退耕还林成果薪炭林 1307 亩，市级封山育林 4000 亩。“两林”富民工程完成 10908 亩造林任务，其中：巩固退耕还林成果干果经济林项目 4908 亩，强农惠农特色经济林 1000 亩，市级造林补助 5000 亩。“两网”绿化工程完成邢汾高速两侧荒山绿化 4000 亩。

2018 年，武乡县完成重点公路沿线两侧荒山绿化工程 1 万亩，总投资 1495 万元，共涉及全县 11 个乡（镇），采取针阔、乔灌、块状、带状混交造林模式，树种以油松、侧柏、刺槐、山桃、山杏、元宝枫、连翘为主。工程由 26 个扶贫攻坚造林专业合作社负责实施，带动 416 个贫困人口参与劳动，增加收入 270 万元。

2019年，武乡县实施省级新增造林工程1.5万亩（2018年工程），投资750万元，分布于蟠龙、大有等8个乡（镇），由15个扶贫攻坚造林专业合作社负责实施，带领240户贫困户参与劳动，获取劳务收入202.5万元，户均增收8438元。太行山绿化三期工程0.3万亩，总投资240万元，其中国家投资150万元、省级配套90万元，由6个扶贫攻坚造林专业合作社实施，带动96户贫困户参与劳动，获取劳务收入64.8万元，户均增收6750元。环京津生态屏障区建设工程任务0.3万亩，每亩投资800元，工程总投资240万元，资金为省级投资。该工程由6个扶贫攻坚造林专业合作社负责实施，带动108户贫困户参与劳动，获取劳务收入64.8万元，户均增收6000元。重要水源地造林工程0.4万亩，总投资320万元，全部为省级投资。由7个扶贫攻坚造林专业合作社负责实施，带动112户贫困户参与劳动，获取劳务收入86.4万元，户均增收7714元。省级通道及两侧荒山绿化工程0.8万亩，总投资764.5万元，其中省级投资640万元、县级配套124.5万元，建设地点为红色旅游路二期及高铁连接线两侧，由13个扶贫攻坚造林专业合作社负责实施，带动240户贫困户参与劳动，获取劳务收入206.415万元，户均增收8600元。

三、经济林建设

2013年，墨镫、洪水、监漳、贾豁、丰州5个乡镇种植干果经济林500亩。2014年，在故县乡种植干水果经济林50亩，并建设配套灌溉设施。

2016年，武乡县委、县政府出台《关于加强核桃经济林综合管理推动脱贫攻坚的实施意见》，实施省级干果经济林综合管理示范项目7000亩，覆盖全部贫困户。为提高核桃管理的效益，县财政配套100万元，启动县级核桃经济林综合管理示范项目，实施管理面积共1.7万亩，涉及7个乡（镇）112个村2458个贫困户。武乡县蚕果中心在贾豁乡韩道沟村、郭村、胡庄村，故城镇权店村，蟠龙镇李家坪村，韩北乡圪道村等地实施果业提质增效工程600亩，建成优质水果标准化生产示范园，涉及4个乡（镇）6个行政村600户。通过该项目的实施，果园平均每亩增产150公斤，600亩增产9万公斤。

2017年，武乡县总投资20万元，在上司乡进行老梨树改造514亩，涉及7个行政村。投资18万元，在贾豁乡进行梅杏高接换优，面积达到615亩，涉及13个行政村123户。投资15万元，在故城镇权店村实施特色水果提质增效项目，总面积500亩。落实退耕还果项目3300亩，涉及3个乡镇（蟠龙镇、洪水镇、贾豁乡）10个行政村，主要种植梅杏3040亩。通过项目的实施，梅杏园平均每亩增产150公斤，每亩增收500元。

2018年，武乡县完成省级经济林提质增效综合管理示范项目2.4万亩，总投资480万元，涉及全县14个乡（镇）96个行政村。工程管护措施主要包括修剪、施肥、打药等。项目由9个核桃经济林管护技术能力强的合作社和绿化公司负责实施，72户贫困户参与劳动，增加劳务收入23.04万元，带动216人人均增收1066元。完成2017年度的市级补贴经济林工程0.3万亩，总投资90万元，涉及7个乡镇。工程由9个扶贫攻坚造林专业合作社负责实施，带动贫困户144人参与劳动，获取劳务收入24.3万元，人均增收1687元。武乡县蚕果中心在蟠龙镇、韩北乡、贾豁乡、大有乡、上司乡、石北乡及故城镇的16个村实施水果提质增效工程合计4050亩。在故城镇、上司乡、涌泉乡及贾豁乡的8个村新增水果面积750亩，分别在故城镇权店村、贾豁乡古台村重点建设400亩梅杏采摘园，涉及农户1523户，其中，贫困户523户，有效提高了水果品质，有力地推动了产业发展，有序地带动了农民增收。全县水果生产面积稳定在5万亩左右，其中梅杏种植面积2.1

万亩，挂果面积7000余亩，年产量2812.2吨；梨树种植面积7000余亩，全部挂果，年产量3500吨；核桃经济林发展到12万亩，挂果面积3.5万亩，并初步建成了上司乡乐家坪、贾豁乡阳南头、故城镇高仁村等核桃产业示范村。

2019年，武乡县水果树种植面积29026.8亩。有家庭农场2个、专业合作社8个、果业企业2个，规模化种植50亩以上的108户，100亩以上的42户。水果树主要种类有苹果、梨、杏、桃、葡萄。其中苹果种植面积1062亩；梨种植面积4888.5亩，品种有大黄梨、玉露香；杏种植面积2.63万亩，桃种植面积502亩；葡萄种植面积118亩，品种有巨峰、早黑宝、无核白鸡心。

2020年，技术人员分别在12个乡（镇）124个行政村实施梅杏高接换优5000亩，育苗200亩。梅杏新增面积22181.7亩，涉及12个乡（镇）116个行政村2323户贫困户。同时，统一组织专业技术培训，涉及的乡（镇）为洪水镇、蟠龙镇、韩北乡、贾豁乡、上司乡、故城镇等，使农民能适时、适地、正确掌握种植流程，并邀请省、市专家到现场进行技术指导，培训人员达到1350人次，推动全县水果种植基本确立“一村一品一主体”，达到“五有”标准。12月9日，“武乡梅杏”地理标志认证经农业农村部评审通过。

四、退耕还林

2016年，武乡县下发《关于做好新一轮退耕还林还草地类地块调查落实工作的通知》。经摸底调查，全县适宜退耕还林地19929.3亩，其中基本农田15742.6亩，涉及7316户23681人。同年，全县共种植油用牡丹1万亩，主栽品种为凤丹，分布于武乡县6个乡镇，种植方式主要有退地纯种和林下套种两种，总产量为48万公斤，总产值达960万元，可带动2500余户增收。

2017年，退耕还林全县总任务为1.6万亩，退耕主要栽植树种为梅杏、核桃、苹果等，全部为经济林。退耕还林工程中完成新造林 1.12 万亩，易地还林 4800 亩，共涉及 13 个乡（镇）94 个行政村 4710 户退耕户。全面完成 2017 年重点防护林工程任务，共 2000 亩，总投资 160 万元。

2018 年，退耕还林总任务为 4000 亩，总投资 920 万元，主要栽种连翘、杏树等经济林，共涉及 11 个乡（镇）24 个行政村 1287 户退耕户，退耕面积 1213 亩。

第三节　水利工程建设

一、农村安全饮水工程

农村安全饮水是一项实实在在的惠民工程，也是一项利在千秋的德政工程。2014 年以来，武乡县委、县政府紧紧围绕脱贫攻坚总目标，按照全县脱贫攻坚贫困退出工作方案“两不愁、三保障”部署，积极争取国家和省、市的大力支持，按照供水保证率、自来水普及率、水源合格率分解考核目标，确定了“全域覆盖，整村推进，不落一户”的建设思路，全面创新“建、管、用、护”机制，强力推进农村安全饮水工作。通过实施安全饮水工程，水质、水量均达到了国家农村安全饮水健康指标要求，实现了安全标准全覆盖，全县农村集中供水率达到了 95% 以上，自来水入户率达到了 95% 以上，水质达标率达到 100%，提前完成了“十三五”规划的农村安全饮水工程建设任务。

2014—2019 年，累计实施脱贫攻坚安全饮水工程 452 处，累计完成投资 9569.9 万元，其中国家资金 1970 万元、省级资金 3465.9 万元、市县配套 4134 万元，高标准、高质量全面按时完成了饮水安全脱贫摘帽任务，全县 377 个行政村（贫困村 174 个）40452 户 178175 人，喝上了安全干净水。

二、小型农田水利工程

农田水利建设是武乡县脱贫攻坚的基础性工程，是促进农村经济增长、全面建成小康社会的根本保证。武乡县广泛开展小型农田水利项目建设，使全县节水灌溉面积大幅度提升。2013年，小型农田水利重点县项目包括10个项目区，发展节水灌溉面积21495亩，总投资2890.05万元。2014年，小型农田水利重点县项目规划7处，发展灌溉面积30165亩，总投资2810.96万元。2015年，小型农田水利重点县项目包括10个项目区，规划发展节水灌溉面积21285亩，其中新增面积10035亩，改善面积11235亩，总投资2855.68万元。2016年，小型农田水利重点县项目总投资7500万元，规划发展节水灌溉面积3.3万亩。2017年，主要对小型农田水利项目工程进行完善，建设泵站5座、大口井13处、蓄水池11座，总容积7500立方米；配套机电设备38台（套），铺设各类管道60.1万米等；改善节水灌溉面积51441亩，其中新增面积17457亩。2019年针对小型农田水利灌溉工程和故城万亩灌区存在的问题，进行全面检视整改，共完成渠道和管道检修3.55万米，检修设备47台（套）。特别是监漳和上司两个高灌节水园区工程，通过对泵站和各种输水管道设施设备进行整改，进行通水试运行，新增节水灌溉面积8000余亩。2020年，投入资金210万元，检修管渠3.55万米，配套变压器2台（套），维修田间给水栓840余套。

三、水土保持项目

主要实施了以奖代补水土保持建设试点项目。2018年，项目规划治理水土流失面积为45323.7亩，涉及浊漳北源两岸6个乡（镇）31个村庄，实行工程措施、林草措施、封禁措施、保土耕作措施相结合，集中建设三大功能园区：一是以八路军烈士陵园为中心，实施绿化美化工程，治理水土流失面积3360亩，建设浊漳北源两岸防护林体系，打造生态功能区域；二是依托太行龙洞自然条件，治理水土流失面积 23629.7 亩，打造生态旅游区域；三是在故县乡五村等村庄发展水果林，治理水土流失面积 18334 亩，推动当地农业结构调整，建设美丽乡村，打造万亩经济林果园区，该项目总投资 2201.61 万元，其中地方投资 200 万元、建设主体自筹 1001.61 万元、申请中央奖补资金 1000 万元，2018 年底，工程项目全部完成。2019 年，以奖代补水土保持建设试点项目规划水土流失治理面积 30 平方公里，涉及洪水、丰州、分水岭等 3 个乡（镇）25 个行政村，完成治理面积 32265 亩，其中乔木林 4665 亩、经济林 600 亩、封禁治理 2.7 万亩，建设排水沟 2200 米，完成投资 712 万元。2020 年，项目规划治理面积 30 平方公里，项目总投资 1534.95 万元，其中中央水利发展资金 1000 万元、自筹资金 534.95 万元，已完成全部治理任务。

四、重点水利工程

广志水库工程。位于武乡县洪水镇下黄岩村东北，蟠洪河支

2017 年 10 月，建设中的广志水库

流广志河中游。水库坝址以上控制流域面积40.4平方公里，坝址以上主河道长13.04公里，多年平均径流量为291万立方米。水库大坝坝型为混凝土面板堆石坝，最大坝高25米，坝顶长度260米，水库总库容185万立方米。工程批复总投资9149.37万元，资金来源：省级专项资金5000万元，自筹4149.37万元。设计总工期2年，工程完成后，可为农村供水71万立方米，缓解广有集中供水工程供水区域4个乡(镇)102个行政村1.96万人和0.3万头大畜用水短缺紧张局面，并适当解决下游部分工业企业用水问题。截至2020年12月底工程已全面完工，并通过单位工程暨合同工程完工验收，蓄水试运行。

东干线供水工程。位于武乡县中东部地区，项目主要是从县城的关河水库向县中东部地区引水1038.5万立方米（其中工业用水633.6万立方米、农业用水318.5万立方米、生活用水86.4万立方米），用于满足武乡经济开发区企业生产发展、“一村一品一主体”产业扶贫、贫困群众的饮水安全需要。工程批复总投资30308万元，2018年3月开工建设，2020年9月主干线全线贯通并试水运行，支线部分工程已投入使用。工程建成后可有效满足武乡经济开发区企业用水需求，发展灌溉面积2.5万亩，同时可满足蟠龙、韩北2.3万人生活用水，对于解决武乡东部地区缺水瓶颈、加快武乡经济社会转型发展和人民群众脱贫增收达小康以及乡村振兴具有极大的推动作用。

第四节　畜牧产业发展

一、新品种引进

2012年，武乡县引进了优种猪、长毛兔、肉鸡、蛋鸡，在监漳、上司等乡（镇）成立养殖专业合作社5个，涉及36个行政村。

是年，与潞城市合作实施肉驴养殖。6 月，武乡县大山禽业有限公司取得种畜禽生产经营许可证，经营范围为海兰灰、海兰褐父母代产蛋鸡，每年可出售种鸡 1200 万只。

2016 年，武乡县狠抓畜禽良种繁育，实现了猪、羊、鸡畜禽良种繁育体系全覆盖。山西鑫四海养殖有限公司全年为养殖户提供 PIC 父母代优种猪 3 万头、商品代优种猪 7 万头；山西多维牧业有限公司实行人工授精育种，为社会提供湖羊种羊 1.5 万只；武乡县大山禽业有限公司具备每年为社会提供2000 万只蛋雏鸡、青年鸡的能力。

2018 年，全县有 3 个种畜禽场，其中有 1 个 PIC 种猪场，新引进 300 头种猪，存栏种猪 6000 余头；1 个湖羊种羊场，新引进湖羊 450 只，存栏种羊 2000 余只；1 个晋淮黑猪种猪场，存栏种猪 370 头。山西鑫四海养殖有限公司建立百万头生猪全循环生态养殖及屠宰加工项目，存栏能繁母猪 6572 头、后备母猪 2190 头、育肥猪 1.64 万头，基地覆盖洪水、韩北、丰州、石北等乡（镇）。武乡县新大象养殖有限公司在洪水、蟠龙、韩北、大有、监漳、故县、丰州、石北、故城、石盘开发区 10 个乡（镇、区）与村集体、农户合作开展生猪养殖，年出栏生猪可达 4 万头。绿农农牧构建了“饲料生产、商品养殖、食品加工、病死畜禽无害化处理”为一体的发展模式，带动丰州镇、故城镇等地以及周边乡镇发展肉鸡养殖。武乡县大山禽业可提供“饲料—蛋种鸡—雏鸡—青年鸡—产蛋鸡—鸡蛋回收—产品销售”的一条龙服务，以大有乡长乐村为基地，带动周边农户发展牧养鸡养殖，公司创立的“借鸡生蛋”“借船出海”“借鸡发财”等模式，累计带动全县 13 个乡镇 151 个行政村 8000 余农户增收。

2020 年，肉鸡年出栏 2000 多万羽，生猪饲养量达到 17.5 万头，出栏 6 万余头，肉羊饲养量达到 18.9 万只，肉驴存栏达到 800 头，全县 269 个行政村实现了“村村有产业、户户有项目”。

二、养殖基地建设

2012 年，武乡县金凤巢养殖专业合作社、武乡县万隆畜禽养殖有限公司、武乡县月红养殖专业合作社建成砖混结构、彩钢保温材料做顶的 1400 平方米标准化鸡舍，实现全自动化三层立体笼养，喂料、饮水自动化。2013 年，墨镫、洪水、监漳、贾豁、丰州 5 个乡（镇）建畜牧养殖圈舍 100 间。2015 年，武乡大山禽业有限公司建成全自动化鸡舍，捡蛋实现自动化。

2016 年，武乡县加快畜牧业生产方式的转变，逐步实现由数量速度型向质量效益型发展。新建成养殖小区 19 个，其中肉鸡养殖小区 2 个、生猪养殖小区 16 个、肉羊养殖小区 1 个。有 4 个种畜禽场，其中有 1 个 PIC 种猪场、1 个湖羊种羊场、1 个 10 万套肉种鸡场、1 个 10 万套蛋鸡种鸡场。武乡县月红养殖专业合作社对鸡棚进行改造，由三层笼养变为四层笼养。全自动立体笼养成为全县肉鸡规模养殖的主要模式。

2017 年，新建涌泉乡四丰养殖有限公司、故县乡五村翔宇养殖有限公司、贾豁乡瑞腾养殖专业合作社、墨镫乡金象养殖专业合作社等 9 个标准化规模养猪场，共投资 1100 万元，年出栏生猪 1.6 万头。

2018 年，全县新建、扩建标准化规模养殖小区 10 个。武乡晋昇源农牧发展有限公司在洪水镇道场村投资 1260 万元，建设 7 栋年出栏 160 万只的肉鸡养殖小区。韩北乡下合村华顺农牧开发有限公司建设养驴小区并投产。山西鑫四海养殖有限公司建设百万头生猪全循环生态养殖及屠宰加工项目，项目总占地面积 1000 亩，总投资 9.3 亿元。武乡县新大象养殖有限公司与村集体、农户合作开展生猪养殖，建有标准化生猪养殖基地 25 个，年出栏生猪可达 4 万头。武乡县大山禽业有限公司推进百万生态牧养鸡项目，投资300万元新建4500平方米的恒温蛋库并投入使用。

2020年，新建、改扩建规模养殖场10个，全部为生猪养殖场，且建设规模都达到存栏1000头以上。其中，故县东关村建设年出栏2000头猪场1座；涌泉乡庄头村建设年出栏2000头猪场1座；涌泉乡涌泉村建设年出栏4000头和2000头猪场各1座；故城镇邵渠村建设年出栏4000头猪场1座；故城镇河底村建设年出栏4000头猪场1座；故城镇茅庄村建设年出栏2000头猪场1座；上司乡岭头村建设年出栏2000头猪场1座；石北乡聚众富养殖专业合作社扩建猪舍1栋，年出栏由2000头增加到3000头；蟠龙镇龙湍村平养肉鸡场进行了技术改造，改肉鸡养殖为生猪养殖，现出栏生猪2500头。

三、畜产品加工

2014年，武乡绿农农牧科技有限公司年屠宰4000万只肉鸡厂建成，平均每天屠宰肉鸡21851只，到2020年，屠宰能力达74090只/天。武乡县委、县政府发挥全县肉鸡养殖优势，支持绿农农牧公司包装细化，肉鸡屠宰分割为胸、腿、翅、骨架、副产品五大类，大大拓宽了市场，培育了“饲料厂—肉种鸡场—肉

武乡县绿农农牧科技有限公司丰州镇曹村肉鸡屠宰加工车间

鸡场—肉鸡回收—屠宰加工厂—产品销售”的产业链，实现生产自动化。

第五节 气象事业发展

武乡县气象局（站）始建于1958年，1960年迁于县城东门外东坡台地上，2016年迁址于丰州镇东胡家垴村顶。

一、气象服务

2013—2015年，武乡县连续三年被国家气象局列为中央财政“三农”气象服务专项实施县。全县15个乡（镇、区）建立了气象工作站，并设有气象协理员15人，安装了电子显示屏和多媒体信息接收终端。在全县377个行政村建立了气象信息服务站，在206个重点行政村建设了气象大喇叭。每个乡（镇、区）政府都出台了气象灾害应急预案。气象、农业、水利、林业、国土等5个涉农部门签署了信息共享和合作机制协议，加强了部门间的联动和协调配合。

2013年，因《武乡县城总体规划》修订，武乡国家气象观测站必须迁址。2014—2015年，完成了规划选址、项目立项、土地证办理、招标、环评、消防、施工建设和竣工验收等。2016年1月1日，投资700余万元、占地18亩的武乡国家气象观测站在丰州镇东胡家垴村顶建成，并投入运行。全县在15个乡（镇、区）以及板山、太行龙洞、砖壁、东庄、明沙岩等建有自动气象观测站。

武乡县气象局（台、站）每日定时更新多媒体气象预警终端的气象信息，制作电视天气预报节目和广播天气预报节目，通过MAS平台、县电视台、县传媒网、微信公众号“武乡县天气”等，于每天16时发布短期天气预报；不定时发布县委、县政府和相关部门要求的重大节庆活动、森林防火、安全生产、农村等气象服务信息。

武乡国家气象观测站

每年汛期，重要天气过程来临时，县委、县政府主要领导都要亲临县气象局气象预警中心，与上级气象台举行天气会商，召开由各防汛成员单位主要负责人参加的防汛紧急会议，了解降水及天气预测情况，研究对策。

二、人工影响天气

武乡县气象局现有流动火箭发射架 2 个、“三七”高炮 2 台，在涌泉乡蒲池村建有一个标准化人工影响天气作业基地。2000 年以来，县气象局在人工增雨、增雪、防雹等方面发挥了积极的作用，在缓解旱情、森林防火和消除雹灾方面取得了良好的效果。

第六节　深化农村改革

一、土地确权登记颁证

为深入贯彻落实《中共中央、国务院关于加大改革创新力度加快农业现代化建设的若干意见》《中共中央办公厅、国务院办公厅印发〈关于引导农村土地经营权有序流转发展农业适度规模经营的意见〉的通知》精神，根据农业部等六部委《关于认真做好农村土地承包经营权确权登记颁证工作的意见》和全省农村工作会议精神，按照中央、省委统一部署，武乡县于2014年在贾豁乡胡庄村、上王堡村、蒺藜坪村3个行政村开展了农村土地承包经营权确权登记颁证试点工作。

2015年，省委省政府、市委市政府提出了两年基本完成、三年扫尾完善的确权总体目标，全县15个乡（镇、区）377个村土地承包经营权确权登记颁证工作于2015年全面展开，涉及承包户45082户177237人，承包耕地362250亩，国土二调耕地面积（包括园地）631498亩。开展农村土地承包经营权确权登记颁证工作，是以已有农村土地所有权确权登记发证材料、土地承包方案、承包台账、承包合同、承包经营权证书为依据，查清承包地块面积和空间位置，完善土地承包合同，建立健全土地承包经营权登记簿，颁发土地承包经营权证。全县严格执行农村土地承包法律政策，妥善解决承包地块面积不准、四至不清、空间位置不明、登记簿不健全等问题，为开展土地经营权流转、调处土地纠纷、完善补贴政策、进行征地补偿和抵押担保提供了重要依据。根据省、市要求，武乡县于2015年4月23日调整充实了县土地确权工作领导组，出台了确权工作方案。领导组下设办公室，并设立政策指导组、技术指导组、矛盾纠纷调解仲裁组、宣传报道组。县处级领导干部都包了村，抽调县直有关单位人员成立了15个下乡工作指导组。

2016年，全县共发放收回发包方调查表590份，发放收回承包方调查包56442份，发放收回承包地块调查表344660份，120个村完成公示，各乡（镇、区）全面开展工作底图勾图工作，完成底图勾绘工作的村有348个，占全县总村数的92%。

2017年底，全县377个村，完成调查测绘的374个，核实了的371个村，公示的了371个村，367个村开展签订合同，完成签订合同的366个村，完成数据汇交的359个村，全县农村土地确权工作已基本完成。

2018 年，全县 377 个行政村，完成权属调查的 377 个村，经过核实的 374 个，公示完成的 374 个，签订合同的 369 个村，实测承包地 44708 户、480046.13 亩，确认家庭承包耕地 43174 户、451363.91 亩。尚有 8 个村未完成合同签订工作。309 个村完成档案整理，119 个村完成打印证书，57 个村完成发放证书（洪水镇 53 个村、涌泉乡 4 个村）。

2019 年 6 月底，全县已完成了 376 个村的农村土地确权工作，完成比例 99.7%，完善承包合同 44725 户，确认家庭承包地面积 475174.48 亩，确认承包地块 337733 块，为已签订合同农户发放了证书。至此，武乡土地确权工作通过省级验收。

二、集体产权制度改革

农村集体产权制度改革，是适应健全社会主义市场经济体制新要求和城乡一体化发展新趋势、引领农民逐步实现共同富裕和全面建成小康社会的重大举措，事关发展壮大村级集体经济，事关乡村全面振兴。

根据省、市关于农村集体产权制度改革工作安排部署，为有序推进农村集体产权制度改革工作，2017 年成立了由县委书记胡坚任组长、县长阎新平任常务副组长的县农村集体产权制度改革工作领导组，领导组下设县农村集体资产清产核资工作组。县财政共安排专项改革工作经费 397.8 万元，全力保障农村集体产权制度改革工作顺利开展。县农村产权制度改革领导组选择贾豁乡作为试点先行推进全部改革工作，并聘用第三方机构来进行。截至 2018 年底，贾豁乡农村集体产权制度改革试点工作在第三方中标单位河北迪派工程项目管理有限公司的指导服务下全面开展，完成 16 个村的固定资产盘点工作。

2020 年，全县农村集体产权制度改革工作已基本完成。全县集体土地核实总面积为 234 万亩，其中农用地 161 万亩、建设用地 12 万亩、未利用地 61 万亩（其中四荒地 48 万亩）。377 个村集体股份经济合作社全部成立，选举产生了理事长和监事长，完成集体经济组织登记赋码工作，377 个村集体经济组织法人证书全部颁发。此次农村集体产权制度改革中，村集体成员量化集体资产总额 57487 万元。村集体经济组织的成立及登记赋码工作的完成，为发展壮大村集体经济提供了坚强的组织保证，奠定了坚实基础。

第四章　持续改善城乡人居环境

第一节　稳步推进新农村建设

一、省级新农村重点村

“十二五”期间，按照中央、省、市的安排部署，新农村建设重点转向“一村一品”、为民办实事和改善农村人居环境，即在“十一五”建设的基础上，完善提质，建设美丽乡村，到2020年，打造一批“家乡美、田园美、生态美、生活美”和“宜居、宜业”的生态美丽示范村。2011年，全县23个村列入省级新农村重点村，其中首批“一村一品”专业村20个。2012年46个村列入省级新农村重点村，“一村一品”专业村发展至52个，其中有小杂粮专业村5个、蔬菜专业村14个、中药材专业村3个、养殖专业村12个、农产品加工专业村4个、干鲜果专业村11个、乡村旅游专业村3个。“一村一品”建设较好的有上司乡的蒋家庄小杂粮生产、加工，故县乡连元村、石北乡型庄村、故城镇邵渠村的蔬菜种植，涌泉乡庄头村的养殖、沼气、大棚“三位一体”循环农业，监漳镇监漳村的瓜菜种植，故城镇权店村的梅杏，贾豁乡郭村的旱地西红柿，洪水镇熬垴村的马铃薯，大有乡李峪村的农产品流通，蟠龙镇砖壁村的旅游，丰州镇下关村的农家乐，贾豁乡胡庄村的经济林等。2013年，实施农村街道亮化工程，投资3066万元，15个乡（镇）377个村实现路灯全覆盖。2014年，将改善农村人居环境工作纳入重大民生项目，坚持“分级示范、分类指导、分批实施”的方针，全力推进美丽宜居示范乡村和生态乡村改造升级。当年完成《武乡县改善农村人居环境总体规划》的编制工作，确定总体目标，实施完善提质、农民安居、环境整治、宜居示范4项工程。到2016年底，累计完成投资1.5442亿元。

2012年，武乡县46个村列入省级新农村重点村，分别是：墨镫乡合家垴、羊圈，洪水镇下广志、南台、下寨、显王、东庄、上广志，蟠龙镇河不凌、大活庄、下型塘、尚元、石瓮、郭家垴、季家岭，韩北乡后沟、西头、南上合，监漳镇吴村、庙岭，大有乡江岭、芦家掌、王海峪，贾豁乡王堡、水泉、古台，上司乡张庄、马汉角，故县乡东里庄、五里坡，城关镇兴盛垴、下城、枣岭、王白烟，石北乡长蔚、长庆凹，涌泉乡大良、窑上坡，故城镇东寨底、东良、北涅水、权店，分水岭乡岩庄、窑儿头，石盘开发区西胡庄、会同。这46个村由县新农办牵头，完成了新农村产业发展规划。

二、创建省级美丽乡村

2013年，武乡县被列为全省3个首批美丽乡村建设试点县之一。当年，确定砖壁、下合、行道岭、东胡庄、蒋家庄等10个行政村作为试点村。2014年工程结束，完成总投资2751万元。其中，投资1000万元，建成综合服务社区10个；投资300万元，建成太阳能光伏发电站8个，年发电量达64.8万度，年创造利润51万元；投资1451万元，完成8个村村容村貌整体提升改造。2014年，确定新村、东沟、王家峪、李峪等9个村为美丽乡村建设试点村。2015年，确定神南、大河西、长乐等8个村为美丽乡村建设试点村，到2016年底建设工程、决算审计、绩效评价全部完成。2016年，确定墨镫、左会、蟠龙、禄村、权店5个村为美丽乡村试点村。

三、美丽宜居示范乡村

2014年，武乡县1个村列入首批省级美丽宜居示范村：蟠龙镇砖壁村。2015 年，武乡县 1 个村列入第二批省级美丽宜居示范村：监漳镇大河西村。

2016 年，省批复故城镇北良村、石北乡石北村为第三批全省改善农村人居环境示范村。同时，经过行政村申报，乡（镇）推荐，县委、县政府审核，市级批复，最终确定故城镇北良村为市级美丽宜居示范村，大有乡马村、赵家庄，故城镇南沟村，韩北乡桥南村和蟠龙镇关家垴 5 个村为市级农村人居环境整治示范村。

2018 年，市批复贾豁乡古台村为省级美丽宜居乡村创建村；大有乡李峪村、故县乡五村、上司乡韩庄村为美丽宜居乡村集中连片创建试点；涌泉乡涌泉村为农村公共浴室试点。同年年底，贾豁乡古台村村容村貌提升工程和农耕文化产业园区基础设施建设工程全部完工；涌泉乡涌泉村公共浴室项目全部完工，开始试运行；大有乡李峪村乡村记忆馆、上司乡韩庄村生态停车场和厕所工程项目，以及故县乡五村宏艺新村街道、巷道路面提档升级工程已全部完工。

四、生态乡镇和村庄创建

2013 年 12 月，省环保厅将故城镇命名为“山西省生态乡镇”，将蟠龙镇砖壁村、庄底村命名为“山西省生态村”。2014 年 12 月，省环保厅将贾豁乡命名为“山西省生态乡镇”，将石北乡型庄村、洪水镇熬垴村、石盘开发区松庄村命名为“山西省生态村”。2015 年 12 月，省环保厅将丰州镇下城村、墨镫乡墨镫村命名为“山西省生态村”。

五、绿色村庄和气化村庄

2011 年，武乡县 23 个村列入省级新农村重点村，分别是：墨镫青草烟，洪水镇白和、杨李枝，蟠龙镇树辛、祥良，韩北乡内顷、桥南，监漳镇禄村，大有乡石科、王庄沟、峪口，贾豁乡上王堡、槐树烟，上司乡铺上，故县马庄，丰州镇马牧、聂村，石北乡张村、楼则峪、涌泉峰沟，故城南沟、温家庄，石盘开发区松庄。省财政出资69万元，每村3万元，由县新农办牵头，完成了新农村总体规划。

2013年，通过乡（镇）申报、筛选、审核确定，全县建设了61个绿色村庄。气化村庄主要以各乡（镇）驻地村、中心村、旅游村、移民搬迁村等村庄为试点，积极推进燃气进村入户。丰州镇城关、东村、富庄、胡庄铺，墨镫乡新村5个村已通气，供气管网铺设35公里，总投资300余万元；蟠龙镇、洪水镇、故城镇3个建制镇开始组织施工。

第二节　创建旅游示范村

2016年，武乡县打造蟠龙镇砖壁村、韩北乡王家峪村、故城镇权店村、丰州镇下关村等乡村旅游品牌，积极开展休闲农业探索实践。故城镇、贾豁乡围绕梅杏做文章，深度发掘梅杏产业文化旅游价值，7月3日、15日，贾豁乡古台村、故城镇权店村分别举办了梅杏采摘节，累计接待游客8000余人。监漳镇围绕浊漳河做文章，积极开发乡村休闲旅游，8月27日，监漳镇禄村举办武乡县首届乡村体验游暨“渔乐”系列活动，接待游客3500余人。全年各类农家乐和休闲旅游累计接待游客超过10万人次。

2017年，武乡县结合省、市旅游扶贫各项政策，争取进入“国家全域旅游示范县”行列，重点开发石盘农业开发区泉之头村、会同村，上司乡岭头村，洪水镇左会村，石北乡石北村，大有乡李峪村、枣烟村等12个乡村旅游村项目。到2018年底，会同村完成投资3800万元，完成会议室、办公区、库房的土地整理，路基、排水设施、停车场等的建设及果树、中草药的种植；故县乡连元村龙湖山庄养老公寓建设完成投资5500万元；左会村乡村旅游项目完成投资350万元，完成八路军野战医院旧址、观音庙、将军泉维修，综合服务中心主体建设，旅游厕所、康养中心、农家乐的建设及绿化工程；石北乡石北村乡村旅游项目投资400万元，完成河道综合治理、排水系统建设、采摘园的建设和绿化工程；李峪村乡村旅游项目完成投资300万元，完成游客接待中心（生态园）、地雷大王体验区、占地500亩的采摘园等工程；枣烟村乡村旅游项目投资160万元，完成村文化广场、乡村记忆馆、文化舞台、停车场等的建设。

2018年，结合武乡县旅游产业状况、特点，制定旅游脱贫攻坚计划，激发贫困户脱贫致富动力。推进关家垴、枣烟、古台村等6个旅游扶贫示范村基础设施建设，下拨扶助资金100万元，完成建设20座旅游厕所、新发展35户标准化农家乐和培训乡村旅游从业人员2000人的任务，带动全县1481户4319名建档立卡贫困户增加收入，人均增收2000元。

一、魔术文化村

2008年，李峪村村民在支部书记王竹红带领下学习魔术，至2016年，全村900多人，400多位村民会魔术表演，200多人可登台表演。2011年底，参加山西黄河电视台民间春晚；2012年，参加“中国达人秀”获梦想行动特别奖；2013年，参加山西春节联欢晚会；2014年，群体魔术组合《魔幻村庄》以总分第二的成绩夺得中央电视台《出彩中国人》遴选资格；2015年，走进央视演播大厅现场录制，央视八套《村里达人》播出。2014年，被列为省级美丽乡村。2015年，村“地雷大王”王来法纪念馆、多功能演艺厅建成投入使用，魔术暨抗战情景剧《“地雷大王”王来法》首演，红色文化与魔术文化、乡村文化完美结合，引起热烈反响。2016年6月29日，中央人民广播电台中国之声报道《太行山下“魔术村”：传承依托红色文化挖掘特色民间文化》；7月7日，新华社播发通讯《太行山下李峪村：一个被魔术改变的小山村》；7月10日，《光明日报》刊发消息《山西省武乡县李峪村：小魔术变出“大产业”》；7月11日，《人民日报》刊发消息《山西武乡县李峪村：两块招牌竖起来 红色旅游火起来》；7月15日，《经济日报》刊发通讯《太行山下有个魔术村》；7月23日，中央电视台《焦点访谈》播出专题《太行山里的魔术村》。

二、产业特色村

蒋家庄村，省级美丽乡村，位于上司乡中部。2016年后，在村党支部书记赵月明的带领下，大力发展产业项目，坚持产业兴村道路。先后投资600余万元，兴办起金谷子杂粮加工有限公司、利民服装加工厂、老油坊3个小型企业。发展3个农民专业合作社，其中新特农种植专业合作社发展107户农户社员，是全县规模最大的农民专业合作社，合作社投资156万引进自动化生产线，生产的葱丝辣椒畅销周边省市。还组建文艺宣传队、威风锣鼓队、女子舞蹈队，连续21年举办“春晚”，连续6年举办“金秋文化节”；村民自编自演的小品《相亲》在全县演出受到广泛好评。

三、绿化特色村

胡庄村，省级美丽乡村，地处贾豁乡东北部，全村138户428人，耕地面积2100余亩，林地2000余亩，荒山荒坡3000余亩。在村党支部书记冯金平的带领下，充分利用当地山大坡广、气候湿润的优势，坚持造林、护林40年，绿化走在全县前列，成为全县生态文明建设的一面旗帜。2013年，完成了扩建村级党组织活动室、篮球场、文化剧场、宣传影壁、排水渠、街巷硬化等工程。该村党支部连续18年被县委、县政府授予“红旗党支部”荣誉，支部书记冯金平多次被市、县评为优秀党支部书记、优秀共产党员和新时期好支书。

四、电商示范村

岭头村，位于上司乡北部，全村共188户502人，是全国乡村旅游重点村。该村与山西太行沃土公司、武乡七禾公司合作种植羊肥小米、养生艾草，连续举办梨花节，吸引游客万余名。核桃、土鸡蛋等卖到大城市，魏宝玉、张青春、张小英等贫困户成为网红，被誉为全国微店扶贫第一村，央视新闻联播、新华社、《人民日报》等多家媒体均作过报道。

第三节　精神文明建设

党的十八大以来，武乡县委高举中国特色社会主义伟大旗帜，认真学习贯彻习近平新时代中国特色社会主义思想，大力培育和践行社会主义核心价值观，深入开展文明城市、文明村镇、文明单位、文明家庭、文明校园等群众性精神文明创建活动，全县公民素质和社会文明程度不断提高，城乡面貌、公共秩序、公共服务水平、居民生活质量明显改善，城乡居民获得感、幸福感、安全感不断增强，涌现出一大批基础扎实、创建成效突出、群众认可度高、具有示范作用的先进典型。

一、全国文明单位

2017年11月，武乡县获第五届全国文明单位称号的是国网山西省电力公司武乡县供电公司；2020年7月，武乡县获第六届全国文明单位称号的是武乡县大有乡李峪村、国网山西省电力公司武乡县供电公司。

二、山西省文明单位

2016—2017年度，武乡县被表彰为山西省文明县城；蟠龙镇、洪水镇、墨镫乡被表彰为山西省文明乡镇；蟠龙镇庄底村、砖壁村，大有乡李峪村，贾豁乡胡庄村，上司乡蒋家庄被表彰为山西省文明村。武乡县供电公司、武乡县地方税务局、武乡县国家税务局、武乡县住房保障和城乡建设管理局被表彰为山西省文明单位；八路军太行纪念馆被表彰为山西省文明景区。

2018—2019年度，武乡县被表彰为山西省文明县城；洪水镇、蟠龙镇、丰州镇被表彰为山西省文明乡镇；蟠龙镇庄底村、砖壁村，大有乡李峪村，贾豁乡胡庄，故县乡五村，石北乡石北村被表彰为山西省文明村；国网山西省电力公司武乡县供电公司被表彰为山西省文明单位标兵；武乡县住房保障和城乡建设管理局被表彰为山西省文明单位；丰州镇太东社区被表彰为山西省文明社区；八路军太行纪念馆被表彰为山西省文明景区；武乡县司法局杜世忠被表彰为山西省文明家庭；武乡中学、第二中学、太行小学被表彰为山西省文明校园。

第四节　着力提升城市品位

一、城乡一体化建设

2016年，武乡县按照“一城两区三中心，六纵七横大县城”的框架，加快“大县城”的建设：积极推进新区道路及综合管廊项目开工建设。重点抓好城建环保北段棚户区改造、糠醛厂棚户区改造、泰安巷改造、上城路建设、污水管网延伸、县城集中移民工程等项目。积极推进和平广场停车场扩建、污水处理厂扩建，以及新能源汽车充电桩、公交候车厅、公共自行车等项目建设。在加快小城镇和美丽乡村建设方面，洪水、蟠龙、监漳、故城四大镇立足区位优势，因地制宜，围绕休闲旅游、商贸物流、信息产业、民俗文化传承打造特色魅力小镇。以美丽乡村建设和农村人居环境改善为抓手，不断加大农村改气、改水、改厕和通村道路等基础设施建设力度，全面完成农村危房改造、采煤沉陷区治理、易地搬迁任务。重点抓好9个美丽乡村提档升级和10个美丽乡村建设。是年底，金蓉佳苑和汇宝佳苑住宅小区相继完工；紫金佳苑保障性住房主体封顶，共建商品房460套、保障房260套；城建环保北段棚改征拆工作完成总量的80%；县城供热管网延伸工程完工，新建换热站4座，延伸管网14公里；县城污水管网延伸工程开工建设，滨河南路污水接入处理厂；改造市政道路3000余平方米，基本实现县城主要巷道硬化全覆盖；新区道路及综合管廊PPP项目签订合作协议。加快四大镇和中心村建设，围绕农村人居环境改善四大工程和中心村移民安置及美丽乡村建设，四大镇基础设施条件和公共服务功能不断加强，基本实现行政村卫生所和水泥路全覆盖，完成了16个村全长43公里的农网改造工程，村级文体活动场所基本完善。

2017年后，继续坚持统筹区域协调思路，加快实施大县城“东扩、西进、北延、内增”战略，大力实施旧城区提质改造，一批重大建设项目取得明显进展。城建环保北段棚户区改造项目，8栋住宅楼完工，完成投资2.1亿元；农机中心粮食局南段棚户区改造项目完成拆迁任务；电石厂、制帽厂棚户区改造项目完成拆旧和货币安置任务；县城新区道路及综合管廊项目工程量过半；王家峪煤业集团科技人才居住区项目一期6栋576套住宅全部完工；县城南山绿化工程全面完工；涅河两岸绿化景观提升工程基本完工；太焦高铁武乡西站站前广场及县城连接线项目开工建设；县城公交车全部更换为新能源纯电动车，新开通公交线路1条，县城主街道公交线路全覆盖。县城污水处理厂提效改造全面完成。积极协调推进四大镇小城镇建设，启动了洪水镇两河两路两桥一站建设，着力改善公共服务设施和农村人居环境。实行生活垃圾集中存放、统一填埋处置，全面提升小城镇人居环境质量。随着城乡建设的提速，县城建成区域面积达到10平方公里，县城的道路、供水供气、垃圾处理、污水处理、集中供热、绿地游园等基础设施得到改善。

二、棚户区和城中村改造

按照中央和省、市新的政策要求，2017 年，武乡县出台《关于加快推进棚户区改造的实施意见》《关于加快推进城中村改造的实施意见》，加快了棚户区和城中村改造步伐。

城建环保北段棚户区改造项目：概算总投资 2.5 亿元，共建设框架结构住宅楼 8 幢，住房 448 套，总建筑面积 7.66 万平方米。2018 年，主体全部封顶，完成投资 1 亿元，回迁安置对象及棚改货币化安置购房对象选定房号。

主城区农机粮食南段棚户区改造项目：概算总投资 3.69 亿元，涉及 9 个单位 200 户居民，征拆老旧建筑约 2.8 万平方米。2018 年底 194 户签订协议，完成投资 1.69 亿元。

主城区电石厂制帽厂棚户区改造项目：概算总投资 2.61 亿元，涉及 8 个单位 176 户居民，征拆老旧建筑约 1.82 万平方米。2018 年底，160 户签订协议，基本完成旧建筑物拆除，完成投资 7500 余万元。

富庄村城中村改造项目：项目占地 21 亩，涉及居民 11 户以及部分集体公建，征拆老旧建筑约 5000 平方米，概算总投资 7500 万元，2018 年建成。

城关村城中村改造项目：项目占地 202 亩，涉及居民 300 余户，征拆老旧建筑约 3.9 万平方米，并安排原城关砖厂空地 54.01 亩，整体打包用于安置房建设，概算总投资 7.26 亿元。2018 年底 282 户签订协议，投资 2.1 亿元，完成旧建筑拆除。2020 年主体工程完成。

三、小区建设

2013 年 9 月开工建设的舒香门邸（一期）小区，建筑面积

52296.45 平方米，572 套房，2014 年 11 月预售。同年 12 月开工建设的怡水园小区，建筑面积 46785.31 平方米，280 套房，2014 年 2 月预售。2014 年 4 月开工建设的景兴花苑（二期）小区，建筑面积 28976.4 平方米，236 套房，2014 年 7 月预售。2014 年 12 月开工建设的汇宝佳苑小区，建筑面积 23819.58 平方米，147 套房，2015 年 7 月预售。2016 年 8 月开工建设的金蓉佳苑小区，建筑面积 41109.37 平方米，229 套房，2017 年 1 月预售。2017 年 8 月开工建设的舒香门邸（二期）小区，建筑面积 30738.81 平方米，180 套房，2017 年 12 月预售。2018 年 6 月开工建设的城区棚户区改造项目城建环保片区（东区）小区，建筑面积 41886.62 平方米，286 套房，2018 年 11 月预售。同年 6 月开工建设的城区棚户区改造项目城建环保片区（西区）小区，建筑面积 28762.69 平方米，162 套房，2018 年 11 月预售。2019 年 8 月开工建设的王家峪煤业滨河苑科技人才居住区（一期），建筑面积 94213.76 平方米，576 套房，2019 年 9 月预售。从 2013 年至 2019 年，武乡县总共开工建设小区 11 个，建筑面积 443997.27

2016 年建成的兴隆小区

平方米，3030套房，已售2363套房。

四、市政工程和公益项目建设

市政工程。2017年，市政公用设施扩容提质工程投资1600余万元，对丰州路和太行西街3.8公里管道实施增容改造，新建改造换热站3座，铺设供热主管道10公里、供气主管道8公里。2018年底，各项工程完工投入使用，完成1191户集中供热扩面任务，县城新增集中供气用户1000户。

公益项目建设。王家峪煤业集团科技人才居住区项目，概算投资7.5亿元，规划建设住宅楼19幢，住房2100余套，配建社区服务中心、幼儿园等公共设施，总建筑面积30万平方米。2018年底，一期工程6幢楼完成地基和基础施工，完成投资1.1亿元，2020年主体工程竣工。龙湖山庄养老公寓项目，概算投资7000万元，提供社会养老床位213个。2018年底，工程主体封顶，完成投资6000余万元。2020年，工程进入室内装潢阶段。

第五节　持续改善生态环境

一、全力实施生态重点工程建设

城区绿化。2017年，县城建成区新增绿化面积1.7万平方米（其中，县城公园、街道新增绿化面积共0.6万平方米，居住区新增绿化面积0.1万平方米，环城林带新增1万平方米）。县城建成区绿化覆盖率增加0.55个百分点，达到44.71%；县城绿地率增加0.17个百分点，达到39.92%；人均公园绿地面积增加0.11平方米，达到18.05平方米。同时，在各公园街道裸露地补植补种女贞、卫矛、红叶小檗等7万余株，在太行东街绿化带两侧栽植花卉8万余株，大大提升了街道、公园景观效果。涅河南岸太行干部学院到富庄桥段清运土方1.5万立方米，栽植各种花灌木

10万余株，铺设草坪1.2万平方米。根据《长治市2017年城市园林绿化实施方案》，武乡县园林绿化任务为新增绿化面积20万平方米，投资2723万元。当年，实际新增绿化面积22.26万平方米，投资2892万元。

2018年，县城建成区新增绿化面积1万平方米（县城公园新增绿化面积1万平方米）；县城建成区绿化覆盖率增加0.13个百分点，达到44.84%；县城绿地率增加0.1个百分点，达到40.02%；人均公共绿地面积增加0.19平方米，达到18.24平方米。年底，全县新增绿化面积20万平方米，完成投资4002万元。在各公园、街道裸露地及缺株断垄地块进行补植补种，共种植女贞、卫矛、红叶小檗12.5万余株，在太行东街绿化带两侧裸露地块栽植花卉6.8万株，完成投资76万元。县城汽车站绿地工程，项目占地面积7613平方米，其中绿化面积5118平方米、人行道630平方米、园路面积565平方米、生态停车场1300平方米，完成投资300万元。雨沟村绿地绿化工程项目，占地面积10251平方米，其中绿化面积8138平方米、硬化面积2113平方米，完成投资239万元。南村绿地绿化工程项目，总绿化面积9928平方米，完成投资133万元。太行街绿地绿化工程项目，占地面积937平方米，其中绿化面积522平方米、园路面积415平方米，完成投资24万元。涅河两岸景观绿化提升工程于2019年6月开工，年底完成水、电、园路铺设，健身步道铺装，新建公共厕所2座，安装步道灯、景观灯68盏，新建休闲娱乐广场5处，绿化带大苗木完成种植。2020年春，绿篱、草坪完成种植，完成投资近600万。

南山公园建设。2018年，南山绿化工程项目完成方案设计、可研、初设评审、招投标等前期工作；前期征地、附着物补偿调查完成；项目区内硬化主道路3.2公里、栽植行道树600株、架

南山公园

设路灯120根、安装变压器1台、铺设健身步道0.8公里、篮球网球健身场地硬化等全面完工，完成投资870万元。2019年7月，南山公园续建工程全部完工，共完成投资近2000万元，绿化面积62874平方米，硬化消防通道4.5公里，铺装健身步道1.2公里；修筑篮球场、网球场各2个；修建移动公厕2座，新建停车场2个；浆砌护坡1000平方米，修筑排水渠350米；安装变压器1台、照明路灯景观灯220盏。

农村改厕。为深入贯彻习近平总书记关于农村“厕所革命”的重要指示精神以及省、市关于推进农村“厕所革命”专项行动的决策部署，武乡县坚持“卫生、经济、适用、环保”和“集中连片、整村推进”的原则建设农村户厕。2011—2019年在武乡主要推行的有以下几种模式：完整下水道水冲式、三格化粪池式、双瓮漏斗式和通风改良式（通风改良+粪污集中处理站式）。2011—2019年全县共改厕12202座，涉及13个乡镇139个村，其中，通风改良式4427座，双瓮漏斗式526座，完整下水道水冲式87座，前瓮后坑式6953座，三格化粪池式209座。建设集中式粪污处理站 9 座，分别位于蟠龙镇关家垴村、大有乡李峪村、韩北乡前沟村、上司乡蒋家庄村、故县乡马庄村、石北乡石北村、涌泉乡涌泉村、丰州镇魏家窑村、故城镇东寨底村，每个站配备五征牌农用吸粪车 1 辆。

二、全力整治环境污染

大气污染治理。2013 年，西山发电公司完成两台机组烟气脱硫脱硝升级改造。2014 年，印发《武乡县“向污染宣战 享碧水蓝天”环境保护百日攻坚行动方案》《关于严禁焚烧秸秆的通告》，境内砖厂均安装烟气除尘脱硫环保设施。2015 年，印发《武乡县大气污染防治行动计划》，完成烟气超低排放改造。2016 年，储、运煤单位基本建成筒仓或全封闭煤仓。同年，在县城设立黄标车禁行标志，开展县城裸露地面扬尘治理，县环卫中心购置洒水车在县城主要街道实行洒水抑尘。2017 年，坚持以改善环境质量为核心，坚持“全覆盖、零容忍、明责任、严执法、重实效”的工作要求，不间断开展环境卫生自查自纠工作，并加大机扫和洒水力度，在重污染天气期间连续半个月冲洗县城街道，有效地抑制了扬尘。2018 年，县住建局推行“五全一湿工作法”，落实“六个百分百”要求，与各建设单位、施工企业签订大气污染防治专项行动责任书，向不达标工地下达限期整改通知书，督促整改；宣传产业政策和相关的法律法规，引导企业运用新型建筑材料，落实建筑节能要求，文明施工和环保施工。

从 2014 年起，加大对黄标车、老旧车及超期营运车的淘汰力度，注销 228 辆。2015 年注销 109 辆。2016 年注销 576 辆。2015 年，全县 20 家加油站安装油气回收治理装置。2016 年，落实新能源汽车补贴政策，燃油出租车一次性全部更新，新购置 80 辆比亚迪纯电动车。2016 年 6 月，县政府办公室下发《武乡县大气污染防治 2016 年行动计划》，将产业结构调整优化、清洁生产、煤炭管理与油品供应、燃煤锅炉整治、工业大气污染治理、城市扬尘污染控制、机动车污染防治、建筑节能与供热计量、大气污染防治资金投入、大气环境管理列为重点工作任务。县城淘汰燃煤锅炉183台，推进清洁供暖，完成煤改电2035户，煤改气981户，县城集中供暖1180户，扩大了禁煤区、禁燃区范围，禁止燃放烟花爆竹，县城空气质量综合指数为5.70，同比改善7.01%，全市排名第三。同年，实施清洁取暖煤改气、煤改电、集中供热工程。投资2100万元，新建供气站2座、供气主管道21.5公里，在墨镫乡、洪水镇、蟠龙镇、故城镇安装燃气锅炉9台，在新村、洪水、蟠龙、神南、故城等村庄给1320户安装壁挂炉，完成年度煤改气目标任务。推进“煤改生物质”清洁取暖工程。制定《武乡县2020年“煤改生物质”清洁取暖工程专项实施方案》，确定了补贴标准、炉具标准，对县中部的8个乡（镇）进行“生物质锅炉”改造。

2020年，全县生物质清洁取暖原计划改造10534户，实际改造7636户，将2898户转为洁净煤取暖方式。煤改气任务3286户（洪水镇1394户、蟠龙镇811户、涌泉乡653户、故城428户），集中供热改造任务1304户全部完成；农村居住建筑节能改造任务2100户已全部完成，完成率100%；公共建筑节能改造完成3.6万平方米，2021年3月底全部完工。

污水管网建设。2015年，韩北乡土河坪村完成污水收集管网建设。2016年，洪水镇阎家庄村和移民新村、墨镫乡墨镫村完成污水收集管网建设。同年，煤矿企业基本上都建成矿井水处理站、生活水地埋式处理系统。6月，农村环境连片整治示范项目开工建设，在蟠龙、韩北、监漳3个乡（镇）的9个村和洪水镇阎家庄村、移民新村，墨镫乡墨镫村开展污水管网项目建设。全年累计治理水土流失面积850平方公里。采煤沉陷区治理涉及洪水、蟠龙2个镇7个村4009人，项目总投资15776.48万元。

生活垃圾治理。2014年，为19个村配置生活垃圾清运设备，推动县城餐饮业安装油烟净化器。2018年，开始实施城乡生活垃圾分类处理及循环利用项目，估算总投资1亿元，计划新建11座乡（镇）垃圾中转站（大有乡、上司乡、丰州镇、墨镫乡、韩北乡、监漳镇、贾豁乡、涌泉乡、石北乡各1座，洪水镇2座），配套大型转运车5辆；新建故城镇、蟠龙镇焚烧填埋场；在县城生活垃圾填埋场附近新建餐厨垃圾处理厂1座，并购置1套垃圾分拣设备；新建农村垃圾收集点500个，并配套相应转运车辆。2020年，餐厨垃圾处理厂已完成基础工程；上司乡、丰州镇、大有乡3个中转站已建成，并购置可卸式垃圾清运车3辆、移动式中转设备4套、垃圾箱60个。

生态防护建设。2019年实行“1+4”生态防护机制，造林绿化3.65万亩。实施改善人居环境身边增绿“51111”工程，完成50个村庄绿化、1000户示范户庭院绿化、10个示范小区绿化、10个示范企业绿化、10个示范单位绿化。2020年，聘用护林员570名，管护面积57.53万亩，覆盖全县14个乡（镇）。

武乡县持续深化生态环保领域“放管服”改革，扎实推进环保机构垂直改革，成立了县和乡（镇）两级生态环境保护委员会，进一步压实了生态环境保护“党政同责、一岗双责”，构建了“大生态、大环保”工作格局。

第五章　全面推进重点项目建设

第一节　交通事业快速发展

党的十八大之后，武乡县抓住“四好农村路”建设和山西省打通三大板块旅游大通道的战略机遇，先后实施了一批重大公路建设项目，全县公路网结构日趋完善，对经济社会发展的支撑作用日渐突出。

一、郑太高铁武乡站及连接线

郑太高铁是国家“八纵八横”高速铁路主通道之一“呼南通道”的重要组成部分，是直接连接山西太原、河南郑州两个省会城市的铁路干线。郑太高铁武乡站站房、站前广场及县城连接线PPP项目是带动武乡进入高铁时代、促进县域经济社会健康快速发展的重大民生工程。

郑太高铁武乡站

郑太高铁武乡站及连接线项目建设内容主要包括郑太高铁武乡站站房、站前广场和县城连接线，概算总投资6.68亿元，采用政府与社会资本合作（PPP）模式实施运作，合作期限20年，包括2年建设期、18年运营期。项目站前广场占地面积约127.57亩，总投资5亿元。站房内布满现代化服务设施，外形呈“八”字形，与站前广场东面巨型红色五角星造型遥相呼应，成为武乡的一大红色旅游景观。

高铁连接线全长约5.8公里，总占地面积约952.47亩。该项目于2019年3月开工建设，2020年12月12日正式通车，与高铁同步投入运营，极大地便利了群众出行。

二、红色旅游公路

一期工程武乡县北社—王家峪—砖壁段。武乡县北社—王家峪—砖壁段红色旅游公路是按照武乡县“十二五”红色旅游公路总体规划，为进一步整合武乡县红色旅游资源、打造武乡红色旅游基地、实现旅游和运煤车辆分离而新建的一条红色旅游公路。路线起点位于监漳大桥南侧，与红色旅游公路二期（县城—北社段）相接，同砖壁景区停车场相接，路线全长17.915公里，项目概算总投资2.48亿元。于2013年7月开工，2015年8月完工，完成投资2.26亿元。

二期工程武乡县城—北社段。武乡县城至北社段红色旅游公路工程，是山西省三大板块精品旅游公路太行山板块主线之一。该旅游公路可直接连通武乡县境内经典红色景区，为加快红色旅游产业发展，促进县域经济发展、产业结构调整和民生改善及推动贫困地区脱贫攻坚提供了重要的发展机遇，对扩展武乡县旅游发展空间，促进经济增长，带动沿线5个乡（镇）15个村8650人脱贫致富具有十分重要的意义。项目起点位于武乡县城太长高速公路立交桥下，终点位于监漳镇监漳大桥南侧，与一期工程北

红色旅游公路

社—王家峪—砖壁段相接，路线全长 20.32 公里，项目概算总投资 3.12 亿元。工程于 2017 年 8 月开工建设，2019 年 10 月完工，2020 年 10 月 27 日通过验收，进入试运营阶段。

武乡县红色旅游公路三期工程砖壁—太行龙洞—板山段，是山西省三大旅游板块之一太行山板块“太行一号”旅游公路重要组成部分。项目起点位于史家嘴村东，与红色旅游公路一期工程相接，全长 30.43 公里，按三级公路标准建设，批复估算总投资 4.29 亿元。与红色旅游公路一期、二期工程构成横贯东西，全长约 70 公里的红色旅游公路主线。该项目与 2018—2020 年“四好农村路”建设项目一同打包，采用 PPP 模式建设，2020 年 4 月份开工，2021 年底完工通车。

三、“四好农村路”

为落实习近平总书记对“四好农村路”（建设好、管理好、养护好、运营好）建设重要指示精神，建成“内通外联、班车到村、通村畅乡、安全便捷”的农村公路网体系，改善农村人居环境，加快脱贫致富，2017 年武乡县编制了《武乡县“四好农村路”建设专项规划》。武乡县 2017—2020 年规划“四好农村路”共建设 240 条，总里程 791.308 公里（其中安防工程 32 条 119 公里），总投资 70959 万元。

“四好农村路”的建设标准为，县公路及重要乡公路采用三级及以上公路技术标准，路基宽度 7.5 米；一般乡公路、村道采用四级公路技术标准，三级公路、四级公路双车道路基宽度为 6.5 米，单车道路基宽度为 5.5 米。资金补助标准为：省补助 25%，市补助 10%，县自筹 65%。2017 年“四好农村路”项目主要由所辖乡（镇）实施，完成项目 91 个，完成里程 236.6 公里，完成投资 25031 万元。2018—2020 年“四好农村路”项目，采用 PPP 模式建设，包括 2018 年公路建设项目 42 个，总里程 159.2 公里，估算总投资为 2.23 亿元；2019 年、2020 年“四好农村路”建设公路项目共 78 个，总里程 358.372 公里，总投资 2.3 亿元；新

2018 年，丰州镇白家窑村“四好农村路”

建客运站13个，总投资0.223亿元。三项共投资4.75亿元。项目建设期为2年，运营期为20年。项目中标的社会资本方为山西路桥第一工程有限责任公司。

通过“四好农村路”建设，实现了全县建制村通硬化路率、通客车率“双百”目标。全县基本形成了以高速公路为主骨架、以普通国省干线公路为依托、以县乡村公路为脉络，沟通城乡，辐射周边的公路网。全县人民均可享受到公平、便捷、经济、安全、高效的公路交通服务，为全县经济社会转型跨越发展、脱贫攻坚、乡村振兴、经济高质量发展提供了强有力的交通支撑。“四好农村路”建设惠及269个行政村、8万多农民群众，有效提升了乡村广大人民群众的获得感、幸福感。

第二节　能源产业发展壮大

武乡县是全国重点产煤县。武乡在不断发展壮大传统煤炭产业的同时，也大力发展新型能源产业，光伏发电、风力发电、瓦斯发电异军突起，能源结构显现出多元化发展趋势，能源产业链不断延伸，为能源基地建设注入了新活力。

一、煤炭资源整合

根据山西省煤矿企业兼并重组整合工作领导组办公室的批复，武乡33座煤矿参与兼并重组，兼并重组后保留矿井13座，核定生产能力1305万吨。2016年，根据国家、省有关煤炭去产能工作会议精神，依照武乡县人民政府《武乡县化解煤炭过剩产能实施方案》，退出产能210万吨，分别是山西显王煤业有限公司90万吨/年、山西太行王家峪村煤业有限公司60万吨/年、山西庄底煤业有限公司60万吨/年。通过煤矿重组整合，煤矿安全生产综合能力得到明显提升，全县8座生产矿井全部实现综合机械化开采，先进产能占比达70%以上，原煤产量逐年增长。2020年生产原煤867.56万吨，产值30485.89万元。

山西东庄煤业有限公司。该矿为经山西省煤矿企业兼并重组整合工作领导组办公室批准的兼并重组整合矿井。以山西省武乡县东庄煤矿为主体矿，对原武乡县东庄煤矿、武乡县中村煤矿、武乡县洪水镇中村寨垴村煤矿进行兼并重组，兼并重组后企业名称核准为山西东庄煤业有限公司。批准开采2—15号煤层，井田面积17.1091平方公里，地质储量16244万吨，生产能力120万吨／年。2013年建成投入生产。

山西潞安温庄煤业有限责任公司。该矿为经山西省煤矿企业兼并重组整合工作领导组办公室核准的整合保留矿井。由山西潞安矿业集团有限责任公司作为主体企业整合原山西潞安温庄煤业公司、武乡县蟠龙镇温庄村煤矿、武乡县聚鑫煤业公司和武乡县蟠龙镇蟠龙村煤矿等4座矿井而成，整合后矿井生产能力为120万吨／年。2009年11月，山西省国土资源厅颁发了采矿许可证，井田面积9.9488平方公里。该矿于2016年建成投入生产。

山西王家峪煤业有限公司。该矿为经山西省煤矿企业兼并重组整合工作领导组办公室批准的整合保留矿井，由原武乡县王家峪煤矿、武乡县韩北乡果烟垴煤矿及部分新增资源重组整合而成，重组整合主体企业为山西王家峪煤业（集团）有限公司，整合后批准矿井生产能力为120万吨／年，2017年建成投入生产。

山西三元福达煤业有限公司。该矿为经山西省煤矿企业兼并重组整合工作领导组办公室批准的兼并重组整合矿井，由山西三元福达煤业有限公司、武乡县墨镫乡煤矿和武乡县墨镫乡常青联营煤矿等3座煤矿重组整合为1座煤矿，重组后矿井生产能力为120万吨／年。《关于对原批复方案中主体企业名称变更等事宜的函复》（晋煤重组办函〔2009〕103号），批复同意该矿主体企业由山西煤炭运销集团有限公司马堡煤矿变更为山西煤炭运销集团长治有限公司。2009 年 12 月 15 日，山西省国土资源厅为该矿颁发了采矿许可证，批准开采 8—15 号煤层，井田面积 8.1482 平方公里，地质储量 6497.07 万吨，生产能力 120 万吨 / 年。该矿开采 15 号煤层，2015 年建成投入正常生产。

山西阳迪煤业有限公司。该矿为经山西省煤矿企业兼并重组整合工作领导组办公室批准的兼并重组整合矿井。由武乡县阳迪煤矿和武乡县韩北乡韩北村煤矿重组整合为 1 座矿井，重组后矿井生产能力为 120 万吨 / 年，该矿主体企业为山西王家峪煤业（集团）有限公司。2009 年 11 月 25 日，山西省国土资源厅为该矿颁发了采矿许可证，批准开采 2—15 号煤层，井田面积 10.7005 平方公里，地质储量 6665 万吨，生产规模 120 万吨 / 年。该矿开采 15 号煤层，2019 年建成投入正常生产。

山西下合煤业有限公司。该矿为经山西省煤矿企业兼并重组整合工作领导组办公室批准的重组整合项目，由原武乡县下合村煤矿、武乡县韩北乡枣林联营煤矿及部分新增资源重组整合而成。2012 年 9 月 13 日，山西省国土资源厅为该矿颁发了长期采矿许可证，有效期至 2022 年 9 月 13 日。批准开采 14—15 号煤层，井田面积 3.45 平方公里，地质储量 1850 万吨。该矿开采 15 号煤层，生产能力 90 万吨 / 年，2018 年建成投入正常生产。

山西新村煤业有限公司。该矿为经山西省煤矿企业兼并重组整合工作领导组办公室批准的兼并重组整合矿井。由原武乡县墨镫乡新村煤矿、武乡县白和煤矿及已关闭的武乡县墨镫乡合家垴村煤矿进行兼并重组而成。批准开采 8—15 号煤层，井田面积为 5.303 平方公里，地质储量 3199 万吨，生产能力 90 万吨 / 年。该矿开采 15 号煤层，2012 年投入生产。

山西马堡煤业有限公司。该矿为经山西省煤矿企业兼并重组整合工作领导组办公室批准的兼并重组整合矿井。由原武乡县马堡煤矿及已关闭的原武乡县墨镫乡戈北坪村煤矿、武乡县墨镫乡墨镫村煤矿进行兼并重组而成，煤矿更名为山西马堡煤业有限公司。2011 年 12 月 15 日，山西省国土资源厅发放采矿许可证，批准开采 8—15 号煤层，井田面积 12.8805 平方公里，地质储量 6557.14 万吨，生产能力 150 万吨 / 年。

二、光伏发电产业

组织机构及运作。光伏扶贫产业是武乡县脱贫攻坚主导产业。为扎实推进全县光伏扶贫工程，促进农村贫困人口增收脱贫，2016 年 11 月 22 日成立了由县政府分管扶贫的副县长担任组长、相关职能部门为成员的武乡县光伏扶贫工作领导小组，主要负责全县光伏扶贫项目的组织领导、规划指导和监督管理等。领导小组下设办公室，办公室设在县扶贫办。2017 年 1 月，县光伏扶贫工作领导小组制定下发《武乡县 2017 年光伏扶贫工作实施方案》《武乡县“十三五”光伏扶贫项目实施方案》等纲领性文件，按照市场化运作、企业化运营的方式，明确武乡县扶贫开发投资有限公司为光伏扶贫项目的实施主体，按照“规划、设计、施工、验收、运维”五统一原则实施，确保施工质量与运行安全。

光伏电站建设。2013 年 7 月 25 日，丰州镇城关村村民赵瑞星投资 10 万余元，在自己住房房顶建设 108 块单晶硅光伏发电装置，顺利并入该村东坪巷 0.4 千伏公用电力线路电缆分支箱，成为全县首个并网发电居民用户。2015 年，分布式光伏电源建设项目陆续展开。2016 年底，全县共有光伏客户 68 户，容量 1035.18 千瓦，成功并网发电 33 户，容量 689.98 千瓦。同时，在涌泉乡寨上村由潞安太阳能科技有限公司投资 5 亿元，建设 50 兆瓦光伏发电站，2018 年投产运营。全县至 2020 年底建成光伏扶贫电站 225 座，总容量 75.66 兆瓦，总投资 5.0547 亿元。其中：

集中式光伏扶贫电站1座，总容量30兆瓦，总投资1.95亿元，由山西潞安光伏发电有限公司负责投资建设及后期运维，2018年6月28日完工并网；分布式村级光伏扶贫电站50座，总容量40.43兆瓦，总投资2.6539亿元。

2016年第一批村级光伏扶贫电站9座，总容量530千瓦，总投资530万元，由项目村委自主实施，于2017年6月底前陆续完工并网；2018年“十三五”第一批村级光伏扶贫电站38座，总规模28.6兆瓦，总投资1.962亿元，于当年11月底陆续完工并网；2019年“十三五”第二批村级光伏扶贫电站3座，总规模11.3兆瓦，总投资0.6389亿元，于2019年12月陆续完工并网。

光伏收益结算分配基本实现“月结月付”，为脱贫攻坚和巩固脱贫成效提供了资金保障。并网至2021年1月31日累计结算10712.546万元，其中通过武乡县扶贫开发投资有限公司结算并网至2021年1月31日电费10067.679万元，通过供电公司直接拨付项目村委并网至2021年1月31日电费644.867万元。

2018年8月31日，长治市光伏扶贫工作现场推进会在武乡召开。2019年、2020年，武乡连续两年被山西省光伏扶贫工作领导小组办公室评定为24个优秀项目县之一。

三、瓦斯、风力发电及煤层气开采

瓦斯发电。2016年，武乡县杨德煤层气利用有限公司投资9771万元，兴建15兆瓦瓦斯发电项目，一期16台500千瓦发电机组于当年7月并网运行。截至2020年底，武乡抽采利用瓦斯发电的企业共4个，分别为山西三元福达煤业自备电站、山西马堡煤业武乡杨德瓦斯电站、山西王家峪君祥通瓦斯电站和山西东庄煤业自备瓦斯电站，总装机容量3.8万千瓦，总投资2.3484亿元，2020年底发电3191.14万千瓦·时。

风力发电。2020年底核准在建项目有：盛武风力发电有限公司分水岭50兆瓦集中式风电项目、武乡湖南兴业1万千瓦分散式风电项目、韩北小窝铺一期5万千瓦风电项目。盛武风力发电有限公司分水岭50兆瓦风电项目位于分水岭乡，总投资41763万元，2019年10月开工，2020年底建成投入运营。

煤层气开采。武乡境内煤层气项目勘察区块共5个，累计完成勘探钻井87口、运行井17口。

四、西山发电有限责任公司

武乡西山发电有限责任公司（以下简称武乡电厂）成立于2002年12月19日。2009年7月31日，按照国家电网公司有关山西和信电力发展有限公司整合处置的批复意见，武乡电厂正式划转国网能源开发有限公司管理。2009年12月31日，武乡电厂正式加入中国华电集团公司。2012年5月31日，按照西山煤电集团公司与华电山西能源集团公司的战略合作协议，武乡电厂开始由西山煤电集团公司托管经营，由“武乡和信发电有限公司”正式更名为“武乡西山发电有限责任公司”，公司步入了新的发展阶段。

武乡西山发电有限公司规划装机容量4×600兆瓦，一期工程建设2×600兆瓦直接空冷亚临界燃煤发电机组，工程总投资53.1亿元，二期工程根据上级公司战略部署及公司发展需要由原计划2×600兆瓦变更为2×1000兆瓦，前期准备工作正在有序推进。采用管理扁平、部门集约、结构优化的管理体制，现有正式职工235人，其中90%以上具备大专学历，凝聚了一支懂经营、会管理、年富力强、善于创新的优秀团队。武乡电厂自身负责主系统运行和附属系统的技术管理，除灰、脱硫、输煤等辅助系统运行委托大同一电厂负责。

2020年，公司坚持“提产量、保电价、控煤价”的思路，统筹做好疫情防控和生产经营各项工作，全年完成发电量54.7亿千瓦·时。在精准落实常态化疫情防控工作的同时，持续强化安全“三基”建设，获得集团公司地面单位“三基建设示范厂”称号，发电部运行一组获得山西焦煤“六型”建设模范班组称号。

第三节　新型工业迅速崛起

2012—2020年，武乡县实施重点项目73个，总投资335.20亿元。其中续建项目15个、新建项目54个，前期项目4个、竣工项目38个，完成投资22.8亿元，重点有：原煤生产企业9家，洗煤企业8家，水泥企业1家，金属钙企业2家，农副产品企业14家，建筑材料企业20家，其他企业21家。

武乡县泓晨万聚环保科技有限公司。位于武乡县和信工业园区。2017年开工建设，总投资1.7亿元，2019年建成投产，是专业研发、生产与销售海绵城市高分子砂基透水砖及砂基柔性和弹性现浇透水路面铺装材料的企业。建设有年产100万平方米砂基透水砖生产线和研发中心，有教授级高工和本科学历以上专业技术人员十多名，研发申请国家发明专利和实用新型专利20余项，其中砂基透水砖生产技术取得发明专利。公司生产的砂基透水砖产品经国家建筑材料测试中心检测，各项技术指标均达到国家标准。产品被天津空港区、武汉军运会、太焦高铁站和太原光信国信地产等多个项目选用。2019年，入选住建部“海绵城市建设先进适用技术与产品目录”，并在全国推荐使用。2020年成功申报“山西省高新技术企业”，是山西省首家研发生产海绵城市高分子砂基透水材料的企业。

武乡县正明石材有限公司。位于武乡县洪水镇白反头村。2013年开工建设，占地57亩，总投资4000万元，2014年建成投产，2017年发展成脱硫剂的小升规生产企业。公司拥有优质石灰岩矿山 1 座。建成年产 10 万吨矿石生产线一条和年产 10 万吨脱硫剂生产线一条，同时公司可以根据客户使用要求，量身定制最适合客户的高钙产品。2020 年全年销售收入 2207 万元，上缴税金 138 万元，工业总产值同步增长，产销基本平衡。

山西山予钙业有限公司。地处山西省武乡县蟠龙镇下型塘村（蟠洪工业园区），占地 100 亩。2019 年 3 月开工建设，2020 年底 5 万吨纳米碳酸钙项目已基本建成，2021 年 6 月底投产，总投资 1.5 亿元，是一家对碳酸钙进行深度加工的企业，主要经营纳米碳酸钙、氧化钙、氢氧化钙生产销售。

山西昌靖建材有限公司。位于武乡县和信工业园区。由于原机立窑水泥一条龙生产线属于落后技术濒临淘汰，公司决定启动年产 1.2 亿块蒸压粉灰砖、30 万立方米灰加气砌块及 20 万立方米粉煤灰陶粒生产线项目。该项目于 2012 年 8 月经县环境保护局和县国土资源局批准立项。2014 年 9 月 10 日，经长治市发展和改革委员会审批立项，总投资 11375 万元，2020 年 2 月开工建设，一期工程 2021 年 4 月建成投产，二期工程 2021 年底建成投产。

山西华鑫惠陶瓷有限公司。成立于 2014 年 1 月，系山西鑫杰陶艺有限公司与武乡县洪水镇南坪村民委员会共同投资建立，属股份制企业，注册资金 1000 万元，占地面积 20 亩，有原材料加工车间、生产制作车间、烘干房、烧制车间、成品展示厅、成品存放车间、包装车间等，在和泥、塑形、烘干、烧制等环节采用山西鑫杰陶艺有限公司专利技术。其产品具有“煮饭不变色、煎药不变性、炖肉不变味”的特点，在保持食物原汁原味的同时，更起到了滋补、养生的效果。主要生产销售各种型号的滋补砂锅、养生煲汤锅、砂火锅、药锅、砂茶壶等 20 多个砂器制品，年生产 50 万件砂器制品，产品远销陕西、内蒙古、河北等地，年销售收入 530 多万元，已成为当地农民增收的主要途径。

第四节　持续实施民生工程

一、天然气项目

武乡县森众燃气有限公司于2008年6月24日成立，2015年10月23日和太原煤气化燃气集团有限责任公司正式达成协议，由太原煤气化燃气集团全权控股，主要投资经营与大众生活息息相关的城市燃气业务，包括燃气器具经营、维修、燃气技术咨询、燃气管道安装、设站供气等。至2020年底，公司建设了4座供气门站，均正常投入运行。

武乡县各级燃气管网总长约238.8公里、燃气调压设备297台、各类阀井130座，铺设管道西起故城镇东良村，东至墨镫乡墨镫村，初步满足了沿线乡镇居民的生产生活用气需求。截至2020年，已发展居民用户1.2万余户，实现通气户数达10871户。其中：煤改气增加用户3000户，商业用户73户、公福用户12户、工业用户（五矿四厂）9户已实现通气。

在煤改气重大工程方面，先后完成对丰州、蟠龙、洪水、涌泉、故城镇及墨镫乡等6个乡（镇）稳定送气，煤改气专线约140千米，实施锅炉改造60余吨，全县气化率升至40%。

二、保障性住房

2012年，武乡县人民政府制定出台了《关于进一步加强住房保障工作的实施意见》《武乡县经济适用住房管理办法》《武乡县公共租赁住房管理办法》《武乡县廉租住房保障实施办法》《武乡县廉租住房和公共租赁住房配建实施办法》《武乡县保障性住房配租配售轮候管理制度暂行办法》等6个保障性住房规范性文件，建立健全了保障性住房准入退出机制和运营管理机制，从制度上保证了公开、公正、公平。

2012 年至 2020 年，全县共建设保障性住房 887 套，其中经济适用住房 420 套、公共租赁住房 467 套。具体有：舒香门邸保障性住房，占地面积 17 亩，规划建设 4 幢 297 套保障性住房（其中经济适用住房 172 套、公共租赁住房 125 套），建筑面积 21651 平方米。紫金家园保障性住房规划建设用地 17 亩，集中新建保障性住房 260 套（其中经济适用住房 248 套、公共租赁住房 12 套）。兴隆小区、景兴花苑小区、舒香门邸小区、怡水园小区等 4 个商品房项目中配建保障性住房 275 套。汇宝佳苑小区，位于县城迎宾街南侧、泰安巷东侧，规划占地面积约 37.5 亩，配建公共租赁住房 20 套，建筑面积 961.8 平方米，已分配入住。金蓉佳苑小区，位于县城迎宾街南侧建设银行西侧，规划占地面积约 25.9 亩，配建公共租赁住房 35 套。

三、自来水改造

2011 至 2016 年，新建丰州镇书社水源地，总投资 1500 万元，新凿 400 米深井 3 眼，单井出水量均为 80 立方米 / 小时。2016 年底，县城日供水能力 6000 立方米 / 小时。至此，县城集中式饮用水水源地及保护区达到国家标准。2017 年，开始实施“一户一表、水表出户、抄表到户”，户表改造用户可实现微信、网银等便捷缴费。2019 年，新建县城长蔚水源地，新凿 800 米深井 8 眼，铺设 PE500 输水管道 7.2 千米，2020 年底建成并试运行，至此县城供水设施智能化体系基本形成。县城输水能力达到 1.3 万立方米 / 天，满足了县城社会经济发展的用水需求。同年，根据需要，建设县城应急水源，购买水净化设备一套，铺设 PE160 管道 3000 余米，将关河水净化后达到纯净水标准，每小时出水量 40 立方米。

四、城乡集中供热

随着县城的发展，供热需求量不断加大。2012 年，县城需供热面积近 190 万平方米，实际供热面积 135 万平方米，尚有 60

多万平方米无法实施集中供热，供需矛盾日渐突出。县委、县政府果断决定实施热电联产，2013 年 2 月该项目立项、环评、规划、设计、招投标等手续办理完毕，可行性研究报告、能源评价报告、环境影响报告经省发改委审查通过，3 月热电联产项目开始施工，9 月竣工，设备开始调试、打压、注水，11 月 1 日正式向县城居民供热。项目总投资 2.2 亿元，采用吸收式热泵回收武乡西山发电有限公司发电机组蒸汽余热向城市供热。供热范围设计为西至西山电厂附近，东至关河水库，南至故县新区，北至武乡火车站附近的公建、住宅、工业建筑，建成后新增供热量 233 兆瓦，具有供热稳定、效益优良等特点，可满足县城 10—15 年发展需求、400 万平方米供热。当年年底，县城总供热面积 155 万平方米，供热覆盖率达到 83% 以上。

2014 年，新增供热面积 25 万平方米，供热总面积达到 180 万平方米，供热覆盖率达到 87%。2015 年，新增裕丰苑、景兴、南泊湾等小区的供热面积 133641.87 平方米，县城供热面积 190 多万平方米，供热覆盖率达 88.7%。2016 年，新建汇宝佳苑和舒香门邸两个换热站，并于当年冬季投入使用，至此供热中心共有换热站 26 个，换热能力达 133 兆瓦，供热面积扩大到 200 多万平方米，供热覆盖率约 90%。2017 年，对丰州换热站进行拆迁重建，机组重装。当年新增供热面积 10 万平方米，供热面积达 210 万平方米，供热覆盖率达到 92%。2018—2019 年，按照《北方地区冬季清洁取暖规划（2017—2021 年）》《山西省冬季清洁取暖实施方案》的要求，供热中心完成部分城中村的清洁取暖集中供热工程，总投资 1200 万元。2018 年新增供热面积 22.9 万平方米，并与山西英泰立达科技有限公司合作，搭建了智能热网监控平台。对 20 个换热站进行了智能化改造，经过一个供热期的试用检验，节能效果良好，供热效能明显提升。次年新增供热面积 9.2 万平方米。新增东村东、西站，下城村东、西站，上城佳惠小区、下城嘉园小区等6个换热站。对剩余的12个换热站也进行了智能化改造，32个换热站全部彻底改造完毕，正式投入使用。2020年，持续加大清洁取暖工程建设力度，对丰州镇上城村206户、富庄村122户、城关村602户、王家垴村192户、糠醛厂182户实施了集中供热，新增2个换热站。年底，供热总面积达到240万平方米，县城供热覆盖率达到95%。

第五节　全域旅游蓬勃兴起

一、全域旅游示范区建设

2016年11月，武乡被列入第二批国家全域旅游示范区，成立了以县委书记胡坚和县长阎新平为“双组长”、各分管领导为副组长的全域旅游示范区创建领导小组，建立了工作联席会议制度，按照“一轴、一核、三区、三山、四寺”全域旅游发展格局，采取全景式打造、全方位宣传、全要素服务、全产业发展、全区域管理、全社会参与、全方位创新七大举措，全力以赴创建国家全域旅游示范区。2020年12月17日，经文旅部评审，武乡县被确定为第二批国家全域旅游示范区。主要做法：一是强化规划引领。《武乡县全域旅游发展规划》由北京商旅同舟旅游规划设计院有限公司编制，2019年12月28日，通过市文旅局评审，2020年3月2日，经县政府第96次常务会议同意印发执行。二是实施项目带动。完成了八路军太行纪念馆、八路军总部王家峪旧址、百团大战总指挥部砖壁旧址“一馆两址”三个红色景区扩建改陈；八路军文化园、大型实景演出《太行山》荣登山西旅游品质榜。2018以来，为提升景区品质，实施八路军文化园扩园工程，推进太行少年军校建设和实景剧《太行山》改版升级。三是加快A

级景区创建。立足八路军太行纪念馆、八路军文化园、太行龙洞3个现有4A级景区，联合创建“太行山八路军文化旅游区”5A级旅游景区。四是大力发展乡村旅游。依托太行旅游板块建设，做深“旅游+特色小镇”文章。投资700万元全面实施砖壁村、枣烟村、大陌村、关家垴、五村、岭头村、蒋家庄村、下关村等乡村旅游重点村项目，分批分级打造了洪水镇左会村农耕文化小镇、太行龙湖、分水岭乡会同村康养度假小镇和大有乡魔术文化李峪村、贾豁乡农耕文化古台村等特色旅游名村。砖壁村被列入国家级乡村旅游示范村名单，李峪、枣烟、左会被列入省级乡村旅游示范村名单，古台、大陌、五村、岭头、关家垴、石北、泉之头、显王、魏家窑等9个村被列入省级旅游扶贫示范村名单。

二、“1＋4”红色旅游片区开发

“1＋4”片区的内涵。遵照习近平总书记“一定要发扬好太行精神，一定要把《在太行山上》再唱响”“把红色资源利用好，把红色传统发扬好，把红色基因传承好”的指示，武乡县制定了革命文物保护利用“一线三区”架构及发展思路。“一线”即纵贯武乡东部的红色旅游线，“三区”即以八路军总部王家峪旧址为中心的革命文物保护利用核心区（除八路军总部王家峪旧址外，还包括八路军野战政治部下合村旧址、中共中央北方局党校上北漳旧址、中共中央北方局妇训班石圪垤旧址、前方鲁艺下北漳旧址，简称“1+4”革命文物保护利用片区），以八路军总部百团大战指挥部砖壁旧址为中心的革命文物密集区（包括八路军总部砖壁旧址及周边的安乐庄新华日报社旧址、中共中央北方局烟里旧址、抗大一分校留守大队大陌旧址、柳沟兵工厂旧址、石门炸弹厂旧址、关家垴战斗旧址、冀南银行蚜蚄庙旧址、土河八路军卫生部旧址、刀把嘴卫生材料厂旧址），以八路军太行纪念馆为中心的教育功能区（包括八路军太行纪念馆、太行干部学院、太行少年军校、八路军文化园、游击战体验园、大型实景剧、八路军总部寨上旧址、八路军总部义门旧址、八路军零散烈士集中安葬墓园、长乐战斗遗址、北良侯第一党支部旧址、武西抗日县政府旧址）。

“1+4”片区的保存状况。八路军总部王家峪片区革命文物分布于武乡县境内的五个村落：韩北乡王家峪村、石圪垤村、下合村，蟠龙镇上北漳村和监漳镇下北漳村，主要包括各机关机构旧址、遗址以及相关构筑物等。革命文物共计 110 处（156 组建、构筑物），其中包括 134 座建筑、20 处遗址及 2 处构筑物，占全县革命文物的一半。

“1+4”片区的总体建设。武乡成立革命文物评估专家组，认定片区内革命文物 134 处 224 个院落，其中包括国保单位 1 处、市保单位 1 处、县保单位 108 处。“1+4”片区内 222 户（172 个院落）已全部签订了合作协议。

八路军总部下北漳村第一期 7 个院落本体维修已完成；第

下北漳前方鲁艺纪念馆

二期14个院落已完成9个院落的维修，完成挡土墙300米，道路铺装200米，立面改造800平方米，对停车场及周边环境进行了清理。石圪垤村15个院落已完成10个院落的维修，并对所有院落进行杂草和垃圾清理，围墙改造完成700米，屋面改造完成2800平方米，河道护坡完成300米，建卫生间1座，桥梁铺石板80平方米，安装下水管道1600米，砌筑下水井80座，旧大门改造6座，新大门改造9座，墙体改造涂饰1400平方米。下合村6个院落全部完成维修，石板路铺设1000米，墙体改造涂饰2200平方米，清理杂草5000平方米。2020年35处院落本体维修，已完成25处院落的维修。八路军总部王家峪旧址17处附属机关陈列展示正在布展施工中。简易陈列布展完成了下北漳、温庄2处。制作安装文物旧址标识标志牌53块、指示牌5块。

三、太行干部学院培训基地

太行干部学院位于武乡县城学院大道9号，学院总占地面积194亩，现有建筑面积4.3万平方米，建有报告厅1座、学员宿

太行干部学院

舍楼 2 栋、教室 8 个，可同时容纳 500 位学员入住培训。

学院立足山西，面向全国，坚持“理论教育是根本，知识教育是基础，党性教育是关键”的要求，弘扬太行精神，传承八路军文化，着力培养学员对党忠诚、不畏艰难、英勇斗争、敢于胜利、无私奉献的政治品格。学院以体验式教学为特色，突出实践教学、现场教学、情景教学、讲述教学、人物访谈、影响教学、学术交流等，有八路军太行纪念馆、八路军总部砖壁旧址、平顺西沟纪念馆、屯留抗大一分校等 50 多处延伸教学点，覆盖全国 20 余个省（市、自治区）。作为全国干部教育培训的重要阵地，2019 年被中组部列入全国首批省部级党性教育基地名录。

第六节　推进民政项目建设

一、八路军烈士陵园项目建设

武乡县零散烈士集中安葬工程项目是按照民政部、财政部《关

八路军烈士陵园

于加强零散烈士纪念设施建设管理保护工作的通知》精神实施的一项“慰烈工程”，是县委、县政府确定的重点工程之一。

项目位于故县乡里庄村长乐战斗旧址，2014 年 11 月 7 日开工建设，规划占地 300 亩，设计墓穴 5000 座，概算总投资 7000 余万元。工程主要包括：烈士纪念亭建设、墓区景观墙砌筑、墓区挡土墙砌筑、墓穴砌筑、道路硬化、墓区水电设施安装、中轴线台阶铺装、烈士纪念堂平台建设、纪念堂平台至纪念碑坡道建设、墓区绿化和烈士遗骨集中安葬以及纪念牌坊建设等内容。

零散烈士集中安葬工程竣工后，实现了对全县八路军烈士的集中安葬，具备爱国主义教育、烈士祭奠等基本功能，已对外开放，设定为太行干部学院重要党性教育教学点之一。2020 年 9 月 1 日，武乡县八路军烈士陵园入选第三批国家级抗战纪念设施、遗址名录。

2020 年，继续推进烈士陵园后期建设。烈士陵园被国务院正式命名后，继续完善大门、办公场所、烈士纪念堂、纪念碑等设施，充分发挥烈士陵园爱国主义教育、革命传统教育、祭奠革命烈士、弘扬烈士精神的积极作用。

二、社会福利中心项目建设

武乡县社会福利中心项目位于丰州镇西王家垴村，规划占地 27400 平方米，建筑面积 23811 平方米，概算投资约 6680 万元。该项目坚持“规划一步到位、建设分步实施”原则，逐年推进，逐项实施。主要建设内容包括县中心敬老院、县老年公寓、县儿童福利院和县光荣院 4 个项目，为鳏、寡、孤、独、残、老、病等困难群体提供便捷、优质的服务平台。县中心敬老院和县老年公寓项目已全面完工，县中心敬老院已投入运行。

县中心敬老院。主要为特困供养对象、低保对象和其他困难群体提供居住、餐饮、医疗、保健、康复、文化娱乐等专业化服务。

2017 年建成的武乡县社会福利中心

占地面积 1.2 万平方米，建筑面积 9995 平方米，设计床位 300 张。已于 2019 年国庆节前夕建成并投入试运行，入住老年人 95 名。

县老年公寓。主要为社会老年人提供居住、餐饮、医疗、保健、康复、文化娱乐等专业化服务。占地面积 7800 平方米，建筑面积 7616 平方米，设计床位 200 张，该项目已全面完工。

县儿童福利院。主要为无人抚养的孤儿、弃婴和孤残儿童提供服务的机构。占地面积 3600 平方米，建筑面积 3000 平方米，设计床位 80 张。

县光荣院（含医养结合）。主要为孤老优抚对象提供居住、餐饮、医疗、保健、疗养、康复、文化娱乐和临时寄养等服务的养老机构。占地面积 4000 平方米，建筑面积 3200 平方米，设计床位 100 张。

2018 年 2 月 3 日至 4 日，民政部部长黄树贤一行到武乡县走访慰问期间到社会福利中心实地调研，充分肯定了武乡县养老服务设施建设和其他工作，并指出：要加快完善建设进度，逐步形成日间照料中心、中心敬老院、老年公寓等多层次、多元化养老服务格局，为武乡养老服务事业的发展奠定良好的基础。

第六章　商贸企业改革发展

第一节　商贸企业改制

2011年，武乡县商务中心牵头申报全县商贸物流先行先试试点县并获得市政府批准，负责对红星杨物流中心（原体南物流中心）进行全面改造，并于2012年投入运营。2012年，武乡县成功申报商务部商务综合执法试点县，同年县政府在商务中心设立了商务综合执法大队，副科级建制，全县商务综合执法工作全面推开。2013年全部改为资产租赁，转入以资产经营为主。

2015年，国家提出“互联网+”发展战略，武乡成功申报为国家电子商务进农村综合示范县，商务中心承担了全县电商扶贫职能。2016年，电子商务交易额完成1亿元，同比增长60%，其中农产品网络零售额1800万元，同比增长58%。电商累计培训1万人次，其中县乡级3000人次，电商创业培训4000多人次，淘宝店培训5102人次，微营销培训1750人次，新开淘宝店2000多家、微店4562家。建设县、乡、村三级服务站点107个，改建了县级电子商务仓储配送中心，实现了全县物流企业的大整合，解决了农村物流“最后一公里”的问题，首创了“整村微商”“一店带多户”“三上联动”“扶贫购”四种电商扶贫模式。岭头村开微店100多家，当年实现销售额100多万元，实现整村脱贫。县商务中心在全省乃至全国首创的“整村微商”模式、“一店带多户”模式和“扶贫创客小院”模式在全国电商扶贫工作会和经验交流会上得到推广。

2017年，武乡电商行业日渐完善，“一园两网六中心”架构基本建成，即红星杨电子商务产业园，内设电商公共服务中心、电商扶贫中心、仓储配送中心、培训中心、创客中心、O2O 体验中心，在全县 377 个行政村建设乡村电商服务站 233 个，新开办网点微店 6562 家，完成网上交易额 2.3 亿元。2018 年后继续推进“一园两网六中心”建设及县、乡、村三级公共服务网络和县、乡、村三级物流网络建设。

第二节　设立农村服务网点

2015 年，山西省供销社把武乡县列为全省 25 个综改试点县之一。2016 年，全县供销社引领和扶持发展 22 个专业合作社，其中获得国家级示范专业合作社称号的 3 个，获得省级以上示范合作社称号的 10 个。全县供销社拥有固定资产总额 2809 万元，完成商品购进总额 34521 万元，农副产品收购完成 4450 万元，商品销售总额实现 39972 万元，生产资料供应完成 5058 万元，再生资源购进完成 1690 万元，上缴税金 15.6 万元。2017 年，县联社下辖 9 个分公司、8 个基层供销社，拥有经营网店 317 个、便民连锁店 226 个。2018 年，按照省级试点县改革发展要求，以基层社改造提升为重点，以开放办社增活力、合作联合促发展、服务“三农”上水平为着力点，全面发展服务体系，当年完成商品销售总额 89467 万元。同年，建成故城、城关、贾豁、监漳、蟠龙五大惠农服务中心，改建新建 40 个服务站，达到惠农服务全覆盖，新增土地托管半托管面积 2.2 万亩。同年 10 月 9 日，在故城举行了电商扶贫专项行动暨农机联合作业启动仪式，建起了“供销 e 家”县级电商运营中心，设立网点 81 个，将便民超市改造提升为电子扶贫超市，打造出 “扶贫超市 3+1”扶贫助农新模式。2019 年，供销社与武乡泽都村镇银行合作构筑了生产、供销、信用“三位一体”经营服务体系，基本实现故城、蟠龙、洪水三镇139个行政村授信工作全覆盖。当年全社完成商品销售总额111860万元。

2020年，上项目，抓提升，建成蟠龙、洪水两个惠农服务中心，实现有中心社的供销社惠农中心全覆盖。全县有县级公司9个、基层供销社8个、经营网点213个，建起惠农中心8个、农村综合服务社158个、扶贫超市5个、专业合作社34个，实现土地托管6.6万亩，当年完成商品销售总额111900万元。

武乡县三里湾种植专业合作社。位于武乡县监漳镇监漳村，创立于2006年，由监漳供销社入股30万元扶持引领，注册资金520万元，总资产1560万元，加工基地15733平方米，建筑面积6600平方米，各种设备62台（套）。入股成员109户，参与农户3000余户，种植基地2万余亩，以武乡为主体，辐射延伸到沁县、襄垣、榆社等3县116个行政村。2012年，“翻得高”牌有机黑花生获得第十届中国国际农产品交易会金奖。2016年5月，投资320万元新建800平方米小米加工生产线，日产小米20吨，申请国家专利20余项，生产十余种富含微量元素的营养小米粉。依托山西农科院和武乡县农业技术推广中心，研发黑花生、黑谷子、黑小麦、黑豆等和优质免洗淘小米、小米粉、传统石磨面粉、烘炒黑花生等。合作社被评为全省十佳农民专业合作社，被农业部评为首批“全国农民专业合作社示范社”，被中华全国供销合作总社评为“全国供销合作社示范社”“中国50佳合作社”。

武乡县五星种植专业合作社。成立于2008年，位于武乡县东部板山腹地的左会村，注册资金300万元。2012年洪水供销社入股45万元，成为五星种植专业合作社最大股东。合作社有固定资产242万元，资产总额388万元，药材种植基地2000多亩，大棚7座，各种农机设备15台。年销售收入达到450多万元，盈利 40 余万元，入户社员 103 户，直接带动农户 300 余户、辐射带动周边“三乡四镇”2000 余户农民脱贫致富。2013 年，被十二部委评定为国家级示范社。

武乡县源鑫苗木种植专业合作社。成立于 2011 年 3 月，入股农户 102 户，注册资金 170 万元，有 8 位苗木嫁接及果树修剪专业技术人员。由故城供销合作社扶持引领。有梅杏种植基地 1700 亩。2016 年，投资 200 多万元，在权店村建起了 3 个梅杏苗木培育示范大棚，建起标准化梅杏采摘园 300 亩，承办了梅杏赏花节和采摘节。2020 年，梅杏、梅杏苗木销售达到了 300 多万元，被评为省级示范合作社。

第三节　城乡商贸改革发展

武乡县通过培育市场，发展贸易，搞活流通，大力推进商贸业快速发展，呈现出城乡统一协调发展、商贸流通一体化的特征。

红星杨物流有限公司。成立于 2011 年 5 月，总投资近 1 亿元，总占地面积 22500 平方米，建筑面积 27113 平方米，营业面积 23414 平方米，共有商铺 446 间。内设七大功能区、1 个配套仓储中心和 1 个电子商务中心，集商品交易展示、电子商务、金融结算、信息发布、物流仓储等功能于一体。安置社会就业人员 1500 多名，年可承担物流量 10 万吨，年交易额可达 3 亿元，年创收 5000 万元，年上缴利税 1200 万元。2014 年，公司利用现有资源，成立了电子商务产业园和武乡县“双创”基地。2015 年 12 月，将房产公司和红星杨物流中心合并，企业名称变更为武乡县红星杨物产置业有限公司。公司注册资金 14500 万元，房产开发资质为肆级。下设子公司有：武乡县科创电子商务有限公司、长治市红星杨商贸有限公司。经营范围：房地产开发和商品房、装潢建

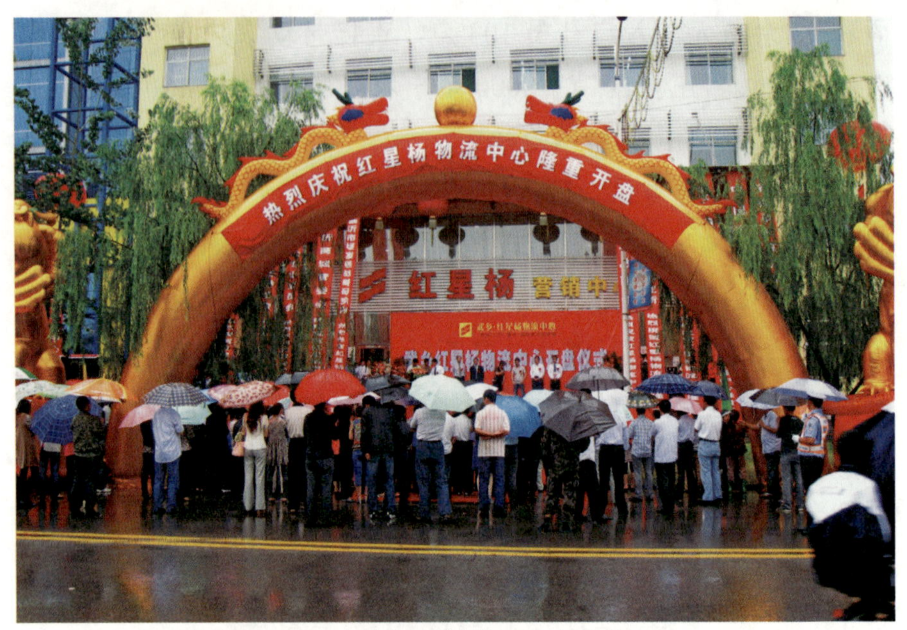

2012年6月29日，武乡县红星杨物流中心开盘。

筑材料、家具、五金交电、服装鞋帽、小商品销售，以及物流服务、房屋租赁、电子商务等。2017年7月份被山西省科技厅认定为省级众创空间，是长治市唯一获此殊荣的县级创业基地。

红旗市场。前身是红旗、振兴两个百货商店。市场位于红旗路25号，占地面积2500平方米，建筑面积3100平方米，资产总额947万元。1994年9月建成并投入运营。市场以并列的两幢营业楼为主体，拥有37个独立分店、200多个柜组，经营范围包括大小百货、针纺织品、服装鞋帽、五金化工、交通电料、糖酒副食、日杂用品，共计上万种商品。2017年底，红旗市场商场部有商户68户、临街门店10户，大院部分商户55户，是武乡第一家大型综合市场，全县零售行业的龙头企业。

供销购物中心。2009年建成投入运营，位于县城宝塔街，隶属于县供销合作社。占地面积5800平方米，建筑面积4404平方米，注册资金220万元，固定资产投资完成940万余元。主营电器、针纺、家私。解决40余名下岗职工再就业，年完成销售额1400余万元，实现利税100余万元。

迎新购物广场。2000年建成投入运营。位于宝塔街4号，前身为迎新五交化商场。当年，由国有商业企业改制为全县首家民营企业。改制后，由迎新购物广场法人代表籍何仙，投资420万元，对原有商场进行了整体拆除改造，新建占地面积600平方米、建筑面积1794平方米的框架式结构的，三层购物广场。内有商业摊位50多个，一层以经营服装、鞋帽为主，二层经营五金交电、自行车、针织品、各式眼镜、大小百货、文化用品，三楼以手工制作、刺绣加工为主。

金利来电器商场。1990年建成投入运营。位于宝塔街30号县政府广场西侧，占地面积350平方米，原经营百货类产品，2005年起改为家用电器专营商场，主营卡萨帝、海尔、格力、长虹及苏泊尔等世界名牌家电，年销售金额1000万元。

农产品交易市场。位于县城红旗路农产日杂品公司院内。2000年由农产品公司对旧址进行改造建成，是县城最早的农副产品交易市场，原先占地面积46005平方米，各种交易客商摊位160个，主要经营农产日杂、副食调味、瓜果蔬菜、水产蛋肉等，1200余个品种。2005年起，县政府为调控市场，每年逢重大节日，就投入补助资金30多万元，对肉、蛋等进行补助，实行物价调控。2012年，规范建设为小型采光板户型商铺，配套水、电、暖设施，拥有摊位110个。

富民农贸市场。位于泰安巷，2011年6月建成营业，占地3000平方米，总投资1000万元，建筑面积5700平方米，营业面积3000平方米。经营户70多户，安置无业人员及下岗职工100多人。经营品种涵盖蔬菜瓜果、生熟肉类、水产调味、面食、土特产等八大类千余种商品，年销售额突破1000万元。拥有固定

武乡县城农贸市场

资产 200 多万，管理人员 7 名，年收入 331700 元。

新华超市。2006 年 7 月建成投入运营，是由新华书店内部职工集资建成的股份制商业企业。2010 年，长治市新华书店有限公司与武乡新华书店 15 名股东（综合超市股东）共同投资扩建了武乡县新华综合超市，更名为“武乡县新华超市有限责任公司”。超市改制后，在太行东街开设新华书店超市二部，于 2011 年 1 月开业。2012 年 5 月，公司又在太行西街租赁县林业局三间门面房开办了新华超市三部，于 5 月 28 日开业。

家家利超市。山西吉隆斯股份有限公司下属子公司，位于县城太行街 140 号，占地面积 4500 平方米，建筑面积 5400 平方米，一楼为副食综合超市，二楼经营针织百货服饰等。2007 年招商引资引入该企业，安置就业人员 100 余人。该超市成为县城重点商业网点，销售总额逐年增长，为全县人民群众生活提供了极大的便利。

好又多超市。成立于 2013 年 12 月，位于武乡县太行街。经营范围包括食品、烟草制品、农副产品、日用百货、服装鞋帽、化妆品、洗涤用品、文体用品、办公用品、陶瓷制品、黄金饰品、白银饰品、珠宝首饰、手机销售、柜台租赁等，为武乡县大型超市之一。

风华日杂市场。位于县宝塔街，属城关供销社。2014年，全社职工筹集资金120万元，对原市场进行整体升级改造，建起占地面积1200平方米、建筑面积2600平方米的日用品市场，市场分上下两层，共有17家商铺，集批发、零售于一体。主要经营品种有日用消费品、日杂品、农具、小型农机、塑料制品、纸制品、文化用品、手推车、铁制品等，有8000多种商品。年销售量达到3400万元。

山西省农资集团有限公司武乡分公司。该公司是武乡县唯一经营化肥、种子、农膜的正规企业。集团公司公开承诺，公司经营化肥、种子，实行“两公开一监督，双保一赔，终身负责制”。为让利于农、保质保量，集团公司与合作厂家采取了化肥冬储春销，淡季将化肥调拨入库，旺季销售让利于农民。公司冬季储存化肥可达8000余吨，旺季按销售情况，由各分公司协调。由于集团化的优势，农资质量的保证，2009年到2013年，生产资料销售量逐年增加，2016年后，武乡分公司已占有全县85%农资市场份额，年销售额达到2000万元。

中国石化销售有限公司山西长治武乡石油分公司。该公司下设城关一站、城关二站、华奇站、中立站、洪水站、东庄站、分水岭站、马牧站、墨镫站，主要经营汽油、柴油、煤油、润滑油（脂）及各种石化产品。年销售量均在13500吨以上。

洪水镇农副产品批零市场。该市场以洪水镇供销社九龙商贸中心为主体扩建而成，总投资300万元。2006年3月动工，当年11月投入使用，建筑面积5400平方米，拥有摊位110个，年营业额达400多万元，可安排劳务人员150名，为武乡县东部地区最大的农贸市场。

蟠龙镇农副产品批零市场。该市场以蟠龙供销社聚鑫超市为龙头，建有农副产品一条街，大小露天摊位达140多个，经营品种有日杂用品、农副产品、大小百货、交电、熟食、蔬菜、肉禽。“一条街”以个体商户为主，有经营户200多人，年营业额可达3000多万元，年创利税可达120多万元。

故城供销社。位于武乡西部的故城镇。2006年按经济区域建社，将涌泉、东良、石盘、分南、石盘开发区供销社合并为故城中心社，担负着3个乡（镇）、1个开发区、74个行政村、1.2万亩耕地、3.3万人民的生产生活资料供应。2016年，故城供销社拥有固定资产1800万元，拥有配送中心1个、营业网点93个，其中故城镇有300平方米的超市1个，150平方米超市1个，综合门市部、专业门市部、日杂门市部25个，乡级便民超市（店）35个，村级便民服务店63个。2014年，全社商品销售额达到5400万元，生产资料供应完成980万元，其中化肥供应完成620万元，种子供应完成1.1万亩，实现利税38万元。2015年1月，获山西省供销社基层供销社标杆社称号。2016年5月，中华全国供销合作总社授予基层标杆社称号。

第七章　社会事业稳步发展

第一节　推动教育事业均衡发展

一、“全面改薄”工程

教育在社会发展中具有基础性、先导性和持续性作用。2014至2018年间，以均衡发展为目标，武乡县不断加大教育投入，促进全县平等享受教育资源。第一，大力实施学前三年行动计划，投资1200万元，新改扩建幼儿园24所，增加了学前教育资源，学前三年幼儿入园率达到96.5%，超过了全省89.1%的平均水平。第二，倾全县之力，勠力同心推进城乡义务教育一体化。投资3亿元，改善办学条件。其中投资0.89亿元对全县学校按8度设防标准进行了新建和加固，彻底消除了D级危房；投资1.7亿元，实施“全面改薄”工程，新建和改善农村中小学校45所；为64所项目校配齐了音、体、美和信息化设施设备；投资660万元，完成了33所农村寄宿制学校标准化建设；投资800万元，对寄宿制的食堂设施进行了升级改造；投资1139万元完成了38所学校燃煤锅炉清洁能源替代改造工程；投资2338万元，加强了校园文化建设，配备了各类功能室，使全县的办学水平得到很大提高，促进了县域义务教育基本均衡，顺利通过国家评估验收。

二、基础教育改革

2019年，武乡县根据《长治市深化基础教育改革十大行动》的通知精神，制定《武乡县落实〈长治市深化基础教育改革十大行动〉工作方案》。第一，扩大公办和普惠性幼儿园供给。县教科局制定《武乡县城镇小区配套幼儿园治理工作方案》，参与城镇小区配套幼儿园治理；2019 年新改扩建幼儿园 3 所，新认定普惠性幼儿园 1 所；建立学前教育指导责任区，进行幼儿园“小学化”专项整治。第二，深化教学改革。完善课堂教学改革实施方案，在基础较好的 13 所学校试行。与太谷县缔结县际帮扶联盟，开展教改培训活动。三个类别十个层次 24 个专业小组 726 人参与专业化培训活动，首批 47 名骨干教师赴太谷县两所学校跟岗。第三，依托县城南山公园、太行少年军校、八路军零散烈士集中安葬墓园设立中小学生劳动教育实践基地。县城学校开展每班每周 1 课时劳动实践活动，并接受思想政治教育。第四，减轻学生课业负担。实行作业与考试分层统筹负责制，学生家庭作业整治初见成效。第五，成立整治校外培训机构专项治理工作领导组，建立黑白名单制度，对培训机构资质进行公示。县城学校全面开展学生校内课后服务。第六，加强中小学思政工作。为武乡中学等 7 所千人以上学校配齐党组织专职副书记和专职思政员，其余学校配备兼职思政委员。县教科局、各学区（校）成立思政工作委员会，县教育系统党委加强对全县学校思政工作的管理指导。第七，推行校长职级制。制定下发校长职级制实施方案，对全县中小学、幼儿园 37 名校长进行聘任。成立武乡县校长职级评审委员会，完善校长职级评定办法，相继推进副校长选聘工作。第八，推行教师“县管校聘”。县政府制定下发教师“县管校聘”管理体制改革实施方案，完成全县教师编制总量核定，推进教师“县管校聘”工作。第九，提升教师待遇。班主任津贴按每月不低于 500 元标准从 2019 年 1 月起发放；10%—20% 的课后超时服务津贴高中阶段落实到位，义务教育阶段积极落实。校长职级津贴、学校绩效目标考核奖励等有关资金通过测算，列入县财政预算。由县委、县政府牵头成立武乡教育基金筹备工作机构，设立武乡教育基金。在县级公立医院设立教师专用窗口，每年为教师免费体检一次。第十，办理电子学生证。办理电子学生证 3329 份。

三、学前教育

2019 年，完成 2018 年新改扩建农村幼儿园扫尾工程。新改扩建农村幼儿园 3 所，总投资 85 万元，分别是新建故城镇李芳幼儿园、改扩建墨镫幼儿园和石盘幼儿园。2019 年底武乡县教育科技局制定下发《关于开展幼儿园“小学化”专项治理工作方案》，对全县幼儿园办园环境、教学内容、教育方式等方面存在的“小学化”问题，进行为期半年的专项治理，共治理问题 27 项；全县共有 85 位幼儿教师参加学区初评，其中 17 名幼儿教师参加县级评审，10 名优秀教师最终被评为“武乡县保教能手”，并推选出两名优秀幼儿教师参加长治市保教能手评选。为适应新教材，组织全县幼儿教师进行教材教法集中培训，并到各幼儿园进行现场指导、实地培训。

2020 年，扩大公办和普惠性幼儿园供给。监漳、韩北红星杨 2 所幼儿园改扩建全部完工并投入使用，认定洪水金子塔幼儿园为普惠性民办幼儿园，普惠性民办幼儿园增至 5 所，普惠覆盖率达到 94.7%，超过省、市 80% 的考核指标。按照县人民政府《武乡县城镇小区配套幼儿园治理工作方案》“新建小区必须配建幼儿园并及时移交教育部门”之规定，完成武乡佳惠小区配套建设幼儿园移交工作。积极推进佳惠小区配套幼儿园后续建设工作，委托县城红星幼儿园负责办成分园，2021 年春季学期投入使用。

四、普通高中教育

2019 年，武乡中学高考二本 B 类以上达线人数 536 人，其中，一本达线 136 人，二本达线 400 人。全县 600 分以上 6 人，其中理科 5 名、文科 1 名，苗劲和张煜率两人被北京大学录取。

2020 年，武乡中学对标一流，创建高质量课堂。同北京师范大学等国内名校合作开展系列培训，并派部分校领导、骨干教师跟岗实践，共享名校教学资源。突出课程建设，落实五育并举，拓宽全方位高考升学渠道，开设日语课程，发挥体育教师团队优势，组建田径队社团，合作培养艺术生，让有体育、音乐、美术、书法、舞蹈、传媒等特长的学生发挥专长。当年普通高考武乡中学一本达线 141 人，二本达线 404 人，共计 545 人，其中 600 分以上学生 14 人。

五、职业教育

武乡县职业中学创建于 1983 年，是山西省重点职业高中，国家级电子电工与自动化实训基地。学校占地 63 亩，建筑面积 2.4 万余平方米，拥有教职工 175 人，教学班 34 个，学历教育在校生近 2000 名，开设有计算机、机电、化工、财会、旅游、建筑、园林园艺、矿山机电、音乐、美术 10 个固定专业和一批短训专业，有计算机室、电工室、3D 打印室、琴房、练功房、图书室、阅览室。

2012—2020 年，先后有 1557 名学生升入陕西科技大学、太原工业学院、大同大学等本科院校，对口高考升学率、升学人数连续多年在全省同类学校中名列前茅。2020 年，在全省对口高考本科招生计划再次减少的情况下，共 123 人达线，达线人数位居全市第一。

六、特殊教育

武乡特殊教育学校建于 2009 年 9 月，是由身患残疾的姜艳明创办的一所民办福利学校。学校分为“一校两区”，主校区位于大有乡王海峪村，分校区位于故县乡宏艺小学院南，学校共有教学班 4 个（含校外体训班），教职工 22 名，在册学生 122 名（其中送教上门学生 55 名）。学生分别来自全省 8 个县区。招收的学生，以培智生为主。除无盲生外，招收各类残疾学生。开设的课程有普教小学课程和特教培智及聋生课程三大类以及基本的康复训练课程。2013 年以来，该校连续参加了两届国家、省、市残疾人全

2009 年 12 月 5 日，农民残疾人姜艳明自筹资金创建的武乡县特殊教育学校揭牌仪式在大有乡王海峪村举行。

运会，连续参加了五届全国残疾人锦标赛，获得金银铜各类奖牌、奖杯、奖章共计 70 余人次。冯亚萍（曾赴俄罗斯、荷兰参加国际性大赛，被选为国家残疾人运动队队员，2019 年获得为长治最美残疾人称号）和张佳玉两位同学，分别在 2014 年和 2019 年获得国际残疾人轮椅标枪锦标赛（北京赛区）世界冠军。2018 年和 2019 年，生活老师魏文印、朱丽英分别获得山西省“乡村最美教师”称号。2019 年 5 月，特校组建的 22 人大型经典朗诵团表演的《少年中国说》应长治市第 29 个助残日组委会之邀，首次在长治潞州剧院成功进行了展演。2019 年 7 月，在全国首届“中华少年说”语言艺术（北京赛区）大赛中获得金奖。

七、义务教育管理

2019 年，县教科局加强中小学课程管理，执行国家课程标准，确保开全课程，开足课时，规范作息，高效减负，规范义务教育学校招生入学行为。严格按照“学校划片招生，生源就近入学”原则，采取学生持证报名、学校登记入学、电脑均衡编班的方式，中小学学籍管理进一步规范，控辍保学工作取得实效。对国家人口信息库和中小学学籍管理系统比对发现的260名疑似失学儿童进行核查，对经核实失学的23名残疾儿童进行耐心劝返，全部完成劝返工作，并为其建立学籍。对省厅排查出的34名疑似辍学儿童进行实地核查，有疑似辍学儿童13人，及时开展了劝返工作。强化中小学教学用书和教辅材料征订管理使用工作监管；完成100所学校、教学点《义务教育学校管理标准》网上对标研判审核确认工作。

八、学校布局规划

武乡县为进一步优化学校布局，根据省委、省政府关于学校布局“就近就便服从就优”的决策部署，结合撤并行政村等情况，积极推动学校布局调整，整合和扩大优质教育资源，取得初步成效。县教育局通过广泛征求意见，深入调查走访，制定出台了《2020—2022年义务教育学校布局优化方案》。2020年6月，依法撤销故城镇北良小学等空壳教学点12所。8月，顺利撤并整合洪水镇东庄小学等10生以下教学点37所，120名学生合理分流至附近学校，农村学校“空心化”问题得到有效解决。

2020年，武乡县共有各级各类学校114所，其中：教师进修校1所，高中1所，职业高中1所，中学13所，小学39所，幼儿园58所，特殊教育学校1所。全县在校学生23126人，其中：高中2708人，职中1499人，初中5075人，小学9962人，幼儿3772人，特校110人。全县各级各类学校教职工1499人，其中：高中273人，职中133人，初中677人，小学787人，幼儿52人，特校22人。全县学前三年入园率突破80%，义务教育入学率、巩固率分别保持在100%和98%以上。

第二节　开创卫计事业发展新局面

一、医疗体制改革

2016年，推进新农合住院分级诊疗。严格控制越级诊疗，实现新农合病人“小病不出村，常见病不出乡，大病不出县，疑难危重再转诊”，有效缓解了群众“看病难、看病贵”问题。分级诊疗在原有50个病种的基础上新增肺部感染、高血压病、类风湿关节炎等60个病种，达到110种，县人民医院设立机构和专门人员负责全县参合农民住院转诊，农民不合理的住院流向得到初步扭转，县域内住院率有所回升，县域内住院率由2014年的65%提高到70%。大力推进新农合支付方式改革，由项目付费结算方式改为单病种付费、人头付费混合支付方式，除县妇幼院外，实现了县、乡全覆盖，部分县域外定点机构实行单病种或定额付费方式。新农合支付方式改革以来，增强了医疗机构主动控制费用的意识，降低了医疗费用增长幅度，对减轻农民自付费用负担起到了一定的作用。

2017年，县乡医疗卫生机构一体化改革以来，各项改革稳步推进，成立了武乡县医疗集团及公立医院管理委员会，并于2017年10月13日召开第一次公立医院管理委员会会议，确定医疗集团筹备组组长，开始对医疗集团内部各项工作进行筹划。10月17日，县医疗集团挂牌成立。医疗集团在县医管委、县卫体局的指导、监管下制定了《武乡县医疗集团章程》《各部和中心职责制度及工作流程》《医疗集团内设机构人员配置计划》，六部六中心正常运行，实行区域集团化经营管理；通过建立业务帮扶体系，“优质资源下基层，精准扶贫送健康”，强化人才培养，推进基本公共卫生服务均等化，全面推行家庭医生签约服务，提升村卫生室服务能力，强力推进健康扶贫工程，认真落实“先诊疗后付费”政策和“一站式结算”服务，实行“136”政策保障等机制，大大提升了群众满意度。县级医院推行“两票制”，全县公立医疗机构坚持药品零利润销售，减轻群众用药负担；合理调整医疗服务价格，所有检查费用下调10%。

2019年3月，武乡县卫生和计划生育局进行机构改革，更名为武乡县卫生健康和体育局（简称卫体局），3月23日正式挂牌，是县政府的主要组成部门，内设办公室、行政审批股、编制人事股、体育发展股等12个主要股室，持续推进县乡医疗机构一体化改革，完善《武乡县医疗集团章程》等相关制度；完善薪酬制度改革方案和药品“五统一”集中采购机制；推进医疗集团行政、人员、资金、业务、药械资产采购、绩效考核统一管理；探索“医防融合”的新型服务模式。9月，聘任县疾控中心主任担任医疗集团副院长，分管疾病预防控制工作，积极理顺“医防融合”两管工作机制。

2019年，公立医院进行改革。武乡县人民医院对大型设备检查费、检验费等进行价格下调；开展双向转诊、分级诊疗、临床路径管理等各项工作；加强对处方和辅助检查等医疗行为的监管，落实《临床路径管理实施办法》，将已确定的68个病种纳入电子病历系统管理，完成临床路径入径1367例；选派21名专家和临床一线业务骨干分批到7个乡（镇）卫生院长期蹲点；进一步规范药品采购供应管理，开展药品集中带量采购，实行药品分类采购，降低采购成本，实行零差价销售，减轻患者看病负担。

2020年，积极推进乡村卫生服务一体化改革，对村卫生室实行以“两制、五有、五统一”为基本内容的一体化管理（两制：人员聘任制、浮动工资制；五有：看病有登记、用药有处方、收费有票据、公共卫生服务有台账、转诊有记录；五统一：统一行政管理、统一业务管理、统一药械管理、统一人员调配、统一工资发放），坚持对村卫生所的工作进行督导检查，促进乡村医生更好地为广大农民提供服务。

二、实施科教兴医、人才强医战略

一是根据新型冠状病毒性肺炎疫情防控要求，县医院加强感染性疾病科建设，改扩建了发热门诊，同时规范了预检分诊流程和发热门诊就诊流程，为新冠疫情防控提供了坚强保障。二是加强检验科建设。建立了核酸检测实验室，同时加强人才培养，抽调业务技术骨干到具备核酸检测能力的医疗机构进行培训学习，县医院已具备核酸检测能力，县疾控中心建设了移动方舱 PCR 实验室，为发热患者筛查等提供了依据，确保及时开展应对各种疫情的检测工作。三是与县医院医联体单位长治市妇幼保健院达成协议，为提高县医院妇产科服务能力，开展妇科微创治疗（腹腔镜、宫腔镜）和无痛分娩，县医院选派妇产科和麻醉科业务技术骨干到长治市妇幼保健院学习，为县医院专科服务能力建设奠定基础。四是县医院选派眼科医务人员到上级医院进修学习的同时，为了填补空白，选派皮肤科医师到上级医院进修学习，更好地为患者服务。五是加强重点专科建设。县医院心内科为市级重点专科，骨科、儿科、神经内科为县级重点专科。为了不断提升专科综合能力建设，根据国家卫生计生委要求，强弱项、补短板，积极实施技术项目，大力提升医疗服务能力，进一步落实分级诊疗，县域内就诊率达到 90%，基本实现大病不出县目标。

县级医院建立三级医院远程医疗系统。武乡县级公立医院先后参加了北京大学第一医院、山西省医科大学第二附属医院、长治市二院等十多家三甲医院牵头的医疗联合体，逐步扩大分级诊疗试点，并积极探索建设多种形式的医疗联合体，建立专科联盟；在武乡县中医院成立了长治市中医诊疗中心武乡县肛肠分级诊疗中心和眼科分级诊疗中心；与乡镇卫生院建立了业务协作关系，签订了双向转诊协议。

三、基础设施建设

2012年3月，制定武乡县卫生XI项目“健康村”考核标准，广泛开展全民健康生活方式行动及示范家庭建设等活动。积极推进健康服务，落实干预措施。2012年11月，苏峪、南坪、温庄、柳沟、庄头等5村通过健康村考核评价。2013年11月6日，县卫生XI项目“强化四项机制，推进‘六个三’工程——新形势下农村健康教育与健康促进模式探讨”的经验，在全国卫生改革研讨会议上进行了交流。

2010至2014年，利用卫生XI项目资金，为农村建起标准化卫生所51个，建筑面积3060平方米。2015至2016年间，新建标准化村卫生所227个，基本实现每个行政村有一所标准化村卫生所。

武乡县人民医院2012年晋级为二级甲等医院。2015年，在原址上新建12层门诊住院大楼并投入使用，添置超导核共振成像系统。2016年，县人民医院有在岗职工400余人。

2012年10月，武乡县妇幼保健院经山西省等级妇幼院评审团专家组评审为二级乙等妇幼保健院。2015年11月，妇幼保健院与县人口和计划生育服务中心合并。武乡县中医院门诊住院楼建设项目，是山西省卫计领域2016年第一批中央预算内投资计划的民心工程，也是武乡县2017年度重点建设项目之一。该项目位于县城太行西街南侧，占地面积10680平方米，总建筑面积11740平方米，建设规模为9888平方米，总投资3186万元，于2017年3月开工建设。2020年1月，武乡县中医院顺利通过了二级甲等中医医院评审验收，晋升为二级甲等中医医院。

2020年，全县公共卫生和基本医疗服务接近全省平均水平。在县人民医院设立发热门诊，组建了3支医疗救治梯队，改造完善了隔离病房。县政府投资 276 万元，改建了故城镇卫生院备用集中隔离医学观察点，做到早发现、早诊断、早报告、早隔离、早治疗。同时，县医疗集团加强对发热门诊就诊人员的跟踪管理，全部进行了回访，均无异常。2 月 9 日，县人民医院选派郝晓敏、魏芳 2 名医务人员参加山西省第四批支援湖北医疗队，赴武汉支援新冠肺炎疫情救治工作。

第三节　繁荣群众文化体育事业

一、文化事业

党的十八大以来，武乡县委、县政府确立了“乡村振兴，文化先行”的工作思路，多措并举，扎实跟进，狠抓文化扶贫工作，基层文化建设成效显著。

文化活动场所建设。按照“以人为本、共建共享、一室多用”的原则，结合新农村建设、新型城镇化建设、美丽乡村建设，修缮村级文化活动中心 68 个，改扩建 85 个，修缮文化广场 102 个，维修戏台 81 座，配置体育器材 87 套，建设乡村文化记忆展览馆 27 个，96 个村改造安装冬季取暖设施设备，行政村综合文化活动场所覆盖率达 98% 以上。各行政村文化活动场所书刊阅览、文体活动实现了分区设置，经济条件较好的村建设了电子阅览室，文化资源丰富的村建设了乡村文化记忆展览馆，村村有宣传栏。为 215 个贫困村配发价值 400 多万元的文化器材，全县行政村补充购置文化器材累计投资 800 余万元。

文化队伍建设。按照国家、省、市推进基层综合性文化服务中心建设的指导意见，从农村两委班子中抽调专人负责管理文化资产、组织文化活动，各行政村全部配齐了文化管理人员。组织广场舞、武乡秧歌、开花调等专业技能培训 20 余期，培育了大批文艺骨干，为群众文化队伍建设储备了大量优秀人才。各行政村都组建起 20 至 30 人的群众文艺队伍，文化志愿者业务骨干总数超过 400 人。开展乡村情歌、武乡琴书、秧歌、跑腿秧歌、开花调擂台赛，创作编排了《太行母亲》《梨花情》《逐梦放映》《军民鱼水情》等一批优秀节目，涌现了常惠斌、房素芬、张立军等一大批群众文化人才。

“一乡一品牌”建设。结合实际，因地制宜，给予政策指导和资金扶持，优先打造特色文化品牌，培育特色文化村。五村播种文化、古台农耕文化、权店梅杏采摘文化、岭头梨花文化、李峪魔术文化已成为全县人民群众耳熟能详的文化品牌，石北乡武术、墨镫小花戏、洪水跑腿秧歌、蟠龙旱船、丰州顶灯、韩北霸王鞭推陈出新，成为富有特色的地方名片，参与人数越来越多，群众文化队伍不断发展壮大。

乡村文化记忆馆建设。按照“乡村振兴，文化先行”的思路，与高校对接组建乡村文化调研团，深入全县 15 个乡（镇、区）开展乡村文化调研，全面普查传统文化村落、民居民俗、古迹遗存，搜集风俗习惯、饮食文化，对乡村的历史沿革、习俗、传说、技艺、

大有乡枣烟村乡村文化记忆馆

文物、建筑等文化资源进行翔实记录，编成《武乡乡村文化调研纪实》和《武乡乡村文化调研报告》。扎实推进乡村文化记忆工程，魏家窑、枣烟、古台、监漳、故县等20余个村建成乡村文化记忆馆。集中实施韩北乡石圪垤村乡村文化记忆工程，大力挖掘中共中央北方局妇女历史文化，全力打造“中国妇女文化第一村”。

二、体育事业

体育设施建设。2012年，全县农村实现体育场地设施全覆盖，全县377个行政村均建有标准不一的健身场地设施，共有篮球场地192个、健身路径187条、健身器材1116件、运动场23个。同年，武乡县自行车运动协会注册成立，会员100多名，自行车运动进入高峰期。2012年，举办首届“红星杨杯中国·武乡太行穿越挑战赛”，吸引众多专业队高手参加，CCTV-5、CCTV-7分别对赛事进行录播和新闻报道。2013年起，武乡自行车运动协会每年组织一届以“倡导环保、低碳出行”为主题的“环保杯”全县公路自行车比赛；2014年，举办全县中小学生自行车大赛。

2016年，按照体育总局关于体育场馆设施向群众开放的精神，县体育中心增加开放项目，节假日实现免费开放并延长开放时间，全年开放时间达到330天。结合精准扶贫工作，为10个行政村配备、更新健身器材，为蟠龙镇和石北乡成功申报体育总局援建50万元的乡（镇）健身广场项目。2018年，武乡县经常参加体育锻炼人数比例为37.4%，学生《国家学生体质健康标准》优秀达标率为17.3%，人均体育场地面积为1.75平方米，公共体育场馆开放率为100%，每万人体育社会组织为0.83个，每千人拥有公益社会体育指导员2.4名，人均全民健身经费为2.1元。

2019年，武乡县体育场馆全年开放302天，节假日免费开放并延长开放时间；对游泳馆投资150万元进行维修装潢，停馆2年的县游泳馆重新对社会开放；落实省体育局、省扶贫办精神，申报山西省移民新村全民健身路径普及工程，2019 年共为全县 7 个易地搬迁项目配备健身器材 63 件（套）、乒乓球台 14 副。山西省体育场地专项调查显示，武乡县人均体育场地面积由 1.75 平方米提高至 2.08 平方米。

体育竞技比赛。2012 年 10 月 16 日至 20 日，在波兰首都华沙举行的第二届世界太极拳锦标赛中，武乡籍运动员崔碧晖荣获规定套路世界冠军。2016 年 3 月 29 日至 30 日，县体育服务中心组队参加长治市门球比赛。5 月 10 日，武乡县太极协会组队参加长治市太极拳（剑）交流比赛。5 月 21 日，武乡县羽毛球协会组队参加在长治市举办的羽毛球俱乐部联赛。6 月 6 日，武乡县太极拳协会代表长治市参加在香港举办的首届中华老年体育（香港）国际艺术节。6 月 16 日，县网球协会组队参加在襄垣县举办的长治市“欣乐杯”网球精英赛。8 月 18 日至 23 日，武乡县形意拳协会组队参加在台湾举办的“聚星杯”中华传统武术国际精英赛。6 月 20 日，参加长治市广场舞大赛。10 月 17 日，参加潞城市“人保杯”乒乓球大奖赛。11 月 5 日，参加长治市太极拳比赛。

2018 年，武乡县举办各类群众体育比赛及全民健身活动 39 次，参与比赛活动万余人次。9 月 8 日至 9 日，由长治市体育局主办、武乡县人民政府承办的长治市第十四届县市区网球团体赛在武乡县体育中心开幕，来自 13 个县市区的 200 多名运动员参加比赛，武乡县代表队荣获第三名；9 月 16 日，由石北乡人民政府、石北乡农民传统武术协会主办的石北乡第二届传统武术文化节开幕，太极拳世界冠军崔碧晖、武术套路全国冠军高晓彬、山西省冠军崔碧波及榆社、黎城等地的传统武术高手参加了活动；9 月 25 日，县体育服务中心、县总工会主办，县羽毛球协会承办的 2018 年“弘德杯”羽毛球邀请赛开幕，全省 16 支代表队近百名运动员参赛，武乡代表队获第三名；10 月 6 日，县跑步协会举办第二届“圣达

扇子舞比赛现场

杯”红色武乡超级马拉松赛，比赛设10公里乐跑和100公里（4人）超级马拉松两个项目；12月30日，县网球协会组织“印象武乡杯”迎新年网球比赛。2019年11月26日，武乡县参加在广州举办的2019中国体育文化博览会·中国体育旅游博览会。

2020年10月31日，山西省十大群众文化活动长治市复赛暨长治市系列群众文化体育竞赛在长治市体育中心体育馆开幕。武乡县派出38人组成的参赛队伍，参加踢毽子、羽毛球、乒乓球、跳绳、中国象棋五个项目的比拼。乒乓球队荣获女单第一名，男单第四名，男双第五、六名，女单第三名；羽毛球队获女单第六名；毽球队获男子个人蹦踢项目第一名、盘踢第三名，女子蹦踢第三名、盘踢第二名，五人围踢第三名；中国象棋队获公开赛个人第五、第六名。

第四节　逐步完善社会保障制度

党的十八大以后，武乡县社会保障和社会救助工作扎实有效，以基本养老、基本医疗、最低生活保障制度为重点，加快完善社会保障体系：促进企业、机关、事业单位基本养老保险制度改革，全面推进城镇职工基本医疗保险、城镇居民基本医疗保险、新型农村合作医疗制度建设，完善城乡居民最低生活保障制度，完善失业、工伤、生育保险制度，做好优抚安置工作。

一、完善基本社会保险制度

城乡居民养老保险。2012年，农村社会养老保险参保人数109886人，基金征缴1114.27万元；2013年参保人数110243人，基金征缴1802.77万元；2014年参保人数111080人，基金征缴1360.4万元；2015年参保人数111016人，基金征缴1695.07万元；2016年参保人数110987人，基金征缴1658.21万元；2017年参保人数110881人，基金征缴1629.39万元；2018年参保人数115134人，基金征缴1915.87万元；2019年参保人数115630人，基金征缴1925.45万元；2020年参保人数115970人，基金征缴1840.56万元。全县规范了基金运行程序，全面实施待遇领取、人员认证公示制度，基本建成了县、乡、村三级联动的城乡养老保险管理体系。

机关事业单位养老保险。机关事业单位养老保险从2010年开始建立。2014年参保人数5473人，基金征缴662万元。2015年参保人数5389人，基金征缴750万元。2016年参保人数5335人，基金征缴1748万元。2017年机关事业单位养老保险制度改革加快实施，所有参保人员信息全部核定完毕，征缴工作按照规定的比例全面启动，养老金发放工作全部理顺，由财政发放变更为机关事业保险所发放。2017年参保人数5108人，基金征缴2034万元。2018年参保人数5021人，基金征缴15726万元。2019年参保人数5014人，基金征缴10901万元。2020年参保人数4983人，基金征缴10540万元。

企业职工养老保险。2012年参保人员12556人，基金征缴6311万元；2013年参保人员12556人，基金征缴7811万元；2014年参保人员13730人，基金征缴5860万元；2015年参保人员 13969 人，基金征缴 7782 万元；2016 年参保人员 14373 人，基金征缴 7016 万元；2017 年参保人员 14538 人，基金征缴 10336 万元；2018 年参保人员 15666 人，基金征缴 13414 万元；2019 年参保人员 16449 人，基金征缴 9209 万元；2020 年参保人员 16860 人，基金征缴 6413 万元，完成目标任务的 100%，职工养老保险进一步完善。

职工工伤保险。2012 年参保人数 21168 人，基金征缴 876.6 万元；2013 年参保人数 24300 人，基金征缴 1179 万元；2014 年参保人数 24515 人，基金征缴 750 万元；2015 年参保人数 25755 人，基金征缴 773.9 万元；2016 年参保人数 28200 人，基金征缴 991 万元；2017 年参保人数 28570 人，基金征缴 1341 万元；2018 年参保人数 28650 人，基金征缴 579.9 万元；2019 年参保人数 30740 人，基金征缴 1445.3 万元；2020 年参保人数 30780 人，基金征缴 379.59 万元。

职工失业保险。2012 年参保人数 12641 人，基金征缴 358.36 万元；2013 年参保人数 13273 人，基金征缴 580 万元；2014 年参保人数 13273 人，基金征缴 474.58 万元；2015 年参保人数 13273 人，基金征缴 470.44 万元；2016 年参保人数 13538 人，基金征缴 155.77 万元；2017 年参保人数 13758 人，基金征缴 304 万元；2018 年参保人数 14103 人，基金征缴 273.92 万元；2019 年参保人数 14441 人，基金征缴 235.78 万元；2020 年参保人数 15341 人，基金征缴 133.56 万元。

二、医疗保障

完善医保筹资政策，确保特殊困难群体应保尽保，参保对象看病得到全面保障。2016 年，城镇基本医疗保险参保计划 29673 人，征缴任务为 3659 万元，实际参保 34152 人，完成市任务的 115%，征缴保费 5072 万元，完成市征缴任务的 138%，共支出医疗保险基金3581万元，享受医疗保险人数达936人。2017年，1.2万人参加城镇基本医疗保险；全县15个乡（镇、区）开展了新型农村合作医疗，有211620名农民参加合作医疗。2020年，全县城镇职工参保人数为20988人，基金征缴5150万元，城乡居民参保人数为166192人，参保率为98%，基金征缴4155万元，圆满完成了年度基本医疗保险参保缴费任务，确保参保职工和城乡居民得病能住院，住院能报销，人人享有基本医疗保障服务。贫困人口参保缴费由财政全额救助。2020年，资助建档立卡贫困人口46494人，累计落实基本医疗保险和补充医疗保险县级配套580万元，参保率为100%。同时，武乡县将低保、特困、优抚、孤儿、重度残疾等特殊群体，全部纳入城乡居民基本医保和大病保险保障范围。

实施综合医疗保障，提高困难群体医保待遇水平。第一，贫困人口住院“136”医保政策全覆盖。2020年，武乡县建档立卡贫困人口享受“136”医疗保障帮扶政策5600人次，基本医疗保险支付3306万元，大病及补充医疗保险支出680万元。第二，医疗救助工作顺利开展。2020年城乡医疗救助保障2620人次，拨付医疗救助资金1245万元。通过综合医疗保障，武乡县建档立卡贫困人口在省内定点医疗机构住院综合保障比例为92.4%，基本解决了武乡农村贫困人口“因病致贫、因病返贫”问题。

优化医保经办服务，全面推进住院费用一站式结算。2020年，武乡县城镇职工住院2350人次，医药总费用2990万元，基本医保支付1655万元，大病支付122万元；城乡居民住院13940人次，医药总费用为13580万元，基本医保支付7590万元，大病及补充医疗支付1698万元。

三、社会救助

特困供养。自1994年国务院颁布《农村五保供养工作条例》

2009 年 12 月 24 日，中华慈善总会"慈善情暖万家"活动武乡现场救助款物发放仪式在八路军太行纪念馆举行。

以来，武乡县认真贯彻落实，做了卓有成效工作。2016 年，武乡县认真执行国务院《关于进一步健全特困人员救助供养制度的意见》，加大工作力度，实现应保尽保，供养五保对象 2011 户 2021 人，其中分散供养 1609 户 1619 人、集中供养 402 人。10 月 1 日起，集中供养标准由每人每年 5700 元提高到 7700 元，分散供养标准由每人每年 2330 元提高到 4200 元，全年累计发放供养金 1700 余万元。2017 年，集中供养标准由每人每年 7700 元提高到 8000 元，分散供养标准由每人每年 4200 元提高到 4500 元。全县特困供养对象 2117 户 2129 人，其中集中特困供养对象 217 人、分散供养对象 1912 人，全年累计发放供养金 1072.5145 万元。2018 年，累计救助贫困人口 815 人次，发放医疗救助金 137.555 万元（其中大病关怀救助 19 人次，发放 9.5 万元）。对全县 362 名因病或残疾导致生活不能自理需长期护理的贫困人口进行救助，共发放 47.06 万元。2019 年，继续深入开展低保专项整治，重点对建档立卡贫困户、困难老人、儿童、残疾人等进行了入户排查，坚决做到应保尽保。孤儿生活费按要求完成了提标，每人每月从600元提高到了1000元。农村特困人员分散供养标准提高到每人每年5577元，每人每月提高78元；农村特困人员集中供养标准提高到每人每年6135元，每人每月提高86元；城市特困人员分散供养标准提高到每人每月658元；城市特困人员集中供养标准提高到每人每月724元。全县有特困供养对象2181人，其中集中供养188人、分散供养1993人，共发放特困供养金1684.1991万元，特困供养对象中共有建档立卡贫困对象1113人。2020年，根据长治市人民政府办公室《关于公布2020年全市城乡居民最低生活保障标准和城乡特困人员供养标准的通知》精神，城市特困人员分散供养标准提高到每人每月697元，城市特困人员集中供养标准提高到每人每月767元，农村特困人员分散供养标准提高到每人每年6513元，农村特困人员集中供养标准提高到每人每年7164元，全县特困供养对象共计2244人。

城市低保。1998年，武乡县贯彻实施《城市居民最低生活保障条例》，成立了城市居民最低生活保障所。2016年底，全县共有城市低保对象1027户1921人，年发放低保金644.4万元，保障标准达到每人每月436元。2017年，全县城市居民最低生活保障标准由每人每月436元提高到456元。2018年，城市低保标准为每人每月476元。2019年，城市低保标准提高到每人每月506元，每人每月提高30元。2020年，城市低保提高到每人每月536元。

农村低保。2006年，武乡县在实施农村特困户救助的基础上，开始实施农村最低生活保障制度。2016年农村低保保障6027户9421人，保障金实行按季发放，季需保障金2881753元；全年发放农村低保金1152.8万元，人均年保障金1223元。2017年，农村低保标准由每人每年3030元提高到3330元。2018年，武乡县农村低保标准由每人每年3330元提高到3570元，超过了国家扶贫标准和省定扶贫标准，实现了农村低保标准和扶贫标准有效衔接；对全县农村低保对象进行复核，终止420户723人，新增313户511人，全年共发放农村低保金2932.7409万元。2019年根据长治市人民政府《关于公布2019全市城乡居民最低生活保障标准和城乡特困人员供养标准的通知》精神，农村低保标准提高到每人每年4290元，每人每年提高720元。2019年12月，武乡县保障农村低保对象6808户10866人，其中有建档立卡贫困户3436户5724人。2020年，农村低保标准提高到每人每年5010元，全县农村低保户共计4805户7414人。

大病救助。2005年，制定出台了《武乡县特困家庭大病医疗救助办法》，实施农村特困家庭大病医疗救助制度。2006年，制定了《武乡县城乡医疗救助实施办法》。2007年，制定了《武乡县城乡医疗救助实施办法的补充意见》。2008年，通过健全制度，降低准入门槛，取消病种限制，简化发放程序，进一步加大了医疗救助力度。2009年，修订了《武乡县城乡医疗救助实施办法》，城乡医疗扩大了救助范围，提高了救助比例和标准，开展了日常定额救助，深入推行了医疗救助“一站式”结算模式。2016年，全年共对2564名低保、五保等困难群众进行医疗救助，累计发放救助金478.1635万元，为10391名城乡低保、五保和孤儿缴纳合作医疗参保费用124.69万元。2017年，全年共救助2604人次，累计发放医疗救助金630.6344万元，为11407名城乡低保、五保和孤儿缴纳合作医疗参保费用171.7万元；审核批准34人的大病关怀申请，每人一次救助5000元；全年救助293人次，累计发放临时救助金30.26万元；对城乡低保和贫困户实施丧葬救助，救助13人。

兜底保障。从2017年开始，对城乡低保对象中重残、大病、年老、单亲、就学等特殊困难对象在原有保障金的基础上，保障金额再提高10%，确保兜底保障有力。2017年，为全县3166名80周岁以上（含80周岁）农村老年人发放每人每年500元的高龄补贴，全年发放158.3万元；为全县城乡低保对象中533名80周岁（含80周岁）以上高龄老年人发放每人每月30元的补贴，全年发放19.188万元；为城乡低保对象中259名60周岁（含60周岁）以上失能老年人发放每人每月60元的补贴，全年发放18.648万元；为全县30名100周岁（含）以上老年人发放每人每月30元的高龄补贴，发放1.08万元；为全县符合条件的困难残疾人发放每人每月50元的生活补贴，全年发放128.175万元；为全县57名孤儿发放每人每年7200元的孤儿保障金，全年发放41.04万元。2019年，对全县低保、特困供养对象按照“农村低保对象每人每月20元，特困人员每人每月30元”的标准发放物价上涨补贴；为全县3163名80周岁以上（含80周岁）农村老年人发放每人每年500元的高龄补贴，共发放158.15万元；为全县6名百岁以上老年人发放每人每年3600元的高龄补贴，共发放2.16万元；为全县农村低保对象中80周岁（含80周岁）以上高龄老年人2245人次发放每人每月50元的补贴，共发放134.7万元；为农村低保对象中60周岁（含60周岁）以上失能老年人1105人次发放每人每月100元的补贴，共发放132.6万元；为全县困难残疾人2458人次发放每人每月50元的生活补贴，共发放147.48万元；为全县重度残疾人2906人次发放每人每月50元的护理补贴，共发放174.36万元；为全县孤儿58人次发放每人每年1.2万元的孤儿保障金，共发放69.6万元。

四、残疾人保障

2019年12月31日，武乡县共有办证残疾人8015人，占全县总人口的 4.0%。残疾人共分 7 类：肢体残疾人 4639 人，占残疾人总数 57.88%；视力残疾人 907 人，占残疾人总数 11.32%；听力残疾人 790 人，占残疾人总数 9.86%；言语残疾人 254 人，占残疾人总数 3.17%；智力残疾人 580 人，占残疾人总数 7.24%；精神残疾人 524 人，占残疾人总数 6.54%；多重残疾人 321 人，占残疾人总数 4.00%。其中重度（一级、二级）残疾人有 3369 人，占残疾人总数 42.03%。2020 年，共为 2147 人办理残疾证，其中新办证 600 人、到期换证 1547 人、级别变更 64 人。

伤残康复。2012 年，开展农村残疾人康复调查服务，统计出 0 至 6 岁残疾儿童 76 名，核实后，为 9 名听力残疾儿童申请人工耳蜗救助，为残疾人捐助康复器具 1000 件（辆）；创建“白内障无障碍县”；制定《贫困精神病患者医疗救助实施办法》；全年共为 12 名病人提供免费治疗，为 20 名困难残疾人提供优抚门诊补助；规范辅助器具服务站建设。2013 年后，开展农村残疾人康复服务，捐助残疾人康复器具 1000 件（辆），为 121 人做复明治疗，对 60 名盲人（低视力）患者进行一对一定向行走培训，安装大腿假肢 2 例，输送精神病患者 20 例，培训康复协调员 100 人次，建立康复示范站 1 所。2014 至 2016 年，持续巩固“白内障无障碍县”工程，3 年共实施免费白内障手术 275 例。2020 年，实施儿童抢救性康复项目，0 至 6 岁儿童残疾筛查诊断完成 6 人，残疾儿童抢救性康复项目完成 26 人；为残疾人免费发放辅具，分 7 个小组把辅具分送到 14 个乡（镇）和 2 个社区，及时适配给有需求的贫困残疾人，共适配轮椅、助行器、坐便椅、助听器、助视器、各类手杖等辅助器具 1447 件。

伤残补贴。2012 年，县政府为 65 人发放残疾人机动轮椅车燃油补贴 1.69 万元。2013 年，对全县 15 个乡镇 300 多个行政村、自然村的残疾人进行入户调查，并进行分类帮扶。2014 年慰问一户多残家庭50户，为残疾人捐助康复器具300件，进行无障碍改造40户，就业帮扶30户。2015年，建立贫困残疾户信息档案，完成“两项补贴”的审核和发放工作，1013名残疾人享受到每人每年480元的补贴，110名残疾人享受到每人每年500元的阳光家园托养补贴。2016年，全县城乡残疾人居家养老保险和医疗保险实现全覆盖；基层党组织帮扶残疾人51户，每户3000元；“阳光家园”居家托养管护40人，每人1500元；为全县2327名重度残疾人发放了护理补贴。2017年，全县2430人享受重度残疾人护理补贴。2020年，对残疾人深入排查，认真检点残疾人“两项补贴”实施情况。经排查核实，重度残疾人护理补贴对象终止28人、新增24人，还有3195人；困难残疾人生活补贴对象终止6人、增加33人，还有2128人。农村基层党组织助残扶贫工程帮扶贫困残疾人105户。“阳光家园”项目残疾人居家托养274人。重度残疾人医疗保险代缴767人。重度残疾人养老保险代缴805人。为3368人发放重度残疾人护理补贴。为2193人发放困难残疾人生活补贴。2020年，向武乡县特殊教育学校的残疾儿童、孤儿、事实无人抚养儿童捐助了“开学季爱心包”，礼包包含书包、晴雨伞、水杯等生活用品和学习用品，累计捐助240余份，为困难儿童送去了党和政府的温暖。

五、退役军人保障

优待抚恤。从1985年开始，国家先后多次提高抚恤标准，提高复退定补人员的优待金，国家和地方财政拨款随之逐步提高。武乡对死亡抚恤（一次性抚恤）进行了改革，大幅度调整了一次性抚恤金标准，烈士一次性抚恤金为40个月工资，因公牺牲为20个月工资，病故为10个月工资。2020年，武乡县有复员军人37名、残疾军人146名、“三属”对象85名、带病回乡退伍军人266名、“两参”人员171名、60周岁农村籍退伍军人592名、老烈属子女340名。

为了方便他们领取抚恤金，实行了通过县财政集中支付平台按时足额发放的方式，保证了他们的生活。

优待金发放。为了保障义务兵家属优待金能够按时足额发放，2004 年实行了财政转移支付。2009 年，优待金标准从每人每年 1707 元，提高到每人每年 2119 元。2015 年有义务兵 112 名，发放优待金 263.0396 万元。2016 年城乡优待金标准全部统一，按全县上一年度居民人均可支配收入 1.5 倍计发。

解决优抚对象医疗、生活问题。2016 年武乡县出台了《武乡县优抚对象医疗保障实施细则》，多次组织医疗队上门入户，为革命伤残军人进行体检，并建立健康档案，及时治疗各种疾病。解决生活困难方面，在进行社会救助的同时，县政府把帮助优抚对象脱贫列入全县扶贫攻坚规划，通过结对帮扶、产业兴户等形式，使全县 187 户特困优抚对象摆脱了贫困。

烈士褒扬。1978 年至 2016 年 12 月底，全县有革命牺牲军人 8 名：李重阳，韩北乡西堡村人，1979 年 2 月 19 日在对越自卫反击战中牺牲；董志平，韩北乡韩北村人，1979 年 2 月 25 日在对越自卫反击战中牺牲；王孟北，韩北乡西头村人，1979 年 2 月 25 日在对越自卫反击战中牺牲；张永效，监漳镇禄村人，1979 年 2 月 28 日在对越自卫反击战中牺牲；李克亮，监漳镇下北漳村人，1979 年 2 月 27 日在对越自卫反击战中牺牲；武同勇，丰州镇王家沟村人，1979 年 2 月 28 日在对越自卫反击战中牺牲；李效先，故城镇东沟村人，1979 年 2 月 25 日在对越自卫反击战中牺牲；赵海银，石盘区石盘人，1979 年 3 月 20 日在对越自卫反击战中牺牲。因公牺牲 4 人：申晋忠，韩北乡土河村人，1987 年 9 月 8 日在北京市东城区第三建筑工程公司第二工程空军招待所工地当临时工，因救人中毒牺牲；张千祥，韩北乡土河村人，1996 年 8 月 9 日为抢救掉厕所的邻居牺牲；赵飞，武乡县林业局

2019 年 4 月 22 日，武乡县举行为烈属、军属和退役军人等家庭悬挂光荣牌启动仪式。

消防队员，2014 年 1 月 26 日，在武乡县丰州镇东村南凹扑灭森林火灾中牺牲；任涛，于 2014 年 6 月 4 日在中国人民解放军 345 部队因公牺牲。

2019 年，武乡县开展了军队退役人员大走访活动，共走访军队退役人员 541 名。对全县 297 名“两参”人员进行慰问，每人发放慰问金 1000 元。八一期间向重点优抚对象发放慰问金 44.9 万元。妥善安置应安置未安置退役人员 3 名，为 129 名符合政府安置条件的城镇下岗失业人员落实公益性岗位。为 34 名退休的军队退役人员代缴养老保险。发放悬挂光荣牌匾 1 万块，其中光荣之家 7000 块、光荣军属 1500 块、光荣烈属 1500 块。帮扶救助生活困难退役军人 47 名，其中享受低保 13 名、临时救助 16 名、重点帮扶志愿兵（转业士官）18 名，发放救助金 1.8 万元。

第八章　扎实开展党的教育活动

党的十八大以后，以习近平同志为核心的党中央，高度重视党的建设，围绕“建设一个什么样的党，怎样建设党”这一根本问题，牢牢把握加强党的执政能力建设、先进性建设和纯洁性建设这条主线，全面加强党的思想建设、组织建设、作风建设、反腐倡廉建设和制度建设，坚定不移全面从严治党，不断提高党的执政能力和领导水平。党中央先后在党内部署开展了四次主题教育，分别是党的群众路线教育实践活动、“三严三实”专题教育、“两学一做”学习教育和“不忘初心、牢记使命”主题教育。这四次主题教育是党的作风建设的不断深化和延伸的体现，为新时代党践行历史使命注入了新的活力，为实现中华民族伟大复兴的宏伟蓝图提供了动力和保障。

第一节　党的群众路线教育实践活动

党的十八大明确指出，要围绕保持党的先进性和纯洁性，在全党深入开展以为民、务实、清廉为主要内容的党的群众路线教育实践活动，着力解决人民群众反映强烈的突出问题，提高做好新形势下群众工作的能力。2013 年 5 月 9 日，中共中央下发《关于在全党深入开展党的群众路线教育实践活动的意见》。从 2013 年下半年开始，自上而下，分两批开展教育实践活动。省以下各级机关及其直属单位和基层组织在第二批进行。教育实践活动，有三个关键环节，一是学习教育、听取意见，重点是搞好学习宣传和思想教育，深入开展调查研究，广泛听取群众意见；二是查

2014年3月7日，武乡县党的群众路线教育实践活动动员大会在武乡宾馆召开。

摆问题、开展批评，重点是围绕为民务实清廉要求，通过群众提、自己找、上级点、互相帮，认真查摆形式主义、官僚主义、享乐主义和奢靡之风方面的问题，进行党性分析和自我剖析，开展批评和自我批评；三是整改落实、建章立制，重点是针对作风方面存在的问题，提出对策，制定和落实整改方案，对一些突出问题进行集中治理。

2014年3月7日，武乡县召开党的群众路线教育实践活动动员大会。省委督导组副组长孙群、市委督导组组长许元出席会议，县委书记胡坚主持会议并作动员讲话。胡坚强调，要按照中央和省委的部署要求，扎实有序推进党的群众路线教育实践活动；要严格落实中央八项规定、《党政机关厉行节约反对浪费条例》和省委四个实施办法等规定，按照“照镜子、正衣冠、洗洗澡、治治病”的总要求，补精神之钙，除“四风”之害，去行为之垢，立为民之制；既把“规定动作”做到位，又把“自选动作”做实在；

既着力解决地方普遍存在的共性问题，又大力解决部门、行业中的突出问题；既切实解决群众反映强烈的现实问题，又着眼长远建立有效制度体系；既在除“四风”、整歪风上动真格，又在倡新风、树正气上下功夫；既不折不扣开展好活动，又全力以赴搞好发展，确保年度目标任务圆满完成。

开展党的群众路线教育实践活动期间，省、市领导多次到武乡县调研指导，对提高党的群众路线教育实践活动成效起到了积极的推动作用。2014 年 3 月 11 日，山西省委常委、组织部部长汤涛在武乡调研时指出，开展党的群众路线教育实践活动是新时期加强党的建设、密切党同人民群众联系的重要举措，要同“访民生、知民情、解民事”活动密切结合起来。各级党员干部要把为民解难事当作重中之重，关注老百姓反映的热点、难点问题，为他们解决更多实实在在的问题。2014 年 4 月 15 日至 16 日，省委书记、省人大常委会主任袁纯清深入武乡县砖壁村驻村调研时强调，党的群众路线教育实践活动，越往基层越要抓具体，要坚持开门搞教育，广泛听取群众的意见建议，紧紧围绕群众所急所盼抓整改，自觉从办好具体事情抓起，转变干部作风，切实解决好服务群众“最后一公里”的问题，真正把活动成效体现在为民惠民、帮助群众过上更加幸福的生活上。

2014 年 10 月 22 日，武乡县召开党的群众路线教育实践活动总结大会，标志着党的群众路线教育实践活动结束。全县 655 个党组织、14369 名党员参加了此次主题教育活动。主题教育活动期间，武乡县加强服务型基层党组织建设，全县 377 个村级组织活动场所全部完成标准化建设，对 487 名两委主干、2585 名两委班子成员进行了培训，开展了“强村帮弱村、先进带后进”结对共建活动，完善了党员干部联系群众制度和督促检查制度。

通过党的群众路线教育实践活动，全县广大党员干部普遍坚定了理想信念和政治定力，增强了群众观念和宗旨意识，整治了一批“四风”突出问题，形成了作风建设的制度成果，党群干群关系进一步密切，为老区建设凝聚起一往无前的力量。

第二节 “三严三实”专题教育

2014 年 3 月 9 日，习近平总书记在参加第十二届全国人民代表大会第二次会议安徽代表团审议时，关于推进作风建设的讲话中，提到“既严以修身、严以用权、严以律己，又谋事要实、创业要实、做人要实”的重要论述，称为“三严三实”讲话。2015 年 4 月 10 日，中共中央办公厅印发《关于在县处级以上领导干部中开展“三严三实”专题教育方案》，对 2015 年在县处级以上领导干部中开展“三严三实”专题教育作出安排。

根据中共中央和省、市部署，武乡县委认真贯彻落实中央和省、市委会议精神和方案要求，在充分借鉴和吸收在党的群众路线教育实践活动、学习讨论落实活动中形成的好的经验做法的基础上，制定了《关于在全县县处级以上领导干部中开展“三严三实”专题教育实施方案》。2015 年 5 月 19 日，以县委书记胡坚同志带头为全县各级领导干部讲专题党课为标志，武乡县县处级以上领导干部“三严三实”专题教育正式全面启动。武乡县“三严三实”专题教育的范围主要包括县委、县人大、县政府和县政协领导班子和 24 名县处级以上领导干部，县公安局、县法院、县检察院的 3 名县处级领导干部，县委党校、长治市武乡蟠洪循环经济工业园区办事处、长治市武乡红色旅游开发管理中心的 3 名县处级领导干部，其中非党县处级领导干部 4 名。同时，乡科级干部采取多种形式接受“三严三实”教育。

武乡县《关于在全县县处级以上领导干部中开展“三严三实”

专题教育实施方案》，提出了明确的目标任务。“三严三实”专题教育坚持以上率下、从严要求，强化问题导向，坚持真查真看真改“不严不实”问题，真正把“三严三实”作为修身做人用权律己的基本遵循、干事创业的行为准则。按照“信念坚定、为民服务、勤政务实、敢于担当、清正廉洁”的新时期好干部标准，真正把自己摆进去，着力解决理想信念动摇、信仰迷茫、精神迷失、宗旨意识淡薄、忽视群众利益、漠视群众疾苦、党性修养缺失、不讲党的原则等问题，努力在深化“四风”整治、巩固拓展党的群众路线教育实践活动和学习讨论落实活动成果上见成效；着力解决滥用权力、设租寻租，官商勾结、利益输送，不直面问题，不负责任、不敢担当，顶风违纪还在搞“四风”、不收敛不收手等问题，努力在推进法治武乡建设、实现“六权治本”上见实效；着力解决无视党的政治纪律和政治规矩，对党不忠诚、做人不老实，阳奉阴违、自行其是，心中无党纪、眼中无国法等问题，努力在严格执行党规党纪“先走一步”，塑造武乡干部队伍良好形象上见实效；着力解决思想上有顾虑、行动上不适应，消极颓废、不思进取、懒政怠政，怕惹人、怕出事、怕有失误、怕犯错误、怕被追责，不作为、慢作为、选择性作为，遇到矛盾绕道走等问题，努力在增强干事动力、激发干事热情上见实效；着力解决改革创新精神不强、干事创业精气神不振、适应新常态准备不足，本领恐慌、知识恐慌和作风不实、执行不力等为官不为“软腐败”问题，努力在全面落实“六大发展”、务实推进“五五战略”、深入实施“11355”战略上见实效。

武乡县“三严三实”专题教育围绕思想教育、党性分析、整改落实、立规执纪内容，具体开展了八项重点工作：一是坚持以上率下，讲好专题党课；二是突出“三个专题”组织学习讨论；三是贯彻整风精神，召开专题民主生活会和组织生活会；四是列出“两个清单”，落实整改任务；五是突出“四个重点”，持续用力抓好专项整治；六是在全面落实“六大发展”、务实推进“五五战略”、深入实施“11355”战略上出实招、见实效；七是坚持“五个从严”，执行党纪党规，从严落实“两个责任”；八是推进“六权治本”，扎紧制度笼子。通过“三严三实”专题教育，进一步激发了党员领导干部忠诚、干净、担当的政治热情，规范了党员干部言行，推动了党风政风持续好转，为全面落实“六大发展”、务实推进“五五战略”、深入实施“11355”战略提供了坚强的思想保证、政治保证和组织保证。

第三节　“两学一做”学习教育

为了深入学习贯彻习近平总书记系列重要讲话精神，巩固拓展党的群众路线教育实践活动和“三严三实”专题教育成果，进一步解决党员队伍在思想、组织、作风、纪律等方面存在的问题，保持党的先进性和纯洁性，党中央决定，2016 年在全体党员中开展“学党章党规、学系列讲话，做合格党员”学习教育（简称“两学一做”学习教育）。

2016 年 2 月，中共中央办公厅印发了《关于在全体党员中开展“学党章党规、学系列讲话，做合格党员”学习教育方案》，并发出通知，要求各地区各部门认真贯彻执行。通知指出，开展“两学一做”学习教育，是面向全体党员深化党内教育的重要实践，是推动党内教育从“关键少数”向广大党员拓展、从集中性教育向经常性教育延伸的重要举措，是加强党的思想政治建设的重要部署。

武乡县“两学一做”学习教育于 2016 年 4 月 27 日正式启动，全县 743 个基层党组织、14543 名党员参加了学习教育。县委对“两

2016年4月27日，武乡县"两学一做"学习教育大会在武乡宾馆召开。

学一做"学习教育高度重视，牢牢抓住学这个基础、做这个关键，强化问题导向，先后九次召开专题会议，对学习教育工作进行专题研究和安排部署，制定下发了《关于在全县党员中开展"学党章党规、学系列讲话，做合格党员"学习教育实施方案》。县四大班子和县处级以上党员领导干部带头参加学习教育，通过深入调研、督查指导、听取意见等形式，深入所包乡（镇）和联系点督促指导，有力地带动和推动了全县各级党组织"两学一做"学习教育扎实有序开展。为夯实"学"这个关键，坚持以上率下学、突出特色学、分类指导学、创新方式学、立足问题学、督导督促学、围绕中心学，采取丰富多彩的学习形式，切实增强广大党员干部学习党章党规和系列讲话精神的思想自觉和行动自觉。为突出"做"这个基础，坚持边学边改，引导广大党员干部做"四讲四有"（讲政治、有信念，讲规矩、有纪律，讲道德、有品行，讲奉献、有作为）合格党员。县委紧密结合"党员先锋行"主题实践活动和“学习先进典型、讲身边故事、传递正能量”主题党日活动，突出“传承红色文化、推动脱贫攻坚”主题，在全县组织开展“六项活动”，即：基层党组织开展“传播红色文化、传承红色基因”的主题党日活动，县、乡党代表开展以“传党情、听民声、谋发展、促和谐”为主题的宣讲活动，县直职能部门单位党员开展以“走进基层、服务群众”为主题的“流动课堂”活动，机关单位党员开展以“共谋发展、共帮致富”为主题的“结对子”活动，窗口单位和服务行业党员开展“当先锋、强服务、转作风”主题活动，农村党员开展“强村富民先锋”主题活动。通过“六项活动”，促使全体党员结合自身职责，创先进、争优秀、做表率，实现“一名党员一面旗帜”的目标。

武乡县“两学一做”学习教育坚持带着问题学、针对问题改，不断推进党员队伍在思想、组织、作风、纪律等方面问题的有效解决。其间，集中解决了部分农村、破产企业党员多，组织活动不经常的问题，部分党员党费收缴不足额、不及时问题，部分党代表和党员违纪违法未给予处理的问题，部分基层党组织未按时换届的问题，非公企业和社会组织“两个覆盖”不全的问题，部分破产改制企业党组织活动场所危旧狭小、使用不经常和社区党建经费不足的问题。

武乡县“两学一做”学习教育取得了强化党章意识、规范组织生活、强化基层组织、加强班子建设、促进当前工作的明显成效，广大党员进一步坚定理想信念，提高党性觉悟，增强“四个意识”，严守政治纪律和政治规矩，强化宗旨观念，工作作风得到进一步转变，有效集聚起推动发展的正能量。

第四节 “不忘初心、牢记使命”主题教育

2019 年 9 月，“不忘初心、牢记使命”主题教育开展以来，县委认真贯彻落实习近平总书记“四个到位”“四个注重”重要指示和省委、市委决策部署，坚决扛牢主体责任，切实加强组织领导，牢牢把握“守初心、担使命，找差距、抓落实”总要求，实施学习教育、调查研究、检视问题、整改落实四项重点措施，带头示范引领，全力抓实抓细；各基层党组织积极响应、迅速行动，广大党员干部主动投入、踊跃参与，整个主题教育开展有序、扎实有力，达到了预期目的，取得了明显成效。

坚持深学细悟，理论武装进一步强化。县委带头开展 3 次集中学习研讨，召开学用新思想交流会，举办读书班，各级党员干部广泛讲授专题党课，围绕规定篇目静下心来读原著、学原文、悟原理，及时跟进学、带着问题学、真信笃行学，有力推动理论学习往深里走、往实里走，知信行合一的能力进一步提高。监漳

2019 年 10 月 23 日，武乡县举行“不忘初心、牢记使命”主题教育形势教育专题讲座。

镇开设“四个课堂”，寓教于学，推动理论学习走实走心；县供电公司开设周二“红太行”讲堂，推动学习教育常态化、制度化；故县乡创新“五学”模式，坚持上门送学、结对帮学，推动学习教育全覆盖；贾豁乡统一为老党员购买小音箱，组织“五老宣讲团”，推动党的最新理论深入人心；县人民检察院以考促学、以赛促学，推动党员干部强学强记、常学常新。

坚持锤炼党性，“两个维护”更加坚定自觉。广大党员干部严格按照习近平总书记“四个对照”“四个找一找”重要指示要求，坚持刀刃向内，勇于自我革命，主动把自己摆进去、把职责摆进去、把工作摆进去，反复检视自己，深入查摆问题，全县党员查摆问题42315个，完成整改36998个。充分利用丰厚的红色资源优势，积极开展党史和国史教育，通过参观革命旧址，回顾抗战历史，从红色基因中汲取营养、坚定信仰，进一步感悟初心、铭记初心。全县各级党组织按照要求全部高质量、高标准召开了专题民主生活会和组织生活会，广大党员干部普遍接受了一次严肃的党内政治生活锻炼。

坚持苦干实干，担当作为的精气神进一步提振。通过开展革命传统教育和形势政策教育，组织观看国庆阅兵式，叩问初心变没变、使命担没担，全县领导干部和广大党员进一步激发了只争朝夕、奋发有为的干劲和斗志。县委始终注重在脱贫攻坚、项目建设、维护稳定一线考察干部、锤炼干部、选用干部，89名扶贫一线优秀干部得到提拔重用，进一步激励了干部担当作为的勇气。县委宣传部大力推进农村移风易俗，革除歪风陋习，树立文明乡风；县委老干局实施党建“提能”工程，开展“五化”建设，组建14个基层离退休老干部党支部，为全县500多名离退休老党员发挥余热提供了组织保证；县林业局发起“阿里巴巴绿色生态公益活动”，积极筹集扶贫资金，改善全县生态环境；县行政审批局全力推进“放管服效”改革，制定出台了《创优营商环境 93 条》；丰州镇大力发展乡村旅游，建设魏家窑综合体验园，进一步拓宽群众增收渠道；上司乡积极举办第二届武乡小米开镰节，打响“名米之乡”品牌等。通过将主题教育与脱贫攻坚、转型发展、乡村振兴有机融合，全县上下进一步凝聚起党员干部担当作为、干事创业的强大合力。

坚持群众路线，为民谋利、为民尽责的宗旨意识更加牢固。县处级领导干部带头开展领题调研，深入包联乡镇、分管部门开展调研 30 余次，解决问题 43 个。全县 632 名县处级、乡科级领导干部共形成调研报告 652 份，有 256 条对策建议转化为惠民措施。广大党员干部深入开展“三服务”“万名党员联万户”等活动，沉下身，到一线，解民忧，办实事，共收集群众事项 2080 个，推动解决事项 1821 个。县政协积极组织委员开展“四送一帮扶”活动，受益群众 3000 余人，赢得了群众充分肯定和认可；石北乡开展访一次民意、解一项民忧、集一条民智、惠一项民生、暖一片民心“五个一”活动，为民办实事 40 余件；县水利局为 14 个吃旱井水的自然村接通入户自来水，为 8 个单位 269 户用水户进行智能化改造，彻底解决了跑冒滴漏问题；县医保局针对群众反映的周末转诊难问题，公布服务电话，开设周末办理转诊备案专线，为群众转诊提供便利；县医疗集团打造“无假日门诊”，开展大型义诊活动，为群众提供“零距离”医疗服务；县人社局深入开展送政策、送岗位、送技能“三送”活动，发放政策宣传资料 1.2 万余册，转移农村劳动力达到 2724 人。

坚持互促共进，经济社会高质量发展态势强劲。全县经济运行总体平稳、稳中有进，各项主要经济指标圆满完成市下达任务。实施重点项目 73 个，完成投资 22.8 亿元；关键领域改革取得新进展，“一枚印章管审批”初步实现；生态环境质量持续改善，县城空气质量综合指数全市排名第三；各项基础设施和民生工程建设顺利推进，人民群众的获得感、幸福感、安全感不断提升。通过把主题教育的成效体现在作风转变上、体现在具体工作上、体现在推动发展上，为决战完胜脱贫攻坚、全面建成小康社会集聚了强大正能量。

第五节　党史学习教育

2021 年是中国共产党成立一百周年。在全党开展党史学习教育，是党中央立足党的百年历史新起点、统筹中华民族伟大复兴战略全局和世界百年未有之大变局、为动员全党全国人民满怀信心投身全面建设社会主义现代化国家而做出的重大决策。党史学习教育活动开展以来，武乡县委认真落实习近平总书记有关党史学习教育的重要讲话精神，紧密联系武乡实际，围绕学党史、悟思想、办实事、开新局，念好细、深、实“三字诀”，绘好“六张图”，抓好“六注重”，做到“六结合”，确保党史学习教育高标准、高质量推进。

一、绘好“六张图”，确保全县党史学习教育开局良好

中央、省、市党史学习教育动员大会召开以后，县委第一时间进行动员部署，对全县党史学习教育做出安排部署。一是绘好“组织领导图”。成立了县委书记任组长的县委党史学习教育领导小组，领导小组办公室下设材料组、宣传组、活动组织组、机构协调组、联络组等 5 个工作小组。抽调 15 名同志成立工作专班，负责办公室工作，配置办公场所，明确工作职责，健全工作制度，各乡镇各部门单位配备联络员，建立起全县党史学习教育指挥部、联络站和服务台。二是绘好“任务方案图”。制定《武乡县关于开展党史学习教育的实施方案》，制定了包括演讲比赛、

全县党史学习教育部署会

微党课、党史知识竞赛等 25 项活动的党史学习教育实施方案，明确了党史学习教育的工作任务，做到月月有重点，季季有高潮，全年不断线。三是绘好“责任清单图”。制定《武乡县党史学习教育工作安排表》，明确 11 次专题学习和 25 项活动的时间节点、责任单位，每月制定、下发任务清单，确保党史学习教育卡紧时间节点、责任分解到位。四是绘好“路线流程图”。编印《党史学习教育工作手册》，制定督导、宣讲具体工作方案，抽调 36 名党性强、工作认真负责的同志成立 12 个巡回指导组，办公室联络组分组对接，对全县 12 个乡镇 7 个机关系统和非公系统进行督导；从优秀党员、红色讲解员、理论教师、老干部等群体中挑选 20 余名政治理论水平高的同志组成县党史学习教育宣讲团，每个乡镇、县直单位明确一名联络员对接，明确宣讲内容、宣讲地点、宣讲对象，确保党史学习教育各项安排有序开展。五是绘好“活动效果图”。编发 40 余期《党史学习教育工作简报》《党史学习教育工作剪影》，在县融媒体 App 和微信公众号开设《学党史 践初心 兴老区》《武乡党史故事》《武乡微党课》等专栏，及时反映全县党史学习教育推进情况，总结好经验、好做法。六是绘好“严督实导图”。召开武乡县党史学习教育督导工作汇报会，把发现问题和总结经验、选树典型结合起来，传导压力，激发动力，挖掘潜力。

二、抓好“六注重”，确保党史学习教育取得明显成效

围绕学史明理、学史增信、学史崇德、学史力行，抓好“六注重”，力求党史学习教育走深走实。一是注重党员干部带头。在党史学习教育中，以上率下，做到党员干部先学一步，学深一步。举办县四大班子党史学习教育读书班，学原著、读原文，围绕学习《论中国共产党历史》《中国共产党简史》开展五次集中学习研讨。县委委员带头学，新一届县委委员在县委书记贺思宇带领下，到胜利碑前集体学习近平总书记《人民对美好生活的向往就是我们的奋斗目标》《走得再远都不能忘记来时的路》两篇文章，重温入党誓词，进一步坚定为党的事业奋斗终生的信心决心。县财政下拨 170 万专项经费为全县 14858 名党员配备党史学习系列书籍和学习资料，做到了老党员、离退休老干部、流动党员全覆盖。二是注重用活红色资源。依托武乡丰富的红色资源，运用爱国主义教育基地开展党史学习教育。各乡镇、各部门依托八路军太行纪念馆、八路军总部王家峪旧址、八路军总部砖壁旧址等革命遗址、爱国主义教育基地，举办党史教育流动课堂。三是注重发扬红色传统。在党史学习教育中组织红色电影展播活动，利用多种形式的报告会、宣讲会，引导干部群众不忘初心、艰苦奋斗，生动讲述中国共产党百年历程中的“武乡故事”，全面宣传党的光辉历程、伟大成就、宝贵经验。四是注重传承红色基因。突出抓好青少年党史学习教育，在中小学生中讲好“开学第一课”，运用主题班会、升旗仪式等形式，开展讲红色故事、看红色电影等活动，使红色基因融入血液，引领青少年学习英雄楷模精神，争做敢于拼搏的新时代少年。五是注重创新学习载体。在广泛开展自己学、示范学、研讨学、讲座学、现场学、线上学、培训学、督导学等多样化学习活动的基础上，打造党史学习精品课程，与

全国党性教育基地太行干部学院联合开办“弘扬太行精神　党史学习大讲堂”，邀请知名专家开展党史和革命精神专题讲座，引导全县党员干部进一步学史明理、学史增信、学史崇德、学史力行。六是注重营造社会氛围。制定《武乡县党史学习教育宣传工作方案》，在公共场所、主要干道、室外大屏等，通过标语、滚动字幕、视频、音频等形式，广泛组织开展多层次、立体化、全方位的对内对外宣传活动。

三、做到“六结合”，谱写老区高质量转型发展新篇章

一是将党史学习教育与弘扬太行精神相结合。县委提出“弘扬太行精神　共建创新武乡”的工作主线，举办“在太行山上”歌唱比赛，启动“在太行山上”庆祝建党100周年进基层文艺巡演活动等，让《在太行山上》回响在老区大地。二是将党史学习教育与服务老区人民相结合。制定《武乡县关于开展“我为群众办实事”实践活动的实施方案》《关于开展“用党史、践初心、兴老区”实践活动的实施方案》，全县各级党员干部深入基层一线、群众身边察民情、访民意，建立“我为群众办实事”意见建议和整改清单。三是将党史学习教育与转型发展相结合。把党史学习教育成效转化为推动工作的动力。以现代农业示范区、经济技术开发区为承载，改造提升传统产业，发展壮大新兴产业，聚焦聚力五大产业，全力构建现代产业体系，打造转型发展强大引擎。县级领导包项目，全县66个重点项目由四大班子领导包联，以项目为引领推动全县高质量高速度发展。四是将党史学习教育与文明城市建设相结合。广泛开展“我为群众办实事”党员志愿服务活动。组织全县上下开展了丰富多样、各具特色的文明实践活动，县、乡、村各级志愿者队伍以空巢老人、留守儿童、贫困群众、残疾人为重点，积极开展结对帮扶志愿服务活动，助推党史学习教育深入实践。五是将党史学习教育与转变工作作风相结合。

4月19日至23日，在太行干部学院组织全县科级干部党史学习教育读书班，邀请专家学者就中国共产党百年辉煌、习近平总书记在党史学习教育动员大会上的重要讲话精神等作专题讲座，引导广大党员干部进一步坚定“四个自信”，增强“四个意识”，自觉做到“两个维护”。同时，在党史教育中注重正反面教育相结合，开展党风廉政建设警示教育，引导党员干部始终筑牢思想防线，营造了风清气正的良好政治生态。六是将党史学习教育与加强基层治理相结合。构建简约高效的基层管理体制，推进乡镇便民服务体系建设，乡镇设立综合服务中心，村设立便民服务室，54项“就近办”事项全部入驻便民服务大厅。筹划建设全县综治中心，把信息化大数据运用到基层治理中。主动化解信访难题，制定县级领导干部包联化解重点信访事项制度、约访下访制度，把问题化解在基层一线，维护社会和谐稳定。

第六节　加强纪检监察工作

一、监察体制改革

武乡县认真贯彻中央、省、市监察体制改革试点工作要求，通过实施组织和制度创新，建立健全全县集中统一、权威高效的监察体系。撤销县监察局、检察院反贪反渎和职务犯罪预防部门，将相关职能整合到监察委员会。2017年2月28日，武乡县监察委员会正式挂牌成立。县纪委和监委合署办公，实行“一套人马，两块牌子，两种职能”。

2017年12月，武乡县纪委监委认真落实推进派驻机构全覆盖精神，采取“9+1”的派驻（出）方式，在全县各系统设置9个县纪委监委派驻纪检监察组（负责监督96个县直单位和部门）和1个县直机关纪工委(主要负责科级以下干部违纪问题的审理)。

监察体制改革后，县纪委监委监督对象增加到 739 个机构和 15911 人，其中中共党员 14287 人、非党员 1624 人，较改革前县监察局净增监督对象 1369 人。武乡县纪委监委严格按照省“四个一”制度和“1+4”制度体系，着力完善县纪委监委议事规则和案件移送配套衔接机制，《武乡县纪委监委机关执纪监督监察工作制度》于 2017 年 6 月 1 日通过市、县领导小组的审核，进入全面实施阶段。

二、巡察监督

为落实全面从严治党要求，严肃党内政治生活，净化党内政治生态，加强党内监督，根据中央、省、市安排部署，2016 年 6 月成立中共武乡县委巡察工作办公室。县委巡察办是县委工作部门，因业务关系设在县纪委。巡察工作是新形势下贯彻落实党中央全面从严治党向基层延伸的重大举措和重要抓手，是党内的“政治体验”、作风的“专项会诊”、精神的“集中补钙”和思想的“深刻警醒”。巡察工作的根本目的是通过深入查找和推动解决问题，促进被巡察单位改进工作。

武乡县委巡察工作从 2016 年全面铺开，坚持聚焦从严治党，坚持政治巡察定位，对巡察对象执行《中国共产党章程》和其他党内法规、遵守党的纪律、落实全面从严治党主体责任和监督责任等情况进行监督，着力发现党的领导弱化、党的建设缺失、全面从严治党不力，党的观念淡漠、组织涣散、纪律松弛，管党治党宽松软问题。十五届武乡县委以常规巡察、机动式巡察、市县统筹交叉巡察和巡察回头看方式，先后完成了九轮巡察，共巡察 14 个乡（镇）、80 个县直单位，共计 94 个党组织，县级巡察对象覆盖率达到 100%；通过巡乡（镇）带村和“延伸式”专项巡察等方式，共巡察 269 个行政村和 4 个社区，共计 273 个村级党组织，村级巡察对象覆盖率达到 100%。

第九章 着力推进民主法治建设

发展民主、健全法治，是社会主义制度的内在要求。武乡县把“坚持党的领导、人民当家作主、依法治国有机统一”作为发展社会主义民主法治的首要战略任务，坚持中国特色社会主义政治发展道路，坚持和完善人民代表大会制度、中国共产党领导的多党合作和政治协商制度、基层群众自治制度，深入推动司法体制改革，积极发展社会主义民主政治，全面推进依法治县，人民的权益受到切实尊重和保障，民主法治建设取得了新进步。

第一节 坚持和完善人民代表大会制度

一、武乡县第十四届人民代表大会第一次会议

2011年5月27日至29日，武乡县第十四届人民代表大会第一次会议在县影剧院隆重召开，160名人大代表出席了会议。会议审议通过了县长阎新平所做的政府工作报告，审议通过了武乡县2010年国民经济和社会发展计划执行情况与2011年国民经济和社会发展计划草案的报告和武乡县2010年财政预算执行情况和2011年财政预算草案的报告，审议通过了县人大常委会主任袁俊山所作的武乡县人大常委会工作报告，审议通过了武乡县人民法院工作报告和武乡县人民检察院工作报告。会议选举袁俊山为武乡县第十四届人民代表大会常务委员会主任；选举路新印、梁先平（女）、王月岗、李树生、赵保红为武乡县第十四届人民代表大会常务委员会副主任；选举阎新平为武乡县人民政府县长；选举郭强、曲晋山、王淑英（女）、常红兵、侯建军、李军印为

武乡人民政府副县长；选举陈建龙为武乡县人民法院院长；选举王建宏为武乡县人民检察院检察长。

武乡县十四届人大常委会在中共武乡县委的领导下，认真履行宪法和法律赋予的职责，听取和审议“一府两院”专项工作报告 61 项，就 17 件法律法规开展执法检查，就重大事项作出决议决定 15 项，任免国家机关工作人员 136 人次，有效地发挥了地方国家权力机关的作用，为推动武乡经济社会发展、促进民主法治建设作出了积极贡献。

二、武乡县第十五届人民代表大会第一次会议

2016 年 8 月 28 日至 30 日，武乡县第十五届人民代表大会第一次会议在县影剧院召开。160 名人大代表和县四大班子领导出席会议。会议听取了县长阎新平所作的政府工作报告；听取了十四届人大常委会主任袁俊山所作的武乡县人大常委会工作报告；听取了县人民法院代院长卫建红、县人民检察院代检察长李树忠所做的工作报告。会议以无记名投票的方式进行选举。经大会选举郝炳宏当选为武乡县第十五届人民代表大会常务委员会主任；路新印、王月岗、李树生当选武乡县人大常委会副主任；阎新平当选武乡县人民政府县长；王书文、张志鹏、李朝阳、张帆（女）、郑丹、高怀碧、郭斌当选武乡县人民政府副县长；卫建红当选武乡县人民法院院长；李树忠当选武乡县人民检察院检察长。

大会表决通过了关于武乡县国民经济和社会发展第十三个五年规划纲要的决议、关于政府工作报告的决议、关于武乡县 2015 年国民经济和社会发展计划执行情况与 2006 年国民经济和社会发展计划的决议、关于武乡县 2015 年财政预算执行情况与 2016 年财政预算的决议、关于武乡县人民代表大会常务委员会工作报告的决议、关于武乡县人民法院工作报告的决议、关于武乡县人民检察院工作报告的决议。

县委书记胡坚指出，县人大及其常务委员会要始终坚持党的领导、人民当家作主、依法治国有机统一，用改革精神和法治思维推进人大工作创新，依法履行立法、监督、决定重大事项职能；“一府两院”要自觉接受人大监督，认真执行人大做出的决议，主动向人大常委会报告工作，积极配合和支持人大常委会和人大代表依法履职；全体代表要倍加珍惜党和人民的信任，切实增强代表意识，认真履行法定职责，充分展示新一届人大代表风采，为实现“十三五”发展目标任务贡献智慧和力量。

为了加强和改进县委对人大工作的领导，支持人大依法履职，2018 年 6 月 6 日，中共武乡县委印发《关于加强和改进新形势下人大工作的实施意见》；2019 年 6 月 5 日，中共武乡县委出台《关于建立县人民政府向县人大常委会报告国有资产管理情况制度的意见》。这两个重要文件对支持和保证县人大及其常委会依法行使职权提出了明确要求，对加强和改进人大工作具有重要意义。

十五届人大常务委员会主任、副主任任职情况：主任郝炳宏任期为 2016 年 8 月至 2017 年 9 月；副主任路新印任期为 2016 年 8 月至 2021 年 4 月（2017 年 10 月至 2018 年 4 月为人大常委会代理主任）；主任路晓波任期为 2018 年 4 月至 2019 年 6 月；主任李军印任期为 2019 年 6 月至 2021 年 4 月；副主任王月岗任期为 2016 年 8 月至 2021 年 4 月；副主任李树生任期为 2016 年 8 月至 2017 年 11 月；副主任崔宏伟任期为 2019 年 2 月至 2021 年 4 月。

第二节　加强和改进人民政协工作

一、政协第八届武乡县委员会

2011 年 5 月 26 日至 28 日，中国人民政治协商会议第八届武乡县委员会第一次会议在武乡宾馆二楼会议室召开，来自各界别的 165 名政协委员出席会议。会议听取和讨论了政协第七届武乡县委员会常务委员会工作报告和政协第七届武乡县委员会常务委员会提案工作情况的报告；列席武乡县第十四届人民代表大会第一次会议，听取和讨论了政府工作报告和其他重要报告；会议审议通过了政协第八届武乡县委员会第一次会议政治决议、政协第八届武乡县委员会第一次会议关于政协第七届常委会工作报告的决议、政协第八届武乡县委员会第一次会议关于政协第七届常委会提案工作情况报告的决议。会议选举王建华为政协第八届武乡县委员会主席，选举赵德新、杨树宏、成彩娥（女）、高红旗为政协第八届武乡县委员会副主席。

2015 年 4 月 26 日，政协第八届武乡县委员会第五次会议补选魏书文为政协第八届武乡县委员会主席。

八届县政协在县委的领导下，坚持团结和民主两大主题，认真履行政治协商、民主监督、参政议政职能，充分发挥协调关系、汇聚力量、建言献策、服务大局作用，为推动全县经济社会平稳健康发展作出了贡献。

二、政协第九届武乡县委员会

2016 年 8 月 27 日至 29 日，中国人民政治协商会议第九届武乡县委员会第一次会议在武乡宾馆二楼会议室召开。161 名政协委员和县委、县人大、县政府、县法院、县检察院领导出席会议，市委县乡换届督导组应邀出席会议。驻县市政协委员、历届县政协主席、副主席、专委会主任、在副处岗位退下来的老领导、县直正科级单位、重点企业负责人、部分乡镇党委副书记列席会议。县委书记胡坚在开幕式上讲话。县政协主席魏书文代表政协第八届武乡县委员会常务委员会向大会作工作报告，县政协副主席杨树宏作政协第八届武乡县委员会常务委员会提案工作情况的报告。会议选举魏书文为政协第九届武乡县委员会主席，选举杨树宏、成彩娥（女）、高红旗、郝秉章为政协第九届武乡县委员会副主席。会议表决通过了政协第九届武乡县委员会第一次会议政治决议、政协第九届武乡县委员会第一次会议关于政协第八届武乡县委员会常务委员会工作报告的决议、政协第九届武乡县委员会第一次会议关于政协第八届武乡县委员会常务委员会提案工作报告及提案审查委员会关于提案征集和审查情况的报告的决议。

九届县政协期间，武乡县委进一步加强对县政协工作的领导。2018 年 6 月 6 日，中共武乡县委出台《关于加强人民政协协商民主建设的实施意见》；2019 年 6 月 27 日，中共武乡县委印发《关于加强和改进人民政协民主监督的实施意见》。这两个重要文件对加强和改进县政协履行政治协商、民主监督、参政议政职能提出了明确要求，对推动新时代人民政协事业发展进步具有十分重要的意义。

第三节　加强法治建设

一、依法治县

武乡县全面贯彻落实《中共中央关于全面推进依法治国若干重大问题的决定》，在积极推进依法行政、公正司法、全民守法等方面取得重大进展的基础上，为深化依法治县实践，健全党领导法治建设的体制机制，2019 年 7 月 27 日，召开县委全面依法治县委员会第一次会议，制定下发了县委全面依法治县委员会及办公室和各协调小组人员名单、工作规则、工作细则等文件。同年，推进行政规范性文件审核备案工作，全面推进行政执法三项制度，确认并公示全县 57 个行政执法主体和 5 个受委托的事业组织；开展食品药品监管执法司法督察工作，推进市场监管、生态环境、文化市场、交通运输和农业等5个领域综合执法体制改革。深入实施“双随机、一公开”，建立8478户的市场主体名录库，建立384名执法人员名录库，确定信息公示双随机抽查事项清单，并通过全国企业信用信息公示系统向社会公开。2020年6月10日，召开县委依法治县委员会第二次会议；6月29日召开创建法治政府建设示范县暨法治政府建设实地督察反馈意见整改工作会。县委常委会专题学习《民法典》。依法治县运行机制、党政主要负责人履行推进法治建设第一责任人职责制度机制、党委（组）学法用法制度进一步完善，形成了集中领导、高效决策、统一部署、上下贯通、运行规范的全面依法治县领导体制和运行机制。全县30个行政执法单位全部按照《山西省全面推行行政执法三项制度任务分解推进表》确定的各项任务，构建了“1+3+4+5+X”制度体系，完成了22项相关制度的汇编成册和社会公开工作。持续开展“减政便民”行动，完成了本地证明事项取消清单、保留清单和告知承诺制事项清单的梳理和公开工作，并建立了证明事项动态清理和公布机制。县政府常务会议专题学习《山西省行政规范性文件制定与监督管理办法》，县政府办公室下发《关于做好行政规范性文件合法性审核和备案审查工作的通知》，行政规范性文件审核备案工作稳步推进。

二、普法宣传

为增强全体公民的法治观念，让人们知法守法，养成依法办事的习惯，武乡县持续开展普及法律常识宣传，先后完成了“六五”普法宣传和“七五”普法宣传。“六五”普法从2011年开始实施，2015年组织考核验收。“六五”普法突出学习宣传中国特色社会主义法律体系，深入开展社会主义法治理念教育，深入学习宣传促进经济发展和保障、改善民生的法律法规，深入学习反腐倡廉法律法规，大力推进社会主义法治文化建设，推进依法治县、依法行政。普法重点对象为领导干部、公务员、青少年、企事业经营管理人员和农民，领导干部和青少年是重中之重。通过深入扎实的法治宣传教育，提高了全民法律意识和法律素质，促进全社会形成自觉学法守法用法氛围，强化了社会主义法治理念，促进了社会主义法治文化建设，进一步提高了依法管理、依法履行职责、依法服务社会水平，推进了法治武乡建设。2016 年 12 月 19 日，武乡县委、县政府印发《关于在全县开展法治宣传教育的第七个五年规划（2016—2020）》，标志着“七五”普法正式启动。普法对象是一切有受教育能力的公民，重点是领导干部和青少年。主要任务是深入学习宣传习近平总书记关于全面依法治国的重要论述，宣传党中央关于全面依法治国的重要部署，突出学习宣传宪法，深入宣传中国特色社会主义法律体系，深入学习宣传党内法规，推进社会主义法治文化建设，推进多层次多领域依法治理，推进法治教育与道德教育相结合。“七五”普法严格按照“谁执法谁普法、谁主管谁普法、谁服务谁普法”要求，落实普法责任制。广泛开展法律进机关、法律进乡村、法律进社区、法律进学校、法律进企业、法律进单位的“法律六进”活动，使全社会法治化管理水平逐步提高，在实施依法治国基本方略、推进经济平稳较快发展、维护社会和谐稳定方面发挥了重要作用。

三、司法改革

2014 年 4 月 6 日，中央全面深化改革领导小组第三次会议审议通过《关于司法体制改革试点若干问题的框架意见》，标志着我国司法体制改革正式启动。2015 年，武乡县被列为山西省司法体制改革第一批试点县，县人民法院、县人民检察院成为山西省司法体制改革首批试点单位先行先试。

人民法院体制改革。2016 年，武乡县人民法院开展司法体制改革先行先试工作，严格遴选产生首批 14 名入额法官和 16 名法官助理，同时人财物上划省级统管。武乡县人民法院有内设机构15个、基层法庭3个，分别为：政治处、办公室、立案庭、刑事审判庭、民事审判一庭、民事审判二庭、行政审判庭、交通法庭、执行局、案件管理局、审判监督庭、机关党支部、信访监察室、信息技术股、司法警察大队，洪水法庭、蟠龙法庭、故城法庭。2016年，武乡县人民法院分类管理人员，采取双向选择为主的方式，重建以入额法官为主体的新型审判团队，全面实施立案登记制度；将执行裁判机构与执行实施机构相分离，形成入额法官裁判、司法警察执行的新模式，有效提升了案件执行的质量和效率；规范主审法官、合议庭办案责任制，制定《武乡县人民法院司法体制改革“1+18”工作配套方案》，形成以审判权为核心、审判管理权和审判监督权为保障的审判权运行新机制，回归“让审理者裁判、由裁判者负责”的基本司法规律，实现了“让人民群众在每一个司法案件中都感受到公平正义”的司法体制改革最终目标。武乡县人民法院全面优化审判委员会工作职能，积极稳妥地还权于合议庭、还权于主审法官，除少数疑难复杂案件提交审判委员会讨论决定以外，其他案件均由主审法官、合议庭成员审理和裁判。武乡县人民法院积极探索以审判为中心的诉讼制度改革，依法排除非法证据，防止冤假错案发生，依照申请通知鉴定人出庭作证，形成事实证据调查在法庭、定罪量刑辩论在法庭、裁判结果形成于法庭的审判模式，取消院、庭长签发法律文书规定，实行主审法官、合议庭成员签发文书制度，突出主审法官和合议庭办案责任制，对342起刑事、民事案件全程录音录像记录庭审，使办案责任制进一步落实，庭审质量进一步提高。

2017年，武乡县人民法院遴选法官17名，选任法官助理13名，聘用书记员14名，按照新机制组建了员额法官为主的新型审判团队13个，内设机构由18个缩减至8个，17名员额法官完成单独职务序列套改。进一步落实司法责任制，不断完善法官、合议庭办案责任制的配套机制建设，实现“让审理者裁判、由裁判者负责”，法官对办案质量终身负责。不断推进审判流程、裁判文书、执行信息、庭审活动四大公开平台建设，利用信息化手段，主动公开司法信息，让司法公正看得见、能评价、受监督，倒逼法官提高司法能力、提高办案质量，当年公布审判流程和执行案件流程节点信息1189条，庭审直播201件，全程录音录像534件，裁判文书上网率达到100%。

2018年，武乡县人民法院围绕“让审理者裁判、由裁判者负责”，进一步强化法官、合议庭的主体地位，促进司法责任制落实；落实员额法官动态管理机制，建立常态化案件评查、通报机制，健全专业法官会议制度，完善审判委员会工作规则，加大对重大、疑难、复杂案件的监督管理；严格落实院、庭长办案制度，实现院、庭长办案常态化。

2019年，武乡县人民法院持续推动司法体制改革向纵深发展，大力精简内设机构，简化行政工作流程，优化审判资源配置，实现了人员配置最优化、内部管理扁平化、审判业务专业化，进一步提高了内设机构效率。改革后，由原来的18个内设机构整合为5个内设机构和3个派出法庭，员额法官及司法辅助人员的占比由原来的45%调整至70%，且全部到审判执行一线履职，司法权力运行机制更高效，司法人员权责更明晰，对司法人员的监督更有力。

2019年，武乡县人民法院出台《武乡县人民法院关于健全完善审判监督管理工作的实施办法》，明确细化院、庭长审判监督管理清单，要求院、庭长在案件办理过程中实行全程监督留痕，实现有序放权与有效监督的统一；健全案件评查制度，对所有法官承办案件的质效进行评查，实行案件质量月通报、季考核、年评先的工作机制，不断提升案件审判执行质效；进一步加大司法公开力度，公布审判流程和执行案件流程节点信息 2120 条，更新公众号信息 115 篇，庭审直播 505 场，全程录音录像 820 件，裁判文书上网率 100%，电子卷宗同步生成率 100%。

人民检察院体制改革。2016 年，武乡县人民检察院按照规定遴选产生首批 12 名员额检察官，同时人财物上划省级统一管理。武乡县人民检察院内设机构 12 个：政治处、办公室、控告申诉检察科、反贪污贿赂局、反渎职侵权局、侦查监督检察科、公诉科、监所检察科、民事行政检察科、职务犯罪预防科、司法警察大队、案件管理中心；下属事业编制单位 2 个：后勤服务中心、预防职务犯罪教育培训中心。县检察院按照人员分类管理原则，采取双向选择为主方式，重建以员额检察官为主体的新型检察办案团队，积极推行“捕诉一体化”模式，办案质量和效率明显提高。

2017 年 2 月，根据监察体制改革要求，武乡县人民检察院内设的反贪污贿赂局、反渎职侵权局、职务犯罪预防科三部门转隶县监察委员会。同年 5 月，根据山西省司法体制改革相关方案规定，武乡县人民检察院进行内设机构改革，改革后设政治部、综合保障部、刑事检察部、民事行政检察部、检察业务管理监督部。武乡县人民检察院 9 名员额检察官全部配置到办案一线，实现检察官、检察辅助人员、司法行政人员分类管理落实到位；推行检察官办案责任制，检察官权力清单落实到位；检察长严格履行办案责任制，出庭支持公诉，与检察人员职务序列相配套的履职保障机制完善到位。

2018 年，武乡县人民检察院贯彻执行《监察法》和修改后的《刑事诉讼法》，落实“1+4”监察配套制度，探索纪法监法衔接工作机制，就退回补充侦查、非法证据排除、案件线索转移、强制措施变更、提前介入侦查等程序与监察委员会沟通协商，实现与监察委员会办案工作有序对接，推动形成“1+1>2”的反腐败工作格局。县人民检察院深入推进司法责任制，建立完善检察官办案组、独任检察官两种办案组织，全面落实“谁办案谁负责、谁决定谁负责”的司法责任制要求；坚持放权不放任，全面开展流程监控和质量评查，全程同步、动态监督司法办案。同年，武乡县人民检察院办理的裴某某、郭某某聚众扰乱交通秩序案，在全省检察机关执法办案“三个效果”有机统一交流会上做交流发言，其做法被最高人民检察院在全国推广。

2019 年，武乡县人民检察院全面推行“捕诉一体”，实现同一案件的审查批捕和审查起诉由同一检察官或办案组负责到底，凸显了检察机关在刑事诉讼中的“诉前过滤”作用；全面完成内设机构改革，内设机构设计为：办公室、政治部、第一检察部、第二检察部、第三检察部，进一步整合办案资源；坚持员额院领导带头办理重大疑难案件制度，推进认罪认罚从宽制度改革，深化办案质量监督管理。

第十章 弘扬太行精神 共建创新武乡

2021年，全县工作的总体要求是：坚持以习近平新时代中国特色社会主义思想为指导，全面贯彻落实党的十九大和十九届二中、三中、四中、五中全会精神，深入贯彻落实习近平总书记视察山西重要讲话重要指示，认真贯彻落实中央和省委、市委经济工作会议精神，按照省委“四为四高两同步”总体思路和要求，市委打造创新驱动转型示范市、太行宜居山水名城、全省向东开放和承接中原城市群的枢纽型城市三大战略定位，坚持稳中求进工作总基调，立足新发展阶段，贯彻新发展理念，抢抓构建新发展格局机遇，以“弘扬太行精神、共建创新武乡”为主线，着力巩固拓展脱贫攻坚成果，全面推进乡村振兴，加快推动高质量高速度发展，确保“十四五”转型出雏型开好局、起好步，以优异成绩庆祝建党100周年。

第一节 创新引领发展

一、现代农业十项引领性工作

一是积极打造有机旱作农业示范基地。重点建设省级有机旱作示范片区1个、市级有机旱作示范片区1个，新发展优质谷子3万亩、梅杏1万亩。二是大力发展规模健康养殖业，重点扶持壮大绿农农牧肉鸡、新大象生猪、多维牧业湖羊等养殖业，积极盘活鑫四海生猪养殖业。三是大力发展菊花、连翘、苦荞等药茶产业，不断提高菊花茶、连翘茶、苦荞茶等产品的市场竞争力。四是实施科技兴农战略，加强和农业科研院所的合作，建立农业科技成果转化工作站，加强良种推广。五是延伸农业全产业链条，按照农产品加工精细化、特色化、功能化要求，大力发展小米饼干、小米锅巴、小米咖啡、核桃粉、梅杏干、肉制品、酒等农产品精深加工业。六是做优做强特色农业品牌，探索出台扶持激励政策，提升“武乡小米”“武乡梅杏”地理标志品牌效应。七是打造电子商务进农村综合示范“升级版”，建设微商发展中心，建立杂粮交易市场，线上线下共同发力，不断扩大特色农副产品市场。八是持续深化农村改革，落实农村土地集体所有权、承包权、经营权“三权分置”政策，积极发展农业社会化服务，持续激发乡村内在活力和发展动力。九是扎实推进高标准农田建设，强化对设施蔬菜大棚、高效节水灌溉、高标准冷库、智慧农业等项目的支持力度，提升农业发展水平。十是积极培育专业合作社、家庭农场、种植大户、旅游观光采摘园等新型农业经营主体，推行多种形式的适度规模经营。

二、新型工业十大方向性产业

一是构建“煤—电—镁铝合金—压铸件”新材料产业链，重点推进镁铝合金轻量化新材料产业集群项目建设，打造镁铝合金新材料产业基地。二是构建“橡胶—输送机缓冲滑条—工矿橡胶制品”产业链，重点抓好宏日昇工贸有限公司年产 10 万米输送机缓冲滑条和 5 万平方米滚筒冷硫化包胶面板项目。三是构建“石灰石—砂石骨料—商砼—装配式建筑部件”产业链，重点抓好山水水泥 100 万吨粉磨站、山海商砼混凝土搅拌站项目。四是构建“石灰石—纳米碳酸钙—晶须复合材料（碳酸钙颗粒）—工程塑料”新型建材产业链，加快推进山予钙业 10 万吨纳米碳酸钙项目投产运行。五是构建“工业蒸汽—精细化工”产业链，充分利用西山电厂工业蒸汽资源优势，积极发展精细化工业及相关产业。六是构建“型材加工—构件生产—智能装配制造”产业链，发展壮大全钢型智能附着式脚手架生产项目。七是构建“煤层气抽采—压缩液化—输气管网建设—综合利用”产业链，加强与蓝焰集团、昔阳丰汇煤业、国家管网、国化能源等企业的合作，加快煤层气资源综合开发利用。八是构建“白云石—金属钙—电池负极材料”产业链，重点抓好兴源钙业动力电池硅基复合材料、晟鑫瑞1万吨金属钙提标改造项目。九是构建“煤—电—粉煤灰—新型建材”产业链，重点抓好泓晨万聚砂基透水砖、昌靖建材粉煤灰干混砂浆综合利用、中象新材料有限公司10万吨轻质石膏砂浆项目。十是构建“光伏发电、风电—储能—电能综合利用”多能互补产业链，大力发展光伏发电、风力发电、储能等产业，打造绿色能源综合示范基地。经济技术开发区要设立产业发展基金，加强园区基础设施建设，创优企业投资落地环境，年内至少新建3个投资亿元以上产业项目。

三、旅游产业十项具体性工作

一是加强与山西文旅集团的合作，加快推进八路军文化园扩园、太行少年军校建设、《太行山上》实景剧改版等项目。二是依托太行干部学院，着力打造城乡互动现场教学点接待基地，力争3—5年达到教学接待量日均3000人左右。三是以红色旅游公路为主轴，着力建好五村禾田小镇、李峪村魔幻小镇等各具特色的旅游服务驿站，持续打造一批乡村旅游示范村。四是大力引进旅行社和连锁酒店，新改建一批宾馆酒店，不断扩大农家乐规模，尽快推动住宿床位达到1万张左右。五是建设全域旅游一体化智慧平台，推广使用“一卡通”，提高管理效能和服务能力。六是重组武乡剧团，排演《红肚兜》剧目，开发一批文创产品。七是加强太行龙洞、板山风景区提升改造，加大崇城山开发力度，打造新的优势品牌。八是加快推进王家峪总部旧址“1+4”片区建设，打造全省乃至全国革命文物保护利用示范县。九是启动太行通用机场建设项目，发展低空旅游。十是大力开发红色纪念品、工艺美术品、武乡土特产品、特色小吃等旅游产品，打造具有地域风情的商业街区，让更多的游客吃武乡的休闲食品、住武乡的特色民宿、娱武乡的独特风情、观武乡的山山水水，努力实现“一业兴百业旺”的效应。

四、巩固脱贫攻坚十项基础性工作

一是严格落实5年过渡期内“四个不摘”要求，把握政策导向，坚守战略定力，保持帮扶政策和帮扶力量总体稳定，做到思想不乱、工作不断、队伍不散、干劲不减。二是健全完善防止返贫动态监测帮扶机制，对脱贫不稳定户、边缘易致贫户及基本生活出现困难户开展定期检查、动态管理，做到及早发现、精准帮扶，坚决守牢返贫防线。三是强化易地扶贫搬迁安置点后续扶持，建立完善社区治理体系和综合服务设施，多渠道促进就业，确保搬迁群众稳得住、能致富。四是继续落实好产业扶贫、就业扶贫、小额信贷等政策，做大做强扶贫车间，优化公益性岗位设置，分类推进脱贫人口持续稳定增收。五是深化农村集体产权制度改革，发展乡村旅游、休闲农业等，推动乡村产业健康可持续发展。深入实施贫困家庭就业“清零”行动，确保贫困家庭户户有就业。六是扎实推进农村宅基地改革，做好房地一体的宅基地确权登记颁证工作，盘活农村闲置宅基地和闲置农房，提高资源利用率。七是大力实施“清洁武乡”行动，着力推动城乡环卫一体化，深入开展农村人居环境整治，加快推进农村“厕所革命”和生活垃圾分类处理，扎实开展“洁净家庭”评选活动，积极建设“五彩庭院”，全力打造“洁净武乡”新名片。八是完善农村水电路气网和物流等基础设施，全面提升农村教育、医疗卫生、文化、体育等公共服务水平。九是大力弘扬和践行社会主义核心价值观，深入推进移风易俗，旗帜鲜明地反对各种不良风气和陈规陋习，引导形成积极向上的社会风气。十是鼓励引导各类优秀人才回乡创业，积极引进农村急需的专业人才，加大新型职业农民、致富带头人培养力度，不断增强农村发展内生动力。各乡镇要聚焦产业振兴，立足本地特色，找准产业定位，大力发展特色产业。墨镫乡、洪水镇、蟠龙镇要大力发展新型工业，全力打造工业重镇；韩北乡要大力发展红色旅游业；监漳镇、石北乡要积极发展瓜果、蔬菜种植业；大有乡要全力打造魔幻小镇；故城镇、贾豁乡要发展壮大梅杏等特色种植业；上司乡要大力发展小米、梨产业；丰州镇、故县乡要大力发展商贸旅游业；涌泉乡要大力推进酿酒业；分水岭乡要大力发展健康养殖业。同时，各乡镇要积极打造一批乡村振兴示范村。武乡全面实施乡村振兴战略的深度、广度、难度都不亚于脱贫攻坚，全县各级各部门要继续发扬脱贫攻坚中尽锐出战、攻坚拔寨、敢于胜利的拼搏精神，全力促进农业高质高效、乡村宜居宜业、农民富裕富足。

第二节　城市提质改造

新型城镇化不仅是推进县域经济快速发展的关键举措，更是扩大内需的重要潜力所在。武乡要坚持以旅游城市建设为主线，加快推进县城新区建设和旧城提质改造，把太行龙湖融入城市框架，努力建设充满创新活力、富有特色魅力、宜居宜业宜游的现代化城市。

2021 年，武乡县启动实施城市品质提升十大工程：一是实施新区主干路网建设工程。县城新区道路及综合管廊项目上半年要全线通车，同时，新建北原山路、英雄路、兴武路，加快形成县城新区“两横两纵”主干路网框架。二是实施太长高速武乡出口及连接线片区提升改造工程。三是实施太行街提质改造工程，6

月底前全面完成，努力打造“两下两进两拆”武乡样板。四是实施计委巷东段片区改造工程，促进老城区提档升级。五是实施富庄村一期城中村改造工程，持续推进城关村城中村改造。六是实施太行干部学院扩容工程，进一步提升接待能力。七是实施郑太高铁连接线县城出口片区提升改造和高标准景观绿化工程。八是实施省道南沁线县城过境段改线工程，有效解决客货混行、环境污染等问题。九是实施丰州北路及马牧河北段治理工程，带动县城北部规划区新型城镇化建设。十是继续推进农机粮食南段棚户区改造、和平广场停车场建设、老旧小区改造等项目。同时，要加快推进城市治理体系和治理能力现代化，拓展城市空间，扩大城市规模，增强城市功能，巩固提升国家卫生城市、国家园林城市、国家全域旅游示范区、省级文明县城等创建成果，着力提高城市管理科学化、精细化、智慧化水平。

第三节　改善民生福祉

人民对美好生活的向往就是我们的奋斗目标。坚持以人民为中心的思想，实实在在为群众办实事、做好事、解难事，这既是县委工作的目标和根本依托，也是全县一切工作的出发点和落脚点。

2021 年重点要全力办好民生“十件实事”：一是深入实施“人人持证、技能社会”全民技能提升工程，提高持证率、就业率、增收率，打响武乡特色劳务品牌。二是深化基础教育改革“十大行动”，加快推进小学向乡镇集中、中学向县城集聚。三是深化医药卫生体制改革“十大行动”，积极与科大讯飞医疗有限公司合作，推进智慧医疗服务，加强村医队伍建设。四是加快推进县中医院综合门诊楼建设，及早投入运行。五是扎实推进居家养老和社区养老，启动殡仪馆建设，儿童福利院和光荣院完成主体工程。六是关河水库东干供水工程全面投入运行，新建广志水厂、蟠龙水厂，有效缓解东部乡镇用水问题。七是红色旅游公路三期投入运行，高标准完成“四好农村路”建设。八是推进城乡公交一体化，优化公交线路，逐步实现全县公交免费。九是科学规划建设 10 个户外劳动者爱心驿站，为环卫工人、出租车驾驶员、交通警察、快递员、外卖员等户外劳动者提供饮水、就餐、休息和在线帮助等服务。十是推进档案馆、图书馆、博物馆、公共就业和社会保障服务中心等“多馆合一”建设。

第四节　党的代表会议

2021 年 3 月 29 日至 3 月 31 日，中国共产党武乡县第十六次代表大会在县城影剧院召开。300 名中共代表、153 名列席人员参加了大会。县委书记贺思宇代表中国共产党武乡县第十五届委员会向大会作《弘扬太行精神　共建创新武乡　为推动全县经济社会高质量高速度发展努力奋斗》的报告。

贺思宇指出，中国共产党武乡县第十五次代表大会以来的五年，全县上下认真贯彻中央和省委、市委各项决策部署，凝心聚力、砥砺奋进，综合实力显著提升、脱贫攻坚全面胜利、转型发展态势强劲、生态环境持续改善、民生福祉不断增进、党的建设全面加强，圆满完成第十五次党代会确定的目标任务，各项事业取得新进展新成效。接下来五年全县经济社会发展的总体要求是：高举中国特色社会主义伟大旗帜，以习近平新时代中国特色社会主义思想为指导，全面贯彻落实党的十九大和十九届二中、三中、四中、五中全会精神，深入贯彻落实习近平总书记视察山西重要讲话和省委、市委决策部署，以“弘扬太行精神、共建创新武乡”

中国共产党武乡县第十六次代表大会会场

为主线，以推动高质量高速度发展为主题，以跻身全市第一方阵为目标，做大做强镁铝合金新材料产业、绿色能源产业、新型建材产业、文化旅游产业、特色农产品精深加工产业“五大产业”，全力推进乡村振兴、生态文明、深化改革、项目攻坚、城市建设、社会治理、人才培养、民生普惠“八项重点工作”，加快推动党风政风民风持续好转，努力建设美丽幸福新武乡。

贺思宇强调，要毫不动摇坚持党的领导，深入贯彻全面从严治党方针，抓党风树形象、抓政风强服务、抓民风扬正气，以优良的党风促政风带民风，实现党风正、政风清、民风淳，为加快推动全县高质量高速度发展提供坚强保证；要强化政治建设，夯实基层基础，树立干事导向，持之以恒正风肃纪，加强民主政治建设，构建干部清正、政府清廉、政治清明的良好政治生态；要牢固树立“人人都是营商环境、个个都是武乡形象”的理念，着力创优营商环境，坚持放管结合、放管并重，推进行政审批制度创新，提高行政服务效能，切实打通政策落实的“最先一公里”和“最后一公里”；要深入开展文明创建，大力培育文明乡风、良好家风、淳朴民风，深入推进移风易俗，大力弘扬时代新风，不断提升全民道德修养，为建立优良民风厚植底蕴。

贺思宇强调，全县广大党员干部群众要更加紧密地团结在以习近平同志为核心的党中央周围，弘扬太行精神，牢记初心使命，以更加昂扬的斗志、更加务实的作风，克难奋进，实干争先，奋力谱写新时代武乡老区高质量高速度发展的崭新篇章！

3 月 31 日，中国共产党武乡县第十六届委员会举行第一次全体会议，选举产生了第十六届县委常务委员会委员和书记、副书记，贺思宇当选县委书记，王书文、元海波、高佳当选县委副书记。中国共产党武乡县第十六届纪律检查委员会举行第一次全体会议，会议选举产生了中国共产党武乡县第十六届纪律检查委员会常务委员会委员和书记、副书记，游晋中当选纪委书记。

会议通过中国共产党武乡县第十六次代表大会关于中共武乡县第十五届委员会工作报告的决议，通过中国共产党武乡县第十六次代表大会关于中共武乡县第十五届纪律检查委员会工作报告的决议。

第五节　人大、政协会议

一、武乡县第十六届人民代表大会

2021 年 4 月 8 日至 10 日，武乡县第十六届人民代表大会第一次会议在县城电影院召开。181 名人大代表、157 名列席人员参加了大会。

县委副书记、代县长王书文代表县人民政府向大会作政府工作报告。他指出，“十四五”时期，武乡县经济社会发展的指导

武乡县第十六届人民代表大会第一次会议会场

思想是：高举中国特色社会主义伟大旗帜，以习近平新时代中国特色社会主义思想为指导，全面贯彻落实党的十九大和十九届二中、三中、四中、五中全会精神，深入贯彻落实习近平总书记视察山西重要讲话重要指示和省委省政府、市委市政府、县委决策部署，以“弘扬太行精神、共建创新武乡”为主线，以推动高质量高速度发展为主题，以跻身全市第一方阵为目标，做大做强镁铝合金新材料产业、绿色能源产业、新型建材产业、文化旅游产业、特色农产品精深加工产业“五大产业”，全力推进乡村振兴、生态文明、深化改革、项目攻坚、城市建设、社会治理、人才培养、民生普惠“八项重点工作”，加快推动党风政风民风持续好转，努力建设美丽幸福新武乡。

王书文指出，2021 年要重点抓好八个方面工作。一要聚力创新驱动，厚植转型发展新优势。二要聚力文旅融合，打造全域旅游新高地。三要聚力三农优先，开启乡村振兴新征程。四要聚力新型城镇化，构建城乡发展新格局。五要聚力绿色发展，共绘生态文明新画卷。六要聚力民生改善，顺应美好生活新期盼。七要聚力发展安全，构建社会治理新体系。八要聚力自身建设，展现履职尽责新形象。

县人大常委会主任李军印受武乡县第十五届人大常委会的委托向大会作工作报告。县人民法院代院长高峥、县人民检察院检察长韩晋朝分别向大会作了武乡县人民法院工作报告和武乡县人民检察院工作报告。

按照大会选举办法，会议以无记名投票的方式进行选举。李军印同志当选为武乡县第十六届人大常委会主任；王书文同志当选为武乡县人民政府县长；游晋中同志当选为武乡县监察委员会主任；成彩娥（女）、王五堂、崔宏伟、郝宏德同志当选为武乡县第十六届人大常委会副主任；李颖（女）、杨泽滨、郭斌、石永兵、秦国峰、史小兵同志当选为武乡县人民政府副县长；高峥同志当选为武乡县人民法院院长；韩晋朝同志当选为武乡县人民检察院检察长。

会议选举产生了武乡县第十六届人大常委会委员，表决通过了武乡县第十六届人民代表大会监察和司法委员会组成人员、财政经济委员会组成人员和社会建设委员会组成人员。

会议表决通过了《关于武乡县国民经济和社会发展第十四个五年规划和二〇三五年远景目标纲要的决议》《关于武乡县人民政府工作报告的决议》《关于武乡县2020年国民经济和社会发展计划执行情况与2021年国民经济和社会发展计划的决议》《关于武乡县2020年财政预算执行情况与2021年财政预算的决议》《关于武乡县人民代表大会常务委员会工作报告的决议》《关于武乡县人民法院工作报告的决议》《关于武乡县人民检察院工作报告的决议》。

闭幕会上，县委书记贺思宇讲话。他指出，人民代表大会制度是中国特色社会主义制度重要组成部分，是支撑国家治理体系和治理能力的根本政治制度。县委将进一步全力支持县人大及其常委会依法行使职权。县人大及其常委会要加强自身建设，做好代表工作，扎实开展视察调研、专题询问、工作评议、执法检查等活动，为全县高质量高速度发展作出新贡献。“一府一委两院”要自觉接受人大的法律监督和工作监督。全县各级各部门要在全社会营造尊重代表、支持代表、服务代表的良好氛围。各位代表要充分发挥密切联系群众的优势，全面提升依法履职能力和水平，以实际行动诠释人大代表为人民的使命担当。

李军印强调，全县各级人大及人大代表要坚持以习近平新时代中国特色社会主义思想为指导，紧紧围绕县委十五届十二次全会暨县委经济工作会议、县十六次党代会议精神，充分发挥贴近基层、联系群众的优势，认真做好人大各项工作，凝聚起推动高质量高速度发展的强大合力。广大代表要深入基层、深入群众、深入一线，推动改进工作和解决实际问题，当好党和政府联系群众的桥梁纽带；要深入学习贯彻，加强调查研究，推动常委会依法履职往深处走、往细处做、往实处落，不断提高人大工作的制度化、规范化、科学化水平；要坚决筑牢防线、守住底线，老老实实做人、清清白白履职、干干净净干事，以实际行动践行“人民选我当代表，我当代表为人民”的初心和使命。

二、政协第十届武乡县委员会第一次会议

2021 年 4 月 7 日至 9 日，中国人民政治协商会议第十届武乡县委员会第一次会议，在太行干部学院报告厅召开。176 名政协委员、88 名列席人员参加了会议。

县委书记贺思宇到会祝贺并讲话。贺思宇指出，人民政协工作是党的工作的重要组成部分。县委将一如既往全力支持政协工作，及时研究解决政协工作中的重大问题，为政协履职营造良好氛围、创造良好条件，确保人民政协政治有地位、建言有机会、

中国人民政治协商会议第十届武乡县委员会第一次会议会场

出力有舞台、工作有作为。全县各级党组织要高度重视和支持人民政协事业发展，支持政协委员依据章程履职。全县各级各部门要主动接受民主监督，认真办理政协提案，积极采纳意见建议，推动协商成果转化，共同营造全社会支持政协事业发展的良好氛围。

魏书文代表政协第九届武乡县委员会常务委员会向大会作工作报告。他强调，十届县政协肩负着时代赋予的光荣使命，要坚持以习近平新时代中国特色社会主义思想为指导，在中共武乡县委的坚强领导下，全面贯彻中共十九大和十九届二中、三中、四中、五中全会精神，深入贯彻落实习近平总书记视察山西重要讲话重要指示，认真落实中央和省委政协工作会议精神，按照县第十六次党代会的总体安排部署，以“弘扬太行精神、共建创新武乡”为主线，以推动“五大产业”“八项重点工作”为重点，把加强思想政治引领、广泛凝聚共识作为中心环节，坚持团结和民主两大主题，提高建言资政和凝聚共识水平，为加快推动高质量高速度发展汇聚正能量、作出新贡献，以优异成绩庆祝中国共产党成立100周年。

4月8日，政协委员列席武乡县第十六届人民代表大会第一次会议。4月9日上午，举行议政大会，有12名委员进行议政发言。4月9日下午举行选举大会。会议以无记名投票的方式，选举产生了政协第十届武乡县委员会常务委员会。刘钢平当选政协第十届武乡县委员会主席，杨树宏、王卫东当选政协第十届武乡县委员会副主席，王兴力等28名同志当选政协第十届武乡县委员会常务委员。通过了政协第十届武乡县委员会第一次会议政治决议、政协第十届武乡县委员会第一次会议关于政协第九届武乡县委员会常务委员会工作报告的决议、政协第十届武乡县委员会第一次会议关于政协第九届武乡县委员会提案工作报告的决议、政协第十届武乡县委员会第一次会议提案审查委员会关于提案征集与审查情况报告的决议。

新当选的县政协主席刘钢平在闭幕会上讲话。他指出，十届县政协任期的五年，是武乡大有可为的战略机遇期、干事创业的发展黄金期、不进则退的转型关键期，全县政协各参加单位和广大政协委员要以更加坚定的信念、更加振奋的精神、更加务实的作风，运用好政协智慧、发挥好政协力量、肩负好政协使命，树好新形象、展现新风貌、作出新贡献。

附 录

一、大事要览

1919 年

5 月，爆发了伟大的五四运动。山西省立第一师范武灵初（段村人）、高成哲（今故县人）等武乡籍青年学生参加了声援北京学生的罢课运动。

1921 年

武灵初、高成哲在高君宇的指导下，由省立一中学生王振翼介绍，加入了太原社会主义青年团，成为山西省第一批社会主义青年团员。

夏，武灵初等一批青年学生返回武乡，在县立师范和高小等学校进行宣传，提倡民主与科学，鼓励师生开展反帝反封建的爱国运动，并组织起学生会在县城以及段村等集镇演讲游行。

1925 年

4 月，武乡县立师范学生在进步教师籍雨农（松庄村人）的指导下，集体罢课，提出了“驱逐顽固校长郝新民”的口号，罢课斗争持续了整整一周。

1926 年

春，国民革命军北伐攻下武汉，全国欢庆。武乡县立第一高级小学校组织“提灯会”进行游行。进步学生史怀璧、赵瑞璧（赵向荣）、程登瀛（程容）等人积极参加，他们高唱“打倒列强，打倒列强，除军阀，除军阀。努力国民革命，齐奋斗”等歌曲集会游行，进行热烈的庆祝活动。

秋末，武灵初、高沐鸿（今故县人）、李逸三（北良村人）等留并学生在太原发起组织“星光社”，出版《星光》月刊，社长高沐鸿，编辑为李逸三，传播民主科学思想，揭露山西反动统治阶级的罪恶，重点是打击武乡的封建势力。

冬，高沐鸿等人寒假返乡时，县长吕绍岩唆使恶棍魏山珠出面控告“星光社”。因此，在腊月十五，将高沐鸿、杜辅唐、王缙等 6 人逮捕入狱。革命青年武灵初、武光汤、武济川等发动群众千余人在县城示威请愿，并用石头砸开衙门。吕绍岩无奈，只好将高沐鸿等人释放。腊月十六，吕绍岩接到撤职命令，当晚弃官从榆社逃跑。这是武乡新生力量首次获胜。

1927 年

5 月，由县第一国民小学教师武光汤、第二国民学校教师李誉甫（西家庄人）发起，在县城城隍庙召开全县小学教师大会。到会者 300 余人，向县政府提出改善教员待遇及增加工资要求，竟被县长张扬祚（垣曲县人）和县士绅四巨头拒绝，激起了广大教师公愤，于是成立“小学教师联合会”领导组织了罢教斗争。

12 月，广州起义前夕，李逸三在广州经严育英（四川人）介绍加入了中国共产党，成为第一个武乡籍共产党员。

12 月 11 日，李逸三参加了广州起义，巷战中头部受伤。后来党派他到薛岳部做地下兵运工作，后又派他到洪湖苏区参加武装斗争。曾任鄂西红军游击第二纵队政委、中国红军第六军十六师政治部主任、红六军军部秘书长、洪湖军事政治学校秘书长兼代理校长等职。

1932 年

春，武光汤、赵益山（于林）、魏玉田等青年学生从太原回武乡组织了第二次反贪官斗争，他们列举张扬祚十大罪状，向省政府控告，组织人员清算县府账目。省政府不得不将张扬祚撤职查办。这次斗争又一次打击了贪官劣绅的威风，取得了反贪官斗争的胜利。

7月，武乡赵圭璧从太原省立一中毕业后，应在北平从事革命活动的王守贤邀约，偕同段宏绪（东村人）来到北平。同时，革命青年武华、魏煜、李畯、李旭华也从太原、石家庄到了北平，他们都参加了党的外围组织——反帝大同盟，并通过邮寄进步书刊和假期返乡演讲，支持家乡的革命斗争。

1933年

5月，“武乡流通图书馆”建成之后，又成立了武乡通讯社，武光汤任社长。三个交通员，分东西中三个区，给农村送《武乡周报》和“武乡流通图书馆”的书籍。如进步书刊《反杜林论》《新经济学ABC》《政治经济学大纲》《大革命史》《生活周刊》以及茅盾的《子夜》、鲁迅的《呐喊》等。

5月，李逸三、史怀璧发起组织农民抗债团，吸收大批农民参加，与地主、富农展开抗租、抗债斗争。

夏，武乡在太原求学的进步青年赵益山、魏玉田、魏煜等人，在暑假返乡期间，通过武光汤和县当局协商，在县城举办了小学教师暑假讲习会。

夏末，在小学教师暑假讲习会结束后，史怀璧、赵瑞璧、赵益山等人发起组织了“现代思潮研究会”。他们在全县各地分片进行活动，宣传马列主义理论。全县近300名教师和知识分子参加了研究会。

8月，中共武乡地下党组织成立，李逸三任书记，下辖东（窑头）、中（段村）、西（北良侯）三个支部，分别由赵向荣、史怀璧、李逸三等负责，各支部进一步加强了对抗债团的领导，展开大规模的抗债、抗租、抗粮、抗税、抗丁“五抗”运动。

8 月，共青团武乡支部创建，王锦心任书记。

初秋，农民抗债团召开全体团员大会，选举雇工武三友为团长，贫农李尚文为副团长。

初秋，李逸三用“时午”笔名编著了《第二次世界大战》一书。

10 月，中共武乡地下党组织决定出版党内刊物《上党红花》，定为月刊，发往下属支部及党员。

11 月，赵圭璧发动组织“武乡反帝大同盟”。

1934 年

3 月 12 日，省防共委员会密令武乡县府以宣传“赤化”等罪名，逮捕李逸三、武光汤、武骏图，通缉高沐鸿、史怀璧，查封《武乡周报》、“武乡流通图书馆”、印刷合作社，党组织遭到严重破坏。

6 月，中共武乡党组织派代表与太原特委联系，特委决定由赵瑞璧接任中共武乡县委书记，开展地下工作。

1935 年

4 月，农历三月廿四，中共武乡县委利用南神山赶庙会的机会，秘密召开中区支部会议，讨论了如何加强武装斗争和党的活动，并作出四项重要决定。

5 月，中共武乡县委派魏名扬等打入“防共团”，进行秘密斗争。

同年，行政区划变更，全县由 3 个行政区划为 5 个，编村由 84 个缩编为 48 个。

1936 年

2 月，中共武乡县党组织惨遭破坏，赵瑞璧等被捕后，先后被押送太原审讯，但因无任何确凿证据，只好以嫌疑犯关押处理。

4 月，武乡县早期革命活动家、共产党员段若宗在太原英勇就义，年仅 26 岁。

1937 年

7 月，山西省牺牲救国同盟会（简称牺盟会）派韩洪宾、姚伯功为武乡县特派员，负责组织、建立武乡县分会，开辟抗日救亡工作。

7 月，中共武乡县委恢复，先以中共武乡县临时工作委员会名义开始工作。由王玉堂任书记，韩洪宾、高沐鸿分别负责组织、宣传工作。

9 月，武乡县工人抗日救国会成立，简称工救会，杜生旺任主席。

10 月，武华组建抗日游击队，称“武华游击队”。武华任政治主任，武光清任大队长，为武乡县最早建立的地方抗日武装。

10 月，魏名扬组织抗日游击队，称“名扬游击队”。杜昕（即杜野苹）任政委，魏名扬任队长。

11 月 14 日，朱德总司令、彭德怀副总司令率领八路军总部转战太行，经榆社县城于当夜进驻武乡县东村，这是八路军总部首次进驻武乡。

11 月，由牺盟会组织发动在县城（今故县）成立了农民抗日救国会（简称农救会），赵晋臣任主席。

11 月，武乡县青年抗日救国联合会成立。

11 月，八路军工作团进驻武乡，开辟抗日根据地，陆清廉任主任。武乡县人民武装自卫队成立，由中共武乡县工委书记王玉堂兼任大队长。

11 月，在八路军和牺盟会帮助下，由县政府、八路军工作团、牺盟会以及工、青、农、妇等群众团体，组成民族革命战地总动员委员会（简称动委会），由县长朱理任主任，牺盟特派员韩洪宾、公道团团长张天乙、自卫大队队长王玉堂、八路军工作团团长陆清廉组成领导组。

1938 年

1 月，武乡县动委会在县城女高举办训练班，培训村政干部和武装干部。

1 月，武乡县青年抗日救国公学在县城东小河村三官庙成立，县长朱理兼任校长，这是武乡县第一所新学校。

1 月，武乡县工人抗日救国会和自卫大队，在县城创建鼙山铁工厂。

4 月 10 日，八路军总部由沁县小东岭移驻武乡县马牧村。

4 月 14 日，总部由马牧村转移到义门村，129 师日夜兼程于 15 日赶至武乡县城附近的东、西黄崖、红土凹一带。

4 月 16 日，总部和刘伯承师长、徐向前副师长指挥 129 师主力及 344 旅 68 九团，在长乐地带（主战场里庄）歼敌“九路围攻”之主力 108 师团 2200 余人。772 团团长叶成焕于长乐村战斗中负重伤，翌日光荣牺牲。

4 月 20 日，八路军总部由义门移驻寨上村，在此召开了粉碎日军“九路围攻”祝捷大会。

4 月，武乡县农会、工会、青救会、妇救会联合组成抗日救国联合会（简称救联会），中共武乡县委书记陆清廉兼任救联会主任。

4 月，鼙山铁工厂由县城附近的佛爷滩移至柳沟，就地取材生产大刀、长矛、手榴弹。

6 月，八路军 129 师工作团在县城（今故县）设立《中国人报》

《胜利报》分销处，李福庆（即李春）任主任。

7月，武乡县牺盟会、公道团合并为牺公联委会。

7月，县城青年抗日救国公学改名为武乡县民族革命两级学校（简称民校）。

12月12日，县牺盟会发动群众在县城召开万人大会，要求县长郭腾蛟减薪抗日，民选抗日政权。郭腾蛟离职，由山西省第三行政公署另派县长。

12月，抗大由延安迁到华北，分校进驻武乡。

12月，县抗日政府改编青年抗日救国公学儿童演出队，成立抗日儿童话剧团，为武乡县第一个县立剧团。

1939年

1月1日，县牺盟会创办《大众力量》周刊，先后由赵竹儒、郭忠、李芾棠任编辑。

1月，县抗日政府和救联会联合布置全县村选工作，废除委任俸给制，实行供给制。

4月，八路军总部在柳沟成立八路军总部柳沟铁厂，以生产手榴弹为主。

4月，129师整编武乡县自卫队、游击队，将700人编入386旅2团2营，魏名扬任营长。

4月，裴清河奉上级命令，组织县子弟兵，壮大人民抗日武装，亲任队长，故称“清河子弟兵”。

6月，武乡县民族革命两级学校由县城（今故县）迁至贾豁的龙王沟，改名为武乡县第一高级小学校。

7月15日，朱德总司令、彭德怀副总司令率总部进驻砖壁村，总政治部和中共中央北方局进驻烟里村。

7月，柳沟铁厂扩建后改名为八路军军工部铁厂。

7月，中共武乡县委在郝家庄召开第一次党员代表大会，出席的代表共30余名。会议选举产生了以刘建勋为书记的新县委及出席晋冀豫区党员代表大会代表2名。

9月19日，八路军总部在土河村召开榆武士绅座谈会，号召“有钱出钱，有粮出粮，共同抗日”。武乡县士绅郝培兰带头发言，受到朱德总司令的表扬。

10月11日，八路军总部由砖壁村移驻王家峪，北方局驻前王家峪，野战政治部驻下合村，总供给部驻西堡村。

10月29日，中共中央北方局党校进驻武乡县上北漳村。

10月，中共中央北方局妇委在东田镇（今东堡村）试办妇女抗日工作实验村。

11月，中共武乡县委以牺盟会的名义提出“有钱出钱，有粮出粮，有力出力”的动员口号，通过合理负担，半个月屯粮32.5万公斤，支援抗日前线。

12月，国际友人、德国医生汉斯·库尔特·米勒在八路军总部医院讲学。他曾长期生活、战斗在武乡县土河、左会等地。

12月，太行三分区医院在洪水镇成立。

1940年

1月，武乡独立营成立，史雅清任营长。

4月1日，鲁迅艺术学校在下北漳成立，李伯钊任校长。

4月15日，朱德总司令从总部驻地王家峪到蟠龙镇参加抗大总校第六期开学典礼大会，并在会上致训词。这是总校移驻晋东南后的第一期开学典礼。

4月，朱总司令在王家峪参加军民植树运动，亲手种植白杨树。

4月，太行三分区在石门一带马家岭成立修械所。

春，左权将军在左会为解决群众吃水难，亲自勘察，并令总部特务团战士帮助挖引山泉下山。为纪念左权将军，群众称这泉水为“圣人泉”。

5月，武西办事处在园则沟成立，武光清任办事处主任。

6月5日，八路军总部由王家峪复迁砖壁村。

6月，行政区划变动，分为武乡（东）县、武西县，撤销原13区（特区），变更为武乡（东）县辖1—8区，武西县辖9—12区。

7月，武乡独立营并入武西独立营，涂学忠任营长、李文清任政委。

11月3日，八路军总部指挥386旅在大陌村阻击进犯砖壁、东田之敌，展开砖壁保卫战。

12月27日，武西游击队、青抗先等100多人，攻击日军据点故城镇。

12月，武西县抗日政府以漳西儿童战斗剧团为基础，组成战斗剧团。

12月，中共武乡县委、武乡县抗日政府、武乡县武委会联合成立前方指挥部，集中对敌斗争。

12月，张汉卿受党委派，在西胡家垴村创建武西第二抗日高小，开展游击教学，实行教学、生产、战斗相结合，坚持5年之久。

1941年

1月3日，武西县6000名民兵武装大检阅，楼则峪、祁村等获锦旗。

1月，武乡（东）县、武西县分别建立武委会。张涛、姜晓旭任武委会主任。

3月，中共武乡县委、县抗日政府在全县发动“百日纺织运动”。

4月，八路军总部生产部指战员和太行三专署工作人员在监漳小河上，同群众共筑拦水坝一条，长20余米，并挖砌2.5公里引水渠一条。

6月，武乡（东）县恢复独立营，负责领导各区民兵自卫队，冉光华任营长。

7月1日，武西县政府正式成立，李超周任县长。

8月，中共武乡（东）县委在狼卧沟天主教堂召开第二次党代会，选举产生了中共武乡县第二届委员会。

11月，武乡（东）县上千名青年参军。

12月，县立第一个秧歌剧团——光明剧团正式成立。

1942年

1月，太行三分区在武乡县东沟石板创建分区兵工厂，后迁至戈北坪办厂，修理、生产武器。

5月，关家垴16岁民兵关二如一枪击毙二敌，后被誉为“少年神枪手”。

9月9日，上广志民兵高贵堂三枪击毙三敌，后被誉为“太行神枪手”、边区杀敌英雄。

10月，刘少奇由华中回延安，路经武乡时住在八路军总部王家峪，历时一周。其间，对根据地建设、军队地方化等工作作了重要指示。

12月，武乡（东）县抗日政府在洪水镇召开全县第一次劳动英雄会。会议表彰了一批发展生产、支援抗战的先进人物，李马保、石榴仙、胡春花受到表彰。

1943年

2月9日，全县开展村选运动，彻底贯彻“三三制”原则，试用新的村政机构。

7月，中共武乡县委成立围困蟠龙敌人指挥部。

10月23日，皮烟村王尚元为掩护群众转移，单身力拼数敌光荣牺牲。为永远纪念这位民兵英雄，将皮烟村改为“尚元村”。

10 月，榆（社）、武（乡）、祁（县）三县在桃阳召开杀敌英雄大会。武西县程坦等人出席，程坦获“孤胆英雄”的光荣称号。

12 月，县委、县政府在监漳召开武乡（东）县劳模大会，表彰了一大批发展生产的先进分子。李马保获“英雄富全村富”锦旗一面。

1944 年

1 月 1 日，武乡（东）县召开群众大会，开展民主运动，1700 多人出席。太行第三军分区政委彭涛到会讲话。

2 月 27 日，武乡县军民配合太行军区三分区部队收复敌占八个半月之久的蟠龙镇。

4 月 3 日，武西县武委会召开群英会，程永和等 70 余人出席。

7 月，襄（垣）、武（乡）民兵在韩壁大检阅，武乡县民兵关二如打靶比赛获第一名。

11 月 20 日至 12 月 7 日，太行区在黎城南委泉召开首届群英大会，武乡县李马保、王海成、史成富、王来法、马应元、关二如等出席，受到大会表彰。

1945 年

4 月 5 日，武乡（东）县党、政、军民各界代表数千人集会，举行公祭，公葬在抗战中牺牲的 325 名烈士，定蟠龙奶奶凹为烈士岗。

春季，晋冀鲁豫边区文教群英大会召开。武乡县文教界英模韩松林、王效贤、刘子余、张汉卿、陈金书、郝印斗、刘振华等 7 人出席，并受到大会表彰。

7 月，太行区公立第三干部学校在武乡县寨坪村正式开学。

8 月 27 日，太行军区西进部队攻克武乡县段村，歼日军 14

旅团1个小队、绥靖军2师2团和伪警备中队共1000余人。

秋季，武乡县立医务学校在狼卧沟村创办，董岗峰任书记，王正中任主任。

10月28日，根据晋冀鲁豫边区政府指示，武乡（东）县、武西县合并为武乡县。

1946年

4月23日，县立简易师范学校于故县附设高小。

5月初，中共武乡县委、县政府在机关驻地郝家庄召开了全县三级干部会议（村支部以上），传达、贯彻中央《五四指示》。

9月，县立医务学校迁至县城西关，改名为武乡县大众医院，王正中任院长。

11月上旬，全县群英大会在监漳召开。韩乃昌、王海成，王楞孩、张存林、李马保、成汉杰、王虎旺、史成富、史兰贞、李新河等劳动模范受到表彰。

11月，晋冀鲁豫边区在邯郸召开边区参议会，武乡县李马保、胡春花、裴玉澍、郝培兰出席。

12月2日至21日，太行区在长治市召开第二届群英会，武乡县李福全、李马保、史成富、王海成、王虎旺、刘来富、郝云书、陈胖孩、李书爱、王桃梅、刘水云等出席，并受到表彰。

1947年

1月22日，武乡各界万人集会，庆祝关河铁桥胜利竣工。

3月，武乡县翻身剧团改名为武乡县大众剧团。

6月，晋冀鲁豫边区组织地、县、区领导干部为主的六梯队南下，由李雪峰、何英才带队。武乡县由县委书记姜一、县武委会主任李尚春以及区委书记等60多人参加六梯队南下，被编入二地委一个队。

6 月，柳沟兵工厂开始发电照明。这是武乡有史以来首次有了电灯。

夏，晋冀鲁豫中央局召开各县县级领导干部会议。会议期间，根据上级领导意见，出席会议的武乡代表商定了两件事：(1) 县委、县政府及所属机关搬迁至段村，定段村为县城；(2) 确定了李毓秀等一批南下干部名单。

7 月，武乡县第三批随军南下干部由县委宣传部部长李树田带队启程。成员多数是区委正、副书记，正、副区长及区武委会主任。

8 月，武乡县文教群英会在上北漳召开。会议表彰了先进，树立模范教师韩松林、郁学曾、王焕安、陈义山、李春义、靳廷云、刘子余、窦振华、李纯仁、王金书等 10 人为旗帜。

12 月 25 日，武乡县第四批干部南下，由副县长李毓秀、财粮科科长史仁澍、民政科科长段子模、区长王运予等 53 人组成，赴湖北、安徽开辟新区。

1948 年

5 月，全县开展“百日纺织运动”。参加人数 18796 人，共纺棉花 84582 公斤。

12 月，武乡县文化合作社（原太行三大书店之一）改称文化书店，由洪水迁段村，为武乡县新华书店的前身。

1949 年

2 月，武乡县抽调县科局级、区级领导干部 14 人，一般工作人员 23 人，由县委副书记秦定九（河北人）带队，南下福建省南平地区开展工作。当时称“南征队”。

10 月 1 日，中华人民共和国成立，消息传到武乡，全县机关、厂矿及各区，隆重集会游行，热烈庆祝。

10月3日至6日，武乡县第一届各届人民代表大会第一次会议在县城召开。会议选举李鹏飞为第一届各届人民代表大会常务委员会主席。

10月，省行政区划变更，武乡划归长治行政专员公署。

12月，行政区划变更，全县划为7个行政区，186个行政村，辖888个自然村。

1950年

3月20日至24日，武乡县第一届第四次各界人民代表大会在县城召开。会议通过四项决议，选举王运德为县人民政府县长。

3月25日至28日，中国新民主主义青年团武乡县第一次代表大会在县城召开，出席代表176人。

5月5日，武乡县电磨厂开始发电，供县委、政府机关照明用电。

1951年

2月22日，县人民武装部以区为单位召开民兵大会，进行抗美援朝宣传、反美爱国教育，1083名民兵报名要求参加志愿军。

4月，县委在窑上沟、监漳、枣烟三个村试办了4个以土地入股、统一经营的初级农业生产合作社。这是长治地区首批试办10个初级社中的4个，为实现农业合作化提供了宝贵经验。

8月1日至8日，中共武乡县第三次代表大会在县城召开。出席大会的正式代表223人，列席代表2人。会议议程：（1）审查与讨论县委工作报告；（2）听取与讨论县委关于之后工作的建议报告；（3）作出为提高武乡工作而奋斗与改进县、区、村三级领导作风以及整党建党等三项决议。大会选出中共武乡县第三届委员会委员13名，常委7名，李鹏飞当选为县委书记。

8月20日，中央人民政府北方老根据地访问团晋冀鲁豫分团，在团长杨秀峰、副团长聂真和王孝慈率领下，携带毛主席“发扬革命传统，争取更大光荣”的亲笔题词，来武乡进行访问。

10月，县城新建的人民大礼堂落成。

1952年

3月，东村、白家庄、石科、洞上、涌泉、信义等村建立第二批初级社20个。

7月，东良、下广志、侯家垴、苏峪、北上合等村建立第三批初级社10个。至此，全县共有34个初级社。

8月，武乡县文化书店改名武乡县新华书店。

9月16日至22日，武乡县第二届各届人民代表大会第一次会议在县城召开，出席代表223人。会议通过了政府工作报告、财政收支执行情况、秋季工作计划、推广祁建华速成识字法及开展扫盲运动、开展秋季爱国卫生运动、继续贯彻《婚姻法》、加强山区工作和秋季修路计划等八项决议。大会选举孙立功为县人民政府县长，选举李鹏飞为第二届各界人民代表大会常务委员会主席。

9月，武乡中学成立，张汉卿任校长。

12月17日，王锦云、魏名标、成汉杰、杨效忠、魏培明、石银维等出席山西省召开的农业丰产劳动模范代表会议。

12月，武乡最早的农村农忙托儿所——涌泉村农忙托儿所成立。

1953年

1月，武乡县成立贯彻《婚姻法》运动委员会，组织县、区干部学习宣传《婚姻法》。

8月，中国少年儿童队改名为中国少年先锋队，全县各学校少年儿童队相应更名。

12 月，武乡县农业技术推广站成立。

1954 年

3 月，全县完成基层选举工作，选出人民代表 1876 人、乡政府委员 1158 人。

6 月，县工业部门建立柳沟铁业生产合作社，1955 年改为武乡县柳沟手工业铁厂。

6 月，《中华人民共和国宪法（草案）》公布，全县掀起学习、宣传、贯彻热潮。

6 月 26 日至 7 月 1 日，武乡县第一届人民代表大会第一次会议在县城召开，出席代表 184 人。会议听取了县委书记王林堂作的《关于宪法（草案）讨论报告》，选举赵日新为县人民政府县长。

1955 年

1 月 11 日至 16 日，中共武乡县委在县城召开第四次党的代表会议，出席的正式代表 190 名，列席代表 122 名。

2 月 6 日，武乡县人民政府改为武乡县人民委员会。

4 月，全县撤销区公所，废除区级领导制，全县辖 96 个乡。

10 月，县委在窑上沟、枣烟、西堡、监漳、下城、东寨底等村着手试办高级农业生产合作社。

12 月，平遥县东泉农村剧团在武乡县故城镇演出后，武乡县人民委员会决定收编该团，称为武乡县大众晋剧团。

1956 年

年初，全县 657 个初级农业生产合作社，经升级并社，转为 210 个高级农业生产合作社，基本完成了对农业的社会主义改造。

12 月 27 日至 30 日，武乡县第二届人民代表大会召开。

12 月，全县基本完成了对私营资本主义工商业的社会主义改造。

1957 年

2 月 7 日，山西省召开农业生产合作社第一次代表会议，窑上沟高级农业生产合作社社长王锦云被选为大会主席团成员。

5 月 25 日，县委成立整风领导小组，召开县级机关党员干部会议，部署动员机关整风运动。

6 月 14 日至 20 日，中共武乡县召开第五次代表会议，出席的正式代表 299 名，列席代表 324 名。

1958 年

2 月 28 日，中华全国总工会 43 名干部下放武乡参加劳动锻炼，在县城受到各界群众欢迎。

6 月 9 日至 12 日，武乡县第三届人民代表大会召开，出席代表 175 人。

6 月 20 日，中央第二商业部、省商业厅在张家沟村召开 13 省代表参加的全国野生油料加工利用现场会议。

8 月 25 日，全县成立了马堡、洪水、窑湾、蟠龙、石门、窑上沟、大有、贾豁、姚家庄、城关、涌泉、故城、石盘、分水岭 14 个政社合一的人民公社，实现了人民公社化。

8 月，武乡中学由初中改为完全中学，招收 2 个高中班。

11 月 17 日，县城各界 2000 余人集会，庆祝榆（社）、武（乡）两县合并。

11 月，水利部在关河水库召开“全国水中倒土筑坝经验交流现场会”。

11 月，国务院授予武乡县“全国林业先进单位”称号。

1959 年

7 月 1 日，榆（社）、武（乡）两县分治。

10 月 1 日，全县 10 万余人分别在县城和各人民公社所在地集会，热烈庆祝中华人民共和国成立 10 周年。

1960 年

3 月 6 日，县城各界千余人举行联欢会，欢送中华全国总工会 50 余名下放劳动锻炼干部回京。

5 月 11 日，武乡县出席全国民兵代表大会的代表王来法、李方新、李银河归来，县城 5000 余人听取了代表报告。

12 月 1 日，关河水电站建成发电。

12 月，县药材公司在连庄沟建立养鹿场，引进 16 头东北梅花鹿并试养成功。

12 月，马牧河石拱桥（下城桥）、涅河石拱桥（富庄桥），备料动工。分别于 1961 年、1962 年竣工。

1961 年

3 月 4 日，国务院公布武乡县八路军总司令部王家峪旧址、砖壁旧址为第一批全国重点文物保护单位。

4 月，全县行政区划变更，将 12 个人民公社调整为 20 个人民公社。

9 月 21 日至 25 日，武乡县第四届人民代表大会召开，出席代表 175 人。

1962 年

1 月 13 日至 17 日，中共晋东南地委、行署在蟠龙召开农村集市贸易经验交流会议。

11 月，共青团武乡县委召开第六届代表大会，出席代表 210 人。

1963 年

6 月 19 日至 22 日，武乡县第五届人民代表大会召开，出席代表 189 人。

12 月 3 日，县委部署社会主义教育运动，历时两年有余。

1964 年

3 月 2 日，经上级批准，武乡县实行对外开放，接待外宾。哥伦比亚《先锋报》社长来武乡县参观访问。

10 月，全县抽调 348 人组成“四清”工作队，到长子县参加“四清”运动。

同年，武乡县成立电影管理站，辖 4 个放映队。

1965 年

7 月，中共晋东南地委决定在武乡县开展“四清”大会战。

8 月 14 日，参加长子县“四清”运动的武乡县“四清”工作队返县。

8 月 15 日，由省级、地级机关，北京师范大学和襄垣、晋城、武乡三县 2500 余人组成的“四清”工作队会集县城，进行整训。

1977 年

7 月，武乡地震台在关河水库西岸建成。1980 年 1 月 1 日投入观测。

8 月 22 日，县革命委员会成立农田基本建设指挥部，并召开农田基本建设专业队代表会议。

12 月，全县 21 个公社全部通电。

1978 年

2 月 16 日至 18 日，召开全县农业学大寨工作会议，1700 余人参会。

2 月，权洪公路城关至蟠龙段桥涵工程开工，10 月完工，完成投资 24.4 万元。

7 月，县关河纸厂试制生产出 32 克有光粉连纸。

8月，县35千伏城关变电站投运送电，该站是武乡第一座自动化程度较高的变电站。

12月23日至31日，山西省蚕桑工作会议在武乡县召开。山西省政府确定武乡县为全省蚕桑生产重点县。

1979年

1月25日，县自来水厂成立，县城部分机关单位、厂矿学校开始使用自来水。

4月1日，太焦铁路（太原—焦作）全线交付运营，经武乡县境20公里，设东河、武乡、聂村3个车站。

5月，全县各级召开追悼会，悼念在对越自卫反击战中英勇牺牲的武乡籍武同勇、李重阳、董志平、王孟北、赵海银、李效先、张永孝、李克亮8位烈士。

9月19日，晋东南地区武乡发电厂2号6000千瓦发电机组并网发电。

9月28日，邓小平题写八路军太行纪念馆馆名。

12月13日，县委召开1500余人参加的三级干部会议，全面推行农业联产承包责任制。

1980年

3月，分南公社石窑会大队社员高庭朝，承包荒山1300亩，育苗30亩，荒山整地植树200亩，成为全省第一个林业专业户。

8月，县确定八路军总部义门、寨上旧址，抗日军政大学总校蟠龙镇旧址等28处为县级文物保护单位。

8月19日，武乡县政府成立《武乡县志》编纂委员会，下设办公室，着手编纂《武乡县志》。

是年，中学教学大楼落成。

是年，全县19个公社、284个生产队为社员颁发林权证。

1981 年

5 月 5 日，国务院原副总理余秋里在武乡县考察调研。其间参观了八路军总部王家峪、砖壁、柳沟兵工厂、抗大总校等革命遗址，视察了石北乡型庄村、故城镇东寨底村蚕桑生产基地。

9 月 14 日至 18 日，武乡县第六届人民代表大会第一次会议召开。会议决定撤销武乡县革命委员会，恢复武乡县人民政府。

9 月 21 日，全省爱国卫生运动经验交流会在武乡县召开。

10 月 4 日至 6 日，中共武乡县第七次代表大会召开，会议选举产生中共武乡县第七届委员会和中共武乡县第七届纪律检查委员会，选举段国廷为县委书记。

是年，洪水公社坪头生产队受到山西省委、省政府表彰奖励，成为武乡县第一个讲卫生、环境美的文明村。

1982 年

6 月，财政部顾问、原八路军决死队创始人之一的戎子和回访老区武乡，参观八路军总部王家峪、砖壁旧址。

6 月，彭德怀夫人浦安修和左权将军夫人刘志兰赴王家峪看望老房东。

7 月，武乡县首次用飞机播种牧草，开始大面积改良牧坡。

8 月 29 日，中共中央军委主席邓小平对修建武（乡）墨（镫）地方铁路作出批示。

11 月 17 日，洪温公路竣工通车。

1983 年

2 月 1 日，省、地老区慰问团来武乡慰问。

5 月中旬，晋东南地委、行署在武乡县召开户包治理小流域现场会议，参观东良公社庄里和涌泉公社蒲池村户包治理小流域工程。

6月，省委书记李立功视察武乡，看望老劳模王锦云、魏名标、魏满堂、杨效忠、吕天金等。

7月，武乡县职业中学成立。

11月，山西省食品系统卫生现场会在武乡县召开。

1984年

5月28日至30日，武乡县第七届人民代表大会第一次会议召开。选举李银尧为武乡县人大常委会主任，薛俊华为武乡县人民政府县长。

5月27日，政协武乡县第一届委员会第一次会议召开。会议选举刘怀毅为主席，李政文、朱赞光、牛正兴为副主席，有60名委员，共11个界别。

5月，全县区划名称变更，取消人民公社，共建5个镇（洪水、蟠龙、监漳、城关、故城），16个乡（墨镫、广志、窑湾、石门、韩北、东沟、大有、贾豁、上司、故县、曹村、石北、涌泉、东良、石盘、分南）。

12月25日，县文联召开武乡县文学艺术界第一次代表大会。

1985年

1月19日，县政府办公大楼落成。

2月9日，武乡县文学艺术工作者联合会成立，选举王留大为主席。

5月15日，原晋东南地委、晋东南行署撤销，实行市管县体制，武乡县隶属长治市。

9月，投资151.67万元的沁（源）温（城）公路连庄沟至蟠龙段16.617公里柏油路竣工。

10月14日，武（乡）墨（镫）铁路列入山西省“七五”重点建设项目。

11月4日至7日，山西省扶贫抚优先进集体、先进个人表彰大会在武乡县召开。

1986年

7月7日，县文物管理所动工修建的长乐村战斗纪念碑落成。

7月5至10日，在昔阳大寨国际旅社山西省童鞋、童帽质量评比会上，县制帽厂生产的和平帽（冬季）、武警帽（春秋）、童凉帽（夏季）三种童帽荣获优秀产品称号，夺得山西省同行业产品第一名。

11月9日，沁温公路（沁源城关—左权温城）武乡段油路全面竣工表彰会在县城召开。该工程于1984年3月开工，1986年10月竣工，全长61.4公里，总投资1076.5万元。

11月16日，《武乡县志》由山西人民出版社出版发行，是山西省第一部社会主义新方志。

1987年

4月26日，武墨铁路第一期工程武乡至柳沟段动工。

6月4日至6日，政协第二届武乡县委员会第一次会议在县城召开。会议选举刘怀毅为主席，选举李政文、牛正兴、申玉堂、郝文科为副主席。

6月5至8日，武乡县第八届人民代表大会第一次会议召开。选举李银尧为武乡县人大常委会主任，郭有勤为武乡县人民政府县长。

8月11日至14日，中共武乡县第八次代表大会召开，会议选举产生中共武乡县第八届委员会和中共武乡县第八届纪律检查委员会，选举阎好勇为县委书记。

10月22日，县城下城桥至关河纸厂公路改线工程竣工通车。

1988年

9月3日，中央及省、市、县领导和全县3000余干部群众隆重举行八路军太行纪念馆开馆剪彩仪式。中共中央政治局委员、国防部部长秦基伟率陈锡联、李德生、何正文为成员的中央军委代表团及浦安修、王政柱、戎子和、傅涯等老一辈革命家出席仪式，省委书记李立功陪同，省委副书记王茂林主持仪式。

11月，县城二期供水工程竣工，县城居民全部用上了自来水。

是年，县政府投资57万元，对上北漳至王家峪段5.7公里进行柏油路面铺装。

1989年

3月，县司法局被中共中央宣传部、司法部授予“全国普法先进集体”称号。

12月，山西省委、省政府奖予武乡县“1989年粮食总产量达到1.9亿斤，创历史最高水平”锦旗一面。

1990年

1月22日，县城市内自动电话开通。

6月，全县为北京亚运会捐款8.64万元。

6月11日至13日，政协武乡县第三届委员会第一次会议召开，选举韩世明为主席。

6月12日至15日，武乡县第九届人民代表大会第一次会议召开。选举王新江为武乡县人大常委会主任，王天珍为武乡县人民政府县长。

8月15日至17日，中共武乡县第九次代表大会召开，会议选举产生中共武乡县第九届委员会和中共武乡县第九届纪律检查委员会，选举郭有勤为县委书记。

12月1日，长治市上司电视转播台开通。

12月9日，全县第一个农村经济合作社在监漳镇下北漳村成立。

1991年

5月23日，武乡县国防教育委员会成立。

7月28日，中共武乡县直属机关工委，以及党群、政府、农委、经委、财委、计委、宣传、政法8个系统党委成立。

8月11日，武乡县中医院开业。

9月7日，华国锋参观八路军太行纪念馆。

9月16日，八路军总部王家峪旧址被团省委、省少工委员会命名为“青少年革命传统教育基地”。

12月5日至7日，山西省妇幼卫生合作项目妇幼保健保偿现场会在武乡县召开。

1992年

3月24日，武乡县老区建设促进会成立。李银尧任会长。

9月1日，新建客运汽车站投入运营。车站位于县城太行东街。

1993年

4月24日至26日，中共武乡县第十次代表大会召开，会议选举产生中共武乡县第十届委员会和中共武乡县第十届纪律检查委员会，选举王天珍为县委书记。

4月27日至29日，政协武乡县第四届委员会第一次会议召开，选举韩世明为主席。

4月28日至5月1日，武乡县第十届人民代表大会第一次会议召开。选举王新江为武乡县人大常委会主任，杨志崇为武乡县人民政府县长。

5月，权马线柏油路面铺装工程开工。该工程于1997年6月竣工，全长24公里。

8月，全国第四届北方蚕业经济技术协作区会议在武乡县召开。

10月，武乡县人民医院门诊楼竣工。

1994年

1月10日，全县2000门程控电话开通。

1月，县集体工业企业贯彻执行县委、县政府制定的“包、租、联、股、转、并、分、破”方针，墨镫煤矿、白和煤矿、中村煤矿、五一煤矿、阳汕煤矿采取逐年签订经济目标责任书的方式进行承包。

5月6日，山西省青少年革命传统教育基地八路军太行纪念馆揭碑仪式在八路军太行纪念馆举行。

5月16日至18日，山西省太行山绿化启动现场会在武乡召开。

8月2日，武乡县被中宣部列入文化扶贫试点县。

9月16日，中共中央政治局原常委宋平在武乡调研村级集体经济发展状况及农业社会化服务情况，省委书记胡富国、省长孙文盛、省委副书记兼组织部部长郑社奎陪同。其间，宋平参观了八路军太行纪念馆。

9月24日，全县第一所希望小学——故县乡五村宏艺小学落成开学。

10月25日，长乐变电站35千伏变电站改建工程竣工。

1995年

4月7日，武乡县党组织创始人李逸三捐资1万元，奖励武乡中学优秀学生和作出特殊贡献的教师。

5月22日至25日，在石盘乡、分南乡举办首届黄牛交易大会。

5月，县中医院住院部建成。

8月22日，山西省纪念抗日战争胜利50周年暨八路军总部在太行58周年大会在八路军太行纪念馆举行。中共中央政治局常委、中央军委副主席刘华清参加并回访王家峪、上北漳村。北京军区政委谷善庆、省委书记胡富国、省长孙文盛陪同。

9月28日，武乡县第十届人大常委会第十四次会议命名县城主要街路巷：宝塔街、迎宾街、太行街，红旗路、丰州路、凤凰路，泰安巷、东盛巷、丰华巷等。

是年，武乡县种植的“汾州香”谷子（晋谷21号）在全国第二届农业博览会获金质奖。

1996年

8月，上司集中供水工程动工，该工程设计总投资580万元。供水范围包括上司、监漳、曹村3个乡（镇），26个行政村。

8月，在山西省召开的残疾人工作会议上，省政府授予武乡县“全省残疾人工作先进县”铜牌。

1997年

6月13日，八路军太行纪念馆被中央确定为全国百个爱国主义教育示范基地之一。

9月，总投资512万元的河不凌—石门油路工程、总投资145万元的峪口—大有油路工程竣工通车。

10月21日，县委、县政府在县城广场召开1997年度重点工程建设成果展示会，全县各界群众万余人参加。

1998年

3月13日，全县“普九”攻坚会召开。

4月，武乡县大山禽业养殖有限公司黄鸡祖代种鸡场项目开工建设。项目建设总面积14466平方米，安装各种设备3000多（台）套。

5月1日，《武乡小报》自1967年停刊后，恢复出版。

5月4日至7日，中共武乡县第十一次代表大会召开，会议选举产生中共武乡县第十一届委员会和中共武乡县第十一届纪律检查委员会，选举杨志崇为县委书记。

5月10日至13日，政协第五届武乡县委员会第一次会议召开，选举韩世明为主席。

5月11日至15日，武乡县第十一届人民代表大会第一次会议召开。选举刘成书为武乡县人大常委会主任，师义昌为武乡县人民政府县长。

8月，窑湾集中供水工程开工，总投资420.1万元。

9月，贾豁乡通乡油路工程竣工，该工程全长8.62公里，建设标准为三级公路，是全县等级最高的乡级油路。

10月1日，县影剧院工程、广场改造工程竣工。

10月26日，县委、县政府召开1998年重点工程建设成果展示会，提前2年实现乡乡镇镇通油路目标。

1999年

7月14日至15日，山西省“爱心献功臣行动”现场会在武乡召开。

8月31日，山西省农民健康工程经验交流会在武乡县召开。

是年，武乡县被山西省政府确定为全省13个草地生态建设示范县之一。蟠龙中心税务所被税务总局评为文明单位。

2000年

2月，县人武部荣立北京军区二等功。

4月15日至16日，山西省村村通广播电视现场会在武乡县召开。

4月25日，首座110千伏变电站——城关变电站开工兴建。同期架设沁县—武乡110千伏输电线路。

5月16日，东良乡在全县第一个成立由农民组成的经纪人协会——东良乡农民经纪人协会。

5月，《中国共产党武乡简史》由山西古籍出版社出版。

6月，总投资657.46万元的广有（广志—大有）集中供水工程动工，11 月 20 日完工，解决洪水镇、广志、洪水、大有、贾豁、蟠龙镇、东沟等 5 个乡（镇）152 个村 1.8 万人的生产、生活用水。

11 月 28 日，城关 110 千伏变电站投入运行。

2001 年

3 月，县委召开“三个代表”重要思想学习教育工作动员大会。

5 月，县机关幼儿园新园建设工程正式开工，工程概算投资 390 万元。

8 月 20 日，中共中央总书记、国家主席、中央军委主席江泽民，在中共中央政治局候补委员、书记处书记、中组部部长曾庆红，省委书记田成平，省长刘振华，北京军区司令员李新良的陪同下，参观八路军太行纪念馆和八路军总部王家峪旧址，会见老党员、老模范代表，走访农户，并亲笔题词：“发扬老八路光荣传统，为中华民族的伟大复兴而奋斗。”

10 月 16 日，武乡县荣获“禹王杯”山西省农田水利基本建设竞赛“红旗县”称号。

2002 年

2 月，县人武部被北京军区记集体一等功。

4 月，漳河集中供水工程动工兴建，9 月底全部完工。解决了监漳、大有、上司 3 个乡（镇），44 个自然村，13114 人及 1358 头大牲畜的饮水困难。

10 月 25 日，山西省“环太行、吕梁革命老区宣传文化工程”启动仪式在八路军太行纪念馆举行。

10 月 26 日，县水利局被山西省劳动竞赛委员会授予“五一劳动奖章”。

10 月，完成城市社区改制工作，在县城设立宝塔、太东、河西、东坪 4 个社区居委会。

12月12日，总投资670万元的35千伏分水岭变电站新建工程竣工送电。

是年，国家计委立项并下达投资5360万元，对八路军太行纪念馆实施二期扩建。

2003年

4月1日，县委、县政府举行城建四大工程奠基仪式，阳光小区、红旗路延伸及架桥、马牧河县城段集中治理、八路军纪念广场四大工程开工建设。

4月22日，县城东集中供水工程开工。

6月15日至17日，政协第六届武乡县委员会第一次会议召开，选举王建华为主席。

6月16日至18日，武乡县第十二届人民代表大会第一次会议召开。选举李国珍为武乡县人大常委会主任，吴凌为武乡县人民政府县长。

6月20日至21日，中共武乡县第十二次代表大会召开，会议选举产生中共武乡县第十二届委员会和中共武乡县第十二届纪律检查委员会，选举阎建书为县委书记。

7月18日，墨（镫）左（权）地方铁路开工。全长25.68公里，工程总投资4.98亿元。

9月26日，“雪炭工程”武乡县体育馆开工建设。

9月28日，太行龙洞举行开业剪彩仪式。

10月31日，武乡县被民政部命名为“全国村民自治模范县”。

11月1日，太长高速（太原—长治）公路开工，武乡段全长16.51公里。

是年，县人民法院审判法庭综合楼开工，建筑面积4362平方米，总造价500万元。

是年，县城东一期集中供水工程建设完成。完成投资231万元。解决了故县、贾豁2个乡，29个自然村，6723人及1144头大牲畜的饮水困难。

2004年

1月12日，政协武乡县委员会编纂的《武乡人物志》（第1卷）举行首发仪式，全书收录武乡古今人物1580人，由山西人民出版社出版。

5月19日，山西省正式公布首批11个省级历史文化名镇和19个省级历史文化名村，韩北乡王家峪村入选。

5月21日，县城六轨制太行小学（现武乡二中）开工建设，工程建设面积12047平方米，总投资1200万元，可容纳2000名学生就读。

8月15日，中共中央政治局常委李长春在八路军太行纪念馆视察。随后，又深入石北乡型庄村调研广播电视“村村通”工作。

8月18日，太行革命老区纪念邓小平100周年诞辰大会在八路军太行纪念馆举行。

9月29日，县城阳光小区新建、迎宾街拓宽改造、宝塔街拓宽改造、人民法院审判办公楼、宣传文化服务中心、县机关幼儿园、商贸大厦、红旗路延伸、马权线改造、职业中学综合楼、马牧河大桥加宽改造等12项重点工程竣工。

10月19日，原沈阳军区后勤部政委、离休干部武峰光，专程从沈阳回武乡，将积攒的3万元捐赠给武乡中学。

10月25日，八路军太行纪念馆扩建改陈工程开工奠基。

12月30日，环境保护总局发布《关于命名第三批国家级生态示范区的决定》（环发〔2004〕186号），将武乡县命名为“国家级生态示范区”。

2005年

1月1日，“太行情·山西行”红色旅游系列启动仪式在八路军太行纪念馆举行。

1月26日，山西省“慈善情暖万家”救助金发放仪式在八路军太行纪念馆举行，为100名优抚特困对象每人发放300元的救助金。

5月27日，省文化厅向武乡捐赠各类图书1400余册、电影放映机3台和流动放映车1部。

7月15日，中共中央政治局委员、书记处书记、中宣部部长刘云山视察八路军太行纪念馆扩建改陈情况，并到砖壁、王家峪八路军总部旧址参观，还到故县乡东关村考察广播电视“村村通”工程。

7月29日，中共中央总书记、国家主席、中央军委主席胡锦涛考察山西期间瞻仰八路军太行纪念馆。下午，胡锦涛前往八路军总部王家峪旧址考察，与老八路、老民兵、老儿童团团员和老支前模范围坐在一起促膝交谈。

8月15日，投资1.7亿元的八路军太行纪念馆扩建改陈工程竣工。

8月17日，中央电视台“心连心”艺术团在武乡慰问演出，宋祖英、阎维文等歌唱家登台演出。

8月31日，县城太行街改造工程竣工。该工程改造道路主线全长1938.85米，延长线全长337米，总投资1580万元。

9月1日，武乡二中新教学楼建设工程竣工，总投资1700万元，是武乡县第一所省级水平的高标准现代化学校。

10月，县城外环路工程竣工，该工程路线全长5.5公里，总投资1888.5万元。

11月15日，县委、县政府举行“三大工程”暨2005年25

项重点工程项目竣工剪彩仪式。

11 月，县城集中供热一期工程竣工，完成投资 3600 万元。

是年，东庄—西井线列入长治市红色旅游重点项目，窑湾至西井段进行路基改造，全线重新进行路面铺装，投资 1560 万元。

是年，总投资 383.5 万元的东良集中供水工程、胡峦岭集中供水工程、书社集中供水工程和 40 项小提水工程建设完成，共解决 61 个村庄 1.21 万人及 0.17 万头大牲畜的饮水困难。

2006 年

2 月 27 日，武乡县被全国村务公开协调小组命名为“全国村务公开民主管理示范单位”。

2 月，武乡县被评为中国优秀旅游目的地。

3 月，武乡县社会主义新农村建设领导组及其办公室成立。

6 月 20 日至 21 日，中共武乡县第十三次代表大会召开，会议选举产生中共武乡县第十三届委员会和中共武乡县第十三届纪律检查委员会，选举阎建书为县委书记。

7 月 13 日，山西省百县千乡农村公益电影汇映首发式在武乡举行。

8 月，《武乡县志》（康熙、乾隆、光绪、民国）四套旧志合订版，由中华书局出版社出版，全书 120 余万字。

8 月，武乡县被评为中国优秀旅游名县。

9 月 9 日，中共中央政治局常委、国家副主席曾庆红视察武乡，参观八路军太行纪念馆。

11 月 2 日，县委、县政府举行 2006 年 12 项重点工程竣工剪彩庆典。

11 月 28 日，中国光彩事业“太行行”活动开幕式在武乡举行，与会企业家为武乡捐款 1000 万元。

12月27日，山西省2007年文化、科技、卫生“三下乡”活动启动仪式在八路军太行纪念馆广场举行。

12月，体育总局授予武乡县“全民健身活动先进单位”荣誉。

是年，农村饮水安全工程总投资643万元，完成窑湾、广有、胡峦岭集中供水改扩建等24项农村饮水安全工程建设任务，解决了10个乡（镇）79个自然村1.5万人饮水安全问题。马牧河一期治理工程实现蓄水运行。

是年，八路军太行纪念馆被评为“全国红色旅游经典景区”。

是年，扶贫移民工程投资4450万元，118个村1620户6648人实现移民搬迁。

是年，总投资53亿元的武乡和信电厂一期工程2×600兆瓦机组投产发电，王家峪220千伏输变电站投入运行。

是年，王家峪煤矿60万吨技改扩建竣工。

2007年

4月，全县实施“农民健身工程”。当年完成了47个行政村的“农民健身工程”建设。

5月，武乡中学（20轨制高中）项目开工建设，占地170亩，建筑面积5.8万平方米，工程总投资1.45亿元。2010年4月投入使用。

5月16日至18日，政协第七届武乡县委员会第一次会议召开，选举王建华为主席。

5月17日至19日，武乡县第十三届人民代表大会第一次会议召开。选举袁俊山为武乡县人大常委会主任，周涛为武乡县人民政府县长。

9月9日，武乡县110千伏红星输变电工程开始运行，成为山西省第一座数字化变电站。

9 月 27 日，王家峪村红星杨小学、砖壁村小学及武乡县宣传文化中心建成。

9 月 29 日，八路军太行纪念馆广场暨全县 15 项重点工程竣工剪彩。

是年，全县下拨 10 个省级试点村、20 个省级推进村、22 个市级整治村和 48 个县级示范村新农村建设以奖代助资金 505 万元。

2008 年

3 月 28 日，八路军太行纪念馆实行免费对外开放。

3 月，武乡县获“中国旅游品牌红色旅游魅力名县”称号。

4 月 13 日，中共中央书记处书记、中央纪委副书记何勇在武乡视察调研，参观八路军总部王家峪旧址、百团大战指挥部砖壁旧址和八路军太行纪念馆，并在八路军总部王家峪旧址给老八路代表赠送慰问金。

5 月 27 日，新太行出租汽车公司开始运营。

5 月，全县 11651 名共产党员以交纳“特殊党费”的形式向四川省汶川灾区捐款 671 万元。

5 月，武乡县职业中学与国家重点职业学校山东高唐县职教中心联合办学。

6 月 24 日，中国五矿盛盈合轻金属（山西）有限公司成立。

8 月 30 日，长治市慈善总会武乡分会成立。

10月11日，全县“一乡一业、一村一品”现场会在贾豁乡召开。

是年，八路军太行纪念馆被评为“国家一级博物馆”。

2009 年

2 月，武乡县获“国家卫生县城”荣誉。

2 月，“两园一剧”（八路军文化园、游击战体验园、大型实景剧）项目开工建设。

3月，武乡县第二次获得“全国村务公开民主管理示范单位”荣誉。

4月27日，新建武乡汽车站投入运营，该站位于太长线和南沁线交汇处，是武乡唯一客运站。

5月24日，中共中央政治局常委、中共中央书记处书记、国家副主席习近平瞻仰八路军太行纪念馆，亲切看望老八路代表，饱含深情地说：“革命前辈为夺取抗日战争的胜利和中华人民共和国的建立进行了不屈不挠的斗争，作出了巨大的贡献，党和人民永远不会忘记。”他强调，要结合新的实际与时俱进地大力弘扬太行精神，坚定正确的理想信念，始终保持对党对人民对事业的忠诚；坚持执政为民的政治立场，始终保持同人民群众的密切联系；锤炼坚韧不拔、百折不挠的品格，始终保持知难而进、奋发有为的优良作风；坚守党的政治本色，始终保持艰苦奋斗的优良作风，为推动经济社会又好又快发展提供强大精神动力。

6月，县城涅河大桥开工，该工程总投资1400万元，当年11月底竣工通车。

9月2日，丰州镇城关村、墨镫乡、墨镫村，石北乡型庄村，蟠龙镇庄底村，被山西省社会主义新农村建设领导组表彰为首批全省社会主义新农村建设示范村。

11月29日，武乡县举行2009年60项重点工程竣工剪彩仪式，共完成投资19亿元。

12月，武乡县残疾人特殊艺术学校在大有乡王海峪村成立。

12月，县城涅河（城区段）河道治理项目开工建设。该工程概算总投资1.2亿元。2014年8月蓄水运行。

2010年

2月，武乡县获“国家园林县城”称号。

6月23日，全国生态文明推介委员会授予武乡县“全国生态文明先进县”荣誉。

8月10日，故城至石盘公路改造工程开工建设。线路全长16.4公里，全线采用全幅式路面铺装。

10月，县人民医院综合门诊病房楼开工建设，建设规模20496.64平方米，总投资1.4亿元，2014年底工程全部完工。

11月26日，洪水镇熬垴村、韩北乡下合村、贾豁乡胡庄村、上司乡蒋家庄村，被山西省社会主义新农村建设领导组表彰为第二批全省社会主义新农村建设示范村。

12月，武乡县大山禽业有限公司获得省级农业龙头企业称号。

2011年

3月6日，山西鑫四海投资集团有限公司武乡百万头生猪生态养殖屠宰加工项目动工建设。2012年5月29日，县政府、鑫四海公司与全球最大的种猪育种公司美国PIC公司签订引进祖代种猪协议。

3月6日，六和集团文水锦绣农牧发展有限公司3000万只/年肉鸡屠宰深加工及配套项目开工建设。

5月19日至20日，中共武乡县第十四次代表大会召开，会议选举产生中共武乡县第十四届委员会和中共武乡县第十四届纪律检查委员会，选举周涛为县委书记。

5月26日至28日，政协第八届武乡县委员会第一次会议召开，选举王建华为主席。

5月27日至29日，武乡县第十四届人民代表大会第一次会议召开。选举袁俊山为武乡县人大常委会主任，阎新平为武乡县人民政府县长。

8月13日，中共中央政治局常委、中央纪律检查委员会书记贺国强在武乡视察，瞻仰八路军总部王家峪旧址和八路军太行纪念馆。

8 月 19 日，首届八路军文化旅游节在八路军太行纪念馆广场开幕。吴雁泽、成方圆、佟铁鑫、张也、郭峰、高保利、陈思思等著名演员冒雨参加演唱。

8 月 19 日，大型实景剧《太行山》首演。

8 月，投资 9866 万元的八路军游击战体验园在砖壁村建设完成。

9 月 2 日，八路军将领馆开馆剪彩仪式在八路军太行纪念馆举行。

11 月，武乡县获“中国红色文化休闲名城”称号。

11 月底，全县启动“暖心煤”工程，每年为每户农户供应 1 吨煤，当年为 54846 户供煤。

2012 年

2 月 18 日，中共中央政治局委员、中央书记处书记、中宣部部长刘云山在武乡县就文化体制改革、文化产业发展与文化惠民工作进行考察调研，视察了八路军太行纪念馆、八路军将领馆和八路军文化园。

4 月 15 日，实景剧《太行山》正式对外演出。

6 月 11 日，由山西省委书记、省人大常委会主任袁纯清，省委副书记、省长王君带领的省委常委一行，专程赴武乡县进行保持党的先进性纯洁性革命传统教育。

7 月 8 日，全国农村电影“三下乡”革命老区优秀电影展映暨山西省“唱响主旋律，献礼十八大”农村电影主题放映活动启动仪式在八路军太行纪念馆举行。

8 月 29 日，山西省程海庆教育基金会在武乡县揭牌。

8月，县红星幼儿园开工建设，总占地面积11360平方米，总建筑面积5817平方米，总投资2050万元，2013年9月1日投入使用。

9月5日，武乡县举办第二届八路军文化旅游节。邀请宋祖英、卢奇、陶玉玲、虹云、刘劲、王伍福、王洁实、李琦、蔡明、孙悦、阿宝参加演出，中国音乐家协会副主席、著名歌唱家宋祖英演唱了由著名词作家阎肃作词，中国文联副主席、著名作曲家徐沛东作曲的《巍巍太行》。中央电视台《新闻联播》进行了专题播报。

10月9日，山西省委书记袁纯清、省长王君率领省观摩团在山西（武乡）鑫四海养殖有限公司观摩并指导工作。

10月19日，全国谷子生产机械化技术研讨会在武乡县召开，县农机安全监理站被农业部评为“全国农机安全监理示范窗口”。

2013年

1月，武乡县获“中国宜居宜业典范县”称号。

3月1日，中国东方演艺集团全国文化科技卫生“三下乡”慰问演出在武乡县城举行。

5月，武乡县被全国普法办表彰为“全国法治创建先进县”。

5月，北社—王家峪—砖壁红色旅游线正式开工建设，全长20.7千米，投资2.4亿元。该项目是山西省2013年度30个转型重点标杆项目之一。

11月1日，总投资约2.2亿元、供热面积400万平方米的县城热电联产集中供热项目一期工程投入运营，在全市各县区中率先实现集中供热。

11月中旬，武乡县总投资3066万元、涉及15个乡（镇、区）312个行政村、共5780盏太阳能路灯的亮化工程全部完成。

是年，《太行山》实景剧被山西省委宣传部评为第十届精神文明建设“五个一工程”特别奖，歌曲《巍巍太行》获山西省委“五个一工程”优秀作品奖。

2014 年

4 月 28 日至 29 日，山西省第三届初中课堂教学改革研讨会在武乡县召开。

6 月 17 日，举行以“弘扬太行精神、传承八路军文化”为主题的第四届八路军文化旅游节启动仪式。

7 月 11 日，长乐战斗遗址被确定为零散烈士安葬墓区，该项目占地面积 300 亩，建设内容包括综合服务区、祭奠感恩区、纪念林种植区、励志圆梦区、烈士纪念馆等。

2015 年

1 月 8 日，县人民医院门诊住院综合大楼投入使用。

1 月，武乡县市容环境卫生管理中心获“全国环卫文化建设先进单位”称号。

7 月，武乡县被商务部、财政部批准为国家电子商务进农村综合示范县。

7 月，红色旅游路北社—王家峪—砖壁建成通车。

8 月 28 日，县委、县政府在里庄八路军烈士陵园举行八路军零散烈士集中安葬仪式，第一批 1724 名烈士遗骨被集中安葬。

9 月 7 日，山西省纪念中国人民抗日战争暨世界反法西斯战争胜利 70 周年大会在武乡县召开。陈赓之子、罗荣桓之子、刘伯承之子等将帅子女到八路军总部王家峪旧址重温父辈抗战斗争历史。

2016 年

1 月 1 日，武乡国家气象观测站新站在丰州镇东胡家垴村北落成，正式投入运行。

3 月 8 日，千佛塔主体修缮工程完工。

4 月 2 日，八路军烈士陵园集中安置第二批 465 名八路军零散烈士遗骨。

5 月 1 日，武乡县大有乡李峪村王来法纪念馆开馆。

8 月 23 日至 24 日，中共武乡县第十五次代表大会召开，会议选举产生中共武乡县第十五届委员会和中共武乡县第十五届纪律检查委员会，选举胡坚为县委书记。

8 月 27 日至 29 日，政协第九届武乡县委员会第一次会议召开，选举魏书文为主席。

8 月 28 日至 30 日，武乡县第十五届人民代表大会第一次会议召开。选举郝炳宏为武乡县人大常委会主任，阎新平为武乡县人民政府县长。

9 月 1 日，山西省委书记骆惠宁在武乡县调研，并看望老八路代表。

9 月，武乡县电子商务协会成立。

10 月，山西三元福达煤业 120 万吨 / 年项目、山西潞安温庄煤业 120 万吨 / 年项目竣工投产。

2017 年

1 月 5 日，山西省副省长郭迎光深入丰州镇阳城村梅丽扶贫攻坚专业合作社、丰州镇魏家窑油用牡丹种植基地、涌泉乡坡底村多维牧业公司就项目进展、扶贫帮扶、群众收益等情况进行专题调研。

1 月 14 日，国务院副总理、国务院扶贫开发领导组组长汪洋在武乡县丰州镇南亭村详细了解群众生产生活情况。

5 月，山西省委宣传部投资 200 万元在所帮扶联系贫困村故县乡五村新建养猪场，村集体牵头成立了股份制养殖公司，由贫困户入股分红，联系引进的中德集团有针对性地为贫困户提供教育帮扶、就业帮扶。

10 月 17 日，武乡县医疗集团揭牌仪式在县人民医院举行。

2018 年

2 月 3 日至 4 日，民政部党组书记、部长黄树贤深入武乡看望慰问老八路、困难群众和孤寡老人，向他们送去党和政府的关怀与问候。其间还就民政工作进行调研座谈。

2 月 10 日至 3 月 11 日，首届八路军文化艺术灯会在八路军文化园举行。

7 月 20 日，武乡县税务局举行挂牌仪式，标志着原武乡县国家税务局、原武乡县地方税务局正式合并。

7 月 28 日，首届全国国防教育竞技大赛总决赛在武乡县八路军文化园隆重举行。

9 月 12 日，武乡县城乡公交一体化暨农村物流“双通”工程运营启动仪式在县汽车站停车场举行，在全市首家实现建制村公交一体化全覆盖，打通了县、乡、村三级物流网络“最后一公里”。

9 月 12 日，太焦高铁武乡西站站前广场及县城连接线 PPP 项目开工仪式在项目工地举行。

9 月 30 日，武乡县通用航空飞行启航仪式在《太行山》实景剧广场举行。省旅游发展委员会总规划师陈少卿、省民航集团公司总工程师郭福林参加。

10 月 23 日，全国关心下一代党史国史教育基地和全省关心下一代党史国史教育基地揭牌仪式在八路军太行纪念馆举行。

11 月 22 日，《武乡县志（1978—2016）》省市专家评审会在太行干部学院 5 号会议室召开。

2019 年

4 月 4 日，武乡县在零散烈士集中安葬墓园举行“传承·2019 清明祭英烈”暨烈士遗骨安葬仪式。该墓园共安葬八路军零散烈士 2262 名，其中武乡籍八路军烈士 1036 名、外地籍八路军烈士 1226 名。

4 月 17 日，武乡县老区建设促进会第三届理事会第一次会议召开。袁俊山当选为县老促会会长，武效先、赵永福、张建国当选为副会长，赵三文当选为秘书长。

4 月，山西省人民政府正式批准武乡县退出贫困县行列。

7 月 26 日，“地雷大王”王来法铜像揭幕仪式在大有乡李峪村举行。

11 月 21 日，山西省副省长王成深入武乡县，围绕脱贫攻坚、乡村振兴、农村电商及家禽屠宰业发展等进行调研。

12 月 2 日，全县脱贫攻坚工作推进大会在县影剧院召开。会议强调，必须牢固树立“2020 年交总账”的意识，继续发扬太行精神，奋力夺取脱贫攻坚的全面胜利。

12 月 3 日，武乡县招商引资项目集中签约仪式在县机关后勤服务中心 4 楼会议室举行，共签约 4 个项目，涉及交通、产业、通信等方面，总投资 12.41 亿元。

12 月 10 日，第四届山西文化产业博览交易会圆满落幕。武乡县文化旅游项目和魔术小镇 2 个项目成功签约。

12 月 25 日，全县相对集中行政许可权改革审管衔接备忘录签署暨集中审批印章启用仪式在太行街综合办公楼前举行，将 18 个审批机关的 248 项行政许可及关联事项划入县行政审批事务管理局集中办理。

2020 年

1 月 11 日，全县“不忘初心、牢记使命”主题教育总结大会，在县机关后勤服务中心 4 楼会议室召开。

1 月 28 日，全县新冠病毒感染肺炎疫情防控工作会议以视频会议形式召开。

2 月 9 日，县人民医院举行援鄂医务人员出征仪式，共产党员神经内科医生郝晓敏、护士长魏芳驰援武汉支援新冠肺炎疫情救治工作。

2 月 18 日，武乡县转型项目建设年第一批 6 个重点项目集中开工仪式，在丰州镇上城村山西昌靖建材有限公司 70 万吨粉煤灰综合利用项目工地举行，总投资 5.2 亿元。

3 月 13 日，武乡县召开决战完胜脱贫攻坚誓师大会。会议强调，要全力以赴补短板、提成色，坚决打好打赢脱贫攻坚战。

4 月 13 日，省政府第 65 次常务会议决定设立武乡现代农业示范区。

5 月 5 日，全县“四好农村路”建设现场推进会在涌泉乡召开。

5 月 11 日至 13 日，县委副书记、县长阎新平带队赴上海、杭州、青岛等地开展招商引资考察。

5 月 31 日，武乡县劳动模范表彰暨重点工作再推进大会在县影剧院召开。

5 月 31 日，县选派机关事业单位干部到村任职出征仪式在太行干部学院举行，为第一批选派到村任职的 14 名机关事业单位干部加油赋能，鼓劲壮行。

6 月 3 日至 4 日，县委书记胡坚带队赴北京开展招商引资、项目洽谈活动。

6 月 16 日，2020 年“安全生产月”宣传活动在县人民广场举行。

7 月 20 日至 8 月 10 日，武乡县顺利通过了国家脱贫攻坚普查、山西省脱贫攻坚成效考核和市际交叉检查。

8 月，武乡县八路军烈士陵园入选第三批国家级抗战纪念设施、遗址名录。

9 月 3 日，山西省纪念中国人民抗日战争暨世界反法西斯战争胜利 75 周年向抗战烈士敬献花篮仪式在八路军太行纪念馆举行。

9 月 9 日，全县脱贫攻坚“决战一百天 兑现军令状”推进大会在县影剧院召开。

9 月 19 日至 20 日，第三届全国国防教育竞技大赛总决赛在武乡县举行。

9 月，武乡县东干线供水工程指挥部对主干线进行通水试运行。

10 月 27 日，武乡县岭头村村民魏宝玉获“全省脱贫攻坚奋进奖”，山西省供销社驻武乡县西黄岩村工作队队长张宏才获“全省脱贫攻坚贡献奖”。

10 月，八路军太行纪念馆获第二届全国红色故事讲解员大赛“优秀活动单位”称号，该馆宣教部主任田悦慧获“专业组优秀讲解员”称号。

11 月 20 日，武乡县现代农业示范区举行揭牌仪式。

11 月，武乡县 215 个贫困村 5 万多贫困人口脱贫攻坚目标任务全面完成，胜利脱贫。

11 月 26 日，长治市革命老区发展史编纂工作武乡现场会暨《武乡县革命老区发展史》评审会议在太行干部学院召开。

12 月 11 日，武乡县融媒体中心举行揭牌仪式。

12 月 12 日，郑太高铁（太焦段）正式开通，设武乡站，标志着老区武乡进入高铁时代。

12 月 17 日，武乡县入选文旅部公布的第二批国家全域旅游示范区名单。

12月，在2020年下半年“山西好人”评选中，武乡县涌泉乡涌泉村庞志香当选诚实守信好人，韩北乡东堡村乡村医生史晓斌当选敬业奉献好人。

是年，李峪村获“第六届全国文明城镇”称号。

是年，武乡县获评“2020中国夏季休闲百佳县市”。

2021年

1月6日，武乡县召开新冠疫情防控专题会议。

1月27日，山西省民政厅公布2020年度省级善治示范村名单，武乡县丰州镇魏家窑村、蟠龙镇郭家垴村、涌泉乡大沿沟村、上司乡蒋家庄村榜上有名。

2月12日（春节），县委书记贺思宇深入蟠龙镇调研全域旅游、农业、工业等发展情况，县委副书记、统战部部长王书文，县委常委、县委办公室主任高怀碧等一同参加。

2月25日，全国脱贫攻坚总结表彰大会在人民大会堂隆重举行。武乡县脱贫攻坚领导小组获“全国脱贫攻坚先进集体”奖牌和证书；武乡县故县乡五村驻村工作队队长兼第一书记、山西省委党刊《映像》杂志社总编辑张国田，武乡县石北乡西黄岩村驻村工作队队长、山西省供销社财务处二级调研员张宏才，中国煤炭科工集团驻武乡县蟠龙镇栗家沟村第一书记张磊获“全国脱贫攻坚先进个人”奖章和证书。

2月25日至26日，中共武乡县第十五届第三次全体会议暨县委经济工作会议召开。会议由常委会主持，县委书记贺思宇讲话。会议听取和讨论了贺思宇代表县委常委会作的工作报告，通过了《中共武乡县委关于国民经济和社会发展第十四个五年规划和二〇三五年远景目标的建议》。

2月下旬，武乡县新城区“一横两纵”（北原山街、英雄路、兴武路）主干路网建设工程、老城区“一纵两横”（红旗路、太行东街、迎宾街）主干道路提质改造工程、太长高速收费站及连接线改扩建工程、县城至高铁广场出口片区景观提升工程等十大城市更新、品质提升工程全面启动。

3 月 9 日，武乡县实行乡级区划调整，墨镫乡并入洪水镇，故县乡并入丰州镇，撤销韩北乡，成立韩北镇。

3 月 29 日至 31 日，中共武乡县第十六次代表大会召开。会议选举产生了中共武乡县第十六届委员会和中共武乡县第十六届纪律检查委员会。贺思宇当选中共武乡县委书记。

4 月 7 日至 9 日，政协武乡县第十届委员会第一次会议在太行干部学院召开。刘钢平当选政协第十届武乡县委员会主席。

4 月 8 日至 10 日，武乡县第十六届人民代表大会第一次会议在县城影剧院召开。李军印当选县人大常委会主任，王书文当选县人民政府县长。

4 月 20 日，县委副书记、县长王书文主持召开全县新冠疫苗接种视频推进会。

5 月 25 日，全省脱贫攻坚总结表彰暨乡村振兴全面推进大会在太原举行。武乡 2 个部门：县水利局、县教育局；5 名个人：王志胜（蟠龙镇苗杜村驻村工作队队长、第一书记，长治市交警支队安监中心副主任），任杰（故城镇河底村第一书记，长治市融资担保有限公司党群室副主任），孙亚东（武乡县住房和城乡建设管理局局长），杜红雁（女，山西太行沃土农业产品有限公司董事长），高卫东（武乡县扶贫办公室副科级干部）受到表彰。

5 月 27 日，国家文物局党组副书记、副局长顾玉才带队的调研组，深入武乡县调研革命文物利用保护工作。省文物局副局长于振龙，副市长郜双庆，县委书记贺思宇，县委常委、常务副县长李颖等领导参加。

6月3日，武乡县乡村振兴局正式挂牌成立，标志着武乡脱贫攻坚历史使命圆满完成后，正式迈入全面振兴乡村的新阶段。县委书记贺思宇、县长王书文等县领导出席。

6月3日，省委书记林武率领省委常委班子，来到八路军总部所在地武乡县，瞻仰八路军太行纪念馆，缅怀革命先烈，重温入党誓词，开展党史学习教育，进一步宣示牢记领袖嘱托、传承红色基因、汲取前进力量、全方位推进高质量发展、奋力谱写全面建设社会主义现代化国家山西篇章的信心和决心。省委副书记、省长、省政府党组书记蓝佛安出席。

6月6日，省委农村工作领导小组通报表扬2020年度山西省实施乡村振兴战略实绩考核优秀县（市、区）64个，其中，长治市6个，武乡县榜上有名。

6月6日，武乡县举行“光荣在党50年”颁奖仪式。县委书记贺思宇、县长王书文等县领导向30名党龄达到50年的党员代表颁发了“光荣在党50年”纪念章。

6月19日，全省加强光伏扶贫项目资产管理现场推进会在我县召开。省乡村振兴局党组书记张玉宏出席会议并讲话。省乡村振兴局党组成员、二级巡视员张伟勤主持。副市长部双庆致辞。市政府副秘书长罗列，县委书记贺思宇，省乡村振兴局产业站站长张临阳，市乡村振兴局局长段志岗，市乡村振兴局副局长魏瑛，国网新能源云公司事业部副总经理、国网光伏学院秘书长张晓辉，县委副书记元海波，县委常委、县委办主任高怀碧，县人大常委会副主任郝宏德，副县长韩霏出席。11个市牵头部门分管负责人，75个光伏扶贫项目县政府分管领导和牵头部门负责人参加。武乡各乡镇乡镇长、县直相关部门负责人列席会议。

6月21日，武乡县新党员集中入党宣誓活动在八路军太行纪念馆举行。县委书记贺思宇，县委副书记、县长王书文，县委常委、县委办主任高怀碧，县委常委、纪委书记、监委主任游晋中，县委常委、宣传部部长李颖媛，县委常委、政法委书记李珍明出席。县委常委、组织部部长常斌杰主持。200名新党员代表参加，贺思宇领誓。随后，贺思宇、王书文等领导向新党员代表发放《中国共产党章程》、党员徽章、《党费证》。新党员代表李几屹、韩燕、武帅依次发言，表达了将以全心全意为人民服务为宗旨，做一名合格党员的决心。

6月22日，山西省“两优一先”表彰大会在太原召开。我县丰州镇副镇长、里庄村党支部书记张先保，武乡县作家协会联合党支部书记郝雪廷，八路军太行纪念馆宣教部主任田悦慧荣获全省优秀共产党员称号；县委常委、县委办公室主任、县党群系统党委书记高怀碧荣获全省优秀党务工作者称号；石北乡石北村支部委员会、中共太行干部学院委员会、洪水镇熬垴村支部委员会荣获先进基层党组织称号。

6月30日晚，大型实景演艺《太行山上》举行首演仪式。《太行山上》剧目共分“太行，不朽丰碑”“村庄，冲破封锁”“旗帜，走向胜利”“土地，恩情滋养”四个篇章，揭示了不忘历史、铭记英雄的主题。

7月1日，武乡县在八路军太行纪念馆举行庆祝中国共产党成立100周年群众歌咏活动暨“两优一先”表彰大会。县委常委、组织部部长常斌杰宣读《中共武乡县委关于表彰全县优秀共产党员、优秀党务工作者和先进基层党组织的决定》；大会为全县优秀共产党员、优秀党务工作者和先进基层党组织代表以及为全县经济社会发展作出贡献的先进单位和先进个人颁奖。合唱《在太行山上》拉开了群众歌咏活动的序幕。歌咏活动分为“南湖的红船”“祖国颂”“在希望的田野上”“中国梦”四个乐章。

二、武乡县革命老区主要纪念场馆

八路军太行纪念馆

八路军太行纪念馆位于山西省武乡县城，由邓小平同志亲笔题写馆名，是全国唯一全面反映八路军和华北各根据地抗战史实的大型军事专题纪念馆。馆内有10个游览参观点，即八路军将领组雕、八路军抗战史陈列馆、八路军抗战纪念碑、八路军将领馆、八路雄风碑林公园、百团大战半景画馆、窑洞战景观、徐向前元帅纪念亭、临时巡回展览馆、“和平颂”主题公园，是集教育、科研、收藏、旅游观光于一体的综合性红色旅游经典景区。八路军太行纪念馆被授予全国中小学爱国主义教育基地、全国爱国主义教育示范基地、全国中小学生研学实践教育基地、中国红色旅游精品景区、国家一级博物馆、国家AAAA级旅游景区、国家国防教育示范基地、全国廉政教育示范基地、全国红色旅游工作先进集体、山西省文明和谐景区、山西省党风廉政教育基地等80余项荣誉称号。

八路军总部王家峪旧址纪念馆

八路军总部旧址位于武乡县韩壁乡王家峪村后庄张昌绪家。旧址坐北朝南，并列三院布局。1961 年列为全国重点文物保护单位。

1939 年 10 月 11 日，八路军总部因在砖壁村吃水困难，移驻王家峪村。八路军总部在王家峪驻扎期间，正处于日军疯狂进犯我太行根据地时期。1940 年 6 月，日军占领武乡县段村，矛头直指八路军总部所在地，朱德总司令和彭德怀副总司令坚定不移地执行党在统一战线中独立自主的原则，对国民党顽固势力进行了“有理、有利、有节”的斗争。1939 年 12 月至 1940 年 1 月，总部曾在这里先后发出《朱彭总副司令通电全国反对枪口对内，进攻边区》《朱德同志就山西“十二月政变”发表谈话》等电讯，晓以民族大义，电请国民党中央杜绝摩擦，巩固团结，坚持抗日，并制止了阎锡山进攻山西新军的事态扩大。1940 年 2 月，朱德、彭德怀、左权和杨尚昆、陆定一等八路军总部和中共中央北方局领导在总部王家峪旧址和国民党 97 军军长朱怀冰进行了为期 7 天的谈判，力陈我党抗战主张。1940 年 3 月 1 日，八路军总部、中共中央北方局所属机关在下合城墙根一片空地上，召开了“晋东南各界反汪大会”，号召全国各界同胞，加强团结，声讨汪逆，扫清内奸，抗战到底。参加会议的各界军民共计 3 万余人。朱德总司令、彭德怀副总司令分别在会上发表演说。

1939 年 12 月 21 日，朱德总司令还在王家峪总部接见了印度援华医疗队的柯棣华、巴苏华、爱德华等国际友人。1940年冬，朱总司令在此奋笔写下了《寄语蜀中父老》这首壮丽诗篇：“伫马太行侧，十月雪飞白，战士仍衣单，夜夜杀倭贼。”

八路军总部砖壁旧址纪念馆

八路军总部砖壁旧址，位于县城东42千米的砖壁村。1939年至1942年间，八路军总部机关曾先后三次进驻砖壁村，朱德、彭德怀、刘伯承、邓小平、左权等老一辈无产阶级革命家曾在这里长期生活和战斗。总部在砖壁驻扎期间，指挥了华北抗日根据地许多重大的战役。1940年7月，彭德怀、左权、罗瑞卿和刘伯承、邓小平、徐向前、聂荣臻、吕正操等八路军领导人，在此部署和指挥了震惊中外的百团大战。百团大战，是抗日战争中八路军在华北地区发动的一次规模最大、持续时间最长，具有战略性的对日军进攻的战役，也是八路军总部在砖壁村指挥时间最长的一次战役。

1961年3月4日，列为全国重点文物保护单位。1980年10月1日正式对外开放。

八路军总部马牧旧址

八路军总部马牧旧址位于武乡县丰州镇马牧村。

1938年4月，八路军总部从沁县小东岭转移到武乡县马牧村，驻扎在郝宝琛家。驻扎期间，八路军直属政治处与八路军总部在此研究部署了反日军“九路围攻”战役，并在该村老爷庙召开了反“九路围攻”军事动员会。

在此驻扎4天后，于4月14日又转移到石壁乡的义门村。

八路军反“九路围攻”军事动员会议旧址——马牧村老爷庙。

八路军总司令部义门旧址

八路军总司令部义门旧址，位于县城西北17千米的义门村。1938年4月14日，八路军总部由马牧村移驻义门村。总部在这里指挥129师主力和115师一部进行了著名的长乐村战斗，彻底粉碎了日军对晋东南抗日根据地的“九路围攻”。1938年4月20日，总部离开义门，移驻义门东南5千米的寨上村。

1980年8月1日，八路军总司令部义门旧址，公布为武乡县重点文物保护单位。

八路军总司令部寨上旧址

八路军总司令部寨上旧址，位于县城西北10千米的寨上村。

1938年4月20日，八路军总司令部由义门移驻寨上村，并

在此召开了粉碎日军“九路围攻”的祝捷大会，会上展出八路军在长乐战斗中缴获的战利品。

1938 年 5 月 23 日，总部离开寨上移驻沁县南涅水村。

1980 年 8 月 1 日，八路军总司令部寨上旧址，公布为武乡县重点文物保护单位。

八路军抗战纪念碑

八路军抗战纪念碑修建在风景宜人的凤凰山巅。在烽火连天的抗战岁月里，英勇无畏的八路军以三师之众，开辟了华北敌后游击战场，创建了晋察冀、晋绥、晋冀豫、山东等抗日根据地。在悲壮辽阔的抗日战场上，八路军健儿英勇杀敌、浴血奋战，他

们与新四军、东北抗日联军、华南抗日游击纵队等抗日部队一道构成了全民族抗战的中流砥柱，成为抗战胜利的决定性力量。八路军将士在这场战争中，对日军作战共计10万多次，无数八路军将士为了中华民族的独立与解放，献出了自己宝贵的生命。修筑八路军抗战纪念碑，就是要铭记八路军将士在中国革命史上的丰功伟绩。巍巍丰碑昭示后人，我们只有继承和发扬艰苦奋斗、无私无畏、勇于献身的老八路精神，才能实现中华民族伟大复兴。

中共中央北方局烟里旧址

1939年7月1日，中共中央北方局随八路军总司令部由潞城北村移驻武乡县烟里村。10月11日由砖壁移驻王家峪。

1940年9月23日，百团大战进入第三阶段，中共中央北方局在砖壁玉皇庙召开了党的高级干部会议。

1980年8月1日，中共中央北方局烟里旧址，公布为武乡县重点文物保护单位。

中共中央北方局党校上北漳旧址

中共中央北方局党校上北漳旧址，位于武乡县城东22千米的上北漳村。

1939年10月，北方局党校进驻上北漳。校部下设管理科、卫生科等机构。

北方局党校约三个月举办一期，参加学习的多为军队和地方干部：军队是团一级的军政干部；地方是县委书记、县长一级干部，也有少数地委书记和专员一级的干部。

学习期间，党校教师、学员和总部指战员一起，在村前河滩筑起一道拦洪石坝，造地200余亩。

1980年8月1日，中共中央北方局党校上北漳旧址，公布为武乡县重点文物保护单位。

鲁迅艺术学校下北漳旧址

鲁迅艺术学校下北漳旧址，位于武乡县城东28千米的下北漳村。

1940年4月1日，根据中共中央北方局决定，在武乡县下北漳村成立了鲁迅艺术学校。学校设立有校务委员会、教务处、总务处和党支部等机构。教学分3个系：戏剧系、音乐系、美术系，以及鲁艺实验剧团、鲁艺木刻工作团、鲁艺戏曲团、鲁艺校刊编委会。1939年11月28日，中华全国文艺界抗敌协会晋东南分会，在鲁迅艺术学校驻地下北漳召开成立大会，40余人出席会议，朱德总司令亲临大会指导并讲了话。大会选举

李山、洪荒、袁勃等40余人为常务理事。1940年2月8日，鲁迅艺术学校师生，在王家峪参加了总司令部、野战政治部主持召开的晋东南文协座谈会。在北方局、总司令部、野战政治部首长的关怀下，鲁艺广大艺术工作者努力学习，积极创作，创作了一大批大众化文艺作品，有力地推动了敌后新文化运动的开展。

1980年8月1日，公布为武乡县重点文物保护单位。

八路军野战卫生部土河旧址

1939年7月，日军第二次“九路围攻”晋东南，总部野战卫生部、总部医院、总部卫生学校于7月15日由潞城县的南村随总部来到武乡县东部山区的土河坪和土河村。

总部野战卫生部是八路军总部的专门卫生机关，部长孙仪之。总部医院主要是负责总部机关的医疗工作，同时也收治了大量的伤员。驻土河村的总部卫生学校，为部队培养医务人员，学员来自华北各解放区。于宁负责教学任务，共培养出医生326人、司药34人、护士72人、兽医31人，曾受到朱德总司令、彭德怀副总司令的表彰。

1980年8月1日，八路军野战卫生部土河旧址及总部医院、总部卫生学校土河村旧址，公布为武乡县重点文物保护单位。

抗日军政大学总校蟠龙旧址

抗日军政大学总校蟠龙旧址位于县城东35千米的蟠龙镇。

1939年12月，抗日军政大学一分校，由延安迁至武乡县蟠龙镇。

1940年2月，为便于接受中共中央北方局的直接指挥，南移武乡与抗大一分校、太南留守大队合并。总校下设10个分校和太行分校、太岳分校、陆军中学等，分4个团、1个特科大队、2个直属女生队，共4900名学员，分驻蟠龙周围的白家庄、韩家垴、东沟、尚元、温庄等村。平时，以连为单位在驻地村庄上课、生产、练武，重大节日或集会在总校校部活动。

1940年4月15日，抗大总校在蟠龙镇举行了第六期学员开学典礼，朱德总司令致了训词，彭德怀副总司令讲了话。第六期学生，主要是八路军、新四军以及决死队的干部。具体任务是培养八路军、新四军的骨干。1940年12月，抗大第六期结业。

1980年8月1日，抗日军政大学总校蟠龙镇旧址公布为武乡县重点文物保护单位。

华北《新华日报》安乐庄旧址

《新华日报》（华北版），是中共中央北方局机关报，何云任报社第一任社长兼总编辑。该报于1939年1月1日创刊于沁县后沟村。1939年12

月底，由沁县祭祷岩移驻武乡大坪，后又到安乐庄，大坪只留报社印刷厂。1940 年 6 月又移驻辽县。

在那战火纷飞的日子里，纸张缺乏，办报人员自制纸张，没油墨用松枝造，没铜模自己刻制，所用材料尽量自备。

在北方局、总部首长的关怀和广大军民的爱护、支持下，华北《新华日报》后来日刊达到 3 万余份。同时印制了 45 万册社会科学方面的读物和马克思、恩格斯、列宁经典名著以及学校用书，还印了 50 余万份传单与布告，为抗日战争最后胜利作出了巨大贡献。

1980 年 8 月 1 日，华北《新华日报》大坪、安乐庄旧址，公布为武乡县重点文物保护单位。

八路军 129 师师部宋家庄旧址

八路军 129 师师部旧址位于武乡县贾豁乡宋家庄村。

1938 年春至 1941 年底，八路军 129 师师部曾 5 次进驻宋家庄村，时间长达半年。当时，刘伯承师长住后院东房，邓小平政委住后院西房。驻扎期间，129 师在刘、邓的领导下，奉集总命令，在武乡长乐村一带以急袭手段，歼敌 2200 余人。后又乘胜追击，连克 18 座县城，先后歼敌 4000 余人，将日军赶出了晋东南。1939 年 12 月至 1940 年 3 月，129 师参加了磁（县）武（安）涉（县）林（县）战役，打退了国民党顽固派的猖狂进攻，挽救了抗战危局。1940 年 5 月，邓小平政委和刘伯承师长亲自部署和指挥了白晋铁路北段大破袭战役，歼敌 1000 余人，解放路工 2000 多人，破坏公路、铁路 100 余千米，大小桥梁 300 余座。百团大战第二阶段，在武乡关家垴歼灭战中歼敌 700 余人。129 师为夺取百团大战的胜利做出了重大贡献。

冀南银行总行蚜蚄庙旧址

冀南银行总行旧址位于武乡县韩壁乡蚜蚄庙。1939 年春，为进一步适应抗战需要，中共中央北方局提出调剂金融，统制货币，便利民商，增强抗日根据地的经济力量，改善人民生活，保证抗日部队的给养，成立比较统一的地方银行。同年 8 月，冀南经济委员会制定了《冀南游击区经济建设计划大纲》，提出巩固法币，打击伪钞，收回土钞杂币，成立冀南银行并发行冀南本位币。冀南银行成立之初，在太行区和冀南区同时建立机构。在太行区的机构设在黎城县黄崖洞镇小寨村，直接受八路军总部供给部领导，称路（平汉路）西行，即冀南银行总行。在冀南区的机构，设在河北省南宫县，由冀南行政公署领导，称路东行。当时对外把冀南银行也称为冀南银行总行，首任经理是高捷成。1940 年 6 月，该行来到武乡县蚜蚄庙驻扎，积极支持抗战，支持根据地经济建设，并使冀南币占领了边区市场，为创建华北乃至全国人民的金融事业作出了突出的贡献。

八路军野战政治部下合旧址

八路军野战政治部下合旧址位于武乡县东部韩北镇下合村。1939年10月11日，八路军野战政治部从烟里村迁至王家峪南1千米的下合村，百团大战前的1940年6月底，又返迁烟里村。

野战政治部在下合驻扎期间，除做军队政治工作外，还加强对抗大、鲁艺和太行山、火星剧团的领导，进行抗敌宣传，并做了大量的民运和敌工工作，召开了许多重要会议。1939年九一八纪念日，八路军总司令部和野战政治部在砖壁附近的土河村召开榆（社）武（乡）士绅大会。1939年9月21日，总部、野战政治部公布了七大纲领。同时，野战政治部的领导还不断深入乡村搞民运工作。

1980年8月1日，公布为武乡县重点文物保护单位。

八路军抗日军政大学第一分校留守大队大陌旧址

八路军抗日军政大学第一分校留守大队旧址位于武乡县蟠龙镇大陌村。

抗大第一分校，于1938年12月在晋东南成立，校长为何长工，大队长为赖光

勋，政治委员为铁坚，全校学员 3000 多人。同年 10 月，抗大第一分校东迁山东，留下的一部分学员组成抗大第一分校留守大队，移驻武乡的大陌村。1939 年 11 月底到 1940 年 3 月，抗大一分校留守大队学员们坚持上午学习政治与文化课，下午学习军事课，同时还要到各村发动群众，宣传抗日救国。

1940 年 2 月 26 日，抗大总校抵达武乡蟠龙镇，留守大队即归入总校建制。

中共中央北方局妇女干部训练班石圪垤旧址

中共中央北方局妇女干部训练班石圪垤旧址，位于武乡县韩北乡石圪垤村。1940 年初，中共中央北方局妇委，在石圪垤村举办中共中央北方局妇女干部训练班（简称妇训班）。培训对象是来自晋东南各县的妇救会主任及妇委的部分干部，共计 50 余人。第一期妇训班，历时 3 个月，于 1940 年 4 月底结束。同年 7 月，又组织了第二期妇女干部培训班。这期学员，一部分是来自太行区各县的妇女干部，另一部分是来自冀鲁豫边区的妇女干部，共有 50 名，大约培训一个月。以上两期妇训班，对培训妇女干部，组织妇女抗战，开辟和建立晋东南抗日根据地，都发挥了积极的作用。

1980 年 8 月 1 日，公布为武乡县重点文物保护单位。

太行工业学校温庄旧址

太行工业学校旧址位于武乡县蟠龙镇温庄村。1941 年 5 月，八路军总部军工部太行工业学校成立，简称“太行工校”。校长由军工部刘鼎部长兼任，冶金工程师刘致中担任副校长，并主持日常工作。学校共有教职工 20 人，学员 129 人，根据文化程度分别编为 2 个机械专科班、2 个普通班、1 个预科班和会计班。5 月初，在温庄村举行了隆重的开学典礼。同时，这 6 个教学班又分编为 3 个武装排。

1942 年 5 月，反“扫荡”中，学校转移到黎城、辽县。反“扫荡”结束后，又返回武乡温庄村。1943 年 6 月，日军占领了蟠龙镇，直接威胁着学校的安全。当时，太行区正值严重干旱，粮食供给十分困难，学校不得不停课开展大生产运动。1944 年 5 月，部分老师回到延安，留下的员工安排在兵工厂。

八路军野战卫生部刀把嘴旧址

八路军野战卫生部旧址位于武乡县韩壁乡刀把嘴村。1940 年初，野战卫生部驻扎在武乡县刀把嘴村。当时，由于野战医院、总部制药厂都在该村驻扎，房子非常紧张，而野战医院又来了许多伤员，村里的房子

住得满满的，没有做手术的地方，卫生部领导就将自己的住房腾出来作为手术室。又因药品供需矛盾突出，野战卫生部就将总部原有的制药所和129师制药厂合并，成立了八路军卫生材料厂（制药厂），并设立了几个分厂，强化制药技术力量，利用当地中草药制作药品，研制出了柴胡注射液以及丸、散、膏、丹中成药，不仅解决了该院药品紧缺的困难，还补充了附近各医院的药品不足。

八路军前方总指挥部卫生部左会旧址

八路军前方总指挥部卫生部旧址位于武乡县洪水镇左会村。

1938年9月，朱德总司令在检查中央军委卫生部工作时，认为军委卫生部有5位领导，延安后方卫生工作事少人多，就决定调军委卫生部副部长孙仪之率后方卫生部少数干部及1个兵站医院，到晋东南八路军总部，成立八路军前方总指挥部卫生部。1940年底，为了加强后勤机关的战斗力，进一步实行精兵简政，根据八路军总部决定，将前方总指挥部卫生部与129师卫生部合并，由129师卫生部部长钱信忠担任部长，孙仪之担任政委，合并为八路军野战卫生部，下设医政科、供管科、秘书科、卫生部政治部。机关设在左会村，驻在申培民家。1941年2月，野战卫生部迁至辽县（今左权）东隘口村。

八路军129师野战医院禄村旧址

八路军129师野战医院旧址位于武乡县监漳镇禄村三官庙。

1940 年 5 月，八路军 129 师决定对白晋铁路进行大破袭。为加强后勤保障，将师野战医院迁到武乡县禄村，驻扎在三官庙及戏台上，手术室设在村民张焕新家。白晋线战役打响后，不断有伤病员送往这里救治。由于伤员过多，医院驻地病房紧张。因此，伤员经过治疗后都安置在老百姓家里。当地群众对抗日的八路军伤病员，关怀备至，想尽办法把最好的房屋腾出来给伤病员，把困难留给自己。当时，医护人员少，忙不过来，村里的妇女们主动当起编外护士。她们不仅帮助洗清绷带，清洁医疗器械，而且学会了换药、护理伤员。当年，军队医务人员与村里老百姓团结互助，救死扶伤。

柳沟兵工厂旧址

柳沟兵工厂旧址，位于武乡县东部蟠龙镇至砖壁间的一条峡谷之中。1939 年 5 月，柳沟兵工厂开始大量生产手榴弹壳，并试制成功五〇炮弹。它曾为抗日战争和解放战争最后胜利作出了巨大的贡献。1966 年由国家拨款，对兵工厂旧址进行了局部维修，修建了 7 间接待室、陈列室，并于同年开放。1979 年又由国家拨款，在炼铁土方炉南筑一防洪石坝，在接待、陈列室和一盘烘炉处加了围墙。

1980 年 8 月 1 日，公布为武乡县重点文物保护单位。

长乐村战斗纪念碑

长乐村战斗纪念碑，位于县城东里庄村。因当时里庄村属长乐编村，故将发生在这里的急袭战称为长乐村战斗。

长乐村战斗是 1938 年 4 月，八路军粉碎日本侵略者对晋东南抗日根据地“九路围攻”作战中的一次决定性的战斗。此次战斗，共歼敌 2200 余人。八路军各部乘胜追击，将敌全部赶出了晋东南，彻底粉碎了日本侵略者对晋东南的“九路围攻”，为晋冀鲁豫抗日根据地的建立和抗日游击战争的大发展奠定了坚实的基础。在这次战斗中，772 团团长叶成焕等 800 名将士壮烈殉国。

1960 年 5 月 1 日，武乡县人民委员会在里庄村前竖立了文物保护标志，规定保护范围：东 6 千米，西 3 千米，北 6 千米。

1980 年 8 月 1 日，长乐村战斗遗址公布为武乡县重点文物保护单位。

关家垴歼灭战遗址

关家垴歼灭战遗址，位于武乡县城东关家垴、柳树垴一带。

1940 年 8 月，八路军在华北发动了百团大战。日本侵略者在正太、榆辽战役中连遭重创之后，便对我根据地展开大规模的报复“扫荡”。10 月 29 日在总部特务团追击下，由黄崖洞窜左会

之敌36师团冈崎大队700余人，在芝麻角、漆树凹一带复遭我772团等部侧击之后，连夜抢占了关家垴高地，晚八时彭德怀副总司令在石门以“集总”名义发出电令，命令129师刘伯承师长、邓小平政委指挥385旅陈锡联部和新十旅范子侠部为右纵队，30日凌晨4时，从东北、东南、西北、西南四个方向围歼关家垴之敌。孤敌为固守待援，以一个中队兵力夺占了南面风垴顶高地，我英勇的决死队，连续强攻十余次，将此高地占领。在围攻关家垴激战中，彭副总司令在韩登坪指挥的炮连准确地摧毁了敌前沿阵地，我突击部队往返冲杀五小时之久，夺回几处高地，敌我各占半个山壁。天亮后，我军冒着敌机狂轰滥炸，血战至深夜，终将周围高地完全占领，歼灭冈崎大队，彻底粉碎了敌人疯狂的报复“扫荡”。

1980年8月1日，关家垴歼灭战遗址被列入武乡县重点文物保护单位。

漆树坡窑洞保卫战遗址

漆树坡位于县城东南的襄（垣）、沁（县）、武（乡）三县

交界处，在抗日战争时期，武乡（东）县委路南办事处和抗日第八行政区区公所曾在此驻扎。

1943 年 7 月 20 日黎明，日军纠集段村、沁县、襄垣、蟠龙等 6 个据点之敌，同时向漆树坡分进合击，妄图一举吃掉我抗日机关。为了粉碎敌人的合击阴谋，保护抗日机关和全村群众的安全，漆树坡民兵以 7 个人、5 支枪，凭借“设三关、拐三关、楼上楼、天上天、住得久、跑得脱、熏不着、饿不死”的窑洞，与敌人展开了激烈的战斗。在这次战斗中，武志方、武全木、武志法、武书云、武来庆、王磨锁、王三磨等 7 位民兵壮烈牺牲。为了纪念烈士，抗日政府将窑洞所在的桑树沟改名为“英雄沟”。

1989 年，为了铭记漆树坡窑洞保卫战中光荣牺牲的烈士的丰功伟绩，武乡县委、县政府决定，在战斗遗址漆树坡村建立窑洞保卫战纪念碑。老一辈无产阶级革命家聂荣臻、陆定一和曾在此生活战斗的原太行区路南办事处政委姜一、太行军区司令员鲁瑞林、县独立营营长、朱德警卫团团长钟明锋、县武委会主任赵志云均为纪念碑题了词。纪念碑于 1989 年 10 月 1 日落成。

抗日英雄纪念碑

抗日英雄纪念碑矗立在武乡县东部蟠龙村南的黄沙岗。碑高 10 米，碑底 8 米见方，碑周围砌有 25 米见方的砖墙，正东建有大门，碑体坐西朝东，周围翠柏茂密。

抗日战争时期，武乡人民在共产党领导下，武装起来与侵略

军展开坚决斗争，英勇不屈，视死如归，军民团结，粉碎了敌人无数次的残酷扫荡。在与敌斗争中，积极开展减租减息，改善了群众生活，增强了抗战力量，巩固了武乡抗日根据地。尤其在1943年，党政军民团结一致，坚持围困，逼退了蟠龙之敌，组织劳动力大规模生产，军民生活改善，民主运动普遍开展。在这场伟大的斗争中，武乡人民发扬了民族正气，无数英烈献出了宝贵生命。为弘扬革命英烈为民族牺牲之精神，继承先烈遗志，建设美好家园，武乡县抗日政府于1945年清明节，在蟠龙村黄沙岗建立抗日英雄纪念碑，有217位烈士之名镌刻在碑体，当日还举行了隆重的公葬烈士英灵仪式。

1985年，在纪念中国人民抗日战争胜利40周年时，武乡县蟠龙镇人民政府对抗日英雄纪念碑进行了修缮。这里已成为激励后人牢记历史、不忘初心，进行爱国主义教育的基地。

中共武乡东区支部窑头旧址

中共武乡东区支部旧址位于武乡县上司乡窑头村。大革命时期，在武乡东区的窑头村担任小学教员的赵瑞璧、程登瀛等，受进步思潮的影响，

逐渐走上革命道路。他们在峪口、型村、窑头、墁坡、下司等村的贫雇农中进行秘密联络，发动贫雇农有组织地同“官盐店”展开斗争。通过斗争，提高了农民的政治觉悟，使这一带逐渐成为武乡东部斗争最活跃地区，形成了一定的革命力量。1933 年 8 月，中共武乡县委成立后，就在窑头村建立了中心支部（即中共武乡东区支部），负责领导武乡东区党的活动，支部书记为程登瀛（后为李福元）。支部成立后，在贫雇农中秘密发展党员，壮大组织力量，为深入发动群众，开展反封建斗争，奠定了良好的基础。

中共武西县委、县政府泉之头旧址

中共武西县委、县政府旧址位于武乡县分水岭乡泉之头村。1939 年秋，日军占领白晋铁路沿线的权店、南沟等地，为适应对敌斗争需要，中共武乡县委决定分设武西办事处。1940 年 7 月，日军又占领武乡中部段村，把武乡分为东、西两块。根据上级指示，在原武西办事处的基础上组建了中共武西县委、武西县政府。由于战争形势复杂，武西县委、县政府机关居无定所，曾在辖区内流动驻扎，泉之头村是其中之一。中共武西县委、县政府，在这里积极配合八路军和中共中央北方局，广泛开展武装抗日，成立武委会、妇救会、儿童团、抗债团，同敌人进行了不屈不挠的反侵略斗争，取得了革命胜利。

李逸三故居

李逸三故居位于武乡县故城镇北良村，故居坐西朝东，一进院布局。

李逸三，又名李楷，武乡县故城镇北良村人。1925 年 7 月，考入太原国民师范学校并加入国民党，1926 年，担任国民党太原市工人部部长。1927 年，考入中央政治军事学校并正式加入中国共产党。1929 年秋，任中国工农红军鄂西游击第三纵队政委。1932 年，因与组织失去联系回到家乡，广泛宣传革命道理。1933 年，他两次赴太原接受党组织指示，返回武乡建立地下党组织。首任中共武乡县委书记。后任太岳区游击第二团政治部主任，太岳军区政治部宣传部副部长、代理部长，《人民日报》编辑，北方大学文教学院党总支书记，华北大学第二部党总支书记，中国人民大学党委常委、组织部部长兼人事处处长，中国人民大学职工业余学校校长，中国人民大学监委会书记、统战部部长，中国人民大学语言文学研究所第一副所长，中国科学院植物研究所党委书记兼副所长，国务院参事室参事。2003 年 10 月 16 日在北京逝世。

魏名扬故居

魏名扬故居位于武乡县大有乡枣烟村。魏名扬，1907 年出生于大有乡枣烟村，1933 年加入中国共产党，任武乡支部宣传委员，为武乡早期党组织负责人之一。1935 年，他打入国民党“防共团”内部，保护和发展了一大批地下党员。1937 年起，党组织派他六

次组建游击队，亲任大队长。第一次组建“名扬游击队”，第二次组建“八路军游击队”，第三次组建“太行游击队”。之后，又第四次、第五次、第六次组建了游击队。六次共组织游击队员3000余人，并将队员严格训练后，充实到八路军正规部队。其中“太行游击队”为朱德总司令亲自命名，直接由八路军386旅领导，主要任务是保卫八路军总部等机关，配合主力打游击。1939年，他参加了中共晋冀豫区第一届党代会。1940年4月，朱总司令在韩壁军民联欢会上表扬了“太行游击队”和魏名扬。1940年8月，百团大战前夕，“太行游击队”被补充到八路军129师772团，魏名扬任三营教导员，尤太忠任营长。1945年后，魏名扬在武乡县先后任区委书记、县武委会主任、县武装部部长，后调任阳泉市武装部部长。1982年离休，享受红军待遇。1994年6月8日，因病在太原逝世。

杀敌英雄关二如故居

关二如（1927—1948），关家垴村人。1940年秋自愿报名参加

抗日民兵，因年幼未被批准。1942 年正式参加民兵组织，任学习小组组长，参加了秋季反“扫荡”，胜利完成侦察任务。1943 年敌占蟠龙后，随民兵在关家垴村北、柳沟附近及尖山顶等地多次截击敌人，截回大批耕畜羊群，并单独到蟠龙据点和河不凌、中村等地做侦察、联络工作。1944 年任本村武委会主任，指挥民兵掩护八路军侦察员突围，袭击关家垴敌哨棚，被誉为武乡县民兵杀敌英雄。他作战勇敢，指挥果断，并练就了一手好枪法。1944 年 7 月，在襄（垣）武（乡）民兵检阅大会的射击比赛中，三枪打了 25 环，围观者赞不绝口。同年 11 月，参加太行区首届群英会打靶比赛，夺得头名，当场博得太行军区邓小平政委和李达司令员的称赞，荣获小六五步枪 1 支及“神枪武状元”锦旗 1 面，被评为边区腹地一等民兵杀敌英雄。1945 年 4 月，他带领民兵随八路军出击祁县县城，攻打日军纺纱厂，抢出洋布 500 匹，供给军需民用，受到太行军区嘉奖。同年 6 月加入中国共产党。抗日战争胜利后，参加了中国人民解放军，打上党、战平汉，后任连指导员。在淮海战役中，不幸于 1948 年 12 月 8 日在徐州马围子口战斗中壮烈牺牲。

王来法纪念馆

王来法纪念馆位于武乡县大有乡李峪村。

王来法（1908—1972），武乡县大有乡李峪村人。原籍河北省沙河县。1914 年家乡大旱，随父逃荒武

乡，被卖于李峪村王森林为儿，以给地主放羊、卖炭为生。1938年4月，日军入侵武乡，其父被杀，愤然参加抗日自卫队。同年7月加入中国共产党。抗战中，先后任村自卫队队长、党支部书记和武委会主任等职，带领李峪村民兵活动于蟠武公路上，运用地雷战，配合主力部队，粉碎敌人上百次“扫荡”。先后毙敌121名，俘敌40余名。1943年，武乡县抗日政府奖给“杀敌功臣”金字大匾。1944年出席太行区首届群英大会，被誉为“太行地雷大王”，晋冀鲁豫边区奖给“抗战柱石，建国先锋”锦旗1面。解放战争时期，率民兵远征参战，支援打沁县，战上党，屡建功勋。

围困蟠龙敌人胜利纪念亭

围困蟠龙敌人胜利纪念亭位于武乡县蟠龙镇蟠龙村。1943年6月14日，日军36师团葛目联队的小林大队，指挥赵瑞、段炳昌所部，共3000余人，侵占武乡东部重镇——蟠龙村，妄图分割我抗日根据地。为打击敌人的嚣张气焰，我太行三分区决定集中优势兵力，发起蟠（龙）武（乡）战役。于1943年7月19日至20日，抽调6个团的兵力经过两天激战，给了敌人极大的打击。

为彻底打破敌人“蚕食”阴谋，太行区党政军各级领导，向蟠龙至武乡县城沿线军民发起了“军民团结奋战，围困蟠龙敌人”的号召，2万多人投入这场历时8个月零14天的围困战斗，总共歼敌2100多名。在我军攻势下，蟠龙据点敌人被迫于1944年2月28日凌晨，仓皇逃走。1944年

3 月 4 日，太行第三军分区在蟠龙镇召开了万人参加的庆功祝捷大会。1945 年 4 月 5 日，武乡（东）党、政、军、民各界代表近万人在蟠龙镇举行公祭大会，祭奠蟠龙围困战以及武乡县在抗日战争中为国捐躯的烈士。1944 年 8 月 18 日，蟠龙村委在村东门修建了围困蟠龙敌人胜利纪念亭。

八路军兵工英雄纪念碑

八路军兵工英雄纪念碑位于武乡县洪水镇显王村南面的山脚下，建于2009年7月。碑座长5米、宽 2 米，碑身高 10 米。碑身正面刻有“八路军兵工英雄纪念碑”字样。

1939 年至 1947 年，八路军 129 师 386 旅兵工厂在武乡县洪水镇显王村驻扎。其间，兵工战士制造兵器弹药，生产自救，共赴国难，数十名兵工战士为抗战壮烈牺牲。为了缅怀先烈，纪念英雄，让后人更好地接受爱国主义教育，发扬八路军光荣传统，传承革命先烈精神，2009 年 7 月武乡县洪水镇人民政府显王村特立此碑，永世纪念。

故城烈士纪念亭

英雄威名垂千古，光辉业绩照后人。

满腔热血沃劲土，烈士精神化金星。

1937 年 7 月 7 日，日军全面侵华。1939 年 4 月 12 日，日军

侵入故城村，实行“三光”政策，奸淫烧杀抢，无所不为，锦绣故城烽火四起，美好家园遍地狼烟，生灵涂炭，民不聊生，铁蹄所到民遭践踏，枪炮所至城池尽毁。

故城村人民在党的领导下，建立党支部，成立了抗日政府，组建民兵，杀敌寇，反抢粮，解救被害群众，捣毁敌“维持会”，袭击伪自警团，抓捕敌“红部”便衣，斩断敌人爪牙。破铁路、割电线，使敌信息不通，指挥失灵，物资供应受阻。日本投降后，蒋阎反动派又挑起内战，步日军之后尘，残害抗日军民，手段更加残忍。故城村民兵发扬抗战精神，不怕牺牲，不惧艰险，与敌浴血奋战，斗争更加激烈，直至1946年武乡全县解放。

故城村在党的领导下，在抗日战争和解放战争中，全村120余青年踊跃参军，牺牲烈士68名、群众20人。数百人被抓捕，房屋多数被毁，损失牲畜、粮食等财物不计其数。在诸烈士中，尤为突出的有程坦、李馥兰、王庆书、郭大小等。武委会主任、共产党员程坦，英勇善战又善于指挥，他带领民兵，曾给日军以重大打击，1943年10月，在榆武祁三县杀敌英雄大会上，程坦荣获“孤胆英雄”称号，他带领的村游击队获“模范游击队小组”称号，奖三八步枪一支和锦旗一面。1945年2月15日程坦在查岗时，与敌相遇，激战中因寡不敌众而英勇牺牲。女英雄共产党员李馥兰，婚后就送丈夫参军，她积极从事抗日工作，任妇救会主任，多次掩护游击队转移，组织站岗放哨、做军鞋，反霸除奸。

1946 年 6 月 26 日“邵渠事件”中被敌抓捕，押于敌火车站审讯。面对屠刀，她毫不畏惧，被刺数十刀，仍大骂不止。最后高呼：“共产党万岁！”慷慨就义。“邵渠事件”被抓的烈士大多受尽酷刑，但无一人变节，都体现了不畏酷刑、不怕牺牲的民族气节。

缅怀、学习、歌颂英烈，就是要学习英烈的革命大无畏精神，继承英烈的遗志，使英烈精神永存，使后人受到革命传统教育。特立碑以志之。

南关惨案英烈纪念亭

南关惨案遗址位于武乡县分水岭乡南关村。抗战时期白晋铁路绕村而过。1939 年 3 月 28 日，日军侵占南关，大肆杀戮人民，拆除房屋，在镇内修建仓库。日军盘踞南关，在此制造了触目惊心的惨案。

1943 年 5 月 11 日拂晓，日军 70 余人把南关镇包围后，用枪托、皮鞋、木棍等东西挨家砸门，直到天大亮，日军才结束了这场大搜捕。全村百余人被驱赶到村西火车站大院内，随后，被用火车押送到分水岭日军据点，连同从附近各村捕捉的群众共 360 余人，一起关押起来。

由于汉奸的告密和辨认，敌人从被捕人员中重点捆绑扣押 32 人，其中有南关敌工站领导和工作人员孙汉英、崔秉礼、孟立忠、姬景华、贾旭奴、郭二则等。驻分水岭据点日本“红部”情报主任配合汉奸翻译，亲自对南关敌工站工作组组长孙汉英和敌工骨干人员崔秉礼进行审问。敌人用尽各种欺骗、利诱和恐吓手段，

一无所获，又向他们施行灌凉水、压木杠、烙铁烧等酷刑，但孙、崔二人大义凛然，坚贞不屈，始终未吐露任何机密。

敌人目的未达到，就将孙汉英单独关在一只特制的大木笼内，连同其余 31 名被抓人员，于 5 月 12 日一起装入 1 节“闷罐子”火车厢内，押交南沟车站日军“红部”，又经一个月毫无结果的审讯，最后敌人将孙汉英上交沁县据点宪兵队，多次游街示众，以恫吓群众。6 月 3 日，崔秉礼、孟立忠、李祥儿、李六儿、郭留祥等被南沟宪兵队杀害。孟贵元、唐祥忠、李尚留、李尚连、郭志川、姬景华、贾旭奴等 18 人，于 9 月 13 日被敌人押回分水岭瓦窑沟，先放军犬扑向人身上乱咬，再用刺刀乱刺，最后将尸体推下沟底。其中 3 人在火车途经良侯店信号站时，被敌人试刀残杀。7 月间，坚不吐实的孙汉英活活饿死在木笼里。

2014 年 6 月，分水岭乡党委、乡政府，南关村党支部、村委会在南关村 208 国道南建立南关惨案英烈纪念亭，勒石以志。

武乡县八路军烈士陵园

武乡县八路军烈士陵园，位于武乡县城东 14 千米处的故县乡里庄村浊漳河南岸。

2013 年，武乡县委、县政府开始实施对烈士遗骨的大规模收集工作，并决定将长乐村战斗主战场里庄村设为零散烈士集中安葬墓区。这既是对抗战中牺牲的所有烈士英灵的告慰，又可以慰藉烈士亲人，教育晚辈后人。2014 年 11 月 7 日开工建设，占地 300 亩，设计墓穴 5000 座。2015 年 8 月 28 日，第一批安葬八路军烈士 1724 名；2016 年 4 月 2 日，第二批安葬八路军烈士 465 名；2019 年 4 月 4 日，第三批安葬八路军烈士 73 名。该陵园共安葬八路军烈士零散烈士 2262 名，其中武乡籍烈士 1036 名、外籍烈士 1226 名，有名烈士 1644 名、无名烈士 618 名。

2020 年，为隆重纪念中国人民抗日战争暨世界反法西斯战争胜利 75 周年，国务院公布武乡县八路军烈士陵园为国家级抗战纪念设施、遗址。

后 记

《武乡县革命老区发展史》是由中国老区建设促进会组织全国 1599 个老区县编纂的系列丛书之一。在县委、县政府的关心支持下，全体编写人员用两年多时间，辛勤付出，终于编就，经山西人民出版社审定，付梓出版。它是长治市第一部正式出版的老区发展史，也是武乡县老区建设促进会献给中国共产党成立一百周年的一份厚礼。

出版《武乡县革命老区发展史》是贯彻落实习近平总书记“发扬红色资源优势，把红色基因代代传下去”指示精神的重要举措，是新时代传承红色基因、弘扬太行精神、讴歌老区人民的具体行动，是不忘初心、牢记使命、铭记历史的生动实践，是系统地记录老区历史，阐述老区精神，展示老区成就，为历史立言，为时代讴歌，为发展聚力，进一步向社会各界宣传武乡，让人们了解武乡、支持武乡的有价值的研究史料。

2019 年 4 月 17 日，武乡县老区建设促进会举行换届，并召开第三届理事会第一次会议。这次会议把编纂《武乡县革命老区发展史》工作列入重要议事日程，并成立了编纂工作委员会，会长袁俊山亲任主编，聘任有一定文字功底和写作经验的 9 名人员。11 月 18 日，县委召开《武乡县革命老区发展史》编纂工作会议，编纂工作正式启动。编纂人员按照各自分工，系统收集、整理资料，2020 年 10 月形成初稿。11 月 26 日，长治市老促会在武乡召开《武乡县革命老区发展史》评审会议。根据评审会议专家提出的建议和意见，主编袁俊山多次召开会议，要求在体例上进一步完善，在内容上进一步充实，在史料上进一步核实。从 2021 年 1 月至 3 月，编写人员本着实事求是、精益求精的态度，对书稿进行认真修改、增补、删减。3 月上旬，正稿交付山西人民出版社。

本书分四编，前列总序、序、编纂说明、概述，后设附录，并辅以配图。按照中国老区建设促进会“要尊重历史，资料的选择要经过严格的考察论证，要真要准要实”的要求，以《中国共产党历史》等重要文献为基本依据，参考《中国共产党武乡简史》《武乡县志》《中国共产党武乡县历史纪事》《武乡革命老区》《武乡农业合作史》《武乡年鉴》等，并注意吸收党史研究新成果，以还原和反映历史原貌。书中涉及的国民经济主要指标数据引自历年出版的《武乡统计年鉴》。本书编纂纵写历史，分时段记述，运用记事本末体的编写方法，史实叙述力求平实，夹叙平议，叙论结合，力求叙述准确，论述深刻。

本书编纂过程中，得到了县委、县政府主要领导的高度重视，他们对书稿进行了审阅，得到了长治市老促会调研室主任王连成同志的指导，武乡县退下来的老领导积极参与审稿，县委党史研究室主任温海明同志认真审核史料，常八斤同志在打印排版中积极配合，同时还得到相关部门和社会各界人士的大力支持。在此，一并致以真诚谢意。

由于记述时间跨度大、涉及内容多，加之史料收集和编者水平有限，书中难免出现疏漏和错误之处，恳请读者指正。

编 者

2021 年 6 月